最新版

上下五千年

上

林汉达等 编著

少年儿童出版社

图书在版编目（CIP）数据

上下五千年：最新版 / 林汉达等著. —上海：少年儿童出版社，2011.7
 ISBN 978-7-5324-8746-2

Ⅰ.①上… Ⅱ.①林… Ⅲ.①中国历史—通俗读物 Ⅳ.①K209

中国版本图书馆 CIP 数据核字（2011）第 133098 号

最新版
上下五千年（上、下）

林汉达等 编著
倪绍勇 贾培生 插图
费 嘉 装帧

出版人 冯 杰
责任编辑 谢瑛华 马淑艳 美术编辑 费 嘉
责任校对 陶立新 黄亚承 王 曙 技术编辑 谢立凡

出版发行 上海少年儿童出版社有限公司
地址 上海市闵行区号景路159弄B座5-6层 邮编 201101
印刷 常熟市文化印刷有限公司
开本 720×980 1/16 印张 72.75 字数 1 068 千字
2011 年 7 月第 1 版 2024 年 8 月第 30 次印刷
ISBN 978-7-5324-8746-2/K·215
定价：88.00 元

版权所有 侵权必究

出 版 前 言

《上下五千年》是二十世纪七十年代末、八十年代初少年儿童出版社出版的一套优秀历史读物。它的选题构思出自原教育部副部长，著名的教育家、语言学家、历史学家林汉达先生。林先生拟定了这套历史读物的整体写作提纲，写了部分篇目，并且确定了"上下五千年"这一脍炙人口的书名。遗憾的是，林先生未及完成这一宏伟的写作计划，就在"文革"的动乱岁月中含冤去世。粉碎"四人帮"后，曹余章先生受少年儿童出版社约请，续完了林先生未写的部分，并对林汉达先生的遗稿作了整理和补充，使《上下五千年》成功出版。

《上下五千年》问世以后，受到读者的热烈欢迎，在海内外产生了广泛而深远的影响。随着时代的车轮驶入二十一世纪，少年儿童出版社又决定出版《新版上下五千年》，使这一享誉海内外的图书品牌在新世纪再创辉煌。同时，新版本的推出也得到了林汉达先生家属的热情支持。

从出版至今，新旧版本的《上下五千年》累计印数为：平装2 018 431册，精装751 167册。它在对青少年及广大读者普及中国历史知识、进行爱国主义教育方面，发挥了巨大的积极的作用，先后获得国家图书奖提名奖、全国优秀青年图书奖等许多荣誉。

如今，距离世纪之交十年光阴过去了，鉴于《新版上下五千年》的内容仅止于辛亥革命，已不能满足读者进一步了解中国近现代史的阅读需求，所以少年儿童出版社再次推出《最新版上下五千年》，将全书内容延至中华人民共和国成立，并将篇目从早期的262篇扩充到372篇，增加了科技、经济、文化、艺术、教育、民族、法律、外交等方面的内容，从而使经典品牌读物焕发出新的生机，读来更加全面丰富、多姿多彩。也希望更多的青少年读者，能从中华民族上下五千年的悠久历史中，看到华夏文明的璀璨、民族精神的可贵，从而激发起民族自豪感和爱国主义热情。

2011年6月

目　　录

001 盘古开天地 …………… 0001
002 神农尝百草 …………… 0004
003 涿鹿大战 ……………… 0006
004 尧舜禅位 ……………… 0009
005 大禹治水 ……………… 0012
006 后羿夺权 ……………… 0016
007 商汤讨伐夏桀 ………… 0018
008 盘庚迁都到殷 ………… 0022
009 奴隶为相 ……………… 0024
010 姜尚钓鱼 ……………… 0027
011 武王伐纣 ……………… 0030
012 周公辅助成王 ………… 0034
013 共和行政 ……………… 0037
014 骊山烽火 ……………… 0041
015 鲍叔牙荐管仲 ………… 0043
016 一鼓作气 ……………… 0046
017 老马识途 ……………… 0049
018 唇亡齿寒 ……………… 0052
019 秦穆公广招人才 ……… 0054
020 宋襄公愚不可及 ……… 0057
021 重耳流亡异乡 ………… 0060

022 退避三舍 ……………… 0064
023 商人弦高救国 ………… 0068
024 崤山大战 ……………… 0072
025 楚庄王一鸣惊人 ……… 0075
026 搜孤救孤 ……………… 0079
027 晏子出使楚国 ………… 0082
028 伍子胥过昭关 ………… 0085
029 孙武严格治军 ………… 0088
030 孔丘周游列国 ………… 0091
031 仲尼授徒兴学 ………… 0094
032 子贡生财有道 ………… 0097
033 老子留下五千言 ……… 0099
034 卧薪尝胆 ……………… 0103
035 属镂宝剑杀功臣 ……… 0105
036 墨子主张兼爱 ………… 0109
037 三家分晋 ……………… 0112
038 西门豹破除迷信 ……… 0116
039 扁鹊起死回生 ………… 0119
040 商鞅立木 ……………… 0122
041 孙膑智斗庞涓 ………… 0124
042 孟轲讲"仁" …………… 0128

043	庄周逍遥自得	0130	070	暗度陈仓	0209
044	苏秦合纵联六国	0133	071	四面楚歌	0212
045	张仪瓦解联盟	0135	072	高祖回家乡	0216
046	赵武灵王胡服骑射	0138	073	白马盟誓	0219
047	屈原投江	0141	074	萧规曹随	0222
048	孟尝君广罗门客	0144	075	周勃夺军印	0224
049	田单巧布火牛阵	0148	076	缇萦救父	0228
050	李冰修建都江堰	0152	077	张释之严格执法	0230
051	完璧归赵	0154	078	周亚夫治军	0233
052	负荆请罪	0157	079	晁错削地	0235
053	范雎远交近攻	0159	080	马邑伏击战	0238
054	赵括纸上谈兵	0163	081	飞将军李广	0240
055	毛遂自荐	0165	082	卫青和霍去病	0244
056	信陵君窃符救赵	0169	083	张骞探西域	0246
057	甘罗十二拜上卿	0171	084	苏武牧羊	0250
058	图穷匕首见	0175	085	董仲舒引经断案	0252
059	韩非发愤著书	0178	086	桑弘羊关注盐铁	0255
060	秦王吞并六国	0181	087	司马迁忍辱著《史记》	0257
061	秦始皇筑长城	0183	088	霍光受托辅政	0261
062	张良博浪沙行刺	0186	089	昭君出塞	0264
063	密谋沙丘	0188	090	王莽复古称帝	0267
064	陈胜吴广揭竿而起	0191	091	绿林赤眉起义	0270
065	项梁拉起子弟兵	0194	092	昆阳大战	0273
066	项羽破釜沉舟	0197	093	刘秀重建汉朝	0276
067	刘邦约法三章	0199	094	马援老当益壮	0279
068	项庄鸿门宴舞剑	0202	095	"强项令"董宣	0281
069	萧何月下追韩信	0205	096	汉明帝天竺求佛	0284

097	班超投笔从戎	0286
098	王充宣扬无神论	0290
099	王景治水显才能	0292
100	许慎编著《说文解字》	0295
101	蔡伦发明造纸术	0297
102	张衡测报地震	0300
103	梁冀连立三帝	0302
104	宦官迫害党人	0306
105	范滂临祸别慈母	0309
106	"医圣"张仲景	0313
107	黄巾军起义	0315
108	王允巧施连环计	0318
109	曹操煮酒论英雄	0321
110	官渡之战	0325
111	孙氏兄弟踞江东	0327
112	刘备三顾茅庐	0331
113	周瑜赤壁布火阵	0333
114	华佗救人难救己	0337
115	刘备夺取益州	0339
116	关羽败走麦城	0342
117	曹丕废汉称帝	0344
118	陆逊火烧连营	0348
119	诸葛亮病死五丈原	0350
120	司马懿装病篡权	0353
121	司马昭之心	0356
122	阿斗乐不思蜀	0359
123	王濬楼船破东吴	0361
124	石崇王恺斗阔	0364
125	呆头呆脑的晋惠帝	0366
126	贾后专权八王乱	0369
127	李特收容流民	0372
128	匈奴贵族称汉帝	0376
129	祖逖闻鸡起舞	0378
130	司马睿建东晋	0382
131	中流击楫	0384
132	石勒重视文化	0388
133	陶侃搬砖头	0391
134	王羲之写《兰亭集序》	0394
135	顾恺之画作传神	0396
136	桓温领兵北伐	0399
137	扪虱谈天下	0401
138	苻坚一意孤行	0404
139	谢安镇定自若	0406
140	晋军淝水大捷	0409
141	陶渊明辞官归隐	0412
142	刘裕智摆却月阵	0415
143	檀道济以沙代粮	0417
144	高允实话实说	0420
145	祖冲之推算圆周率	0423
146	贾思勰与《齐民要术》	0426
147	郦道元撰写《水经注》	0428
148	范缜不信鬼神	0431
149	魏孝文帝迁都改革	0433
150	梁武帝出家为僧	0437

151	侯景屡当叛将	0440
152	陈后主骄奢亡国	0443
153	隋文帝信任赵绰	0446
154	隋炀帝修大运河	0449
155	李密与瓦岗军	0451
156	李渊建立唐朝	0455
157	玄武门事变	0458
158	魏徵直谏	0462
159	李靖平定东突厥	0465
160	薛仁贵三箭定天山	0469
161	玄奘西行取经	0471
162	文成公主远嫁吐蕃	0475
163	水能载舟，亦能覆舟	0477
164	"药王"孙思邈	0481
165	文采飞扬滕王阁	0484
166	武则天当女皇帝	0487
167	狄仁杰桃李满天下	0490
168	请君入瓮	0494
169	开元盛世出贤臣	0497
170	一行测定子午线	0501
171	李白斗酒诗百篇	0503
172	"诗圣"杜甫	0507
173	张旭怀素狂草齐名	0510
174	"吴带当风"绘嘉陵	0513
175	鉴真东渡传佛法	0516
176	李林甫口蜜腹剑	0519
177	安禄山发动叛乱	0521
178	杨贵妃命丧马嵬驿	0525
179	张巡借箭抗敌	0528
180	李光弼大败史思明	0532
181	刘晏巧通千里漕运	0535
182	"茶圣"陆羽	0538
183	颜筋柳骨	0540
184	郭子仪单骑退敌兵	0543
185	白居易写《琵琶行》	0546
186	浑瑊、李晟平叛	0550
187	王叔文改革失败	0553
188	柳宗元被贬柳州	0556
189	李愬雪夜取蔡州	0559
190	韩愈倡导古文运动	0563
191	甘露之变	0565
192	朋党乱朝政	0569
193	"满城尽带黄金甲"	0572
194	朱温"全忠"不忠	0576
195	"海龙王"睡警枕	0579
196	耶律父子建辽	0583
197	李存勖统一北方	0585
198	石敬瑭甘当"儿皇帝"	0589
199	周世宗率军亲征	0593
200	陈桥兵变	0597
201	杯酒释兵权	0600
202	李后主亡国	0604
203	半部《论语》治天下	0607
204	杨家将一门忠勇	0611

205	萧太后执掌辽国 ……	0614	231	"一代天骄"成吉思汗 ……	0699
206	寇准坚决抗辽 ……	0617	232	耶律楚材改革立法 ……	0703
207	元昊反宋建西夏 ……	0620	233	忽必烈建立元朝 ……	0706
208	狄青假面战敌军 ……	0624	234	文天祥正气浩然 ……	0709
209	"先天下之忧而忧" ……	0627	235	张世杰崖山遇难 ……	0712
210	欧阳修提倡新文风 ……	0631	236	元世祖重用读书人 ……	0716
211	包拯铁面无私 ……	0634	237	郭守敬编订《授时历》 ……	0718
212	王安石变法 ……	0637	238	纺织家黄道婆 ……	0722
213	沈括著《梦溪笔谈》 ……	0640	239	马可·波罗游中国 ……	0724
214	毕昇发明活字印刷 ……	0643	240	赵孟𫖯与黄公望 ……	0727
215	司马光编写《资治通鉴》 ……	0646	241	《窦娥冤》泣鬼神 ……	0730
			242	"曲状元"马致远 ……	0734
216	柳永"奉旨填词" ……	0649	243	情深意浓《西厢记》 ……	0736
217	才华横溢的苏轼 ……	0651	244	贾鲁修复黄河 ……	0739
218	色彩缤纷说画坛 ……	0655	245	红巾军高举义旗 ……	0741
219	宋江方腊起义 ……	0658	246	"高筑墙,广积粮,缓称王" ……	0745
220	阿骨打反辽建金 ……	0662			
221	李纲坚守东京 ……	0665	247	朱元璋大战鄱阳湖 ……	0748
222	徽钦两帝当俘虏 ……	0669	248	神机军师刘伯温 ……	0752
223	李清照词才闪耀 ……	0672	249	明太祖滥杀功臣 ……	0755
224	韩世忠抗击金兵 ……	0676	250	朱棣兴兵夺皇位 ……	0758
225	撼山易撼岳家军难 ……	0679	251	解缙修《永乐大典》 ……	0761
226	秦桧陷害忠良 ……	0682	252	明成祖迁都北京 ……	0765
227	书生智勇退敌兵 ……	0685	253	郑和下西洋 ……	0767
228	朱熹理学集大成 ……	0689	254	况钟治理苏州府 ……	0771
229	陆游临终《示儿》 ……	0692	255	土木堡英宗被俘 ……	0774
230	辛弃疾壮志难酬 ……	0696	256	于谦保卫北京城 ……	0778

0005

257	王阳明创立"心学"	0781
258	杨继盛铁骨铮铮	0785
259	海瑞冒死谏皇帝	0788
260	秀美江南多文士	0792
261	戚继光痛剿倭寇	0794
262	李时珍著《本草纲目》	0797
263	张居正改革朝政	0800
264	汤显祖连作"四梦"	0804
265	朱载堉苦研乐律	0806
266	李贽离经叛道	0809
267	葛成痛打税使	0812
268	努尔哈赤统一女真	0815
269	明军兵败萨尔浒	0818
270	徐光启译《几何原本》	0822
271	魏忠贤迫害东林党	0825
272	袁崇焕宁远大捷	0829
273	皇太极反间明君臣	0832
274	徐霞客壮游神州	0836
275	宋应星编《天工开物》	0839
276	李闯王造反	0842
277	张献忠声西击东	0845
278	卢象昇巨鹿殉国	0848
279	崇祯帝煤山自尽	0851
280	吴三桂开关迎敌	0854
281	史可法血战扬州	0856
282	少年英雄夏完淳	0860
283	郑成功收复台湾岛	0863

284	李定国坚持抗清	0867
285	康熙平"三藩"	0870
286	雅克萨清军告捷	0874
287	三战噶尔丹	0876
288	八大山人冷眼观世	0880
289	"天下兴亡,匹夫有责"	0883
290	蒲松龄说狐聊鬼	0887
291	清廷大兴文字狱	0890
292	鄂尔泰推行改土归流	0894
293	土尔扈特东归祖国	0897
294	郑板桥扬州卖画	0901
295	寓禁于修的《四库全书》	0904
296	曹雪芹创作《红楼梦》	0907
297	乾隆帝六下江南	0910
298	和珅贪得无厌	0913
299	林则徐虎门销烟	0915
300	第一次鸦片战争	0918
301	"我劝天公重抖擞"	0920
302	洪秀全金田起义	0924
303	英法联军火烧圆明园	0926
304	曾国藩镇压太平军	0930
305	慈禧太后垂帘听政	0932
306	李鸿章主管洋务	0935
307	死婴引发天津教案	0937
308	首批留学生赴美	0941
309	左宗棠收复新疆	0943

310	曾纪泽收回伊犁	0946
311	刘铭传击退法舰	0948
312	冯子材大败法军	0951
313	张之洞创办实业	0954
314	北洋水师全军覆没	0958
315	《马关条约》丧权辱国	0961
316	公车上书	0965
317	康梁推动变法维新	0967
318	六君子血溅菜市口	0971
319	英国强占"新界"	0974
320	租界变成国中之国	0977
321	严复翻译《天演论》	0979
322	王懿荣发现甲骨文	0982
323	张謇经营纺织业	0984
324	义和团扶清灭洋	0988
325	詹天佑修铁路	0991
326	康有为宣扬保皇	0994
327	革命先行者孙中山	0996
328	章太炎与《苏报》案	1000
329	黄兴策动长沙起义	1003
330	秋瑾就义轩亭口	1007
331	黄花岗七十二烈士	1010
332	武昌起义的炮声	1014
333	灭亡中国的《二十一条》	1017
334	新文化运动的兴起	1019
335	弃文从理的苏步青	1022
336	袁世凯称帝	1025
337	张勋复辟	1029
338	五四运动	1031
339	抵制日货运动	1035
340	中国共产党成立	1037
341	京汉铁路工人大罢工	1041
342	瞿秋白与《国际歌》的传播	1043
343	第一次国共合作的形成	1046
344	五卅惨案	1048
345	中山舰事件	1052
346	北伐战争	1054
347	上海工人第三次武装起义	1057
348	四一二政变	1060
349	南昌起义打响"第一枪"	1063
350	挺进井冈山	1066
351	平民教育家陶行知	1069
352	"民族魂"鲁迅	1073
353	九一八事变	1076
354	一·二八事变	1078
355	扭转局面的遵义会议	1081
356	一二·九运动	1085
357	七君子事件	1088
358	两将军"兵谏"蒋介石	1091
359	卢沟桥事变	1094

360	八一三事变 …………… 1097
361	平型关大捷 …………… 1099
362	南京大屠杀 …………… 1102
363	台儿庄大捷 …………… 1105
364	郑振铎"抢救"古籍珍品 …………………………… 1108
365	《黄河大合唱》与冼星海 …………………………… 1110
366	日本投降了 …………… 1114
367	毛泽东勇赴"重庆谈判" …………………………… 1117
368	刘邓大军挺进大别山 …… 1120
369	三大战役 ……………… 1123
370	百万雄师过大江 ……… 1126
371	国旗、国歌、国徽的由来 …………………………… 1129
372	开国大典 ……………… 1132

本书历史大事年表 ……………………………………………… 1136

后记 …………………………………………………………… 1149

盘古开天地

我国是世界上四大文明古国之一,有着非常悠久的历史。人们习惯将传说中的黄帝作为中华民族的祖先,那么算到现在,将近有"上下五千年"了。

在五千年的历史长河中,流传着许多生动的故事,很多是有文字记载的。五千年以前的情形是怎样的呢？古籍中保存了不少神话传说。

比如,古人早就在探索,世界是怎样形成、人类是怎样起源的。

有一个盘古开天辟地的神话,是这样说的——

宇宙原来混沌一团,里面既没有光,也没有声音。盘古用巨斧把这团混沌一劈为二,轻的气往上浮成了天,重的气往下沉成了地。从此,天每日高出一丈,地每日加厚一丈。一万八千年后,天已经很高很高,地也很厚很厚,盘古就是屹立在天地间的巨人。他死后,身体各部分就变成了太阳、月亮、星星、山丘、江河及森林、草原等。

还有一个女娲创造宇宙万物的神话,是这样说的——

最初的时候,天地不知为什么经过一次大破坏,天倒塌了,地倾斜了,洪水泛滥,烈火焚烧,人类和一切生物都毁灭了。这时,有个叫女娲(wā)的女神采炼五彩的石头补好了天空,斩断巨鳌的四脚,树立了四极,用芦灰止住了洪水,又去扑灭了烈火,然后慢慢地造出生物和人类来。

从上述两个神话来看,盘古是开天辟地的英雄,女娲不但是世界的创造者,而且还是人类及万物的始祖。

神话只是神话,当然不可当真。随着科学的发达,人们根据地下发掘出来的化石,证明有一种从古猿转变而来的猿人是人类最早的祖先。

猿人的体力比不上凶猛的野兽,但他们和动物不同的是,能够制造和使用工具。

猿人的工具主要是经过砍削的木棒和经过打制的石头。他们用这些粗糙的工具来与野兽搏斗，猎取食物；也用简单的工具采摘果子或挖植物的根茎来吃。那时，光靠个人的力量，是无法生存的，猿人便过着群居的生活，共同对付猛兽的侵袭。

这种主要使用石制工具的时代，在考古学上叫做"石器时代"。考古学家把只会打制加工石器的阶段叫做"旧石器时代"，把掌握了磨制加工石器的阶段叫做"新石器时代"。在新石器时代，原始人不仅能制造石斧、石锤，还能把野兽的骨头磨制成骨针，用来把兽皮缝成衣服穿。

大约在二百多万年以前，在我们祖国广大的土地上，就有远古的人类在活动。云南元谋、陕西蓝田、北京周口店、重庆巫山、安徽繁昌等地区，都发现了我国最早的原始人类的遗骸和遗物。

1927年，中国发现"北京猿人"化石，距今已有四五十万年的历史。之后，相继发现了"北京猿人"制作和使用的工具以及用火遗迹。而陕西"蓝田猿人"，距今已有八十万年历史。从二十世纪五十年代起，云南陆续发现了许多古猿化石，而且伴有石器，最有代表性的是八十年代发现的"元谋猿人"，距今已有一百七十万年历史。

1997年，考古学家在重庆市巫山县庙宇镇龙骨坡"巫山猿人"遗址进行挖掘考察时，发现了大量旧石器，都带有人工打击的痕迹，是古人类所使用的工具。这一结果，有力地证实了二百万年前"巫山猿人"的存在。

1999年，考古学家在安徽繁昌人字洞进行发掘时，发现大量石制品和骨制品。经专家联合鉴定，确认这批石器是二百万年至二百四十万年前的早期人类遗存，从而把人类在亚洲出现的历史又提前了至少三十万年。

猿人在千百万年的进化过程中，与现代人的距离越来越接近。比如从北京周口店龙骨山发现的另一种原始人——"山顶洞人"的化石来看，形体和现代人基本一样。他们过着按血统关系固定下来的群居生活，以氏族公社的形式构成了当时的原始社会。从对工具的使用来说，已经进入了新石器时代。

我国新石器时代的文化遗址，也发现了不少，最有代表性的有：仰韶文化、大汶口文化、龙山文化、马家窑文化、齐家文化、青莲岗文化等。

中华民族的文明史不过五千年，但在几万年前、几十万年前乃至更加久远的年代，已有人类活动的遗迹，它们比开天辟地的神话可要靠得住多了！

神农尝百草

在远古时代,人们靠狩猎生存,但因为工具简陋,捕捉到的野兽往往不够吃。怎么解决吃的问题呢?传说有一位炎帝,教大家耕田播种庄稼,种出粮食后让大家食用。他还带领大伙制作各种农具,大兴水利,教大伙识别五谷,种植百果,使人类能够世世代代地生存下去。因此,人们称炎帝为神农。

神农教会人们耕田种粮食后,看到人们经常因为乱吃东西而得病,甚至丧命;在疾病面前,人类一点办法都没有,只能等死,神农心里很是焦急,他决心要亲自尝遍所有的植物。这样,就可以知道什么是可以吃的,什么是不能吃的;什么是有害的,什么是能够治病的。

下了决心后,神农就做了两只大口袋,一只挂在身子的左边,一只挂在身子的右边。他每尝一样东西,觉得可以吃的,就放在左边的口袋里,将来给人吃;觉得能治病的,就放在右边的口袋里,将来当药用。

神农一出门,就见前面一片矮绿树丛中长着许多可爱的小嫩叶,神农采了一片,刚含进嘴里,就滑到肚子里去了,把他的内脏都擦洗得清清爽爽。神农觉得舒服极了,于是他把它放进左边的口袋里,并给它取名"查",也就是我们现在用来泡茶的茶叶。

第二天,神农又发现了许多淡红色的小花,它们的形状像一只只飞舞的蝴蝶。神农采了一朵花放进嘴里,只觉得甜津津的,浓香四溢,神农给花取名为"甘草",把它放进了右边的口袋。

就这样,神农每天不停地走啊走,他的足迹遍布了江河山川,高山峻岭。他尝遍了各种花草,也认识了许多药物,用它们救了无数人的性命。

有一次,一个病人得了急病,他需要的药草很难找。神农找了很久,终于发现它长在一座陡峭的岩壁上,这岩壁又高又陡又光滑,连猿猴都难以攀登。人们见了,连连摇头,叹息这药草生长的地方实在太高太险,人想上去,比登天还难。神农救人心切,他动手搭起了一个木头架,顺着这个架子慢慢地攀登上去,终于爬到了岩顶,采到了草药,救了这个病人。相传神农搭架子采草药的地方,人们称它为神农架。

神农背着满满两口袋的药草,仍在不停地采摘、品尝。有时偶尔尝到毒草,他就赶快拿出第一次采到的"查",吞下肚去,毒就解掉了。可是有一次,神农不幸尝到了"断肠草",神农还来不及吞"查"解毒,毒性就发作了。神农临死前还紧紧地抱着他的两口袋药草。

人们隆重地安葬了神农,尊他为农耕和医药之祖。

当然,上面讲的仅仅是民间的传说。但是,从中也可以看到中华民族物质文明发展的由来。

涿鹿大战

大约在公元前三千多年的时候,中华大地上的原始部落已十分兴盛。它们之间,或者因通婚而互相融合,或者因争夺生存地域而互相征战。慢慢地,一些实力较强的部落便吞并较弱的部落,一些大的部落集团就形成了。

当时在黄河流域的中原大地上,形成了两个强大的部落。它们的首领一个就是神农氏炎帝,另一个就是轩辕氏黄帝。开始时,炎帝的部落在姜水流域,而黄帝则在姬水流域。后来,炎帝率部落向黄河中原地区扩展,并且一心带领部族人从游猎生活向农耕生活过渡;而此时黄帝族则也随之向中原迁移而来。他们来到炎帝的地盘涿(zhuō)鹿(今河北张家口东南),想在这里定居下来。

两个大部族为了争夺土地和资源,终于打了起来。他们在涿鹿东南的阪泉地方打了三仗。头两仗,因为炎帝的人数众多,而且还用火攻,因此将黄帝打败了。可是到第三仗的时候,黄帝联络了原先与自己在一起的西北部的许多部落,一同对付炎帝;而且正在作战的时候,又天降大雨,使炎帝的火攻失去了威力,因此,炎帝战败被俘。不过,黄帝没有杀死炎帝,而是仍旧让他当自己部族的首领,只让他迁移到了南方。

紧接着,黄帝又把不听他号令的荤粥(xūn yù)驱逐出了中原。于是黄帝便成了中原大地上部落联盟的首领。部落的统一与融合,促使了生产和文化的发展。黄帝不但让自己的部族在涿鹿定居下来,还鼓励包括自己部族在内的各部族推广炎帝的农业耕作技术和用草药治病的方法,同时传说他还让自己的妻子嫘(léi)祖教人们养蚕缫(sāo)丝,织成绢和帛做衣服;让仓颉(jié)总结了人们在实践中应用的记事符号,创造了文字;还命封宁制陶器、雍父做臼舂米、共鼓和货狄造舟船;命容成制定历法、羲和推算凶吉、伶伦制造乐器规定音律。

这时,还有一个部族越来越强大起来。它名叫九黎族。九黎族的首领叫蚩(chī)

尤。据说这个部族是由他们的九九八十一个兄弟部落组成的。虽然他们这时仍以游猎为主，但已学会了炼铜技术。他们已会使用铜制的长矛和大刀，武器十分精良。九黎族原本是归炎帝统属的一个部落。炎帝战败后，他们被放逐到了中原的东部，在今天的安徽、河南、山东的东部直至沿海一带。蚩尤见自己的力量已经可以与黄帝抗衡，就去与炎帝联络，准备共同起兵夺回中原。但炎帝见黄帝将中原各部落治理得很不错，因此不愿再让百姓遭受战争之苦，所以拒绝参与。于是，蚩尤便联络了南方的一些部落向中原进军。

蚩尤的军队勇敢强悍，传说他们都是铜头铁臂，刀枪不入，而且还会呼风唤雨，将南方山林水泽中的瘴气毒雾带来一同攻击敌人。蚩尤的军队开始时势如破竹，一直打到了黄帝的老巢涿鹿。

这时黄帝一面调集了忠于自己的各部落的援军，在涿鹿附近集结，一面又召集自己的部下仔细研究了蚩尤军的特点和破敌的办法。决战开始了。蚩尤军猛烈进攻，并且摆开了毒雾阵。一时间战场上天昏地暗、阴云密布、飞沙走石，弄得人晕头转向。黄帝立刻下令推出指南车，让自己的军队在指南车的指引下冲出毒雾，向敌军反击。蚩尤见毒雾阵被破，又出动他的特种军队——士兵们一个个牛头马面、青面獠牙、铜头铁臂、面目狰狞地狂叫着杀来。黄帝见了，就命令放出他早已训练好的一大批虎、豹、熊、罴(pí)等猛兽。这些猛兽见了蚩尤的那些装扮成野兽的士兵，以为见了同类中的弱者，便扑上去猛咬起来。再凶悍的士兵也经不住猛兽的扑咬袭击，一个个吓得抱头逃窜，逃得慢的，就当了这些猛兽的点心。蚩尤军的前队吃了败仗，黄帝的主力便排山倒海似的向前压来。蚩尤军抵挡不住，纷纷败退。蚩尤在逃到冀州中部时，被黄帝的军队俘获。黄帝下令砍下了他的头颅。

黄帝战胜了蚩尤，接着又打败了当时不肯听他号令、企图与他争夺部落联盟领导权的夸父和刑天。从此，他牢牢地掌握了中原大地的统治权。

由于炎帝不但不肯参加蚩尤的暴乱，而且一直到老年仍然兢兢业业地为百姓操劳，黄帝十分感动。他觉得，自己过去对炎帝的处置太过分了。于是，他下令将炎帝和他的部族人接回中原，与自己的部族共同生活。

就这样，炎、黄两个部族便在中原地区互相融合、共同劳动和繁衍下来。他们就成了我们中华民族的始祖。

尧舜禅位

黄帝死后,他的儿子昌意之子高阳接替了帝位,称为帝颛顼(zhuān xū)。颛顼死后,黄帝的曾孙、他的另一个儿子玄嚣的孙子高辛继承帝位,称帝喾(kù)。帝喾又传位给儿子挚。帝挚死后,他的弟弟放勋继位,这就是帝尧。

尧能团结天下的部族首领,对老百姓施仁政,因此使各项事业都欣欣向荣,百姓安居乐业。

但是,尧的年龄渐渐大了。因此,他决心选拔一个贤能的人来接替自己的权力。于是,尧就把四方的部族领袖都召集起来,对他们说:"各位,我在位已经七十年了。现在,我老了,你们看,有谁能来接替我的位子?"

这时,有个叫放齐的部落首领说:"您的儿子丹朱可以继承您的帝位。"显然,放齐这样说是在讨好尧。

可尧根本不买他的账,斥责他道:"你在说什么?丹朱虽然是我的儿子,可他游手好闲、顽劣不堪,又喜欢同人家争吵,这种人怎么能用?"

见尧这么说,放齐就不敢吱声了。可还有人仍旧劝道:"丹朱公子虽然顽皮些,但可以教育好的。况且,以前各位先帝,也都是传位给自己的子孙的。如果我们破了例,恐怕丹朱心中会十分痛苦的。"

听了这些话,尧正色道:"我考虑过了。把权力交给贤人,天下人便都可以得到好处,只是丹朱一人痛苦。如果把权力传给丹朱,天下人都会痛苦,只丹朱一人得到好处。我总不能拿天下人的痛苦去造福一个人啊!"

于是尧下令将丹朱流放到南方一偏远的丹水地方,然后让大家继续举荐。

这时有个叫驩兜(huān dōu)的部落首领说:"共工做过不少事情,颇有成绩。

我看可以让他继承帝位。"

尧听罢,直摇头:"不行,不行!共工能言善辩,却用心不良;表面上做事、待人毕恭毕敬,实际上却连上天都敢欺瞒。这种人不能用!"

看看大家再也推荐不出合适的人选了,冷了一会场,有四个部族首领互相交头接耳地商量了半天,才共同向尧说:"听说历山(在今山东济南千佛山)地方有个青年,叫舜的,是有虞氏的后代,品行很不错。"

尧听了后说:"我也听说过这个人。咱们了解、考察他一下吧。"

就这样,尧将自己的两个女儿——娥皇和女英嫁给了他。这时候,舜刚满三十岁。

舜名叫重华,他的父亲叫瞽(gǔ)叟,是个瞎子。舜从小就死了母亲,瞎子父亲又娶了个妻子。于是他受尽了瞎子夫妇的虐待。不久,继母生了个儿子,名叫象。由于象从小娇生惯养,渐渐养成了桀骜(jié ào)不驯的骄横性格。但舜从不计较,一直小心翼翼地孝顺父亲和后母,迁就和关心弟弟。

舜干过许多工作。他曾经在历山种过田,在雷泽捕过鱼,在黄河边上做过陶器,在寿丘做过多种手艺,甚至还在负夏做过小生意。但是,无论做什么,他都做出了成绩。

由于舜的德行,许多民众都纷纷来归附他。他住过的地方,往往一年就成了村落,两年便成为城邑,三年后,就变成都市了。

尧了解到这些情况,很是高兴,就赏给舜用细葛做的衣服和一架琴,另外,还送给他不少牛羊,为他建造了存放粮食的仓库。

然而,舜宽厚仁慈的心肠和博大的胸怀虽然感动了周围的百姓,却改变不了自己父母兄弟的险恶用心。他们见舜受到尧的赏识,并且得到了许多赏赐,心中又是妒忌又是眼馋,于是就一次次合谋害他。

一个天气炎热的中午,瞽叟说粮仓的顶上出现了裂缝,叫舜到仓顶上用泥涂抹。舜二话没说,就上了仓顶。由于太阳晒得太厉害,舜随身带了两个斗笠,一个戴在头上遮阴,另一个准备覆盖在刚抹好的缝隙上。当舜正专心致志地在仓顶上修补的时候,瞽叟却残忍地在仓底下放起火来。舜急中生智,赶紧将两个斗笠抓在

两只手里,伸开两臂,纵身从高高的仓顶上跳了下去。

狠心的瞽叟一计不成,又生一计。他和小儿子象合谋,叫舜去淘井。舜的两个妻子有了警惕,让舜先在井底挖好了一条横向的秘密出口。果然,在快完工时瞽叟和象突然从井口往下扔土块和石头,不一会就将井填死了。父子两人以为这次舜一定死在井里了。

象对瞽叟说:"这个计策是我主谋的,舜的妻子和琴归我。粮食和他的牛羊,都归你和母亲。"说完,象就大模大样地来到了舜的卧室里,并且得意洋洋地弹起了琴。

正在这时,舜推门进来了。象吓得魂不附体,窘得脸红耳赤,只好搭讪着退出了舜的房间。

舜并没有因此而记恨于瞽叟和象,反而更加孝顺父母亲,关心和爱护弟弟象,好像他们之间根本没有发生过什么事一样。

尧十分满意。他就又让舜担任各种公职,舜将各种事务都处理得井井有条。通过多方面近二十年的考察,尧终于下了决心将权力托付给了舜,自己就告老在家休养了。

舜接替尧的权力以后,立即按照天象校定了四时月份,改正了日子的误差;统一了音律、丈尺;整顿了礼仪,废除了割鼻、砍足等酷刑,固定了刑法;惩罚并放逐了混沌、穷奇、梼杌、饕餮四大恶徒,起用了禹、皋陶(gāo yáo)、彭祖等二十二个有办事能力的公正廉明的人才。

八年后,尧去世了。舜带领百姓服丧三年。三年过后,舜为了将帝位让给尧的儿子丹朱,自己躲避到了南方。但是,各部落的首领们仍旧去南方朝见舜而不愿去朝见丹朱;老百姓有打官司的,也不去找丹朱而仍旧去找舜;甚至大家集会歌颂政德,也不歌颂丹朱而歌颂舜。

舜看看自己躲避不过,明白这是老百姓的意愿,因此,就只好说:"这大概是天意吧!"于是就回到国都,成了部落联盟首领。这就是帝舜。

这种由大家推选举荐接班人的办法,在历史上就称作"禅(shàn)让"。

大禹治水

早在尧的时候,中原地带就经常闹水灾。常常是洪水漫天、无边无际,围绕着大山,淹没了丘陵,使老百姓叫苦连天。尧当时也向各部落首领访求过能治洪水的人。当时大家一致推荐了鲧(gǔn)。尧对鲧是不满意的,曾说:"鲧为人好违抗命令,摧残同类,是不能胜任的。"但大家说没有比鲧更合适的人出来治理洪水了,因此尧就同意鲧去试试看。

果然,鲧去治理洪水,只知道筑坝挡水,结果经过了九个年头,洪水仍然没有消退。这时候,舜代行了尧的职务,他在外出巡视时发现鲧治水不力,就立即下令撤了鲧的职务,并将他放逐到僻远的羽山地方。鲧最终死在了那里。

舜当了部落联盟首领以后,他最大的心事就是为老百姓治理好洪水。于是他打开国都四面的城门,请四方诸侯及十二州首领都来反映情况,议论天子的言行,替天子提意见和建议。他问大家:"谁能光大尧帝的事业,努力工作,治理好洪水,我就请他当辅政官'司空'。"

众人都说禹可以胜任这个职务。

于是舜就说:"啊,不错!禹,你来治理洪水,可要恪尽职守啊!"

禹跪下向舜叩头,想将司空的职务让给后稷(jì)、契(Xiè)和皋陶。但舜说:"你很合适,不要再谦让了。你现在应该到工作岗位上去负起你的责任了!"

于是舜就让禹带着伯益、后稷做助手出发治水去了。这时候,禹与涂山氏的女儿结婚刚四天。禹为人仁爱可亲、诚实忠厚,工作勤勉谨慎,手脚又灵活、敏捷。他感伤自己的父亲鲧因没有完成治水大业而受了惩罚,自己便吃苦耐劳、殚精竭虑地从事治水工作。他随身带着测量的准绳,登高山立标志,跑九州测地形,不顾暑热冬

寒,不顾雨雪泥泞,日日夜夜奔走在治水工地上;他三次路过自己的家门,甚至听到自己刚出生的儿子的哭声,都不进去看一下妻子和孩子;他自己饮食、衣着节俭,住房简陋低矮,可是治水兴修水利,却愿意出大钱、花大力气。就这样,整整十三个年头,他带领众百姓开辟了九州的道路,疏通了九条大河,整治了九个大泽,开凿打通了九座大山,终于用疏导的方法治好了洪水,安定了九州,并且命令伯益教百姓在低湿的地方种稻,命令后稷教百姓种各种庄稼。于是,使五千里见方的地带成了鱼米之乡,使各方的部落都来进贡。

禹为国家建立了大功以后,他一点也不居功自傲。舜也经常与禹对话,共同商讨治理天下的方略。有一次,舜对禹说:"啊!大臣啊,应该是我的大腿、臂膀和耳、目,你们要帮助我为百姓造福。如果我有什么不正当的行为,你们应该向我指出、匡正我,而不要当面恭维我,背后说我的坏话。"

禹说:"帝说得很对。做天子,最危险的就是善恶不分,听不得批评的意见。"

舜又说道:"我想发展六律、五声、八音等音乐,用来体察政治、宣扬礼义智信,你看怎样?"

于是,禹就作了名叫"九韶"的乐曲,一边用以祭祀山川神主,一边用来警喻掌权的大臣和天子。例如有一首歌曲的歌词这样唱道:

天子明哲啊!

大臣贤良啊!

众事安定啊!

又有一首唱道:

天子细碎无大略啊!

大臣懈弛不进取啊!

这样万事就要败坏啊!

舜听了非常高兴,连连说:"是啊,是啊!以后大家要谨慎啊!"于是,就决定推荐禹作为他的继承人。

十七年后,舜在南方巡狩时,死于苍梧地方的山野间。于是,禹带领国人服丧三年。三年以后,禹为了让舜的儿子商均继承帝位,也学舜当时避让尧的儿子丹朱的办法,隐居于阳城(今河南登封东南)。可是与尧死后的情况一样,当时天下的部落首领们都不去国都朝拜商均,而是去阳城朝拜禹。禹于是从阳城来到阳翟(dí)(今河南禹县)正式继位。

禹接替舜以后,一方面带兵征服了南方和东方的一些部落,使中原地区的百姓有了一个安定的环境;同时,由于治好了洪水,再加上炼铜技术使生产工具有了从石器到铜器的飞跃,当时的生产力发展很快,社会物质财富也不断增多。人们除了日常生活消费之外,物资开始有了较多的剩余。于是,财富的私人占有便开始了。私有财产的出现,使原本一个部落内部获取的食物和生活用品由全部落人共同分配的原始公社制开始瓦解,社会上出现了贵族和平民的阶级分化。还有,部落之间因战争而抓到的俘虏也不必再杀掉,而是将他们看管起来进行生产。奴隶们生产出来的粮食等除了供给他们生活食用之外,还有许多剩余。部落里的上层贵族便可以获取奴隶们创造的大量剩余产品。于是,原始公社制社会便开始向奴隶社会迈进了。

与社会体制的变化相适应,部落联盟首领的继承方法也开始了变化。

禹的末年,他在中原地区的权力已经相当稳固和集中了。为了显示自己的权威,他下令各部落将自己冶炼的铜贡献出来,集中铸成了九个大鼎,象征他统治着九州。禹有了这么多的特权,他就一心想在自己百年以后将这些权力交给自己的儿子启,而不是按惯例禅让给自己的助手伯益。于是,他便在私下加紧培植启的势力。不久,禹在巡视会稽(今浙江绍兴)时去世。伯益按照惯例先行避让,不料启便乘机夺取了王位。

于是,中国历史上王位的禅让制就被废除了,从此以后,开始了家属世袭制。这也便是我国夏王朝的开始。

后羿夺权

夏启死后,他的儿子太康即位。太康是个非常昏庸的国君,激起了黄河下游有穷氏部落的首领后羿(yì)的不满。

后羿是个著名的神箭手。有个神话说:尧帝的时候,有一次,天上出了十个太阳,大地像被烤焦了似的,泥土裂开了,庄稼枯死了;连江河湖泊都逐渐在干涸(hé),鱼虾面临着灭顶之灾。实在没法过日子了,人们找到了一个叫羿的神箭手想办法。

羿自信地拈(niān)弓搭箭,"嗖"地一下,一支箭直飞空中,把一个太阳射了下来。他又连发八箭,"扑、扑、扑……",随着弓弦声响,又有八个太阳接连坠落。只留下了一个太阳,高高地挂在天上。从此,四季分明,旱灾消失了。

可是过了不久,又发生了水灾。农田被淹没,牲畜被冲走,人们流离失所,无家可归。兴风作浪的是一批水中的怪兽。它们对人们的生命财产,造成了严重的危害。羿又先后与凿齿、九婴、大风、修蛇等猛兽恶怪一一较量,终于都用箭把它们射死了。

现在,有穷氏部落的首领箭法也十分高明,因此,人们将他称为"后羿"。他领导的部落实力越来越强大起来。

后羿对夏朝国君太康十分不满,一心想寻找机会推翻他的统治。

太康对政事不感兴趣,沉湎于游乐,特别喜欢打猎。有一次,他带着随从到洛水南岸去打猎,玩了一百多天还不想回宫。

后羿掌握了这一情况,觉得这真是一个好机会,马上带着人马守住洛水北岸,挡住了太康回去的路。太康回不了京都,只得流亡在洛水南岸。

这时,后羿还不敢自立为王,而是立太康的弟弟仲康做国君,但把实权牢牢掌握在自己手中。仲康死后,后羿就把他的儿子相赶走,干脆自己来坐王位了。

开始,后羿还能比较负责地管理国家大事,后来就渐渐地骄傲、霸道起来。他仗着自己善于射箭,地位又越来越巩固,所以把谁都不放在眼里。

后羿身边有个亲信,名叫寒浞(zhuó)。这人能说会道,因为会拍马屁而得到后羿的宠信。他善于察言观色、见风使舵,见后羿也和太康一样,喜欢打猎,就投其所好,对后羿说:"大王是个天下闻名、百发百中的神箭手,应该经常出去打猎,让百姓开开眼界,知道箭该怎么射,猎该怎么打。"

后羿被他捧得飘飘然,就干脆把政事都交给寒浞处理,自己则热衷于射箭打猎,吃喝玩乐。

寒浞不仅是个马屁鬼,而且还是个野心家。他瞒着后羿,网罗死党,扩充势力。有一次趁后羿打猎回来极度疲劳时,派手下把后羿杀了。

寒浞从后羿手中夺了王位,心里却并不踏实,因为仲康的儿子相还活着,他可是夏朝国君正宗的后裔啊!于是,寒浞就派人去追杀相,最终把他给杀了。

这时,相的妻子已经怀孕。她逃到娘家有仍氏部落,生下个儿子,名叫少康。寒浞听说后,又派人前去追杀。她带着少康东躲西藏,过着十分艰难的生活。

少康在艰苦的环境中长大,锻炼得十分坚强、能干。后来他招兵买马,在忠于夏朝的大臣和部落的支持下,终于打败寒浞,把王位夺了回来。这段历史,人们称之为"少康中兴"。

007

商汤讨伐夏桀

公元前十六世纪,统治了中原四百多年的夏王朝已到了末日。夏朝最后一个国君名桀(jié),是个典型的暴君。他残酷剥削压迫百姓,过着荒淫奢侈的生活。

当时黄河下游有个叫商的部落,畜牧业发展得很快。到了汤做首领的时候,这个部落已经十分强大了。

汤是个既有才干、又有德行的首领,很想做一番事业。他听说妻子娘家有莘氏部落的伊尹,道德高尚,又有才能,是个贤人,就派使者带着礼物去请他出来做官,但被谢绝了。汤很有耐心,接连三次聘请伊尹,终于使他答应出山。汤请来了伊尹后,觉得他是个难得的人才,自己不敢用他,把他推荐给国君夏桀。夏桀荒淫无道,重用奸臣,驱逐贤才,根本没有心思治理国家。

伊尹非常失望,就回到了商汤的身边。商汤对伊尹的回来表示热烈欢迎,当即请他做自己的助手。

夏桀手下有个忠臣叫关龙逢(páng),他多次劝说夏桀不要一意孤行,否则会失去人心,丢掉江山。夏桀哪里听得进,有一次关龙逢又当众劝谏,他一怒之下,就把关龙逢给杀了。当时谁都不敢说一句话,而商汤知道后,却立即派人赶到京城哭祭关龙逢。夏桀非常震怒,下令把商汤抓来,关押在天牢里。

后来商汤被释放,在返回自己部落的途中,看到有人在张网捕捉禽鸟动物。那人一面张网,一面口中念念有词:"从天上飞来的,从地上跑来的,从四面八方冒出来的,都罩进我的网里去!"

商汤把那张网解开三面,只留下一面,也念诵道:"网里所有的生灵啊,你们想往左就往左,想往右就往右,想上天就上天,想入地就入地,不想出去的就留在网中。"

人们听说后,都赞颂道:"商汤的品行真是高尚啊!"

商汤看到夏桀越来越昏庸、暴虐,百姓的日子越来越难过,便下了推翻夏朝统治的决心。但在表面上,他还装作服从夏桀,暗中却加紧扩充势力。

夏桀迷信鬼神,十分重视祭祀天地祖宗,而紧邻商部落的葛部落(今河南宁陵北)却不这样做。

商汤派人去责问葛部落的首领葛伯:"你们为什么不按时祭祀?"

葛伯回答:"我们这里穷,拿不出能当祭品的牲口。"

商汤便派人送了一批牛羊给葛部落当祭品。葛伯收下牛羊后,还是不举行祭祀典礼。

商汤又派人去责问葛伯:"已经给了你们牛羊,为什么还不举行祭祀呢?"

葛伯说:"我们没有粮食,怎么来祭祀呢?"

商汤又派一些年轻力壮的人帮葛部落耕种,还派一些年老体弱的人给劳动的人送饭。不料他们走到半路上,饭菜被葛伯的手下抢去,其中一人还被杀害了。

葛伯的行为激起了人们的公愤,商汤乘机发兵把葛部落消灭了。接着,商汤又陆续把夏的联盟韦(今河南滑县东南)、顾(今河南范县东南)、昆吾(今河南濮阳)等部落消灭了。经过十一次出征,商事实上已成为当时最强大的一个部落,但昏庸的夏桀并没有引起重视。

商汤就和伊尹商量,是否可以马上去讨伐夏桀。伊尹认为:"目前夏桀还有一定的实力,我们不妨先停止朝贡,看看他有什么反应。"

商汤接受伊尹的建议,停止向夏桀进贡。夏桀大发雷霆,下令九夷发兵进攻商部落。

伊尹对商汤说:"现在夷族还听从夏桀的指挥,我们不能轻举妄动。"

于是,商汤赶快向夏桀请罪,并马上恢复进贡。一年后,九夷中一些部落忍受不了夏桀的欺压,纷纷叛离夏朝。伊尹又及时提醒商汤:"讨伐夏桀的时机到了。"

夏朝毕竟已经相传了四百年,要推翻它也不容易。商汤在出征前召集将士开了个誓师大会,分析了形势,对大家说:"不是我想反叛,实在是因为夏桀作恶多端,

上天的意旨要我消灭他,我不敢不听从天命啊!"

商汤以天帝的名义来动员将士,其实将士们都恨不得夏桀早点灭亡,因此士气高涨,作战勇敢,一下子就把夏桀的军队打败了。

夏桀一看大势已去,连忙向南方出逃。商汤乘胜追击,把夏桀流放在南巢(今安徽巢湖西南)。

夏朝就这样灭亡了,取而代之的是商朝。

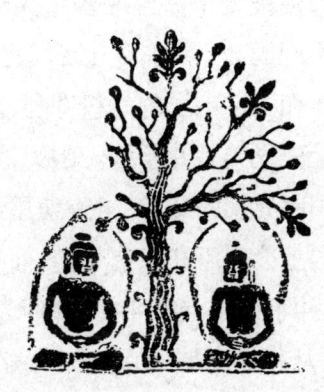

盘庚迁都到殷

商汤代替夏桀，定都亳(bó，今河南商丘)，建立商朝，这在中国历史上，称为"商汤革命"。因为古人迷信，认为朝代的更替是天命；商代替夏，是顺应天命的变革。

商朝的奴隶主贵族统治，总共维持了五百多年，更替了三十一个君王，直到周武王伐纣，建立周朝，才又完成了一次"革命"。然而，在这两次"革命"之间的漫长岁月中，商朝社会也发生过巨大的动荡与变革。原来，伊尹辅佐商汤以后，又辅佐过四朝君王，由于他的贤明能干，使商朝生产发展、国力强盛。但是，伊尹死后，从商朝的第六朝君王太庚开始，便被太平盛世冲昏了头脑，只知道大建宫室，整天沉湎于歌舞宴饮的享乐之中，不理国政，于是四方诸侯逐渐离心离德，国势日益衰败下去。与此同时，奴隶主贵族和王室上层的争权夺利，却越来越激烈。

商朝君王的传位制度，是先兄弟后儿子的。因此，窥视王位的人相当多。君王为了维护自己的统治，摆脱同宗兄弟的威胁，常常使用迁都的办法。因为君王可以乘迁都的机会，将忠于自己的王公大臣和亲信带走，而把反对和威胁自己权力的王室人员的党羽留下。从商王仲丁开始，商朝的国都便先后从亳迁到隞(āo，今河南荥阳)，从隞迁到相(今河南内黄)，从相迁到邢(xíng，今山东定陶)，又从邢迁到了奄(今山东曲阜)。

到了商朝的第二十代君王盘庚时，奄都已经非常热闹和繁华了。可是这里地势低洼，每到雨季，便遭水淹，常常使交通中断，与外界的联络非常不便。

盘庚是个有作为的君王，他决心要在自己手里整顿朝政、复兴国家。为了达到这一目的，第一步，他便决定迁都。因为他知道，这样，不但可以避免水患，还可以摆脱那些王公贵族和老臣对自己的钳制，放开手脚推行自己的治国方针，同时，也

乘机治理一下上层贵族的奢靡之风。

盘庚首先派人认真选定了新都的地址——北蒙(今河南安阳西)。这里正好地处商朝疆域的中部,而且形势险要:它左有孟门关(在今河南辉县),右有漳水和滏水,前有大河可供航行,北有太行山作屏障,是号令天下的理想之地。接着,盘庚便立刻颁布了迁都令。

但是,迁都的命令遭到了不少上层贵族的反对。他们有的假装要维护祖宗的宗庙;有的说都城由奄向北蒙迁移是西迁,不吉利;有的甚至煽动一些平民出来请愿闹事。盘庚于是果断地宣布:"迁都的事我已请巫师多次卜算过,是顺应天意的事。这也是有利于国家的安定和百姓幸福的事。我的决心已定。谁再反对,将受到严惩!"

这样,盘庚终于将商都迁到了北蒙,并且很快将这里建成了一个政治和经济中心,取名为"大邑商"。盘庚在这里进行了一系列的整顿与改革,使商王朝得到了振兴。盘庚在位二十八年,他以后,商朝又经历了八代十一个王,再也没有迁都。由于商都大邑商边上有一块商王的田猎区名叫"殷",因此,也有人将商都称作殷,或叫殷都。在商朝灭亡以后,这殷都就被废弃了,因此人们又称这里为"殷墟"。

殷墟实际上是今人在考古时发现的。地点在今河南安阳小屯村一带。从1928年起开始发掘到现在,共挖掘出刻有文字的龟甲和兽骨十多万片。这种文字我们就叫它"甲骨文"。它是迄今为止发现的我国最早的文字,也是我们汉字发展的前身。这些文字记录了商朝当时的一些社会活动情况,比如:占卜、祭祀、打猎、征战等等。我国有文字记载的历史,也正是从这时候开始。

在殷墟中,还挖掘出了许多青铜器。它们有各种生活器皿、祭器和兵器,制作都很精良。还有许多农作物的种子和牛羊猪马等家畜的遗骸(hái),可见当时的冶炼技术和农牧业都有很大的发展。

当然,在殷墟的墓地中也发掘出了许多殉葬的奴隶的遗骨,多的一处就达数千具。这也说明了商代奴隶制社会的残酷性。

奴隶为相

盘庚以后,商朝又传了三个王。这第三个王便是武丁。武丁性格内向,从小就显得与众不同,说的话、做的事,往往得不到人们的理解和支持,甚至连父亲都觉得他有些怪异,常常要责怪他。

武丁的父亲是商王小乙,看问题有些主观、片面,有时作出的决定让人莫名其妙。小乙在位时,不喜欢武丁的性格,越看他越不顺眼,后来干脆把他赶出王宫,让他住到乡下去。

武丁在乡下住了多年,从不摆王子的架子,虚心好学,不耻下问,掌握了不少知识,结交了许多下层的平民百姓,还跟一些奴隶交上了朋友。

小乙去世后,武丁登基。他很想有一番作为,但却找不到一个贤臣来辅佐自己。

因此,武丁心情苦闷,郁郁寡欢,成天紧锁着眉头。在父亲小乙去世后居丧的三年中,武丁把处理国家大事的权力,都交给了几个大臣,自己连一句话都不愿说,就像个哑巴。也有人说,他是因为突然得了一种不会说话的怪病,才不与人交谈的。

一天,武丁突然说话了。他说,他梦见天帝向自己推荐了一位贤臣。上朝时,武丁把梦中所见的贤臣的形象刻画在一块木板上,命令群臣立即去寻访——这还是武丁自父王去世三年来第一次开口说话。

群臣接受了武丁交办的这一特殊任务后,把都城找遍了,连这位贤臣的影子都没有;大家又分头到全国各地去找,还是没一点线索。

群臣完不成君王交办的任务,垂头丧气地聚在一起,不知道该怎么办。

有个大臣脑子比较灵活,像想起什么似的对大家说:"国君画了贤臣的图像,让我们去寻访。我们只想到国君要见的,总是有头有脸的人物,所以寻访的重点是各

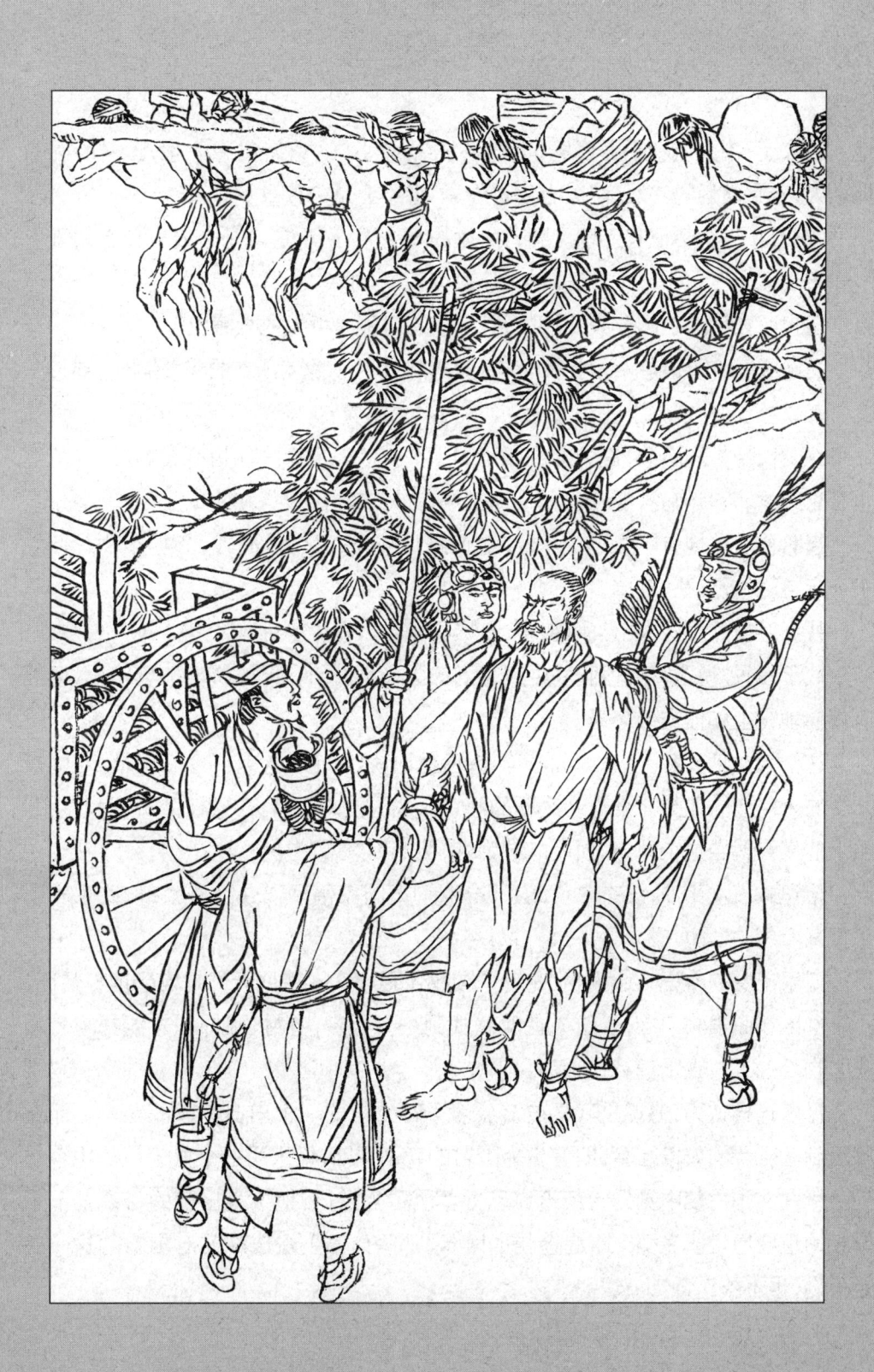

地上层人士,不太留意平民百姓,更把奴隶给疏忽了。请诸位想一想,国君所画的那个人,身穿破烂的衣服,胳膊上套着绳索,会不会是个奴隶呢?"

"对呀!你这话很有道理。国君所画的那个人,说不定真是个奴隶!"有人马上附和着说。

但也有人反对:"国君要找的是贤臣,怎么可能是低贱的奴隶?!"

虽然群臣意见不统一,但寻找的范围还是扩大了,大家对所有的线索都不敢错过。

大家找了好久,终于在北海(今山西平陆东面)的傅岩,发现一个名叫"说"(yuè)的奴隶,面容、身材和服饰,都像国君所画的那个人。他身穿一件粗麻布衣服,胳膊上也套着绳索,背有点驼,但一双眼睛却炯炯有神,透露出智慧和才华。

当时傅岩这地方刚经过洪水泛滥,道路被冲坏,房屋被冲毁,"说"正和一批奴隶一起,在那里修路、筑墙。

找到"说"的那些大臣高兴极了,赶紧把他带入宫中。

武丁一见"说",就说他和梦中所见到的天帝推荐给自己的贤臣一模一样,便很有兴趣地马上和他交谈起来。

这个奴隶见到武丁,态度沉着稳重,侃侃而谈,显示出他是一个学问渊博、胸襟开阔的人。他的才能非常符合武丁的心意。武丁便向百官宣布,任命"说"为左相。由于他来自傅岩这个地方,便以"傅"为姓,称他为"傅说"。

傅说做了左相后,没有辜负武丁的期望,把国家治理得井井有条,使武丁实现了振兴商朝的理想。

奴隶出身的傅说一跃为相,充满了神秘色彩。武丁梦见天帝向自己推荐贤臣,下令群臣按图索骥去寻找,结果在傅岩找到一个面容、身材、服饰和才能都与梦境完全吻合的人。天下真有这种巧合吗?

可以这样认为:傅说是武丁被流放乡下时结识的一个出身卑微的至交。而在等级制度森严的奴隶社会,即使贵为国君的武丁,要破格重用一个奴隶也是不容易的。所以武丁用梦中见到天帝给自己推荐贤臣为借口,把奴隶出身的傅说推上了宰相的重要岗位。在那个崇尚迷信的时代,那些奴隶主贵族即使对国君的这一决定不满,也不敢违背"天意"。

姜尚钓鱼

武丁以后,又传了六个王,这第六个王就是文丁。文丁时,商朝西边的一个属国周渐渐强大起来了。

周人原是尧舜时代有邰(tái)氏部落的后代。他们的祖先后稷在尧舜时曾当过农官,为原始部落从游猎到农耕的发展作出过重大的贡献。为了寻找适合于耕种的肥沃的土地,这个部族曾数次迁徙。他们先迁到了豳(Bīn)地(今陕西旬邑附近),三百多年后又迁到了岐地(今陕西岐山脚下)。他们这时的首领叫古公亶(dǎn)父,他率领部族人在西岐兴修水利、发展生产、开拓疆土,使周部族兴旺起来。到了古公亶父的儿子季历时,已使周成了商朝西部的强国。

文丁见周国的强大已构成了威胁,就设计将季历骗到商都将他杀了。季历的儿子季昌(后人又称他姬昌)继承了周国的王位,季昌继续在周励精图治。他禁止国人喝酒,禁止贵族打猎,奖励生产,发展人口,一心要使国家更加强盛起来,以报杀父之仇,灭掉商朝。

再说商王文丁只执政了三年便病死了。他的儿子帝乙继位。帝乙很有作为,他花九年时间稳定了商朝的西、北两边,又亲自率军征服了东夷。为了防止东夷再起,他又在商都东面沬水边的朝歌(今河南淇县)建立了陪都。帝乙死后,他的儿子辛继位。辛又名纣(zhòu),他就是历史上有名的暴君商纣王。

纣王人很聪明英武,但由于帝乙给他留下了一个相对比较稳固的政权,因此他整天无所事事,不但变着法子穷奢极欲,那帝王家公子哥儿的独断、蛮横和残暴的性格也愈演愈烈。他花七年时间动用成千上万名奴隶和工匠,将朝歌建成了他的游乐园。在那里建了高千尺的鹿台供他和嫔妃们观赏美景,在朝歌边上的钜桥设

立大仓库以存放从全国搜刮来的粮食和珠宝,在沙丘建立苑囿(yòu),在里面种奇花异卉、养珍禽异兽,供他欣赏打猎。他还命令四方诸侯选送许多美女入宫;在宫内用酒做池塘,把肉挂在树上,称作"酒池肉林",供他和宠妃妲(dá)己玩乐。他还设立了一种叫做"炮烙(páo luò)"的刑罚,将反对他或者与他有不同意见的人绑在用火烧红了的铜柱上烤死。

纣王如此荒淫残暴,一些正直的大臣自然会加以劝谏,有的属国诸侯,也会流露出不满和离心倾向。纣王于是就用更加残酷的手段镇压。他逼死了德高望重的老臣商容,又用他的祖父文丁的老办法骗来了九侯、鄂侯和西伯姬昌三个实力最强大的诸侯,找个借口将九侯施以醢(hǎi)刑,剁成了肉酱,将鄂侯杀死后做成了肉脯,将姬昌囚禁在羑(Yǒu)里(今河南汤阴北)。姬昌的长子伯邑考带了许多礼物赶到朝歌求情,想请求纣王释放父亲。纣王下令也将他剁成了肉酱,并且命使者送到羑里让姬昌吃。

姬昌忍着巨大的悲愤当着使者的面吃下了用儿子身体剁成的肉酱,并且在监狱中整天安静地弹琴算卦,闭门思过,毫无怨言。纣王这才放下心来。后来周国又向纣王送去了许多宝物、美女,才将姬昌赎了回去。

姬昌回到西岐后,立刻扩充兵马,准备复仇。但是他感到,自己身边虽有散宜生、南宫适等文臣武将和儿子姬发的协助,但仍然缺少一个能够深谋远虑的战略家和战术家帮他运筹帷幄。姬昌真是求贤若渴,他日夜思念着不知到哪里去寻觅这样的人才!他想到,自己的祖父古公亶父在世时,就曾经盼望要物色这种人才,但终究没有如愿。真是人才难得啊!

一天,姬昌带着随从来到渭水附近的磻溪边打猎。他忽然看见岸边有一个老人在钓鱼。令人奇怪的是他的鱼钩是直的,而且离开水面足足有二三尺。可是老人钓得却是那么专心,岸上有这么多打猎的人马经过,他似乎根本没有觉察。姬昌心中一动,觉得此人不一般,于是便上去和他攀谈起来。一攀谈,才知道老人对纣王的暴政和当前的形势了解得一清二楚,而且是个难得的政治、军事都十分精通的全才。

姬昌高兴极了。他对随同一起出来的大夫散宜生说:"这位老人家就是我们的

太公曾经盼望要得到的人才啊!"因此,以后有人就将这位老人叫做"太公望"。

太公望姓姜,名尚,字子牙,因为他祖先的封地在吕,因此也叫吕尚。而从此以后,民间又习惯叫他姜太公。

却说姜太公追随周王姬昌以后,立刻出主意让他不要急于去进攻商朝,而是先训练兵马,攻灭西戎(古代西北戎族的总称)和密须(今甘肃灵台西),巩固自己的后方,再暗中派使臣鼓励东夷造反,以吸引商朝的注意力和军力。这个目的达到后,姜子牙又乘纣王的军队正全力对付东夷之际,带兵东进,攻下了周国与商朝之间的崇国,将崇国的都城改名为丰京(今陕西沣水),并且在这里修缮了城墙,建立了宗庙,扩建了王宫。这样,周国的力量就直接逼近商朝了。

由于纣王的昏庸无道,各方诸侯纷纷归附周国,愿意与周王一同反抗商朝。周王姬昌见消灭商纣的时机已到,正要起兵复仇,不料却得病死了。

武王伐纣

周王姬昌死后，他的第二个儿子姬发在丰京继位，称为武王，并将自己的父亲西伯昌追称为文王。

周武王拜姜尚为军师，用对待父辈的礼仪尊重他。武王还团结自己的兄弟周公旦、召公奭(shì)等，使全国上下一条心，厉兵秣马，积蓄力量，准备起兵灭商。

数年后，武王率军东进。但他没有公开打出灭商的旗号，相反却仍以商朝属国的名义，让军队在前面抬着自己父亲的木牌位，大旗上书写着西伯昌的名号，而自己也不称王，只称太子发。武王的这种做法，显然是为了对当时的政治和军事形势进行一次虚实试探。

武王的军队东进渡过黄河，来到孟津(今河南孟津东)，果然许多商朝属国的诸侯们纷纷赶来汇合，表示支持。但武王考虑到纣王在商朝还有一定的号召力，纣王的叔父比干、兄弟箕子、微子等一批商朝的贵族大臣们还在竭力维护这个摇摇欲坠的政权，觉得灭纣的时机尚未成熟，因此，只在孟津进行了一次观兵演习，与诸侯们联络了一下感情，便带兵回到了丰京。

这时纣王的昏庸暴虐却更加变本加厉了。有天早晨，纣王在鹿台上与妲己一起观赏风景。此时正是隆冬天气，他们看见远处的淇水边有一老一少两个人正赤着脚在蹚水过河。前面的老人走得很快，好像不太怕冷，而后面的年轻人却缩手缩脚，一副十分怕冷的样子。为什么年轻人反倒不如老年人？纣王觉得奇怪。妲己说，这是因为那老人的父母生他时很年轻，因此他的骨髓饱满、精血旺盛；而这年轻人则相反，是一对老年夫妇所生，因此他的骨髓先天就不饱满。纣王不信，就命武士立刻去将两人抓来，当场砍开他们的脚胫骨看个究竟。还有一次，纣王为了与妲

己打赌在鹿台下路过的一个孕妇肚里的孩子是男是女，又让武士马上剖开了她的肚子。

大臣箕子见纣王实在闹得不像话，进宫去劝谏。纣王一怒之下，下令将箕子剃了光头，关到后宫做奴隶。比干去为箕子说情，纣王竟命武士将他剖胸剜心，说是要看看他这个装假正经的圣人到底长了几个心眼。微子看到纣王实在无药可救了，他不愿亲眼目睹商朝的灭亡，就带着家眷逃离了朝歌，隐居起来了。

周武王得知商朝王室的情况，知道纣王已经众叛亲离，商朝的气数已尽，于是便正式出动了复仇大军。武王的军队有兵车三百乘、精兵五万人，由周武王和军师姜尚统帅，一路向东进发。

周军正在前进，忽然被两个白发苍苍的老人拦住了去路。武王和姜尚上前一问，才知道两人一个叫伯夷，一个叫叔齐，是北方的孤竹国人，原是仰慕武王的德政前来投奔的，听说周军要去灭商，认为臣子不能犯上，因此要武王罢兵。姜尚见是两个不识时务的迂老头，便不和他们争论，只叫士兵将他们拉开后，便命令军队继续前进了。

周军于当年年底来到黄河边。黄河正好封冻，大军踏冰渡河，顺利地抵达孟津。四方诸侯闻讯，也都纷纷带了军队赶到孟津与周军会师。

第二年初，周军的五万精兵与号称八百路诸侯的联军浩浩荡荡地继续东进，二月上旬便抵达了朝歌附近的牧野（今河南淇县西南）。周武王在牧野与各路诸侯誓师。誓师大会上，武王历数了纣王的暴政与罪状，宣布自己是奉天命出师伐纣，同时规定了作战的纪律——不准抢劫骚扰百姓，不许杀害俘虏，勇敢杀敌者有奖，临阵脱逃或后退者处死。

誓师以后，伐纣大军便以高昂的士气准备进攻朝歌。这时纣王才着慌起来，连忙组织军队抵抗。但朝歌的守城军队不多，他只好临时抱佛脚，将城内的大批奴隶和前几年与东夷的战争中抓来的俘虏统统武装起来，开往前线。纣王亲自率领这支号称有七十万人的杂牌军，来到牧野与武王的联军对阵。

两军在数量上虽然很悬殊：联军总共不超过十万人，而纣王的商军有七十万，但联军精神抖擞、士气旺盛，而纣王军队中的奴隶和俘虏则恨透了这个暴君，巴不

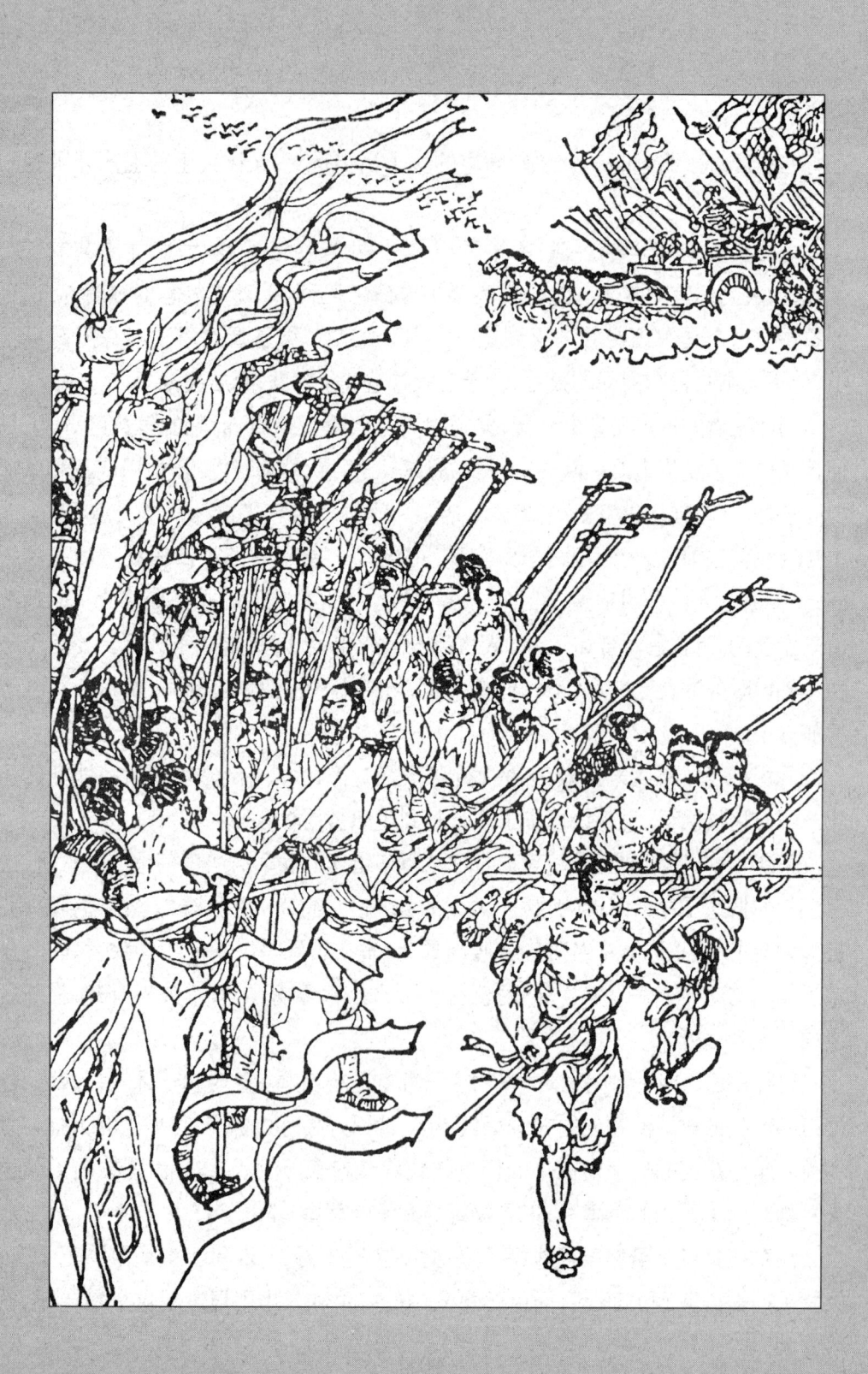

得他失败。更加可悲的是,纣王到这时还耍小聪明,他让奴隶和俘虏们冲在前面,自己的士兵只在后面压阵督战。于是,两军一接触,战场上便出现了戏剧性的场面——商军中的奴隶和战俘,纷纷举着戈矛,调转身去,杀向纣王的军队。商军的前队倒戈,再加上周军的勇猛冲杀,纣王的军队顿时土崩瓦解,溃不成军。纣王在几个亲信的保护下返身逃进朝歌,还未来得及关闭城门,周军已潮水般冲了进来。

纣王见大势已去,便逃到鹿台上,点火自焚而死。商朝就此灭亡。

周武王灭纣以后,在离丰京二十五里外的沣水东岸,建造了一座气势宏伟的新都,定名为镐京(今陕西长安西北),宣布自己为天子,并尊他的祖宗古公亶父为太王,祖父季历为王季,父亲西伯昌为文王。从此便开始了中国历史上的西周时期。

012

周公辅助成王

　　周武王攻下朝歌、灭掉商朝以后,为了稳定大局,曾采取了一个怀柔措施:他没有杀死纣王的儿子武庚,而是封他为殷侯,仍旧让他管理殷都朝歌的政务。与此同时,武王又派自己的三个亲兄弟姬鲜、姬度和姬处在殷都周围建立封国以监视武庚。因为兄弟三人的封国分别在管地、蔡地和霍地,所以以后武王的儿子成王即位,便称这三人为管叔、蔡叔和霍叔。

　　但是武王的这个措施只在表面上稳定了局面,而实际上,商朝奴隶主贵族的势力仍旧在蠢蠢欲动,想伺机反扑。而更加重要的是,几百年的商朝统治留在百姓中的观念,总觉得它是正统。果然,不久便传来了那两个曾出面阻止武王伐纣的迂老头伯夷和叔齐在首阳山(在今山西永济西南)上饿死的消息。饿死两个迂老头,本没什么大不了的,但是民间却传得沸沸扬扬。人们说这两人是为了抗议武王的违逆行为而发誓不食周粟,因而逃到首阳山上靠挖野菜充饥,到了冬天才活活饿死的。甚至还有人特地写了一首名叫《采薇》的诗称颂他们的美德。这就说明百姓的心还没有完全归向周朝。

　　听到这个消息以后,武王食不甘味、夜不成眠。他将最亲近的大臣周公旦、太公望、召公奭等召集来商量计策。太公望主张向各地派驻军队,召公奭主张要施仁政。最后周公旦提出了一个办法,将在朝歌附近设立监国的做法扩大开来,由武王分封周王室的亲属和在灭商作战中的可靠功臣到各地去建立诸侯国。诸侯国的政务和军事由诸侯自己管理,但他们都必须服从天子的号令,并且定期向天子纳贡。武王采纳了周公的建议,于是就进行了大规模的分封。从武王到以后的成王,总共大约分封了七十多个诸侯国。这种大规模分封和建立诸侯国的做法,历史上便称

为"封建"。

武王尚未完全完成封建诸侯国的事情,便病故了。实际上,西周建国后,他只统治了两年。按照武王的临终嘱托,由他十三岁的儿子姬诵继承天子之位,并由周公旦辅政,即代理执政。

周公辅政后,为了稳定局面,使已封建的诸侯国的统治有章可循,并协调好他们与周天子之间的关系,他采取了一系列的行政措施。首先,他废除了从夏商一直遗留下来的王位继承制度:即先由兄及弟,然后再传儿子的办法,改成了直接传位给嫡长子的制度,其他的儿子只能分封诸侯。这个制度免去了王室内部许多争权夺利的悲剧发生,十分有利于巩固政权。

其次,周公又划定了王室奴隶主贵族的等级与特权,将他们分成天子、诸侯、卿、大夫、士五个等级层次,并对他们各自的服饰以及祭祀、会盟、宴饮、朝贡、婚嫁、殡葬时的仪式,都作了规定。后人就将这些称为"周礼"。

这些尊卑有序的周礼,是针对奴隶主贵族的,而对于广大的老百姓(庶民),周公则又制定了很严酷详细的刑律,据说有三千条。后来人们常说的"刑不上大夫,礼不下庶人",就是指周公的这套制度而言的。

周公为了巩固周王朝的奴隶主贵族统治,倒真是呕心沥血,兢兢业业。传说他常常在吃饭时听到有人来报告事情,就连忙将口中的饭吐出来,立刻与人交谈;在洗头时临时有事情要处理,便用手握着湿淋淋的头发就办起公来。这就是后来"周公吐哺"成语的来历。

但是周公的做法也招来了一些王室人员的疑忌。首先是他的哥哥管叔就对他很不满。因为管叔是文王的三儿子,武王是老二,周公是老四,如果按过去的继承法,本可由他继承王位,而周公颁布的新继承法则完全破灭了他的希望。再说武王不让他这个老三,而是委托给老四当辅政大臣,他心中不服;再加上周公事无巨细,几乎将什么权都握在自己手里,管叔将心比心,认为他一定是欺成王年幼,想将来取而代之。于是,他便联络了两个小兄弟蔡叔和霍叔,一面在朝中散布周公独揽大权,马上要发动政变夺取王位的谣言,一面又和武庚勾结起来,怂恿他起兵反叛,想以此逼周公下台。

谣言使太公望和召公奭都有点相信了。他们突然都提出要离开镐京到自己的封地去(太公望的封地在齐,召公奭的封地在燕)。就连刚满十五岁的成王也半信半疑,急得六神无主了。周公为了制止谣言,稳定大局,一面立刻为成王举行了"冠礼"仪式,表示马上可以让他亲政了,一面用非常恳切的态度将手中的行政权托付给了太公和召公,自己离开了镐京。临走时,还写了一首名叫《鸱鸮(chī xiāo)》的诗送给了成王。诗中,周公将成王比作可爱的小鸟,将自己比作护巢哺幼的老鸟,而将武庚比作凶恶的鸱鸮。

周公出走后,果然武庚和东夷的一些部落来往密切,蠢蠢欲动了。而作为三个监国的管叔等,却无动于衷。成王得到讯息,这才打消了对周公的怀疑,赶忙与太公、召公商议,将周公紧急召回,以应付眼前危险的局势。

再说周公出走后,其实他并没有消极,而是在暗中充分掌握了管叔煽动武庚组织叛乱的证据。应召回到镐京后,他便立刻带兵东征。他自己亲自率军讨伐武庚,而让太公望率军阻断东夷中的淮夷、徐戎等部落的军队对武庚的支援。于是,周公集中兵力,攻下了殷都,杀死了武庚,接着又将制造谣言、煽动叛乱的管叔斩首,将蔡叔流放,将霍叔贬为平民。

周公东征胜利后,又在镐京东边的洛邑(今河南洛阳)建了一座都城,名叫成周。因为洛邑地处中原的中心地带,便于对中原的控制。与此同时,周公又下令将那些跟随武庚闹叛乱的商朝奴隶主贵族集中到洛邑居住,派军队监管他们,并将他们称为"顽民"。

周公为年幼的成王辅政七年,终于建立起了一个统一繁荣的周王朝。在周成王二十岁时,周公就将权力全部移交给了他。

013

共 和 行 政

　　周成王靠周公旦的帮助，将周朝变成了一个统一强大的奴隶制国家。到成王的儿子康王继位时，周王朝的兴盛已经达到了顶点。历史上称这段时期为"成康之治"。

　　但自康王的儿子昭王开始，周王朝便日渐衰落了。到了周朝的第十位王周厉王时，由于王公贵族的奢侈享乐，对奴隶和普通百姓的剥削和劳役越来越重，终于弄到了民不聊生的地步。但是，周厉王还嫌收上来的赋税不够他挥霍。于是，他听信宠臣荣夷公的主意，在全国实行"专利法"。这专利法的意思就是，全国的山林河流都是周王的土地，因此平民百姓不光耕种土地要缴税，就是上山打猎、砍伐森林、下河捕鱼等等，都要纳税，就连喝水、走路、采药等，也不能例外。

　　这专利法一出台，不但在乡下耕地的农民和奴隶不满，就连住在城里的普通平民也纷纷反对。在当时，人们称在乡下耕作的农民和奴隶为"野人"，称在国都、城里居住的平民、包括做买卖的商贩和手工业者为"国人"。国人们首先议论纷纷。有人说，山林河流是上天创造的自然资源，连这些都要收税，还让人活不活？有的说，自古以来，哪朝哪代、哪个王像这样不顾百姓的死活、只顾自己享乐的？

　　大臣召公虎原本就对周厉王及其王室人员的奢靡生活十分不满。他仗着自己是周王朝开国功臣召公奭的后代，也曾多次向厉王进谏劝说过。但厉王根本没把他的话当回事。现在，召公虎见厉王变本加厉，已经将国家弄得民怨沸腾，于是不得不硬着头皮再去劝谏。他对厉王说："荣夷公的专利法虽然为大王增加了财富，但却断了百姓的生机，使百姓对大王和朝廷心存怨恨。这可是对朝廷大大不利的呀！希望大王取消专利法，改变朝廷的奢靡之风。"

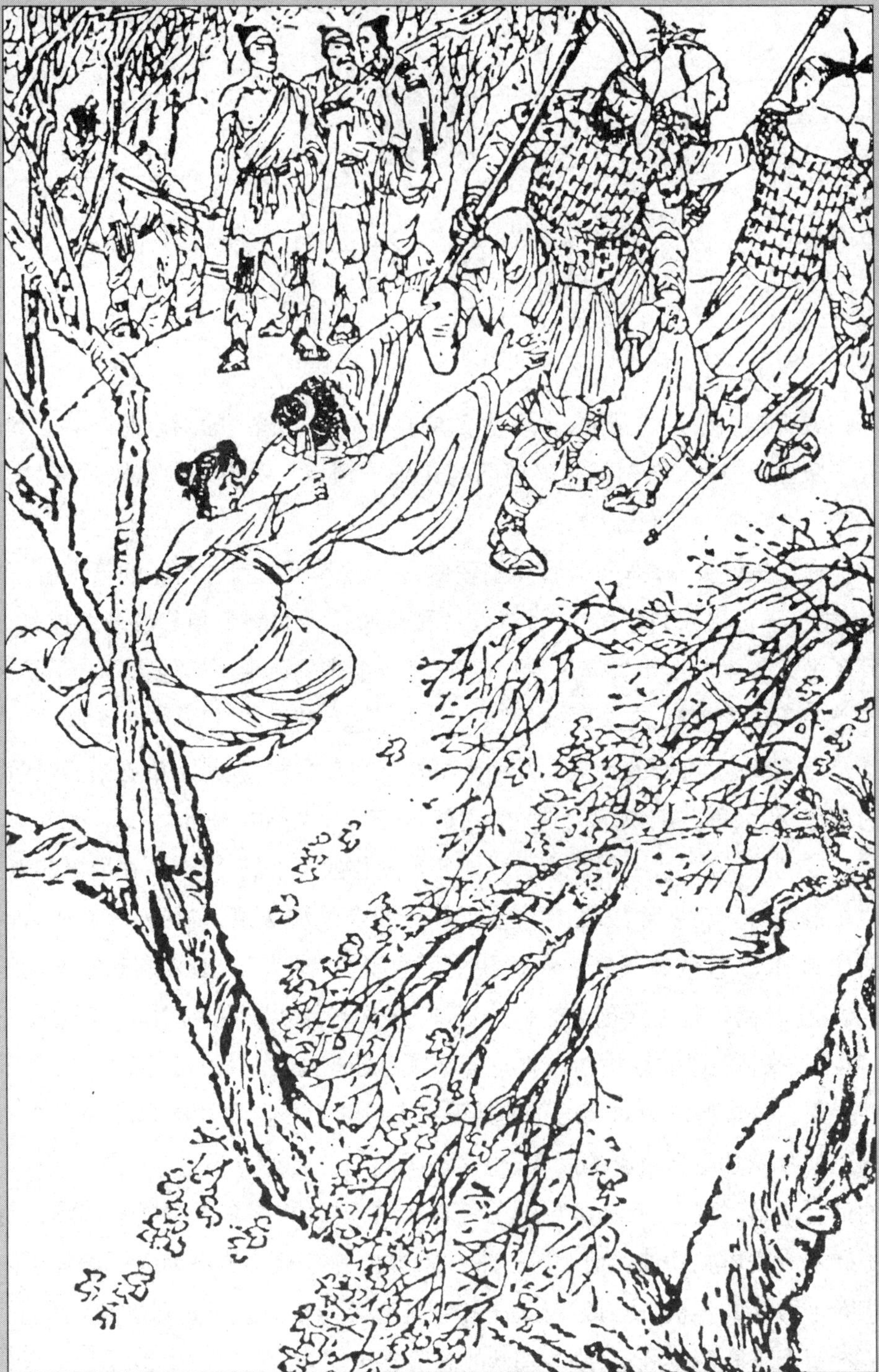

厉王听得气不打一处来,只碍于召公虎是老臣,不好治他的罪,便一拂袖子宣布退朝而去。

荣夷公有了厉王的支持,就变本加厉地推行专利法。他不但对拥有土地的奴隶主贵族和农民加重赋税,在城里也加紧盘剥,强行对那些制陶的、炼铜的手工业者征税,就连砍柴和做小买卖的,也不放过。凡是不肯纳税的,就派军队将他们抓进监狱,罚做苦工,甚至还有处以极刑的。于是,不管在城市或者乡村,到处可以听到对厉王苛政的不满。例如当时就在民间流传着这样一首歌谣:"硕鼠硕鼠,无食我黍。三岁贯汝,莫我肯顾。逝将去汝,适彼乐土。乐土乐土,爰得我所。"这意思是说,你这拼命剥削和掠夺我们粮食的大老鼠啊,多少年来我们一直尽力供养着你,你却对我们一点也不肯照顾。我们只好离开你了,我们要去寻找那能给我们自由和幸福的乐土。乐土啊乐土,你究竟在何处?

很明显,这首诗将厉王和王室贵族们比作专门偷吃粮食的大老鼠,而且还表达了人们对他们的失望和离心倾向。像这样的歌谣还有很多,人们在乡下和都城里到处传唱。对厉王暴政的不满,已溢于言表。这些情况,当然也传到了厉王的耳朵里。厉王就问荣夷公该怎么办?荣夷公对厉王说:"臣有个朋友叫卫巫,他有办法堵住百姓的口,让他们不会再乱说。"

厉王就真的任命卫巫为大臣。这个卫巫便以替人算卜为名,带领许多暗探在镐京城里到处打探。凡是探到对厉王和专利法有不满情绪的人,就将他们抓起来关进监狱,有的还处以在额头上刺字、割鼻、砍脚,甚至杀头的刑罚。这样一来,没有多久,京城里公开议论厉王不是的声音真的就沉寂下去了。人们在街上遇见了,往往只是给对方一个眼色,连说句话都不敢。

周厉王对荣夷公和卫巫十分满意,对他们大加赏赐,并且在朝堂上得意地问召公虎:"现在你还听得到百姓们的怨言吗?"

召公虎说:"我一向听说,要防止老百姓对朝政不满的议论,就像防止河水决堤一样,光靠堵,是堵不住的。堵到后来,一旦决口,危险会更大。"

厉王讨了个没趣。心中一气,他又命荣夷公进一步扩大专利范围,加紧对反对和不满的人进行镇压。就这样,被堵塞的河流终于决堤了。公元前841年的一天,

京城里的国人——许多中小奴隶主贵族、小商人、手工业者终于忍无可忍，纷纷拿起了自制的武器，聚集起来，潮水般涌向王宫，发动了暴动。

周厉王想派王师镇压，可是晚了！造反者已经冲进了王宫。而王师中的士兵，本来对厉王也很不满，他们纷纷倒戈。厉王只好带着家眷，与荣夷公等一起逃出京城，来到彘(zhì)地(今山西霍州东北)避难。

造反者攻下王宫后，得悉厉王的太子静躲在召公虎家中，就又围住了召公虎家。召公虎为了保住周王的血脉，将自己的儿子冒充太子静交了出去，被当场杀死，而真太子静被他保护了下来。

造反的国人在攻下王宫、杀死"太子"之后，因为没有明确的组织，就很快解散了。这时，周朝东边的诸侯卫武公带兵赶到了镐京。于是召公虎便出面代表周厉王的旧臣请卫武公暂时代行执政，自己和另一个大臣周公(周公旦的后代)等组成奴隶主贵族会议辅政。因为卫武公名和，他的封地在共(今河南辉县)，因此又称共伯和。共伯和与贵族会议共同执政十四年，这段时间，历史上便称为"共和行政"。我国汉代的历史学家司马迁在《史记》中便从共和行政的第一年，即公元前841年，开始纪年。这也使我国的历史从此有了确切纪年。

公元前828年，周厉王在彘地病死。召公虎和共伯和等立太子静为王，就是周宣王。

014

骊山烽火

周宣王死后,继位的是周幽王,他是西周的最后一个天子。周幽王姓姬,名叫宫涅。他不管国家大事,光讲究吃喝玩乐,打发人上各处找美人。大臣褒珦(bāo xiàng)劝幽王好好管理国家,爱护百姓,不要把老百姓家的姑娘弄到宫里来。周幽王听了直冒火,把褒珦下了监狱。

褒珦的家人被迫买来了一个顶好看的乡下姑娘,取名叫褒姒(sì),调教她唱歌跳舞,训练好了就赶紧把她打扮起来,送到镐京,献给周幽王替褒珦赎罪。

周幽王一看见褒姒长得漂亮,这才把褒珦放出来了。打这时起,周幽王日日夜夜陪着褒姒玩,把她当心肝宝贝似的。褒姒不喜欢幽王这个死老头子。她想回家,老皱着眉头叹气,常常像珠串子似的流眼泪。幽王想尽办法叫她笑,可她怎么也不笑。幽王没了法子,就出了一个赏格:"有谁能叫娘娘笑一下,我就赏他一千斤金子(那时把铜叫做金子)。"

赏格一出去,就有个不三不四的人,叫虢(guó)石父的,跑来对周幽王献媚说:"我有办法叫娘娘笑。咱们为了防备西戎入侵,在骊(lí)山(在今陕西临潼东南)一带不是造了许多座烽火台吗?您瞧,每隔几里地就是一座。万一西戎打进来,守关的士兵就把烽火烧起来,邻近的诸侯瞧见了,就发兵来救了。我想,请您老人家跟娘娘上骊山去玩。到了晚上,让咱们守关的士兵把烽火点着了,烧得它满天通红,让那些个诸侯见了呀,上个大当多好玩!娘娘见了咱们这么恶作剧,她能不笑吗!"

周幽王一听,连连点头说:"这倒是好主意。就这么试试看吧。"

诸侯郑伯友,是周幽王的叔叔。他怕幽王放烽火闹出乱子来,就拜见幽王,劝他别这么乱来。周幽王哪里肯听!他气得吹胡子瞪眼睛大骂,说:"我在宫里闷得

慌,难得跟娘娘出去放放烽火台的烟火解解闷,也用得着你管吗?混账东西!"

到了晚上,幽王让虢石父叫守关的士兵快快把烽火点起来。烽火台上的烽火越烧越旺了,远远近近,全是火柱子。邻近的诸侯看见了烽火,以为西戎打进来了,赶紧带兵来打敌人。没想到他们到了那儿,连一个敌人都看不见,光看见那儿鼓乐齐鸣、歌舞升平的景象。大伙儿不知道这是怎么回事儿。周幽王叫人去对他们说:"各位辛苦了,没有敌人,是我跟娘娘放烽火玩玩。你们回去吧!"诸侯们个个气得肚子都快炸破了。

褒姒瞧见许多兵马乱哄哄地忙来忙去,像掐(qiā)了脑袋的苍蝇似的瞎撞,就问周幽王这是怎么回事。周幽王告诉她说,这是为了让你看了发笑。褒姒觉得这个周幽王太无聊,便冷笑了一声。幽王真当褒姒笑了,就把一千斤金子赏给了虢石父。虢石父可乐了,他发大财啦!

隔了没有多少日子,西戎可真的打进来了。守关的士兵赶紧把烽火台上的烽火点起来。诸侯们当幽王又在点烽火玩,逗娘娘笑,全都不理他。

西戎的人马像发大水似的涌来了,把老百姓杀的杀,抢的抢,把年轻的男女抓了去当奴隶,可惨啦!不久,西戎打进王宫,周幽王被西戎兵用刀戟(jǐ)杀死,褒姒也被西戎给抢去了。直到后来,诸侯的兵马赶来,才打退了西戎,但幽王被杀,他们不得不拥立周幽王的儿子继位,叫做周平王。

周平王姓姬,名叫宜臼(jiù)。这时,周朝西边的土地大多被西戎占去了,平王怕镐京保不住,就在公元前770年,把国都迁到洛邑。镐京在西边,所以历史上把周朝在镐京做国都的时期,叫做西周;迁都洛邑以后,历史上的东周时代就开始了。

015

鲍叔牙荐管仲

周平王在公元前770年把国都迁到洛邑。从这一年起到公元前256年周被秦消灭为止,历史上称为东周。东周又分为两个时代,一般把公元前770年到公元前476年叫做春秋,把公元前475年到公元前256年叫做战国。东周是个动荡的时期,周天子一天天丧失了权势和威力,称霸的诸侯国的权力大于天子。到后来周天子的国土只相当于一个很小的诸侯国了。

春秋初期,齐(都城临淄,今山东淄博)是个大诸侯国。公元前685年到公元前643年,齐桓(huán)公在位。齐桓公即位七年后就开始称霸。他得力于管仲。管仲又叫管敬仲,名夷吾,字仲,治理国家的本事很大。齐桓公任命他为相国以后,齐国一天比一天强大。可是以前管仲却是齐桓公的死敌。这是怎么回事呢?那就不能不归功于鲍叔牙了。

原先,齐国的国君是齐桓公的哥哥齐襄公。齐襄公残暴荒唐,连他的两个兄弟都逃到别国去了。这两个兄弟是两个母亲生的。一个叫公子纠,逃到了鲁国(都城在今山东曲阜)的姥姥家。一个叫公子小白,就是后来的齐桓公,逃到了莒(jǔ)国(都城在今山东莒县)的姥姥家。公子纠的师傅是管仲,公子小白的师傅是鲍叔牙。

管仲和鲍叔牙从小就是好朋友。他们分别在当纠、小白公子的师傅以前,合伙做过买卖。鲍叔牙本钱出得多,管仲家里穷,出的本钱少。赚了钱呢,管仲倒多拿一份。伙计不服,鲍叔牙说:"管仲家里难,等着钱用,多分点给他我乐意。"他们俩也一块儿打过仗。冲锋时,管仲跟在鲍叔牙后头,退兵时,管仲跑在鲍叔牙前头。人家说管仲贪生怕死。鲍叔牙分辩说,管仲不贪生,不怕死,他的母亲老了,多病,不能不奉养母亲。还说:"他的勇敢天下少有。"管仲听了这些话就对人说:"唉,生

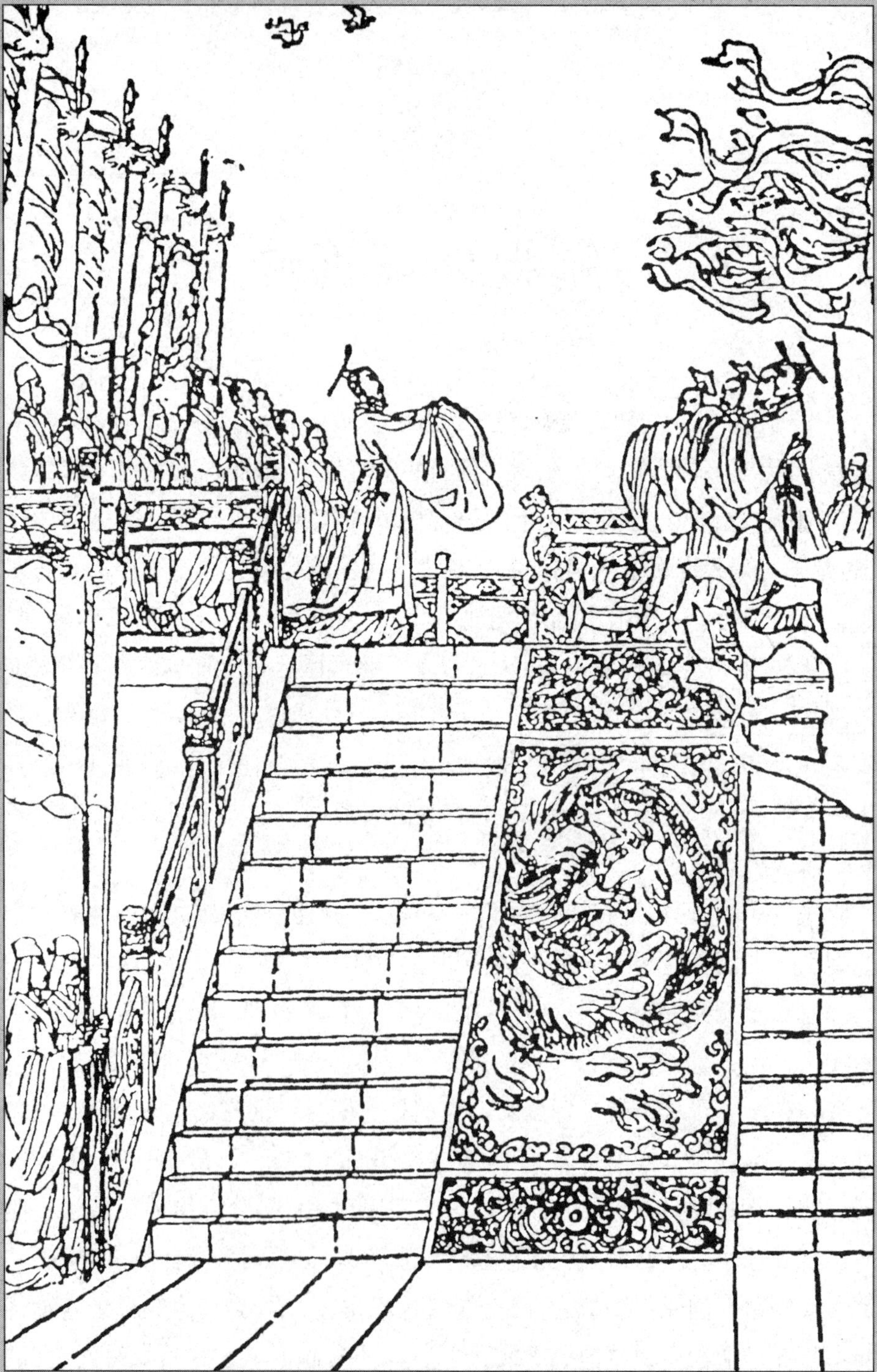

我的是父母,了解我的却是鲍叔牙!"

公元前686年,齐襄公被人杀死了。第二年春天,齐国的大臣派使者迎接公子纠回去做国君。鲁国的国君鲁庄公亲自派兵护送。管仲怕小白抢在前头,就带着几十辆兵车赶紧走。走到即墨(今山东平度东南),听人说公子小白已经跑在头里了。管仲使劲地追,追了三十多里路才追上。管仲瞧见公子小白坐在车里,也不多说,偷偷地拿起弓箭,对准了公子小白,"嗖"地一箭射过去。公子小白大叫一声,口吐鲜血,倒在车子里。管仲一看,小白死了,急急忙忙带着人马逃跑。他想公子小白已经被射死,公子纠的君位稳坐了。

谁知道公子小白并没有死,只是咬破舌头,弄得满口的鲜血装死。鲍叔牙护着小白抄小道赶到都城临淄(zī),可是公子纠年龄比公子小白大,照理应该立公子纠。鲍叔牙硬是说服了大臣们,立公子小白为国君,就是齐桓公。齐桓公任命鲍叔牙做宰(最高助手),鲍叔牙推辞不做,说管仲才可以当这个官。

不久,鲁国的兵马送公子纠回到了齐国地界。齐国的鲍叔牙立即请齐桓公发兵抵抗,结果鲁庄公吃了败仗,又把公子纠和管仲带回鲁国。不料齐国的追兵追上门来打。鲁庄公没有法子,逼死了公子纠,拿住管仲。鲍叔牙关照齐国的使者对鲁庄公说:管仲射过齐桓公,齐桓公要报一箭之仇,亲手杀了他。鲁庄公只好把管仲装上囚车,押回齐国。管仲明白,自己能活着回去,全是鲍叔牙的主意。原来鲍叔牙要举荐管仲帮助齐桓公治理齐国,怕鲁国先杀管仲。等到管仲一回到齐国,鲍叔牙就亲自到城外迎接。

接着,鲍叔牙大力把管仲保举给齐桓公。齐桓公说:"他拿箭射我,要我的命,你还叫我用他吗?"

鲍叔牙说:"那会儿他是公子纠的师傅,管仲自然冒死帮着公子纠啦。管仲的本领比我强十倍。主公要是用他,他准能给您立大功。"

齐桓公听了鲍叔牙的话,立即拜管仲为相国。鲍叔牙反倒做了管仲的副手。

管仲当相国以后,发挥他的政治才能,大力实行改革,使齐国的国力迅速增强。七年后,齐桓公就称霸四方,不久齐桓公就成了春秋第一霸。他尊称管仲为仲父。鲍叔牙则一心为齐国着想,甘居管仲之下,历史上传为美谈。

016

一 鼓 作 气

　　齐桓公称霸之前，也就是刚拜管仲为相国时，消息传到鲁国，鲁庄公气得直翻白眼。他知道管仲挺有能耐，却被小白给骗去了，后悔当初真不该把管仲放了。鲁庄公就开始练兵，铸造兵器，打算报仇。这时，开始用铁打造兵器、制造生产工具了。齐桓公本来就对鲁国不满，听到消息，便想先下手打到鲁国去。

　　管仲拦住他说："主公才即位，本国还没安定，列国还没交好，老百姓还不能安居乐业，怎么能在这会儿去打人家呢！"

　　齐桓公可正为着刚即位，想露（lòu）一手，显得他比公子纠强，好叫大臣们服他。要是依着管仲先把政治、军队、生产一件件都办好了，那还不知道要等到什么时候呢。于是，公元前684年，齐桓公就拜鲍叔牙为大将，带领大军，一直往鲁国的长勺（sháo）（今山东莱芜东北）打过去。

　　鲁庄公得了这消息，气了个半死，脸红脖子粗地对大臣们说："小白欺负咱们太过分了！施伯，你瞧咱们是非得拼一下子不可吧？"

　　施伯说："我推荐一个人，请他来带兵，准能对付齐军。"

　　鲁庄公急着问他："谁呀？快去请他来！"

　　施伯说："这人姓曹名刿（guì），从小跟我交好，挺有能耐，文的武的全行。要是咱们真心去请他，他也许肯出来。"鲁庄公马上派施伯去请曹刿。

　　施伯见了曹刿，把本国被小白欺负的事说明白了，要他出来给国家出点力气。曹刿是个平民，家里又穷，笑着说："怎么？你们做大官、吃大肉的，还要跟我们吃野菜的小百姓商量大事吗？"

　　施伯赔着笑脸说："好兄弟，别这么说了。国家要紧，全国人的性命要紧！"死缠

着央告,怎么也得请曹刿帮助国君过这道难关。有人劝曹刿别去掺和,说打仗是当官的事。曹刿没听他,就跟着施伯去见鲁庄公了。

曹刿问鲁庄公做了哪些准备,鲁庄公讲了三点,最后一点讲的是取信于民。曹刿说:"这一仗可以打了!"

鲁庄公问他怎么打,他说:"全国上下一心,就能打退敌人。至于到底怎么打,那可说不定。打仗得随机应变,没有一成不变的死法子。"

鲁庄公信任施伯,也就相信曹刿有本领,当时就拜他为大将,带着大军一块儿上长勺去抵抗齐兵。

他们到了长勺,扎下军营,摆下阵势,远远地对着齐国的兵营。两国军队的中间隔着一片平地,好像是一条很宽的干了的大河,两边的军队好像是挺高的河堤。只要两边往中间一倒,就能把这条河道填满。鲍叔牙上回打了胜仗,知道对面不敢先动手,就下令打鼓,准备冲锋。

鲁庄公听到对面的鼓声响得跟打雷似的,就急着叫这边也打鼓进军。曹刿拦住他说:"等等。他们打赢了一回,这会儿正在兴头上。咱们出去,正合了他们的心意,不如在这儿等着,别跟他们交战。"

曹刿下令不许嚷,不许冲出去,光叫弓箭手守住阵脚。齐兵随着鼓声冲过来,可没碰上对手,瞧瞧对方阵势稳固,没法打进去,就退回去了。

过了一会儿,齐兵又打鼓冲锋。对手呢,好像在地下扎了根似的动也不动,一个人都没出来。齐兵白忙了半天,人家不跟你打,使不出劲,真没有意思,嘴里直唠叨。鲍叔牙可不灰心,他说:"他们不敢打,也许是等着救兵呢。咱们再冲,不管他们出来不出来,一直冲过去,准能赢!"

于是,就打第三通鼓了。齐兵已经白冲了两次,都腻烦了。他们以为鲁兵不敢交战,冲出去有什么用呢。可是命令又不能不依,去就去吧,大家都懒洋洋地提不起劲儿来。谁知道对面忽然"咚咚咚"鼓声震天价响,鲁国的将士"哗"一下子都冲了出来,就跟冰雹打荷叶似的,把齐国的队伍打得粉碎。

齐兵拼命往回逃,鲁庄公就要追上去。曹刿说:"慢着,让我瞧瞧。"

曹刿跳下车来,查看了一会敌人的车轮印子,又跳上车去,一手扶着横档往前

细细瞧了一回,才发命令:"快追! 一直追上去!"就这么追了三十里地,得了好些齐国的兵器和车马。

鲁国打了个大胜仗。为什么? 鲁庄公可不明白。他问曹刿:"头两回他们打鼓,你为什么不让咱们也打鼓?"

曹刿说:"临阵打仗全凭一股子劲儿。打鼓就是叫人起劲儿。打头一回鼓,将士顶有劲,第二回就差了,第三回就是把鼓敲得震天响,将士们也没有多大的精神了。趁着他们没有劲儿的时候,咱们一鼓作气打过去,怎么不赢呢?"

鲁庄公和将士们都点头,可是大伙儿还不明白,人家逃了为什么不立刻追上去呢? 曹刿说:"敌人逃跑也许是个计策,说不定前面还有埋伏,非得瞧见他们战车的轮子印乱了,旗子也倒了,才能够毫无顾虑地追上去。"

鲁庄公挺佩服地说:"你真是个精通军事的将军。"

齐桓公打了败仗,只好认输,向管仲认错,愿意听他的话。管仲就请齐桓公对外跟列国诸侯交好。齐国也跟鲁国讲和了,还把从鲁国夺来的田地退还给鲁国。齐桓公对内整顿内政,发展生产,一个劲地开铁矿,造农具,开荒地,多种庄稼,由公家大量地晒盐,鼓励老百姓下海捕鱼。齐国的东边就是海,晒盐捕鱼,极其方便。离海岸较远的诸侯国,没有鱼吃倒也罢了,没有盐那可怎么过日子呀? 他们只好跟齐国交好,拿粮食去换齐国的盐。

齐桓公因为重用了管仲和鲍叔牙,让齐国越来越富强了。没有几年工夫,齐桓公吞并了三十七个小国(一说四十一国),逐步做了诸侯的首领。

老 马 识 途

公元前679年,齐桓公约会诸侯共同订立盟约。盟约上要紧的有三条:第一条是尊重周釐(xǐ)王;第二条是抵御外族向中原进攻;第三条是帮助弱小的和有困难的诸侯。十多个中原诸侯国参加大会,订立了盟约。强者为王,大伙儿都尊齐桓公为霸主。可是南方有个大国叫楚国(都城在今湖北荆州),不但不参加中原的联盟,还把郑国拉过去也不叫郑国参加。齐桓公火了,正跟管仲商议着怎么去讨伐楚国,没想到北方的燕国(今河北北部、辽宁西部)到齐国来讨救兵,说北边的山戎打进来了,燕国打了几个败仗,眼瞧着老百姓都要给山戎杀了,央求霸主发兵去救。管仲对齐桓公说:"主公要征伐楚国,得先打退山戎,才能够专心对付南方。"

于是,公元前663年,齐桓公率领大队人马到了燕国。山戎早已逃走了。管仲说:"山戎没打就走,等到咱们一走,他们准又进来抢劫。要安定北方,非打败山戎不可。"齐桓公就决定再向前进军,但地形不熟悉,得有人带路。燕国的国君燕庄公对齐桓公说:"不妨请无终国(今河北玉田西北)出兵帮我们带路。"

齐桓公立刻派使者去,无终国答应做向导,派了一位大将带着一队人马来支援。齐桓公打败了山戎,救出了不少被山戎掳去的青年男女,山戎的老百姓也归顺了齐国。可是山戎的大王密卢逃到孤竹国(今河北卢龙东南)借兵去了。齐桓公和管仲决定去攻打孤竹国。

大军到了孤竹国附近,碰到了山戎的大王密卢和孤竹国的大将黄花。他们被齐国大军打了个落花流水。这时天色不早了,齐军就安营下寨。到了头更天时,士兵们带着孤竹国的大将黄花来见齐桓公。

齐桓公一看,他跪在地上,双手捧着一颗人头,耷(dā)拉着脑袋说:"乘我们的

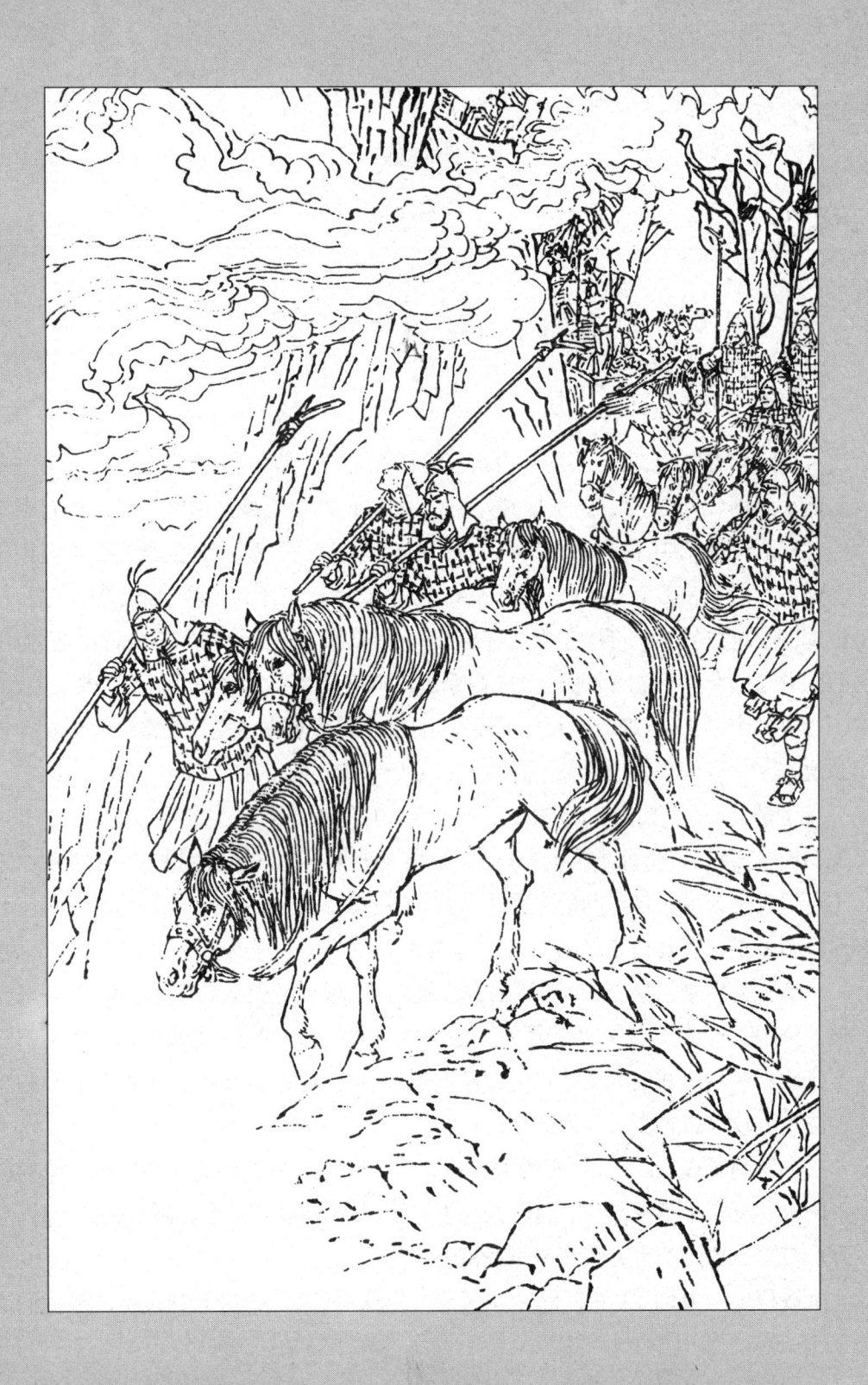

大王答里呵被您打败,亲自到沙漠去讨救兵时,我杀了山戎的头子密卢来向您投降。孤竹国没有指望了,请让我带您去追赶答里呵吧!"齐桓公和管仲把那颗人头仔细瞧了一阵子,又叫将士们认了认,真是山戎大王密卢的脑袋,就把黄花留下了。

第二天,黄花把齐桓公和燕庄公领进了孤竹国都城,果然是一座空城。他们更加相信了黄花。齐桓公叫燕庄公带着燕国人马守住孤竹国的都城,自己率领全部人马由黄花带路去追答里呵。

黄花在前头带路,到了掌灯时分,来到了当地人把它叫做迷谷的地方。只见平沙一片,就跟大海一样,一眼望去没边没沿,分不出东南西北来,大伙儿全迷了路。齐桓公和管仲急得团团转,赶紧去问黄花,哪儿还有他的影儿!这才知道中了黄花的诡计。原来,黄花杀了山戎的头子密卢倒是真的,投降可是假的。

管仲说:"恐怕这儿叫旱海,不能再走了。"

齐桓公下令收军。天越来越黑,又碰上冬天,西北风一个劲儿地刮着,大伙儿冻得直打哆嗦,都在这没边没沿、黑咕隆咚的迷谷里冻了一夜。好容易盼到天亮,眼前还是黄澄澄的一片平沙,罩着灰扑扑的一层雾气,道路在哪儿呢?这块鬼地方连一滴水都没有,要是走不出去,渴也得把人渴死。

大伙儿正在不知道怎么办时,管仲想出了个主意,他向齐桓公说:"马也许认得路。咱们挑几匹当地的老马在头里走,也许能走出这块地方。"齐桓公点头说好。他们就挑了几匹老马领路。果然,老马识途,领着他们走出了迷谷。"老马识途"的成语就是这么来的。

齐桓公的大队人马出了迷谷,远远瞧见一批老百姓好像搬家似的,就派老兵扮做百姓去打探,才知道他们是孤竹国的百姓。当初所瞧见的孤竹国国都是座空城,原来是黄花和答里呵使的诡计,让老百姓先搬出城去,然后他们去攻打燕庄公守城的人马。管仲于是把一部分士兵扮做孤竹国的百姓混进城去。到了半夜,混进城里的士兵放了一把火,从城里杀出来,城外的大军从外边打进去,把黄花和答里呵全给杀了,孤竹国也就这么完了。

齐桓公对燕庄公说:"山戎已经赶跑了,这一带五百多里的土地都给燕国。你守着,别再放弃。燕国是北边的屏障,管理这个地方是你的本分。"

燕国靠了齐桓公,一下子增加了五百多里的土地,变成了一个大国。

唇亡齿寒

　　齐桓公自从打退山戎，救了燕国，在诸侯中的威望更高了。这不，卫国又派使臣来拜见齐桓公，说北狄(北方游牧部族的总称)侵犯卫国，杀了国君卫懿(yì)公。

　　齐桓公派公子无亏为大将，带领人马到了卫国，立了新君卫文公。无亏留下三千齐兵，驻扎在卫国，防备北狄。他自己回国向父亲齐桓公禀(bǐng)报。

　　齐桓公说："咱们是得好好地帮助卫国。"

　　管仲说："咱们不如替卫国砌城墙，便于他们防卫。"

　　齐桓公很赞成这个主意，约了别的几个国家，替卫国砌城墙，盖房子。这使得齐桓公的名声更大。接着他又派人朝拜周釐王，请周釐王派自己到宋国(都城在今河南商丘南)宣布新君的君位，并以周天子委派的名义召集别国诸侯会盟。列国诸侯不管愿意不愿意，凡是承认他是霸主的都向他进贡，听他的指挥。

　　在这以前，齐桓公就请周天子命他约会宋、鲁、陈、卫、郑、曹、许等国，各派大将领兵由齐桓公统领去攻打楚国。楚成王派使臣去见齐桓公，说："楚国和齐国相隔挺远，风马牛不相及，你为什么攻打我呢？"

　　齐桓公说："我受王命而来，你不向周天子进贡滤酒用的茅草。"楚成王只好认错讲和，齐桓公才叫各国退兵。当时，齐、楚、晋、秦、吴、越是一等大国。承认齐桓公为霸主的宋、鲁、郑、卫都是二等大国，陈、曹是三等大国，只有许国是个小国，可见齐桓公的实力很强。齐桓公在位三十二年间，经历了四代周王，称霸后九次召集诸侯会盟。

　　后来，齐桓公老了。西方秦国(今陕西、甘肃的一部分)的国君秦穆公想乘机扩张势力，争做中原的霸主。秦穆公认为要做大事得有大批人才，他想尽办法满天下去搜罗。秦穆公与众不同的是，不重用本国的贵族。他怕本国贵族权大势大，国君反倒

受了他们的牵制。他宁可重用外来的人才。外来人才不像本国的豪门大族割据地盘,建立自己的势力,威胁国君。

有个人物姓百里,名奚。百里奚是虞国(今山西平陆北)人。他的儿子叫孟明视,后来也是个出名的人物。百里奚在三十多岁娶妻生子后,离开虞国来到齐国,但找不到出路,靠要饭过日子。后来四十多岁的他到了宋国,碰见一个隐士叫蹇(jiǎn)叔,两人成了知心朋友,都想找一个出路,可是找不到主儿。没办法,百里奚打算回到虞国去。蹇叔说:"虞国的大夫宫之奇倒是我的朋友,咱们不妨找找他去。"就这样,百里奚又回到了虞国。

蹇叔带着百里奚去见大夫宫之奇。宫之奇要带他们去见虞君。蹇叔摇了摇头说:"虞君爱贪小便宜,不像有作为的人物。"于是,蹇叔就离开了百里奚。临别时他对百里奚说:"以后您要瞧我,就上鸣鹿村好了。"打这儿起,百里奚跟着宫之奇在虞国做了大夫。果然不出蹇叔所料,虞君爱贪小便宜。

晋国(都城在今山西翼城东南)派使者到虞国,送上一匹千里马和一对名贵的玉璧,作为礼物买通虞君说:"我们打算攻打虢国(又叫北虢,都城在今河南陕县东南),为行军方便,想跟您借一条道儿从您的国土过去。"

虞君瞧瞧手里的玉璧,又瞧瞧千里马,连连答应:"可以,可以!"

大夫宫之奇拦住他说:"不行!虢国跟虞国贴得那么近,好像嘴唇跟牙齿一样。俗语说:'唇齿相依,唇亡齿寒',我们这两个小国相帮相助,才不至于给人家灭了。万一虢国被晋国灭了,虞国也一定保不住。"

虞君说:"人家晋国送来了千里马和无价之宝跟咱们交好,咱们连一条道儿都不准人家走?再说晋国比虢国强上十倍,就算失了一个小国,可是交上了一个大国,这不好吗?"

百里奚拉住宫之奇退出来说:"跟糊涂人说好话,就好像把珍珠扔在道儿上。"宫之奇知道虞国一定灭亡,就带着家人跑了。

不久,晋献公派大将率领大军经过虞国去灭了虢国,回头顺便也灭了虞国,取回了千里马和玉璧。虞君和百里奚都做了俘虏。晋献公要重用百里奚,百里奚宁可做俘虏,不愿意做晋国的官。后来,百里奚又被楚国抓去。秦穆公把这个当年帮人看牛的百里奚从楚国赎出来当了大夫。

秦穆公广招人才

秦穆公赎出百里奚，是因为他想招揽人才。

秦国地处西部边地，国小民弱，在群雄并起的春秋时代，与其他强国相比，显得很不起眼。秦穆公雄心勃勃，一心想超越其他国家，称霸天下，但苦于身旁没有贤才良臣来辅佐他。为此，他很苦恼。

有一天，秦穆公召见了善于相马的伯乐，对他说："你的年纪一天比一天大了，不知你的子孙辈中有继承你的相马本领的吗？"

伯乐回答说："大王，真是可惜得很，我的子孙中没有一个人及得上我，倒是我的好朋友九方皋，他相马的本领高强，大王可以试一试。"

穆公当即召来九方皋，请他去寻一匹好马。过了三天，九方皋兴冲冲地跑来报告，说已为大王觅到了一匹第一流的好马。

穆公高兴地问："是匹怎样的马？"

九方皋答："是匹黄色的母马。"

穆公让人把马儿牵来，谁知竟是一匹黑色的公马。于是穆公对伯乐说："你推荐的那位朋友怎么连马的颜色和雌雄都分辨不清，我怎么能相信他推荐的是匹好马呢？"

伯乐答道："大王您有所不知，会相马的人，一眼便能看中马的内在的灵性。至于马的颜色、外貌和雌雄都不会影响到一匹好马的品性，所以九方皋把这些给忽略了，或许，他根本也没理会这些。大王，您尽可以放心。"

后来一试，果然是匹天下无双的好马。秦穆公从这件事上得到了启发，他派人到各处去广招人才，希望天下有用的人都投奔到他的门下来。

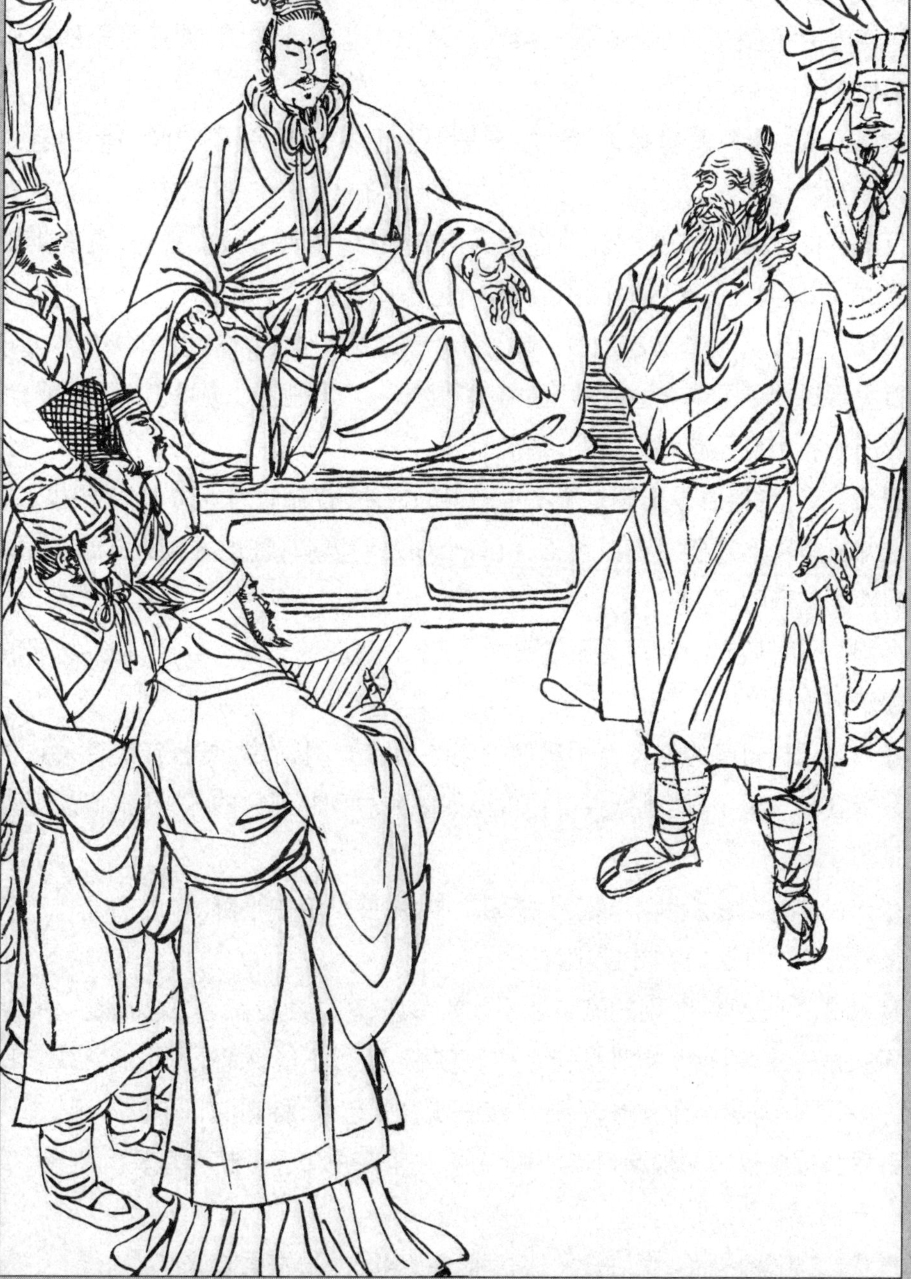

不久,有人向他报告说,有个叫百里奚的,很有才能,现在流落在楚国喂牛。秦穆公马上派手下人去楚国请他,考虑到如果用重金去聘的话,会引起楚王的怀疑,于是让使者带了五张羊皮去向楚王换人。楚王不想得罪秦国,就把百里奚交换给了秦国使者。

秦穆公亲自召见百里奚,一看,原来是个七十岁的老头,不觉脱口而出道:"可惜啊,年纪太大了。"

百里奚说:"大王,如果您让我追逐天上的飞鸟,或者去捕捉猛兽,臣确实太老了;但如果和您大王一起商讨国家大事,臣还不算老呢。"

秦穆公一听,不由肃然起敬道:"我想让秦国超过其他的国家,您有什么办法吗?"

百里奚说:"秦国虽在边陲地区,但地势险要,兵马强悍,进可以攻,退利于守,我们要充分利用自己有利的条件,乘机而进。"

穆公听了,觉得百里奚确是个不可多得的人才,就封他为上卿,治理国事。

谁知百里奚连连摆手说:"大王,臣有个朋友叫蹇叔,他的才能远远胜过我,请大王封他为上卿吧。"

秦穆公一听还有比百里奚更能干的人,连忙派使者带着重金,到蹇叔隐居的鸣鹿村去请他出山。

蹇叔为了让自己的好友百里奚能安心地留在秦国辅政,便随着使者来到了秦国。秦穆公高兴极了,他对蹇叔说:"百里奚多次对我说到你的才能,我很想听听你的意见。"

蹇叔说:"秦国之所以不能立于强国之中,主要是威德不够。"

秦穆公说:"那么怎样才能做到呢?"

蹇叔说:"治法要严,别的国家就不敢欺负您;对百姓要宽容,民众就会拥护您。要想国家强盛,必须教民礼节,贵贱分明,赏罚公正,不能贪心,也不能急躁。我看今日许多强国,霸业已经衰退,秦国一步一步富强起来,称霸的日子就不远了。"

秦穆公被蹇叔的一番话说得心服口服,心花怒放,于是封百里奚为左庶长,蹇叔为右庶长,称为"二相"。

自从"二相"治国后,立法教民,兴利除害,秦国变得富强起来了。

宋襄公愚不可及

秦穆公要做霸主,可是秦国在西方,离中原诸侯国远,他得先收服邻近的许多小部族,然后再来跟中原诸侯打交道。除了秦穆公以外,宋国的国君宋襄公也要接着齐桓公做霸主。齐桓公去世以前,曾经跟管仲商量过,把公子昭托付给宋襄公。齐桓公一死,宋襄公就约会几个诸侯共同立公子昭为齐国的国君,就是齐孝公。

以前大伙承认齐桓公是霸主,现在齐国的国君还得由宋襄公来立,那么宋襄公不是接着齐桓公做了霸主了吗?人家可不同意,尤其是楚国和郑国的国君,他们联合在一起反对宋襄公,当面侮辱了他。宋襄公气得翻白眼,一定要报仇。楚国是大国,兵力强;郑国比楚国小,兵力弱,宋襄公决定先去征伐郑国。

公元前638年,宋襄公准备发兵。宋国有两个出名的大将,一个叫公子目夷,一个叫公孙固,他们都反对出兵。宋襄公生气了,他说:"你们不去?那我一个人去!"

公子目夷和公孙固不赞成去打郑国,这会儿一见他冒了火,只好顺着他。宋襄公亲自带着公子目夷和公孙固,率领大军去打郑国。郑国急忙派使者向楚国求救,楚成王便派大将成得臣带领大队兵马去对付宋国。

楚国人很能用兵,他们的大队兵马不去救郑国,反倒直接向宋国进攻。这一招,宋襄公没提防,急得连忙赶回来。大军到了泓(hóng)水(在今河南柘城西北)的南岸,驻扎下来,准备抵抗楚军。成得臣派人来下战书。公孙固对宋襄公说:"楚国的兵马到了这儿,是因为咱们去打郑国。现在咱们回来了,还可以跟楚国讲和,何必跟他们闹翻呢?再说,咱们的兵力也比不上楚国,怎么能跟他们打仗呢?"

宋襄公认为楚国一向不讲道理,强横霸道,不能叫人心服,就说:"怕什么!楚国就算兵力有余,可是仁义不足。咱们尽管兵力不足,仁义可有余呀。兵力怎么抵得住仁义呢!"

宋襄公就写了回信,约定交战的日期。他做了一面大旗,上面绣着"仁义"两个大字,把它当做镇压妖魔的法宝似的,以为这样能打败楚军。万没想到楚军不但没给"仁义"大旗吓跑,反而从泓水那边渡到这边来了!

公子目夷瞧着楚国人忙着过河,就对宋襄公说:"楚军白天渡河,明明小看咱们不敢去打他们。咱们趁着他们渡到一半,迎头打过去,一定能够打个胜仗。"宋襄公说:"哪儿有这个道理呀?敌人正在过河的时候就打过去,还算是讲仁义的军队吗?"

公子目夷一瞧楚军已经上了岸了,乱哄哄地正排着队伍,心里急得什么似的,又对宋襄公说:"趁他们还没排好队伍,咱们赶紧打过去,还能够打个胜仗。要是再不动手,咱们就要挨打啦!"宋襄公眼睛一瞪,骂他说:"呸!你这个不讲仁义的家伙!别人家队伍还没排好,怎么可以打呢!"

楚国的兵马排好了队伍,一声鼓响,就像大水冲塌了堤坝似的涌过来。宋国的军队哪儿顶得住哇。公子目夷、公孙固,还有一位公子荡拼命保住宋襄公,可是宋襄公大腿上早已中了一箭,身上也有几处受了伤。

公子荡不顾死活,挡住了楚军。公子目夷保护着宋襄公赶着车逃跑。公子荡死在乱军之中。公孙固带着败兵残将一边抵抗,一边后退,楚军乘胜追击,宋军大败,辎(zī)重粮草沿路抛弃,都给楚军拿去了。

宋襄公连夜逃回睢(suī)阳(今河南商丘南)。宋国人都怨他不该跟楚国人打仗,更不该那么打法。公子目夷瞧着愁眉苦脸的宋襄公,问他说:"您说的讲仁义的打仗就是这个样儿的吗?"宋襄公一边理着花白的头发,一边揉着受了伤的大腿,说:"依我说,讲仁义的打仗就是以德服人。比如说,看见已经受了伤的人,可别再去伤害他;看见头发花白的人,可别拿他当俘虏。"

公子目夷再也耐不住了,很直率地说:"这回咱们打了败仗,就因为主公不知道怎么打仗,要打仗就必须利用一切办法打击敌人,消灭敌人。如果怕打伤敌人,那

还不如不打;如果碰到头发花白的就不抓他,那还不如让他抓去!"可是宋襄公仍旧相信这次尽管打了败仗,仁义还在自己一边儿。

宋襄公受了很重的伤,不能再起来了。他嘱咐太子说:"楚国是咱们的仇人,千万别跟他们来往。晋国的公子重耳挺有本领,手下人才很多,他现在虽然在外面避难,要是能够回国的话,将来一定是个霸主。你要好好地跟他打交道,准没错儿。"

021

重耳流亡异乡

晋公子重耳的父亲晋献公生了申生、重耳、夷吾、奚齐和卓子五个儿子。晋献公年老时听宠妃骊姬的话，要把他和骊姬生的小儿子奚齐立为太子，杀了太子申生，重耳和夷吾也分别逃到国外去了。重耳逃到了狄国，晋国有才能的人大多数也跑出来跟着他。

公元前651年，晋献公死了，晋国发生内乱。重耳的弟弟奚齐和卓子先后做了国君，都给大臣们杀了。秦穆公就帮助逃到秦国的夷吾回国做了国君，就是晋惠公。晋惠公当上国君后跟秦国闹翻，又杀反对他的人。有一批人就指望公子重耳回去做国君。

晋惠公怕重耳回国，便打发人去行刺重耳。跟随重耳的狐毛、狐偃(yǎn)接到父亲传来的信息，赶快去告诉重耳。重耳跟大伙儿商量，决定逃到齐国去。

重耳这一帮一无所有的"难民"要到齐国去，得经过卫国。卫文公吩咐管城门的人不许他们进城。重耳和大伙儿饿着肚子绕到五鹿(今河南清丰西北)，向田边几个庄稼人要点儿吃的。几个庄稼人给了一块土疙瘩，还嘲弄他们。

重耳带着一帮人继续向前走，又走了十几里，再也不能走了，只好坐在大树下歇歇脚。重耳躺下把头枕在狐毛的腿上。别人都去掐野菜，煮了点儿野菜汤，自己不喝，先给公子送去。重耳尝了尝，皱着眉头，喝不下这号东西。

后面赶上来的赵衰带着一竹筒稀饭给重耳吃。重耳说："你吃吧！"

赵衰不愿一人吃，只好拿点儿水和在稀饭里，分给大家伙儿，每人吃了一口。

重耳他们好容易到了齐国。齐桓公摆酒接风，叫跟着公子的人都安心住下。谁知没多久齐桓公死了，齐国也起了内乱。他们只得去投奔宋襄公。

宋襄公刚吃了败仗，大腿受了伤，正在害病，就派公孙固去迎接，也像齐桓公那样待他们不错。过了些日子，公孙固告诉重耳的随从狐偃，指望宋国发兵护送公子回去，宋国还没有力量。

没法子，他们又离开宋国，到了郑国。郑国的国君认为重耳在外边流浪了这么些年，一定是个没出息的人，理也不理他。他们只好去了楚国。楚成王把重耳当做贵宾，还用招待诸侯的礼节去招待他，两个人做了朋友。

重耳对楚成王说："我真想不出怎么报答大王的恩典。要是我能回国，愿意跟贵国交好；万一发生战争，我就退避三舍。"

古时候行军，三十里为一舍。"退避三舍"的成语就是这样来的。

楚成王的大将成得臣一听，气得偷偷对楚成王说："重耳将来一定忘恩负义，不如趁早杀了他！"楚成王不肯。

有一天，楚成王对重耳说："秦伯派人来请公子去，他有心帮公子回国。"

重耳表示愿意跟着楚成王。楚成王说："秦国跟贵国离得近，早晨动身，晚上就可以到了。您还是去吧！"

重耳拜别了楚成王，到秦国去了。

秦穆公原来立重耳的弟弟夷吾为晋惠公，晋惠公的异母姐姐是秦穆公的夫人。但晋惠公即位后却发兵打秦国，失败后，割让了五座城给秦国，把太子圉(yǔ)送到秦国做抵押。秦穆公就把女儿怀嬴(yíng)嫁给公子圉。

可是公元前638年，公子圉又偷偷地跑回去想接替君位去了。第二年晋惠公一死，公子圉做了国君，就不跟秦国来往了。秦穆公很后悔，决定另立重耳为晋国国君，先把他从楚国接来，并把原来嫁给圉的女儿怀嬴改嫁给圉的伯父重耳，表示友好。

公元前636年，秦穆公发兵替女婿重耳打进晋国去，还亲自率领百里奚等文臣武将护送公子重耳回晋国。到了黄河边，秦穆公分一半人马护送公子过河，自己留下一半人马在黄河西岸作为接应。分手时双方依依不舍，秦穆公流下了眼泪。

上船时，重耳叫手下人七手八脚地把逃难中用的东西都扔在岸上，有人把脚上的破鞋也扔到黄河里了。狐偃跪在重耳面前说："如今公子过河回到晋国，内有大臣，外有秦国，我挺放心。我想留在这儿了！"

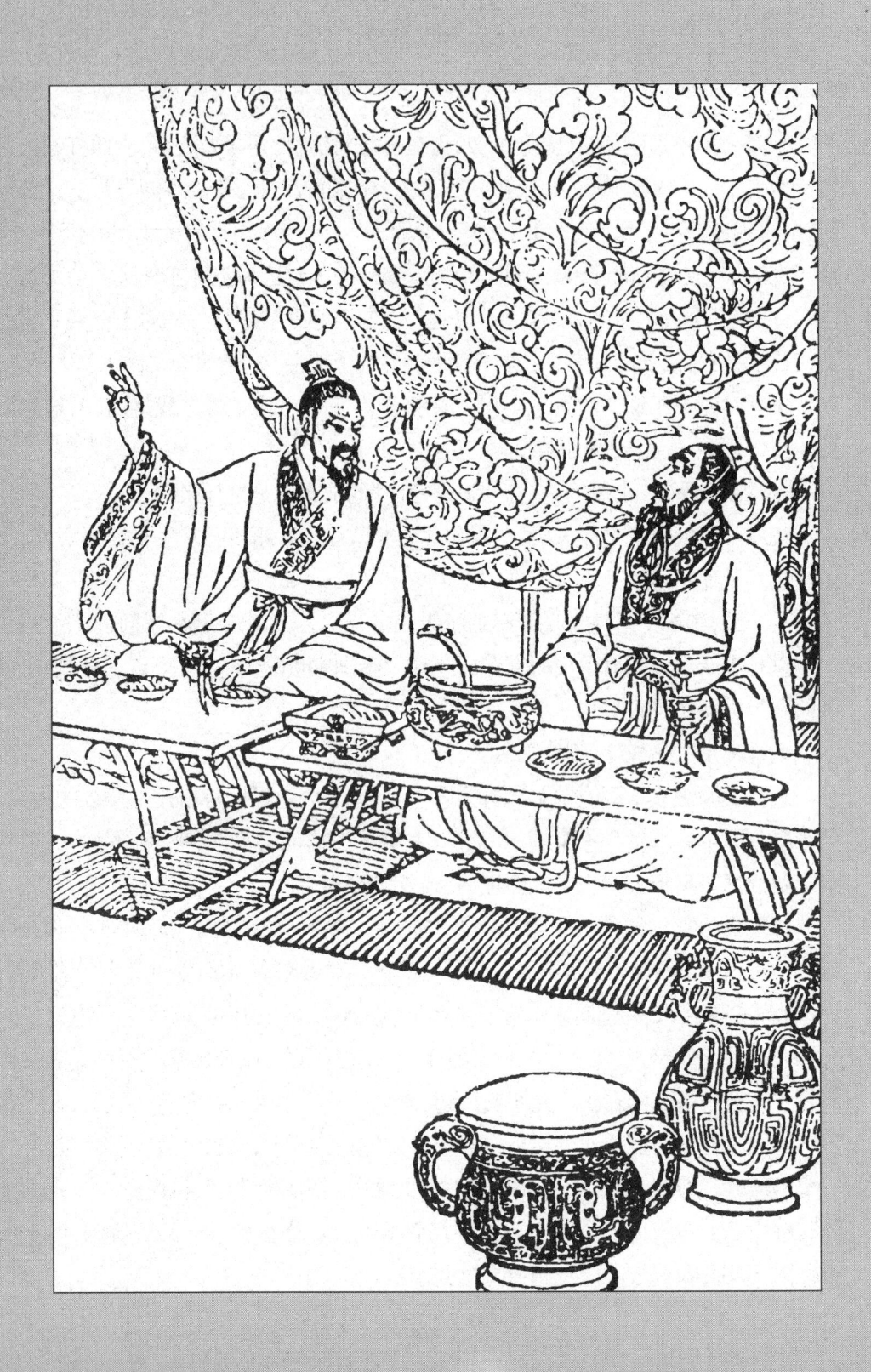

重耳一听发愣了,说:"我全靠你们帮助才有今日。咱们在外吃了十九年的苦,现在回去,有福同享啊!"

狐偃说:"以前公子在患难中,我们跟着您也许有点儿用处。现在公子回去做国君,另有新人使唤。我们就好比破鞋,还带去作什么呢?"

重耳一听脸红了,责怪自己得意忘形,存着享乐念头。他流着泪向狐偃认了错儿,吩咐手下人把扔了的破烂东西都弄上了船。狐偃他们这才没话说了。

他们过了黄河,接连打胜仗,公子圉逃了。晋国的文武大臣便迎回公子重耳,立他为国君,就是晋文公。

022

退避三舍

晋文公安定国内后,采取了一系列富国强兵的政策,晋国的国力很快就上升了。正在此时,周襄王的异母弟太叔带勾结翟人杀进京城;周襄王逃到郑国,派人去向各诸侯国求救。

晋文公见在各诸侯国中显示自己实力的机会来了,便立即亲自率军前去勤王。公元前635年(周襄王十七年四月),晋军将周襄王迎回洛邑,并杀死了太叔带。

襄王将京城附近的温、原、阳樊、攒茅四地封赐给了晋文公。晋国得了四地,它的国土扩大了,可以直通太行山之南,它在诸侯国中的威信也大大提高了。但是晋文公并不满足于此,他要像齐桓公那样称霸诸侯。于是,文公努力扩充军队,将原来的二军建制扩充成上中下三军。当时的军队建制,小国为一军,中等国家有二军,只有大国才有三军。

公元前634年,楚成王拜成得臣为大将,纠集陈、蔡、郑、许四国军队进攻宋国。宋成公马上派公孙固到晋国求援。

晋文公有些为难。宋国在他流浪的时候,待他很好,现在有急难,应该去救援;但楚成王在那时待他更好,难道就这么去和楚国打仗吗?他就召集群臣们商议办法。

新提拔的将军先轸(zhěn)说:"楚国强横中原,觊觎(jì yú)霸权,早晚要与我们刀兵相见的;这是天赐我们在诸侯中建立威望的良机,我们不能坐失!"

"那么,如何去解宋国之围呢?"文公又问。

狐偃说:"曹、卫两国与楚国关系密切,卫国最近还同楚国结了亲。我们如派兵去攻曹、卫,楚军必然来救,宋国的围就可以解了。"

晋文公同意了这个方案,就任命先轸为元帅,于公元前632年,出师南渡黄河,攻克了卫国的五鹿。

再说这时楚军已打到了宋国的都城睢阳,忽然接到卫国告急的消息,楚成王只好留成得臣围困宋都,自己率军去救卫。军队走到半路上,又得报曹国都城已被晋军攻下,曹君也被俘虏了。楚成王于是决定暂时撤回军队,不去与晋军硬拼。

楚成王回国后,又派人去通知成得臣撤回围宋的军队。成得臣是个十分勇武又骄傲的将军,他觉得宋都被围了这么长时间,马上就可以攻破了,怎么能功亏一篑呢?他派使者回去告诉楚王说:"等我马上拿下宋都,凯旋归来。如遇上晋军,让我和他们决一死战。如果失败了,我愿受军法处分!"

楚将宛春向成得臣献计说:"我们可以派人去与晋军谈判,要他们恢复曹、卫土地,我们就撤了宋围。这样,主动权就在我们手里。如果他们不答应,宋国人要怨恨他们;如果答应了,我们也不吃亏。"

成得臣见可以不战而占便宜,觉得这办法倒也不错,就派宛春去见晋文公。晋文公将计就计,先告诉曹、卫两国国君,说愿意恢复他们的国家,条件是要他们与楚国断交。同时又将宛春扣起来,以激怒成得臣。

果然,成得臣气得暴跳如雷,咬牙切齿地大骂晋文公:"老贼!老贼!今日定要与你拼个你死我活!"

于是,成得臣下令撤去围困睢阳的军队,立即去进攻晋军。

楚军前队刚与晋军接触,晋文公就下令撤退。晋军撤了三十里,楚军就紧追三十里。晋军再撤,楚军再追。直到晋军退了三舍(九十里),退到了城濮(今山东鄄城西南),晋文公才下令扎营。

这时秦穆公派小子憗(yín)、白乙丙带领的军队,齐孝公派国归父、崔夭率领的军队以及宋国公孙固带领的军队也都到了城濮援助晋军。于是,晋军元帅先轸就周密地部署,准备与楚军决战。

这时晋军共有兵车七百乘,士兵五万多人;秦、齐、宋三国的援兵还不包括在内。楚军虽然包括陈、蔡、郑、许四国的军队,数量上不算少,但他们长期伐齐围宋,已很疲劳。战前,楚将斗勃劝成得臣说:"既然晋军退避三舍,我们就此退兵,也算

有面子了。"

但成得臣还是一意要战，并派人向晋文公送去了战书：

"请让我与你的士兵作一场游戏吧。"

狐偃说："战争是你死我活的事情，他竟当之儿戏，打起来，他还能不败么?!"

于是晋文公给成得臣写了回书："我没有忘记当年受过楚君的恩惠，所以这次退避三舍，不敢与将军对阵。如果将军一定要战，我就不敢不从命。明早战场上见吧。"

第二天天刚亮，晋军就在城濮边的有莘山下摆好了阵势；楚军也在对面列阵。

成得臣命令楚军左右两军首先发起进攻。

楚军右军由陈、蔡两国军队为前队，楚将斗勃押阵。陈、蔡的军队没有作战经验，一出阵就往前乱冲。晋军假装后退，忽然从阵内冲出一批战车，驾车的马背上都披着虎皮。敌军的战马见了，以为是老虎，纷纷掉头往后逃，驾车的人哪里掌握得住！结果反将斗勃的后队也冲乱了。晋将胥臣、栾枝乘势率军掩杀，楚右军大败。

楚军左师由楚大夫斗宜申率领，刚冲上去与晋将狐偃交战，狐偃回车就走。斗宜申以为晋军溃退了，带着郑、许两国的军队全力追赶。忽然一阵鼓响，晋军主帅先轸和中军郤溱带领的精兵从斜刺里杀来，将楚军分割成两段；而狐偃、狐毛又杀了回来，两面夹攻楚军。郑、许的军队见这阵势，吓得如鸟兽散。

成得臣亲自带兵进攻晋军的中军，不料中军是座空营。成得臣正在得意，晋军得胜的左右两军已合围上来了。成得臣心中着慌，忙下令鸣金收兵。但此刻楚军已被晋军层层分割包围，哪里跑得出去。亏得成得臣的儿子成大心一支画戟十分厉害，与斗越椒配合，拼死作战，才杀开一条血路，保护成得臣突围出去。

成得臣突出重围，带领众将急奔大营，却发现大营已竖起了齐、秦两家旗号，于是只得倒转回来，从有莘山背后、沿睢水向楚国方向逃去。路上遇斗勃、斗宜申带领的残兵，急匆匆赶到空桑地方，忽听一阵连珠炮响，晋将魏犨(chōu)率军挡住了去路。楚军一个个吓得目瞪口呆，正在着慌的时候，忽然一骑马的军人赶来，在马上高叫道："先元帅奉国君之命，请将军放楚军将士回国，以报当年款待之德。"

魏犨只得命军士让开一条通路,放走了成得臣和他的残兵败将。

成得臣回到楚国,自知没法向楚王交代,就拔剑自杀了。

晋文公率大军班师回国。刚渡过黄河,就得悉周天子要亲自前来劳军。这可是扩大自己威望的千载难逢的机会。于是他马上下令军队停止前进,并命在践土(今河南原阳西南)快速建筑行宫,接待周王;同时通知各路诸侯都到践土会齐。

一个多月以后,各路诸侯也纷纷来到。他们是:宋、齐、鲁、郑、陈、蔡、邾(Zhū)、吕等国。会上,晋文公向周天子献了俘获的楚军车马;周襄王封晋文公为"方伯",同时授命文公可以代替周天子讨伐越轨的诸侯。

最后,到会的诸侯歃(shà)血为盟,并推晋文公为盟主。

商人弦高救国

晋文公打算会合诸侯去征伐郑国。因为郑国在表面上加入了中原联盟，暗地里又跟楚国串通一气。先轸说："会合诸侯已经好几次了。征伐郑国，咱们自己的兵马也够了，何必再去麻烦别人呢？"

晋文公说："也好。不过上回秦伯跟我约定有事一块儿出兵，这回倒不能不去请他。"他就派使者去请秦穆公发兵。

晋国的军队到了郑国，秦国的兵马也到了。晋国的兵马驻扎在西边，秦国的兵马驻扎在东边，声势十分浩大，吓得郑国的国君慌了神。有人替他出主意，叫他派个能说会道的人去劝秦国退兵。秦穆公还真答应了郑国，单独和郑国讲了和，派副将杞(qǐ)子和另外两个将军在北门外留下两千人马保护着郑国，自己带着其余的兵马回去了。

晋国人一看秦国人不说什么就走了，都很生气。狐偃主张追上去，或者把留在北门的那些人消灭掉。晋文公说："我要是没有秦伯帮忙，怎么能够回国呢？"

晋文公就叫将士们加紧攻打郑国。郑国投降了晋国，依了晋国提出的条件，把一直留在晋国的公子兰立为太子。

秦国的将军杞子他们三个人带着两千人马驻扎在北门，一瞧晋国送公子兰回到郑国，立他为太子，气得直蹦。杞子说："主公为了郑国投降了咱们，才退兵回去，叫咱们保护着北门。郑伯反倒甩开了咱们投降了晋国，太不像话了！"

他们就派人去向秦穆公禀报，请他快来征伐郑国，说自己掌握了郑国都城城门的钥匙。

秦穆公听了杞子的报告，心里很不痛快。不过他还不好意思跟晋文公翻脸，只

好暂时忍着。后来听说晋国几个重要的人物,像狐偃、狐毛都先后死了。秦穆公一想,晋国的老臣已经是老的老,死的死了,就盘算接着晋国来做霸主。

可是中原诸侯还是把秦国看做西方的戎族,正像把楚国看做"南蛮子"一样。秦穆公想:要做中原的霸主,就得打到中原去,老蹲在西北角上是不行的。那些个青年将军,像孟明视、西乞术、白乙丙等也希望到中原去扩展势力。

公元前628年,秦穆公摩拳擦掌,要建立霸业了。可巧杞子又来了个报告说:"郑伯死了,公子兰做了国君,他只知道有晋国,不知道有秦国。听说晋侯重耳刚死去,还没入葬呢。请主公发兵来,我们在这儿做内应,里外一夹攻,一定能把郑国灭了。"

秦穆公召集了大臣们商议发兵去打郑国。老臣蹇叔和百里奚竭力反对。他们说:"郑国和晋国都刚死了国君,我们不去吊祭,反倒趁火打劫去侵犯人家,这是不得人心的。再说郑国离咱们这儿有一千多里地,尽管偷偷地行军,路远日子久长,能不让人家知道吗!就说打个胜仗,我们又不能路远迢迢地去占领郑国的土地;要是打个败仗,损失可不小。好处小损失大的事,还是不干为妙。"

秦穆公说:"你年纪大了,如果早死,坟头的树木也合抱了!咱们一向替晋国摇旗呐喊,做好了饭叫别人吃,人家可把咱们当做瘸腿驴跟马跑,一辈子赶不上人家。你们想想可气不可气!现在重耳死了,难道咱们就这么没声响地老躲在西边吗?"

秦穆公就任命孟明视为大将,西乞术、白乙丙为副将,率领三百辆兵车去攻打郑国。

秦国的军队在公元前628年二月动身,到了第二年二月里才到了滑国(都城在今河南睢县西北,后迁都于今河南偃师西南)地界。前边有人拦住去路,说郑国的使臣求见。孟明视吃惊地接见了郑国的使臣,问他:"您贵姓?到这儿来干什么?"

那个使臣说:"我叫弦高。我们的国君听到将军要到敝国来,赶快派我先送您四张熟牛皮和十二头肥牛来。这一点小意思不能算是犒(kào)劳,不过给将士们吃一顿罢了。我们的国君说,敝国蒙贵国派人保护着北门,我们不但非常感激,而且我们自个儿也格外小心谨慎,不敢懈怠。将军您只管放心!"

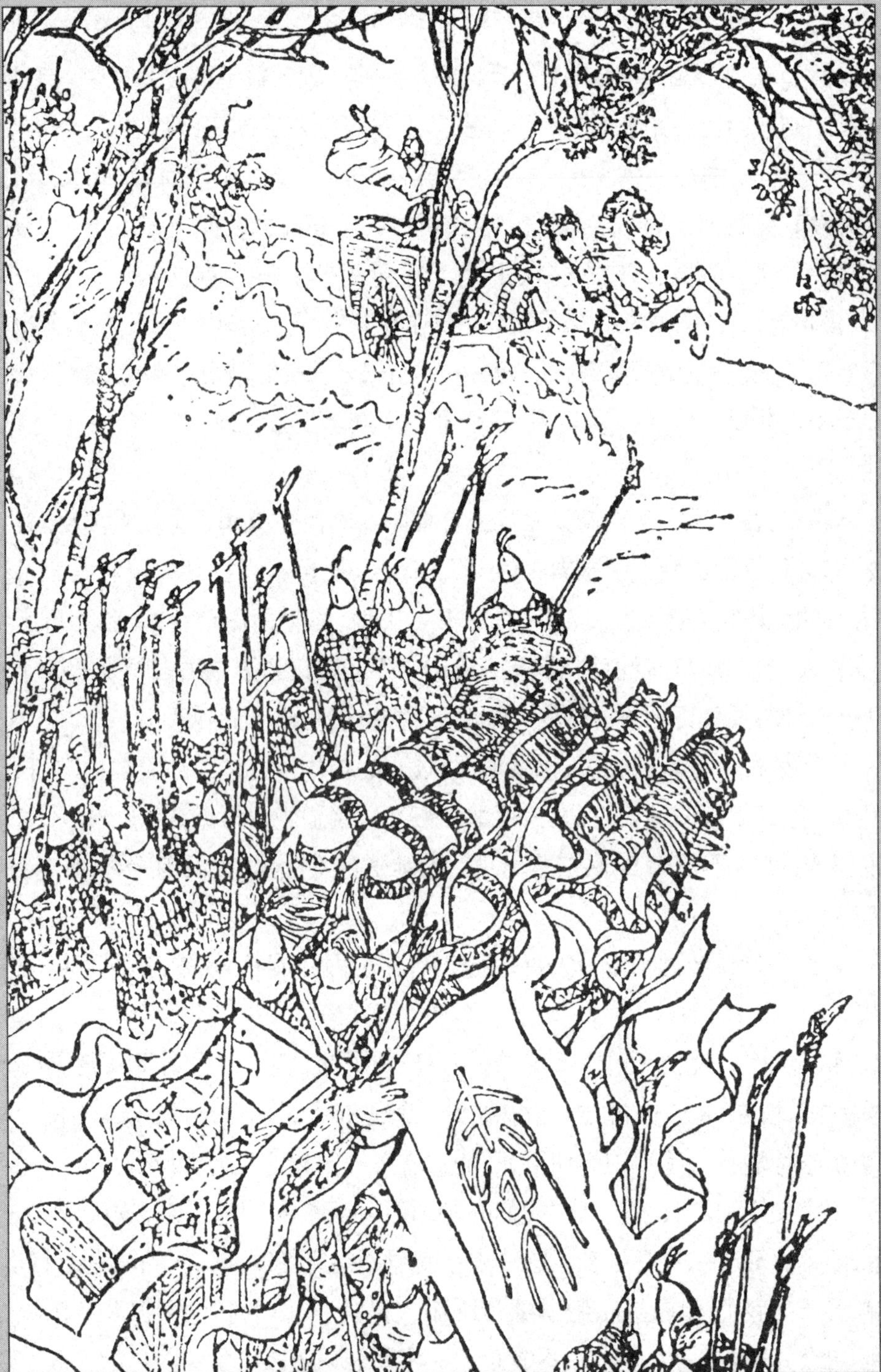

孟明视说:"我们不是到贵国去的,你们何必这么费心!"

弦高似乎有点不信。孟明视就偷偷地对他说:"我们……我们是来讨伐滑国的,你回去吧!"

弦高交上熟牛皮与肥牛,谢过孟明视,便回去了。

孟明视对西乞术和白乙丙说:"郑国有了准备,偷袭是没法成功的。我们还是回国吧。"接着,秦军顺道灭了滑国,就回国了。

没想到孟明视上了弦高的大当。那个"使臣"弦高原来是冒充的!他是郑国的一个生意人。这回赶到周天子的都城洛邑去做买卖,半路上碰见一个从秦国回来的老乡。两个人一聊,那老乡说起秦国发兵来打郑国。弦高一听到这个消息,急得什么似的。他一面派手下的人赶快回去通知国君,一面赶着买了四张熟牛皮又买了十二条牛迎了上来。果然在滑国地界碰到了秦国的军队,他就冒充使臣犒劳秦军,救了郑国。

郑国的新君郑伯兰接到了商人弦高的警报,马上派人去探望杞子他们的动静。果然,他们正在那儿磨刀喂马,整理兵器,收拾行李,好像打算打仗的样子。郑伯派大臣去对他们说:"诸位辛苦了,呆在我们这儿太久了。大概以为敝国供给你们的食用也没了,你们要回国了。其实敝国有你们吃的,你们何必回去呢!"

杞子他们听了大吃一惊,知道有人走漏了消息,只好厚着脸皮对付了几句,连夜逃走了。

024

崤山大战

秦国的军队灭了滑国,在公元前627年四月经过东崤(xiáo)山(今河南洛宁北)时,先头小部队遭遇晋军将军莱驹的阻击。莱驹假装败走,把孟明视率领的大军引入埋伏圈。

孟明视领着部队过了东崤山,后边忽然传来擂鼓的声音。他们跑了一段山路,好像挤进一条死胡同,走不过去也退不回来,只见山道上横七竖八地堆着不少大木头,当中立着一面大旗,上头有个"晋"字。孟明视吩咐士兵们搬开木头,清出一条道来,放倒了那面大旗。

哪知山沟里的晋军伏兵见旗杆一倒,击鼓声简直要把山都震裂了,山岗上站着一队人马。晋国大将狐射姑喊道:"赶快投降,还有活命!"

孟明视赶紧吩咐军队往后退,退了不到一里地,又见满山都是晋国的旗子,几千晋军从后边杀过来了。秦国的兵马,只好又退了回来。他们前前后后全被晋军堵住,只好向左右两边的山上爬。才爬十几步,又听见鼓声震天,一支晋国的军队在上头挡着。先轸的儿子、少年将军先且居大声叫着:"孟明视快快投降!"

爬上左山坡的秦军,全都摔下来;爬上右坡的全都跳到山涧的水里头,等到他们磕磕碰碰地逃出了山涧再想往上爬时,山冈上晋国士兵的吼声,让秦兵又滚回水里去了。秦国的军队被逼得又跑到乱堆着木头的那边去。谁想木头堆里搁着引火的东西,晋兵射出带火的箭,乱木头全烧起来了。秦国将士有的给烧死,有的给杀死,没死的乱成一团。

孟明视对西乞术和白乙丙说:"我打算死在崤山了。你们赶快脱去盔甲,逃回去请主公来报仇。"

西乞术和白乙丙流着眼泪说:"咱们要死就一块儿死。"

不久,这三个大将全给晋军逮住,被装上了囚车。

原来晋文公死后,正要出殡,晋国大将先轸得到了秦国孟明视率领大军偷过崤山去攻打郑国的消息,便请晋襄公发兵埋伏在崤山,等候着秦国的军队。等晋军把抓到的秦国的大将和士兵送到晋襄公的大营里,晋襄公穿着孝服走出大营迎接,打算把孟明视这三个大将弄到太庙里去当做祭物。

晋襄公的后母文嬴就是秦穆公的女儿怀嬴。她听到孟明视等给逮住了,就对晋襄公说:"秦国和晋国是亲戚。孟明视这几个人弄得两国伤了和气,我想秦伯一定也恨他们三人。不如把他们放了,让秦伯自己去处治他们。"

晋襄公说:"逮住了的老虎怎么能再放回山里去呢?"

文嬴怕两国冤仇加深,又说:"你父亲全靠秦国才做了国君。这份情义可不能忘了。"

于是,晋襄公把秦国的三个败将放了。

先轸听说国君把秦国的败将放了,赶快去见晋襄公,怒气冲冲地问:"秦国的败将在哪儿?"

晋襄公结结巴巴地说:"母亲叫我把、把、把他们放了。"

先轸一听,向晋襄公的脸上啐(cuì)了一口唾沫,说:"呸!将军们费了多少心计,士兵们流了多少血汗,才逮住了这三个敌人。你凭妇道人家一句话,就把他们放了。你不想想放虎回山的祸患!"

晋襄公擦着脸上的唾沫,后悔不及。大将阳处父说:"我去追!"

先轸对他说:"你要是追上他们,好言好语劝他们回来,就是一等大功!"

阳处父便飞也似的追上去了。

孟明视、西乞术、白乙丙一直跑到黄河边,回头一瞧,有人追来。他们瞧见一只小船停在黄河边,赶快跳到船上。船舱里,出来一个打鱼的,不是别人,正是秦国的将军公孙枝。原来蹇叔送走了儿子他们以后,让百里奚私下里请公孙枝预备船只,在河东接应。这会儿公孙枝见三人上了船,立刻叫人开船。

小船刚离开河边,阳处父就赶到了,大声嚷道:"将军慢点,我们主公忘了给你

们预备车马，叫我追上来，送给将军几匹好马，请你们收下！"

孟明视向阳处父行了礼，说："蒙晋侯不杀之恩，我们已经万分感激，哪儿还敢再受礼物？要是我们回国后还有活命的话，那么再过三年，我们理当到贵国来道谢。"

阳处父只好眼巴巴瞧着那只小船漂漂摇摇地越去越远了。

秦穆公听到三位将军空身跑回来，穿着孝衣亲自到城外去迎接。孟明视他们三人跪下请他治罪。秦穆公连忙把他们扶起来，反而流着眼泪向他们赔罪说："当初没听蹇叔的劝谏，这全是我不好！"

这以后，孟明视等三个大将两次请求秦穆公让他们领兵去报崤山之仇，但两次出兵都失败了。公元前624年，秦穆公率领孟明视等人，预备了五百辆兵车，拿出大量的财帛，把士兵的家属全都安顿好了，第三次去攻打晋国。

大军出发那天，秦国都城里的男女老少全来送行。这次出兵，秦国打败了中原的霸主晋国。第二年，西边有二十多个小国和西戎部族也归附了秦国，秦国扩张了一千多里土地。

周襄王为这打发大臣到秦国，赏给秦穆公十二只铜鼓，封他为西方的霸主。

025

楚庄王一鸣惊人

楚国在楚成王时已是南方的首领。公元前 613 年,楚成王的孙子做了国君,就是楚庄王。晋国相国赵盾乘着楚国正在办丧事,召集了宋、鲁、陈、卫、郑、蔡、许七国诸侯,重新订立盟约,晋国又做了盟主。楚国的大臣不服气,一而再、再而三地请楚庄王去争霸主地位,楚庄王不听,白天出去打猎,晚上喝酒,听音乐,看舞蹈,什么国家大事,霸主不霸主,全不放在心上。

楚庄王就这样胡闹了三年,大伙把他当做昏君看待,有谁来劝他的,他连听都不愿听。后来他干脆下了一道命令说:"谁敢多嘴,就治谁的罪!"

有一天,大夫申无畏来见楚庄王。楚庄王问他:"你来干什么? 来喝酒,还是来听音乐?"

申无畏回答说:"有人叫我猜个谜,我猜不着,大王聪明过人,我来请大王猜猜。"

楚庄王说:"什么? 猜谜? 怪有意思,来吧!"

申无畏说:

楚国山上有只大鸟,
身披五彩可真荣耀。
一停三年不飞不叫,
人人不知这是啥鸟。

楚庄王笑着说:"这可不是普通的鸟:三年不飞,一飞冲天;三年不鸣,一鸣惊

人。你去吧,我明白了。"这就是成语"一鸣惊人"的来头。

申无畏磕了个头,说:"大王英明!"说完,他就出去了。接着几天又有胆大的大臣劝楚庄王好好管理朝政。他们说:"要再这么下去,别说不能号令诸侯,连南边的属国都管不住了。"

楚庄王知道到时候了。从此,他一面改革政治,调整人事;一面招兵买马,训练军队,打算跟晋国争霸主地位。就在几年里头,楚庄王征服了南边的许多小部族。到了公元前608年,楚国打败了宋国。公元前606年,他亲自率领大军打败了陆浑的戎族。陆浑在洛阳的南边,楚庄王顺便在周朝的边界上阅兵示威,吓得周天子赶快派使者去慰劳他。

楚庄王阅兵回来,到了半路,前面有军队拦住去路,要跟他开战。原来他的令尹(楚国的相国)斗越椒早就有了造反的心思,自从楚庄王分了他的权力,他更加生气。这回一瞧楚庄王率领大军去打陆浑,好比老虎离了山头,斗越椒就发动本族的人马,占领了楚国的都城郢(yǐng)都(在今湖北荆州),随后又发兵想去消灭楚庄王。

楚庄王假装退兵,暗地里把大军四下里埋伏好,只叫一队兵马去把斗越椒引过来。斗越椒过了一条河,接着去追楚庄王。等到斗越椒发觉中了计,赶紧回去,那河上的大桥已经拆了,弄得他反倒丢了阵地。他瞧见河那边有个大将嚷着说:"大将乐伯在此,斗越椒快投降吧!"斗越椒就叫士兵们隔河射箭。

乐伯手底下有个小军官叫养由基,他使激将法大声地对斗越椒喊道:"这么宽的河,射箭有什么用?令尹您是个射箭的好手,咱们俩就走得靠近点,您站在那边桥头上,我站在这边桥头上,一人三箭,赌个输赢。不来的不是好汉。"

斗越椒射箭是百发百中的,他还怕一个无名小卒吗?他一箭射过去,养由基用自己的弓轻轻地一拨,那支箭就掉在河里了。接着第二支箭又射去了,养由基把身子一蹲,那支箭从他头顶上擦过去了。斗越椒见连续二箭都射空,急了,又射出第三箭,养由基不慌不忙,伸手一抓,把那支箭接在手里。

接下来轮到养由基了。"大丈夫说话当话,赖的不是好汉。"他刚说完,只听"嘣"的一声,斗越椒赶快往左边一躲。

养由基笑着说:"别忙,我就拉拉弓,箭还在手里呢。"接着他又把弓弦拉了一下,

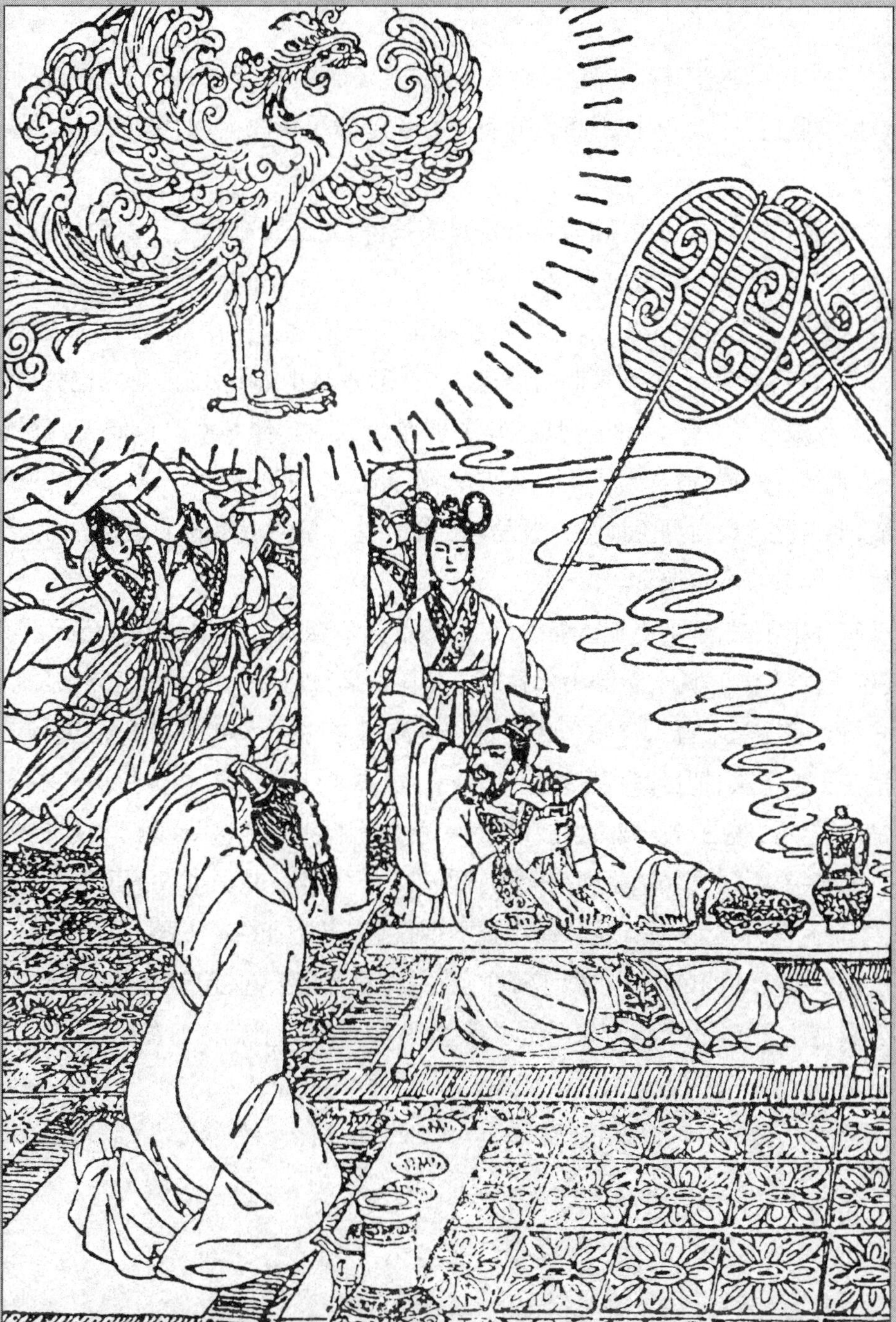

斗越椒赶快又往右边一躲。养由基就在他往右边躲的那一下子,射了一箭,正射中了斗越椒的脑门子。斗越椒那高大的身子好像锯断了根的大树,挺沉地从桥头上倒下去了。

树倒猢狲散,斗家的兵马逃的逃,投降的投降,楚庄王打胜了。因为养由基一箭消灭了敌人,楚国人就管他叫"养一箭"。

楚庄王平了斗越椒的叛乱以后,就请本国的一位隐士为令尹。那位隐士姓蒍(wěi),名敖,字孙叔,人家都管他叫孙叔敖。孙叔敖从小心眼儿好,妈妈也教得好。这会儿孙叔敖做了令尹,他的心里就是要叫楚国强盛。他着手改革制度,整顿军队,开垦荒地,挖掘河道。为了免除水灾旱灾,孙叔敖动员楚人开掘一条楚国最大的河道,他自己也亲自到工地上去鼓励老百姓。这一条河道修好了,灌溉一百多万亩庄稼,每年多打不少粮食。

没有几年工夫,楚国更加富强了,终于跟晋国争夺霸主的地位了。公元前597年,楚庄王发兵攻打郑国,晋国出兵救郑。楚国跟晋国在邲(bì)地(今河南荥阳北)大战了一场。楚庄王把晋景公的军队打得落花流水,打得晋军的将士拼命逃跑。有人请楚庄王追上去,把晋军斩尽杀绝。

楚庄王说:"楚国自从城濮之战以后,一直抬不起头来。这回打了胜仗,已经把以前的羞耻擦去了。晋、楚是两个大国,晋国灭不了楚国,楚国也灭不了晋国,总得讲和,才是道理,何必多杀人呢!"他立刻下令收兵,让晋国的人马逃了回去。

这位一鸣惊人的楚庄王也做了霸主。这样,从齐桓公起,接着宋襄公、晋文公、秦穆公到楚庄王,这五个国君先后做了霸主,在中国历史上就称为春秋"五霸"。

搜孤救孤

晋景公宠信奸臣屠岸贾(gǔ)。屠岸贾跟晋国功臣赵盾有仇,三番五次想谋害他,都没办到。后来赵盾死了,赵盾的后代赵朔等人的势力还很大。晋景公担心赵家势力过大,也想找个借口把他们除掉。屠岸贾就诬蔑说:"当初赵盾指使叔伯兄弟赵穿把先君灵公刺死。赵家还招收门客,暗藏兵器。这两条罪状足够了!"

晋景公一听,胆子也壮了,他便吩咐屠岸贾去抄斩赵家。

屠岸贾亲自带领军队把赵家的男女老少杀得一干二净。屠岸贾再一检查,单单少杀了赵朔的媳妇儿庄姬。庄姬是晋景公的妹妹。她正怀着孕,躲在她母亲的宫里。屠岸贾请求国君让他上宫里去杀她。晋景公说:"母亲最喜欢我这个妹妹,算了。"

屠岸贾说:"听说她快生孩子了,万一给赵家留下孽种,将来必有后患。"

屠岸贾天天探听庄姬生孩子的消息。赵家的两个门客,老相国赵盾的心腹公孙杵臼(chǔ jiù)和程婴也在探听消息,想救赵氏孤儿。赵朔在被害前曾经跟他们说过:"要是生个小子,起名叫赵武,武人能够报仇。"

一天,宫女偷偷把个字条传给程婴。程婴拿来一瞧,上头只有一个"武"字。他和公孙杵臼想:屠岸贾哪儿能轻易放过这孩子呢?

屠岸贾得到了晋景公的许可,亲自带人上宫里去搜查。宫里的人说生的是个姑娘,才生下来就死了。屠岸贾不信,可是搜来搜去也搜不到。他断定孩子给人偷出去了,就出了一个通告,说:"有报告赵家孤儿的信儿的,赏黄金一千两。"同时派人上各处去搜查。凡是有可疑的男婴,干脆就杀掉。

程婴和公孙杵臼想不出别的办法。程婴就亲自去对屠岸贾说:"我跟公孙杵臼

是赵家的门客。庄姬是添了一个儿子,她打发一个妈妈把他抱出来叫我们两个人偷着喂养。如今我怕给人家告发,只好出来自首。"

屠岸贾着急地说:"孤儿在哪儿?"

程婴说:"在首阳山后头。"

屠岸贾说:"你跟着一块儿去搜。"

程婴就领着屠岸贾一队人马直奔山后几间草棚面前。程婴先去敲门,公孙杵臼出来,一见外边有武士,就想藏起来。屠岸贾说:"跑不了啦!快把孤儿交出来吧。"

公孙杵臼假装纳闷地问他:"什么孤儿?"

屠岸贾就叫武士搜查,没有搜出来。屠岸贾仔细打探,后面还有一间屋子,锁着门。他劈开了门,一瞧,黑咕隆咚的。他瞪着贼眼往四下里瞧,隐隐约约好像有一张竹榻,上头搁着一个衣裳包。他拿起衣裳包一瞧,原来是绣花绸缎的小被窝裹着一个婴儿。

屠岸贾得了仇人的命根子,赶紧提了出来。公孙杵臼一见,挣扎着过去就抢,可是两旁有人架着,不能动弹。他急得扯散了头发,提高了嗓门骂程婴:贪生怕死,丢了主人,丢了朋友,丢了良心,贪图重赏,成了畜生!程婴只管低头流泪。公孙杵臼又指着屠岸贾骂:"你这个小人,一贯讨好主公,为非作歹,横行霸道,瞧着你能享几天富贵……"

屠岸贾立刻吩咐武士把他砍了。他又倒提着那个小衣包看个明白,一条小性命早已给他提溜死了,还怕他再活转来,就往地下一摔,让他死个透。

害死朋友、害死忠良家孤儿的程婴,走到哪儿,就给人家指着脊梁骨骂。只有大臣韩厥明白。原来公孙杵臼问过程婴:"扶助幼儿跟慷慨就义哪一件难?"

程婴说:"死倒是容易,扶助幼儿可就难了。"

公孙杵臼说:"那么,请你把容易的事让给我吧。"

刚巧程婴自己有个才生下来的儿子,他一狠心,就把自己的儿子交给了公孙杵臼,换出了赵武,也救了许多无辜婴儿的性命。他骗过了屠岸贾,带着赵武投奔他乡,隐居了十五年。

晋景公死后,儿子晋厉公暴虐,也被大臣们杀了,大家立晋文公的玄孙孙周为晋悼公。晋悼公有才干,信任韩厥,拜他为中军大将。韩厥抓住机会提起当年赵衰、赵盾帮晋国成了霸主的功劳和后来赵家被灭门的冤屈。晋悼公也正担心屠岸贾势力太大,打算借替赵家申冤的名目把他压下去。他问:"赵家还有没有后辈?"

韩厥说:"有。老相国赵盾的两个心腹公孙杵臼和程婴把孤儿赵武救出来了。赵武现在已经十五岁了。"

晋悼公马上派人找回了赵武和程婴,把他们藏在宫里,自己装病不去临朝。大臣们听说国君生病,都上宫里去看望,屠岸贾也在里头。晋悼公一见大臣们都到齐了,就说:"当初赵衰、赵盾,为了国家立过大功,谁都知道他们一家忠良。"

大伙儿听了,都叹着气说:"赵家在十多年前已经灭了族了。"

晋悼公叫赵武、程婴出来。韩厥说:"他就是赵氏孤儿赵武。当初被赵氏的家臣程婴用儿子换下来的。"

屠岸贾吓得魂儿都没了,瘫在地上,直打哆嗦。晋悼公说:"不把屠岸贾杀了,怎么平得了民愤?"

他立刻吩咐武士们把屠岸贾砍了,又吩咐韩厥和赵武带着士兵抄斩屠岸贾全家。

晋悼公替赵家申了冤,起用了赵武,下令减少劳役,开矿开荒,操练兵马,这些事都做得很好。邻近的诸侯又全都归顺了他。这么一来,晋国就又强大起来了。

晏子出使楚国

自从晋悼公起用了赵武,晋国又成了中原的霸主。到了他儿子晋平公的时候,却慢慢地衰落下去了。

公元前531年,楚庄王的孙子楚灵王进攻陈国和蔡国。这两个国家派使者向晋国求救,晋平公回绝了。这等于说晋国不再是中原诸侯的领袖了。齐景公打算接着晋国来做霸主。他听到楚灵王进攻陈国、蔡国,晋国吓得不敢出兵去救,特意派大夫晏平仲(又叫晏子)做使者到楚国去观察一下,想看一看这个南方大国到底有多大的实力。

楚国君臣听见齐国派使臣到这儿来,存心要把齐国的使臣侮辱一番,显一显楚国的威风。楚国人知道晏平仲是个小矮个儿,就在城门旁边开了一个五尺来高的窟窿,叫他从这个窟窿钻进去。

晏平仲看了这个窟窿,听了接待的人说的话,觉得又好气又好笑。他说:"这是狗洞,不是城门。要是我上'狗国'来,就得钻狗洞。要是我来访问的是'人国'呢,就应当从城门进去。我在这儿等一会儿,烦你们先去问个明白,楚国到底是个什么国家?"

接待他的人立刻把晏平仲的话告诉了楚灵王。楚灵王愣了半晌,想想这个晏平仲够厉害的,只好吩咐人打开城门,把他迎接进来。

那些个迎接他的楚国大臣们又说了好些难听的话讥笑齐国和晏平仲,全都给晏平仲拿话驳回去了。楚国的大臣们再不敢随便张嘴了。

接着,楚灵王见了晏平仲,取笑他说:"难道齐国没有人了吗?"晏平仲说:"这是什么话?临淄城里挤满了人。大伙把袖子一举起来,就能够连成一片云;大伙甩一把汗,就能够下一阵雨。大王怎么说齐国没有人呢?"

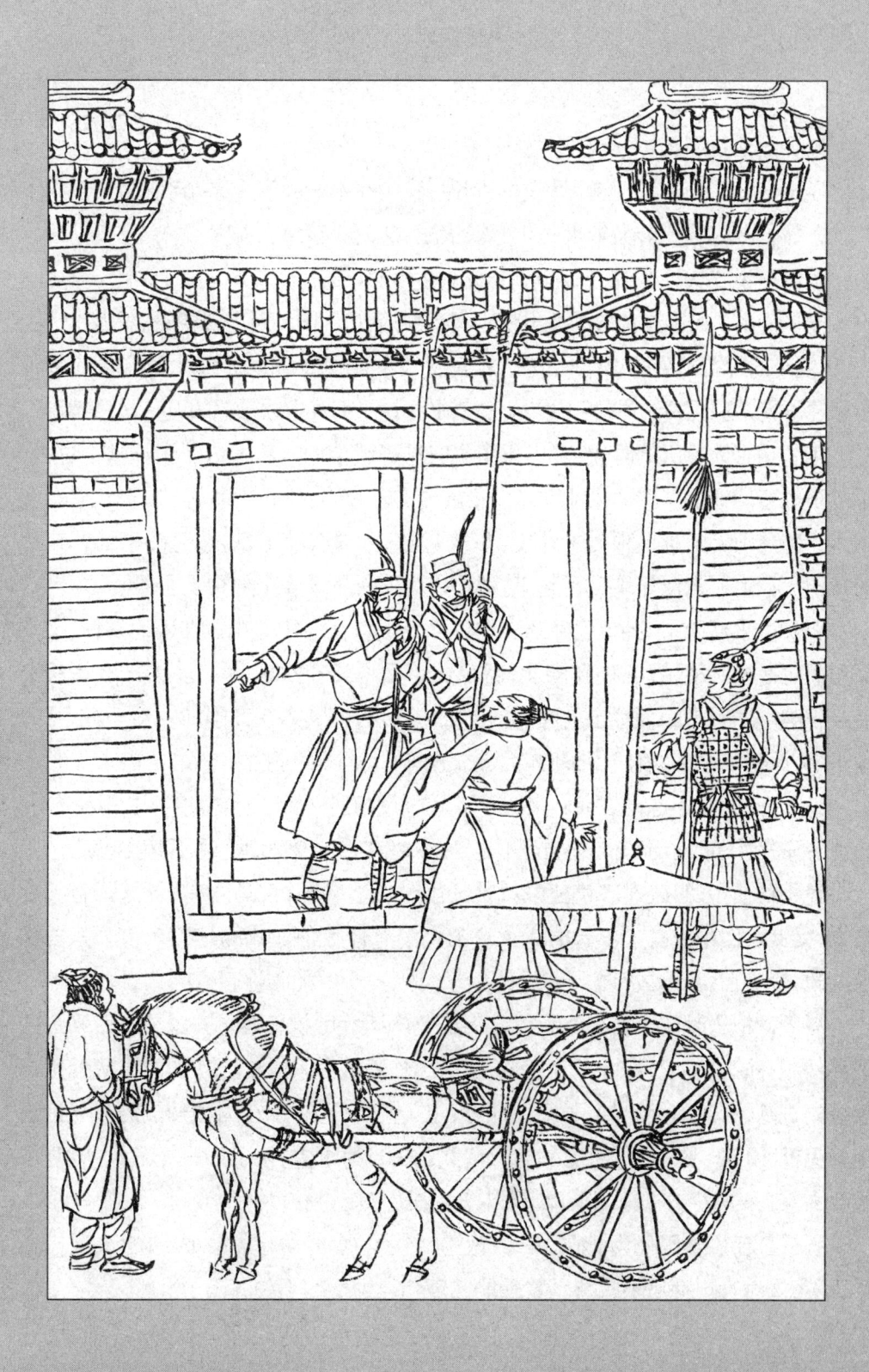

楚灵王说:"那么,为什么打发你来呢?"

晏平仲打着哈哈说:"大王您这一问呢,我实在不好回答。撒个谎吧,又怕犯了欺君之罪;实话实说吧,又怕大王生气。大王,您说我该怎么办呢?"

楚灵王说:"实话实说,只说无妨,我不生气。"

晏平仲拱了拱手说:"敝国派出使者有个规矩,访问国的君主贤德呢,就派上等人去,访问国的国君不贤德,就派下等人去。我最不好,就只配派到这儿来了。"说着他故意笑了笑,楚灵王听了哭笑不得,心想晏平仲这张嘴真像刀子似的,也只好陪着笑。

到了请客人吃饭的时候,楚灵王事先安排好武士们拉着一个囚犯从堂下过去。楚灵王故意问他们:"那个囚犯犯了什么罪?哪儿的人?"武士回答:"是个小偷,齐国人!"楚灵王笑嘻嘻地跟晏平仲说:"齐国人怎么那么没出息,做这路事情?"在场的楚国大臣们得意洋洋地笑了起来,他们以为这一下子晏平仲可丢了脸了。

哪知晏平仲脸不变色,正经八百地说:"大王怎么不知道哇?淮南的橘柑,又大又甜。可是这种橘柑,一种到淮北,就变成了又小又苦的枳(zhǐ)。为什么橘柑会变成枳呐?还不是因为水土不同吗?同样的道理,齐国人在齐国能安居乐业,好好地干活,一到了楚国,就成偷东西的人了,也许是水土不同吧。"

楚灵王只好赔不是,说:"我原来想取笑大夫,没想到反倒给大夫取笑了!是我不好,请别见怪。"楚国的大臣们都觉得自己不是晏平仲的对手,大家对他不得不尊敬起来。

晏平仲使楚回来,对齐景公说:"楚国虽说城墙坚固,兵马强盛,可是国君狂妄自大,文武大臣中没有了不起的人才。咱们没有什么怕他们的地方。主公只要整顿内政,爱护百姓,提拔有才干的人,远离小人,齐国就能强盛起来的。"

晏平仲把当时数一数二的兵法家田穰苴(ráng jū)推荐给了齐景公。后来晋国发兵侵犯齐国的边境,夺去了几座城,燕国也趁着机会来侵略。齐国的军队经过田穰苴的训练,跟以前大不相同,纪律很好,士兵们也很勇敢,晋国和燕国的兵马远远地望见就给吓跑了。田穰苴率领着大队兵马一直追下去,杀了好些个敌人,收复了给敌人夺去的那几座城。晋国和燕国只得来跟齐国讲和。

齐景公任用晏平仲为相国,田穰苴为大司马(官名,管军政)。中原的诸侯知道了,不由得对齐国就另眼看待。晋国的名声和势力反倒不如齐国了。

伍子胥过昭关

正当齐国逐渐强大的时候,楚国走下坡路了。公元前529年,楚灵王的兄弟公子弃疾乘灵王率兵伐徐的机会夺取了王位,这就是楚平王。

楚平王开始时改变了灵王的一些做法,还颇得人心。但不久,他也骄奢淫逸起来,而且宠信一个专门会拍马屁的大臣费无极,将国家越搞越乱。

当时,楚、秦两国联姻。秦哀公将自己的妹子孟嬴嫁给楚平王的长子太子建。费无极奉命去秦国迎亲,回来的路上,他发现孟嬴十分漂亮,为了讨好平王,他用了个掉包计:在随同陪嫁的侍女中选了一个女子冒充孟嬴,送到太子建那里去成婚,而将真孟嬴偷偷送给了平王。

当然,平王这件抢儿媳为己有的丑事不可能一直隐瞒下去的。当它终于被太子建知道以后,费无极又给平王出主意设计废掉太子。他让平王先召太子建的老师伍奢到郢都,要他承认与太子建合谋造反。伍奢是个耿直的人,他坚决拒绝了。平王就想杀掉伍奢,然后再杀太子。费无极怕伍奢的两个儿子伍尚、伍员不服,留下后患,就又出主意让平王命伍奢写信将他们骗到郢都来一起杀掉。

再说伍奢不得已只得写信叫两个儿子去郢都。大儿子伍尚是个书呆子,明知此去凶多吉少,认为父命不能违抗,还是去了;小儿子伍员,字子胥,生得人高膀粗,具有过人的文才武略,他马上识破了平王的阴谋,连夜出走了。

伍尚一到郢都,就被平王将他连同父亲伍奢一起杀害了。怕伍子胥将来会替父兄报仇,平王又下令在全国悬挂榜文和伍子胥的图像捉拿他。榜文上说:"凡能捕获伍子胥献给楚王的,赏粟米五万石,让他当上大夫的官;凡窝藏、收留、放跑伍子胥的,全家处斩!"楚王还命令全国各处关津渡口,对来往行人,严加盘查。

再说伍子胥离家后,与太子建逃到了宋国。但不久宋国发生内乱,伍子胥又同太子建一起跑到郑国。郑定公很客气地将他们留了下来。但太子建却私下与晋顷公联络,企图联晋灭郑。不久,事情败露,太子建被郑国所杀。于是,伍子胥只好带了太子建的儿子公子胜逃离郑国投奔吴国。一路上,他背着公子胜,历尽千辛万苦,一直向东走了数天,来到昭关(今安徽含山北)附近。这里是楚国的东部边界,出了昭关,就是大江,江那边就是吴国的地面了。

这天,伍子胥带着公子胜,正躲在离昭关六十里左右的一片森林里,遇到了一个名叫东皋公的老中医。东皋公同情伍子胥的不幸遭遇,将他带到了自己家里,要他不要擅自行动,待他连夜出去找个朋友想办法。

老中医走后,伍子胥在茅屋里急得像热锅上的蚂蚁。在这里呆下去,也不知道老人是否真有办法,多呆一分钟,就多一分危险;如果贸然出走,人生地不熟,万一碰到盘查,就更危险。他在茅屋里辗转反侧,又恐又愁;天刚刚发亮,那老中医推门进来,不由得吃了一惊。他只见伍子胥的鬓发胡髭(zī),一夜之间全部变白了。

那老人拿出一面镜子,让伍子胥一照,连他自己也吃了一惊:"我怎么变得这样苍老了?!"

突然间,伍子胥放声哭了起来:"天哪,我大仇未报,难道就这样一事无成地完了吗?!"

东皋公安慰他说:"不要悲伤。这是件好事呢。你的鬓发变白了,就不易被人辨认出来了。我已找到了一个与你的相貌十分相像的朋友皇甫讷,让他扮作你,你扮作仆人,明天你就可以过昭关了。"

第二天,皇甫讷(nè)来了。东皋公让皇甫讷穿上伍子胥的衣服,让伍子胥换上仆人的衣服,并用中药汤将他的脸洗黑,同时也给公子胜换上农村小孩的服装。一切装束停当后,三人就连夜出发,待到天蒙蒙亮时,他们刚好赶到昭关。而这里关上的守军,也刚刚开关。

这时,只见守关士兵果然拿着伍子胥的画像在排队过关的人中一个个核对……忽然间,一个士兵叫了起来:"伍子胥!"于是,一伙士兵一拥而上,将皇甫讷捉住了。

伍子胥乘士兵们围住皇甫讷、关口混乱无人照管的机会，赶紧拉着公子胜随人群出了昭关……

再说皇甫讷被士兵捉住，解到守将蒍越那里，他却大声申辩说："我不是伍子胥。我是本地龙洞山下隐士皇甫讷，今天与老朋友东皋公约好出关去游玩的，为什么要抓我？"

东皋公经常给蒍越看病，是蒍越的朋友。于是，蒍越就让士兵把东皋公请来。

东皋公一看，连忙笑着对蒍越说："将军搞错了。这个人不是伍子胥，是我的朋友。今天我们约好去关外玩的。我们还办好了过关文牒，您看……"

说着，他从口袋里掏出了文牒。蒍越接过来一看，上面确实写着东皋公和皇甫讷的名字。他只好下令放了皇甫讷，并向他们两人道歉。

伍子胥投奔吴国后，帮助吴王阖闾夺得了政权，又协助他发展生产，建造姑苏城，冶炼兵器，训练军队。吴国从此强大起来了。

孙武严格治军

伍子胥想帮助吴王阖闾训练军队，可是他知道自己毕竟是楚国人，怕吴王不放心，于是，就向他推荐了一个叫孙武的吴国人。孙武本来在罗浮山（在今广东东江北岸）里隐居，专门研究兵法。吴王让伍子胥从罗浮山将他请了出来。

一天，吴王要孙武讲解兵法。孙武说，光讲不具体，最好是由他直接指挥军队来演习给他看。吴王有点作难，一下子从哪儿去调演习的军队呢？可孙武却说："没关系，请大王从后宫挑选一些宫女出来就可以了。"

吴王以为他在开玩笑："先生，你太迂了。女子怎么可以披甲操戈演习作战？"

孙武说："请大王调三百宫女给我。我若操练不出能作战的军队，甘当欺君之罪！"

吴王就真的召集了三百名宫女，由他的两个爱姬带队，让孙武带到校场操练。吴王就坐在台上观看。

孙武将三百宫女分成两队，让她们戴盔穿甲，手持武器，耐心地教她们步法、列队以及听鼓点进退等基本要领。开始宫女们感觉很新鲜，队列也还整齐。练了一会，那些宫女便开始嘻嘻哈哈，不以为然了。

孙武下令队伍全体卧倒，然后宣布："听好鼓声——一鼓全体起立；二鼓一队左转弯，二队右转弯；三鼓两队挺剑作战。"接着，他一挥手，鼓手"嗵"地击了第一下鼓。

那些宫女听到鼓声，有的仍旧坐在地上没动，用手捂着嘴吃吃地笑；有的站了起来，却你挤我拥，歪歪斜斜。

孙武见了，命令队长注意约束部下，否则要拿队长治罪。然后，重又一挥手，下令再击鼓。

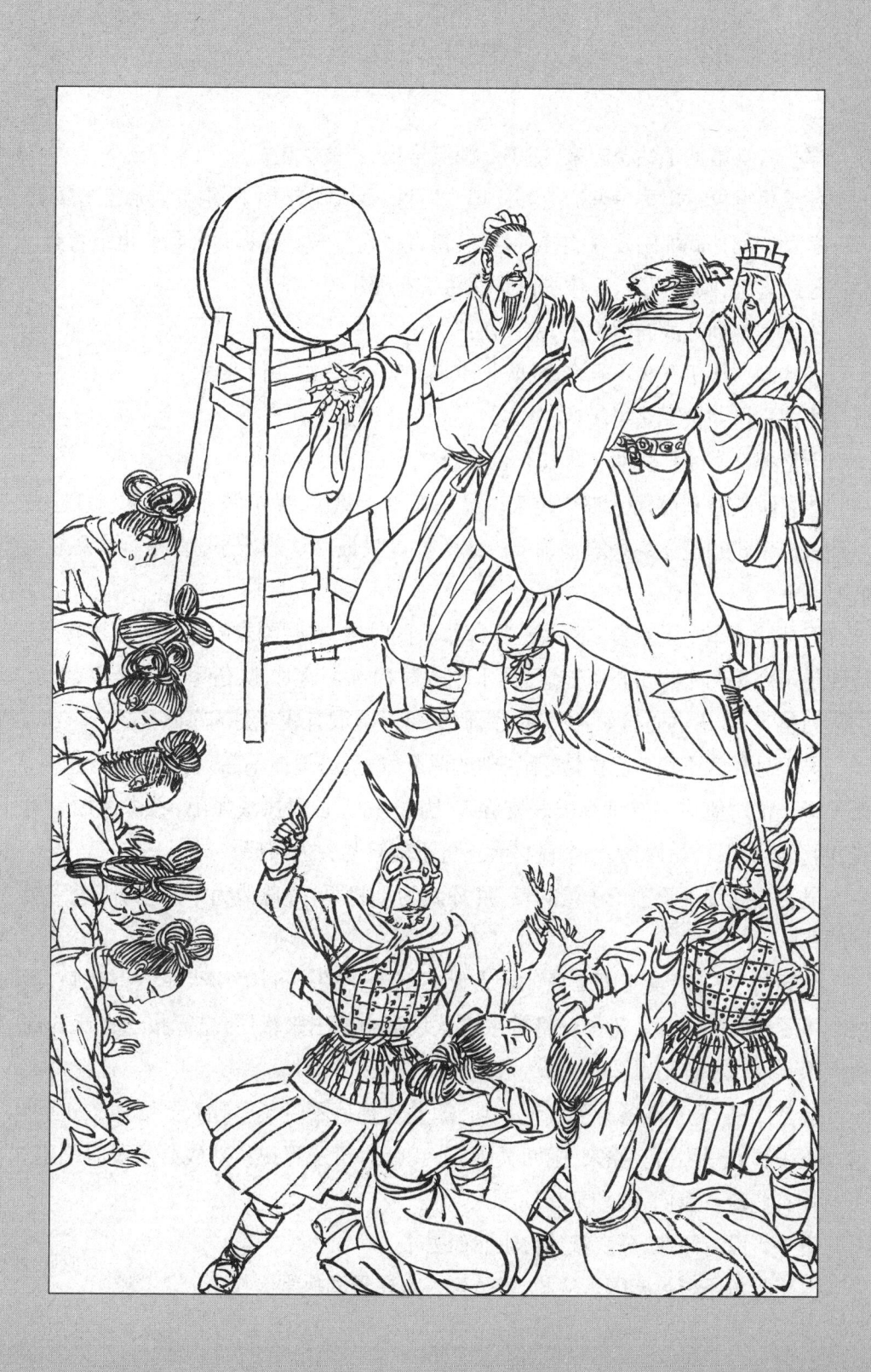

那些宫女虽然都站了起来，却仍然嬉笑推搡，不成队伍。

孙武只得再重申了一遍命令和纪律，并且揎(xuān)起袖子，跑上去亲自击鼓。

宫女们见孙武那副发急的样子，更笑得直不起腰来。连那两个队长也跟着笑。

孙武大怒，圆睁双眼，厉声喝问："执法官在哪里？！"

执法官走到孙武面前跪下，说："在！"

孙武问："队伍三次不听命令，队长不加约束，按军法如何处理？"

执法官说："按军法当斩！"

于是孙武下令："将两个队长斩首示众！"

两名队长立刻被武士绑了起来。吴王在台上见了，慌忙派大夫伯嚭(pǐ)赶去对孙武说："我知道你练兵的本领了。这两位是我最喜欢的妃子，请将军赦免了她们吧。"

但孙武说军中无戏言。将军在指挥军队的时候，有时国君的命令可以不接受。他硬是下令将两个队长斩了，然后再下令击鼓操练。这时，队伍里鸦雀无声，宫女们队列整齐；队伍进退自如，往来有序，俨然是一支很有战斗力的军队了。

吴王见孙武不顾自己说情，杀了他的两个爱妃，心里很不高兴，想不用孙武了。伍子胥连忙对他说："要训练出一支强有力的军队，必须执法如山，不讲情面。再说，两个美女很容易得到，一个良将大王可不能轻易失去啊！"

吴王阖闾终于听了伍子胥的话，拜孙武为上将军，并尊他为军师，由他统率吴国的军队。

公元前506年，吴王阖闾拜孙武为大将，自己和伍子胥等率大军六万伐楚，最终攻下了楚国的郢都。伍子胥将楚平王从坟墓中挖出来鞭尸，总算报了自己的深仇大恨。

伐楚回来，吴王准备给孙武记头功，却发现孙武不见了。孙武到哪里去了呢？这点伍子胥心里明白。原来，刚回吴国，孙武就对伍子胥说："功成必须及时引退，否则就有危险。我们一起走吧。"

伍子胥没有同意，孙武就独自飘然而去了。

吴王封伍子胥为相国。从此，伍子胥一直在吴国执掌大权。

孔丘周游列国

正当吴楚争斗越来越激烈的时候,中原的诸侯国内部也在发生剧烈的变化。公元前510年,鲁国的国君鲁昭公被大夫季孙意如驱逐。季孙意如另立昭公庶出的儿子宋为国君。这就是鲁定公。从此,鲁定公就只成了鲁国的一个象征性的国君,鲁国的权力分别落到了三家大夫的手中。这就是季孙氏、孟孙氏、叔孙氏。

但是,这三家大夫在各自为政的过程中,慢慢地又被自己的家臣窃取了实权。其中,以季孙氏家的问题最为严重。这时季孙意如已死,他的儿子季孙斯继承了权力,并任鲁国的相国。季孙斯的家臣阳虎,乘机攫取了季孙氏的实权,并且企图灭掉季孙、孟孙、叔孙三族,自己取而代之。

公元前501年,阳虎起兵叛乱,季孙斯逃到了孟孙氏无忌的封地。孟孙无忌有个老师叫孔丘,他早已料到了这次事变,并且事先对孟孙无忌作了警告。因此,孟孙氏预先调兵遣将,将士兵伪装成搞建筑的工匠,埋伏在自己封地的四周,待阳虎赶来捉拿季孙斯时,孟孙无忌的伏兵一拥而上,将阳虎打败了。

孟孙无忌的老师孔丘,字仲尼,鲁国人。生于公元前551年。他的父亲叔梁纥(hé)做过郰邑(今山东邹城东南)大夫。但在孔丘幼年时父亲就死了,因此家中生活很贫苦。母亲把他抚养成人。他好学不倦,学问很深,并且收了不少学生、弟子。不久,这些学生、弟子遍及各诸侯国,孔丘也很快地就在诸侯国中出了名。

孔丘主张各诸侯在治理国家方面要用"德治",要"举贤才",同时还应该"正名",即国君、大夫、百姓、父亲、儿子都应各守自己的本分,不得"僭(jiàn)越"。在思想方面,他提出了"仁"和"礼"的学说,"仁"的意思就是说做人要有道德观念,要爱人;"礼"就是要人重视内心修养,并用它来约束自己。

当时一些诸侯国的国君想聘用孔丘。但是,他的一些观点显然触犯了那些掌握着诸侯国大权的大夫们的利益。比如关于"正名"的观点,正击中了大夫们的夺权割据、篡夺诸侯权力的要害,他们怎么可能让国君采用孔丘的政治主张呢?

孔丘周游列国,没有一个国家任用他,只好又回到了鲁国。孔丘五十岁那一年,正碰上阳虎叛乱。

由于孔丘提醒孟孙无忌,制止了阳虎的叛乱,孟孙无忌向相国季孙斯推荐,孔丘当上了鲁国的司空(主管工程的长官)。

公元前496年的一天,鲁定公让孔丘当相礼,陪定公一起去夹谷(今山东莱芜)与齐景公会盟。由于孔丘的周密筹划和临危不惧的机警应对,使齐国企图借会盟的机会羞辱和绑架鲁定公的阴谋彻底破产。

鲁定公回国后,升孔丘为大司寇(主管司法的长官),以表彰他在夹谷会盟时为鲁国立下的功劳。孔丘乘机施展了自己的抱负,他一面协助鲁定公平息了季孙斯的家臣公山不狃(niǔ)的叛乱,一面帮助相国季孙斯治理鲁国。三个月之后,鲁国的面貌就发生了很大的变化。

齐景公听说鲁国在孔丘的治理下正在起变化,就紧张起来了。大夫黎弥给景公出了个主意:选一批漂亮的美女和乐工送给鲁定公,让他纵情声色,疏远孔丘。这一招果然灵验。从此,鲁定公就日夜享乐,不理朝政了。

孔丘见鲁定公实在没出息,就带领一些学生再次到各国游历。他先后去了卫国、宋国、郑国,又到了陈国。当他准备从陈国到蔡国去的时候,楚昭王知道了,派人去请他。陈、蔡两国的大夫怕孔丘被楚国重用后会对他们不利,就在路上派兵截住了孔丘,将他围困了三天三夜。

孔丘受了三天惊吓,饿了三天肚子,到第四天上,楚国的救兵到了,才脱离了困境,到了楚国。但楚昭王的大臣们也不能容纳孔丘,他最后只好又辗转回到了鲁国。

孔丘回到鲁国后,年纪也大了。他终于放弃了从政的念头,专心致志地著书立说和教授学生。古代的许多文化典籍,如《周易》、《尚书》、《诗经》、《礼》、《乐》,他都进行过系统的整理;他的言行,由他后来的弟子记录下来,编成《论语》;他教的学

生、弟子，号称三千人，其中有名气有成绩的，就有七十二人。最难能可贵的，他还用编年体的形式，根据鲁国史官的记载，整理编纂成了《春秋》一书。这部书记载了从公元前722年(鲁隐公元年)到公元前481年(鲁哀公十四年)的我国历史上共242年中的重大事件。这个时期，人们就通称它为春秋时期。孔丘于公元前479年去世。按照后人对中国历史阶段的划分，我国古代春秋时期是从公元前770年(周平王元年)开始，到公元前476年(周敬王四十四年)结束。也就是说，就在孔丘去世后四年，我国的社会历史，就进入战国时期了。

孔丘的学说，后来就发展成了我国文化史上的儒家学派。孔丘成了儒家学派的创始人。由于孔丘对我国古代文化的贡献，以后人们尊称他为孔子。

仲尼授徒兴学

仲尼是孔丘的字。孔丘周游列国,到处宣传自己的政治主张,但却一路千辛万苦,就是不被人家接纳。

有一次,孔丘来到陈国,经年累月的奔波,四处碰壁的烦恼,再加上觉得很累,精力显然大不如过去,使他在旅馆中情不自禁地说道:"回去吧,回去吧!我家乡的弟子们志向高大,文采斐然,我还不如回去好好栽培他们,把自己的思想向他们传播,让下一代来完成我的未竟事业。"

于是,孔丘从热心从政,转为投身教育。他办起了私塾(shú),来读书的学生,只要送上一束干肉当初次拜见老师的薄礼,就可以作为学费了。

有人问他:"什么样的人才值得您去培养呢?"

孔丘说:"实施教育应该不分对象(有教无类),不管你是富翁还是穷人,是官家子弟还是普通百姓,是古稀老人还是年轻后生,都应该一视同仁,大家都有受教育的权利。"

孔丘在课堂上,可不是满堂灌,而是因材施教,适当进行一下恰到好处的点拨,让学生个个开动脑筋,显示出自己的才华。这样培养出来的学生,到了社会上就是有用的人才。

时间一长,孔丘办学的名声越来越大,招收的学生越来越多。有人向孔子请教:"为什么您的学生都比较能思考,您是怎样教育他们的?"

孔丘回答道:"我教学生的方法,主要是激发他们学习的积极性,让他们勤于思考。不到学生努力想还想不通的时候不启发,不到学生要表达而表达不出的时候不开导——这样效果比较好。"

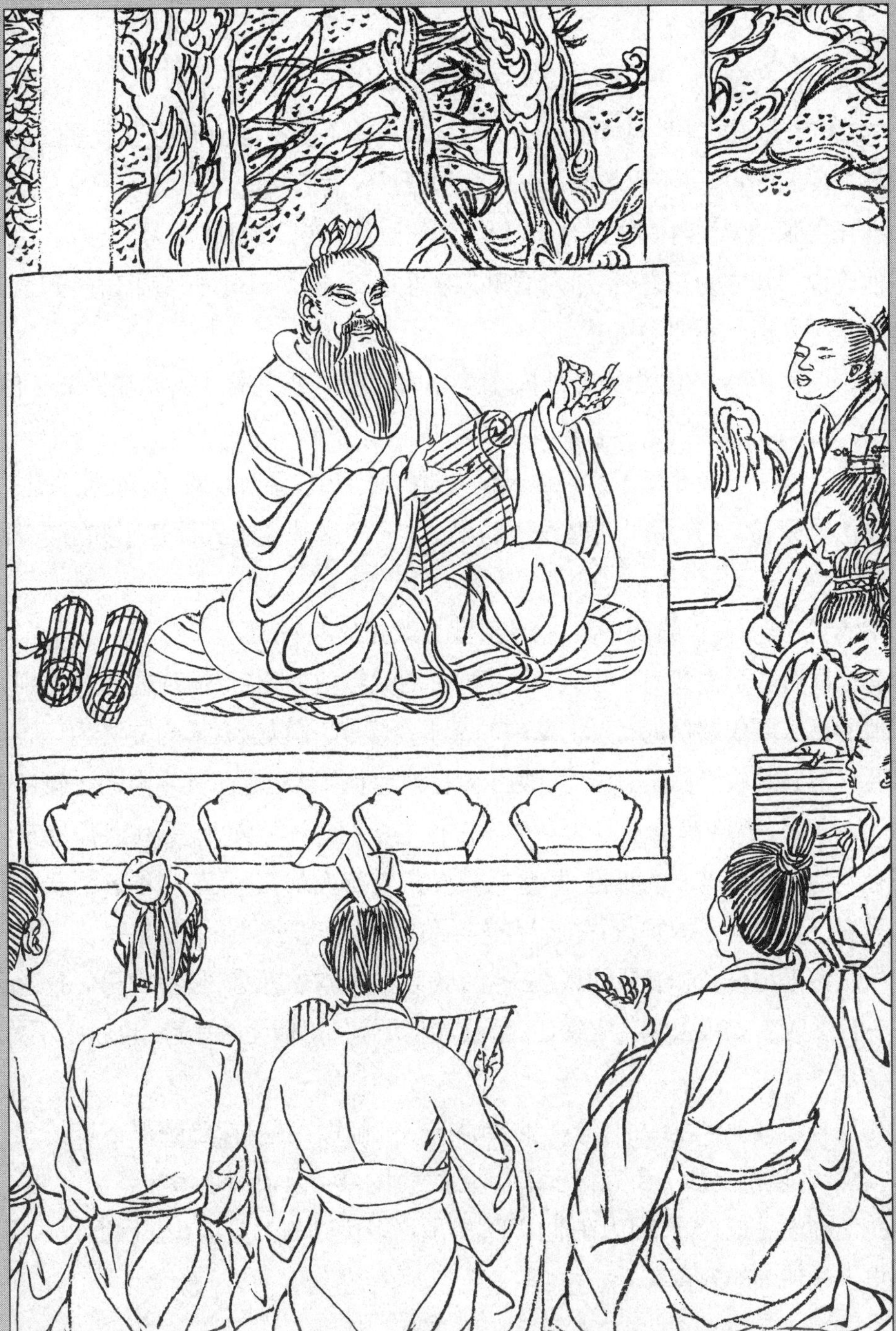

"如果您已经启发、开导了,学生还是弄不明白怎么办?"

"如果有这样的学生:举例给他一个方位,而他不能类推出其他三个方位,就是不能举一反三的,那就不再教他——因为勉强是没有意义的。"

孔丘主张:"学而时习之。"意思就是,学习过的知识,要经常温习。

他还说:"知之为知之,不知为不知。"意思是说,学了知识,知道了就是知道,不知道就是不知道。不要不懂装懂。

有个叫宰予的学生,白天老是打瞌睡,一副萎靡不振的样子。孔丘提醒了他几次,他每次都表示会改正,但老是改不了。

孔丘见宰予已经养成了这种白天睡大觉的坏习惯,要改也难了,就批评他:"烂木头没法雕刻,粪土弄污了墙壁没法粉刷,对于你这种样子我简直不知道怎样责罚了。"

宰予说:"老师,再给我一次机会吧,我会改正这毛病的。"

孔丘回答:"过去我对于别人,听了他的话就相信他的行动;现在我对于别人,听了他的话还要观察他的行动。从你的身上,我改变了以前看人的方法。"

孔丘前后共收了三千名学生,教出了七十二个得意门生。其中有的比较富有,有的比较贫穷,子路就是较穷的一个。但他心态好,学习认真,受到老师的赏识。孔丘夸奖他:"穿着破旧的棉袍,和穿着裘皮大衣的人站在一起,却不感到羞耻的,恐怕只有子路吧? 不嫉妒,不贪求,有这样品行的人,怎么会干不好事呢?"

子路谦虚地说:"和有钱的人在一起,我其实根本不在意,也不自卑。我想,穷点又有什么呢? 如果去和人家攀比,就会局促不安,心情无法平静,也就学不好知识了。"

孔丘当着其他学生的面,进一步鼓励子路:"能做到这样,已经很不错了,但还不够,还要在道德上进一步完善起来,因为德行的修持是没有止境的。"

孔丘办学是成功的,因为在他门下,出了许多优秀的学生。孔丘因而也成了中国历史上最伟大的教育家。

子贡生财有道

孔子的得意门生之一——子贡,名叫端木赐,是春秋时期齐国和鲁国风云一时的大商人。

子贡发财致富,全靠自己善于经营,而不像有些富商巨贾(gǔ)那样以官商起家。他经营成功的最大特点,就是善于对市场进行预测。他经销的商品,总是能以较低的成本进货,较高的价位出售,从而得到丰厚的利润。

有一天,子贡与老师孔子在一起讨论一些问题,谈得非常热烈。

子贡假设道:"如果这里有一块美玉,您说我是把它放在盒子里藏起来好呢,还是找一个识货的卖个好价钱?"

孔子立刻回答说:"当然是卖掉它,我这里正等着人来买呢!"

有美玉不应该藏起来,而应该等个好价钱卖出去——老师也有这样的看法,子贡很高兴。后来形容商业交换的一个成语"待价而沽",就是出自这个典故。

有一次,子贡问孔子:"先生,您对我有什么评价?"

孔子说:"你已经很有出息,造就成器了。"

子贡追问道:"我成的是什么器呢?"

孔子回答:"是可贵的瑚琏(古代宗庙里祭祀时用来盛粮食的器具)之器。"

子贡听老师把自己比喻为瑚琏,心中很高兴,说明自己有立朝执政的才能。

孔子问子贡:"你和颜回相比,哪一个强?"

子贡回答:"我怎么敢和颜回相比呢?颜回听到一,就能够推知十;而我听到一,只能够推知二。"

孔子说:"你不如他,我同意你不如他的看法。"

孔子对子贡有自知之明很满意,但又情不自禁地感叹道:"颜回的道德学问大概差不多了吧,可是经常穷得有了上顿没下顿;端木赐不受天命,经商做买卖,分析行情、预测市场都在点子上,因此能发大财。"

孔子越来越发现,子贡是做生意赚大钱的料,就让他充分发挥自己的才能。

孔子有子贡这样善于经营的弟子,自己却没有发财致富。他有许多学生,当然也收学费,但只能维持温饱,绝对谈不上富裕。

孔子最喜欢的学生颜回死了,他非常伤心,哭得死去活来,大声哀号:"这是老天爷要我的命啊!"

颜回的父亲颜路也是孔子的学生,来和孔子商量怎样办丧事。那时候的风俗,收殓死人的棺材外面,还要有个叫作"椁"(guǒ)的套棺。但颜路很穷,拿不出钱来买椁,就对孔子说:"老师,颜回去世了。我失去了亲爱的儿子,您失去了得意的弟子。眼看快要出殡了,可是除了棺材外,椁还没有着落。我很爱我的儿子颜回,但我买不起椁;我知道您也不富裕,但您很爱您的学生颜回,能否请您卖掉车子,为颜回买椁呢?"

听颜路这么说,孔子很不高兴,拒绝道:"对不起,我无法满足你的请求。你爱你的儿子,所以有这样的想法,也是人之常情,我不怪你;可是我儿子鲤去世的时候,我和你一样穷,同样是只有棺材没有椁,我也没把车子卖掉买椁啊!"

孔子并不富裕,为什么一直要保留着车子呢?因为他要乘着车子出行,周游列国,游说诸侯,施展抱负。但周游列国需要旅费,不然早就要在半路上饿死了。哪里来这笔钱呢?全靠子贡提供。

老子留下五千言

孔子是儒家的创始人，老子则是道家的创始人。他是春秋时代另一位伟大的思想家。

历代不知有多少人考证过老子的姓名、字号。

有一种说法，他生下来就是满头白发，所以号为"老子"。

还有一种说法，老子的母亲是在李树旁生下他的，当时指树为姓，所以就姓李。

概括地说，老子姓李，名耳，字伯阳，去世后追谥(shì)为聃(dān)。也有人认为，老子就是太史儋(dān)或老莱子。

老子是楚国苦县(今河南鹿邑东)厉乡曲仁里人，做过周朝管理藏书的史官，相传孔子曾到他这里查阅资料，并向他请教许多问题。

有一天，孔子又来拜会老子，问道："我研究了《诗》、《书》、《礼》、《乐》、《易》、《春秋》六经，自以为非常精通了。可是我周游列国，用这些学问去游说诸侯，谁也不采用，这是什么道理呢？"

老子谦逊地说："也许你的学问不合时宜吧？"

孔子道："是的，我也经常在想一些问题：谷子种在田里会长成禾苗，鸡蛋可以孵(fū)出小鸡；母亲怀了弟弟，做哥哥的就哭——我自己不投入变化，怎么去变化别人呢！"

老子点点头，似乎表示同意，随后露出微笑，向孔子张开嘴，问他："你看，我还有牙齿吗？"

"没有了。"孔子回答说。

"你再看看，我的舌头还在吗？"

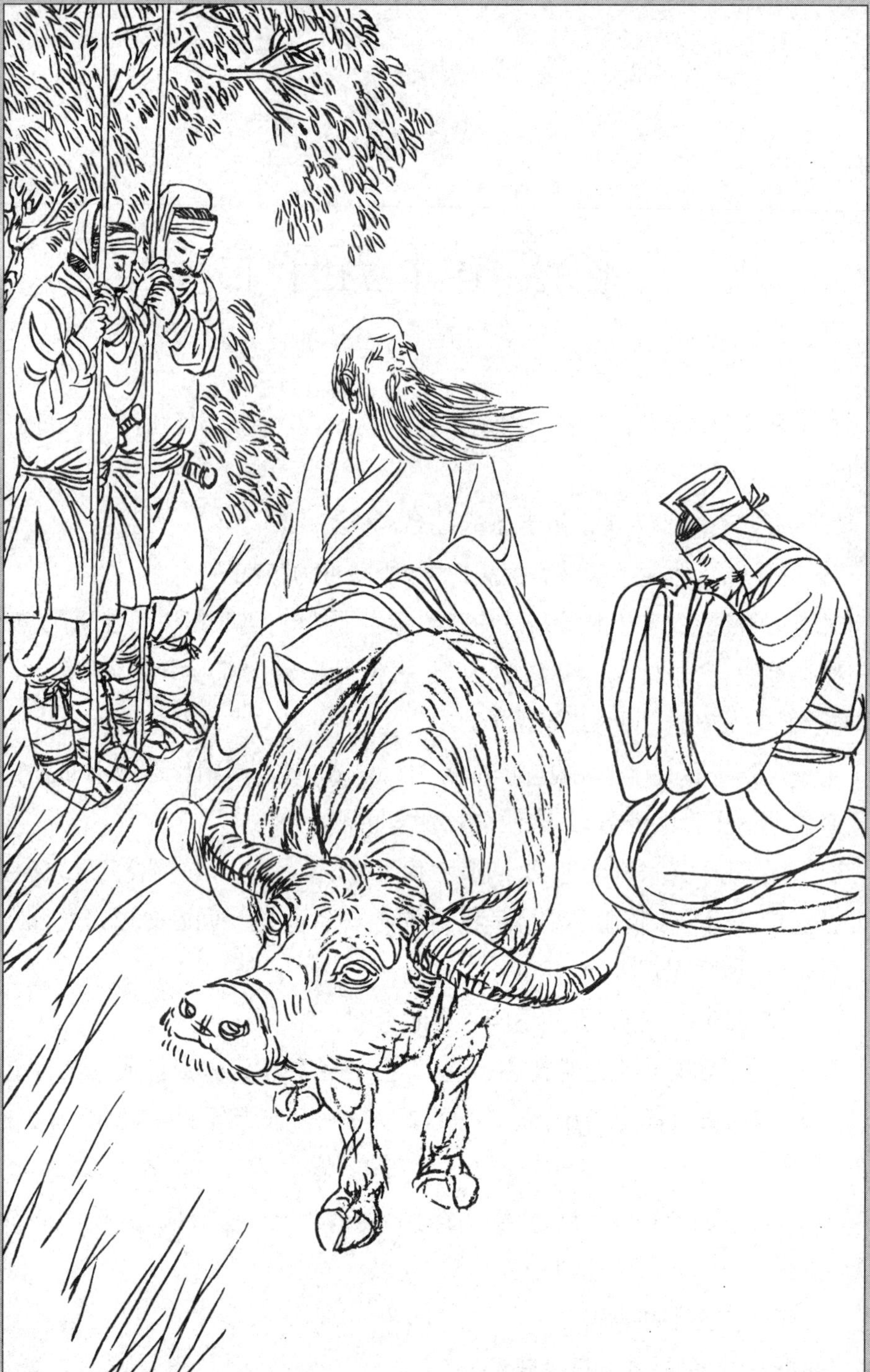

"在的。"

"你知道我的意思吗?"

"您的意思是说:硬的容易掉,软的却能保留?"

"你很聪明,是可以大有作为的。"老子说。

"那您不是更有学问,可以更有作为吗?"孔子说。

"不。你有为,我无为。道不相同。你走向朝廷,我走向山野。"

后来东周王室发生内乱,老子便决定退隐,丢下官职走了。

老子经过函谷关(在今河南灵宝东北)时,守关的官员尹喜认出了他,热情地把他请到关上。尹喜亲自打开城楼上的大厅,请老子坐下,端茶倒水,忙个不停。

老子不卑不亢地坐下,朝窗外一望,只见黄土平原延伸到天际,苍苍茫茫,没有尽头。函谷关地势险要,关外左右都是土坡,夹着中间一条路。路上人来车往,一目了然。

尹喜恭敬地对老子说:"学生仰慕您的道德学问,想拜您老为师。"

老子道:"我已老了,肚子里的那些货色也很有限,而且说话又七颠八倒的,怎么好意思开口教人呢?"

尹喜见他推脱,便半开玩笑半正经地说:"您满腹经纶,如果不留下些东西来,恐怕很难走出这个函谷关的。"

老子知道无法推脱,便接过尹喜递上的笔,一口气在竹简上洋洋洒洒写下了五千个字,这就是后世称为《老子》的一部书。因为这书上篇开卷谈"道",下篇首章谈"德",所以又称《道德经》。

尹喜拿起老子刚写好的书稿,认真地拜读起来。老子连忙提醒道:"时候已经不早,请您放我出关。"

尹喜再三挽留老子多住几天,见他不答应,只得马上放行;可心里有些遗憾,因为自己还没有读懂老子的这部书稿,正想慢慢请教呢!

老子终于出了函谷关,骑着青牛扬长而去,谁也不知道他去了哪里。

道教创立后,奉老子为尊神,称作"帝君"、"太上老君"。到了唐代,道教在太清、玉清、上清"三境"的说法上,安排了三位大神各主一方,形成了"三清"的说法。

这样,太上老君也就被称为"道德天尊",与元始天尊、灵宝天尊组合在一起,成为道教的最高神。

唐代皇帝姓李,便尊老子为李氏祖先,追封他为"太上玄元皇帝";宋代又加号老子为"太上老君混元上德皇帝"。

老子的神化过程,完全是一个学派的创始人变化为教派的祖师的过程;也是道教形成、发展,然后逐渐趋于统一的过程。老子从人到神、从太上老君到太上玄元皇帝,他的地位的变化,可以看做是道教发展的缩影。

从前每逢农历二月十五日老子诞辰,不少道教徒都会去道教庙观奉祀一番;连一些铜匠、铁匠以及烧窑的盆碗匠人等,也会在这一天用酒食祭祀老子。这是因为道教有炼丹之术,相传太上老君炼丹有方,便被后世以烧炼为业的匠人奉为祖师爷了。

卧薪尝胆

公元前496年,越王允常去世。他的儿子勾践继位。吴王阖闾以为有机可乘,决定出兵攻越。伍子胥一再劝阻,但没有效果。结果,阖闾战败,身受重伤,在回国的路上就死了。阖闾的儿子夫差继位。

吴王夫差为了替父亲报仇,每天让侍从站在自己的庭院里,只要一看见他经过,就说:"夫差,你忘记越王杀死你父亲的事了吗?"

夫差就含着眼泪回答:"没有。夫差不敢忘。"

夫差就这样天天做着复仇的准备。他让伍子胥、伯嚭在太湖里操练水军,自己在灵岩山练习射箭。公元前494年二月,夫差终于以伍子胥为大将,亲率大军从太湖水路进攻越国。两军在椒山下的太湖中会战。夫差亲自在战船上击鼓督战。吴军士气大振,越军战败,退守固城。夫差率军队将固城团团围住。

越王勾践让范蠡(lí)守固城,自己与大夫文种带五千残兵突围逃到了会稽山(在今浙江绍兴)。眼看越国的江山要保不住了,勾践十分着急。这时文种给出了个主意,他让越王马上派人到王宫里选了八名美女,再加上许多美玉和黄金,自己连夜送到吴国太宰伯嚭的军营内,请伯嚭帮助向吴王说情讲和。伯嚭是个贪财好色之徒,得了这么多礼物,就带文种去夫差处说情:"越王愿意向大王称臣。越国的珍奇宝贝,愿意全部贡献给大王。只求大王保留他们的宗庙,不要灭掉他的国家。"

夫差开始不答应,说:"我与越国有不共戴天之仇,怎么可以讲和!"

伯嚭又说:"勾践愿意带妻子来吴国赎罪,做您的臣仆,将来他的生死都操在大王的手里,实际上您已经得到越国了,同意讲和只是为大王留下个好名声罢了。为什么不答应呢!"

伯嚭一向对夫差投其所好，百依百顺，因此，夫差十分相信他。见他这么说了，夫差也就点头同意了。

这时，伍子胥赶到中军帐里，听到说要与越国讲和，对夫差大叫："不能议和！"

夫差却对伍子胥说："老相国不要着急，待越王送来了礼物，我一定分给你一份！"

伍子胥气得七窍生烟，恨恨地退出中军帐，对天长叹说："唉，等越王接受十年教训，十年生聚，不过二十年，吴国就要灭亡了！"

有人将伍子胥的话告诉了吴王夫差，夫差对他渐渐疏远起来。

就这样，吴国没有灭掉越国。越王委托文种和诸大夫治理国家，自己带着妻子及大臣范蠡到吴国给吴王服役。吴王命人在阖闾的墓地上造了一间小石屋，让勾践夫妇住在里面，让他们穿着奴仆的衣服给他养马。夫妻两人就整日蓬头垢面地锄草喂马，在马厩里挑水洗马粪。范蠡就一直跟在勾践夫妇边上，为他们拾柴做饭。吴王不放心，夜间派人悄悄地去偷听，也没有听到任何怨言，甚至连叹息声也没有。吴王乘车外出时，有时要勾践给他牵马。勾践也就低着头，恭恭敬敬地牵着马在前面步行，十分尽心尽力。吴王因此就放松了对勾践的警惕，甚至慢慢地生出了同情之心。

一晃三年过去了。一天，夫差生病，勾践请求去探视。当着夫差的面，他用手指蘸着夫差的粪便放到嘴里去品尝，为夫差辨别病情。这次，夫差被大大地感动了。病好以后，他下决心释放勾践回国去了。

勾践一回到越国，一面仍按月不断地给夫差送礼物，一边兢兢业业地治理国家。他将都城迁至会稽，自己亲自到田间拉犁耕种，让夫人也动手自己织布，同时奖励生育，以增加人口；七年不收赋税以发展生产。为了不忘报吴国之仇，他吃东西非常节省，穿衣服朴素，晚上睡在柴堆上。他还将苦胆吊在床头，每天吃饭前、睡觉起来，都要先尝一尝苦胆的味道，以激励自己不忘在吴国受苦的日子。这就是历史上著名的越王勾践卧薪尝胆的故事与成语的来历。

就这样，越国在勾践和文种的治理下，国力一天比一天强盛起来。越王还让范蠡秘密地在太湖中训练军队，准备复仇。

属镂宝剑杀功臣

越国的大臣文种一面帮助越王增强国力，一面又想方设法削弱吴国的力量。他知道吴王夫差为了自己尽情地享乐，在建造姑苏台，就派人送去许多巨大的木头，使建筑规模更加扩大，消耗了吴国大量的人力、物力。

然后，文种又让越王下令在全国选了两名最漂亮的美女——西施和郑旦，教她们学习了三年歌舞，然后派范蠡送到吴国献给吴王。吴王得了美女，整天与西施在姑苏台游玩享乐，将国家大事忘得干干净净。

文种见两条计策都成功了，又使出了第三条削弱吴国的计谋：以饥荒为名去向吴王借了一万石粮食。第二年还的时候，将这些粮食统统蒸炒过。这样，看上去这些粮食子粒又大又饱满。夫差以为越国的粮食品种好，就下令分发给百姓做种子。结果这些种子一颗也不长，吴国的粮食就大为减产，并闹起了饥荒。老百姓对吴王的怨气越来越大。

这时，吴王夫差还不以为然。伍子胥忽然得知越王让范蠡训练军队的消息，马上去报告吴王，让他先下手为强，赶紧去消灭越国的武装力量。可伯嚭却为越王辩解说："训练士兵，防止国内的盗贼，没有什么可大惊小怪的。"

于是，吴王不但不对越国采取防卫措施，反而决定北上出兵伐齐。伍子胥又去劝谏。夫差只觉得伍子胥十分絮烦讨厌，哪里肯听他的。

公元前484年，吴王夫差率十万大军伐齐。很侥幸，他得胜回国，于是在文台设宴庆贺。越王勾践也率领越国的大臣赶来祝贺。夫差一高兴，就忘乎所以，宣布要给越国扩大领土，封给它土地，而以伯嚭为首的一些臣子，则连呼"英明"，拍手赞成。

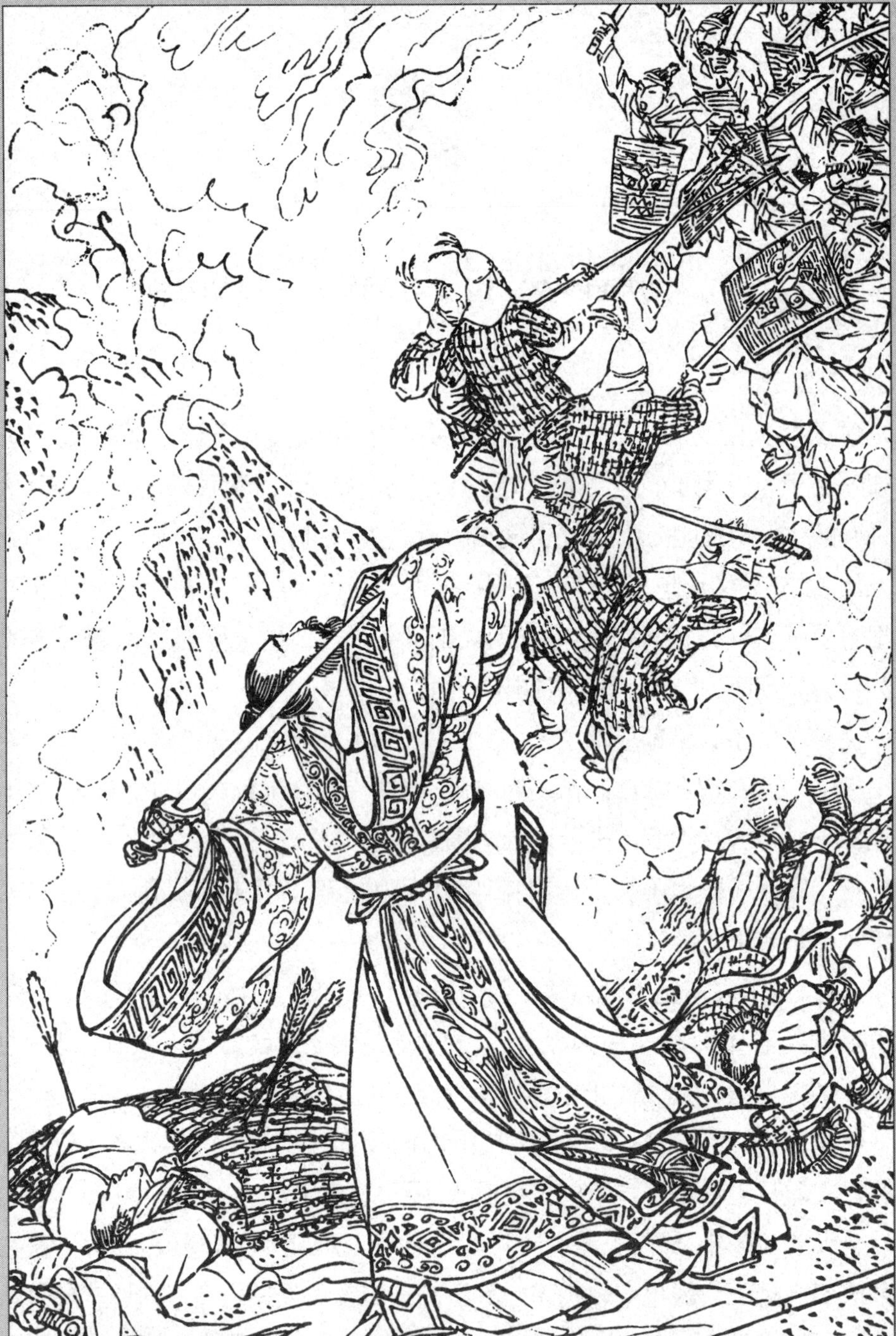

伍子胥看到这种情况，实在忍不住了，就伏在地上，边哭边道："可悲啊！阿谀逢迎，以曲为直；忠信之言，全被堵塞；养乱蓄奸，将灭吴国！"

吴王夫差听了，不由得大怒："老家伙，你想用妖言颠覆国家吗？看在我先王的面上，今天不杀你，快给我滚出去，再也不要来见我！"

伯嚭一心想害死伍子胥，自己当相国，就火上加油地造谣说："大王，伍子胥反对伐齐，盯住越王不放，实际上早就与齐国有勾结，企图出卖吴国。"

于是，夫差不作调查，就派人给伍子胥送去了一把"属镂"宝剑，逼他自杀。

伍子胥接到宝剑，仰天大呼："天啊天啊！我为吴国出生入死，打下江山，今天却被赐死！"

他又回头对家人说："我死后，可将我的眼睛挖出来，挂到东城门上。我要亲眼看着越兵打进城来！"说罢，就挥剑自杀了。

公元前482年，吴王夫差又亲率大军北上，与晋定公、卫出公、鲁哀公会盟于黄池（今河南封丘西南）。

正当夫差与晋定公争论在会盟文书上谁的名字放在前面的时候，越王勾践的复仇大军终于出动了。勾践、范蠡统率四万多军队从海路溯长江直逼吴都。吴国的精兵全被夫差带走了，守吴都的太子友和王子地带领老弱残兵应战，一触即溃。太子友战死。王子地闭门死守，并派人星夜赶去黄池告急。

夫差接报，急得直冒火，赶忙带兵返国。但他所率的军队疲劳不堪，也被越军打得大败。考虑到吴国还有一定的军事潜力，越国一下子还灭不了它，因此勾践接受了夫差的求和，撤军回去了。但吴国从此一蹶不振。

公元473年，勾践又率大军伐吴。越军在吴都城外筑城围困。夫差走投无路，只得派王孙骆去向勾践求和。王孙骆说得很可怜，哀求勾践像当初越王赴吴的条件一样赦免吴王。勾践有些心动了，但范蠡坚决不同意。吴国的使者往来求了七次，都被拒绝了。

最后，越军破城，伯嚭投降了越王，夫差带了三个儿子逃出城外，刚到阳山，勾践和范蠡、文种带军队又围了上来。夫差知道再也没有生的希望了，只得拔剑自刎而死。

越军的统帅范蠡早就看出越王勾践是个心胸十分狭窄的人，只能与他共患难，不能与他同欢乐的。他见越国已经彻底灭亡了吴国，知道自己不能再在越王身边呆下去了，于是他便在私下里对文种说："自古以来在官场上有一条教训，那就是'敌国破，谋臣亡；高鸟尽，良弓藏；狡兔死，猎狗烹。'现在，我们还是赶快离开吧。"

文种不以为然。范蠡便偷偷离开越国隐居起来了。果然，在范蠡出走不久，越王勾践害怕文种在国内的威望超过自己，赐他一把宝剑，逼他自杀了。据说这把宝剑，就是吴王夫差让伍子胥自杀的那把"属镂"宝剑。

越国并吞了吴国，从此也变成了一个强国。以后，勾践又挥师北上，与齐、晋、宋、鲁等国会盟于舒州（今安徽庐江）。周元王也派使者前来祝贺，赏赐给勾践衮冕、圭璧、彤弓、弧矢，并命名他为东方之伯。

036

墨子主张兼爱

孔丘的学说,在思想本质上是代表中上层统治者的利益的,他提倡的"仁"、"礼"和"正名",都是为这个目的服务的。但与此同时,必然地在当时也产生了代表下层庶民利益的思想学说。这就是以墨翟(dí)为代表的墨家学说。

墨翟是宋国人,大约在孔丘死后几年出生。他做过宋国的大夫,但也在鲁国住了很长的时间。他反对孔丘的儒家学说,主张"兼爱"、"非攻"。他反对各诸侯国之间无休止的战争,并希望以此能让劳动者"饥者得食,寒者得衣,劳者得息"。

墨翟自己和弟子们不管是当了官,还是有多少财富的,都和贫苦劳动者一样穿粗布短衣、着草鞋、吃粗粮;他提倡生活刻苦节约,反对浪费。与此同时,墨子对自己的学生的训练却十分严格。他的许多学生都学会了守城作战的本领,为帮助遭到攻击的国家坚守城池,表现得十分勇敢。

墨翟还以实际行动制止了楚国对宋国即将发动的一次战争。公元前488年,楚昭王死了,楚惠王继位,楚国渐渐地从被吴国的打击下恢复过来。经过一段时间的治理,楚惠王又想向中原地区扩张了。为了加强进攻力量,楚惠王特地请来了鲁国的能工巧匠公输般,封他为大夫,请他帮助制造一种新的攻城器具——云梯。据说这种云梯十分厉害。它能折叠起来载在战车上,攻城时可以灵活地架在车上升得很高,士兵就能顺着梯子越过城头攻进城去。

楚惠王决定先进攻宋国。

这件事让墨翟知道了。他日夜兼程,从宋国赶往楚国,赶得草鞋磨破了,脚底板磨出了血,十天十夜后终于赶到了楚国的郢都。他先去拜见公输般。对他说:"北方有个人侮辱了我。我给你一千两金子,你去替我杀了他!"

公输般听了,满脸不高兴的样子,说:"人是要讲仁义的,我怎能帮你随便杀人?"

墨翟道:"可是,我听说你为楚王造了云梯,准备进攻宋国。宋国有什么罪过呢?现在楚国土地有余而人口不足。但你却要去帮助楚王争已经有余的土地而让本来就不足的人口遭受战争的杀戮,这可不能说是明智吧?宋国无罪而去进攻它,不能算仁义吧?你不愿帮我去杀一个人而去帮楚王杀许许多多的人,这可不能算是通情达理吧?"

公输般被墨翟说得无言以对,沉默了一会儿,才说:"先生的道理是对的。可我已经答应楚王了呀!"

墨翟说:"那你就带我去见楚王吧。"

于是,墨翟就随公输般去见楚惠王。他对楚惠王说:"有个人自己家里有五彩装饰的华贵车子不要,却要偷邻居的破车子;自己有锦绣绸衣不要,却要偷邻居的旧短褂;自己有大鱼大肉不要,却要去偷邻居的糟糠秕(bǐ)谷,不知是个什么人?"

楚惠王听了,哈哈大笑,说:"这个人一定得了偷窃病。"

墨子又说:"楚国方圆有五千里,宋国只有五百里,这好比那宝车和破车;楚国有云梦大泽,鱼米之乡,十分富足,而宋国土地贫瘠,百姓穷困,这就好比那鱼肉和秕糠;楚国物产丰富,宋国资源缺乏,这就好比锦缎与粗布短褂。因此,我认为大王要去进攻宋国,就和那个患了偷窃病的人是一样的!"

楚惠王羞红了脸,但仍硬着头皮道:"你说的也许有道理,但公输般已为我造好云梯,我一定要去进攻宋国的!"

墨子见楚惠王执迷不悟,就对他说:"其实,云梯也不是万能的。我已经有了对付云梯的办法。大王如果不信,可请公输般大夫与我当场比试一下。"

楚惠王就让公输般与墨翟当场演习,比试攻防战术。

墨翟解下自己身上的腰带,在地上围成一圈当城墙;又找几根筷子当做攻城的云梯。两个人就在惠王面前像下棋一样摆开阵势比了起来——一个变着法子攻,一个换着方法守。公输般换了九次攻城方法,墨翟都设法守住了。公输般攻城的办法用尽了,墨翟守城的办法还有好几招没有使出来。公输般只得认输。

演习结束了。公输般诡秘地对墨翟一笑,说:"现在,我想出对付你的办法了,可是,我不说。"

墨翟也对公输般笑了笑,说:"我也知道你会用什么办法对付我了,我也不说。"

楚惠王见他们两人像在打哑谜,就问道:"你们说的究竟是什么意思?"

墨翟就对惠王说:"公输大夫的意思,是想杀了我,宋国就没有对付云梯的人了。但是大夫想错了。我临走时,已经让我的弟子禽滑釐等三百人,用我教给他们的守城方法和守城工具,守卫在宋国的城头上,专等着楚国去进攻呢。因此,你们虽然杀了我,也不会有什么好处的。"

楚惠王见墨子的确有对付云梯的办法,他本来也听说过,墨家的弟子都是些刻苦顽强、舍生忘死的勇士,想想真的去进攻宋国也未必一定能取胜,就对墨翟说:"先生讲的道理我懂了。我决定不去进攻宋国了。"

墨翟为宋国避免了一场战争,立了大功;然而墨子的整个思想,是不可能为当时的统治阶层所欢迎和接受的。当他从楚国回去,路过宋国的时候,正好遇上了大雨。他想去宋国的城门里躲一下雨,那管城门的官员却不让他进去。墨翟只好冒雨上路,回到了鲁国。

墨翟继续带领自己的弟子,宣传和实践他的理论。在他死后,他的弟子们将他的言行写成了《墨子》一书。后人也尊称他为墨子。

三 家 分 晋

再说晋国到了晋顷公时，国君的权力已日渐转移到了卿大夫们的手里了。到了晋出公的时候，历史已进入了战国时期。这时掌握晋国实权的，是赵襄子、韩康子、魏桓子和智伯瑶四个卿大夫了。

晋出公见四卿的权力太大，自己倒成了他们的傀儡，心中很不情愿，就秘密地派人向齐、鲁两国借兵，想消灭掉四卿。哪知齐、鲁两国出卖了他，不但没有借兵，反将消息告诉了智伯。智伯就和另外三卿共同出兵将出公赶了出去，另立晋昭公的曾孙为国君，这就是晋敬公。

智伯挑头赶走了出公，敬公则完全掌握在他的手中。于是，他的野心越来越大，想独占整个晋国了。一日，智伯召集他的亲信秘密商议这件事。谋士绨疵说："要达到目标，先要削弱三家的力量。"

"怎么个削弱法呢？"智伯问。

绨疵献计说："现在东南方的越国势力越来越大。我们就假传敬公的命令，说是为了与越国争霸，让三家各献出一百里土地充作军饷。他们如同意，我们白得三百里土地；如哪家不同意，就出兵攻打那家。这办法叫做'吃水果先削皮'。"

智伯觉得这个办法不错，就让自己的兄弟智开去通知三家割地。韩康子听了，心中十分恼火：明明是你智伯这只老狐狸敲诈勒索，还要打着敬公的牌子！他正要发兵对抗，被手下的谋士段规劝住了："我们和他硬拼不合算，不如先给他土地，待他再向赵、魏两家要。他们要不乐意，与智伯打起来，我们坐收渔翁之利。"韩康子听从了段规的意见，将一百里土地割让给了智伯。

魏桓子见韩康子没有抵制，也装傻卖乖，将自己的一百里土地割出去了。

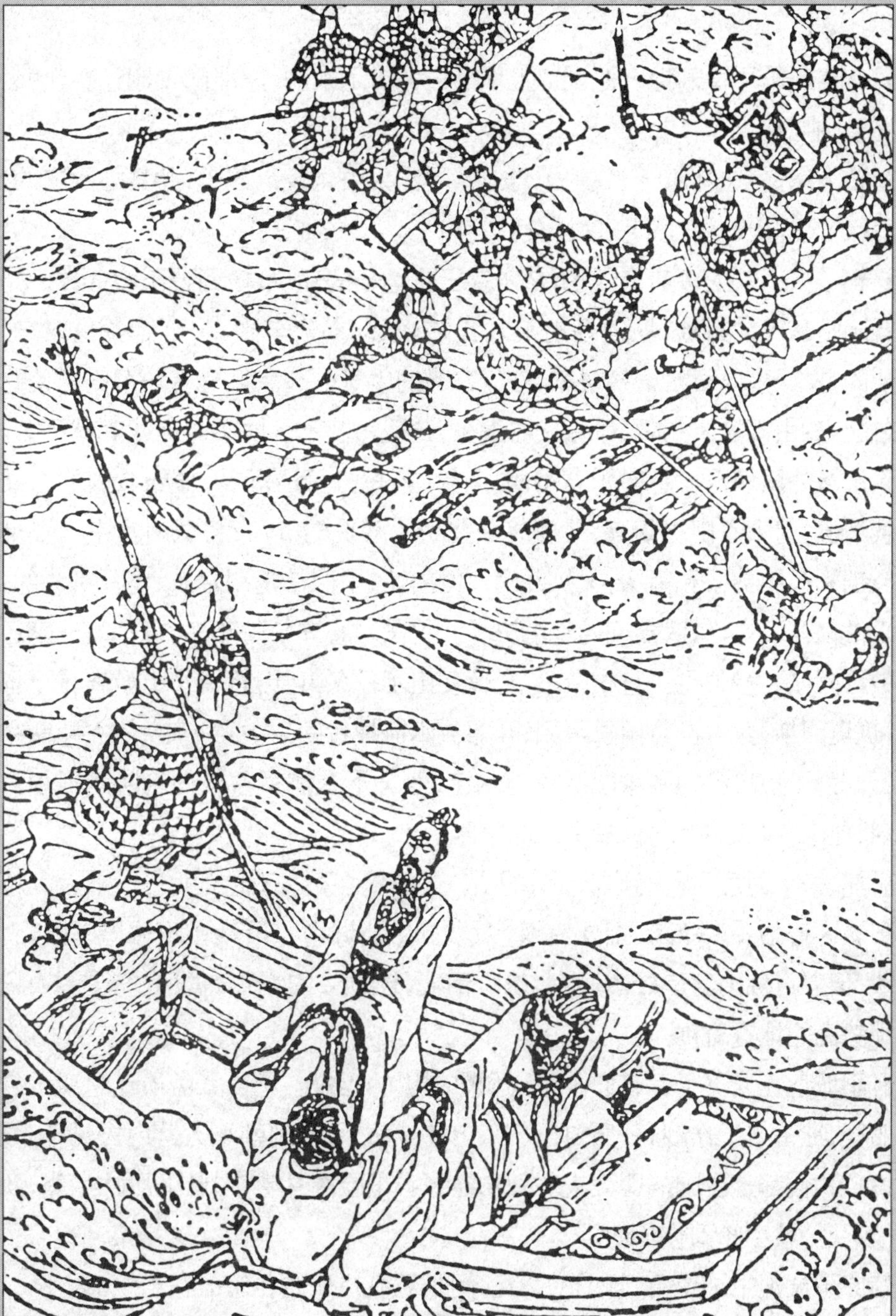

只有赵襄子不肯割地。他说:"土地是祖先传下来的,怎能随便割让?让韩、魏去讨好智伯吧!"

智伯大怒,就让韩康子、魏桓子与他共同出兵去讨伐赵襄子,并且与两家约定,灭赵后,赵氏的土地由他们三家平分。

赵襄子见三家人多势众,就听从了谋臣张孟谈的建议,撤到晋阳(今山西太原)据守。晋阳是赵氏的封地,城池经赵氏几代的修筑,十分牢固,粮草储备也很充足。更重要的是,城内的百姓抵抗侵略、守住家园的士气很高。但是有一个问题使赵襄子着急起来:由于撤走仓促,所带武器太少,剑戟弓箭十分缺乏。而此时城已被围,根本无法从外面取得。赵襄子急得团团转。还是张孟谈沉着,他到城内的百姓中去了解情况,请大家出谋划策,最后终于找到了解决的办法:将城内宫室大殿上的大铜柱锯下来铸剑戟和箭头;又扒开宫室的内墙,里面都是用荆条、苇秆筑成的,正好拿来做箭杆。这样,武器问题也解决了。军民同心守了一年多,智伯等三家还是攻不破晋阳城。智伯见一直相持不下,他便出了一条毒计:将晋水上游离城十里处截断,筑堤围坝蓄水,再待雨季一到,开始放水淹掉晋阳。主意一定,他立即命令军士动工。为了使自己的围城军队免遭水淹,他又下令在军营外面筑防水堤坝。这个计划,他也同时通知了韩、魏两家的军队。

果然,一个月后,雨季到来,晋水猛涨,又被堤坝截住,水位就一下子大大超过了晋阳城。智伯一声令下,掘开堤坝,大水就猛扑城内。虽然晋阳城墙坚固,尚未被冲毁,但老百姓的房屋经水一泡,纷纷倒塌,连煮饭的锅灶也没处安了。人只好躲到地势高的地方避难。

晋阳城危在旦夕了。赵襄子急得如热锅上的蚂蚁。谋臣张孟谈让赵襄子赶紧打造船筏,准备水上作战,一面自己从东门缒城而下,直到韩军大营内去见韩康子,对他说:"我们都是晋国的卿大夫。智伯的野心是要吞并整个晋国,唇亡齿寒,我们赵氏被灭了,就会轮到你们的。"

韩康子被击中了要害,想了一会儿,问张孟谈:"那你要怎么办?"

张孟谈说:"依小臣愚见,不如我们三家联合起来,去攻打智氏,以消除后患。从今后我们三家太太平平过日子。"

韩康子一时拿不定主意,就让张孟谈留在营内,决定第二天去和围南门的魏桓子商量一下。刚好,第二天智伯邀韩、魏二家去龙山一边察看水情,一边喝酒。喝到兴头上,智伯得意地指着晋阳城说:"我现在才知道水也可以灭亡一个国家的了。"说着,又看着韩康子和魏桓子说:"你们的汾水和绛水恐怕也保不了安邑和平阳吧?"

安邑(今山西夏县西北)和平阳(今山西临汾西南)分别是韩、魏两家封地的城池,智伯的狼子野心昭然若揭。韩康子用手肘碰碰魏桓子,魏桓子用脚踩踩韩康子,两人都敢怒而不敢言。席散之后,韩康子将魏桓子约到自己的营中,将张孟谈请了出来。三人一拍即合,在韩康子营中歃血为盟,商定共攻智伯。

第二天半夜间,韩、魏两家派军队杀掉智伯守坝的士兵,从西边掘开堵住晋水的堤坝,结果大水反向智伯的军营冲去。智伯的军队大乱。待智伯从睡梦中惊醒过来,水已漫到他的床边,几个亲信赶忙将他扶到木筏上。智伯回头一看自己营内,粮草、兵器漂荡一空,营中军士,正在滚滚波涛中挣扎沉浮。智伯还未醒过神来,只听得鼓声大振,韩、魏两家军队乘着水势从小船上杀来。智伯无力抵抗,急忙带几名随从改乘小船向龙山背后逃去。刚转出山口,赵襄子和张孟谈带领赵家军队突然从山后杀出。赵襄子没费多大力气,就将智伯活捉了。

到第二天天明,智伯的军队全军覆没。赵襄子将智伯斩首,并且与韩、魏两家率军回到晋都绛城,以叛逆的罪名将智伯满门抄斩。智氏的土地,由三家平分。

到公元前403年,晋国的韩、赵、魏三家的继承人韩虔、赵籍、魏斯各派使者去向周威烈王要求独立封侯。周天子实际上早是个空架子了,因此只得照三家的意思分别册封为韩侯、赵侯、魏侯,于是三家分别定都建国,晋国从此便不存在了。

038

西门豹破除迷信

独立出来的韩、赵、魏三国中,魏国的发展最快。原因是魏文侯魏斯最有抱负。他能礼贤下士,任用贤能,虚心听取臣子的意见和建议。因此,一时间,诸侯国中的一批有才识之士,纷纷来到魏国。他们中有李悝(kuī)、魏成、田子芳、段干木、翟璜、西门豹、田文等。

魏文侯拜李悝为相国。李悝是战国初期的大政治家。他根据当时社会的具体情况,给魏文侯提出了一整套改革方案,在魏国实行变法。他首先让魏文侯减轻了农民的负担,鼓励他们精耕细作,进行多种作物的兼种套种,以增加粮食产量;同时实行"平籴(dí)法",在丰年时国家以平价收购粮食,储存起来;到了歉收年份,仍以平价卖给农民,以保护农业劳动者的积极性,安定社会生活。

在政治上,他又建议魏文侯废除了维护贵族特权的世卿世禄制度,让对国家有贡献、有功劳、有才能的人得到提拔;他还健全了魏国的法制,汇集当时各国的法律的长处,编成《法经》,在魏国颁布执行。这样一来,魏国就很快富裕强大起来了。

为了巩固北方的边防,魏文侯派大将乐羊攻下了中山国(都城在今河北定州),又派西门豹到邺城(今河北磁县东南)去当太守。邺城与韩、赵两国交界,是魏国的北方边境重镇。漳水由西而来,经过邺城,向东流去。这里本应该是很富庶的地方。但是西门豹到邺城一看,只见田野荒芜,人烟稀少,村落萧条。这究竟是为什么呢?

西门豹将自己打扮成外地来经商的商人模样,到乡间去了解情况。他访问了好多老乡,终于弄清楚了:原来这几年,漳水经常泛滥,冲毁庄稼,淹没村落。这里

的巫婆便与地方豪绅、官吏勾结，说是需每年给河伯送一个漂亮的媳妇，就可以避免水患。于是，每年春天，巫婆就到乡下去寻找漂亮的未婚女子。谁家姑娘被她挑中了，有钱的还可以出钱买通巫婆，让她再去选一个；没钱的，就只好眼巴巴被带走，送到漳河边一座专门为河伯娶媳妇而建的斋宫里，换上新衣，待举行完送亲仪式，就将姑娘装进一只芦苇编成的船内，推入漳河。苇船随河水顺流漂行十数里，就慢慢地沉没在滔滔的河水中……因此，往往一到春天，一些有漂亮姑娘的人家，就拖儿带女地逃走，以避免灾难降临到自己头上。更有甚者，那些地方豪绅官吏还趁火打劫，每年以河伯娶妇的名义，要向百姓收几百万钱；仪式上只花二三十万，其余的就私分了。

西门豹摸清了情况，就在举行河伯娶妇的那天，带了一批卫兵亲自去参加仪式。

这一天，漳河边上人山人海，围了数千来看热闹的百姓。西门豹穿着太守官服，坐在观台的正中间；左右坐着地方长官、当地豪绅。一个年老的巫婆带着二十多个年轻的女弟子在前面主持仪式。

巫婆宣布送亲仪式开始。漳河边顿时热闹起来。香烛和祭品排列在河岸上，鞭炮声和送亲的音乐声中，盛装的新娘被装进了芦苇船……只等巫婆一声令下，苇船被人往水里一推，仪式便结束了。正在这时，西门豹对老巫婆说："去把新娘带来让我看看漂亮不漂亮，不要亵渎(xiè dú)了河伯。"

巫婆没法，只好让女弟子去苇船上将那"媳妇"带到台前。西门豹抬头一看，那姑娘泪流满面，正哭得伤心；泪水将脸上的化妆冲出一道道痕迹。

"他们居然每年将这样的姑娘丢在河里白白送死！"西门豹不由得怒火中烧；他抬起头来对巫婆说："这个姑娘不够漂亮。你去对河伯说，邺城太守要给他选个漂亮的，过几天再送去。"

说完，西门豹一挥手，几个卫兵上去不由分说，就抓起巫婆将她丢到了河里。左右的那些地方长官和豪绅，都大惊失色，但又不敢说话。

隔了一会儿，西门豹往河中看看说："老巫婆不中用了，去了这么久还不回来，派两个年轻的去。"又命卫兵扔下了两个女弟子。

再过了一会儿,西门豹对边上的地方长官说:"看来这些女流之辈无法将我的话传给河伯,还是麻烦你去走一遭吧。"

那地方官听了,吓得面似土色,连忙推辞:"不、不……"西门豹不由他分说,又一挥手,让卫兵将他扔进了漳河。

又过了大约一个时辰,西门豹对豪绅们说:"怎么搞的,他们办事这样不牢靠,看来还要麻烦你们几位了……"那些豪绅和小官吏们听了,吓得一个个跪着、爬着向西门豹求情。他们终于承认这是与巫婆串通起来敲诈百姓的,根本不存在河伯要娶媳妇这件事。西门豹直到他们磕头磕得头破血流,才当众宣布:将他们搜刮来的财产全部没收,分给当地的百姓;以后还有谁敢讲河伯要娶媳妇的,就将他丢到水里,让他像巫婆一样去给河伯当"媒人"!

破除了迷信,打击了地方官吏、豪绅的劣迹,西门豹又带领百姓挖河开渠,一方面疏通河道,防止河水泛滥,一方面又修筑水渠将漳河水引到旱地,灌溉良田。为了不忘西门豹的功劳,当地百姓就将开凿的引水渠叫"西门渠"。从此,漳河两岸百姓安居乐业,邺城地方的边防也巩固了。

在巩固了北方后,魏文侯又任用卫国人吴起为将,让他带兵去镇守西河。西河是魏国西部边境,是与秦国连接的交通要冲。吴起上任后,与士兵们同吃同住同甘共苦,以身作则,刻苦训练士兵,修筑了牢固的城池。同时,他又看准机会,乘秦国内部争权无暇顾及边防,率军渡过黄河,夺取了秦国在黄河西边的五座城池。

从此,魏国的国力越来越强盛,成了战国初年的强国。

扁鹊起死回生

魏文侯注重搜罗人才,让乐羊收服中山国,叫西门豹治理邺城,拜军事家吴起为大将,打到秦国的地界去夺了五座城。魏国的名声大了,韩国、赵国、齐国都派使者来朝贺。尤其是齐国的相国田和,把魏文侯当做新的霸主。

田和想以魏国为靠山,夺取齐国的统治权。齐国几代国君,对待老百姓非常残酷,剥削重,刑罚严。而齐国掌权的大夫田家,一直在搜罗人才,收买民心。田和做了相国,魏文侯尽力帮他。田和干脆把国君齐康公放逐到一个海岛上去,又托魏文侯替他在周王面前请封。周安王在公元前386年,封田和为齐侯。他是新齐国的第一个国君。两年后田和死了,他的儿子田午即位,就是桓公午。

一天,有一位名叫秦越人的名医来到了齐国,桓公午把他当做贵宾招待。传说黄帝时代有位神医名字叫扁鹊。因为秦越人治病的本领特别大,人们都尊他为"扁鹊",秦越人的名字反倒很少人知道了。他周游列国,替老百姓治病。

有一回,有个人"死"去好几天了。扁鹊一看,诊断这个人不是死,而是一种严重的昏迷,给他扎了几针,居然把他救活了,又给他吃了些药,把他的病治好了。人家就称赞扁鹊治病有起死回生的本领。扁鹊说:"这个人本来没有死,我不过是把他救治过来罢了。"

这一次,扁鹊见了桓公午,对他说:"主公有病,病在肌肤,要是不及时医治,病就会厉害起来的。"

桓公午说:"我没有病。"

桓公午送出了扁鹊,对左右说:"做医生的就想赚钱,人家没有病,他也想治。"

过了五天,扁鹊见了桓公午,说:"主公有病,病在血脉,要是不医治,病准会严

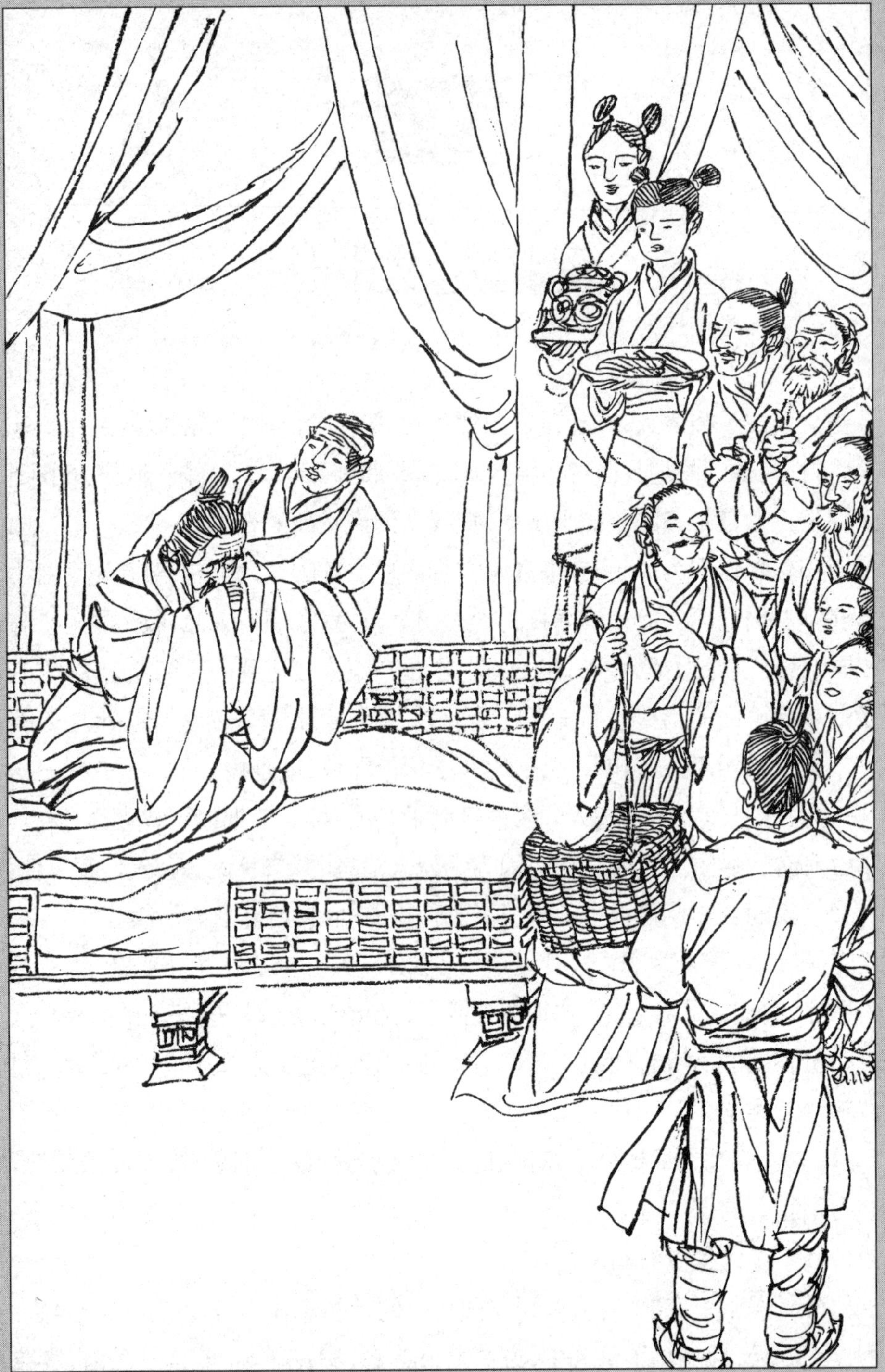

重起来。"

桓公午还是说:"我没有病。"

又过了五天,扁鹊特地再来看桓公午。他说:"主公有病,病在肠胃里,再不医治,病还会加深。"

桓公午很不高兴,干脆不搭理他。扁鹊只好退出。

又过了五天,扁鹊再来看桓公午。他见了桓公午,一句话也没说,就退出去走了。

桓公午叫人去问他,他说:"病在肌肤,用热水一焐(wù)就能好;病到了血脉里,还可以用针灸治疗;病到了肠胃里,药酒还能治得到;现在病进了骨髓(suǐ)就没法儿治了。"

到了第二十天上,桓公午病倒了,又躺了几天就死了。

桓公午死了,他儿子即位,就是齐威王。

商 鞅 立 木

齐威王时,有实力的大国是:齐、楚、魏、赵、韩、燕、秦,称为战国七雄。前面的大国公推齐威王为霸主;秦国在西部,比较落后。公元前361年,秦孝公即位后,想向中原扩展势力。他先下了一道搜罗人才的命令:"不论是本国人或外来客,谁能叫秦国富强就能得到重用。"

卫国有个名叫卫鞅(yāng)的人跑来对秦孝公说:"国家要富,必须注重农业;国家要强,必须奖励将士;要把国家治好,必须有赏有罚,朝廷才有威信,改革就容易了。"

秦孝公觉得有理,就叫他制订改革制度。可是,不少贵族大臣反对。过了两年多,秦孝公的君位坐稳了,就拜卫鞅做左庶长,改革制度全由他拿主意。

公元前359年,卫鞅起草了一道改革法令。秦孝公点头说好。卫鞅怕老百姓不信,先叫人在南门竖了一根木头,出了一个命令:"谁能把这根木头扛到北门去的,赏他十两金子。"看热闹的人很多,就是不相信。

卫鞅又下了一道命令,把赏金加到五十两。有个发傻劲的人说:"我扛去!"他拔起那根竖着的木头,一口气扛到了北门。大伙儿好像看耍猴似的跟在后头瞧热闹。卫鞅立刻叫人赏了他五十两金子,表扬他相信朝廷的命令。这件事一下子传遍都城。不久,全国的人都知道了。

接着,卫鞅就公布了改革的第一批法令。大致的内容有:每五户人家编为"一伍",十家编为"一什"。一家有罪,其余九家应当告发。不告发的同样有罪,告发的有功。居民必须领取居民凭证,没有凭证的不能来往,不能住店。官职的大小和爵位的高低,拿杀敌多少和立功大小作为标准。贵族也一样。杀一个敌人记功一分,升一级。功劳大的地位高。田地、住宅、车马、奴婢等,随地位的高低分等级享受。

在军事上没有立过功的人,就是有钱也不得铺张。百姓多生产粮食和布帛的,免除官差。凡是为了做买卖和懒惰而贫穷的,连同妻子、儿女一概没入官府为奴。弟兄到了成年就应当分家,各立门户,各缴各的人头税。不愿分家的,每个成人加倍付税。

新法令公布后,没有军功的贵族领主失去了特权。这么一来,贵族领主制度的秦国,变成了地主制度的秦国了。农业生产增加了,军事力量强大了。巨大的变化引起了贵族领主的反对。秦孝公处罚了反对新法的大臣,把卫鞅提升为大良造。

接着,秦孝公就叫卫鞅实行更大规模的改革,最重要的有下列三项:

一是开辟阡陌(qiān mò)封疆。"阡陌"是供兵车来往的田间大路。春秋时代打仗多用兵车,到了战国时代,各国打仗都用步兵骑兵,很少用兵车了。因此,东方各国早已陆续把阡陌开成了田地。这会儿,秦国除了田间必要的走道以外,把宽阔的阡陌一概铲平,也种上庄稼。"封疆"是把贵族领主作为划分疆界和防守用的土堆、荒地、树林、沟渠等,都开垦起来,作为耕种地。谁开垦的土地,归谁所有。田地可以自由买卖。

其次,建立县一级的统治机构。除了贵族领主所占领的封邑以外,在没有建立县的地区,把市镇和乡村合并起来,组成大县。每县设一个县令,主管全县的事;县令还有助理,叫县丞。县令和县丞都由朝廷直接任命。

另外,为了便于向东发展,把国都从原来的栎(yuè)阳(位于今陕西西安阎良区)迁移到渭河北面的咸阳(今陕西咸阳东北)。

这第二步的改革还是有人反对。改革的第四年,太子犯了法。卫鞅把太子的两个老师公子虔和公孙贾都治了罪,一个割掉了鼻子,一个在脸上刺字。这样,贵族、大臣就不敢触犯新法了。

秦国土地广,人口不太多,邻近的韩、赵、魏土地少,人口密。卫鞅就请秦孝公出了赏格,叫邻国的农民到秦国来种地,给他们田地和住房。原来秦国各地的尺有长有短,斗有大有小,斤有轻有重,卫鞅把全国的度(尺的长短)、量(斗的大小)、衡(斤的轻重)规定了一个统一标准,老百姓交税、纳租、做买卖,都方便多了。

秦国变法之后,仅仅十几年工夫,就变成了挺富强的国家。后来,秦孝公封卫鞅为侯,把商于(今陕西商州东南)一带十五个城封给他,称他为商君。卫鞅就叫商鞅了。

秦孝公死后,商鞅被贵族诬陷,遭车裂的酷刑死去。

孙膑智斗庞涓

秦孝公重用卫鞅，魏惠王也跟着学样，用重金高位招揽人才。他拜本国的庞涓(juān)为大将，攻打卫、宋。墨子的学生禽滑釐向魏惠王推荐庞涓的同学孙膑，魏惠王让庞涓写信给孙膑。庞涓忌妒孙膑，又不敢得罪主子，就写了一封装做热情洋溢的信，让魏惠王派人到鬼谷去请孙膑出山。孙膑怀着感激庞涓推荐的想法，拜别师傅鬼谷子来见魏惠王。

魏惠王乐坏了，想拜孙膑为副军师，跟庞涓一块儿执掌兵权。庞涓知道孙膑比自己有军事才能，对自己不利，就在背地里挑动魏惠王让孙膑为客卿。客卿没有实权，但孙膑还是把庞涓的推荐之情挂在心上。

大约过了半年，庞涓就叫人写了一封信，假托是孙膑的叔伯哥哥孙平和孙卓写的，叫孙膑回齐国老家去帮齐国做事；庞涓又叫孙膑写封回信，托庞涓收买的一个名叫丁义的人带回齐国，接着庞涓派人搜查出了孙膑的回信，交给魏惠王。庞涓还甜言蜜语劝孙膑写个奏章向魏惠王请假回齐国去上坟。

这一连串的事儿让魏惠王起了孙膑背叛魏国、私通齐国的疑心，叫左右把孙膑押到军师府交给庞涓审问。

庞涓假惺惺地对孙膑说："大王要办你死罪，我再三再四地磕头求情，大王才免了你的死罪，可是得把你的膝盖骨剜掉。"

孙膑哭着说："你这么出力帮忙，我这辈子也忘不了你的大恩！"

就这样，孙膑的脸上被刺了字，两块膝盖骨也被剜去，伤口好了，只能爬行。

有一天，庞涓叫孙膑把祖宗孙武的十三篇失传的兵法凭记忆写出来。庞涓跟孙膑一块儿在鬼谷师傅那儿学习时，知道鬼谷先生从吴国得来的十三篇兵法传给

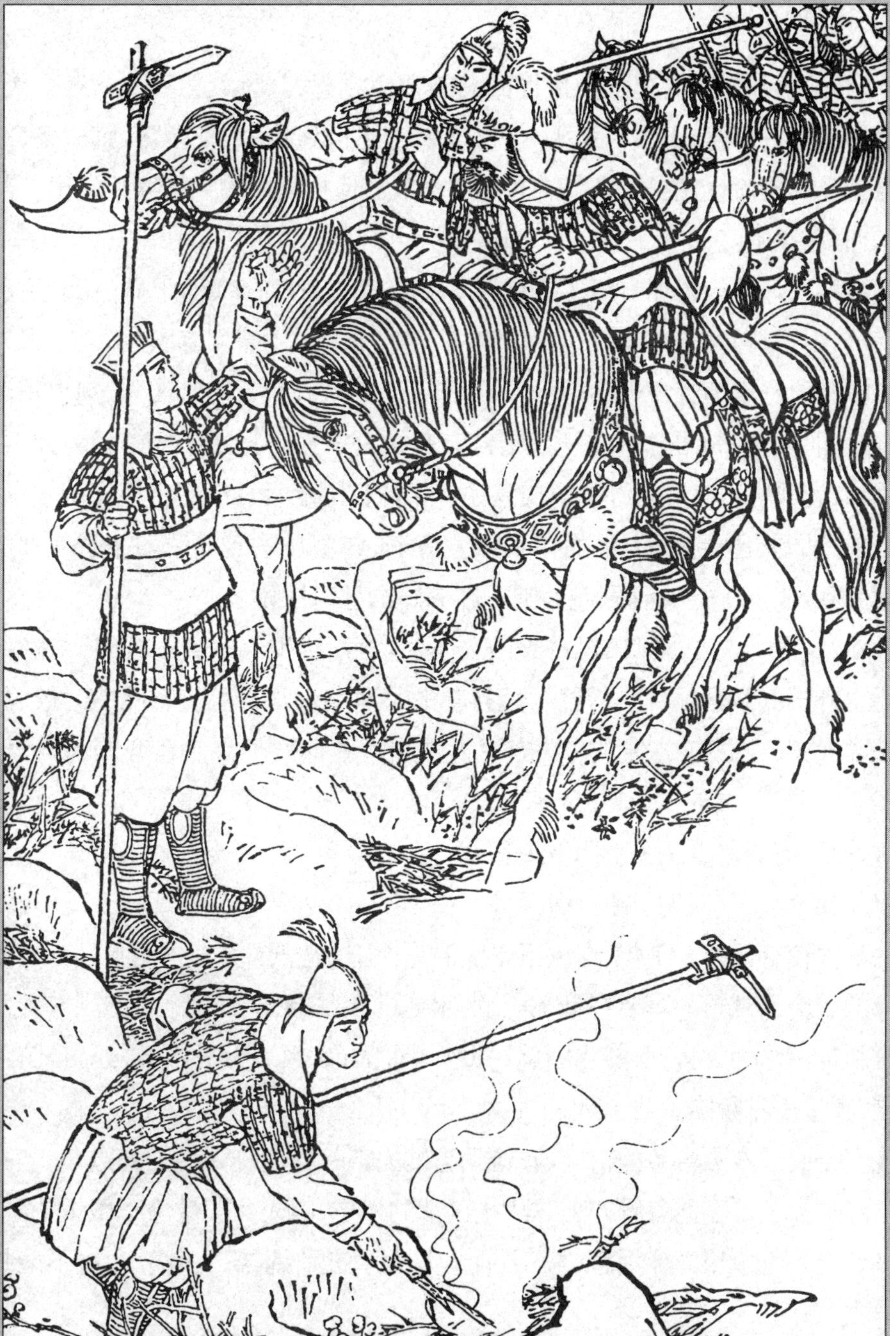

了孙膑,让孙膑背熟了。孙膑为报答庞涓的救命之恩,开始默写兵法。有一天,伺候孙膑的人告诉孙膑,庞涓的手下人说,庞涓为了得到兵书才留着孙膑一条命的,兵书写完孙膑的命也完了。孙膑这才如梦初醒。他把写好的兵书简片抽出一部分烧掉,就假装疯了。

禽滑釐把孙膑的冤屈告诉了齐威王。齐威王打发淳(chún)于髡(kūn)到魏国去请孙膑,由禽滑釐配合,偷偷地让孙膑化了装,抱到车上带回齐国。

齐威王很器重孙膑,两次拜他为军师出征。一次是公元前354年,魏惠王派庞涓进攻赵国。赵国的国君赵成侯派使者上齐国去求救。齐威王拜田忌为大将,孙膑为军师,发兵去救赵国。孙膑对田忌说:"目前魏国的兵马已经把邯郸围上了,咱们此刻去救邯郸已经晚了,不如在半道上等着,传扬出去说是去打襄陵(今河南睢县)。庞涓听到了,一定得往回跑。咱们迎头痛击把他打败。"

果然,庞涓听说齐国派田忌打襄陵去了,立刻盼咐退兵。到了桂陵(今河南长垣西南)碰上齐国的兵马,两边一开仗,魏兵就败了。庞涓正在心慌意乱的时候,忽然瞧见一面大旗,上面有个"孙"字!庞涓大叫一声:"这瘸子果然在齐国,我上他的当了。"

这一吓,庞涓差点从车上摔下来。

庞涓兵败逃了,损失了两万多兵马。

另一次在公元前341年,魏惠王派庞涓为大将,把全国大部分的兵马都交给他去打韩国。庞涓带领大军要打到韩国的都城了,韩国接连不断地向齐国求救。齐威王重新拜田忌为大将,田婴为副将,孙膑为军师,发兵五万去救韩国。孙膑不去救韩国,直接去打魏国。

庞涓得到了本国告急的信,只好退兵赶回去。等到他赶回魏国的边境,齐国的兵马已经进去了。庞涓察看齐国军队扎过营的地方,叫人数了数地下做饭的炉灶,足够供十万人吃饭用。庞涓想:"齐国有十万大军进了魏国,一时怎么也不能把他们打出去。"

第二天,庞涓带领大军到了齐国的军队第二回扎过营的地方,又数了数炉灶,只有够供五万来人用的了。

第三天,到了齐国军队第三回扎过营的地方,仔细数了数炉灶,也就剩下两三万人了。庞涓笑着说:"齐国人都是胆小鬼。我三次数了他们的炉灶,就明白十万大军到了魏国,才三天工夫,就逃了一大半。"

他吩咐大军日夜不停地按着齐国军队走的路线追去。

他们一直追到马陵(今河北大名东南),正是天擦黑时。马陵道在两座山的中间,旁边是山涧。这时候正是十月底,晚上没有月亮。庞涓吩咐大军顶着星星赶,赶不多久,前面的山路给木头堵住了。庞涓指挥大伙儿一齐动手把木头搬开,看见路旁的树木全部砍倒了,只留着一棵最大的没砍。他奇怪为什么单单留着这一棵呢,细细瞧去,那棵树一面刮去了树皮,露出一条又光又白的树瓤(ráng)来,上面影影绰(chuò)绰好像还写着几个大字,看不清楚,庞涓就叫士兵拿火来照。

庞涓在火光之下,看到上面写的是:"庞涓死此树下!"庞涓心里一急,连忙说:"哎呀!又上了瘸子的当了!"

他急忙回头对将士们说:"快退!快……"第二个"退"字还没说出,也不知道有多少支箭,就像下大雨似的冲他身上射来。

原来孙膑存心天天减少炉灶的数目,引诱庞涓追上来。他早就算准了庞涓到这儿的时辰,事先埋伏下五百名弓箭手,吩咐他们说:"一见树下起了火光,就一齐放箭。"

一会儿,山前山后,山左山右,全是齐国的士兵,把魏兵杀得连山道都变成血河了,一直闹到东方发白,齐国的军队才带着俘虏和战利品从原道回去。

魏惠王打了个大败仗,只好打发使者去向齐国朝贡。

孟轲讲"仁"

听说魏惠王出重金招集贤才,出生于邹(今山东邹城东南)地的有个叫孟轲的人也来到了魏国。

孟轲出身贫苦,与母亲相依为命。寡居的母亲对他从小严格要求,并且用孔子的一套仁义、礼乐来教育儿子。传说为了让儿子学好,将来有出息,孟轲的母亲曾三次搬家,选择好的邻居。孟轲长大后,又跟孔子的孙子孔伋学习儒道。他继承和发展了孔子的学说,主张行"王道"、施"仁政"来治理国家,统一天下。后人尊称他为孟子。

魏惠王听说孟轲来了,亲自赶到都城的郊外去迎接,用接待上宾的礼节招待他。第二天,魏惠王请孟轲谈谈怎样才能给魏国带来利益。孟轲却说:"我是仲尼门下的弟子,只知道仁义,不知还有利这件东西。"

魏惠王想效法秦国用霸道来富国强兵,见孟子连利都不肯谈,就觉得他太迂了。于是客客气气地打发他走了。

孟轲见魏惠王不用他的王道,就又去宋、滕等国游历。但宋、滕是小国,在当时已夹在大国中间朝不保夕,因此,根本无法推行自己的一套主张。这样,孟轲又到了齐国。

齐宣王接纳了他,让他当了齐国的客卿。一天,齐宣王召孟轲去谈政治。宣王道:"以前齐桓公、晋文公称霸诸侯的事,您给我谈谈好吗?"

孟轲还是回答说:"孔子的门徒,不谈齐桓、晋文霸道的事。只是用仁爱之心对待百姓,讲王道,天下就能统一、安定。"

齐宣王见他这样说,就又问道:"那么,像我这样的国君可以用仁爱之心去实行

王道吗？"

"当然可以。"

"你怎么知道我可以呢？"

孟轲说："我听说有一次有人牵着一头牛走过，您见了，问：'将牛牵到哪里去？'牵牛的人回答说：'杀了它用牛血涂钟祭祀。'您就说：'放了它吧。我不忍心看它那瑟瑟发抖的样子。'牵牛的人问：'那么，就不用血涂钟祭祀了吗？'您说：'怎么不涂呢！用一头羊来代替它吧。'不知有没有这样的事？"

"是的，有这件事。"齐宣王回答说。

"这就说明您有仁爱之心。"

孟子乘机说："君子对于禽兽，看见它们活着，不忍心见它们死去；听到它们的声音，不忍心吃它们的肉。所以君子都离得厨房远远的。可那些不了解您有仁爱之心的人，还会说您是小气呢！"

齐宣王被孟轲说得心里舒服极了，就又问："那么，我也能施仁政了？"

孟轲说："当然能。其实，施仁政并不难。比如说要一个人挟了泰山跳过北海，他说不能，这是真的不能；但如果叫他去为一个老人折一根树枝做拐杖，他说不能，这不是不能，是他不愿意去做。现在大王施仁政，就像叫一个人去折根树枝那样，是能够办到的。"

"那么，您的仁政怎样施行呢？"齐宣王又问。

孟轲说："这也很简单，只要将您对动物的仁爱之心用到百姓身上，减少战争，减轻百姓负担，使他们安居乐业，并且用仁义礼智去教育他们，使社会上父子、长幼、朋友之间相亲相爱，秩序稳定，生产发展，国家自然会富强起来。"

可是，这要等到什么时候呀！齐宣王像魏惠王一样，要的是立刻富国强兵，称霸诸侯。因此，他只得对孟轲说："先生说的道理我很佩服。但我很愚昧，恐怕一时学不了。"

孟轲见自己的主张到处碰壁，无法实施，就和弟子万章一起退隐起来教学和写书。以后传下来的《孟子》一书，就是这样产生的。

043

庄周逍遥自得

  战国时期是各种思想、学派百花齐放、百家争鸣的时期。几乎与孟轲同时代，宋国又出现了一个思想家庄周。孟轲的"王道"，遭到了庄周的反对和嘲弄。庄周出生于宋国的蒙地（今河南商丘东北），从小家境十分贫困。一次，他的母亲病了，家里揭不开锅了，不得已，年少的庄周就去向当地的一个小官监河侯借粮。监河侯欺他年纪轻，作弄他说："我现在没有粮食，等到秋天收获以后，你再来借吧。"聪明的庄周就对他说，让我来给你讲个故事："有个人在路上走，看见路边一个干涸的水洼里有一条鲫鱼正在挣扎。那鲫鱼对人说：'我快要干死了，请你给我一瓢水，救救我吧。'那人却说：'好的。等我去引北海的水来灌这水洼救你吧。'那条鲫鱼说：'谢谢你。等你引来北海的水以后，到卖干鱼的摊子上去找我吧。'"

  庄周从小饱尝了贫穷的滋味，看够了诸侯混战、互相争权夺利给百姓造成的灾难，因此，他不愿意出去当官，与统治者合作，再去帮助他们压迫、剥削百姓。他认为，当官的、有权的，他们什么都偷，把国家，甚至连同法律都"偷"到了自己的手里，于是他们可以堂而皇之地当人上人，作威作福地统治百姓；而普通老百姓，如果他偷了一小点东西，那就被认做盗贼，要坐牢、要杀头，这是极其不公道的。因此，什么"霸道"、"王道"，"儒家"、"墨家"，都是虚伪的、骗人的。所以他很瞧不起那些到处游说，追求功名富贵和高官厚禄的人。

  一次，他去魏国。他的老朋友惠施在魏国当相国，他想顺便去看看他。不料惠施见庄周来，怕他夺了自己的相位，紧张得不得了。庄周知道了，就对惠施讲了一个寓言故事："南方有一种鸟叫鹓鶵（yuān chú），它从南海飞到北海去。一路上，不是梧桐树它不停歇，不是竹实它不吃，不是甘泉它不喝。这时，一只猫头鹰正在吃

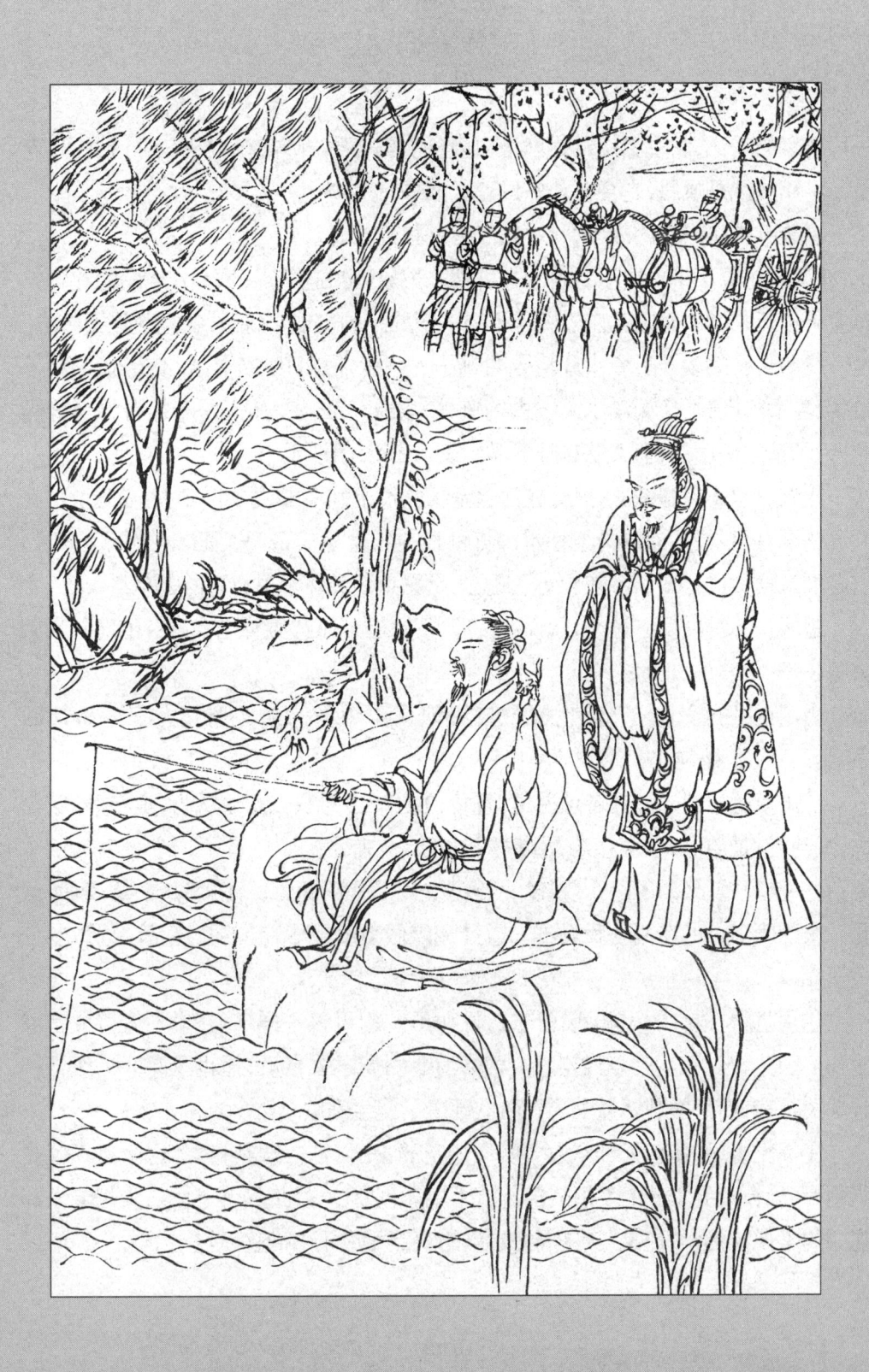

一只腐烂的老鼠,它看见鹓鸰,就发出哇哇的怪叫声,警告鹓鸰不要来抢它的死老鼠。可鹓鸰就是凤凰,它会喜欢一只死老鼠吗?!"

惠施听了庄周讲的故事,脸一直红到了脖子根。

以后,庄周又带着妻子到楚国去讲学。楚威王知道了,备了十分丰厚的礼物去请庄周出任楚国的相国。庄周婉言拒绝了楚威王的邀请,又把礼物全部退了回去。他宁愿与自己的妻子过着十分清苦的日子——妻子每日编草鞋卖,自己在给弟子讲学、著书的同时,还到溪水边上去钓鱼,来改善生活。楚威王是个很有抱负的国君,为了请庄周出仕,他又亲自赶到溪水边上去聘请庄周。

庄周看也不看楚威王,只管在河边垂钓。过了好一会,才回头对楚威王说:"我听说楚国有只神龟,它的骨架标本一直供奉在庙堂里。请问大王,对那只龟来说,它是愿意被做成标本供奉在庙堂里呢,还是愿意活着在水里游来游去呢?"

楚威王一时没反应过来,就说:"按理说,它应该愿意活着在水里自由地游来游去吧!"

庄周说:"这就对了,我也愿意自由地在水里游来游去呀!大王还是请回去吧。"

庄周就这样逍遥地在各地游说,宣传他的"无"的观点。他认为,贵与贱,官与民,大与小,是与非,甚至生与死,都是一样"无"差别的。他举了一个著名的例子说:有一次睡着了,做了一个梦,梦见自己变成了一只飘飘荡荡的蝴蝶,醒来后,又是一个明明白白的庄周。我真不知道是蝴蝶做梦变成了庄周呢,还是庄周做梦变成了蝴蝶?

庄周觉得,人生的生和死,就像白昼和黑夜的更替一样自然,也不值得欢喜或悲伤。因此,当与他一起艰苦度日、相依为命的妻子去世后,他也没有像一般人一样哭哭啼啼,而是敲着瓦盆唱了一曲歌颂妻子一生的歌。

庄周觉得,许多事情都是人力所不能及的,一切都应顺其自然,这个自然就是天地万物、自然界本身的发展规律。这个规律也就叫做"道"。因此,后人把老子和庄周的学说统称作"道家"。庄周把自己的观点写成了书,这就是《庄子》。

苏秦合纵联六国

战国七雄中,就数秦国最强盛。楚、齐、魏、赵、燕、韩六国诸侯联合起来,用"合纵"的办法结成南北联盟来抵抗秦国呢,还是联合西边的秦国,用"连横"的办法结成东西联盟来保存自己呢?在这种形势下,出现了一批纵横家。他们的代表人物一个是洛阳人苏秦,他主张合纵;另一个是魏国人张仪,他主张连横。他们俩是同学。

苏秦在洛阳时想去见周天子,只恨没有人向周天子推荐。他知道秦孝公死后,太子即位,就是秦惠文王。他跑到秦国去劝秦惠文王用连横的办法,把六国一个一个地消灭。不想他等了一年多,盘缠花光了,衣服破了,秦惠文王也没有用他。

苏秦只好回老家去研究兵法,再作打算。他非常用功,念书十分刻苦。有时候念书念累了,眼皮粘到一块儿怎么也睁不开。他气急了,骂自己没出息,拿起锥子在大腿上刺了一下,刺得血都流出来了。这一下子,精神可来了,他接着又念下去。民间还传说,苏秦有时候太累了,就扑在案头上打瞌睡。为了不让自己打瞌睡,他就拿根绳子一头吊在房梁上,一头吊住自己的头发,如果他脑袋一往案头上扑,那根绳子就把他揪住。这么脑袋一顿,头发一揪,就把他揪醒了。他这么悬梁刺股,苦苦地熬了一年多工夫,读熟了姜太公的兵法,记熟了各国的地形、政治情况和军事力量,还研究了诸侯的心理。

一年多以后,苏秦到燕国见燕文公,对他说:"燕国没受到秦国的侵略,是因为西边有赵国挡住秦国。可是赵国要来打燕国,早上发兵,下午就能到。您不跟近邻的赵国交好,反倒把土地送给挺远的秦国,这种做法很不好。要是主公用我的计策,先跟邻近的赵国订立盟约,然后再去联络中原诸侯一同抵抗秦国,燕国才能安稳。"

燕文公很赞成苏秦的办法,就给他准备了礼物和车马,请他去和赵国联络。

苏秦到了赵国,对赵肃侯说:"如今秦国最注目的就是赵国。秦国不敢发兵来侵犯,是因为西南边有韩国和魏国挡住秦国,要是秦国去打韩国和魏国,韩国、魏国投降了,赵国可就保不住了。赵、韩、魏、燕、齐、楚的土地比秦国大五倍,军队比秦国多十倍。要是六国联合起来一同抵抗秦国,还怕打不过它吗?为什么一个个都送自己的土地去讨好秦国呢?六国不联合起来,单独地向秦国割地求和,决不是办法。要知道六国的土地有限,秦国的贪心不足。要是您约会诸侯,结为兄弟,订立盟约,不论秦国侵犯哪一国,其余五国一同去帮它。这样,秦国还敢欺负联合起来的六国吗?"

赵肃侯听了,就拜苏秦为相国,叫他去约会各国诸侯。正在这时,赵国的边界上来了报告,说秦国把魏国打败了,魏王割让十座城给秦国求和。赵肃侯担心秦国马上要来打赵国,让苏秦想个法子。

怎样才能叫秦国不打赵国呢?苏秦想利用他的同学张仪到秦国去说服秦王连横。张仪是个穷困潦倒的政客。他是魏国人,可是魏惠王不用他,他只得到楚国去碰运气。楚威王见也不肯见他,他就投在令尹昭阳门下做门客。昭阳怀疑他偷了家里藏着的和氏璧,把他打得半死,他就又回魏国。他媳妇劝他不要再想升官发财,他说:"只要我的舌头还在,就不怕没有官做!"现在,苏秦暗中派贾舍人,将他先接到赵国。

苏秦先是不见张仪,见了又十分冷淡,还羞辱他,暗中却叫先前接他来赵国的那个门客贾舍人,把张仪送到了秦国,当上了秦惠文王的客卿。张仪对秦惠文王说:"要是咱们发兵去打赵国,那么韩、魏、楚、齐、燕一同出兵帮它,咱们该对付哪个好呢?越逼得紧,人家越怕,越害怕就越需要联合起来共同抵抗。还不如去联络六国中的几个诸侯,把多数拉过来再打少数。"

秦惠文王依了张仪,暂时就不向赵国进攻了。

赵肃侯知道秦国不来打赵国了,就派苏秦去约会各国诸侯。苏秦说服了各国诸侯联合起来抗秦,赵国又封苏秦为武安君。赵肃侯打发使者去约会齐、楚、魏、韩、燕五国的诸侯到赵国的洹(huán)水(今河南北境安阳河)会面,公元前333年,楚、齐、魏三个封王的诸侯和赵、燕、韩三个封侯的诸侯,一概称王,结为兄弟,告拜天地,订了盟约。六国封苏秦为"纵约长",交给他六国的相印,让他专门管六国联合抗秦的事。

045

张仪瓦解联盟

苏秦游说六国,采用合纵战略,联合起来,共同对抗强大的秦国。张仪则帮着秦国到各国游说,要这些国家与秦国联合攻击别国,叫"连横"。

六国中,齐国和楚国比较强大,两国结成同盟,对付秦国的"连横"。这成了秦惠文王的一块心病,他千方百计想破坏齐、楚两国的关系,以便使秦国渔翁得利。

张仪这时已当上了秦国的相国。他了解秦惠文王的心思,对秦惠文王说:"大王请放心,我有把握叫齐、楚两国反目成仇。"

秦惠文王便派张仪到楚国去实施离间计划。张仪先用重金买通了楚怀王身边的宠臣靳(jìn)尚,然后才去拜见楚怀王。

张仪对楚怀王说:"现在天下虽然一分为七,但能够称为大国的,也只有楚国、齐国和秦国。秦王派我来贵国,就是为了我们两国之间修好。大王如果肯与齐国断绝往来,我国愿意把商于(今河南淅川西南)地方总共方圆六百里土地送给您,让我们两国世代结为友好邻邦。"

这商于之地原来是楚国的领土,被秦国夺去了几十年,听说现在能够收复,楚怀王当然很高兴,便答应了张仪的条件。

大臣们纷纷向楚怀王表示祝贺,只有大夫屈原皱着眉头说:"我看这未必是好事,不要高兴得太早。"

楚怀王板着脸问他:"我们不费一兵一卒,白白得到六百里地,为什么不是好事呢?"

屈原回答:"现在秦国这样看重楚国,是因为我国与齐国结成了联盟。如果我国与齐国断交,有事就孤立无援,秦国还会把我国放在眼里吗?"

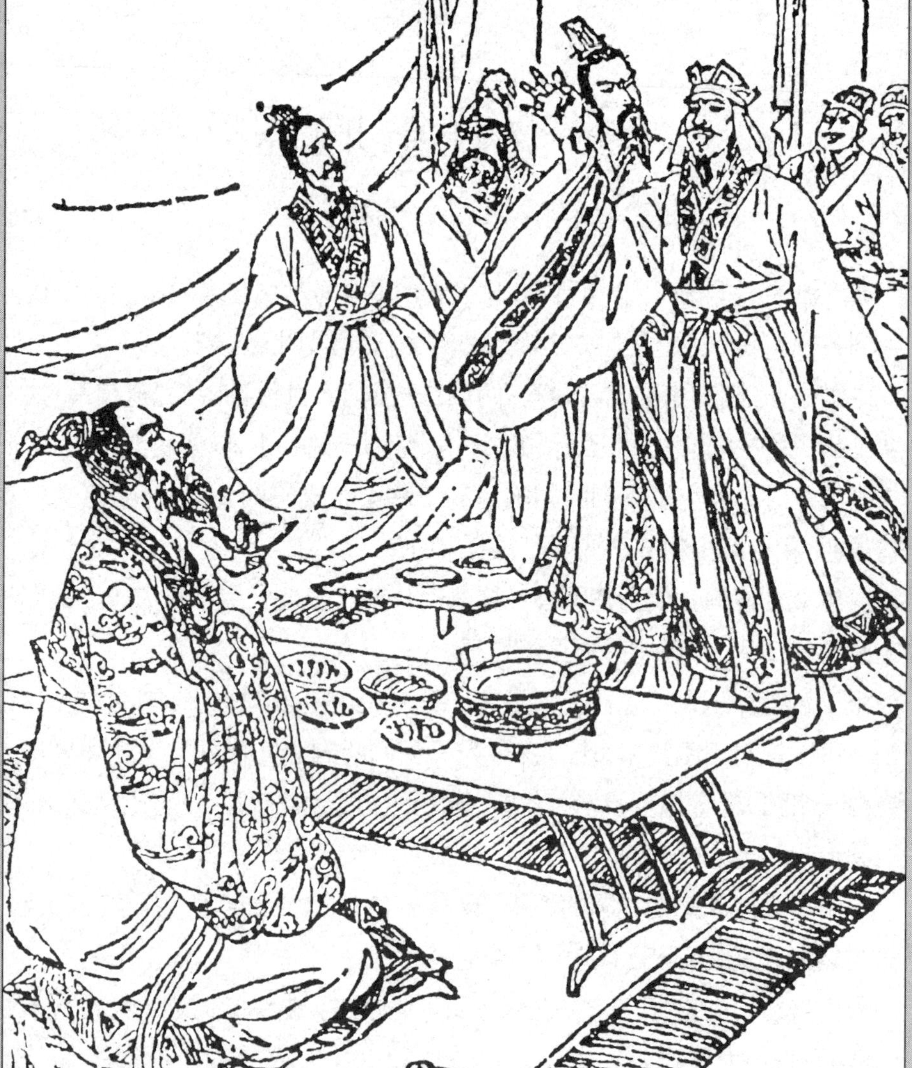

楚怀王说:"不要管这么多,我们先把六百里土地拿下来再说。"

屈原担忧地说:"只怕这六百里地也只是张仪的一个诱饵,不一定能够到手。大王不妨先派人跟随张仪到秦国接受商于,等到手后再与齐国断交也不迟。"

有个叫陈轸的大臣也站出来说:"张仪是出了名的出尔反尔的小人,大王千万不要中了他的诡计啊!"

靳尚收了张仪那么多贿赂,就帮秦国说了许多好话,竭力怂恿楚怀王按张仪的条件去做,坚决与齐国断交。

楚怀王听惯了奉承拍马的话,认为靳尚的话很有道理,武断地说:"张仪是秦国的相国,怎么会说话不算数呢?我们要得到那六百里土地,当然要马上与齐国断交!"

于是,楚怀王一面与齐国断交,一面派逄(Páng)侯丑跟随张仪到秦国接受商于。

到了秦国后,逄侯丑向张仪催讨六百里土地,想不到张仪翻脸不认账,半真半假地说:"你不要搞错,谁肯把六百里土地送人?我是说把秦王赏我的六里地送给楚王,这是我自己的封地。"

逄侯丑强忍着怒气,郑重其事地对张仪说:"我奉楚王之命来贵国接受商于之地六百里,而不是相国所说的六里!"

张仪把眼珠一翻,冷冷地说道:"大概是楚王听错了吧?秦国的土地都是祖先恩德传下来的,怎么可能送人呢?"

逄侯丑发觉大事不妙,连夜动身往回赶。

楚怀王听了逄侯丑的报告,气得差点吐血,大骂张仪是反复无常的小人。接着,他又气急败坏地下令发兵十万攻打秦国,要用武力夺回商于六百里土地。

陈轸连忙劝阻道:"现在我国已经和齐国断交,如今孤军去攻打秦国,不一定能够取胜,还是从长计议的好。"

楚怀王刚愎(bì)自用,哪里听得进,结果楚军损兵折将,一败涂地,不仅没有夺回商于,还失去了汉中六百里土地。楚国大伤元气,楚怀王只得忍气吞声向秦国求和。

此后,张仪又先后到齐、赵、燕等国,说服这些诸侯"连横"亲秦。

046

赵武灵王胡服骑射

当楚国、齐国等国被合纵连横搞得动荡不定时,公元前307年,赵武灵王决定进行军事改革,改穿胡服,学习骑射。

赵武灵王是一个眼光远、胆子大的君主。赵国的大臣楼缓、肥义、公子成,全是他的帮手。赵武灵王想改革军事已经想了很久。有一天,他对楼缓说:"咱们北边有燕国,东边有东胡,西边有林胡、楼烦、秦、韩等国,中间还有中山。四面八方全是敌人,什么是咱们的保障呢?自己要是不再发愤图强,随时都能给人家灭了。要发愤图强就得做好些事情。我打算先从改革服装着手,接着可以改变打仗的方法。你瞧怎么样?"

楼缓说:"服装可怎么改呢?"

赵武灵王说:"咱们穿的衣服,袖子太长,腰太肥,领口太宽,下摆太大。穿着这种长袍大褂,做事多不方便。"

楼缓把话接过去,说:"还费衣料。"

赵武灵王把袖子晃了晃,下摆兜了兜,说:"多费衣料倒在其次,穿上长袍大褂,不但做事不方便,而且走起路来摇摇摆摆的,干起活儿来就迟慢,因此,也就减少了急起直追的精神。全国的人全都这样,国家哪儿强得起来?我打算仿照胡人(西北方的游牧和半游牧民族)的风俗,把大袖子的长袍改成小袖儿的短褂,腰里系(jì)一根皮带,脚上穿双皮靴。穿上这种衣服,做事方便,走路灵活。你再想大模大样、摇摇摆摆地走也就办不到了。"

楼缓听得很高兴地说:"咱们仿照胡人的穿着,打起仗来灵便,是不是?"

赵武灵王说:"是啊!咱们打仗全靠步兵,就是有马,只知道用马拉车,可不会

骑着马打仗。我打算穿胡人那样的衣服,学习胡人那样骑马射箭。那可多么灵活!"

楼缓听得来劲,就去告诉肥义,肥义也很赞同。

第二天上朝的时候,赵武灵王、楼缓和肥义,都穿着小袖子的短战衣出来。一班大臣们瞧见他们这个样子,吓了一跳,他们还以为赵武灵王跟那两位大臣犯了疯病呢。赵武灵王把改变服装的事宣布了。大臣们总觉得这太丢脸了。这不是把中原的文化、礼仪都扔了吗?

可是赵武灵王下了决心,非实行不可。他拿种种理由把他那个最顽固的叔叔公子成说服了。大臣们一见公子成也穿上了胡服,只好随着改了。

然后赵武灵王下了一道改革服装的命令。过了没有多少日子,全国的军队不分将军士兵,全部穿上了胡服。在民间,有的人起先觉得有点不像样,后来因为胡服比起以前的衣服实在方便得多,反倒时兴起来了。

赵武灵王第二件向胡人学习的事,就是骑马射箭。不到一年工夫,赵国大队的骑兵训练成了。军事改革后,赵武灵王亲自把邻近的中山国从魏国接收过来,又收服了东胡和邻近的几个部族,接着打发使者去联络秦国、韩国、齐国、楚国。赵国就这么强大起来了。到了实行胡服骑射的第七年,不但中山、林胡、楼烦都已经收服了,还扩张势力,北边一直到代郡、雁门,西边到云中、九原,一下子增加了好些土地。

接着,赵武灵王打算到秦国去摸摸底。国内的事由谁管呢?他见小儿子很能干,就把太子废了,传位给小儿子,就是后来称为赵惠文王的,自己改称主父。赵主父拜肥义为相国,李兑(duì)为太傅,公子成为司马,封大儿子为安阳君。国内的政权布置妥当之后,他要动身去考察秦国的地理形势,还要去侦察一下如今在位的秦王,看他是怎么样的一个人了。

赵主父打扮成个使臣,自称为"赵招",带了几十个手下人,上秦国去访问,沿路察看山水要道,画成地图。他到了秦都咸阳,以使臣的身份见了秦昭襄王,还向他报告了赵武灵王传位的事情。

秦昭襄王问他:"你们的国君老了吗?"

赵主父回答说:"还正在壮年。"

秦昭襄王就问:"那为什么要传位呢?"

他回答说:"我们的国君叫太子先练习练习。国家大权可仍然在主父手里。"

秦昭襄王跟这位"使臣赵招"瞎聊天。他说:"你们怕不怕秦国?"

"使臣赵招"说:"怕!要是不怕,就用不着改革服装,练习骑马射箭了。好在如今敝国的骑兵比起早先来增加了十多倍,大约能够跟贵国结交了吧!"

秦昭襄王听了这话,还挺尊敬他。"使臣赵招"辞别了秦王,回到驿馆里去了。

当天晚上,秦昭襄王想起赵国使臣的谈话,又文雅、又强硬,态度又尊严、又温和,倒是个人才。他还想跟他谈谈。第二天,秦昭襄王派人去请他。"使臣赵招"的手下人说:"使臣病了,过几天再去朝见大王吧。"

就这么又过了几天,秦昭襄王又派人去请赵国使臣,一定要他去。可是"使臣赵招"不见了,他的随从人员也不见了,驿馆里只留下一个人,自称是赵国的使臣赵招。

秦昭襄王的手下人就把他带到秦昭襄王跟前。秦昭襄王问他:"你既是使臣赵招,那么上次见我的那个使臣又是谁呢?"

真赵招说:"是我们的主父。他想见一见大王,特意打扮成使臣。他嘱咐我留在这儿给大王赔罪。"

秦昭襄王咬牙切齿地说:"赵主父骗了我!"立刻叫大将白起带领三千精兵,连夜追上去。他们追到函谷关,守关的将士说:"赵国的使臣已经出关三天了。"

白起白跑一趟,只好回去向秦王报告。秦昭襄王没有办法,索性大方点儿,把那个真赵招也放回去了。

赵国的改革,也增强了合纵国的力量,对秦国也是一种威慑(shè)。

屈 原 投 江

赵武灵王实行胡服骑射的改革,楚国的内外政策也发生了变化。

楚国的大夫屈原屡次三番劝楚怀王联合齐国共同抗秦,可是楚怀王专听接受秦国张仪贿赂(huì lù)过的靳尚和公子兰这一伙人的话,受秦王的骗,到秦国去,被扣押在咸阳,公元前296年死在秦国。太子横立为国君,就是楚顷襄王。他反倒重用靳尚、公子兰这批一味向秦国迁就让步、割地求和的人。屈原担心楚国要亡在这批人手里,心里非常苦闷。他不断地劝楚顷襄王远离小人,收罗人才,鼓励将士,操练兵马,为国家争气,替先王报仇。

靳尚、公子兰就怕楚顷襄王反抗秦国,自己不能过好日子。他们把屈原看做眼中钉,非拔去不可。他们勾搭起来在楚顷襄王跟前说屈原的坏话。楚顷襄王就把屈原革了职,放逐到湘南(今湖南洞庭湖一带)去。

屈原抱着救国救民的志向,一肚子的富国强兵的打算,反倒给排挤出去,他简直要气疯了。他不想吃,不想喝,憋着一肚子忧愤没处去说。他在洞庭湖边、汨(mì)罗江(在今湖南东北部)畔,一边走,一边唱着伤心的歌。他面容憔悴,披头散发,骨瘦如柴。

有个渔夫劝他:"你何必这样呢？楚国人哪一个不知道你是忠臣！你为什么不跟世人一样呢？"

屈原说:"国君他们是糊涂人,只有我清醒啊！我伤心的不是自己的遭遇,楚国弄到这个样儿,我心里像刀割一般。我怎么能够眼看着国家的危险不管呢！只要能救楚国,就是叫我死一万次我也愿意。如今,国家大事我没法儿管,我的主张没处去说,我大声呼喊君王,君王也听不到。我痛苦得真要疯了。"

屈原在流放中,经常和老百姓生活在一起。他看到楚国的百姓痛恨秦国抢了

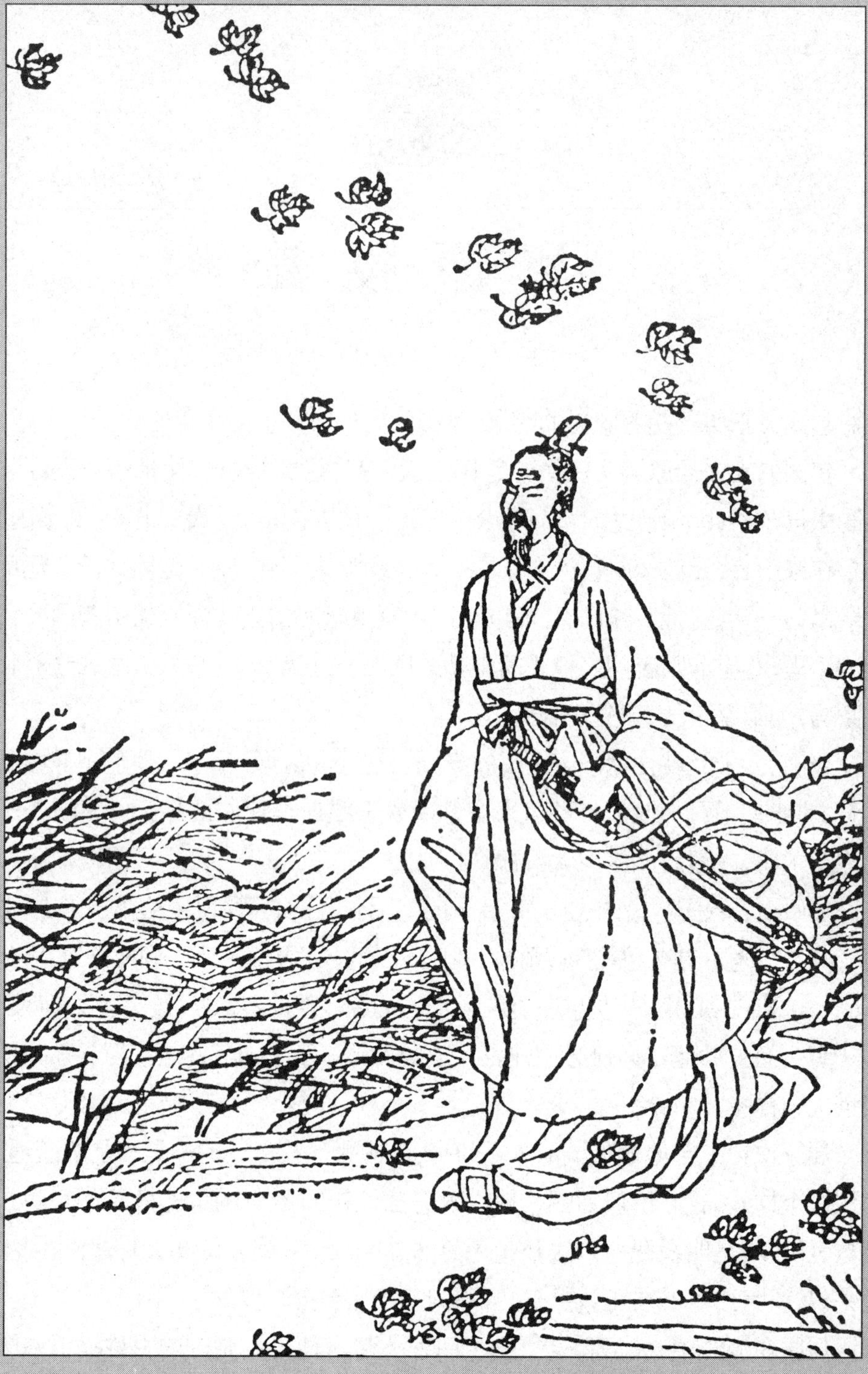

他们的土地，他们一年到头辛辛苦苦种地，还是经常受冻挨饿，生病没钱医，死了没钱葬，遇到天灾人祸，就弄得妻离子散，家破人亡。这种悲惨的景象，更加深了屈原的痛苦。他一直喜欢写诗，这会儿写得更多了。《离骚》这首有名的长长的诗歌，就是他在这个时期写成的。

日子过得挺快，十几年过去了，屈原还没有得到楚王召他回去的消息。他忧虑国家的前途，日里梦里，老想回楚国的国都郢都。他想借山川景物来排解他的爱国忧愁，结果反而更加伤心。楚国的政治这么腐败，秀丽的河山逐渐被秦国抢去，楚国太危险了。

屈原想立刻回郢都去，再劝楚王，事实上已不太可能。有人对他说："你何必留在楚国受这份罪呢！"

屈原说："我怎能扔了家乡、扔了父母之邦啊！鸟飞倦了，想回到自己的老枝上去歇息啊；狐狸死了，头还向着土山啊！救国的道路漫长漫长啊，我不能离开楚国，我要上下寻找救国之路啊！"

坏人掌权，楚国的大难终于临头了。公元前278年，秦国派大将白起攻打楚国，打下了楚国的国都。屈原听到这个消息，伤心得放声大哭。这时，他已经是六十二岁的老人了。他知道楚国已经没有希望了，可不愿意眼看楚国被毁，自己的土地、人民落在敌人手里，他要和楚国同存亡，就在五月初五那一天，抱着一块大石头，跳到汨罗江里，以身殉国了。

渔民和附近的庄稼人赶紧划着小船去救屈原。可是滔滔江水，哪儿有屈原的影子呢？他们划着船在江面上祭祀他，把竹筒子里的米饭撒在水里献给他。他们为他招魂："屈大夫，你回来啊！"

后来，人们把五月初五屈原投江的这一天称为端午节，也叫端阳节，把盛着米饭的竹筒子改成粽子，把小船改为龙船在江面上竞赛，用这样的仪式来纪念屈原。再后来，逐渐就变成全中国的一种风俗了。

楚国的屈原死了，赵国呢？赵主父死后，赵惠文王拜他的弟弟赵胜为相国，封为平原君。平原君为了巩固自己的地位，结交天下各种人物，把他们收留到门下供养着。这种收养门客的做法，当时成了风气。齐国的孟尝君、魏国的信陵君、楚国的春申君，都像平原君那样收养着门客。他们每家都有几千名门客。连秦昭襄王听说平原君收养门客，也想跟他结交呢。

048

孟尝君广罗门客

孟尝君是齐宣王的相国田婴的小儿子,名叫田文。田文从小表现出了与众不同的才能,被田婴选中为接班人。因此,在田婴死后,孟尝君继承了父亲在薛(今山东滕州南)的封地。孟尝君养了许多门客,当时号称有三千多。不管什么样的人,哪怕是小偷强盗,只要愿意去投奔他,他都一律收留,而且平等对待。

秦昭襄王听说孟尝君很有本事,就决定将他请到秦国来当丞相,但孟尝君已经在齐国当相国了,他怎么肯轻易来秦国?齐国又怎么肯放他呢?于是,秦王的谋臣向寿就向秦王出了个主意,让秦王派自己的兄弟泾阳君悝到齐国作人质,去换孟尝君。

既然强国秦国这么诚恳地提出了请求,齐湣(mǐn)王决定让孟尝君去秦国,同时为了表示对秦国的信任,又送还了泾阳君。

孟尝君只好带了一千多门客到秦国去。到了咸阳,见过秦昭襄王,孟尝君向他献了一件十分珍贵的纯白色的狐狸皮大衣。秦昭襄王和他的爱妃燕姬都很喜欢。秦昭襄王真的想请孟尝君当他的丞相,这可急坏了丞相樗(chū)里疾。于是,他联合了一些臣子,向秦王进谏说:"孟尝君是齐国人,他做事必定先为齐国着想;而且他还有这么多有本事的门客,他们如果一搞阴谋,秦国可就危险了!"

秦昭襄王一听,就改变了主意,命令人将孟尝君软禁了起来,并且准备将他杀掉,以除后患。

秦昭襄王的弟弟泾阳君在齐国的时候,孟尝君待他很好,现在,见孟尝君到了危急的时刻,泾阳君就私下里给孟尝君出了个点子:让他去求燕姬在秦王面前说情放他回去。孟尝君立即悄悄给燕姬送去一份厚礼,但燕姬却指明也要一件白狐狸

皮大衣。

这白狐狸皮大衣可是件宝物,孟尝君哪里来第二件?正在愁眉不展的时候,孟尝君的门客中有个过去当小偷的人自告奋勇地冒险去秦王内宫的库房里偷来了原先送给秦王的那件白狐狸皮大衣。孟尝君马上将这件宝贝衣服连夜送给了燕姬。

于是燕姬就在枕边对秦王说:"大王如果杀了孟尝君这样的大贤人,就要被天下的人骂你不守信义。从此,能人贤士就不会再到秦国来了!樗里疾丞相是出于妒忌,才给你出的这个馊主意呀!"

秦王听了,觉得很在理,马上就下令放孟尝君回齐国去。

孟尝君得到秦王放行的命令,立马带领门客离开咸阳。他们知道秦王是个出尔反尔的人,怕他中途反悔,因此日夜兼程往东赶。好容易赶到秦国西部的最后一道关隘函谷关,正是半夜时分,关门紧闭,无法出关。孟尝君正急得团团乱转的时候,门客中又有一个惯偷出身的人在关前捏着鼻子学起了鸡叫:"喔——喔——喔——!"

关内的鸡一听鸡叫,就都此起彼伏地呼应鸣叫起来。守关的将士听到一片鸡叫声,以为天快亮了,就起来开了关门,验过文书,放孟尝君一行出关去了。

丞相樗里疾听说秦王已放走了孟尝君,赶到朝内去见秦王说:"大王就是不杀田文,也要把他作为人质扣在秦国,可不能放虎归山啊!"

秦昭襄王听了,就又命令派军队追赶。待追到函谷关,孟尝君早就出关多时了。

孟尝君回到齐国,齐湣王仍让他当齐国的相国。

孟尝君的门客越来越多了。一天,有个名叫冯谖(xuān)的穿着破烂的汉子来投孟尝君。孟尝君没有在意,叫手下的人按一般门客收留了他。可是吃过晚饭以后,冯谖却靠在客舍的廊柱上,用手弹着佩剑的剑柄唱起了一支怪里怪气的歌:"长剑啊,咱们回去吧!这里吃饭没有鱼!"

孟尝君听了,命令将冯谖提升为二等门客待遇,让他吃饭时有鱼有肉。可是过了四五天,冯谖又在唱了:"长剑啊,我们还是回去吧。出门没有车啊!"

"将他提升为一等门客,让他出门坐车。"孟尝君又下令。

又过了几日,孟尝君出于好奇,问管一等门客的客舍长:"那个冯谖还唱歌么?"

客舍长报告说："冯谖还在弹着剑把唱：'长剑啊，咱们回去吧。没有法子养家啊！'"

孟尝君听后，就命给他的母亲送去衣服和粮食，让老人吃饱，生活有着落。

过了些日子，孟尝君想派人去薛地收租。冯谖主动请求前去。临走时，冯谖问孟尝君："收完租，您要我买些什么回来呢？"

"你看我家里缺些什么，就买什么吧。"孟尝君随随便便地说了一句。

冯谖到了薛城，将所有的佃户都召集起来，对他们说："你们还得起租的，就还；还不起的，三天以后，都把租券带来验看。"

三天内，冯谖用陆续收到的一些钱买了许多酒肉。到了第三天上，冯谖在府中大摆宴席，先请前来验租券的穷苦佃户们吃饭喝酒，待吃喝完了，他叫大家统统将租券交上来，然后宣布说："孟尝君知道今年薛地遭了灾，乡亲们生活很艰难，因此，派我来向大家慰问。大家欠的租，一律不要了！"

说完，他就当着佃户的面，将这些租券，装上满满的一筐，点起火烧掉了。

这些欠租的穷佃户们，赶忙跪下向冯谖磕头，感谢孟尝君。

冯谖很快回到了临淄。孟尝君问他："先生这次一共收回了多少钱？还给我买回了什么好东西？"

冯谖对孟尝君说："钱没有收回多少，但给你买回了'义'！"

孟尝君一时间听得摸不着头脑。冯谖就将他在薛城做的事原原本本向主人讲了一遍。

孟尝君听了，顿时傻了眼，一句话也说不出来。

冯谖看出了孟尝君的心情，就说："临走时，相国要我看家里缺什么，就买什么。我反复琢磨，相国家里珠宝美女、锦衣玉食，什么也不缺；只缺我这次给你买回来的这一件东西。"

说到这里，他又向孟尝君看了一眼，然后补充道："这件东西要在关键的时候才显出它的威力；它可是一件无价之宝啊！"

再说秦昭襄王一直对孟尝君十分害怕，就故意派人去齐国造谣，说孟尝君现在的权比齐湣王还大，他要单独与秦国和楚国联络。齐湣王听了，十分恐慌，就收掉

了孟尝君的相印。

　　孟尝君只好带了门客回到自己的封地薛城。当他们一行离薛城还有几十里地的时候，就看见大路两旁扶老携幼的人们纷纷前来迎接。大家带着礼物、酒食献给孟尝君，并请他永远留在薛城。孟尝君十分激动，回头对冯谖说："先生为我买的'义'，现在我看到了！"

　　孟尝君在薛城呆了一段时间以后，见齐湣王十分昏庸专横，怕在齐国呆下去会给自己招来大祸，就逃到了魏国的大梁，投奔信陵君魏公子无忌去了。

田单巧布火牛阵

齐湣王骄横暴戾，赶走了孟尝君，自己想称天子。大夫狐咺(xuān)上朝劝谏，湣王下令将他杀死后暴尸街头示众。从此，齐国上下人心离散。

而燕国自燕昭王以来，却日益富足强盛起来。见齐湣王昏庸残暴，就和大将乐毅商讨进攻齐国的方案。乐毅说："齐国是个军事大国，要取胜它，必须与中原各国联合出兵。"

于是燕昭王就派使者与秦、魏、赵、韩四国联络。公元前284年，乐毅统率五国大军，大举进攻齐国。联军在济水西岸大败齐军。齐军大将韩聂战死，齐湣王逃回齐都临淄。打败齐军后，各诸侯国的军队乘胜收取了齐国边境的一些城市，然后回国了。只有乐毅率燕军直逼临淄。齐湣王被乐毅的燕军吓破了胆，只带了家眷和少数文武官员弃都而逃。

乐毅占领了临淄，将齐国的宝藏及宗庙祭器，以及原先齐国掠夺来的燕国的国宝统统收集起来送回燕国，同时又带兵继续追击齐湣王的军队。乐毅英勇善战，又善于运用计谋，因此，大军一路上势如破竹，齐军望风披靡。

不多久，乐毅就攻下了齐国七十余座城池。这时齐国只剩下莒城(今山东省莒县)和即墨两地未被攻下。齐湣王逃往莒城，并向楚国求救。楚顷襄王派大将淖齿带兵二十万救齐。淖齿到了莒城，见齐湣王大势已去，就杀了湣王，企图自立为王。

乐毅的军队围攻莒城。但由于楚军力量强大，久攻不下。于是乐毅就移兵包围即墨。

乐毅对即墨采取了围而不打的战术。而且允许城内百姓出城耕田购粮。他也约束燕军，不准掳掠百姓。他想让即墨城内的军民，不战而降。

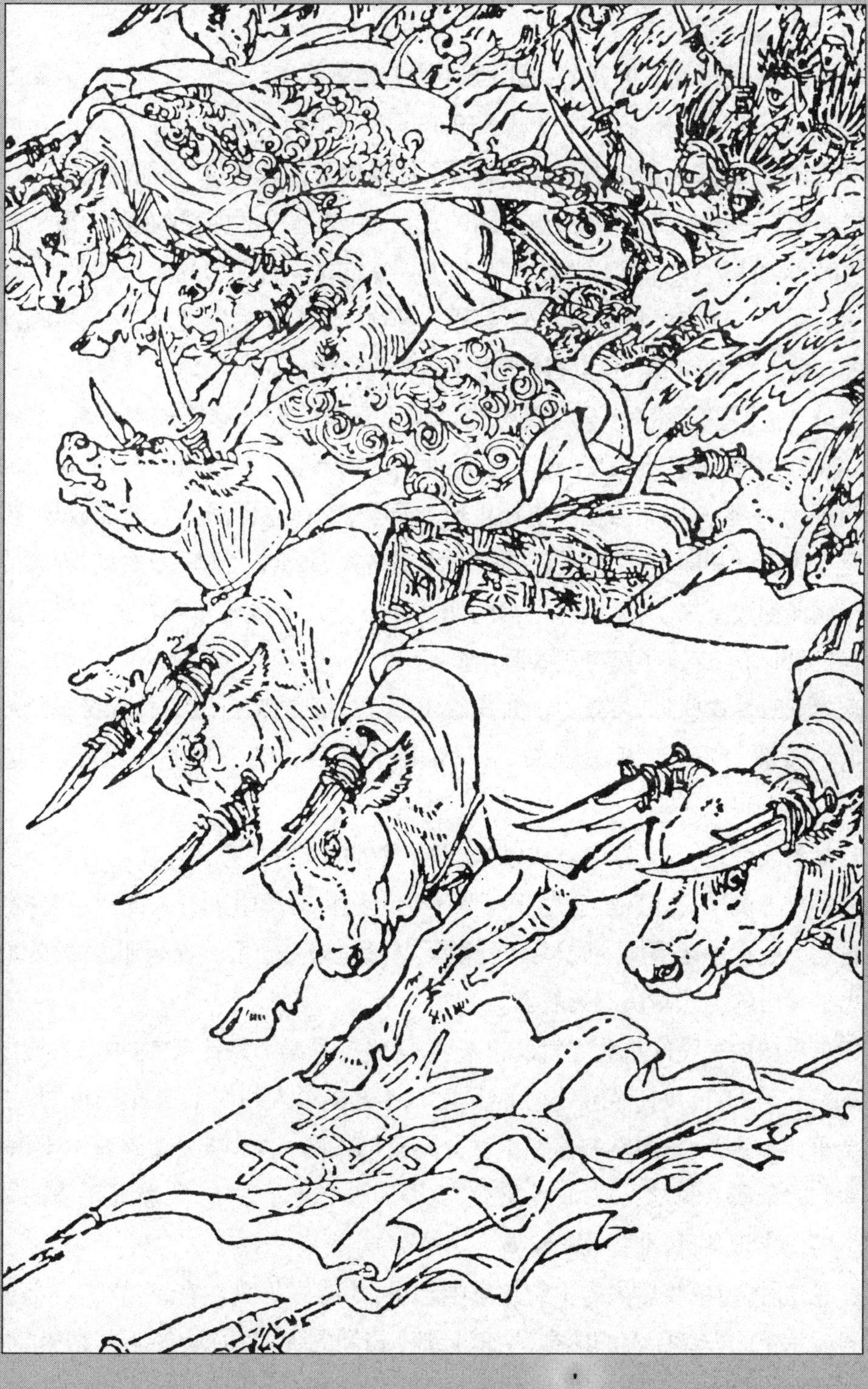

再说,即墨的守将这时正好病死,城中没有了领兵御敌的主将,于是,大家就选举了一个叫田单的人出来主持守城。田单是一个很有智谋的人。他从小熟读兵书,希望有朝一日能为国出力。但齐湣王不懂得用人,田单只在临淄做过市场管理员那样的小官吏。在燕兵入侵,与齐国的官员、百姓逃难到即墨的路上,田单机智地将当时车轴两边突出的部位锯掉,并包上了铁皮,因此,他坐的车行动灵活,顺利地到达了即墨。而许多官员坐的车,都因为车轴太长,互相碰撞,在乱哄哄的逃难中有的车翻人亡,有的因行动缓慢而成了燕军的俘虏。

田单当了即墨守将后,不盲目出战。他一面组织人力修筑加固城墙,准备固守,一面派人潜出去打听敌军的情况和外面的政治形势。不久,派出去的探子回报说燕昭王死了,继位的燕惠王不信任乐毅。于是,田单立即派人去燕国放风,说乐毅迟迟不攻莒城和即墨,是想在齐国收买和笼络人心,自己当齐王;否则,齐国的七十多座城池都攻下来了,还剩这小小的两个地方会几年攻不下吗?这些传言没过多久,就风风雨雨传进了燕惠王的耳中。

燕惠王听了这些谣言,就更加对乐毅不满了。于是派自己的心腹将军骑劫去即墨前线代替了乐毅。乐毅很伤心,又怕回去受到燕惠王的迫害,就投奔赵国去了。

骑劫到任后,一改乐毅的做法,他立即下令加紧攻城,并且在攻城时将一些俘虏的齐军割去鼻子,驱赶他们打头阵;他还让士兵将即墨附近齐人的坟墓全挖开,将骸骨点火烧掉。即墨城内的军民见燕军这样残暴,个个恨得咬牙切齿,纷纷到田单那里请求出阵与燕军决一死战。

田单见城内军民的抗敌士气鼓起来了,又施出了第二条计策:他抽调出城内的精壮军民五千人,日夜在隐蔽处训练,同时只让老弱军人和妇女守城。还收集了城内的金子,叫人带上扮成富翁偷跑出城去向骑劫投降,请求燕兵在破城后不杀害、骚扰他们的亲属。骑劫见了,心花怒放,觉得即墨守不了几天了,就让手下的军官士兵尽情地作乐几日,准备最后攻城。

就在这时,田单将城内的牛统统集中起来,约有一千头左右,在它们身上披上画有五颜六色的龙纹图案的绸布,牛角上绑上锋利的尖刀,牛尾上缚着浸透了油的

麻丝；同时在城墙根凿开了几十处洞，将牛牵到洞口。待到晚上，他命士兵们在牛尾上点着了火，将牛群统统赶出洞外。尾上着了火的牛，疯狂地冲向燕军的阵地。

而那五千训练有素的精壮士兵，也都脸上涂着油彩，在牛群后冲出。在燕军阵地内，麻痹大意的军官士兵们都睡得死死的，一点戒备也没有。突然间被疯牛的嚣叫声和冲天的火光惊醒，只见大批花身怪兽和花脸神将杀入，个个吓得腿脚发软，魂不附体，以为是天兵天将杀来，只顾得抱头鼠窜逃命，哪还有抵抗的勇气和胆量？！

骑劫正在中军帐内喝酒，听到喊声出去，也吓得莫名其妙，根本无法阻止军队溃逃，自己只得也随混乱的队伍逃走，不料田单已率齐军追杀上来。燕军互相践踏，溃不成军，混战中骑劫被田单一戟戳死。

田单率军乘胜追击。燕军失去了主帅，无法抵抗。而那些刚被燕军占领的齐国城市里的百姓，也纷纷起来响应，他们赶走了燕军，迎接田单率领的齐军。于是，田单一直率领齐军将燕军赶出了齐国的北部边界。临近灭亡的齐国又得以恢复。

与田单反击燕军的同时，莒城的齐国人也乘机杀了楚将淖齿，将齐湣王的太子法章迎进城去，立为齐王。这就是齐襄王。公元前279年，田单将齐襄王迎回临淄。由于田单恢复齐国的功劳，齐襄王将他的家乡安平地方一万户的土地赐给他，并封他为安平君。

李冰修建都江堰

秦国的力量一点点强大起来。为了富国强兵，秦昭襄王很重视农业生产和水利建设。李冰受到了他的重用。

李冰是我国战国时期杰出的水利工程学家，在秦国负责兴建过几个大的工程，由此受到秦昭襄王的器重。一天李冰被召进宫中，秦昭襄王对他说："现在蜀郡缺人，朝廷打算派你去做太守，可那里并入我们秦国不久，人心不定，不知你会用什么方法去统治？"

李冰说："我没有什么灵丹妙药，但我相信只要你一心想着老百姓，为他们造福，他们就会支持你。"

秦昭襄王对李冰的回答很满意，于是就派他到蜀郡去做太守。

李冰到蜀郡后，立即着手了解民情。他看到成都平原广阔无边，土地肥沃，却人烟稀少，非常贫穷，开垦的田地也不多。他很纳闷，就问当地的百姓，一位老人指着贯穿成都平原的岷江告诉他："就是因为这条害人的河，从我小时候记事起就年年泛滥，不光庄稼颗粒无收，连村庄都要整个整个地被淹没。大人要晚来几年，恐怕连人也要搬完了。"

李冰恍然大悟。他决心要征服这条河流，为当地的老百姓谋福。

李冰先对岷江流域进行了全面考察，几次深入高山密林，追踪岷江的源头；不畏长途跋涉，沿江漂流，直达岷江与长江的汇合处，掌握了关于岷江的第一手材料。

他发现岷江在发源地一带，沿江两岸山高谷深，水源丰沛，水流湍急；而到了灌县，地势一下变得平坦，水无遮拦，往往冲决堤岸；从上游挟带来的大量泥沙也容易淤积在这里，抬高河床；特别是在灌县城西南面，有一座玉垒山，阻碍江水东流，每

年夏秋洪水季节,水流无处排泄,常造成东旱西涝。这些都是成都平原水害频繁的主要原因。

李冰想,要消除水患就必须在平原上广修渠道,一则可以泻洪,一则可以灌溉,发展生产;而要使水能灌入渠中,又必须凿开玉垒山,使岷江的水能够东流。

经过周密策划,李冰决定先从玉垒山开始。他亲自指挥民工在玉垒山凿开了一个二十米宽的口子,叫它"宝瓶口"。然后在江心用构筑分水堰的办法,把江水分做两支,逼使其中一支流进宝瓶口。堤堰前端开头犹如鱼头,所以取名叫"鱼嘴"。它迎向岷江上游,把汹涌而来的江水分成东西两股。西股的叫外江,是岷江的正流;东股的叫内江,是灌溉渠系的总干渠,渠首就是宝瓶口。他还亲自规划、修建许多大小沟渠直接宝瓶口,组成了一个纵横交错的扇形水网。这是都江堰的主体工程。

后来,为了进一步控制流入宝瓶口的水量,在鱼嘴分水堰的尾部,李冰又修建了分洪用的平水槽和"飞沙堰"溢洪道。当内江水位过高的时候,洪水就经由平水槽漫过飞沙堰流入外江,可充分保障灌区免遭水淹。同时,由于流入外江的水流的漩涡作用,还有效地冲刷了沉积在宝瓶口前后的泥沙。这些辅助设施使都江堰成为一个宏伟而缜密的系统工程。

李冰为此耗尽了心力,可他还不满足。他还为工程的维护和长久的使用作了考虑,制定了一系列维修和监控办法,有的至今还为人们所沿用。都江堰建成后,使得成都平原杜绝了水患和旱灾,生产迅速发展起来。

除都江堰外,李冰在蜀郡还主持兴办了其他一些水利工程。如在沫水,李冰组织百姓开凿河心中的山岩,整理水道,便利了航行。他还对管江、汶井江、洛水进行过疏导,在广都主持开凿了盐井。这些都为开发成都平原、发展农业生产做出了重大的贡献。

由于李冰一心为百姓谋福利,李冰千百年来一直受到四川人民的崇敬,被尊称为"川主",四川各地还修有"川主祠",表达了百姓对他的怀念。

051

完璧归赵

公元前283年,秦昭襄王听说赵王得到了当初楚国丢了的"和氏璧",就派使者去见赵惠文王,愿拿出十五座城来换璧。赵惠文王跟大臣们商量:要想答应秦国,又怕上当,要不答应,又怕得罪秦国;需要派个使者上秦国去交涉。

有个宦官(太监)对赵王说,他有个门客叫蔺(lìn)相如,挺有见识。赵惠文王就把蔺相如召来问他。蔺相如说:"秦国强,赵国弱,不能让秦王找借口发兵打我们。大王把璧送了去,要是秦国不交出城来,那就是秦国的错了。"

蔺相如又说:"要是大王没有可派的人,那我就去一趟。"

于是,蔺相如带着"和氏璧"到了咸阳,秦昭襄王得意地坐在朝堂上接见他。蔺相如恭恭敬敬地把"和氏璧"献了上去。秦昭襄王接过来,看了又看,很高兴。他还把"和氏璧"递给后宫的美人传着看;大臣们看了,发出一片欢呼,表示庆贺。

蔺相如不见秦昭襄王提起交换城的事。他急中生智,上前对秦昭襄王说:"这块璧有点儿小毛病,让我指给大王看。"

秦昭襄王就把"和氏璧"递给了蔺相如。

蔺相如拿着"和氏璧"往后退了几步,靠着朝堂上的大柱子,瞪着眼睛,气冲冲地对秦昭襄王说:"大王派使者到敝国说是愿拿出十五座城来换它。赵国的大臣们都说,这是秦王骗人的话,千万不能答应。可我说,大国的君王怎能不讲信义呢!赵王这才斋戒了五天,派我把'和氏璧'送来。这么郑重的事,大王却拿着璧随随便便地叫左右女人们传着看。我看大王没有交换的诚意。如今璧在我的手里,我宁可把我的脑袋和这块玉璧在这根柱子上一同碰碎!"

说着蔺相如就拿起"和氏璧"来,对着柱子要摔。

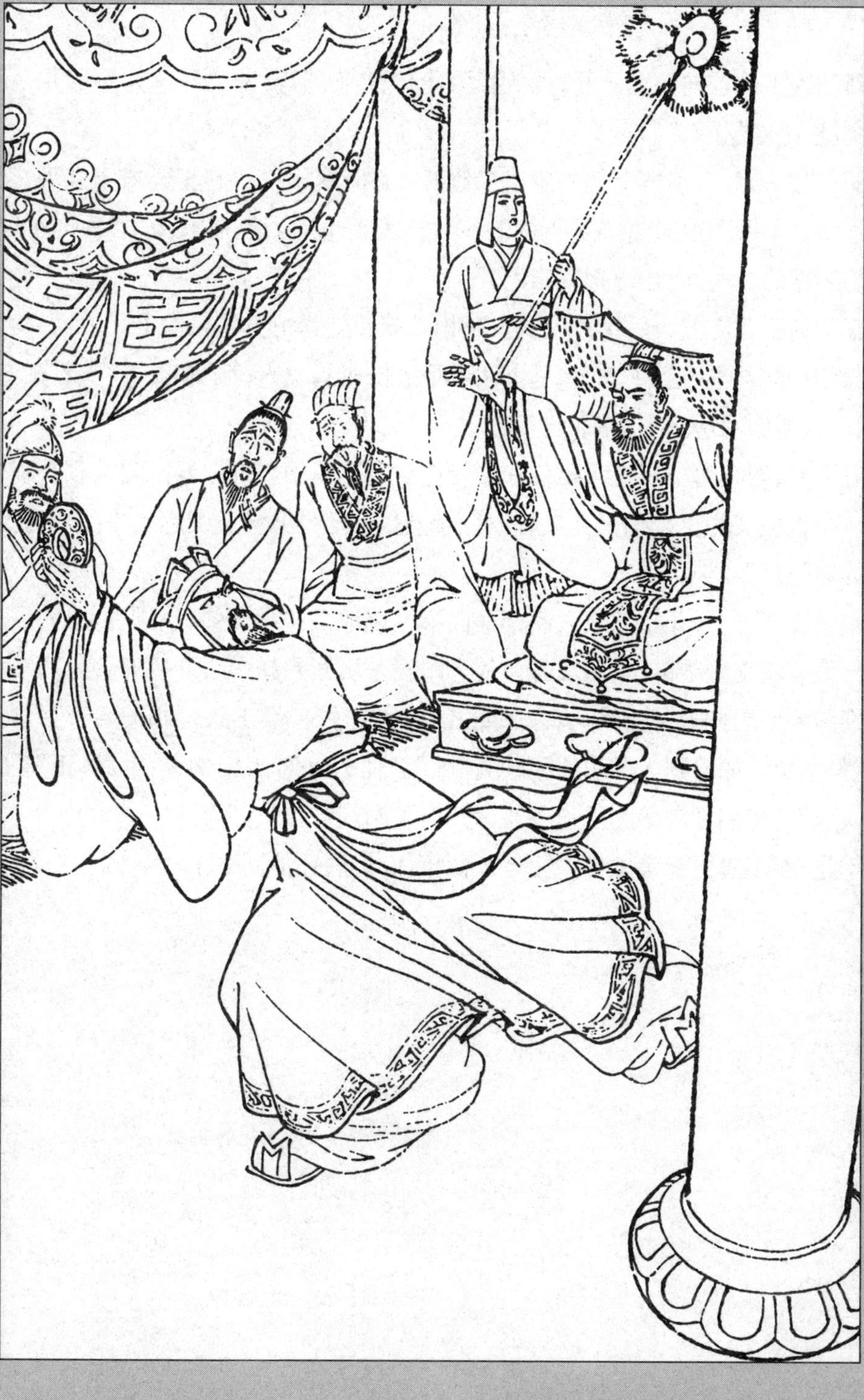

秦昭襄王连忙向他赔不是，叫大臣拿上地图来，指着说："打这儿到那儿，一共十五座城，全给赵国。"

蔺相如一想，可别再上他的老当！他就对秦昭襄王说："赵王斋戒了五天，又在朝堂上举行了一个很隆重的送玉璧的仪式。大王也应当斋戒五天，然后再举行一个接受玉璧的仪式，我才敢把璧奉上。"

秦昭襄王答应五天后举行仪式。蔺相如就回到宾馆里歇息去了。

蔺相如拿着玉璧到了宾馆，马上叫手下人扮成买卖人，把"和氏璧"包着贴身系好，然后让他偷偷地从小道跑回赵国。

五天后，秦昭襄王召集大臣们参加受璧仪式。蔺相如说："秦国自从穆公以来，没有一个讲信义的。我怕受到欺骗，对不起赵王，已经把璧送回赵国去了。请大王治我的罪吧！"

秦昭襄王听了，非常恼怒。蔺相如面不改色地说："秦国强，赵国弱。请大王先把那十五座城交割给赵国，然后打发使者跟我一块儿到赵国去取'和氏璧'。"

秦国的大臣们听了这番话，你瞧着我，我瞧着你。秦王想："和氏璧"已经归赵了，就是把蔺相如扔到大鼎里去煮也无用了。他只好对蔺相如说："一块玉璧不过是一块玉璧，我们不应该为了这件小事儿伤了两国的和气。"

于是，秦昭襄王恭恭敬敬地招待了蔺相如，然后让他回去了。

负荆请罪

秦昭襄王在"和氏璧"上没有占得便宜，公元前279年，他又使个花招，请赵惠文王上渑(miǎn)池（今河南渑池西）去跟他相会。赵惠文王怕被秦国扣留，不敢去。大将廉颇和蔺相如都认为要是不去，反倒叫秦国看不起。于是，赵惠文王叫蔺相如跟着他一块儿去，叫廉颇辅助太子留在本国。

廉颇说："这回大王上秦国去，是凶是吉谁也不敢断定。我想，在道上一去一来，加上两三天的会，至多也不过三十天工夫。要是过了三十天，大王还不回来，能不能把太子立为国君，好叫秦国死了心，不能要挟大王？"

赵惠文王答应了。

到了约会的日期，秦昭襄王和赵惠文王在渑池相会，喝酒、谈天。秦昭襄王才喝了几盅酒就要赵惠文王用瑟弹个曲子给他快活快活。赵惠文王只得弹了一曲。秦昭襄王便叫秦国的史官把这件事记下来，史官念道："某年某月某日，秦王和赵王在渑池相会，赵王给秦王弹瑟。"

蔺相如马上拿起一个瓦盆跑到秦昭襄王跟前说："赵王请秦王敲瓦盆听。"

见秦昭襄王不答应，蔺相如说："大王如果不敲，在这儿五步之内，我就可以把我的血溅到大王身上去！"

秦昭襄王害怕了，只好拿起筷子来在瓦盆上敲了一下。蔺相如便回头叫赵国的史官把这件事记下来，说："某年某月某日，赵王和秦王在渑池相会，秦王给赵王敲瓦盆。"

渑池之会总算太太平平地结束了。赵惠文王回到本国，正好是三十天工夫。他更加信任蔺相如，就拜他为相国，地位比大将廉颇还高。这可把廉颇气坏了。他

气呼呼地对自己的门客们说:"我拼着命替赵国打仗,立了多少功劳!他呢,一个宦官手下的人,就仗着一张嘴,倒爬在我的头上来了!"

有人把这话传到蔺相如的耳朵里。蔺相如就装病,不去上朝。

有一天,蔺相如带着一班随从出去,老远就瞧见廉颇的车马迎面过来,连忙叫赶车的退到一边躲一躲,让廉颇的车马过去。

这一来,可把他的门客和底下人都气坏了。他们对蔺相如说:"我们远离家乡,投奔在您的门下,是因为敬仰您。如今您和廉颇是同事,却躲躲藏藏的。我们只好跟您告辞了!"

蔺相如说:"廉将军跟秦王哪一个势力大?"

他们说:"那当然是秦国的势力大了。"

蔺相如说:"可是为了赵国,我敢在秦国当面责备他。秦国为什么不来侵犯赵国呢?还不是因为有我和廉颇将军两人在吗!你们想想,是国家要紧呢,还是私人要紧?"

后来,赵国的名士虞(yú)卿把蔺相如对门客说的话告诉了廉颇。廉颇顿时无地自容,连忙脱掉衣服,裸着上身,背着荆条跑到蔺相如的府里去请罪。他跪在蔺相如面前,羞愧地说:"相国您这么容让我,我实在没有脸来见您,请您处罚我。"

蔺相如连忙跪下,说:"老将军请起。您是为赵国出了大力的大功臣!您体谅我,我已经万分感激了,怎么还来给我赔错呢。"

从此,蔺相如和廉颇做了好得没法再好的知心朋友,这就叫将相和。"负荆请罪"的成语也是从这个故事中来的。

范雎远交近攻

蔺相如和廉颇齐心协力保卫赵国,秦国也拿赵国没办法,就去侵犯别的国家。公元前270年,秦国丞相穰侯准备发兵去打齐国。就在这时候,秦昭襄王接到一封信,是一个叫张禄的人写来的,说有要事求见。

张禄原是魏国人,本来叫范雎(jū),投在魏国大夫须贾(gǔ)门下做门客。有一次,须贾带着范雎出使齐国。齐襄王见了须贾,痛骂魏国当初不该帮助燕国来打齐国。须贾碰了钉子,说不出话来。范雎替他说:"如今大王即位,我们的国君打发使臣前来庆贺,两国重新和好。难道大王不想学当年桓公争霸业的榜样吗?"

齐襄王听了,很器重范雎,打发人背地里去见他,送给他一份厚礼,范雎辞谢了。但须贾回到魏国却告诉相国魏齐,认为范雎一定把魏国的机密大事告诉了齐襄王。魏齐就叫人严刑拷打范雎,把范雎的肋骨打断了,肋骨戳到肉皮外头,两颗门牙也掉了;一直打得范雎断了气,魏齐才叫手下的人拿破苇席把他裹起来,扔在厕所里,叫宾客们往他身上撒尿。

天黑下来了。范雎慢慢地苏醒过来后,求看守他的人送他回家,那人偷偷地放了他,却向魏齐报告说范雎已经死了。

范雎养好了病,怕魏齐追捕,便改名张禄。后来在朋友郑安平安排下,张禄去咸阳,经人引荐,见了秦昭襄王。秦昭襄王叫他住在客馆里。他等候了一年多。

一天,他在街上听人纷纷议论,说丞相穰侯要去攻打齐国的刚城和寿城。当时秦国的大权掌握在太后和丞相手里。丞相打齐国是要增加自己的土地。张禄当晚就给秦昭襄王写信,说有重要的话奉告。秦昭襄王约他到离宫相见。

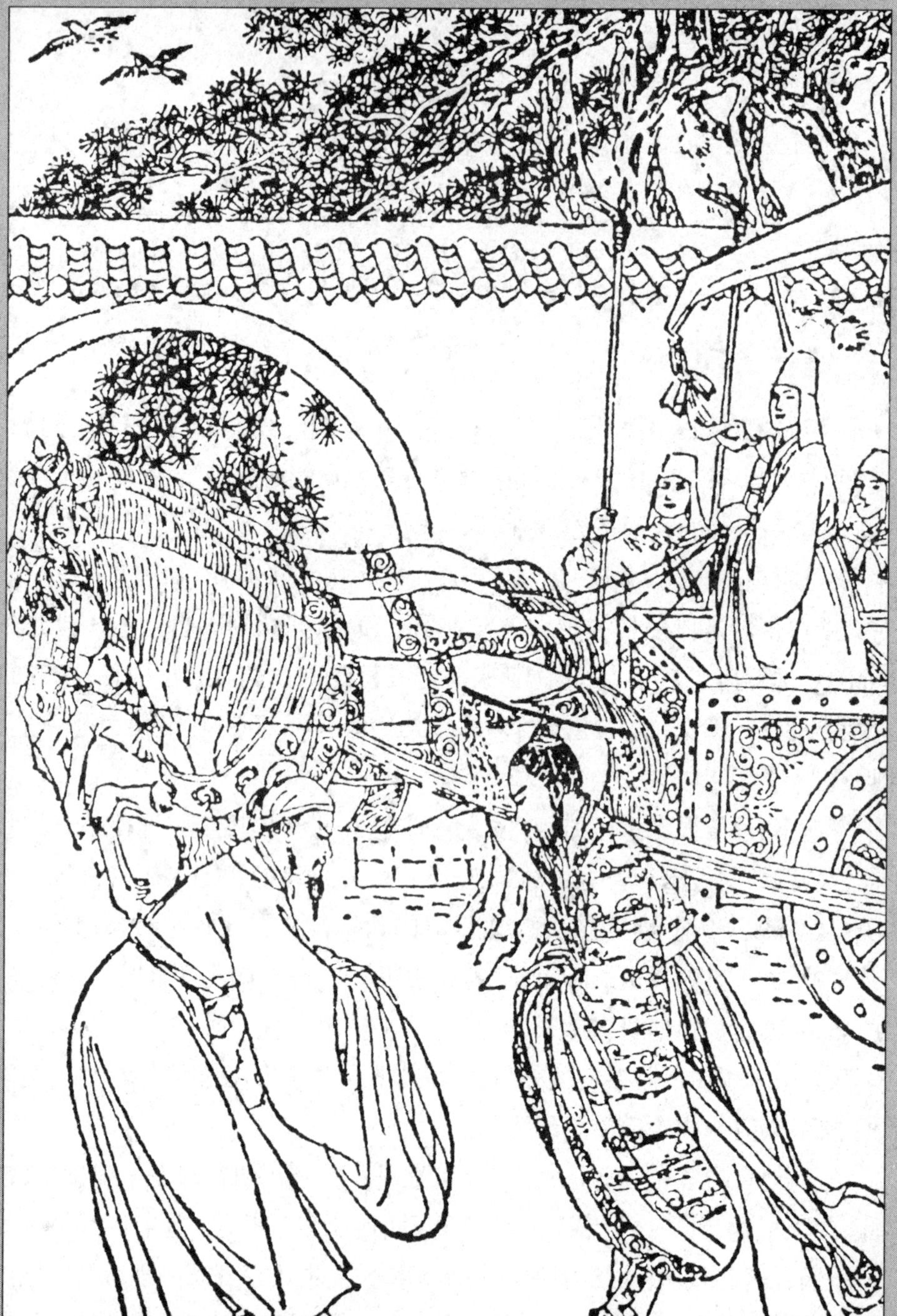

张禄在上离宫的半道上,碰见秦昭襄王坐着车过来。他不迎接,也不躲避。左右叫他躲开,说:"大王来了!"

张禄嚷嚷道:"秦国只有太后、穰侯,哪儿有什么大王呢?"

秦昭襄王听了,急忙下车,恭恭敬敬地把张禄请到离宫。

张禄说:"论起秦国的地位来,哪个国家有这么好的天然屏障?论起秦国的兵力来,哪个国家有这么些兵车、这么勇敢的士兵?论起秦国的人来,哪个国家的人也没有这么守法的。除了秦国,哪个国家能够管理诸侯、统一中国。秦国虽说是一心想要这么干,可是几十年来也没有多大的成就。这就是因为没有一定的政策,光知道一会儿跟这个诸侯订立盟约,一会儿跟那个诸侯打仗。听说新近大王又上了丞相的当,要发兵去打齐国。"

秦昭襄王问:"这有什么不对的吗?"

张禄说:"齐国离秦国够远的,中间隔着韩国和魏国。您要是出兵少了,打败了,让诸侯取笑;要是出兵多了,国内也许会出乱子。"

秦昭襄王又问:"先生的意见是……"

张禄说:"最好是一面跟齐国、楚国交好,一面向韩国和魏国进攻,把邻近的国家打下来。打下一寸就是一寸,打下一尺就是一尺。兼并了韩国和魏国之后,齐国和楚国还站得住吗?这叫做远交近攻。"

秦昭襄王为了兼并六国,统一中原,当时就拜张禄为客卿,照着他的计策去做。

秦昭襄王单独跟张禄谈论朝廷大事的次数越来越多。张禄让秦昭襄王削弱太后和贵族的势力。公元前266年,秦昭襄王就布置好兵力,收回了穰侯的相印,叫他回到陶邑去;同时打发最有势力的三家贵族上关外去住;末了,逼着太后养老,不许她参与朝政。秦昭襄王拜张禄为丞相,把应城封给他,称他为应侯。

秦昭襄王按照丞相张禄的计策,准备去进攻魏、韩。魏安釐王召集大臣们商量怎么办。相国魏齐说:"秦是强国,魏是弱国,咱们哪儿打得过人家?听说秦国的丞相张禄是魏国人,咱们不如先找他求和。"

魏安釐王依了魏齐,打发大夫须贾上秦国去求和。

须贾到了咸阳。张禄一听说须贾来了,换了一身破旧的衣服去拜见他。须贾

一见,吓了一大跳,强挣扎着叫"范叔",殷勤地招待他。张禄答应为须贾引见丞相。到了相府门口,二人下了车。张禄让须贾等一等,由他进去通报。张禄进去了,老不出来。须贾在门外等得心烦,就去问看门的,才知道张禄就是范雎,不由吓得脑袋嗡嗡直响。他脱下了使臣的礼服,跪在门外等候发落。

里面传令叫他进去。须贾就用膝盖跪着走到范雎面前,连连磕头,嘴里说:"请大人治罪。"

范雎说:"你在魏齐跟前诬告我私通齐国,本当死罪。现在你作为使臣,我饶你一命。"

须贾一个劲地磕头求饶。

第二天,范雎对秦昭襄王说:"魏国派使臣来求和,咱们不用一兵一卒,就能把魏国收过来,全仗着大王的德威。"

说完,范雎突然趴在地下,把逃到秦国来的经过,从头到尾说了一遍。秦昭襄王不知道范雎受了这么大的委屈,就抚慰了他一番。

范雎就叫须贾回去跟魏王说,快把魏齐的脑袋送来,秦王可以答应魏国割地求和。

须贾连夜回去见了魏安釐王,把范雎的话说了一遍。魏安釐王愿意割地求和,让魏齐自杀了。

这是范雎远交近攻的第一步。

054

赵括纸上谈兵

公元前262年,秦昭襄王按范雎远交近攻的策略,派大将王龁(hé)进攻韩国,占领了野王城(今河南沁阳),切断了上党(治所在今山西长治北)和韩国都城的联络。这一来,韩国在上党的军队就变成了孤军。

孤军的首领冯亭对将士们说:"我想与其投降秦国,不如投降了赵国。赵国得到了上党,秦国一定去争。这样,赵国就不得不和韩国联合起来,共同抵抗秦国。"

大伙儿全都赞成这个办法,马上就打发使者带着上党的地图去献给赵国。这时候赵惠文王已经死了,他儿子即位,就是赵孝成王。蔺相如已经告退。平原君赵胜做相国。他带领五万人马去接收上党后回朝,仍然派冯亭为上党太守。平原君临走时,冯亭对他说:"上党归了赵国,秦国一定来攻打。公子回去之后,请赵王快派大军来,才能够打退秦军。"

平原君回去把所有的经过向赵孝成王报告了。赵孝成王非常高兴,天天喝酒庆祝,把抵抗秦国的事搁下了。秦国的大将王龁随后就把上党围住。冯亭守了两个月,一直不见赵国的救兵。将士们和老百姓急得没有办法,只好开了城门,拼着死命往赵国逃跑。冯亭的残兵败将带着上党的难民,一直到了长平(今山西高平西北),这才碰见赵国的大将廉颇率领二十万大军来救上党,可是上党已经丢了。

廉颇和冯亭会合在一起,正打算反攻,秦国的兵马跟着就到了,一下子把赵国的前哨部队打败。廉颇连忙退回阵地,守住阵脚,叫士兵们增高堡垒,加深壕沟,准备跟远来的秦军对峙下去,作长期抵抗。王龁屡次三番地向赵军挑战,赵军说什么也不出来。

两军耗了足有四个多月,王龁想不出进攻的法子。他派人去禀报秦昭襄王,说:"廉颇真是个很有经验的老将,不轻易出来交战。我们老远地到了这儿,真要是

这么长时期对峙下去,粮草接济不上了,可怎么好呢?"

范雎对秦昭襄王说:"要打败赵国,让我先想办法叫赵国把廉颇调回去。"

过了几天,赵孝成王听到左右纷纷议论,说:"廉颇太老了,不敢跟秦国交锋,要是叫年富力强的赵括去,秦国这点儿兵马早就给他打散了。"

赵孝成王便派人去催廉颇开仗,廉颇还是坚守阵地。赵孝成王立刻把赵括叫来,问他能不能把秦军打退。赵括说:"要是秦国派白起来,我还得考虑。如今来的是王龁,他不是我的对手。"赵孝成王一听,特别高兴,立刻就拜赵括为大将,去替换廉颇。

赵括还没动身,他母亲上了一道奏章,请求赵孝成王别派她儿子去。赵孝成王就把她召了来,要她说一说理由。赵括的母亲见了赵孝成王,说:"他父亲赵奢临死的时候再三嘱咐,说:'打仗是多么危险的事儿,战战兢兢,处处都得顾虑到,还怕有疏忽的地方。赵括倒把军事当做闹着玩似的,一谈起兵法来,就眼空四海,目中无人。将来要是大王用他为大将的话,我们一家大小遭了灾祸倒还在其次,怕的是连国家都要断送在他手里。'我请求大王千万别用他。"

赵孝成王却说:"我已经决定了。"

公元前260年,赵孝成王叫赵括再带领二十万兵马,到了长平关,赵括验过兵符(两块可以符合的老虎形的信物,所以"兵符"也叫"虎符"),取代廉颇,办了移交,廉颇就回邯郸去了。

赵括统领着四十多万大军,声势十分浩大。他下了一道命令,说:"秦国来挑战,必须迎头打回去;敌人打败了,就得追下去,非杀得他们片甲不留不算完。"

冯亭劝阻他,把廉颇存心消耗秦国兵马的用意说了一遍。赵括说:"老头儿懂得什么?"

那边范雎一得到赵括替换廉颇的信儿,就打发武安君白起去指挥王龁。白起布置了埋伏,故意打了几阵败仗,把赵括的军队引了出来,切断了他们的后路。赵括的大军就成了孤军。他们守了四十六天,内无粮草,外无救兵。赵括给乱箭射死,冯亭自杀,赵军全垮了。白起叫人挑着赵括的脑袋,命赵军投降。赵军已经饿得没有力气了,他们一听说主将给杀了,全都扔了家伙,投降了。

白起一检查投降的赵军,一共有四十多万人。

055

毛遂自荐

　　白起打败了赵国的四十万大军后,又亲自率领大队人马,要围攻赵国国都邯郸。赵孝成王、平原君和大臣们惊惶失措,一点主意都没有了。正巧燕国的大夫苏代(苏秦的兄弟)愿意帮助赵国。他自告奋勇地去见范雎。范雎一来怕白起势力太大,不容易管得住;二来几次打仗,秦国的兵马也死伤不少,需要调整,他就叫韩国和赵国割让几座城,答应他们讲和。

　　秦昭襄王全同意,吩咐白起撤兵回国。后来秦王想叫白起再去攻打赵国,白起不服。秦昭襄王就革了他的官职,送他一把剑让他自杀了,然后命王龁统领二十万大军,把邯郸围困了快半年,还是打不下来。秦王又命郑安平带五万精兵去增援。

　　赵孝成王慌了,急忙请平原君去楚国讨救兵。平原君打算带二十个文武全才的人跟他一同到楚国去。可是这些人,文是文的,武是武的,要文武全才真不易找。平原君挑来挑去,对付着挑了十九个人。

　　平原君叹息道:"我费了几十年工夫,养了三千多人,如今连二十个人都挑不出来。"

　　忽然有个坐在末位的门客站起来,自己推荐自己说:"不知道我能不能来凑个数?"

　　平原君笑着说:"你叫什么名字?"

　　他说:"我叫毛遂,大梁(魏国的国都)人,到这儿三年了。"

　　平原君冷笑一声,说:"有才能的人就好像一把锥子搁在兜里,它的尖儿很快就露出来了。可是先生在我这儿三年了,我就没见你露过一回面。"

　　毛遂说:"这是因为我到今天才叫您看了这把锥子。您要是早点把它搁在兜儿

里,它早就戳出来了,难道单单露出个尖儿就算了吗?"

平原君佩服他的胆量和口才,就拿他凑上二十人的数,当天辞别了赵王,上楚国陈都(今河南淮阳)去了。

平原君跟楚考烈王在朝堂上讨论着合纵抗秦的大事,毛遂和其他十九个人站在台阶下等着。平原君把嘴都说得冒了白沫子,楚考烈王说什么也不同意抵抗秦国。

楚考烈王说:"合纵抗秦是贵国提出来的,可是没有什么好处。苏秦当了纵约长,给张仪破坏了;我们的怀王当了纵约长,下场是死在秦国;齐湣王也想当纵约长,反倒给诸侯杀了。各国诸侯就只能自顾自,谁要打算联合抗秦,谁就先倒霉。还有什么话可说呢?"

平原君说:"以前的合纵抗秦也确实有用处。苏秦当了纵约长的时候,六国结为兄弟。自从洹水之会以后,秦国的军队就不敢跑出函谷关来。后来楚怀王上了张仪的当,想去攻打齐国,就这么给秦国钻了空子。这可不是合纵的毛病。齐湣王呢,借着合纵的名义打算并吞天下,惹得各国诸侯跟他翻了脸。这也不是合纵的失策。"

可是,平原君好说歹说,嘴皮子都说干了,楚考烈王就是愁眉苦脸地不肯答应平原君。突然,楚考烈王瞧见一个人拿着宝剑上了台阶,跑到他跟前,嚷着说:"合纵不合纵,只要一句话就行了。怎么从早晨说到这会儿,太阳都直了,还没说停当!"

楚考烈王很不乐意地问平原君:"他是谁?"

平原君说:"是我的门客毛遂。"

楚考烈王骂毛遂说:"咄(duō)!我跟你主人商议国家大事,你来多什么嘴?还不滚下去!"

毛遂拿着宝剑又往前走了一步,说:"合纵抗秦是天下大事。天下大事天下人都有说话的份儿!这怎么叫多嘴呢?"

楚考烈王见他跑上来,害怕了,又听他说出来的话挺有劲儿,他只好像斗败了的公鸡似的收起翎毛来,换了副笑脸对他说:"先生有什么高见,请说吧。"

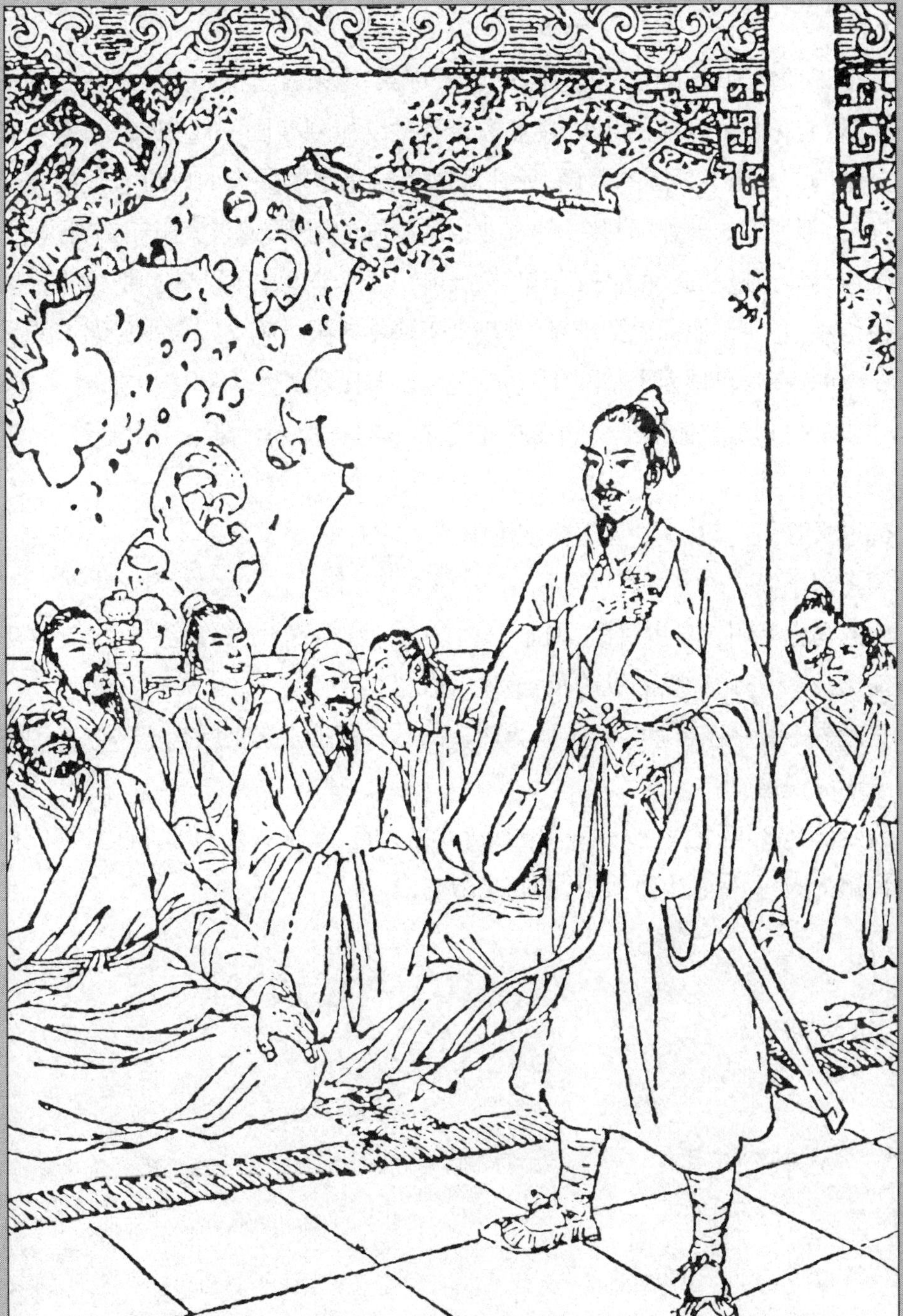

毛遂说:"楚国有五千多里土地,一百万甲兵,原来就是个大国。自从楚庄王以来,一直做着霸主。以前的历史够多么光彩!没想到秦国一起来,楚国连着打败仗。堂堂的国王当了秦国的俘虏,死在敌国。这是楚国最大的耻辱。紧接着又来了个白起,把楚国的国都郢都夺了去,改成了秦国的南郡,逼得大王迁都到这儿。"

毛遂继续说道:"这种仇恨,十年、二十年、一百年也忘不了哇!把这么天大的仇恨说给小孩子听,他们也会难受,难道大王倒不想报仇吗?今天平原君来跟大王商议抗秦的大事,也是为了楚国,哪儿单是为了赵国呢!"

这段话一句句就像锥子似的扎在楚考烈王的心坎上。他不由得脸红了,连连说:"是!是!"

毛遂又叮了一句,说:"大王决定了吗?"

楚考烈王说:"决定了。"

毛遂马上就叫人拿上鸡血、狗血、马血来。他捧着盛血的铜盘子,跪在楚考烈王跟前,说:"大王做合纵的纵约长,请先歃血。"

楚考烈王和平原君就当场歃血为盟。平原君和那十九个门客全都佩服毛遂这把锥子的尖锐劲儿。

公元前258年,楚考烈王派春申君黄歇为大将,率领八万大军,同时,魏安釐王也派晋鄙为大将,率领十万大军,共同去救赵国。

信陵君窃符救赵

秦昭襄王听到魏国和楚国发兵去救赵国,就派人去对魏安釐王说:"邯郸早晚得给秦国打下来。谁要去救,我就先打谁!"

魏安釐王吓得连忙派使者去追晋鄙,叫他就地安营。晋鄙把魏国的十万兵马驻扎在邺城(今河北临漳西南)。春申君也不再前进,在武关(在今陕西丹凤东南)驻扎下来。秦王叫大将王龁加紧攻打邯郸。赵孝成王只好再打发使者偷偷地跑到魏国,催魏安釐王快点进兵救赵。

魏安釐王想要进兵,怕得罪秦国;不进兵吧,又怕得罪赵国。他只好不进不退地耗着。平原君也派人上邺城请魏国大将晋鄙进兵。晋鄙回答,不敢自作主张。平原君又给魏公子信陵君写信,大意说:邯郸万分危急,敝国眼看快要亡了。您姐姐(平原君的夫人是信陵君的姐姐)黑天白日地哭着,公子也得替您姐姐想一想啊!

信陵君接到了这封信,再三央告魏安釐王叫晋鄙进兵。魏安釐王始终不答应。信陵君对门客们说:"大王不愿意进兵,我自己上赵国去,要死就跟他们死在一起。"

信陵君预备了车马,决计去跟秦军拼命。有一千多个门客也愿意跟着他一块儿去。

路过东门,信陵君下车去跟他的朋友、守门人侯生辞别。侯生冷淡地说:"公子保重。我老了,不能跟您一块儿去。"

信陵君向他告别后就走了。走不多远,信陵君越想越觉得不对劲,侯生连一句体贴的话都没有,忍不住再回去问问。

侯生见信陵君回来了,就说:"我料定公子准得回来!"

信陵君说:"我想我一定有得罪先生的地方,特地回来请先生指教。"

侯生说:"公子收养了几十年的门客,你这么上秦国的兵营里去,正像绵羊去跟

狼拼命,不是白白去送死吗?"

侯生接着对信陵君说:"咱们大王最宠爱的是如姬。当初如姬的父亲被人害死,她请大王给她报仇,后来还是公子叫门客去给如姬报的仇,把仇人的脑袋给她送了去。如姬为了这件事非常感激公子。她就是替公子死,也甘心情愿。公子只要请她把兵符偷出来,拿了兵符去夺取晋鄙的军权,才能跟秦国打仗。"

信陵君被侯生提醒了,就去跟如姬商量。如姬当晚就把兵符偷了出来交给信陵君。信陵君拿着兵符再上东门去跟侯生辞别。侯生说:"我的朋友朱亥,是天下数一数二的勇士。要是晋鄙不把兵权交出来,公子就叫朱亥杀了他。"

信陵君便带着朱亥和一千多个门客到了邺城,见了晋鄙,对他说:"大王特地派无忌来接替将军。"说着,就拿出兵符验过。

可晋鄙起了疑心说:"这军机大事,我还得奏明大王……"

他的话还没说完,只见朱亥从袖子里拿出一个四十斤重的铁锤,冲着晋鄙的脑袋一砸,晋鄙的脑袋被打得粉碎。

信陵君拿着兵符给将士们下令:"父亲和儿子都在军队里的,父亲可以回去;哥哥和弟弟都在军队里的,哥哥可以回去;独子可以回去养活老人;有病的或者身子弱的,也可以回去。其余的人都跟我去救赵国。"

信陵君重新编排队伍,总共有八万精兵。他指挥这八万将士向邯郸城下的秦国兵营冲杀。秦将王龁没想到魏国的军队突然会来攻打,手忙脚乱地抵抗了一阵。平原君也开了城门,带着赵国的军队杀了出来。两边夹攻,打得秦国的军队就像山崩似的倒了下来。

多少年来,秦国没打过这么一个大败仗。秦昭襄王赶紧下令退兵,已经死伤了一半人马。郑安平的两万人给魏国的军队切断了退路,变成了孤军,他带领两万人投降了信陵君。

赵国得救了。赵孝成王亲自到魏国兵营来给信陵君道谢,说:"全仗公子救了赵国!"

信陵君谦逊了一番,他不敢回国,就把兵符和军队交给魏国的将军带回去,自己留在赵国。

057

甘罗十二拜上卿

楚公子春申君在武关听说秦国打了败仗跑了,就带着八万大军回到楚国。楚考烈王仍想当霸主,就打发使臣上成周去请求周赧(nǎn)王下令征伐秦国。周赧王管辖的土地还不如最小的诸侯国,而且还分成两半:河南巩城一带叫"东周"。河南王城一带叫"西周"。周赧王答应楚王用周天子的名义去约会列国诸侯。但只有燕、楚派出了很少的兵马,合纵又告吹了。可是,秦国倒找到借口发兵来打成周。西周投降了秦国,周赧王做了俘虏,没多久就死了。打这儿起,西周完了。

秦昭襄王灭了西周,丞相范雎告退。公元前251年秋天,秦昭襄王病死后,秦孝文王即位。他即位才三天就死了。太子即位,就是秦庄襄王,他用吕不韦为丞相。公元前249年,秦庄襄王又拜吕不韦为大将,发兵十万灭了东周。

秦庄襄王灭了东周才两年,也病死了。吕不韦立十三岁的太子为国君,就是秦王政(后来称为秦始皇),秦国的大权都在吕不韦手里。吕不韦为了进攻赵国,假意跟燕国和好,先打发使者去破坏燕、赵联盟。燕王叫太子丹到秦国去做抵押,吕不韦又叫张唐上燕国去当相国。

不料,张唐却推辞说:"我曾经率兵攻打过赵国,赵国人都恨死我了,说谁能抓住我,就赏他方圆一百里的地。这次去燕国肯定要经过中间的赵国,我这不是有去无回吗?还是请派其他人去吧!"

吕不韦知道后非常恼火,但一时又想不出更合适的人选。他闷闷不乐地回到家中,一言不发地在窗前站了很久,脸色阴沉得可怕。

再说,吕不韦家有个小门客叫甘罗,是原来秦国丞相甘茂的孙子,甘茂死后,他就投奔吕不韦来了。甘罗见吕不韦不高兴,就上前问道:"丞相您有什么不高兴的事吗?"

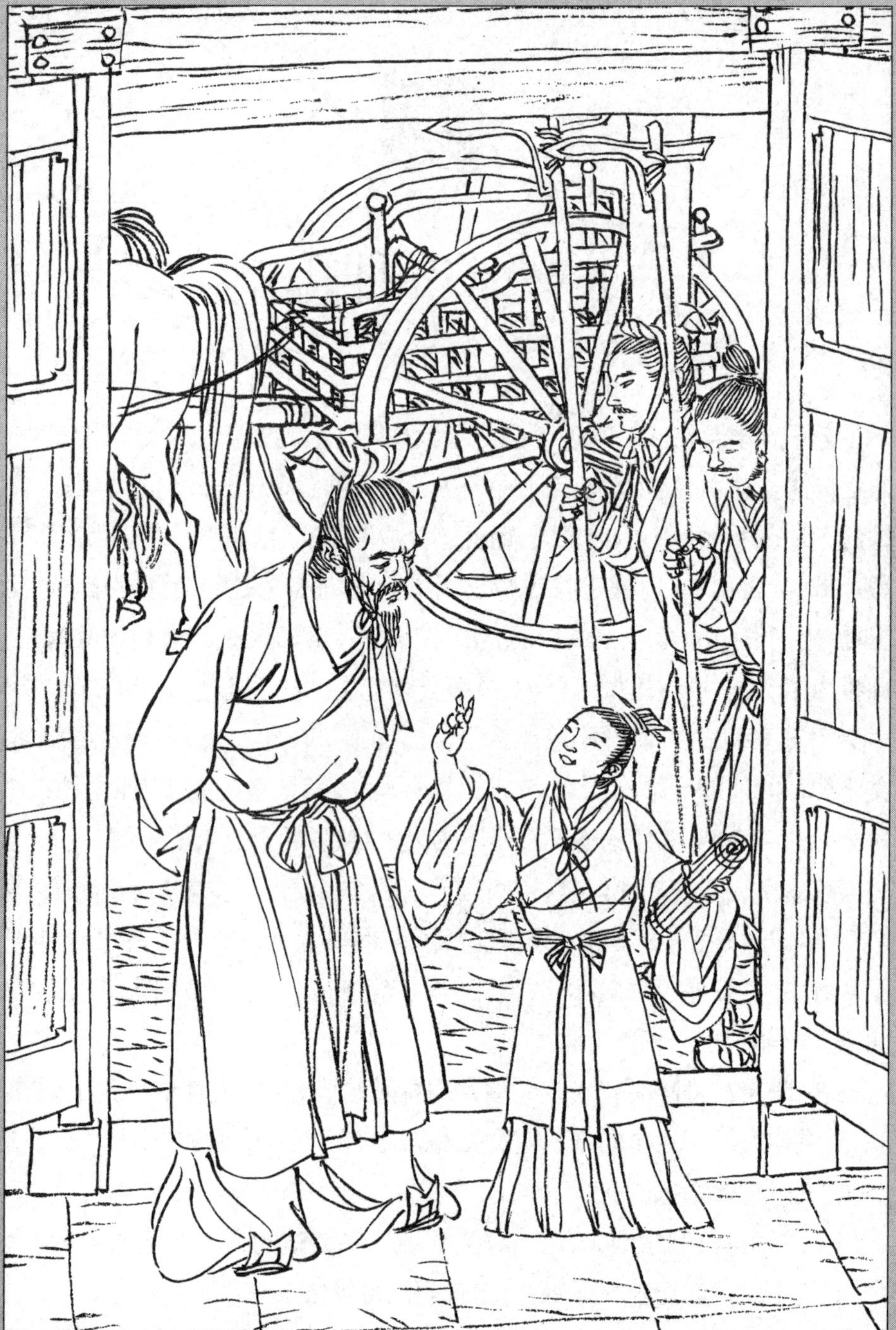

吕不韦不耐烦地挥挥手,说:"去,去,去,小孩子家懂什么!"

甘罗非常自信地说:"别看我年纪小,可我从小就在爷爷身边,知道的事很多,或许我能帮您出出主意呢!"

吕不韦觉得这话说得有理,便把事情的前因后果告诉了甘罗。

甘罗听了,拍着胸脯说:"丞相就把这事交给我去办吧,我保证说服张唐。"

吕不韦一开始不相信甘罗的话,但听他说得那么坚定自信,就改了主意,同意让他去试一下。

张唐听说吕不韦的门客来访,连忙出来相见。不料是个乳臭未干的小毛孩,态度一下子就变了。

甘罗不慌不忙地说:"我听说从前应侯范雎打算攻打赵国,却遭到了武安君白起的百般阻挠,结果武安君离开咸阳才七里就被应侯赐死了。现在丞相亲自请您去燕国当相国,您却找借口不肯去,您想想他会放过您吗?"

一席话说得张唐浑身直冒冷汗,甘罗心中暗自好笑,又补上一句:"我真不知道您会发生什么意外呢?"

张唐此刻非但不敢看轻这个十多岁的小孩,反而连连感谢他救了自己一命,并且让甘罗转告吕不韦,自己立刻动身前往燕国。

甘罗回去后把事情的经过一五一十地向吕不韦作了汇报,吕不韦非常满意。甘罗担心张唐在经过赵国时会遇到麻烦,请求吕不韦允许他先到赵国去疏通一下。这一次,吕不韦毫不犹豫地答应了,并且他还把这件事报告了秦王,在秦王面前大大夸奖了甘罗一番。

秦王下令召见甘罗,问他见了赵王后说些什么? 甘罗答道:"现在我不知道赵王将会有什么反应,我只能见机行事了。"秦王很满意,给了他十辆车,百来名仆从,派他出使赵国。

赵王听说秦国派来使者,不敢怠慢,亲自出城迎接。不料这位使者居然是个小孩,就不免小看他。

赵王问:"你今年几岁了?"

甘罗回答道:"小臣今年十二岁。"

赵王哈哈大笑起来："秦国难道已经没人可派了吗？怎么连十二岁的小孩都派了出来？"

甘罗镇定自若地说："我们秦王用人完全根据他们才能的大小，才能高的人做大事，才能小的人做小事。秦王认为这是小事一桩，所以就派我来了。"

赵王开始不敢轻视他，就问秦王派他来有什么事。

甘罗并没有马上回答，却反问赵王："大王您有没有听说燕国太子丹到秦国做了人质？"

赵王点了点头说："听说了。"

甘罗又问："大王您听说秦国打算派张唐做燕国的相国吗？"

赵王又点了点头。

甘罗这才转入正题："既然您都听说了，您怎么一点也不着急啊？"

赵王问："我为什么要着急呢？"

甘罗说："秦燕两国这么做，说明它们关系十分密切，这样的话，你们赵国就危险了。"

赵王问道："那你看我们赵国该怎么办呢？"

甘罗说："依我看，大王不如把五座城池割给秦国，那样的话秦王自然很高兴，您就趁此机会请求秦王把太子丹遣送回燕国，断绝与燕国的关系。这样的话，凭赵国的实力攻打弱小的燕国绝不成问题，到时您得到的恐怕不仅仅是五座城池了。"

赵王觉得在理。他依照甘罗说的，把河间一带的五座城池割让给了秦国，秦国也把太子丹送回了燕国。赵国立刻出兵攻打燕国，得到了三十座城池，又把其中的十一座送给了秦国。

秦国不费吹灰之力得到了十六座城池，秦王非常高兴，对甘罗大加赞赏，封他为上卿。甘罗凭着自己的聪明才智，在十二岁时就当上了上卿，成为中国历史上的一段佳话。

图穷匕首见

秦王政到二十二岁时，开始执掌大权。公元前238年，有人利用太后造反，秦王政剿灭了叛乱。又过了一年，他把吕不韦免了职，后来叫他自杀了。秦王杀了吕不韦，一心要统一中原，不断地向各国进攻。

在这种情况下，燕太子丹觉得只有杀掉秦王，燕国才有好日子过。他把燕国的命运寄托在刺客身上，一心收买能刺杀秦王的人。

有个杀人犯叫秦舞阳，有胆量，太子丹把他救出来，收在自己的门下。连躲在燕国深山里的原秦国大将樊於(wū)期因煽动秦王政的兄弟长安君造反没成功，也逃到燕国来投奔太子丹。太子丹还请到了很有本领的一位剑客荆轲。

太子丹对荆轲说："拿兵力去对付秦国，简直像拿鸡蛋去砸石头。去联合各国诸侯也不行。我想，要是有位勇士打扮成使臣去见秦王，站在秦王面前，逼他退还诸侯的土地，秦王要是不答应，就把他刺死。"

荆轲说："秦国早想得到燕国最肥沃的土地督亢(今河北涿州东)。我要是能拿着督亢的地图去献给秦王，他也许能叫我当面见他。"

太子丹就叫人把督亢地图拿了出来，交给荆轲。

荆轲背地里又去见樊於期，对他说，"秦王害死了将军的父母宗族。将军想报仇，我决定去行刺，怕的是见不到秦王。我要是能够拿着将军的头颅去献给他，他准能让我见他。"

樊於期为了报仇，就拔出宝剑来自杀了。太子丹趴在樊於期的尸体上呜呜地哭了一阵，叫人把尸身安葬了，把那个人头装在一个木头匣子里交给荆轲，又送给他一把用毒药煎过的匕首，只要刺出秦王一丝血，秦王就会立刻完蛋。

太子丹问荆轲什么时候动身，荆轲说："我有个朋友叫盖聂，我等他来做个帮手。"

太子丹说："哪儿等得了呢？我这儿有个勇士名叫秦舞阳，叫他当个帮手吧。"

动身的那天，太子丹和几个心腹偷偷地送他们到了易水（在今河北易县），挑了一个僻静的地方摆上酒席。喝酒时，太子丹忽然脱去外衣，摘去帽子，别人也都这么做。霎时，他们变成全身穿孝的了，大伙儿都显得很悲伤。荆轲的朋友高渐离拿着筑（zhù，古时候的一种用竹尺敲出音乐来的乐器）奏着一个悲哀的歌儿。荆轲按着拍子，唱着：

风萧萧兮易水寒，
壮士一去兮不复返。

太子丹斟了一杯酒，跪着递给荆轲。荆轲一口喝下去，伸手拉着秦舞阳，蹦上了车，头也不回，飞也似的去了。

公元前227年，荆轲到了咸阳。秦王政一听燕国的使臣把樊於期的人头和督亢的地图都送上来了，就叫荆轲去见他。荆轲捧着樊於期的人头，秦舞阳捧着督亢的地图，一步步地上了秦国朝堂的台阶。

秦舞阳一上朝堂就不由得害怕起来。秦王的左右一见，喝了一声，说："使者干吗脸变了颜色？"

荆轲回头一瞧，就见秦舞阳的脸又青又白，跟死人差不多。他对秦王说："他是北方的粗鲁人，从来没见过大王的威严，免不了有点害怕。"

秦王对荆轲说："叫他退下去！你一个人上来吧。"

荆轲心里怪秦舞阳太不中用，只好独自捧着木头匣子上去献给秦王。秦王打开一瞧，果然是樊於期的脑袋，他又叫荆轲拿过地图来。荆轲回到台阶下面，从秦舞阳的手里接过了地图，回身又上去了。

荆轲把那一卷地图慢慢地打开，一个地方一个地方地指给秦王看。等地图全部打开，卷在地图里的匕首可就露出来了。"图穷匕首见（xiàn）"的典故就是这么

来的。

秦王一见,立刻蹦了起来。荆轲连忙抓起匕首,扔了地图,左手揪住秦王的袖子,右手就扎过去。秦王使劲地向后一转身,那只袖子就断了。他一下子跳过旁边的屏风,刚要往外跑,荆轲拿着匕首追上来了。秦王一见跑是跑不了,躲也没处躲,就绕着朝堂上的大铜柱子跑,荆轲紧紧地逼着。两个人好像走马灯似的直转悠。

台阶上面站着的几个文官全都手无寸铁;台阶下面的武士,照秦国的规矩没有命令是不准上去的。荆轲逼得那么紧,秦王政只能绕着柱子跑。他身上虽说带着宝剑,可是来不及拔出来。

有个伺候秦王的医生,拿起药罐子对准荆轲打过去,荆轲拿手一扬,秦王政就趁着这一眨眼的工夫,拼命拔那把宝剑,可是心急,宝剑长,怎么也拔不出来。

就在这时,有个手下人嚷道:"大王把宝剑往脊梁上拉,就能拔出来!"

秦王政果真把宝剑拔出来了,一剑就砍坏了荆轲的一条腿。荆轲站立不住,一下子就倒下了。他拿匕首扔向秦王政,秦王政往右边一闪,那把匕首从他耳朵旁边擦过去,打在铜柱子上,"嘣"的一声,直进火星。秦王政跟着又向荆轲砍了一剑,荆轲用手一挡,被砍去了三只手指头。

荆轲无奈地笑道:"你的运气真不坏!我本来想先逼你退还诸侯的土地,因此没早下手。可是你也长不了!"

就这样,荆轲和秦舞阳没有刺中秦王,自己却被冲上来的武士剁成了肉酱。

韩非发愤著书

秦王政一心想成就统一天下的霸业,这时,有个叫韩非的人写的《孤愤》《五蠹(dù)》等文章传入了秦国。

韩非生于韩国贵族家庭,他拜儒家代表人物荀况为师,与他一同求学的还有大名鼎鼎的李斯。他们两个是荀况众多弟子中学问最好、名声最大的。

战国末期,社会局势异常混乱,各国诸侯为巩固或扩大自己的地位,展开了频繁的明争暗斗,有的恃强凌弱,对弱小的国家实行武力兼并,百姓流离失所,深受其苦。韩非清楚地认识到,在这种局面下,儒家"仁政"的观点、"仁者爱人"的主张已经完全推行不下去了。为了适应社会发展的趋势,他提出了法治的思想主张,认为随着时代的进步,社会生活和政治制度都要跟着变化,复古的主张已经行不通了。他总结了前期法家的经验,提出了一整套"法、术、势"相结合的中央集权的法治理论。

韩非认为自己的主张顺应了社会的发展趋势,一定会被韩王采纳。他满怀自信地向韩王呈上了自己变法图强的政治主张,并且积极向韩王献计献策。起先,韩王还听得蛮认真,不住点头表示赞同,可是听着听着,韩王就不耐烦起来。原来,韩非有口吃的毛病,一到紧张或得意的时候,就越发口吃得厉害。韩王实在是听不下去了,就挥挥手把韩非打发走了。

韩非的满腔变法热情被兜头浇上一盆冷水,他很不甘心。他想,我不能说,但我还能写。我的主张不被韩王采纳,但肯定有识才的明君。于是,他埋头写出了《孤愤》《五蠹》《内储说》《外储说》《说林》《说难》等十多万字的作品。其中,以《孤愤》《五蠹》最为著名。在《五蠹》中,他把当时的儒家、游侠、纵横家、逃避服兵役的人和工商之民称为"五蠹",即五种蛀虫,主张坚决予以清除。它为推行变法、实行法治提供了理论基础。

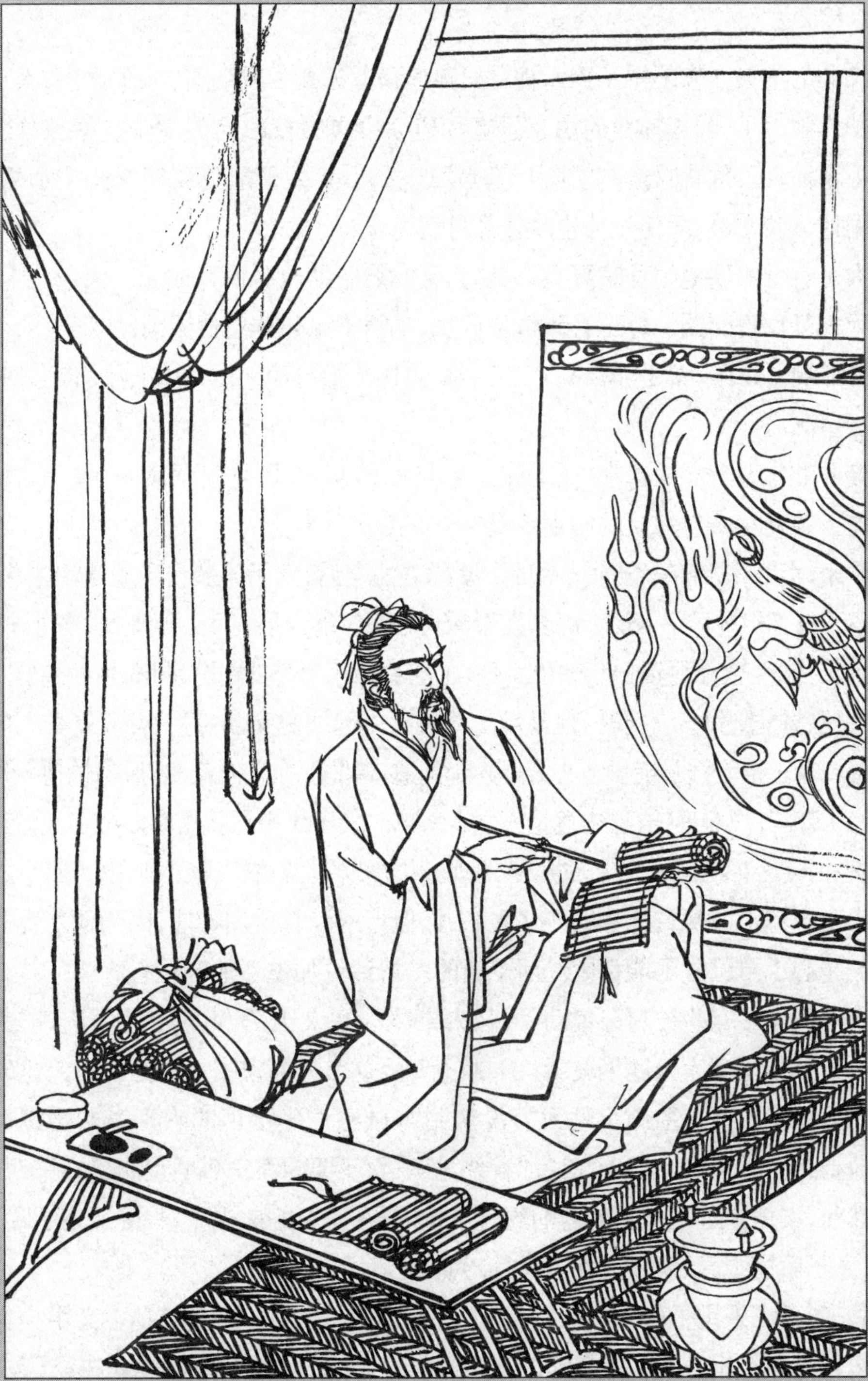

韩非的主张在韩国得不到重视，但《孤愤》和《五蠹》等名篇传入了秦国，秦王读了后却喜欢极了，因为韩非的法家思想和建立中央集权政治的主张与秦王称霸的想法不谋而合。他感叹道："哎呀！真是厉害哪！我如果能见到写这些文章的人，并且同他促膝交谈，即使死掉也没什么可遗憾了！"

秦王急于实现他的称霸野心，他认为韩非能帮助他尽快完成统一大业。于是，他发兵加紧攻打韩国。韩王看到情势危急，不得不派韩非出使秦国。

韩非到了秦国，秦王非常高兴，以贵宾的礼节招待他，并多次与他交谈，倾听他的变法主张。

韩非非常振奋。他摩拳擦掌，准备大干一场。却冷不防背后射来了暗箭，更没想到这一箭竟然来自昔日的同窗手足——李斯。

原来，李斯在跟随荀况学习治理国家的办法之后，急于施展自己的政治才华，他认为秦王打算吞并天下，霸气十足，在秦国自己一定能大展身手。于是，他辞别老师，投奔秦王，果然得到了秦王的重用。现在他看到秦王对韩非十分赏识，生怕韩非一旦得势，自己将受到排挤。于是，他鼓动上卿姚贾一起面见秦王，说："韩非是韩国的贵族子弟。大王企图吞并诸侯之心天下人都知道，韩非现在来向您献计，恐怕他最终目的是为了韩国，而非秦国，这毕竟是人之常情嘛。大王如果不重用韩非却将他留在秦国，这恐怕会给自己留下无穷后患，还不如趁早加以罪名，依法处死他，以免后患。"

秦王虽然十分赞赏韩非的变法主张，但他迟迟没有重用韩非，因为他对韩非是否真的忠心于自己并不能肯定。而李斯的一番话更加重了他的疑心。

李斯见秦王有些被自己说动了，又火上浇油："大王，害人之心不可有，防人之心不可无啊！还请大王趁早决断！千万不要因这个人而误了大王的统一大业啊！"

韩非终于被投入监狱。他万万没想到对自己十分赏识的秦王竟然会赐他死罪。他要为自己辩解。他大声说："我要见秦王，我要向秦王表明我的忠心！"

然而，秦王永远也听不到他的声音了，韩非在李斯的威逼下，只能服毒自尽了。不久，秦王后悔了，派人赦免韩非，可惜为时已晚。

后来，秦王采用了韩非的法治思想，这对他统一六国、建立专制主义中央集权国家起了重大作用。后人把韩非的诸多著作集中编成了《韩非子》这本书。

秦王吞并六国

秦王政斩了荆轲，恨透了燕国，就加紧攻打燕国。燕太子丹亲自带着兵马出去交战，被秦军打得稀里哗啦。燕王喜和太子丹带着一部分兵马和老百姓退到辽东。秦王政非要把太子丹拿住不可，燕王喜只好杀了太子丹，向秦王政谢罪求和。

谋士尉缭对秦王政说："韩国已经兼并，燕国搬到辽东，赵国只剩了一个代城（今河北蔚县），他们还能干得了什么？目前天冷，不如先收服南方的魏国和楚国。把这两国收服了，辽东和代城自然也就完了。"

秦王政就把北方的军队撤回，派十万人马去攻魏。

公元前225年，秦国灭了魏国，接着去打楚国。秦王政发兵二十万，结果打了败仗，退了回来。秦王大怒，用自己的车马亲自把王翦(jiǎn)接到朝廷里来，拜他为大将，交给他六十万兵马。出兵的那天，秦王政亲自送到灞上（今陕西西安东），摆酒席给王翦送行。王翦斟了一杯酒，说："请大王干了这杯。"

秦王政接过来，一口喝完。王翦从袖子里掏出一张单子来，上头写着他要咸阳上等的田地几亩，上等的房子几所，请秦王赏赐。秦王政一口答应了。

王翦率领着六十万大军去打楚国，路上又打发人回去向秦王请求给他修一个花园，过了几天，再派人去恳求秦王赏赐一个水池子，里头好养鱼。副将蒙武笑着说："老将军请求了房屋、田地、还要花园、水池子？打完了仗，将军还怕不能封侯吗？"

王翦咬着耳朵对他说："哪个君王不猜疑，你能保证咱们的大王不这样？他这回交给了咱们六十万大军，简直把全国的兵马都交给咱们了。我左一个请求，右一个请求，为的是让大王知道我惦记着的不过这点儿小事，好让他安心。"蒙武这才明白过来。

王翦的大军到天中山（在今河南商水西北）驻扎下来。楚国大将项燕带了二十万

兵马,副将景骐也带了二十万兵马,向王翦挑战。王翦把一部分的人马专门用在运输粮草上,压根儿不去理会项燕的挑战。

这样过了一年多,项燕想:"王翦原来是上这儿来驻防的。"他就不怎么把秦国的军队搁在心上了。没想到楚国人一松懈,秦军就排山倒海似的冲了过来。楚军手忙脚乱地抵抗了一阵,各自逃命。项燕和景骐带着败兵一路逃跑,兵马越打越少,地方越丢越多,项燕只好到淮上去招兵。王翦打下了淮南、淮北,一直打到寿春(今安徽寿县西)。楚国的副将景骐急得自杀了,楚王负刍(楚考烈王的儿子)当了俘虏。

项燕招募了二万五千名壮丁,到了徐城(今安徽泗县北)碰见了楚王的兄弟昌平君从寿春逃来,向他报告楚王被俘的消息。项燕说:"吴、越有长江可以防御敌人,地方一千多里,还能够立国。"他就率领大伙儿渡过长江,立昌平君为楚王,准备死守江南。

王翦知道了昌平君和项燕退守江南,就叫蒙武造船。第二年也就是公元前223年,王翦准备了不少战船,训练了几队水兵,渡过长江,进攻吴、越。这时,楚国不能再挣扎了,昌平君在阵上被乱箭射死,项燕叹了口气,自杀了。这么一来,秦国想要兼并的六国只剩下了燕、赵、齐三个。

王翦灭楚以后,向秦王政告老。秦王政拜他的儿子王贲(bēn)为大将,再去收拾燕、赵。公元前222年,王贲打下了辽东,逮住了燕王喜,把他送到咸阳去。接着他就进攻代城,代王嘉(也就是赵王)兵败自杀。燕国和赵国全部归并到秦国。秦国统一六国,符合地主富商和一般民众的愿望,所以能在不到十年工夫,把韩、魏、楚、燕、赵灭了。如今只剩下一个齐国。

秦王政派王贲向齐国进攻。齐王建一向不敢得罪秦国,他把"和好"作为靠山,死心塌地地听秦国的话。他觉得有了秦国,什么都不怕了。等到韩、魏、楚、燕、赵五国都给秦国兼并了,他才派兵去守西部的边界,却已经太晚了。公元前221年,秦国调动好几十万兵马像泰山一样地压下来,多年没打仗的齐国的兵马哪儿抵挡得住?这时候,齐王建想向各国求救,可是各国早已完了。王贲的大军一路进来,简直一点抵挡都没有。没有几天工夫就进了临淄,齐王建投降了。

齐国一亡,范雎的远交近攻的计策完全成功了。打这儿起,六国全都归并到秦国,天下统一。

秦始皇筑长城

东周列国，经过春秋时期和战国时期五百年的变迁，才合成了一个大国。秦王政跟着就改变国家的制度。当初六国诸侯都称为王，如今王没有了，那么自己又叫什么呢？他觉得自己的功劳威望比古时候的三皇五帝还大，就采用了皇帝这个名称。自己是中国头一个皇帝，就叫始皇帝，人们就称他为秦始皇。他想以后就用数目字计算：第二个皇帝就叫二世，再下去叫三世……这么下去一直到万世。他又叫玉器工匠刻了一颗大印，称为玉玺(xǐ)。

秦始皇废除了分封诸侯的办法，采用了郡县制度，把天下分为三十六郡。由朝廷直接任命三个最重要的长官：郡守，是一郡中最主要的长官；郡尉，在郡守底下，管理治安，统领军队；郡监，执行监察的事情。郡下面是县。

秦朝的兵车，要在从咸阳北到燕地、东到齐地、南到海边的三十六郡的道路上都能通行，就规定兵车的大小，统一为轴上两轮的距离一律为六尺，道宽五十步(秦以六尺为一步)，每隔三丈种上青松。修路的人一部分是原来的士兵。秦朝把各地所有的兵器都收到咸阳来，铸成十二个巨大的铜人和好些个大钟。

交通一方便，商业就发达，秦朝的度(尺寸)、量(斗升)、衡(斤两)也作出了统一规定；把战国时一些地区不同的文字、不同的写法，规定为统一的文字。

公元前214年，秦始皇发大军五十万人，平定岭南(今广东、广西)，又添了三个郡。第二年，大将蒙恬(tián)在北方打败了匈奴，又添了一个郡，合成四十郡。

秦始皇下令规定：除了秦国的历史和医药、占卜、种树、法令等书籍以外，其余的诗、书、百家的言论，全给烧了。谁要私藏或拿古人的议论来反对现在的法令，就治罪。他叫御史把反对皇帝的四百六十多个犯禁严重的儒生和方士(求神问卜的人)

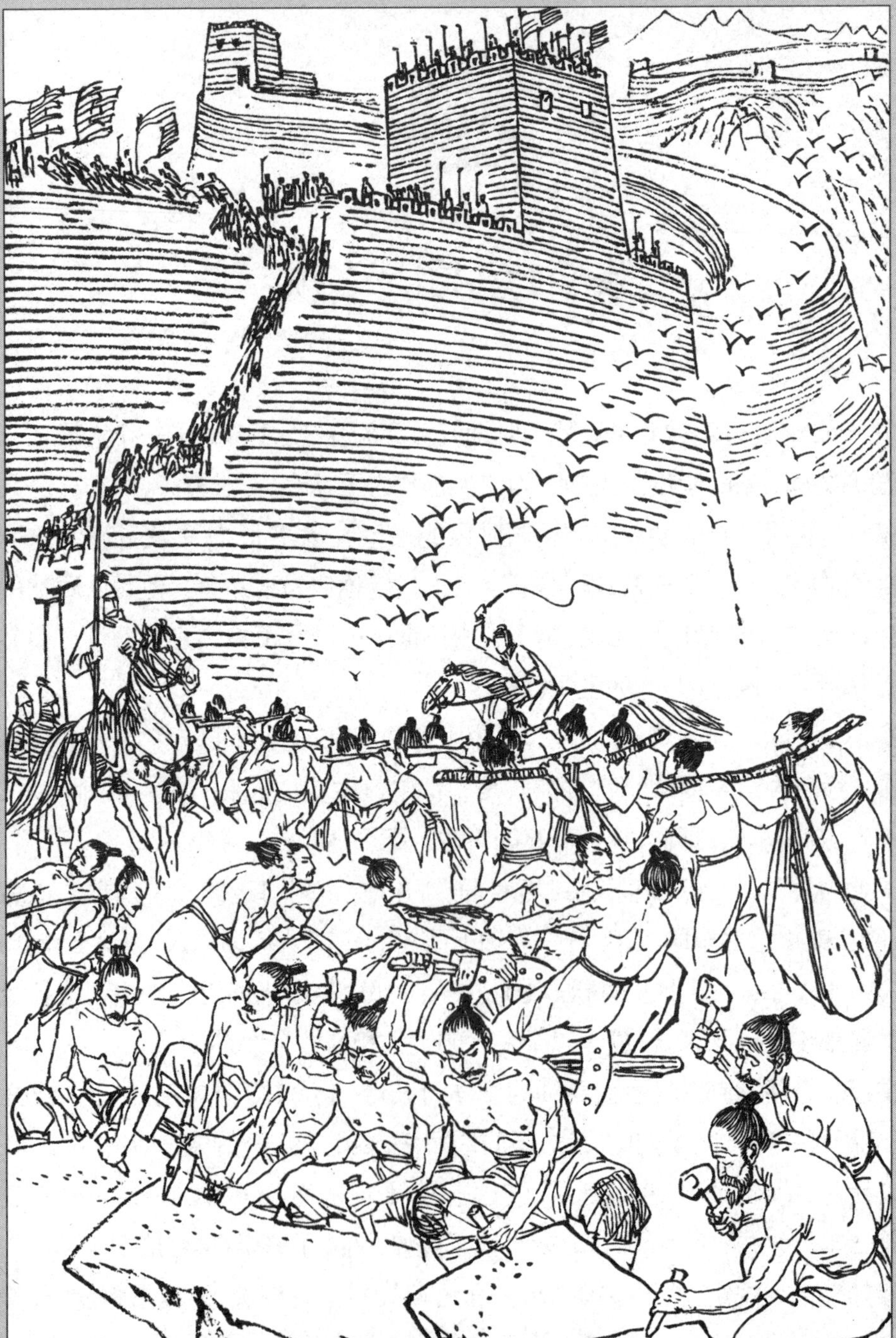

都埋了；次一等的，都轰到边疆去开荒。

这就是秦始皇废分封、建郡县，车同轨、书同文，统一度量衡的改革。秦始皇还做的一件大事就是御匈奴、筑长城了。

北方的匈奴趁着燕、赵衰落的时候，一步步地往南侵略，连河南(今内蒙古河套以南地区)大片的土地也给夺去了。秦始皇派将军蒙恬发兵三十万北伐匈奴，把河套地区收回来，编成四十四个县，把内地的囚犯大批地送到那边去开荒。为了加强北方的防御，秦始皇又派了几十万民夫把原来燕国、赵国和秦国北边的长城连起来，又造了不少新的城墙，从临洮(táo)(今甘肃岷县)到辽东(今辽宁辽阳西北)筑成一道万里长城。

以前各国的长城，是各国为了自己的防御，各自在本国形势险要的地方修筑起来的。齐、楚、魏、燕、赵和中山等国都兴筑了长城。公元前214年，秦始皇完成统一后修筑的长城，只是将秦和原赵、燕共三国建造在北边的长城连贯成一条。今天的六千三百公里长的长城，是经过汉朝以后历代修筑过的。

062

张良博浪沙行刺

秦始皇灭了六国，统一中原以后，经常到各地方去视察。公元前218年，他带着大队人马到了博浪沙(今河南原阳)，车马正在拐弯时，突然"哗啦啦"一声响，不知道打哪儿飞来一个大铁椎(chuí)，把一辆车打得粉碎。

秦始皇就在前面的车上，半截车档迸到他的跟前，差点儿打着他。好险哪！一下子车队全停下来。武士们四面搜查，没费多大工夫就把那个刺客逮住了。

主使刺客的人是从前韩国相国的儿子。因为秦始皇下令搜得紧，那位公子只好更名改姓叫张良，又叫张子房。

张良的祖父、父亲都做过韩国的相国。韩国被灭时，张良还年轻。他决心替韩国报仇，就变卖家产，推说到外边去求学，离开了家。其实他是到外边去找机会暗杀秦始皇。他交上一个大力士，情愿替他拼命。大力士使的大铁椎，足足有一百二十斤重(秦汉时的一斤，只有现在的半斤)。他们探听到秦始皇要到这边来，就在博浪沙埋伏下来，给了他一椎，哪儿知道打错了一辆车。

张良逃哇逃，一直逃到下邳(pī)(在今江苏睢宁西北)躲了起来。他结交了不少朋友，一心要替韩国报仇。不到一年工夫，他在下邳出了名。临近的人都知道他是个很有学问的读书人，不知道他就是跟大力士在博浪沙行刺的韩国的公子。

有一天清早，张良散步走到一座大桥下，瞧见一个老头儿穿着一件土黄色的大褂，搭着腿坐在桥头上。真怪！他一见张良过来，有意无意地把脚跟往里一缩，那只鞋就掉到桥下去了。老头儿回过头来对张良说："小伙子，下去把我的鞋拣上来。"

张良听了，不由得火气上来了，可是再一看那个老头儿，人家连眉毛带胡子全

白了,七老八十的。他便走到桥下,拣起那只鞋来。老头儿不用手去接,只是把脚一伸,说:"给我穿上。"

张良一愣,恭恭敬敬地拿着鞋给他穿上。那老头儿这才理了理胡子,微微一笑,大摇大摆地走了。

张良盯着他的背影望着,心想这老头儿一定有点来历。他赶紧走下桥去,跟在后头,看他往哪儿去。约摸走了半里地,老头儿知道张良还跟着,就回过身来,对他说:"你这小青年有出息。我倒乐意教你。"

张良是个聪明人,就赶紧跪下,向他拜了几拜,说:"我这儿拜老师了。"

那老头儿说:"好!过五天,天一亮,你到桥上再来见我。"

张良连忙说:"是!"

第五天,张良一早起来,匆匆忙忙地洗了脸,就到桥上去了。谁知道一到那边,那老头儿正生着气呢。他说:"年轻人,你该早点儿来,怎么叫我等着你?"

张良跪在桥上,向老师磕头认错。那老头儿说:"去吧,再过五天,早点儿来。"说着就走了。张良愣愣地站了一会儿,只好垂头丧气地回来。

又过了五天,张良一听见鸡叫,脸也不洗,就跑到大桥那边去。"怎么又晚了一步!"那老头儿瞪了张良一眼,说,"你愿意的话,过五天再来!"说着就走了。

张良闷闷不乐,只怪自己不够诚心。

到了第四天晚上,他怎么也睡不着,半夜里,就到大桥上去静静地等着。

过了不大一会儿,那老头儿一步一步地过来了。张良赶紧迎上去。他一见张良,脸上显出慈祥的笑来,说:"这样才对。"说着,拿出一部书来交给张良,说:"你把这书好好地读,将来能够做一个有学问的人。"

张良挺小心地把书接过来,还想再问明白,那老头儿连头也不回就走了。

等到天亮了,张良拿出书来,一看,原来是一部《太公兵法》,据说是周文王的军师姜太公编的。从此,张良白天读,晚上读,把它读得滚瓜烂熟。

密谋沙丘

张良行刺秦始皇没有成功。秦始皇的大儿子扶苏反对焚书坑儒,被派去监督蒙恬在北方防守匈奴的三十万军队。

公元前210年,秦始皇到东南去视察。这回跟着他出去的,除了丞相李斯、宦官赵高以外,还有他的小儿子胡亥。那时,胡亥也有二十岁了。秦始皇挺喜欢他。

他们越过浙江,到了会稽郡(治所在今江苏苏州),街道两旁挤满了人。车队过来了,秦朝的旗子多用黑色,马车一辆接着一辆地连着,拿着长戟的卫士和带着各种刀枪的武士在马前车后一批一批地过来。老百姓踮着脚尖要瞧一瞧秦始皇。

这时,人群里有一个二十来岁的小伙子,身材魁梧,浓眉大眼,名叫项羽。后面跟着一个年过半百的大汉是项羽的叔叔项梁。他们是原楚国大将项燕的后代,因项梁杀人犯了罪,现在躲藏在吴中。看着看着,项羽嘴里嘀咕道:"那皇帝,我们可以夺取他的位子自己当!"

背后的大汉听见了,连忙捂住项羽的嘴,咬着耳朵说:"你不要命啦!"赶紧拉着小伙子从人群里溜了。

秦始皇在离开会稽郡吴中时身子就很不舒服,到了平原津(今山东平原南)就病倒了。随从的医官给他看病、进药,可全不见效。七月里,秦始皇到了沙丘(今河北广宗西北),病势越来越重。秦始皇嘱咐李斯和赵高说:"快写信给扶苏,叫他立刻动身回咸阳。万一我好不了,叫他主办丧事。"

李斯和赵高写好了信,给秦始皇看。他迷迷糊糊地看了看,叫他们盖上印,打发使者送去。他们正商量着派谁去的时候,秦始皇已经晏驾(从前称皇帝死去为"晏驾")了。

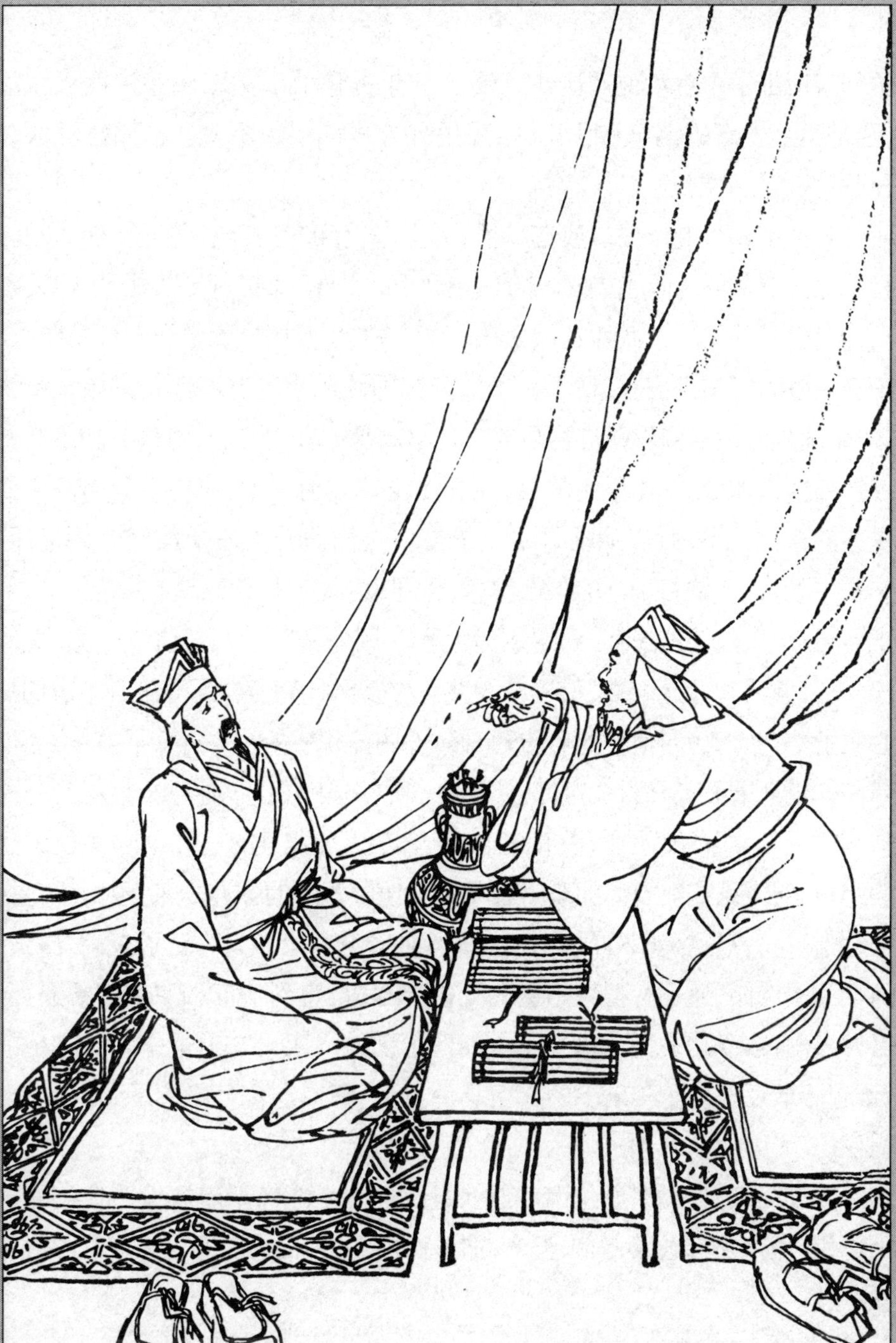

丞相李斯出了个主意说："这儿离咸阳还有一千六百多里,不是一两天就能赶到的,要是皇上晏驾的消息传了出去,里里外外可能引起不安。不如暂时保守秘密,赶回京城再作处理。"

他们就把秦始皇的尸体安放在车里,关上车门和车窗,放下帷子,外面的人什么也看不见。随从的人除了胡亥、李斯、赵高和几个近身的内侍以外,别的人都不知道秦始皇已经死了。文武百官照常在车外上朝,每天的饮食也像平日一样送。

李斯叫赵高把信送出去,请大公子扶苏赶回咸阳来。赵高藏着秦始皇给扶苏的信,偷偷地先跟胡亥商议篡夺皇位的事。赵高是胡亥的心腹,跟扶苏和蒙恬都有怨仇。扶苏要是即位,一定重用蒙恬,他必然吃亏。为这个,他要帮着胡亥夺取原本是扶苏的皇位。不用说,胡亥是求之不得。他们逼着李斯参加到他们里面来。李斯一来怕死,二来怕将来不能再做丞相,也同意了。

于是,三个人就假造遗嘱,立胡亥为太子。另外又写了一封信给扶苏,说他在外怨恨父皇,蒙恬和他是同党,都该自杀,兵权交给副将王离,不得违命。他们马上就派心腹把信送去,还叫他们的心腹逼着公子扶苏和蒙恬两人自杀了事。

赵高和李斯催着人马日夜赶路。可是一千多里路程,一时怎么赶得到?再说夏末秋初的天气,尸体搁不住,没有多少日子,车里发出臭味来了。赵高便派士兵去收购鲍鱼,叫大臣们在自己的车上各载上一筐。鲍鱼的味儿本来挺冲,现在每一辆车都载上一筐,沿路臭气难闻,秦始皇车里的臭味也就不足为奇了。

他们到了咸阳,还不敢把秦始皇的死信传出去,直到扶苏和蒙恬都被逼死了,才给秦始皇出丧,立胡亥为二世皇帝。朝廷上别的大臣只知道这是秦始皇生前的命令,谁也不敢反对。丞相以下的大臣一律照旧,只有赵高升了官职,特别得到二世的信任。

实际上,赵高的权比李斯还大。他就跟二世两个人商量着要按照他们的意思管理天下,首先是杀害老臣,大兴土木,加重税捐,屠杀百姓。那不把国家弄成一团糟才怪呢!

064

陈胜吴广揭竿而起

赵高、秦二世准备安葬秦始皇,从各地征调几十万囚犯、奴隶和民夫修筑秦始皇在世时已在骊山下开辟的坟地,把铜熔化了灌下去铸成地基,上面修盖石室、墓道和墓穴,挖出江河大海的样子,灌上水银,还有别的花样说也说不完。大坟里埋着无数的珍珠、玉石、黄金和不少宫女。为防盗坟,墓穴里安了好些杀人机关,完工后把所有做坟的工匠全都封死在墓道里。

二世胡亥葬了他父亲以后,怕篡夺皇位的事泄露,就屠杀了全部十多个哥哥、十来个公主,杀光难对付的大臣,下令建造秦始皇在世时就开始造的阿房(ēpáng)宫。

那时,中原的人口不过两千万,被征发去造大坟、修阿房宫、筑长城、守岭南的差不多就有二百万人。北方的地区很大,除了驻扎军队还得押送大批贫苦农民去防守。

公元前209年,阳城(今河南登封东南)的地方官派了两名军官,押着强征来的九百名贫民壮丁,动身到渔阳(今北京密云西南)去。有一个叫陈胜、一个叫吴广的贫苦农民也在里头。

陈胜年轻时,跟别的雇农一块儿给地主耕地。一天,大伙在地头上休息,陈胜对大家说:"咱们将来富贵了,大伙可别忘了老朋友!"

大伙笑着说:"你给人家扛活耕地,哪儿来的富贵?"

陈胜说:"唉!你们怎么知道有志向的人呢!"

现在军官督促这一批壮丁往北赶路。他们到了大泽乡(今安徽宿州东南)正赶上下大雨,没法走,但误了日期,就得杀头。

陈胜便偷偷地跟吴广说:"这儿离渔阳还有几千里地。就算雨马上就停,怎么也赶不上日期,这不是白白地去送死吗?咱去也是死,起来造反失败了也是死,一样的死,还不如借着楚将项燕的名义号召天下,起来造反。"

吴广也情愿跟着陈胜一块儿干。第二天,陈胜替伙夫去买鱼,伙夫剖鱼从鱼的肚子里剖出了一块绸子,上面有"陈胜王"三个字。大伙仨(sā)一群儿,俩一伙儿地咬着耳朵聊着。半夜里,大伙听到野外有狐狸叫:"大楚兴,陈胜王!"那是吴广在荒郊破祠堂里,学着狐狸叫的。谁知道呢! 大家就对陈胜指指点点。

时机到了! 早晨,陈胜叫了吴广一起去见凶恶的军官,大伙也一齐跟了去。两个人进了营帐,对军官说:"天下雨,误了期,就要杀头,还是让我们回去种地吧。"

那两个军官,一个拔出宝剑就向吴广砍去。陈胜手疾眼快,一个飞腿,"啪"的一声,把那把宝剑踢下来。陈胜顺手捡起,把那军官杀了。吴广夺过另一个军官砍来的刀,把他的脑袋劈了。

不一会,外面的人也都拥进了营帐。陈胜、吴广大声对众人说:"弟兄们! 咱们要活命,就得造反了!"

大伙儿大声喊叫:"咱们杀出去!"

陈胜叫弟兄们做了一面大旗,旗上写了斗大的一个"楚"字。大伙儿对天起誓,同心协力,替楚将项燕报仇。大伙公推陈胜、吴广做首领。陈胜就自称将军,称吴广为都尉。九百条好汉一下子就把大泽乡占领了。

大泽乡的农民一听到陈胜、吴广出来反抗秦朝,都拿出粮食来慰劳他们。青年子弟纷纷拿着锄头、铁耙、扁担什么的,到陈胜、吴广的营里来投军。

人多了,一下子要这么多的刀枪哪儿来呢? 他们就砍了许多木棍做刀枪,砍了许多竹子,梢儿上留着枝子,当做旗子。陈胜、吴广带领着这么一支农民起义军揭竿而起,浩浩荡荡出发去打县城。"揭竿而起"的成语说的就是这件事。

起义军打下了陈县(今河南淮阳),陈胜召集陈县的父老共同商议大事。陈县的父老一见陈胜的军队不抢东西,不伤害老百姓,个个喜欢。他们说:"将军替天下百姓报仇,征伐暴虐的秦二世,我们请将军做楚王。"

于是,陈胜就称了王,国号"张楚"。陈胜派吴广带领一部分人马去打荥(xíng)

阳(今河南郑州西),派周文带领另一部分人马往西去打京城咸阳,又派了几路人马去接应各地的起义军。

陈胜派到各地去的军队都得到当地农民的拥护,原来旧六国的地盘大部分都给起义军占领,起义军没到的地方也纷纷起兵响应,秦朝的统治眼看就快给起义军推翻了。

起义军节节胜利,占领了大片的地方,可战线越拉越长,号令不能统一,有好多地方反倒给旧六国贵族分子霸占了。陈胜起兵不到三个月,赵、齐、燕、魏国都有人自立为王,不去支援吴广和周文他们。后来吴广在荥阳碰上了秦国的大将李由,周文碰上了秦国的大将章邯(hán),抵挡不住,打了败仗,都死了。最后,这位首先起义、为天下百姓除害的张楚王陈胜给叛徒杀害了。

陈胜、吴广虽然死了,由他们点起来的反抗秦朝残暴统治的那把火却越烧越旺。尤其是在会稽、在沛县,出了不少英雄好汉。

项梁拉起子弟兵

陈胜、吴广起义后,在吴中的项梁和侄儿项羽也起来响应。他们杀了会稽郡守,占领了会稽郡。那时,项羽二十四岁,年龄跟他差不多的青年都乐意跟他,不到几天工夫,项梁就拉起了一支八千人的队伍。因为这些青年都是当地的子弟,就称为"八千子弟兵"。

项羽怎么会到吴中的呢?项羽本是下相(今江苏宿迁西南)人,从小死了父亲,全仗叔父项梁把他养大。他的祖父是楚国的大将项燕,项家祖祖辈辈都做楚国的大将。楚国给秦国灭了以后,项梁老想恢复楚国,替父亲报仇,可是自己没有力量。

项羽小时候,项梁亲自教他念书。项羽学了几天,就不愿意再学。他说:"念书,不过记记自己的姓名。"

项梁教他学剑。他说:"要学,就学能敌得过上万人的本领。"

项梁就教他兵法。项羽才学了几天,略略懂得一个大意,又不肯再深入钻研了。

后来项梁把仇人揍死闯了祸,就带着项羽逃到吴中,隐姓埋名,跟吴中人士结交。吴中人士见项梁能文能武,就把他当做老大哥看待。项梁趁这机会暗暗教他们兵法。一班青年子弟见项羽长得相貌堂堂,个儿又高,力气大得连千斤重的大鼎(一种器具,有三条腿、两个耳朵,用铜或铁铸成)也举得起来,都很佩服他。

项梁、项羽带着八千子弟兵渡江,很快地打下了广陵(治所在今江苏扬州),接着渡过淮河,沿路有不少英雄好汉带着人马跟项梁联合起来。他们到了下邳,就有六七万人了。

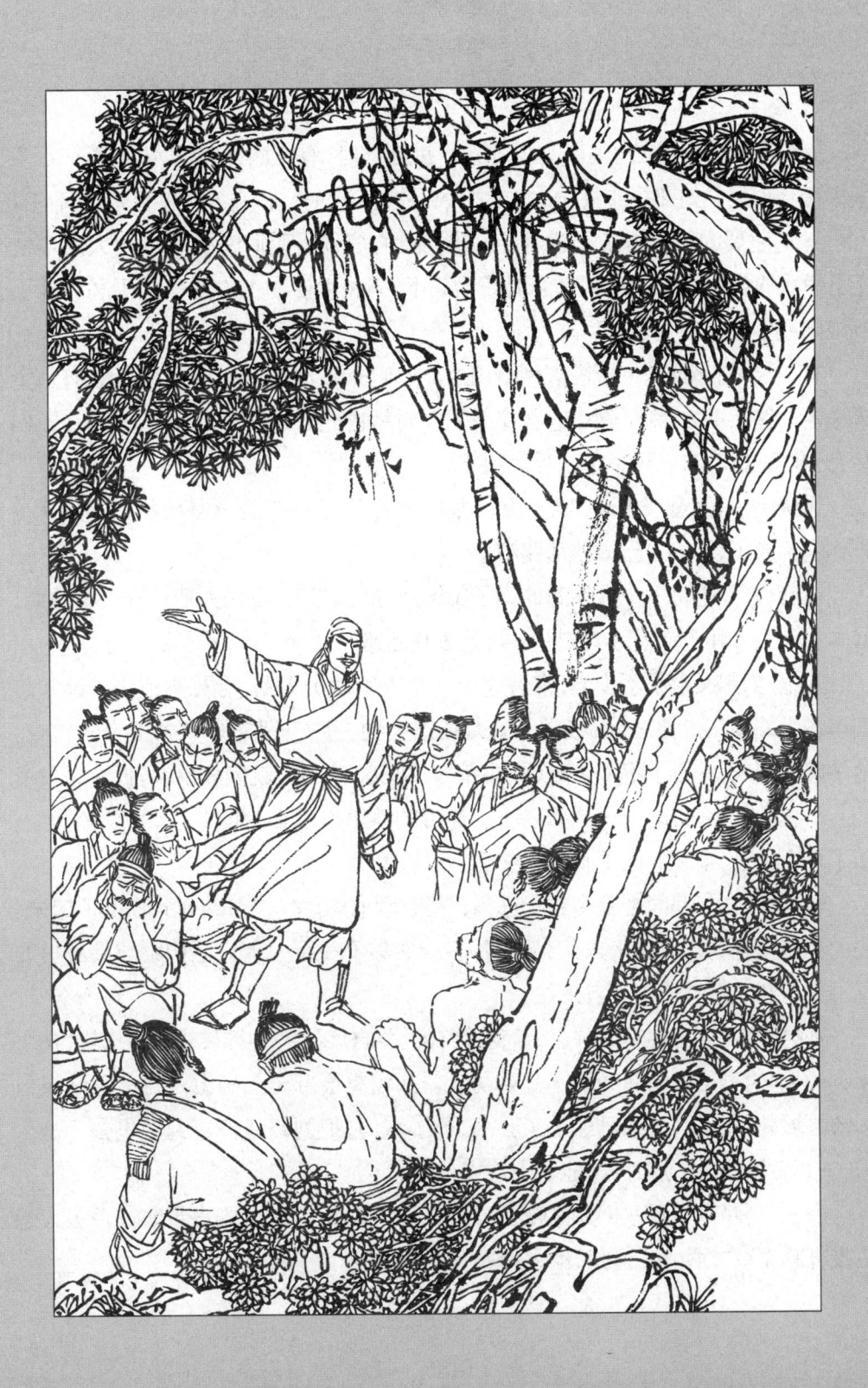

大军到了薛城(今山东南部)驻扎下来。就在这时,有个叫刘邦的人,带着一百多人来投奔项梁。刘邦是沛县(今江苏沛县)人,做过亭长(秦朝十里一亭,亭长是管理十里以内的小官),主要的职务本来是管管当地老百姓打官司,抓抓小偷,遇到重大的事情上县里去报告。可是在秦朝暴虐的统治底下,亭长主要的工作是抓壮丁和押壮丁到咸阳或者骊山去做苦工。

有一次,刘邦押送一批民夫到骊山去。他们一天天地赶路,每天晚上总有几个人逃走。这么下去,到了骊山怎么交差呢?刘邦想不出办法来。下午,他叫壮丁们休息,准备过夜,自己买了十来斤酒喝着。

天快黑了,他对众人说:"你们到了骊山做苦工,不是累死就是给打死。我现在把你们都放了,你们自己去找活路吧。"

说着,刘邦把每一个人拴着的绳子都解开,挥了挥手,说:"去吧!"众人感激他,其中有十几个壮士情愿跟着刘邦一块儿去找活路。

晚上,刘邦又喝了不少酒,带着这十几个人不敢走大路,专拣小道走。谁知前面有条大蛇横在道儿上,大极了。刘邦拔出宝剑,过去一瞧,是一条挺大的白蛇。他举起宝剑来,一下子把那条蛇剁成两截。跟随刘邦的人就编故事说,白蛇是白帝的儿子变的,给赤帝的儿子刘邦杀了。赤帝的儿子杀了白帝的儿子,就是说,世上出了真命天子,秦朝的天下长不了啦。

斩了白蛇,刘邦同十几个壮士逃到芒砀(dàng)山(在今河南永城东北)躲了起来。别的无路可走的人也跑来入伙,日子不多就聚集了一百多人。他们跟沛县县里的文书萧何和监狱官曹参都有来往。

那时陈胜、吴广打下了陈县,萧何就打发樊哙(kuài)去叫刘邦回来。樊哙是个宰狗的,他的妻子和刘邦的妻子是姊妹。刘邦和樊哙带着芒砀山一百多条好汉到了沛县城外,城里的百姓已经杀了县令,开了城门,把刘邦他们接到城里去。这么着,刘邦做了沛公。这时候,他四十八岁。

后来,刘邦带领两三千人占领了自己的家乡丰乡,又碰到张良带着一百多人想去投奔起义军。两人一商量,就去投靠了项梁。

066

项羽破釜沉舟

项梁听了谋士范增的建议,整顿起义队伍,并把原楚怀王的孙子找来立为楚王,并仍然称作楚怀王。

再说项梁连续打了几个胜仗,杀得秦国大将章邯落花流水。项梁于是骄傲了,不把秦军放在眼里。谁知,章邯卷土重来,向项梁发起猛烈反扑。项梁猝不及防,战死了,项羽、刘邦也被迫撤退到彭城(今江苏徐州)。

章邯乘胜前进,指挥秦军北上,一口气打下了赵国(不是战国时代的赵国,而是新建立的一个政权)都城邯郸。赵王歇慌忙逃到巨鹿(今河北平乡西南),连连派人去向楚怀王搬救兵。

楚怀王便召见将士,想进攻京城咸阳。他说:"谁先打进咸阳,就封谁为王。"

项羽、刘邦都愿意去。楚怀王让刘邦去打咸阳;叫项羽往北方去打章邯,围困巨鹿的三十万秦军。项羽急着要替叔父项梁报仇,正想跟章邯拼个你死我活。楚怀王怕项羽势力太大,不容易管束,就拜宋义为上将军;拜项羽为副将,封他为鲁公;范增为末将,率领二十万大军往巨鹿去打章邯。

公元前207年,宋义率领楚军,到了安阳(今河南安阳西南)停了十多天,急得项羽跑到宋义跟前,多次央告进军。宋义害怕秦军太强,按兵不动。到第四十六天时,项羽再次要求进军。宋义拍着案桌,怒气冲冲地说:"你反了吗?怎么敢不服从我的命令!"

项羽大怒,趁势拔出宝剑来把他杀了。

项羽出来对将士们说:"宋义违背大王的命令,按兵不动。我奉了大王的密令,已经把他处死了。"

将士们就公推项羽代理上将军。项羽打发人向楚怀王报告，楚怀王只好立项羽为上将军。

项羽派英布和蒲将军带领两万人马渡过漳河。一交锋，秦军就吃了败仗。项羽率领所有的军队都渡过河去，等到全军都渡过了漳河，他吩咐士兵，各人带上三天干粮，把军队里做饭的锅都砸了，把船也凿沉了。成语"破釜沉舟"就是这样来的。他对将士们说："这一仗，只准进，不准退；三天里头一定把秦兵打败！"

楚军与秦军一交战，项羽咬牙切齿地直奔章邯。章邯本打算假装打败，把项羽引进来，哪儿知道楚兵一个人抵得上秦兵十个，十个就抵上一百。项羽的那支画戟更是神出鬼没，七上八下地一来，就戳倒了无数人马。他骑的那匹乌骓(zhuī，一匹黑色的千里马)像飞一样地追赶着逃兵。秦军争先恐后地乱跑乱窜，反倒把后面几路接应的军队都冲乱了。章邯自己也逃了。

秦兵死伤一半。这么着，各路诸侯就公推项羽为诸侯上将军，诸侯的军队全由他统领。项羽准备去追赶章邯，谋士范增拦住他说："章邯还有一二十万人马，一时不容易消灭。赵高这么专横，二世这么昏庸，章邯打了败仗，他们一定不会轻易把他放过去的。我们不如把军队驻扎下来，等他们内部争吵起来，我们直打过去，准能大获全胜。"

果然不出范增所料。章邯把秦军打败仗的情况报告上去，请二世再派兵来。赵高就说章邯无能，请二世查办败将。章邯手下的将军们一个个气得要命，司马欣劝章邯向项羽投降。

章邯只好派司马欣到楚营去向项羽求和。范增劝项羽不要计较过去的仇恨，项羽同意了，还跟章邯订立盟约，封他为雍王，立司马欣为秦军上将军，叫他带着二十万投降的秦兵走在头里，项羽自己带着章邯，率领着各路诸侯，浩浩荡荡地往西打过去。

刘邦约法三章

章邯投降的消息传到了咸阳,谁都着慌了,可是赵高并不慌。他早有打算:把一切过错都推在二世身上,把二世杀了,然后投降项羽。他怕大臣不服,就牵着一头鹿到朝堂上,在大臣们面前指着这头鹿对二世说:"这是一匹好马。"

二世笑着说:"丞相别说笑话了,这是一头鹿。"

赵高把脸一绷,说:"怎么不是马?请众位大臣说吧。"

大臣中不少人怕赵高,就说:"是马!"

但是,说是鹿的大臣,有暗地里给赵高杀了的,也有借个罪名治死了的。宫内宫外大小官员谁敢反对赵高?连二世都怕他了。

当各路诸侯攻破武关,离咸阳不远时,赵高派心腹把二世杀了。赵高想自己即位,又怕进关的诸侯不服,就把二世的侄儿子婴立为秦王。子婴明白赵高一肚子坏水,非常危险,就设计杀了赵高。

项羽想借着咸阳内乱连夜进军,又怕投降过来的秦军叛变。大军到了新安城南(今河南新安),楚军把投降的二十多万秦兵都给杀了,埋在大坑里。打这儿起,项羽的残暴出了名。

公元前207年,刘邦进了武关。秦王子婴派了五万兵马守住峣(yáo)关(在今陕西商县西北)。刘邦用了张良的计策,派兵在峣关左右的山头插上无数的旗子,作为疑兵,又吩咐大将周勃带领全部人马,从东南侧突然打进去,杀了主将,消灭了这一支秦军。

刘邦的军队进了峣关,到了灞上,秦王子婴带着大臣前来投降,车马好像戴孝似的都用白颜色。刘邦接受了子婴的投降,把做了四十六天秦王的子婴交给将士们看管。

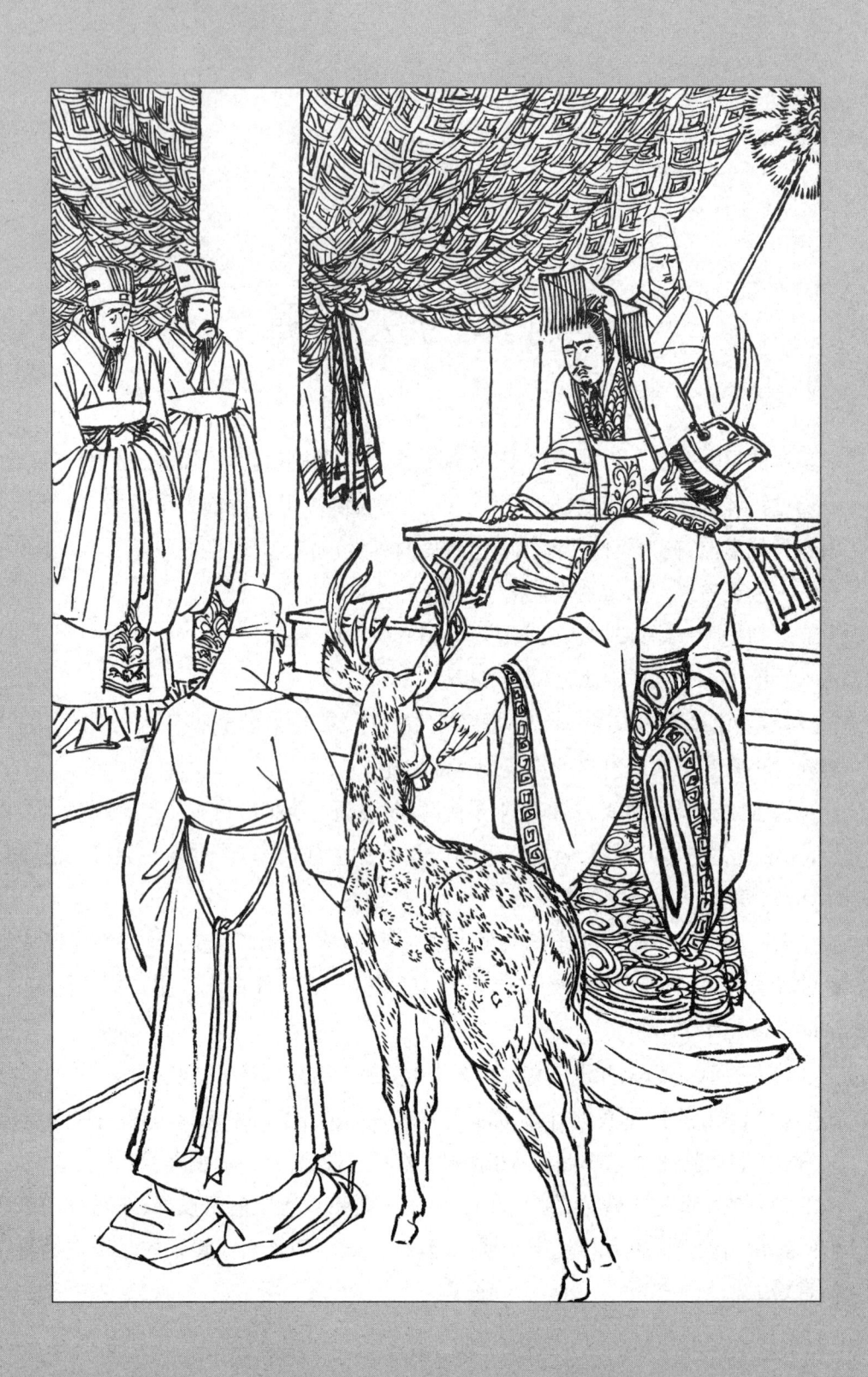

刘邦的军队进了咸阳。将士们乱纷纷地争着去拣值钱的东西拿。萧何首先进丞相府,却把那些有关国内户口、地形、法令等的图书和档案都收管起来。这些文件是将来治理国家不能少的,他认为比银金财宝更有用。

刘邦进了阿房宫,一见宫殿这么富丽,宫女们这么漂亮,就躺在内宫的龙床上不想离开了。

部将樊哙这时闯了进来,说:"沛公要打天下,还是要做富家翁?这些穷奢极欲的东西使秦亡了,您要这些干吗?还是快点回到灞上去吧!"

恰巧张良也进来了。张良对刘邦说:"请您听从樊将军的劝告吧!"

刘邦只好封了库房,回到灞上自己的军营里去。

然后,刘邦召集了各县的父老,对他们说:"你们吃秦朝的苦头已经吃够了,从今儿起,秦朝的法令一律废除。我跟诸位父老订立三条法令:第一,杀人的偿命;第二,打伤人的办罪;第三,偷盗的办罪。办罪的轻重看犯罪的轻重而定。""约法三章"的成语就是这么来的。

百姓们兴高采烈,纷纷拿着牛羊肉、酒和粮食来慰劳刘邦的将士。刘邦耐心地劝大伙把这些东西拿回去,他说:"粮仓里有的是粮食,父老乡亲们就不要再操心了。"

打那起,刘邦的军队给关中(函谷关以西地区)的百姓留下了好印象,百姓们都希望刘邦留在关中做王。但刘邦却担心项羽也会打进关中,不肯放过自己。

有一个谋士说:"将军,我们可以一面立刻派兵去守函谷关,别让诸侯的军队进来,一面招收关中的壮丁,扩大自己的军队。这样才可以抵抗诸侯。"

听他这么一说,刘邦就派兵去守函谷关,不准项羽的军队进来。

项羽的大军到了函谷关,刘邦的守关将士说:"沛公有令,无论哪一路军队都不准进来。"

项羽知道后,气得连眼珠子都突出来了。他打进函谷关,到了新丰、鸿门(今陕西西安东北),把大军驻扎下来,便召集将军、谋士们商议怎么去惩罚刘邦。

项庄鸿门宴舞剑

项羽和将军、谋士们商量怎么对付刘邦。范增说:"刘邦原来又贪财又好色。这会儿进了关,不贪图财物和美女,可见他野心不小。"

项羽瞪着眼睛大骂:"刘邦这小子,明天一早,我们就到灞上去收拾他!"

这时项羽有兵马四十万,号称一百万,在鸿门扎营;刘邦有兵马十万,号称二十万,扎在灞上,距离项羽的兵营不过四十里地。项羽哪里知道,他的另一个叔父项伯跟张良有生死之交,项伯连夜骑着快马跑到刘邦营里想救出张良。张良把项伯的话又都告诉了刘邦。刘邦吓坏了,就和张良两个求项伯去说情。

项伯叫刘邦明天一早去向项羽赔不是。刘邦说:"当然,当然!"

第二天,天刚蒙蒙亮,刘邦带着张良、樊哙、夏侯婴等几个心腹和一百来个人上鸿门来了。到了营前,刘邦只带着张良一人进去见项羽。他不敢行平辈礼,趴在地上,说:"刘邦拜见将军。"

项羽杀气腾腾地问他:"你有三项大罪,知道不知道?"

刘邦说:"我只不过是个沛县的亭长,听了别人的话兴兵伐秦,才投在将军的旗下,听从将军指挥,丝毫不敢冒犯将军。"

项羽说:"天下人痛恨秦王,你自作主张把他放了,这是第一。你随便改变法令,收买人心,这是第二。你抗拒诸侯,不准他们进关,这是第三。"

刘邦说:"请将军允许我把话说完,再办我的罪。第一,秦王子婴前来投降,我不敢自作主张,只是暂时把他看管起来,等候将军发落。第二,秦国法令苛刻,我急于约法三章,就为了宣扬将军的恩德。第三,我怕盗贼未平,秦军的残余可能作乱,不能不派人守关,哪儿敢抗拒将军呢?"

项羽听到这儿,脸色缓和得多了。刘邦接着说:"将军在河北作战,我在河南作战,我们同心协力,托将军洪福,我先进关,能在这儿见到将军,真够高兴的了。谁知道有人从中挑拨,叫将军生气。"

项羽脱口而出:"这都是你的部下曹无伤说的。"

说着,他叫刘邦坐下,留他喝酒。项羽和项伯殷勤地劝酒,刘邦提心吊胆地不敢多喝。

喝酒喝了不少时间,范增见项羽还不杀刘邦,急得拿起腰带上拴着的一块玉,再三向项羽使眼神,可项羽就是不下手。

没办法,范增借个因由出去,叫项羽的叔伯兄弟项庄过来,对他说:"大王太厚道了,你快进去给刘邦敬酒,完了,就给他们舞剑,瞧个方便,杀了刘邦。要不然,咱们将来都要做他的俘虏呢。"

项庄进去敬过了酒,说:"请允许我舞剑,给沛公下酒。"说着就拔剑起舞。"项庄舞剑,意在沛公"的成语就是这么来的。

项伯看出了名堂,也起来对项羽说:"一个人舞不如两个人舞。"

他也拔剑起舞,老把身子挡住刘邦。张良也像范增那样向项羽告个便儿到了军门外,樊哙上来问:"怎么样了?"

张良说:"十分紧急。项庄舞剑,要对沛公下手。"

樊哙说:"要死死在一块儿!我去!"

樊哙右手提着宝剑,左手抱着盾牌,直往军门冲去。卫兵们横着长戟,不让他进去。樊哙拿盾牌一顶,就撞倒了两个卫兵。他们还没爬起来,樊哙已经进了中军,用剑挑起帘子,冲到里面,气得连头发都向上直竖,两只眼睛睁得连眼角都快裂开来了。

项羽坐不住了,按着剑,问:"你是什么人?"

张良抢前回答说:"他是替沛公驾车的樊哙,前来讨赏。"

项羽说:"好一个壮士。赏他一斗好酒,一只肘(zhǒu)子。"

底下的人就给樊哙一斗酒,一只生的猪肘子。

樊哙咕噜一声喝完了酒,把盾牌覆在地上,把生的猪肘搁在盾面上,用剑切着

吃。项羽说:"壮士还能喝吗?"

樊哙说:"我死也不怕,还怕喝酒?秦王像豺狼虎豹一般,只知道杀人,才逼得天下都起来反抗。怀王跟将士们约定:谁先进关,谁就做王。现在沛公先进了关,他可并没称王。他封了库房,关了宫室,把军队驻在灞上,天天等着大王来。派士兵去守关也是为了防备盗贼,防备秦人作乱。沛公这么劳苦功高,大王没给他什么赏赐,反倒听了小人的挑拨,要杀害有功劳的人,这是走秦王的老路,我以为大王不能这样。"

项羽没有回应,光说:"坐。"

过了一会儿,刘邦起来上厕所去,张良向项伯低语了一句,便带着樊哙跟了出来。樊哙叫刘邦溜回去。刘邦嘱咐张良留着代他向项羽告辞,他只带着樊哙、夏侯婴他们几个人从小道跑回灞上去了。刘邦一回到营里,就把向项羽告密的曹无伤斩了。

项羽见刘邦好久没回来,就派陈平去请他。张良进去赔不是,说:"沛公醉了,怕失礼,叫我奉上白璧一双,献给将军;玉斗一双,献给亚父。"

项羽说:"沛公呢?"

张良说:"他怕将军的部下跟他为难,先走了,这会儿大概已经快到灞上了。"

张良献上礼物。等到他向范增献玉斗时,范增拔出剑来就把它打碎了。他自言自语地说:"唉!真是个小孩子!没法替他拿主意。夺天下的一定是刘邦。我们瞧着做俘虏吧!"

萧何月下追韩信

项羽进了咸阳,杀了子婴和秦朝八百多名贵族以及四千多个文武官员,分封了十八位诸侯王,尊楚怀王为义帝,自封为十八位诸侯王的首领——西楚霸王,这引起了诸侯的不满与纷争。

被封在巴蜀(今四川)和汉中(今陕西汉中)的汉王刘邦到了南郑(今陕西汉中南),拜萧何为丞相,曹参、樊哙、周勃等为将军,养精蓄锐,准备将来跟项羽争夺天下。可是官兵们不愿意在山里过,差不多天天有人逃走,急得汉王连饭都吃不下去。

这一天,又有人来报告:"萧丞相逃走了!"

汉王急坏了。到第三天早晨,萧何才回来。汉王又是高兴又是恨,问:"你怎么也逃了?"

萧何说:"我怎么敢逃?我是去追逃走的人。"

汉王问:"你追谁呀?"

萧何说:"韩信。"

韩信从小是个孤儿。他穷得没有饭吃,有时靠洗纱的老妈妈让他吃一口。他爱在身上挎一柄宝剑。有个杀猪、杀狗的屠夫的儿子欺侮他,让韩信从他的裤裆下爬过去,韩信也爬了。后来,在项梁的军队经过淮阴时,他去投军当了兵。项梁死后,项羽叫他做了个小军官。韩信好几回向项羽献计,项羽都没采用。

后来沛公被封为汉王,像充军似的被霸王逼到汉中去,韩信又去投奔他,希望自己有点出息。

一个偶然的机会,韩信见了萧何。萧何觉得韩信谈吐不凡,才知道他是个了不起的人才,就在汉王跟前三番五次推荐他为大将。汉王总是摇摇头说:"要是拜他

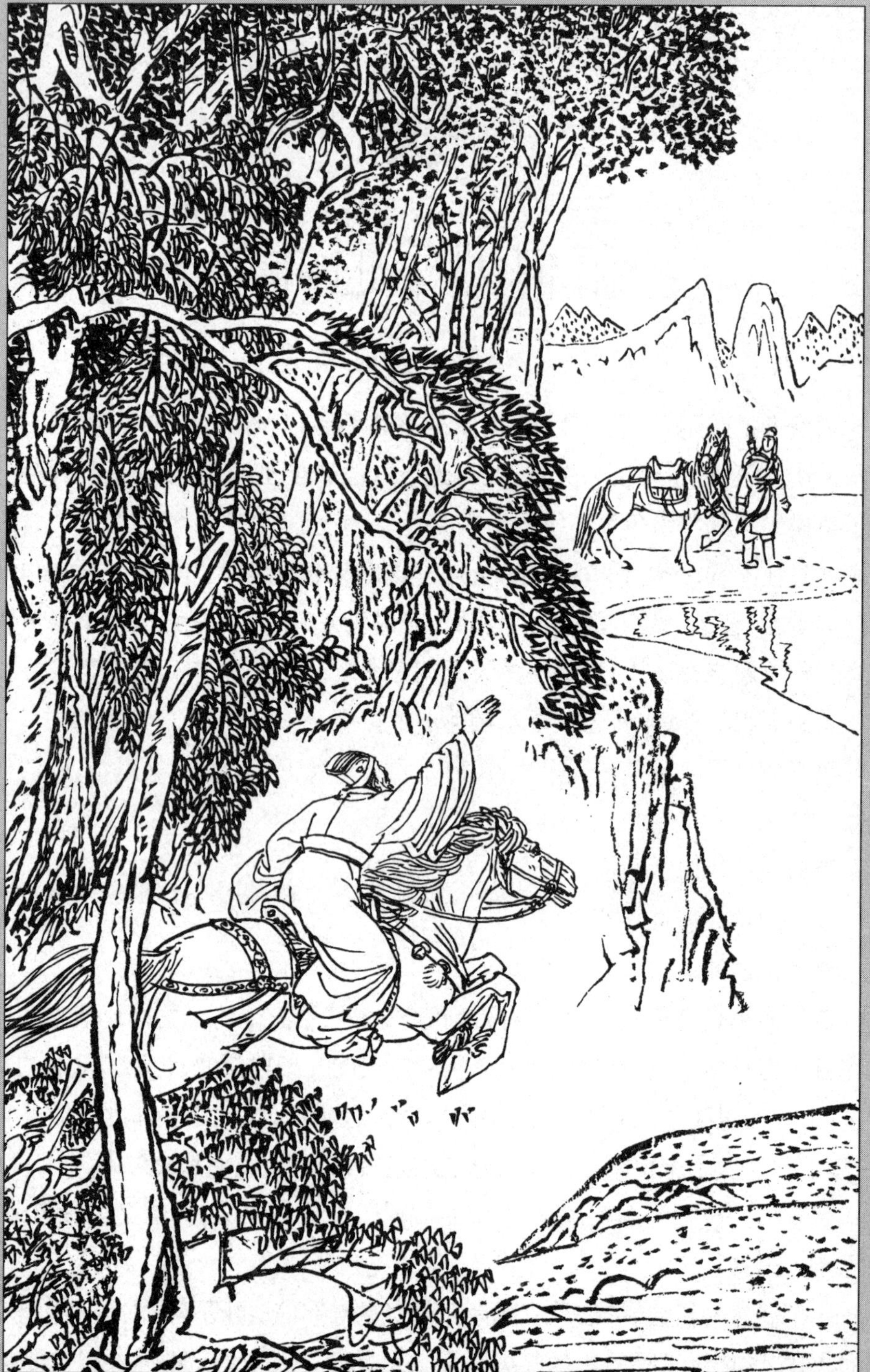

为大将,不但三军不服,诸侯取笑,项羽听到了也会小看我们,就是跟我一块儿打出来的周勃、灌婴、樊哙他们能不说我赏罚不明吗?"

萧何说:"周勃他们都有大功,可是不能跟韩信比。"

韩信知道汉王不肯用他。这天天一亮,他就带着宝剑,骑着一匹马出东门走了。萧何的手下人慌忙跑到丞相府,报告说韩信走了。萧何急忙骑上快马,带了几个随从去追。

萧何一路问,一路追,直到天黑,还没追着韩信。他又在月亮底下赶了一阵,转过山腰,下了坡,前面是一条雪亮的河,远远望见有个人牵着马在河边上来回溜达。那不是韩信是谁呀?萧何使劲地加上两鞭,大声嚷着:"韩将军!韩将军!"

韩信见了萧何,连忙跪下说:"我这辈子忘不了丞相的情义,可是汉王……"

这时,滕公夏侯婴也赶到了。两个人硬把韩信拉了回去。

汉王听见丞相说追的是韩信,就来气了。他说:"逃走的将军也有十来个了,没听说你追过谁,独独去追一个钻裤裆的?这明明是骗我。"

萧何说:"将军有的是,像韩信那样独一无二的人才到哪儿找去?大王要是准备一辈子躲在汉中,那就用不着韩信;要是准备打天下,那就非用他不可。"

汉王想了想说:"那我就依着你,让他做个将军。"

萧何说:"叫他做将军,他还得走。"

汉王说:"那就拜他为大将吧!"

萧何要求汉王举行隆重的拜将仪式。于是,刘邦让人造起了拜将台,择了好日子,准备拜将。

赶到拜将的那天,将士们见到拜受大将印的不是别人,原来是韩信,全都愣了。

拜将仪式结束后,汉王说:"丞相屡次推荐将军,将军一定有好计策打败霸王了!"

韩信问:"大王是要跟霸王争天下?"

汉王说:"是啊。"

韩信又问:"大王自己估计,比得上霸王吗?"

汉王说:"比不上。"

韩信说:"我也以为比不上。我曾经在霸王手下做过事,我知道他这个人,吆喝一声,能够吓坏千百个人,多么勇啊;可是他不能任用有本领的将军,这叫做匹夫之勇。霸王对人很恭敬,看见别人有病,他会流眼泪,心眼好;可是对于有功劳的人应当封爵,他不肯封,即使封了,他还把印子拿在手里横摸竖摸,舍不得交给人家。霸王虽然做了诸侯的首领,看来好像很强,其实他所到过的地方没有不被毁坏的,天下都怨他,老百姓不向着他,已经失了人心。所以我说,他的强很容易会变成弱的。"

汉王听了,心里很高兴。韩信又说:"大王您所到的地方,什么都不侵犯。进了关,废除秦朝残酷的刑法,跟秦人约法三章,秦人都向着大王。再说三秦的三个将军,章邯、司马欣、董翳(yì),欺骗了士兵,投降了诸侯,到了新安,霸王把投降的士兵坑害了二十万,单单留下他们这三个秦将,还封他们为王。可是秦国的父老兄弟痛恨这三个人,都痛恨到骨髓里去了。大王发兵往东去,只要发个通告,三秦就能平定。"

汉王越听越后悔没早点拜他为大将。接着,韩信就开始操练兵马,准备跟霸王作战了。

070

暗度陈仓

韩信当了大将，没费多少日子，就训练成一支很整齐的军队，将士们也都高高兴兴听他的指挥。

军队训练好了，韩信就跟汉王、萧何先商议好，然后把东征的计划告诉了夏侯婴、曹参、周勃、樊哙等这几个人，嘱咐他们保密，分头去干。公元前206年八月，汉王和韩信率领大军静悄悄地离开南郑，叫丞相萧何留在那儿收税征粮，供应军饷。韩信下令，樊哙、周勃带领一万人马去修栈道，限三个月完工。

栈道不修好，大军就过不去。可是沛公当初为迷惑项羽，表示不再争天下，烧毁的栈道有三百多里。这儿地势险恶，限期紧，口粮又少，士兵们个个抱怨。樊哙自己也说："这么大的工程，就是修它一年，也没法完工。"士兵们干活儿就更没有劲儿了。

过了几天，汉王又派来了三五个工头，还押来了一千名民工。汉王听说樊哙、周勃口出怨言，给他们撤职处分，就把他们调回去了。新的工头果然比樊哙他们强，天天督促士兵、民工运木料，送粮草，吵吵嚷嚷。栈道没修了多少，汉王要兴兵东征的警报早已到了关中。

章邯听到消息，一面派探子去打听修栈道的情况，一面调兵遣将作拦截汉军的准备。探子们报告，汉军的大将原来是钻裤裆的淮阴人韩信，汉王的将士们都不服气；修栈道的士兵和民工天天有逃走的，别说三个月，就是一年两年也修不到这边来。栈道不修通，就算汉军长了翅膀也飞不到关中。话虽如此，章邯还是派兵马到西边去守住栈道的东口，天天派人打听汉军的动静。

有一天，突然来了个急报，说："汉王大军已经过了栈道，夺去了陈仓（在今陕西宝

鸡东),打过来了!"栈道没修好,汉军怎么能过来呢?原来,这是韩信用的计,叫做"明修栈道,暗度陈仓"。

韩信大军到了,章邯亲自带领军队去抵抗。韩信早就侦察了地形,先派樊哙、周勃、灌婴他们去攻咸阳。赶到这边,韩信引水灌城,章邯兵败自杀;那边樊哙他们也已经进了咸阳了。关中百姓对"约法三章"的汉王本来就有好感,一见汉军到来,大多不愿抵抗。

不到三个月工夫,三秦成了汉王的地盘。霸王气得鼻孔喷火,头顶冒烟。他要向西去攻打刘邦,又得向东去攻打齐国的田荣,正在左右为难时,张良给他一封信,劝他去征伐田荣。

张良在信中说:汉王只要在关中做王就心满意足了。倒是齐、梁、赵、代等地不及时平定,田荣必定来打西楚,天下将难以收拾了。

霸王和范增知道这是张良替刘邦出的缓兵之计,可是平定了叛变的齐、梁、赵、代,回头再去收拾关中也不太难;要是先去对付刘邦,往后齐、梁、赵、代就更没法收拾了,倒不如将计就计。项羽便决定先去进攻齐王田荣。

霸王通知魏王、殷王小心防备汉军,又叫九江王英布发兵一同去征伐齐王田荣。英布存心自己独霸一方,推说有病不能到远处去,派了个将军带着几千兵马去敷衍霸王。霸王就另外给英布一道秘密的命令,嘱咐他暗杀义帝。霸王让义帝搬到长沙去,义帝不乐意,慢吞吞地在路上磨着。英布打发一班心腹士兵扮作强盗,追上义帝的船,在江面上把他杀了。

霸王去了一件心事,就专心去打齐、梁。

霸王打到齐国,齐人死守城阳(在今山东莒县),弄得霸王一时没法打进去。后来汉王又用离间计说霸王谋士范增私通汉王,霸王受骗上当,范增感到不妙,说自己年老体衰,就告老还乡了,结果病死在半路上。

霸王用兵围困汉王两年多。公元前203年,汉王突围出去到了广武(今河南荥阳东北),汉军占了广武的西边,楚军占领广武的东边,两军相峙。一次汉王在阵前数落霸王的罪行,被霸王弓箭手射中。张良对汉王说:"抓住楚军缺粮的机会,跟霸王讲和。"

于是，汉王派人向霸王建议楚汉双方拿荥阳东南的鸿沟为界，鸿沟以东属楚，以西属汉，双方停战。霸王同意了，双方讲和。

以鸿沟为界互不侵犯，其实是汉王的缓兵之计。他采纳了张良、陈平的计策，不到两个月，组织了韩信、彭越、英布三路大军会合，由韩信统率，追击项羽。刘邦准备跟项羽最后决战了。

四 面 楚 歌

公元前203年十二月,韩信把兵马屯在垓(gāi,今安徽灵璧东南)下,布置了十面埋伏,要把霸王引到一个适当的地方,把他围困起来。韩信故意拿话去激怒霸王。他编了四句话,叫士兵冲着楚营叫喊:"人心都背楚,天下已属刘;韩信屯垓下,要斩霸王头!"

霸王率领十万大军一直冲到垓下,没碰着韩信,一看四面全是汉兵,楚军陷入了重围。霸王带领人马只管向前冲,谁也抵挡不住。他见了韩信,更不肯放过。韩信一边作战,一边后退。霸王追赶了好几里地,杀散一批,又来了一批,杀出一层,还有一层。四面八方全是韩信"十面埋伏"的人。霸王转过身来,跑回垓下大营去了。

夜里,项羽听到周围汉营里的士兵唱的净是楚人的歌。"四面楚歌"的成语就是从这儿来的。

霸王吃惊不小,他说:"难道楚军都投降刘邦了,为什么汉营中的楚人这么多呢?"说着他就在营帐里喝起闷酒来。他留恋他宠爱的美人虞姬,她常常侍候在身边;还有那匹骑了五年的乌骓马。想到这儿,霸王再也忍不住了,他悲壮地唱起自己作的歌来:

> 力拔山兮气盖世,
> 时不利兮骓不逝。
> 骓不逝兮可奈何,
> 虞兮虞兮奈若何。

这首歌的意思是:力气拔得起一座山,气魄压倒天下好汉,时运不利,乌骓马不肯走。马儿不跑怎么办,虞姬呀虞姬,你可怎么办。

项羽一连唱了几遍,虞姬跟着一块儿唱。他唱得流下几行眼泪,伺候他的人全都哭了,不忍心抬头看他。

霸王跨上乌骓,带着八百子弟兵,猛虎似的冲出去,突出重围,往南跑。他打算渡过淮河再往东去。霸王和八百子弟兵沿路杀散了汉兵。韩信、英布、周勃、樊哙他们分头追赶。霸王拍着乌骓,飞一样地直跑。等霸王渡过淮河,到了南岸,又跑了一程,就迷了路,不知道哪一条道可以通到彭城。

项羽就向一个庄稼人问路。那个庄稼人不愿帮他,就说:"往左边走。"

霸王跟一百多个子弟兵便往左跑下去,跑了一阵,道没了,前边只是一片水洼地,马陷在泥泞里,连蹄子都拔不出来。霸王这才知道受了骗,走错了道,赶紧拉转缰绳,再回到三岔路口,汉兵已经追到了。

霸王往东南跑,到了东城(今安徽定远东南),点了点人数,一共才二十八个骑兵,追上来的人马有好几千。霸王觉得没法脱身了,就带着二十八人上了山岗,对他们说:"我从起兵到现在八年了,亲身作战七十多次,战无不胜,成了天下霸王。今天在这儿被围,这是天数,不是我不会打仗。"

他把二十八个士兵分成四队,说:"我先杀他们一个大将。你们跑下去到东山下会齐。"

霸王大吼一声,向汉军猛冲过去,杀了一个汉将。

霸王到了东山下,那四队二十八个子弟兵全都到了。汉兵赶来,双方又展开血战。霸王专挑汉兵多的地方冲杀。他左刺右劈,又杀了汉军的一个都尉和不少士兵。汉军将士不敢逼近楚兵,远远地嚷着躲着。霸王点了点自己的人数,仅仅少了两个。

霸王杀退了汉兵,带着二十六个子弟兵一直往南,跑到了乌江(今安徽和县东北),乌江亭长荡着一只小船等在那儿。他知道来的是霸王,就催他马上渡河。他说:"江东虽小,可也有一千多里土地,几十万人口,大王还可以在那边做王。这儿只有我这只船,请大王赶快渡过河去。"

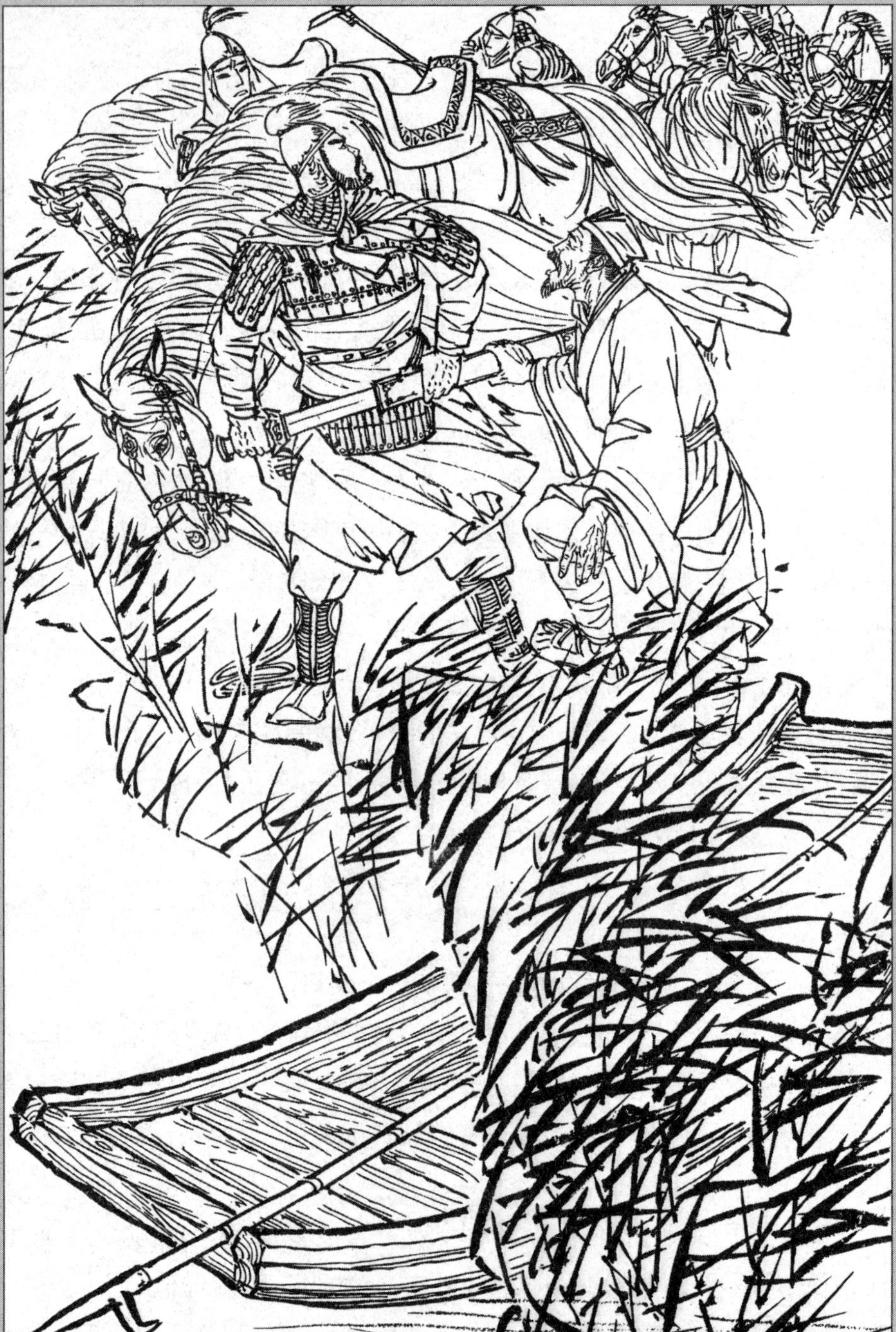

霸王苦笑着对亭长说："当初我跟江东子弟八千人渡过江来打天下，到今天他们全完了，我哪儿能一个人回去呢？就说江东父兄同情我，立我为王，我哪儿有脸见他们呢？"

项羽把心爱的乌骓马送给了亭长。然后，他和二十六个子弟兵都拿着短刀，在江边继续跟汉兵拼杀。他们杀了许多汉兵，自己也一个一个地倒下，末了只剩下霸王一个人。他身上受了十几处伤，最后在乌江边拔剑自杀了。

高祖回家乡

刘邦灭了项羽,马上夺了韩信的军权,封他为楚王,让他回家乡。因为秦朝是在公元前206年灭亡的,所以汉朝的纪年也从这一年算起。其实刘邦到公元前202年才当皇帝,历史上称他为汉高祖。他建都洛阳,后来把秦都咸阳改名为长安,将都城迁到长安去了。历史上把从公元前206年到公元25年这段时期称为西汉,也叫前汉。

天下平定后,汉高祖举行了一个庆功酒会。文武大臣喝酒说笑,十分热闹。喝到高兴时,汉高祖就问:"我为什么能得天下?项羽为什么失了天下?"

大伙儿都说了一大箩奉承话。大臣王陵说:"皇上派将士去打仗,打下了城邑,有封有赏;项羽不肯把地方封给有功劳的人,文臣武将不肯尽力,那还不失了天下?"

汉高祖说:"你们只知其一,不知其二。成功失败,全在用人上。坐在帐帷里定计划,算得到千里以外的胜利,这一点,我不如张良。治理国家,安抚百姓,运送军粮,我比不上萧何。统率百万大军打胜仗,这一点,我不如韩信。这三个人都是当世的豪杰,我能重用他们,所以我得了天下。项羽连一个范增都不能用,因此被我灭了。"

大伙儿都说汉高祖说得对,十分佩服他。

说是天下太平,汉高祖还很担心:齐王田广(田荣的儿子)死后,田横做齐王。他带着心腹五百多人逃到东海的一个海岛上。汉高祖派人去叫他回来,田横到了离洛阳三十里的地方自杀了,不肯投降。后来,汉高祖派人去招降他手下的五百壮士,这些人祭过田横墓后也自杀了。汉高祖想,项羽的大将钟离昧,能不替项羽报

仇吗! 这时有人向汉高祖报告:钟离昧就躲在韩信那里。汉高祖又多了一重心事。

公元前201年,汉高祖采用陈平的计谋,去巡游云梦泽,通知受封的功臣到陈地相见。韩信有顾忌,不敢去,他对钟离昧说不能再庇护他了。钟离昧恨恨地说:"我投错人了!"就自杀了。

韩信来拜见汉高祖。汉高祖吆喝一声,武士们就绑了韩信。他愤愤地说:"古人说,狡兔死,走狗烹;飞鸟尽,良弓藏;敌国破,谋臣亡。天下已经平定,我就该烹了。"

有人劝汉高祖从宽处分,好安人心。汉高祖便取消韩信的王号,改封为淮阴侯。可是诸侯王存心割据地盘的事,还是让他睡不着觉。

汉高祖叫萧何订规章制度,好管理国家。可是,有的诸侯王就是不服从朝廷的命令。

将军陈豨(xī)自立为代王,汉高祖吩咐淮阴侯韩信和梁王彭越一同去征伐。他俩都推说有病,汉高祖只好自己带兵去了。汉高祖出征时,韩信手下的人告发,陈豨造反是韩信的主意,他们秘密约定共取天下。吕后与丞相萧何商议了一个计策,故意散布消息,说陈豨已经全军覆没,皇上快回来了。大臣们都到宫里去贺喜。

韩信一进宫门,就被早已埋伏好的武士绑住杀了。

接着,梁王彭越的手下人告发彭越谋反。汉高祖派人把彭越带到洛阳,罚做平民,叫他到蜀中去。半路上彭越碰到吕后,他求皇后开恩。吕后把他带回了洛阳。

吕后对汉高祖说:"把彭越送到蜀中去,这是放虎归山。"汉高祖就把彭越杀了。

淮南王英布一听韩信、彭越被杀,干脆起兵反汉。汉高祖发兵讨伐。他在阵前责备英布,说:"你何苦造反?"

英布说:"项羽封你为王,你造反,做了皇帝;我造反,也想做皇帝喽!"

英布的弓箭手给汉高祖当胸一箭。他拔出箭,忍住疼,派别的将军带领军队去追击,杀得英布大败而逃。

汉高祖历来把天下看做是刘家的产业。这回他发兵平定了叛乱,路过老家,能不风光一下?他在沛县大摆酒席,和他的父老子弟快活了十几天。他写了一首诗名叫《大风歌》。

汉高祖喝足了老酒,敲打一种叫"筑"的乐器,孩子们和着他唱。头一句是"大风起兮云飞扬",大概他想到东征西讨的情景,都在里头了。再一句得意洋洋,老子当上了皇帝,今天是"威加四海兮归故乡"。末了一句,他想到原来忠于他的人,有的非杀不可,不杀就各自割据叛乱,国家四分五裂;有的离开了他,而今忠心耿耿跟着他的人太少,这叫他犯了愁,所以他唱道"安得猛士兮守四方"——怎样才能得到心腹猛将保住他刘家的基业呢?唱着唱着,汉高祖跳起舞来,流出了几行眼泪,激动起来了。

073

白 马 盟 誓

汉高祖在老家沛县大摆酒宴,又唱又舞,一高兴,他就宣布从此免了家乡的赋税。

过了十多天,汉高祖要离开沛县起驾回长安,沛县的老叔、老哥儿们死死地留住他不让走。汉高祖说:"跟随我的人太多了,老叔、老哥儿们供养不起啊!"说完就动身了。

汉高祖的老叔、老哥儿们叫全县的人都到城西去献牛呀酒的,表示沛县养得起这大队人马,逼得全城的人都去了。汉高祖看看他们这么热情周到,又下令大批人马留了下来。沛县的百姓搭营帐,让汉高祖再和他的父老乡亲们又畅畅快快地喝了三天酒。高祖便把他哥哥刘仲的儿子,跟随汉高祖讨伐英布的刘濞(bì)封为吴王。

汉高祖派别的将军带领兵马追击英布,在洮(yáo)水(在今江苏)打了大胜仗,杀了英布。也有人说英布想逃到长沙去,半路上被人暗杀了。

十一月,汉高祖回到了长安。因为有人密告燕王卢绾(wǎn)曾经派人跟陈豨有过反叛的密谋,汉高祖就派樊哙和周勃率领兵马去讨伐燕王,封皇子刘建为燕王。

汉高祖在讨伐英布时,胸部中过箭,伤势越来越严重。在从沛县回长安的路上,伤口又发作了。回到长安,病情十分沉重。他的妻子吕后估计他活不了几天,派人请最好的大夫给他看病。

医生们进了汉高祖的寝宫,给他检查诊视,十分仔细,折腾了大半天。汉高祖很不耐烦。他问大夫们:"你们这么忙乎,我的病怎么样?"

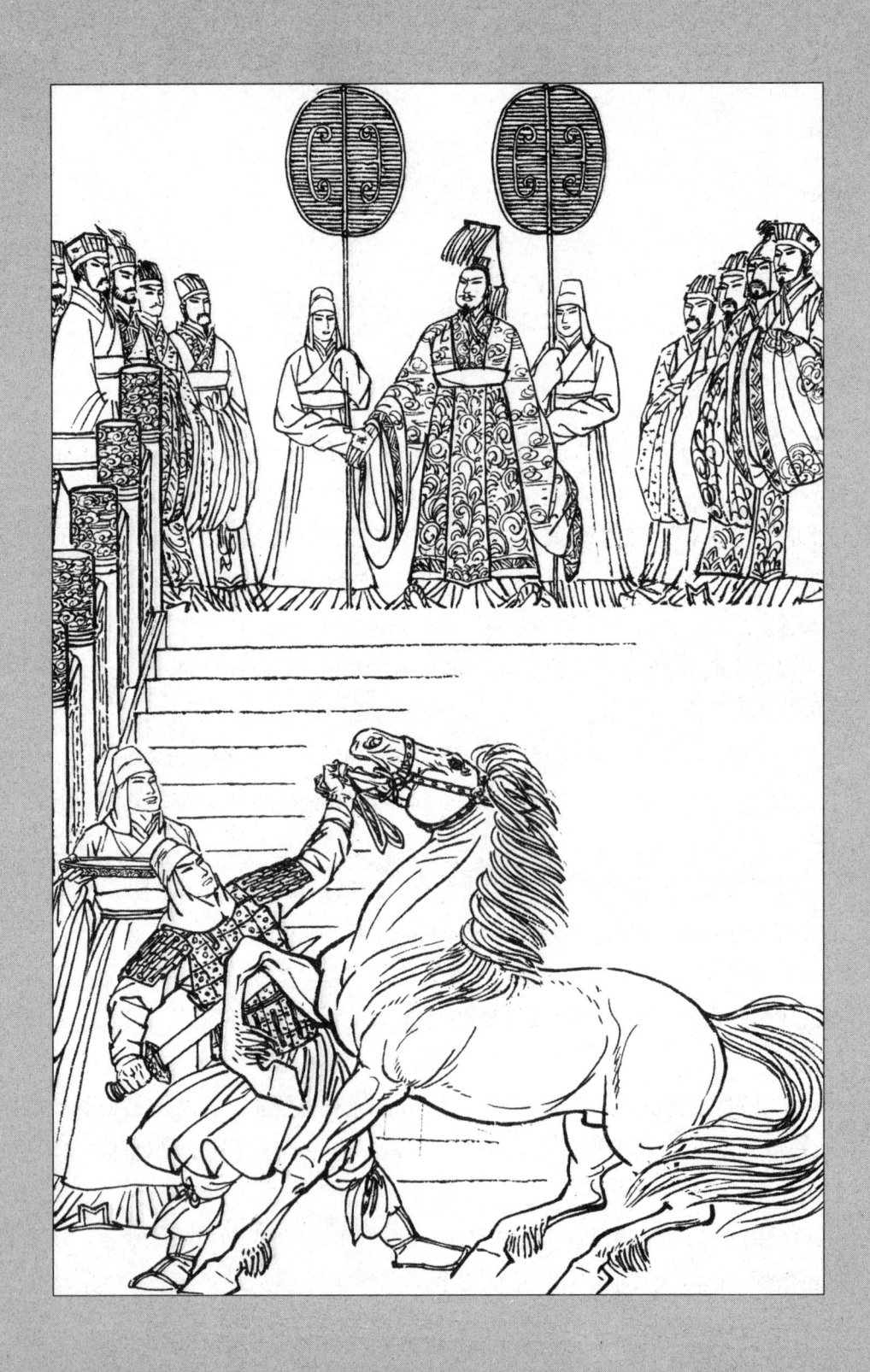

大夫们磕破了头,告诉他:"陛下的病,病情不重,能够治好。"

汉高祖嘴角往下一撇,说:"我从一个平民,提一把三尺长的宝剑,打下了天下。这不是天意,命该当皇帝吗?我寿命的长短,握在老天爷手里,由老天作主。你们这些人,就算你们是战国时的神医扁鹊再世,顶什么用!"

他不让大夫们治病,把这些良医轰出了宫。

汉高祖有病不医,吕后也吓得不行。她看着汉高祖的时日不多,就是早晚的事了,便大着胆子,战战兢兢地问:"陛下百岁以后,如果相国萧何过世了,叫谁代他呢?"

汉高祖说:"曹参(shēn)可以代他。"

吕后流着老泪,又问:"如果曹参没了,还有谁?"

汉高祖想了一会儿,说:"王陵还行,能够代替。王陵呢,就是稍欠聪明,但性子刚直,不安坏心眼儿;陈平可以辅助他。陈平这个人有才智,当相国绰绰有余,但是难以单独担任。周勃为人厚道,缺少文才,但安定刘家天下的,一定是周勃啊,可以任命他当太尉。"

汉高祖断断续续,讲了这些话。讲不动也得讲,这是关系刘家天下的大事,不讲,他死了也不能闭上眼睛。吕后又问:"这些人以后,还有谁行呀?"

汉高祖摇了摇头,叹了口气,说:"唉,再往后的事儿,也不是你所晓得的了!"

吕后听了,捂住嘴,呜呜咽咽地哭个不停。

这是公元前195年,就是汉高祖六十三岁那一年的事。

接着,汉高祖叫人宰了一匹白马,跟主要的几个大臣订立盟约,说:"不是刘家的人不得封王,没有功劳的人不得封侯。谁不遵守这个盟约,天下人共同讨伐他!"

大臣们都起了誓,决定遵守。汉高祖这才闭上眼睛晏驾了。

太子即位,就是汉惠帝,尊吕后为皇太后。汉惠帝为人软弱,身子又不大强健,朝中大事大半由吕太后掌管。太后参与朝政,有人赞成,有人反对,这就发生了刘家和吕家的斗争。

刘邦的一生,在中国的历史上是有杰出贡献的。他有着不同一般的政治才能,足智多谋,又善于发现和恰当使用各种人才。萧何和曹参就是其中的两个。

萧规曹随

汉高祖生前足智多谋,善于用人,不管是贵族张良,还是游士陈平、屠狗的樊哙、吹鼓手周勃、布贩子灌婴、游手好闲的韩信以及强盗彭越,都能恰当地使用他们。当年沛县的县吏,推刘邦为沛公的萧何、曹参等人,更不在话下。

汉朝一建立,汉高祖为有效地管理国家,就叫韩信定军法,张苍定历法及度量衡制度,让在秦朝当过博士的叔孙通定礼仪,特别是叫萧何定律令。萧何做相国,处理政事,全按律令办事。

萧何提倡节俭。连汉高祖,他也不给配纯一色的四匹马驾车;有的将相大臣,只坐牛车。他在汉高祖的旨令下,招贤纳士,不叫富商做官为将、买卖奴婢,诸侯国的民事由朝廷管理,大大减少奴隶数量,把从前有强大实力的六国国君的后代和有名的富豪人家迁移入关,对匈奴采取和亲政策,等等。所有这些,都有利于国家的安定、统一,有利于百姓相对的和平生活。所以,汉高祖临死前,要萧何等大臣"白马盟誓",相信他们说到做到,并作了身后的人事安排。

汉惠帝刘盈即位时,相国萧何又老又病。第二年,就是公元前194年,他病势加重。萧相国快要去世时,刘盈去问他,日后让谁做相国。萧何先不讲自己的意见,等到汉惠帝问:"你看曹参怎么样?"

萧何便回答:"陛下的决断英明,曹参接替我,我就放心了。"

萧何太了解曹参了。他俩从在沛县一块儿拥立刘邦为沛公时起,历经狂风暴雨好多年,南征北战,曹参对汉高祖忠心不贰,立下的战功不知有多少。全国平定后的七八年来,曹参又显示出他治国的才华。

有汉高祖临终前的旨意,又有吕太后的点头,加上萧何婉转的推荐,萧何病逝

后,汉惠帝就用曹参为相国。

还在汉高祖封他长子刘肥当齐王时,就让曹参做齐相。那时,曹参就拜道家大师盖公做老师。曹参认为,在攻打、消灭秦朝和刘、项争夺天下的大乱以后,国内百姓,特别是农民,需要安定的生活。朝廷让百姓休养生息,也就是减轻老百姓负担,安定生活,发展生产,恢复元气,合乎道家"清静无为"的主张。

曹参认为,前任相国萧何制定的法令,符合治理国家、安定百姓的实际,所以他的一切治国大政,都按萧何规定了的去做。这就是成语"萧规曹随"的由来。

按"萧规"去做,曹参并不是喝酒玩乐或躺在床上睡大觉。他日日夜夜,还是忙得不能休息,而且也不是万事都照老规矩办。比方,因为战乱,死的人太多,他就辅佐汉惠帝奖励增加人口,奖励开垦土地。老百姓家的姑娘三十岁还不出嫁,怎么生孩子呢?就要分等罚钱,用这个办法增加人口。种地的庄户人家,就免去公家强制担负的不给报酬的劳动,一辈子都免徭役。这样,人口增多,国家的经济也渐渐繁荣了。

有人议论,曹相国没有制定出新的法令。曹参喜欢喝酒,又有人说,曹相国好喝酒,怎么治理国家呢!汉惠帝十六岁即位,年幼无知,听了别人的话,也和曹参的儿子、侍候在汉惠帝身边的曹窋(zhú)说起,希望曹参拿出超过萧何的政令来,不要老爱饮酒。

曹参上朝时,一方面向汉惠帝说自己有罪,一方面以老臣的身份问汉惠帝,说:"陛下,您看您和先皇帝高祖相比,怎么样啊?"

汉惠帝说:"老相国,我怎么能跟高祖皇帝比呢!"

曹参接着又问:"陛下,以曹参的才能跟萧相国相比呢?"

汉惠帝说:"曹相国不及萧相国。"

曹参说:"谢谢陛下。陛下说得对,我曹参比萧相国差得太远了。高祖皇帝和萧相国平定了天下,萧相国秉承高祖皇帝的旨意制定了一整套制度。我按着他制定的规章和法令去做,做好了,不失职就不错了。"

汉惠帝听了,觉得曹参说得很对。

曹参做了三年相国,照着前任相国萧何留下的规章制度,帮助汉惠帝安定百姓,减轻百姓的负担,增加生产,使汉王朝的统治更加稳固了。

075

周勃夺军印

　　曹参死后,陈平做相国,都是汉高祖吩咐过的。

　　公元前188年,二十三岁的汉惠帝死了。他没生过儿子,吕太后叫孝惠皇后假装有孕,到了时候,把后宫的一个婴儿抱来,说是皇后生的,立他为太子。又怕婴儿的母亲泄露秘密,就把她杀了。这会儿太子即位,称为少帝。太后替少帝临朝,朝廷号令全由她发布。

　　这时候,朝廷中几个支持她的大臣都死了。吕太后怕那班立过大功的将军发动叛变,打算封吕家几个人为王。她先问右相王陵行不行。

　　王陵说:"不行!高祖曾经跟大臣们订过盟约:不是刘家的人不得封王,没有功劳的人不得封侯;谁不遵守这个盟约,天下人共同征伐他。现在要封吕家人为王,这是违背盟约的!"

　　太后听了很不高兴,又问左相陈平和太尉周勃,陈平和周勃回答说:"高祖平定天下,封自己的子弟为王;现在太后临朝,治理天下,封自己的子弟为王,有什么不可以呢?"

　　太后这才高兴地点点头。过了几天,太后免了王陵右丞相的官职,让他告老还乡;又封已经过世的父亲为宣王,大哥吕泽为悼武王,封侄儿吕台为吕王,吕台死后,他儿子吕嘉继承为吕王。

　　吕太后这么千方百计地把少帝立为皇帝,少帝并不感激她。公元前184年,少帝知道了母亲被杀的事,像懂事又像不懂事地说:"太后怎么能杀我的母亲?将来我长大了,一定要替我母亲报仇!"

　　这话传到了吕太后耳朵里,她十分恐慌,就把少帝杀了。另外立小孩子刘弘为

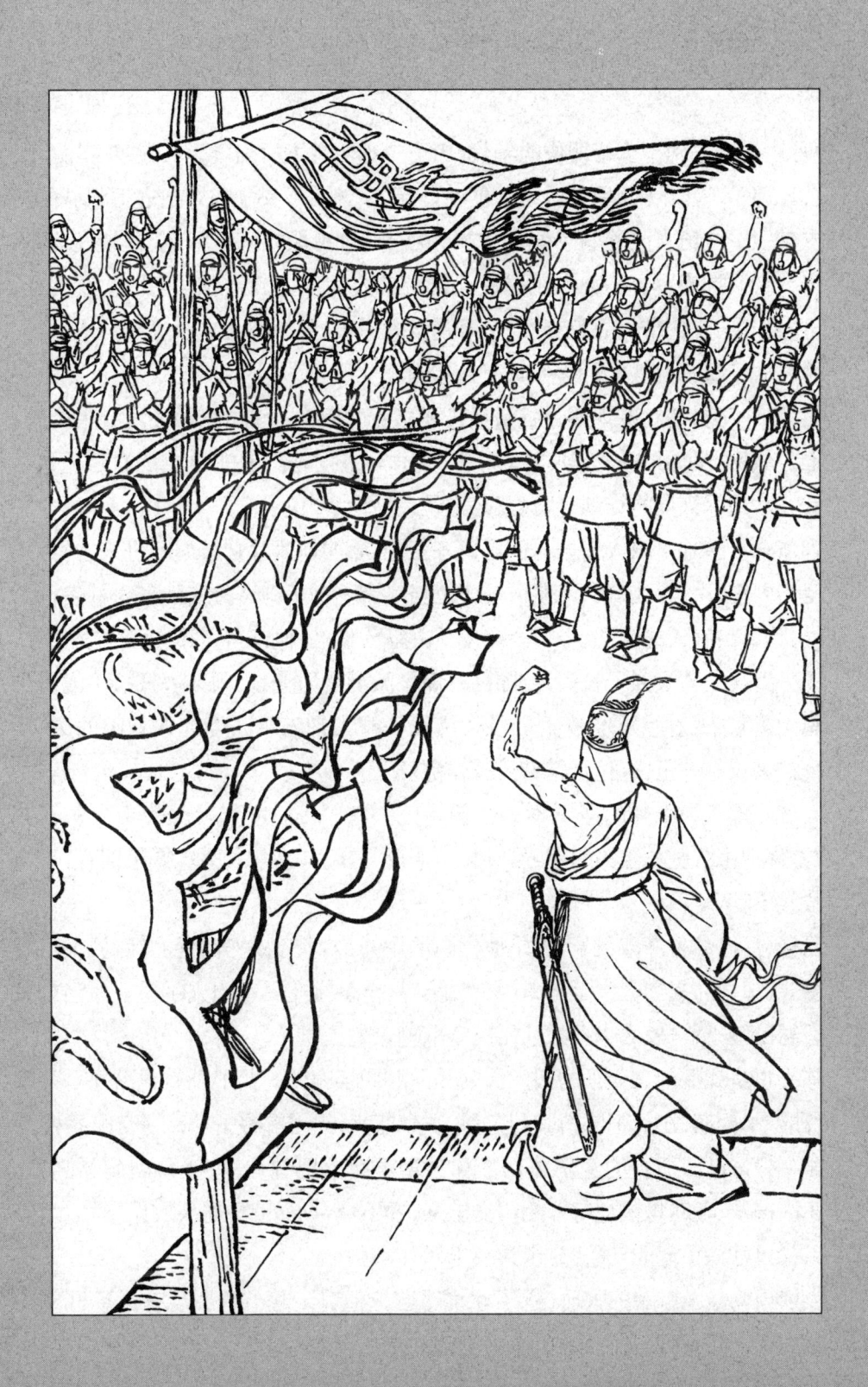

帝，也称少帝。这两个少帝即位的年代，历史上都叫做太后临朝，前后共八年。

公元前181年秋天，吕太后生了重病，自己估计活不长了。她把守卫都城的南北两支禁卫军交给自己的两个侄儿吕禄和吕产：封吕禄为上将军，亲自掌握北军；让吕产亲自掌握南军。她嘱咐他们说："封吕家人为王，大臣们都不赞成，我一死，他们可能作乱，你们带兵守卫宫殿，千万别出去送丧，免得被人暗算。"

她还立了遗嘱：大赦天下，拜吕产为相国。

吕太后一死，按制度下葬，吕禄、吕产都按吕太后临死前的嘱咐，没有去送殡。他们准备谋反，又怕周勃、灌婴这些老臣，不敢马上发动。朱虚侯刘章的妻子是吕禄的女儿。吕禄谋反的计划，他女儿知道了，女婿也知道了。

刘章马上暗地里派人去告诉他哥哥齐王刘襄，叫他发兵从外面打进来，再约别的大臣为内应，杀了吕家人，请他哥哥即位当皇帝。齐王刘襄接到消息立刻发信给各诸侯，列举吕家人的罪恶，号召大家发兵去征伐他们；他亲自发兵往西进攻济南。

齐王发兵的警报到了长安，相国吕产慌忙派灌婴为大将，领兵去抵抗。灌婴带领兵马到了荥阳，对手下的将士们说："吕氏一帮人带着军队要夺取刘氏的天下。现在我们去攻打齐王，这正是帮着吕氏作乱。"

大伙儿都认为汉朝的臣下不该帮着吕氏去打刘氏。灌婴就派使者去告诉齐王，双方都把军队驻扎下来，等待吕氏起兵造反，一同打进长安去。齐王同意了，也暂时按兵不动。

吕禄、吕产准备夺取天下，可是他们内怕周勃、刘章，外怕齐、楚的兵马，又怕灌婴叛变。这时候，周勃名义上是太尉，可是兵马全掌握在吕家的人手里。他当初赞成太后封吕姓王，可怎么也不肯让吕氏夺取刘家的天下。

陈平也是死保刘家天下的人。周勃知道曲周侯郦商的儿子郦寄跟吕禄是好朋友，就和陈平相商，用计把郦商骗到家里，软禁起来，逼着郦寄去劝吕禄交出兵权。

郦寄只好以好朋友的身份去劝吕禄："皇上叫太尉领北军，叫您回到赵国去。现在还来得及，我劝您快把将军的印交出来，要不然，大祸就要临头啦！"

吕禄只好依了他的劝告，交出兵权走了。

太尉周勃拿了将军的大印，进了北军军营。他对士兵们说："现在吕氏和刘氏

起了纷争,你们自己可以决定到底帮谁,凡是愿意帮助吕氏的,袒露右臂;愿意帮助刘氏的袒露左臂!"

士兵们连想都没想,全都脱去左衣袖,周勃就接收了北军军营。

可是南军还在吕产手里。陈平便叫刘章去帮助周勃。周勃叫刘章监督军门,再传达相国的命令,吩咐宫殿里的卫士不准吕产进宫。吕产不知道吕禄已经离开北军,他带着一队人马,进宫去收玉玺。卫士们守住殿门,不让他进去。吕产还不明白底细,刘章带领着一千名士兵已经赶到,就把他杀了。吕产一死,吕氏的兵权全没了。

大臣们派刘章去告诉齐王,叫他退兵。灌婴也从荥阳退兵回去。大臣们商议着立谁为帝呢?有的说立这个,有的说立那个,可是大多数的大臣们都认为,代王刘恒是高帝的长子,心眼好;代王的母亲薄氏,小心谨慎,薄家又没有势力,不如立代王。

大臣们一致同意,就派使者去代都(治所在今河北蔚县)迎请代王。代王刘恒来到长安即位,就是汉文帝。

076

缇萦救父

　　汉文帝的母亲薄氏进宫前吃过苦,当了汉高祖的妃子后,她怕住在宫里受吕后的陷害,就跟儿子住在封地上,娘儿俩多少知道些老百姓的苦楚。汉文帝一即位,首先大赦天下。

　　接着,汉文帝召集大臣商议,说:"一个人犯了法,定了罪也就是了。把他的父母、妻子也都一同逮来办罪这种法令是不公正的,请你们商议改变个办法。"

　　大臣们商议下来,废除了全家牵连着一同办罪的法令。

　　汉文帝又下了一道诏书,救济各地死了妻子的老人、寡妇、孤儿和没有儿女的老人;规定八十岁以上的老人按月发给米、肉、布帛,地方长官按时按节去慰问他们。

　　汉文帝还下诏要老百姓多提意见。这么一来,上奏章的,当面规劝皇帝的人就多起来了。就是在路上有人上书,汉文帝也会停下车来把奏章接过去。他说:"可以采用的就采用,不能采用的搁在一边,这有什么不好呢?"

　　公元前167年,临淄有个名叫淳于意(姓淳于)的人,替人治病出了名。后来他做了太仓县的县令,因为不肯拍上司的马屁,所以他辞了官仍旧去做医生。

　　有个大商人请淳于意为他的妻子治病。那女人吃了药不见好转,反而死了。大商人就告他是庸医杀人。当地的官吏把他判成"肉刑",包括脸上刺字,割去鼻子,砍去左脚或右脚三种。因为淳于意做过官,就把他解到长安去受刑。淳于意有五个女儿,没有生儿子。临走时,最小的女儿叫缇萦(tí yíng),决定上长安去救父亲。

　　缇萦到了长安,要去见汉文帝。管宫门的人不让她进,她就写了一封信,托守宫门的人传上去。汉文帝一看,信上的字歪歪扭扭,是个孩子写的,内容是:"我叫缇萦,是太仓县令淳于意的小女儿。我父亲做官的时候,齐地的人都说他是个清

官。这会儿犯了罪,应当受到肉刑的处分。我不但替父亲伤心,也替所有受肉刑的人伤心。一个人砍去了脚就成残废;割去了鼻子,不能再安上去,以后就是要想改过自新,也没有办法了。我愿意被公家收为奴婢替父亲赎罪,好让他有个改过自新的机会。恳求皇上开开恩!"

汉文帝同情小姑娘的一番孝心,也觉得肉刑不合理。他对大臣们说:"犯了罪的人,应当罚他,让他得到教训,重新做人。现在惩办一个犯人,在他脸上刺字,或者毁了他的肢体,怎么能劝人为善呢?"

大臣们商议,拟定了三条办法:废除脸上刺字的肉刑,改为做苦工;废除割去鼻子的肉刑,改为打三百板子;废除砍脚的肉刑,改为打五百板子。

缇萦就这样救了父亲,也替天下人做了一件好事。

汉文帝实行了一系列减轻百姓负担的政策,犯罪的人越来越少了。他从即位的第二年,开始免去农民田租的一半,到第十三年以后,完全废除了田租,当然得到好处更多的是地主,但老百姓安心生产,国家也有了积蓄。

汉文帝生活节俭。有一次,有人建议造一个露台,汉文帝召工匠一计算得花一百金。他说:"四十户中等人家的财产也不过一百金,不必再造露台了。"

汉文帝穿的衣服是黑色厚布做的。他宠爱的夫人穿的衣服也挺朴素,下摆不拖到地上。

但汉文帝有个毛病,就是幻想长生不老。求神仙、祭天给方士的费用,要多少花多少。有个方士名叫新垣平,派人向汉文帝献上一只玉杯,说是仙人献的。汉文帝吩咐左右拿黄金赏给来人。

丞相张苍是个天文学家,不相信方士的鬼话,他暗地里派心腹去侦察新垣平的行动,查出那献玉杯的人和刻字的工匠,欺蒙皇上骗钱。汉文帝这才从迷梦中醒过来,后悔自己糊涂,把新垣平这一些罪恶大的方士办成死罪,次要的轰了出去。接着,他下了一道诏书:承认自己的过错;劝老百姓好好地耕种,不要去做买卖,不应把粮食拿来酿酒。

汉文帝采取休养生息的政策,减轻农民的赋税、徭役,使农业生产有了恢复和发展;又削弱诸侯王的势力,巩固了中央政权。

077

张释之严格执法

汉文帝当政时政治清明,能涌现出张释之这样的司法官就不奇怪了。他执法威严公正,不含私心,在当时很有名望。

封建社会,可以用金钱买官。张释之年轻时,他二哥出钱为他捐了个保卫皇宫的小官。张释之整整干了十年,觉得没有什么盼头,想辞职回家帮哥哥分担家务。当时朝廷有个官员叫袁盎,觉得张释之这个人不错,有才干,就在皇帝面前竭力推荐他。汉文帝便破格召见了张释之,让他谈谈天下大事。张释之平时聪明好学,关心政事,对事物的分析有自己独到的见解。他向汉文帝一一道来,具体而不空洞,说得汉文帝频频点头。不久,文帝就封他为公车令。

张释之当上公车令后,有一天,见到太子和他的弟弟梁王同乘一辆车入朝,眼见到了宫门口,也不下车,竟想长驱直入。张释之连忙追上去拦截,不让他俩进宫,判定他俩犯了过宫门不下车的"不敬"罪,上奏皇帝。太子和梁王是薄太后的掌上明珠,他们的举动把皇上也吓了一跳,在薄太后的追问下,汉文帝只能自我检讨道:"都是我的错,我没有把儿子教育好。"最后由太后出面,宣布赦免太子、梁王之罪,他们两人才获准可以进宫。

当时的张释之只是一个小小的公车令,官职很低微,却敢于弹劾太子与梁王,这无疑是太岁头上动土。好在汉文帝是很开明的君主,他并没有因此而心怀不快,反而认为张释之的敢作敢为是好样的,对朝廷有利,下令提升他为中大夫。

一次,张释之跟随汉文帝出城巡视,来到城北的一座桥。不知怎么桥下突然钻出一个人来,惊吓了给皇帝拉车的马匹,马高声嘶鸣起来,那个人吓得拔腿就跑。卫队紧紧追赶,抓住了那个人。皇帝命令交给张释之处理。因为那时张释之已经

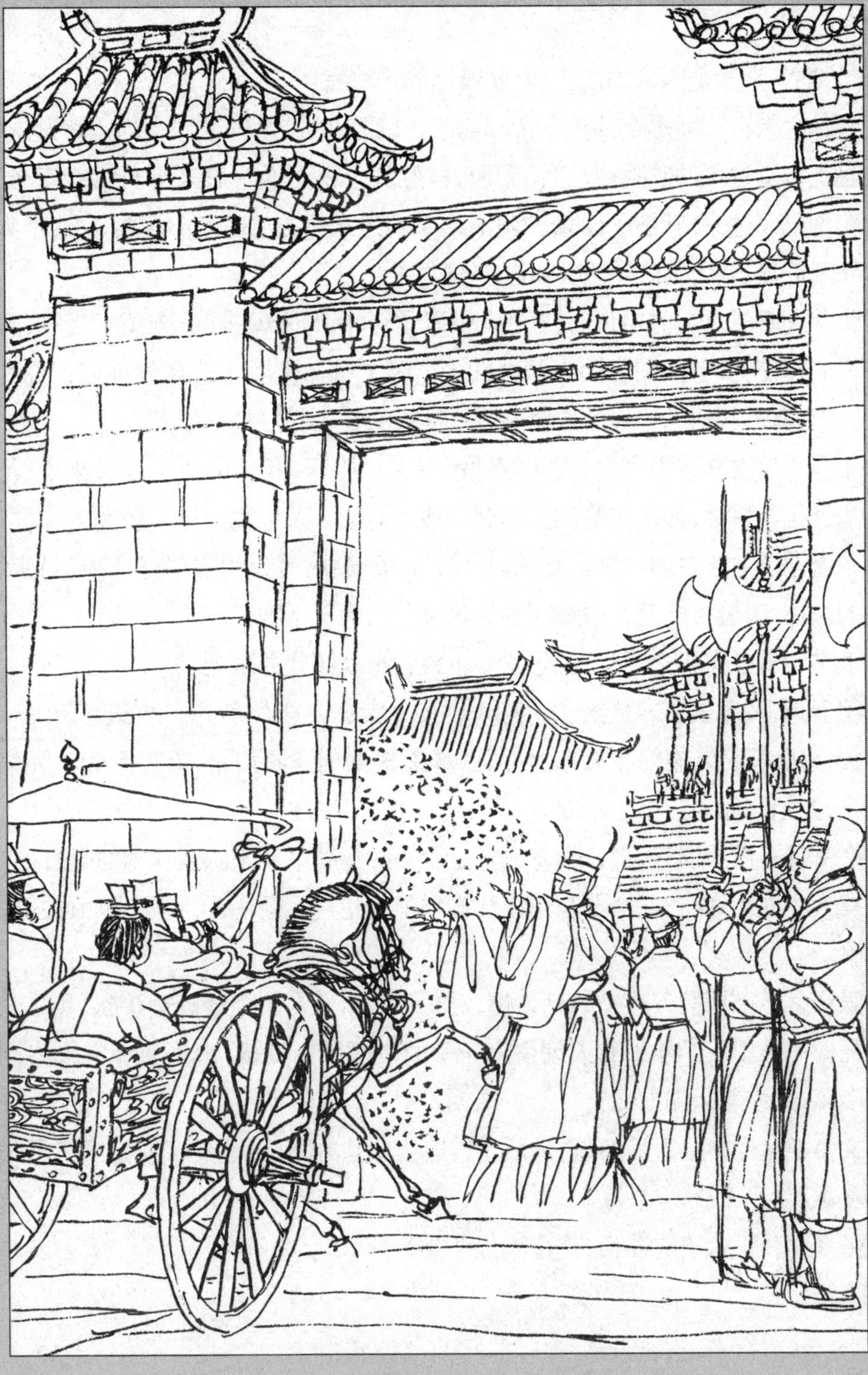

担任了廷尉，掌管全国的司法工作，是最高的司法官。

张释之亲自审问那个冲撞皇帝车驾的人，那人从实禀告说："小的是路过这里，听见皇上车驾过来的吆喝声，急忙回避，就躲到了桥下面。后来听听没有声音了，以为车驾已经过去，就钻了出来。想不到车驾还未过去，正好给小的撞上，小人实在是无意冲撞，望大人查明真相，饶恕我吧。"

张释之听了那人的申诉后，仔细地调查了事情的来龙去脉，弄清了真相，觉得那人说的都是实话，便罚了那人四两罚金。汉文帝知道后十分生气地说："你判得太轻了吧，幸亏朕的马比较驯服温和，不然的话，还不把朕摔伤了？"

张释之见汉文帝不高兴，便从容地解释说："陛下，我认为对于法律来说，不管是皇上还是老百姓，都是平等的。本朝的法律对于无意惊驾的处罚就是处以罚款，所以我就遵照这条法则判刑。如果陛下要加重刑罚，就显得有些随心所欲，那么，今后的法律，叫老百姓怎么遵守呢？请陛下再考虑一下吧。"

汉文帝听了张释之的话，沉思了一下说："那就照此办理吧。"

没多久，又发生了一桩案子。有人偷盗先帝庙中座位前的一块玉环。文帝大动肝火，命张释之判偷窃犯灭族之罪，张释之根据刑律的规定，奏请判为杀死窃犯一个人，并把尸体抛在街上示众。

文帝听了很不满意，说："你怎么老是用一些刑罚条例来跟我作对，神圣的宗庙竟然有人敢进去偷窃，这个国家还成什么样子？我这么重用你，可不是叫你去庇护罪犯呀。"

张释之严肃地取下头上的乌纱帽，对文帝说："作为一个最高司法官，我从未庇护过任何一个犯人。如果有人偷盗宗庙里的东西就判灭族，那么万一有人盗掘先祖的陵墓，又该怎么加刑呢？"

文帝把这件事跟太后商量，太后觉得应当依法办事，于是文帝只好同意了张释之的奏请。

张释之公正执法的佳话，一直流传至今。

周亚夫治军

公元前158年,北方游牧民族匈奴的君主单(chán)于,调动三万骑兵,侵犯上郡(治所在今陕西榆林东南);另有三万骑兵,侵犯云中(治所在今内蒙古托克托东北)地区。他们来势很凶,烧杀抢掠,杀死不少百姓,抢去很多财物。

汉朝开国以来,采取对匈奴和亲退让的政策,但匈奴还是常来侵犯边界。这一回,匈奴突然大规模地打进来,大伙缺乏足够的防备。守卫烽火台的官兵,慌慌忙忙放起了烽火,大家都很紧张。夜晚,远远近近,全是火光。长安城里的人们,一见烽火都担心起来,汉文帝也没有经历过这种局面。

汉文帝急忙召见文臣武将,商议对付的办法。在这紧急关口,汉文帝倒能冷静地布置军事力量抗击匈奴:一方面派几位将军,领兵保卫京城和临近京城的关口;同时调拨大军,前往上郡、云中,打退匈奴的入侵。他委派将军刘礼驻军灞上;派将军徐厉驻扎在长安东北的棘(jí)门;再派将军周亚夫驻军在长安西南、渭水北岸的细柳。这三路兵马驻在京城附近,以防万一。

在派遣朝廷大军去打匈奴时,汉文帝嘱咐将士们:"只要把匈奴赶出国门就行了,不要追杀到匈奴的地界里去。"

过了一个多月,大军开到前线,匈奴听到消息,就乱哄哄地逃回去了。汉文帝听了禀报,也命令将军们撤退。

当初在军事部署停当后,汉文帝立即到京城附近的各个军营去慰劳将士。他先到灞上,再到棘门。在这两个地方,汉文帝的车驾,毫无阻挡地一直驶入了军营。两个军营的将军和他们的下属军官,骑着马接驾和护送汉文帝起驾离营。

不久,汉文帝的车驾来到驻在细柳的军营,远远地只见官兵们穿着铁甲战衣,

戴着头盔,手执锋利的兵器;射手们开弓搭箭,好像到了临战的时刻。汉文帝的先头卫队到了营门,军营门口的卫士不让进去。先头卫队的将军说:"陛下的车驾马上就到。"

营门的军官回答:"周将军有军令说,军中只听将军的命令,不听天子的命令。"

过了不久,汉文帝的车驾到来,守营门的人又不放他进去。汉文帝点点头,心里很高兴。他就派使者按礼法军规拿了天子的凭证去传达皇帝的命令:"我要进入军营,慰劳将士。"

到这时周亚夫才传出话来,打开营门。打开营门后,守卫营门的官兵对汉文帝的随从官员说:"周将军规定,车马进入军营后不准纵马奔驰。"

于是,汉文帝叫随从控制住马头的缰绳,慢慢地走着。

汉文帝到了将军办公的营帐,周亚夫手里拿着兵器向皇帝行拱手礼,说:"身上穿着军服的人不能行跪拜礼,请陛下允许我用军礼参见。"

汉文帝十分感动,脸色变得严肃起来。他站在车上,向前俯着身子,手抚车前的横木,按军礼的规定向周亚夫表示深深的敬意,又派人转达了他对全军将士的亲切慰问。然后,汉文帝的车驾才慢慢地离开了。

车驾已出军营的大门,随驾劳军的文武大臣全都为周亚夫这样接待天子而感到震惊,真为他捏一把汗呢。汉文帝却长长地叹了一口气,赞叹道:"这才是真正的将军! 先前,我在灞上和棘门的两个军营里,看两军像做儿戏似的,敌人完全可以去偷袭,活捉两位将军。至于周亚夫嘛,敌军怎么能够侵犯他!"

汉文帝对周亚夫的治军本领非常赞赏。过了一个多月,三个军营都撤防了。汉文帝就任命周亚夫作负责京城治安、防卫的中尉。在这次战争中,汉文帝发现了两个天才的军事家:一个是周亚夫,另一个是少年将军李广。

汉文帝在四十五岁时得了重病,他立了一个遗嘱,大意是说:万物有生必有死,我死了,你们不必过于悲伤。安葬要节俭,不可造大坟,也不可把珍宝埋在坟里。戴孝不要太久,戴三天就该满孝了。

他对太子说:"将来如果发生变乱,可以叫周亚夫掌握兵权,保管稳妥。"

079

晁错削地

汉文帝死后，太子刘启即位，就是汉景帝。他认为，国家必要的开支要靠征税。但他即位的第一年，征收的租税还是很轻。他知道内史(治理京师的官员)晁(cháo)错有才能，就把他提升为御史大夫(汉代仅次于丞相的中央最高长官)。

御史大夫晁错眼看分封的诸侯王势力越来越大，有的不受朝廷约束，天下又快变成诸侯割据的局面了。那时汉朝共有二十二个诸侯国，像齐王有七十多个城，吴王有五十多个城，楚王也有四十多个城。诸侯闹割据，免不了要发生战争，对发展生产也很不利。

晁错对汉景帝说："吴王一直不来朝见。先帝(汉文帝)送给他的桌几和拐杖这两样尊敬年老人的礼物，希望他改过自新。哪儿知道他私自煮盐采铜，招兵买马，准备造反。要趁早削减他们的封地。"

汉景帝怕削地会引起他们造反。晁错说："诸侯要是存着造反的心，不削地将来也要造反。现在造反，祸患还小，将来造反祸患更大。"

汉景帝听了，决心削减诸侯王的封地。楚王刘戊荒淫无度，不守规矩。这次他到长安来，晁错就根据查证，揭发他的罪恶，要汉景帝把他办罪。汉景帝削去了他封地中的一个郡，让他回去。晁错又查出赵王的过失，削去他一个郡。胶西王私卖官爵，削去了六个县。

晁错正计划着削减吴王刘濞的封地，他的父亲从老家颍川(今河南禹县)特地赶了过来，对他说："你当了御史大夫，地位已经够高的了。为什么不安分守己，硬管闲事？诸侯王都是皇室的骨肉，你管得着吗？你把他们的封地削了，他们哪一个不恨你，你这样做到底是为什么呀？"

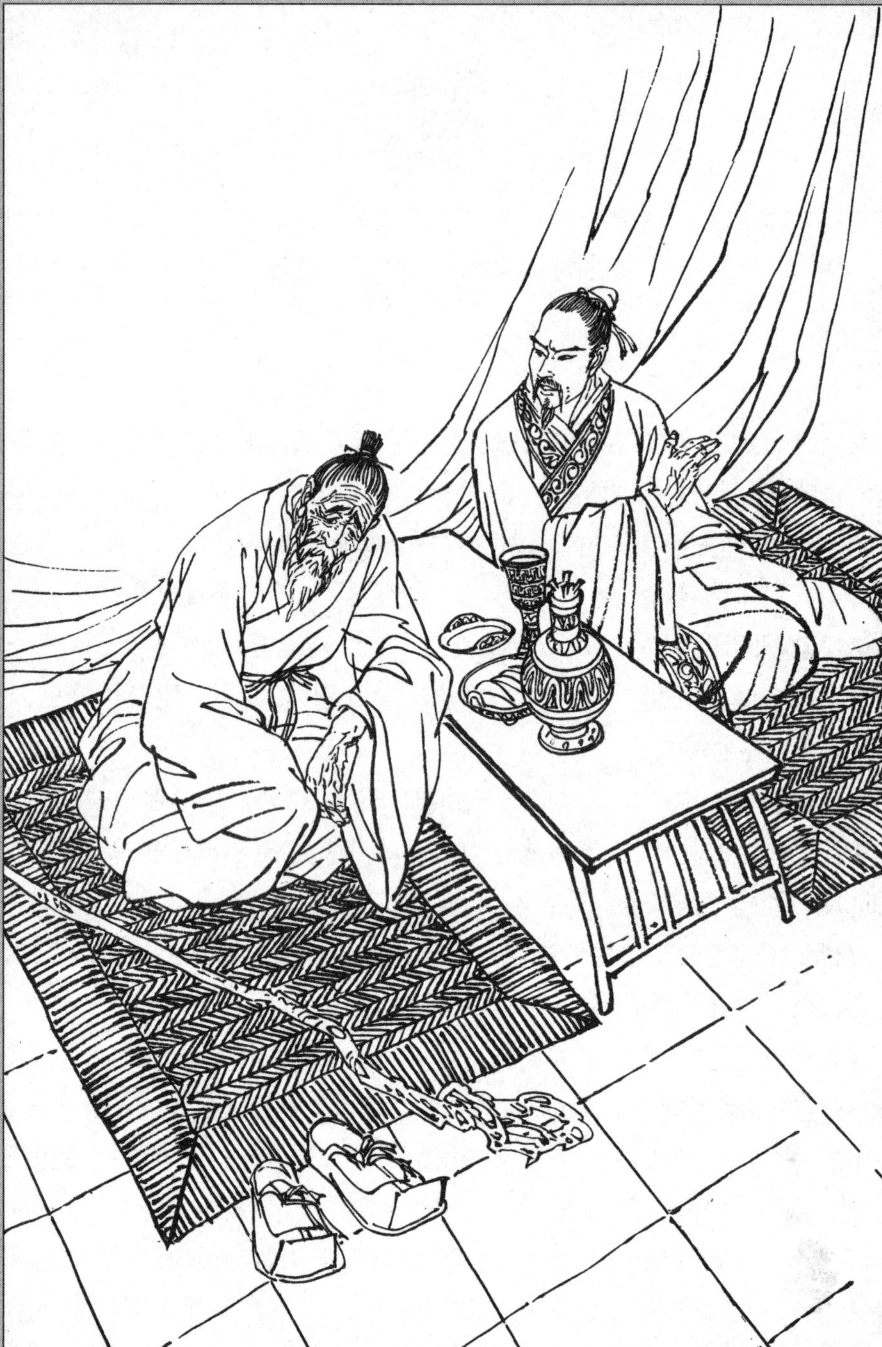

晁错说:"削地是为了国家的安全。不这样做,皇上就没法行使权力,天下必定大乱。"

他父亲叹了一口气,说:"刘家的天下安定了,我们晁家却危险了。我已经老了,不愿意看到大祸临头。"

晁错又安慰了父亲一阵。但老人家回到颍川老家,还是喝毒药自杀了。而吴王刘濞在汉文帝时,就想做皇帝,这会儿拿"惩办奸臣晁错,救护刘氏天下"的名义,煽动别的诸侯王一同叛变,参加叛变的有吴、楚、赵、胶西、胶东、菑(zī)川、济南等七个诸侯国,历史上称为"七国之乱"。

"七国之乱"发生在公元前154年,他们一同发兵,声势浩大。汉景帝吓慌了,为保住自己的皇位,就把忠心耿耿的晁错杀了。

汉景帝杀了晁错,下了一道诏书,叫七国的诸侯退兵。吴王说:"我已做了皇帝,还管什么诏书!"

吴王干脆把诏书退了。这样,朝廷和诸侯国之间的大战就开始了。

汉景帝这才后悔杀了晁错。他想起了汉文帝临终时的话,立刻拜周亚夫为大将,发兵征讨。周亚夫先稳住了未参加叛变的十五个诸侯国,然后用三个月工夫,平定了七国的叛变。

汉景帝还让七国的后代继续当诸侯,不过只能在自己的封地内征收租税,不再干预地方行政,大大削弱了诸侯的势力,汉朝的政权就更加巩固了。

以后,汉景帝还是减轻税赋,减少官差,国内又出现了一片富裕的景象。据说,到了景帝后期,国库里的钱积了不知多少万,结果串钱的绳子都烂了;粮仓里的粮食更是多得吃不完。历史上把他和汉文帝统治的这段时期称为"文景之治"。

公元前150年,汉景帝立七岁的皇子刘彻为皇太子,等到他十六岁那年,汉景帝病死,刘彻即位,就是汉武帝。

080

马邑伏击战

汉武帝在前两代皇帝积聚起来的财富,以及周亚夫帮助汉景帝平定七国之乱、加强全国统一的底子上,当了五十四年的皇帝,做了不少事情,有功也有过。

他对内,为了取得大量财富,增加了农民的赋税。比方说,农民有三亩地,要按十亩地向朝廷缴租税,怎么吃得消呢!富人也乘势加重抢夺百姓的钱财。弄到后来,比方在公元前99年,当时东部的齐地,南部的楚地,北边的燕、赵等地方,都有农民起来造反,但都被镇压下去了。

汉武帝看准有势力的大地主、大商人损害朝廷的权力和收入,就把全国分成十三个部或州,派十三个刺史去加强朝廷的统治,打击危害朝廷的各种势力。他把炼铁呀,煮盐呀,造钱呀,都规定由官家经营;他在商业、运输、兴修水利、改进农具、移民边界、发展农业、巩固国防、倡导儒家文化、兴办学校、重视人才、对外交流、加强对西域的统治和打击匈奴的入侵各个方面都做了很多了不起的大事。在他当皇帝时,出现了大学者董仲舒、大史学家和大文学家司马迁、大作家司马相如、大探险家和外交家张骞(qiān)以及大军事家卫青和霍去病等等光耀千秋万代的了不起的人物。

说到卫青和霍去病,就不能不说到匈奴了。我国北方的游牧民族匈奴,一直是侵略中原(黄河中、下游地区)的强敌。在汉高祖建立汉朝以来的五十多年间,匈奴的势力越来越强大。东到兴安岭、辽河上游地区,西到祁连山、天山地带,南到汉朝的边界,北到贝加尔湖、亚洲东部的沙漠草原,全部被匈奴给占了。匈奴王单于在匈奴的地盘里,中部由他直接统治,东西两部由单于手下的左右贤王分别管理。他们有三十万强悍的骑兵,不断侵犯汉朝边境。

汉朝初年采用的是和亲的办法,就是选送被称为公主的姑娘,嫁给单于或左右贤王,送去大批礼物,容忍退让,用来换取边境的暂时平静,争得时间做好内部的事情。可是,匈奴总是不断地抢夺汉朝边民的财富和边界的人口。他们把青年男女俘虏过去做奴隶,那可残酷了!例如在汉文帝时,匈奴侵犯上郡和云中的那一次,被杀害和抢去的百姓就有一万多人。

从公元前133年开始,汉武帝对匈奴进行了长期的讨伐。汉武帝除了向边界移民,在边界用军民开垦荒地,切断匈奴与其他游牧民族的联合,派出外交使者跟邻国交好以外,就调动大军,从正面去攻打匈奴,摧毁他们的军事力量。

马邑是个地名,在现今的山西朔州一带,是西汉初年韩王的国都,后来就被匈奴抢去了。到汉武帝时又把它收复了。可是匈奴怎么也不死心,总想把它再侵吞过去。匈奴的骚扰把汉武帝弄得怪头痛的。有个将军名叫王恢,为了帮汉武帝解忧,就设计了一个关门打狗的办法,历史上叫做"马邑之谋"。

王恢对汉武帝说:"陛下,臣下有个建议。我认识马邑的一个人名叫聂壹,他跟匈奴单于混得挺熟。匈奴单于常常向他打探马邑的情况,好抓住什么时机进来抢夺财富和百姓。我们不如将计就计。"

有的大臣不同意,认为还是和亲为好。汉武帝想了想,说:"王恢去办吧,成就成,不成就打出去。大家都做好大打匈奴的准备吧!"

将军卫青等武将文臣都非常赞同汉武帝的谋略。

王恢就找来马邑人聂壹,商量出了一个计策:汉朝调三十万军队,埋伏在马邑附近的山坳里,要做得十分隐蔽;聂壹扮成"汉奸",去诱惑匈奴单于带着主力部队深入马邑,把这个地方再抢过去;然后汉军关起门来,一下子把匈奴的主力消灭掉。

匈奴单于听了聂壹的话,便率领骑兵主力快速向马邑行进。不料还没有进入马邑汉军的埋伏圈,单于从一个怕死的汉人那儿获得了情报,汉军的计谋就泄露(lòu)了。单于很快地率领骑兵撤退,逃到边境外面去了。

但是,汉武帝对匈奴的长期作战,就是从这一次开始的。

飞将军李广

汉武帝在反击匈奴侵犯掠夺的长期作战中,有一位勇敢机智、很会打仗、精于骑射的三朝老将军立下过很大的功劳,他的名字叫李广。

李广打起匈奴来,骑马奔跑像飞一样,箭又射得准。匈奴贵族和骑兵,知道李广的厉害也有好多年了。还是在汉文帝父子两代,规定打匈奴只把来犯的匈奴打出境,绝不打到匈奴的地界去时,匈奴只要知道李广在边界附近,就不大敢进来。朝廷叫他做过陇西太守,汉景帝时当过北郡太守。陇西、北郡,都是北方的边界地区。

公元前129年,匈奴又来进犯,一直打到上谷(治所在今河北怀来东南)。汉武帝派卫青、李广等四个将军,每人带一万人马,分四路去抵抗匈奴。这四个将军当中,李广年纪最大。他在汉文帝的时候就做了将军。汉文帝曾经对他说:"可惜你在我手里做将军不是时候,如果你在高皇帝手里,封个万户侯也算不了什么。"

有一回,李广带着一百个骑兵追赶三个匈奴兵,追了几十里地才追上。他射死了其中的两个,把第三个活捉了,正准备回来,突然前面来了几千个匈奴骑兵!怎么办?李广对士兵们说:"咱们离大军几十里地,回不去了。干脆下马,把马鞍子也卸下来,大伙儿躺在地下休息一会儿。匈奴以为咱们是要引他们过来,一定不敢打咱们。"

李广他们就都下了马。匈奴的将军果然害怕了,马上叫士兵们上山,布置抵抗的阵势。有一个骑着白马的将军冲下山来,李广立刻上马赶过去,只一箭,就把他射死。李广一回来,又下了马,躺在地下休息。

天黑下来,匈奴认为前面一定有埋伏,提心吊胆地守着山头。到了半夜,他们

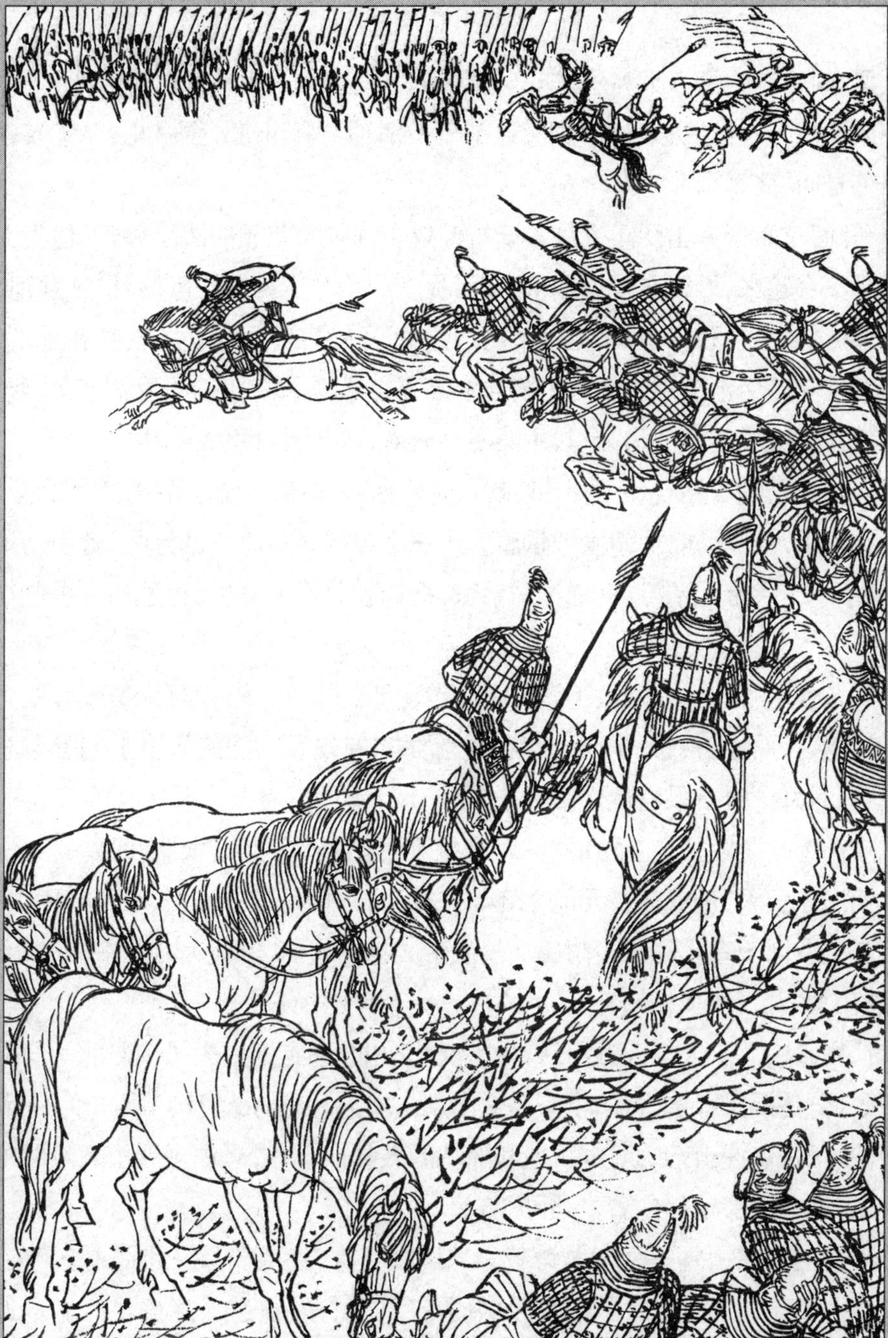

趁着天黑,偷偷地跑了。天亮了,李广一瞧,山上没有人。大伙儿这才回到大营。

李广箭法好,行动快,忽来忽去,谁都摸不清他打哪儿来、往哪儿去,匈奴就给他一个外号叫"飞将军"。

这一回,汉武帝派出四路人马去抵抗匈奴。匈奴的首领叫军臣单于,他把大部分的兵马集合起来,沿路布置了埋伏,要活捉李广。李广打了一阵胜仗,往前追去。他哪儿知道匈奴是假装打败引他进去的。这一下子李广可倒霉了,他掉在地坑里,给匈奴的伏兵活活地逮住。匈奴的将士们高兴得不得了。他们一看,李广快死了,就把他放在用绳子结成的吊床里,用两匹马驮着,送到大营里去献功。

匈奴的将士们一路走,一路唱着歌。李广躺在吊床上纹丝不动,好像死了似的。大约走了几十里地,他偷偷地瞅着旁边一个匈奴兵骑着一匹好马,就使劲地一挣扎,猛一下子跳上那匹好马,夺过弓箭来,把匈奴兵推下马去,掉过马头拼命往横里跑。

等到匈奴的将士们一齐去追,李广已经跑到山里了。他一面使劲地夹住马肚子催马快跑,一面连着射死了几个追在最前面的匈奴兵。匈奴的将士们瞧着李广越跑越远,只好干瞪着眼看他逃回去。

李广因为吃了败仗,定了死罪。后来按朝廷的规定,交钱赎罪,回到老家做了平民。第二年秋天,也就是公元前128年,匈奴两万骑兵又打进来,杀了辽西太守,掳去青年男女两千多人和不少财物。汉武帝又起用李广,派他为右北平(治所在今辽宁凌源西南)太守。

李广做了右北平太守,匈奴吓得丢了魂儿似的,逃到别处去了。右北平一带没有匈奴了,可是那里野兽太多,常有老虎出来伤害人。有一天,李广回来晚了,天色半明半暗,正是老虎出来的时候。他和随从的人都很小心,恐怕山腰里突然跳出一只老虎来伤害他们,一面走着,一面提防着。

李广忽然瞧见山脚下草蓬里蹲着一只斑斓猛虎,拱着脊梁正准备扑过来。他连忙拿起弓箭来,使劲地射了过去,射中了。手下的人跑过去逮虎。他们走近一瞧,全愣了,原来中箭的是一块好像老虎的大石头! 箭进去很深,拔也拔不出来。大伙儿奇怪得了不得。李广也有点纳闷:石头怎么射得进去呢? 这个消息传开了,

匈奴更不敢来侵犯右北平了。

公元前119年,飞将军李广做了郎中令(宫廷的守卫官),经常在汉武帝左右。他要求派他去打匈奴。汉武帝说他太老了,不让他去。李广再三说:"匈奴屠杀我们的老百姓,我实在不能再在京师里消消停停地住下去了。"

汉武帝就叫他带一队兵,由大将军卫青统领。一同出发时,汉武帝嘱咐卫青说:"李广年老,不可让他独当一面。"

可是卫青派李广往东绕道进兵,指定日期到漠北(蒙古大沙漠以北地区)会齐。李广要求打先锋,因为他不熟悉东路的情况,卫青不答应。后来卫青的大军回到漠南(蒙古大沙漠以南地区),才碰到李广的军队。卫青责备他误了日期,要派人审问他,治他的罪。李广气得直发抖。

李广流着眼泪对将士们说:"我自从投军以来,跟匈奴打仗,大小七十多次,有进无退。这次大将军不让我跟他在一起,一定要我往东绕道儿。东路远,迷了路,耽误了日子。我还能说什么?我已经六十多岁了,犯不着再上公堂。"说着,就自杀了。

士兵们一向敬爱李广,一听到他死了,全都哭了。

082

卫青和霍去病

在李广交钱赎罪的那会儿,四路兵马中只有卫青那一路打了胜仗,逮住七百多名匈奴将士回到长安。他报告了经过,汉武帝听了,格外高兴,封赏他为关内侯。

卫青是平阳(今山西临汾西南)人,原来是平阳公主的一个家奴。他姐姐卫子夫,在平阳公主家当歌女,后来入了宫,和汉武帝生了太子,汉武帝就立她为卫皇后。卫青也确实有打仗的本事,所以汉武帝特别器重他。

公元前127年,卫青指挥大军打败匈奴,控制了河套地区。接着,汉武帝再派卫青带着三万兵马从雁门(治所在今山西右玉南)出发去打匈奴。他打了胜仗,杀了匈奴好几千人,又立了一个大功。

公元前124年,卫青打了个大胜仗,捕获了十几个匈奴小王,一万五千多个俘虏。汉武帝拜卫青为大将军,加封土地和户口,还要把卫青的三个孩子都封为列侯。卫青接受命令做了大将军,别的都推辞了。他说:"打退敌人全靠皇上的洪福和将士们的功劳,我不该加封,孩子更谈不上,请皇上开恩!"

汉武帝就把卫青手下的七个将军都封为列侯。第二年,匈奴再一次侵犯内地,汉武帝派大将军卫青率领飞将军李广等六个将军和大队人马去对付匈奴。卫青的外甥霍去病才十八岁,少年英雄,很有能耐,也跟着他舅舅卫青去打匈奴。

霍去病,是卫皇后姐姐的儿子,后来也是西汉的一员名将,封骠骑将军。这一次,他还是第一次出来打仗的小伙子,却十分勇敢。他带着八百名壮士作为一个小队,居然闯进匈奴的大营,杀了匈奴的一个头子,活捉了两个俘虏回来。

卫青审问了那两个俘虏,才知道一个是单于的叔叔,一个是单于的相国!捉到了这样高级别的匈奴首领,这功劳可真不小。没想到那个被霍去病杀了的匈奴头

子还是单于的叔伯爷爷呢。霍去病立了这么大的功劳,汉武帝便封他为冠军侯。

从这以后,霍去病打了好多次抗击匈奴的胜仗,其中最有名的大胜仗有六次。就说公元前121年的那次吧,他率领西汉的军队两次打败匈奴,控制了河西地区,打通了通往西边一些邻国的道路。

卫青和霍去病这两位名将,战胜匈奴的故事可多了。公元前119年,一万多匈奴骑兵从东边打进来,杀了一千多名当地的老百姓,抢了一些粮食和财物又回去了。汉武帝派大将军卫青和骠骑将军霍去病各带了五万骑兵去追击匈奴。这次汉军出征跟以前大不相同。除了十万骑兵以外,还有几十万步兵和十四万匹驮(tuó)东西的马。卫青、霍去病分两路进兵,一定要打败匈奴。

卫青自己向北进军,一碰到匈奴,就打起来了,匈奴连连败退。卫青在三天里追了二百来里地,可没追上单于。汉军又追了一段路,没找到一个匈奴兵,又不知道前面的路,就回到漠南。他七次出去,一次深入匈奴地界一千多里,一次深入匈奴地界两千多里。

霍去病从代郡出发去打匈奴,大军连着打了胜仗,逮住了单于手下的三个王,还有将军、相国、军官等八十三人,消灭了匈奴八九万人。他追击匈奴武装,追到狼居胥山(今蒙古国境内胥特山),在山上筑起祭坛,庆祝胜利。匈奴逃到漠北,打这儿起,漠南不再有匈奴单于和左右贤王的王廷(匈奴单于驻地称"王廷")或匈奴的军营了。

汉武帝为了慰劳霍去病,打算给他造一座住宅,霍去病谢绝了,说:"感谢陛下的大恩,在匈奴没有被消灭前,我总在外带兵打仗,哪安什么家呀!"

成语"匈奴未灭,何以家为",就是从这儿来的。

083

张骞探西域

大探险家、大外交家张骞在汉武帝初年做郎中时,匈奴中有人投降了汉朝,他们说敦煌(今甘肃敦煌西)和天山当中有个月氏(zhī)国,恨匈奴,想报仇。汉武帝想跟月氏联合起来切断匈奴跟西域(今新疆及新疆以西一带)各国的联系。他下诏征求精明强干的人去联络月氏,张骞应征了。有个投降过来的匈奴人叫堂邑父,还有一百多个勇士都愿意跟着张骞一块儿去找月氏国。

公元前139年,汉武帝派张骞为使者,带着一百多人从陇西(治所在今甘肃临洮南)出发。陇西外面就是匈奴地界。张骞他们走了几天,不料给匈奴兵围住,做了俘虏,只好住在那边,一住就是十多年。别人都分散了,只有堂邑父跟张骞在一起。日子久了,他们说话、做事,跟匈奴人没有什么不同,匈奴人对他们的看管也放松了。

有一天,张骞和堂邑父带着干粮,趁着别人不留心时,骑上两匹快马逃了。他们要到月氏去,又不知道月氏在哪儿,就往西走。他们跑了几十天,逃出了匈奴地界,闯进了一个叫大宛(在今中亚细亚)的国家。

大宛在月氏北边,是出产快马、葡萄和苜蓿(mù xù)的地方。大宛是匈奴的邻国,懂得匈奴话,张骞和堂邑父都能说匈奴话。大宛王早就听说在很远的东方有个中国,地方很富庶,吃的、穿的、住的讲究得没法说,金银财宝、绸缎布帛多得用也用不完,这会儿听到汉朝的使者到了,连忙欢迎。

张骞见了大宛王,要求国王派人送他们去月氏。大宛王就派人送张骞他们到了月氏。张骞见了月氏王,说汉朝愿意跟月氏联合起来共同去打匈奴。

可是,月氏王不想这样。原来月氏老王被匈奴杀了以后,月氏人立他的儿子为

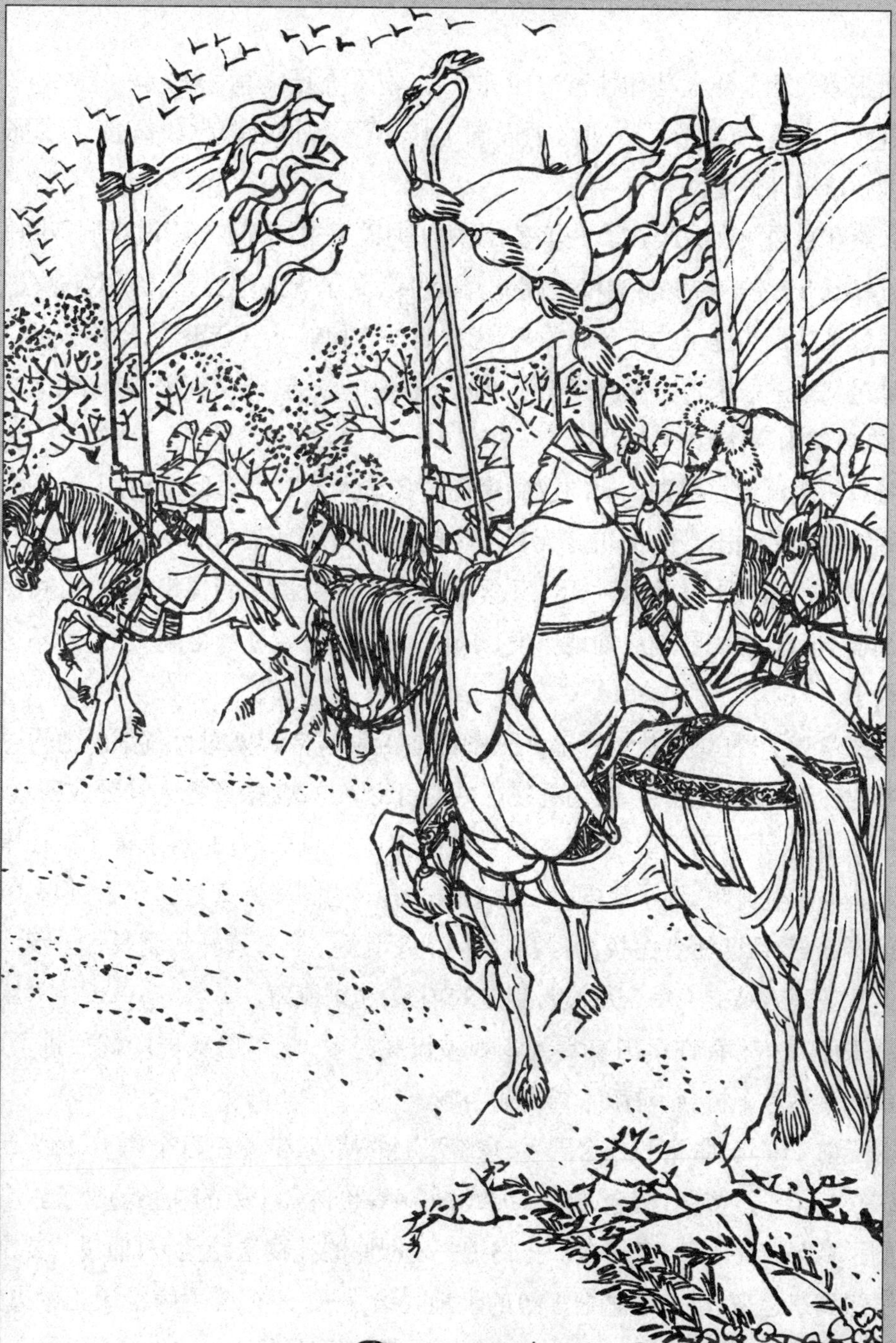

王。新王率领着全部人马和牲畜往西逃,一直到了大夏(今阿姆河上游南北两地)。月氏人打败了大夏,就建立了一个大月氏国,月氏王不想再去跟匈奴作战,只是很有礼貌地招待汉朝使者。

张骞和堂邑父在月氏住了一年多,没法叫月氏王去打匈奴,只好离开了月氏回国,经过康居(约在今巴尔喀什湖和咸海之间)和大宛,到了匈奴地界,又给匈奴逮住了。他们只好又在那边过了一年多。后来,匈奴的太子和单于争夺王位,国内大乱。张骞同堂邑父就逃回来了。汉武帝见了十三年未见的张骞,非常高兴,拜他为太中大夫,封堂邑父为奉使君。

张骞还想再到西域去。他向汉武帝说:"我在大夏看见邛(qióng)山(在今四川)出产的竹杖和蜀地出产的细布。大夏人说是买卖人从身毒(yuān dú)—天竺(今印度)买来的。大夏在长安西边一万二千里。大夏人从身毒买到蜀地的东西,可见身毒离蜀地不远。我们要是从蜀地出发,走西南那条道,经过身毒到大夏,就不必经过匈奴了。"

汉武帝听了,打算用礼物和道义去跟这些国家联合起来对付匈奴。他再一次派张骞为使者,从蜀地出发,带着礼物去结交身毒。这次,张骞把人马分成四队,从四个地点出发,走了两千里地,有的给当地的部族打回来,有的给杀害了。往南走的一队人马绕过昆明,到了滇国(今云南南部)。滇国的国王原来是楚国人,很客气地招待使者,愿意帮助使者去找身毒,但昆明人不让过,张骞只好回到长安。汉武帝认为这次在南方结交了一个从没听到过的国家,也很满意。

后来西域一带有许多国家看到匈奴被汉朝打败,就不愿意再向匈奴进贡、纳税。汉武帝趁这个机会,再派张骞去通西域。

公元前119年,张骞和几个副手,拿着汉朝的使节,带着三百个勇士,每人两匹马,还有牛、羊一万多头,黄金、钱币、绸缎、布帛等价值几千万的礼物动身了。

到了乌孙,乌孙王出来迎接。张骞把一份很厚的礼物送给他,对他说:"要是大王能够搬到东边来,皇上愿意把那边的土地封给大王,还把公主嫁给大王做夫人,两国结为亲戚,共同对付匈奴。这对咱们两国都有好处。"

乌孙王请张骞暂时休息几天,自己召集大臣们商议商议。乌孙王和大臣们都

害怕匈奴,商议了好几天,决定不下来。

张骞就打发他的副手们拿着使节,带着礼物,分别去联络大宛、康居、大月氏、大夏、安息(古代波斯)、身毒、于阗(tián)(今新疆和田一带)等国家。乌孙王还派了几个翻译帮助他们。许多使者去了好些日子还没回来,乌孙王就打发张骞先回去,他借着送张骞回去,派了几十个人到长安去探看一下。

张骞带着乌孙的使者来见汉武帝。汉武帝见了他们已经很高兴了,又瞧见乌孙王送给他的几十匹高头大马,喜欢得了不得,格外优待乌孙的使者。

过了一年,张骞害病死了。又过了几年,张骞派出去的那些副手们都带着各国的使者陆续回来了。汉武帝非常高兴,他知道了西域有三十六国,他们害怕匈奴,只好把自己的奴隶和财富交给匈奴。这会儿汉朝跟这些国家交好,他们不必纳税,都很乐意地跟汉朝结交。

乌孙王不愿意搬到东边来,汉武帝就在那边设立了两个郡,一个叫酒泉郡(今甘肃酒泉),一个叫武威郡(治所在今甘肃民勤东北),一年到头有官员和兵士守卫着,不让匈奴南侵。

汉武帝派张骞出使西域,西域三十六国都知道张骞心眼好,够朋友。因此,在很长一个时期,汉朝和西域的友好关系就建立起来了。汉朝从西域那边得到了高头大马、葡萄、苜蓿、胡桃、蚕豆、石榴等几十种物产;西域各国从中国得到了丝和丝织品,学会了耕种、打井和炼铁,发展了生产。张骞走通西域的这条路促进了中外文化交流,后来人们就叫它"丝绸之路"。

苏武牧羊

汉武帝派卫青、霍去病打败了匈奴，又派张骞通西域，都还顺利。匈奴逃到漠北，太平了好几年，表面上又要跟汉朝和好了。单于把被扣留的使者放了回来。公元前100年，汉武帝就派中郎将苏武送匈奴的使者回去。

但是，苏武到了匈奴，单于对苏武不讲礼貌。苏武没想到，以前有个汉朝的使者叫卫律，投降了匈奴，匈奴封他为王。卫律有个副手叫虞常，见卫律替匈奴出主意侵犯中原，老想杀了卫律逃回去。他跟苏武的副手张胜本来是朋友，就暗地里对张胜说，准备把卫律杀死。

张胜愿意帮他暗杀卫律。谁知道泄露了消息，单于叫卫律审问虞常，张胜害怕，把虞常跟他说的话告诉了苏武。苏武着急了，堂堂使者，如果像犯人一样被匈奴审问，会给朝廷丢脸，他就拔出刀来向脖子上抹去。张胜和另一个副手常惠连忙夺下刀，没让他死。单于叫卫律劝苏武他们投降。

苏武一见卫律来叫他投降，又拔出刀来向脖子上抹去。卫律慌忙把他抱住，苏武已经倒在地上，浑身是血。卫律叫人去请医生，常惠他们哭得不成样子。医生给苏武灌了药，让他醒过来，然后给他涂上药膏，扎住伤口，把他抬到营房里去。张胜就被关到监狱里去了。

单于早早晚晚派人去问候苏武，还是叫卫律想办法劝他投降。卫律想，软劝不成来硬的。他先举起刀来吓张胜。张胜贪生怕死，投降了。卫律又拿起刀来要砍苏武。苏武脖子一挺，不动声色地等着。这一挺，反倒叫卫律的手缩回去了。

卫律又软下来对苏武说自己投降了匈奴，单于封他为王，给了几万名手下人和满山的马群。苏武今天投降，明天就跟他一样，要不然，恐怕不能再见面了。

苏武指着卫律的鼻子,骂道:"卫律!你忘恩负义,背叛朝廷,厚颜无耻地投降敌人做了汉奸,我为什么要跟你见面?我决不会投降,要杀要剐(guǎ)都由你!"

卫律便无耻地去向单于报告,单于更要想办法叫苏武投降了。他想折磨苏武,叫他屈服,就把他下了地窖(jiào),不给他吃的、喝的。这时候正好下大雪,苏武就吃着雪和扔在地窖里的破皮带、羊皮片什么的。

过了几天,单于见苏武还活着,以为老天爷在帮苏武,就把他放出来,要封他为王,他不干。单于只得把他送到北海(今贝加尔湖),叫他在那边放羊,还说哪天公羊下小羊,你再回去吧。

苏武到了北海,匈奴不给口粮,他就挖野菜、逮田鼠吃。死活他都不在乎,最叫他念念不忘的是,他是汉朝的使者。他拿着使节放羊,抱着使节睡觉,他想总有一天能拿着使节回去。

一年一年地过去了,苏武手里的那个代表朝廷的使节上的穗子全掉了。可是他把那个光杆子的使节看成自己的命根子。

公元前87年,汉武帝死了,即位的汉昭帝才八岁。过了两年,匈奴起了内乱,单于没有力量再跟汉朝打仗,又打发使者要求和好了。汉昭帝派出使者来到匈奴,要求放回苏武、常惠等人。匈奴骗使者说苏武已经死了。

第二次,汉朝又派使者到匈奴去。常惠买通了单于的手下人,私底下跟使者见面。使者明白了底细,就严厉地责备单于说:"我们皇上在上林园射下了一只大雁,大雁的脚上拴着一条绸子,是苏武亲笔写的一封信。他说他在北海放羊。您怎么可以骗人呢?"

单于听了吓了一大跳,说:"苏武的忠义感动飞鸟了!"他向使者道歉,答应一定送回苏武。

当初苏武出使时,随从的人有一百多,这次跟着他回来的只剩下常惠等几个人了;苏武出使时刚四十岁,在匈奴受难十九年,今天终于回国了。长安的百姓听说苏武回来,都出来看。他们瞧见白胡须、白头发的苏武没有不受感动的,称赞他真是个大丈夫。

085

董仲舒引经断案

汉武帝有一次在京城召集贤士能人商讨国家大事，三十九岁的哲学家董仲舒也到京城参加了这次活动。他从容对答皇帝的提问，得到了汉武帝的赞许。

董仲舒的思想学说主要受孔子的影响。他特别推崇孔子，认为他的德治、仁政、重视伦理教育的儒家思想应当大大提倡，而其他的学术思想则应当统统排斥，不能让它们齐头并进。董仲舒的这个"罢黜(chù)百家，独尊儒术"的建议，不仅被汉武帝所采纳，而且充分肯定，积极推行，让它成了我国封建社会的正统思想。

由于董仲舒推崇孔子，因此把孔子所修订的鲁国的编年史《春秋》看成是治理国家、管理百姓的理论依据，因此，他在当朝廷官员时，凡是遇到政治、法律等一切疑难问题，大多从《春秋》中去寻求答案。

有个年轻的女子，她的丈夫出远门，在乘船渡海时，不幸掉进海里淹死了，尸首无法找到。过了一段时间，这女子的父母为她另找了一门亲事，并把她嫁了出去。当时汉朝的法律规定，丈夫没有落葬前，妻子是不能改嫁的。官府根据这条法律，把那个女子抓了起来，并判了她的死罪。

董仲舒知道了这件事后，认为判刑不当。他引用《春秋》中的一个条例，大意是丈夫死了后没有男人就可以再嫁。而且那年轻女子并不是德行不好，去和其他男子私奔，而是顺从父母的意思去嫁给别人，没有违反《春秋》中的原则，因此不能判罪。

还有一桩案子：父子俩与别人发生争执，并打了起来。对方拔出佩刀要刺杀父亲，儿子见了，立即拿起棍棒冲上去援救。不料在混乱中棍子居然击中了自己的父亲，使父亲受了伤。根据汉朝法律规定，儿子打伤父亲，是不孝罪，要判重刑。

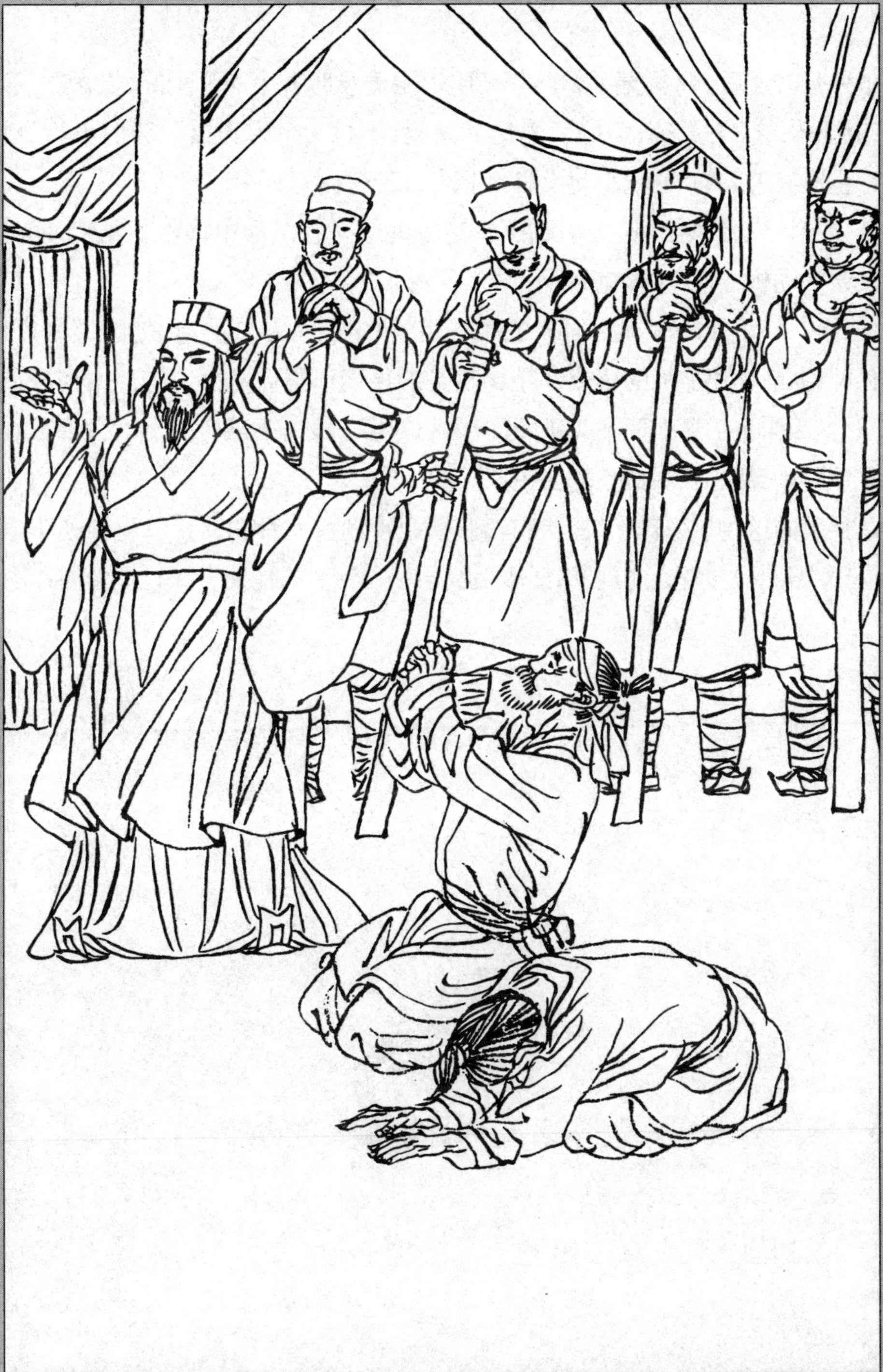

董仲舒知道后,讲了《春秋》中的一则案例:春秋时有个叫许止的,很孝顺父亲,见父亲病了,连忙去买药,煎好后端给父亲喝,不料父亲因吃错了药而不治身亡。由于许止没有杀父的动机,因此没有论罪。

董仲舒认为,这两个案子情况相仿,这个儿子是在混乱中误伤了父亲,他没有打伤父亲的动机,所以应该免除他的罪,不予处罚。

由此可见,董仲舒在审案断案方面,是完全依照《春秋》的"微言大义"来行事。他提倡礼治,认为用道德的感化作用比用刑的惩罚作用更能服人心。用刑法治百姓,百姓们因为害怕惩罚而不敢犯罪,但内心的根子没有去除;用礼治百姓,百姓们觉得犯罪可耻,从心底明白不能去犯罪。

董仲舒的这种思想对于统治者有利,因此得到汉武帝的支持。当他晚年退休后,朝廷如遇到一些重大的问题,还派最高司法官到他的住处去探讨处理的办法。

086

桑弘羊关注盐铁

汉武帝雄才大略,但苦于匈奴反复无常、不讲信用,签订和约也没有用。从公元前133年起,西汉与匈奴的战争便连绵不断地发生了。战争增加了财政支出,动用了国库中大量的钱财,导致财政危机的出现,使国库面临枯竭的危险。因此,汉武帝亟需一位善于理财的大臣,他对富有政治眼光和经济头脑的桑弘羊非常赏识,他们经常讨论军事和经济问题。

桑弘羊出身于洛阳一个富商家庭。当时洛阳是全国最富裕的地方,当地的风气是重财轻义,人们都想经商赚钱而不想当官。

在这样浓厚的经商气氛熏陶下,桑弘羊从小就对商业经营之道产生了兴趣,特别对古代著名的商人白圭、子贡等十分推崇。但他没有继承父业去经商,十三岁便被选为侍中,进入长安宫廷,长期跟随在汉武帝左右。

汉武帝问他:"朕决心抗击匈奴,但和匈奴打仗要准备大量军费,能不能再增加一点农民的税收?"

桑弘羊回答:"不行。农民的负担已经够重的了,除了缴地税、服劳役外,还要用现钱缴纳算赋、口赋、更赋等,如果再加税,他们会不堪负担,从而使社会产生不稳定因素。"

汉武帝问:"那到哪里去筹集军费开支所需要的钱呢?"

桑弘羊回答:"天下有的是钱,有的是生财之道,却不掌握在皇上您的手中;如果把它们拿过来,别说这点军费开支,就是要再多的钱也没问题!"

汉武帝急切地问:"你快说,到哪里去弄钱吧!"

桑弘羊道:"本朝开国以来,实行的都是民间冶铁煮盐的政策,一些大盐铁主垄

断了盐铁的生产和买卖,积累了巨大的财富。要增加国家的财政收入,只能从这些富商大贾手中夺回一部分财富。"

"是不是要这些富商大贾多缴盐铁税?"汉武帝自作聪明地问。

"我想建议皇上推行盐铁及酒类的官营专卖政策,从富商大贾手里夺回了盐铁和贸易的控制权。这样既可以使国库充盈,又能抑制和打击豪强势力。"

"好,朕就按你的办法去做。"

汉武帝先任命桑弘羊担任治粟都尉(管理全国粮政的长官),由宫廷到政府实际部门工作;接着又让他出任大农丞(相当于财政部副部长),掌管会计事务;后来又让他担任大司农(相当于财政部部长)、御史大夫等职务,使他的政治生涯达到了最高峰。

桑弘羊在汉武帝的支持下,推行了一系列财政经济的改革措施,如设立平抑物价、统一征收、买卖和运输货物的平准、均输机构,控制全国商品,以及盐铁官营、铸币统一、屯田垦殖等。这些措施增加了西汉政府的财政收入,提高了国家的经济实力,为西汉王朝的政治稳定奠定了经济基础。汉武帝的文治武功,与桑弘羊善于理财是分不开的。

公元前81年,朝廷召开了一次盐铁专卖问题的讨论会,来自民间的"贤良文学"("贤良"是取得了"贤良方正"称号而还没有官职的儒生,"文学"则指一般儒生)反对专卖,而以桑弘羊为代表的政府官员则主张维持原状,继续实行盐铁官营政策。

会议一开始,"贤良文学"就打出"为民请命"的旗号,集中火力攻击盐铁官营政策,他们说:"盐铁官营,违背了古代重德轻利、重义轻财的原则,是在与民争利。"

桑弘羊一针见血地指出:"盐铁是一个国家的经济命脉,掌握在中央政府手中国家就能富强,不然的话国家就会衰弱。"

"贤良文学"又说:"当国君的应当效法尧、舜、禹,当臣子的应当效法周公、孔子,这是永远不应改变的。"

桑弘羊反驳道:"一切事物都是由始而终、由极而衰地运动着,时代在变化,政策怎么能不变呢?"

"贤良文学"被驳得理屈词穷,无话可说。桑弘羊的盐铁专卖政策再次获得了胜利。

司马迁忍辱著《史记》

再说苏武被匈奴单于扣留以后,汉武帝大为震怒,立刻派贰师将军李广利带兵征讨匈奴。李广利带三万汉军在酒泉附近与匈奴右贤王的军队交战,双方互有胜负。

第二年,武帝又派骑都尉李陵率步军五千深入匈奴的领土作战。李陵是李广的孙子,他年轻力大,箭法精熟,又十分爱护士兵,因此他带领的军队战斗力很强,汉武帝也极看重他。不幸的是,由于他孤军深入,终于被匈奴抓住了弱点——匈奴王且鞮侯单于召集左右贤王共七八万的骑兵将李陵的五千士兵团团围住了。尽管战士们英勇奋战,以步战杀死了数千敌人的骑兵,但终因寡不敌众,弹尽粮绝,只剩下了几十人,李陵又让战士们将汉军的旗帜及身上的贵重物品埋入地下,作最后一次拼杀。

眼看自己周围只剩下十几个战士了,而且大家都已筋疲力竭,再也无力抵抗了,李陵才含着眼泪对仅存的几个士兵说:"我们已经没脸回去了,大家留条性命待以后寻机会报效大汉皇帝吧。"于是他便投降了匈奴。

李陵投降的消息使汉武帝大怒。他在朝堂上让官员们议论这件事。几乎所有的大臣都谴责李陵贪生怕死、叛国投敌,只有太史令司马迁为李陵辩护。他说:"李陵面对十数倍于自己的敌军,仍带领兵士浴血奋战,杀死的敌军比自己军队的人数还多。他战斗到弹尽援绝,不得已而降敌,也许日后他还会找机会报效朝廷的。"

不料司马迁的这番话触怒了汉武帝。因为他知道司马迁与李陵是好友,因此认定司马迁是在为李陵的叛国投敌辩解,说他是存心对抗朝廷。于是他一声令下,将司马迁下了监狱。

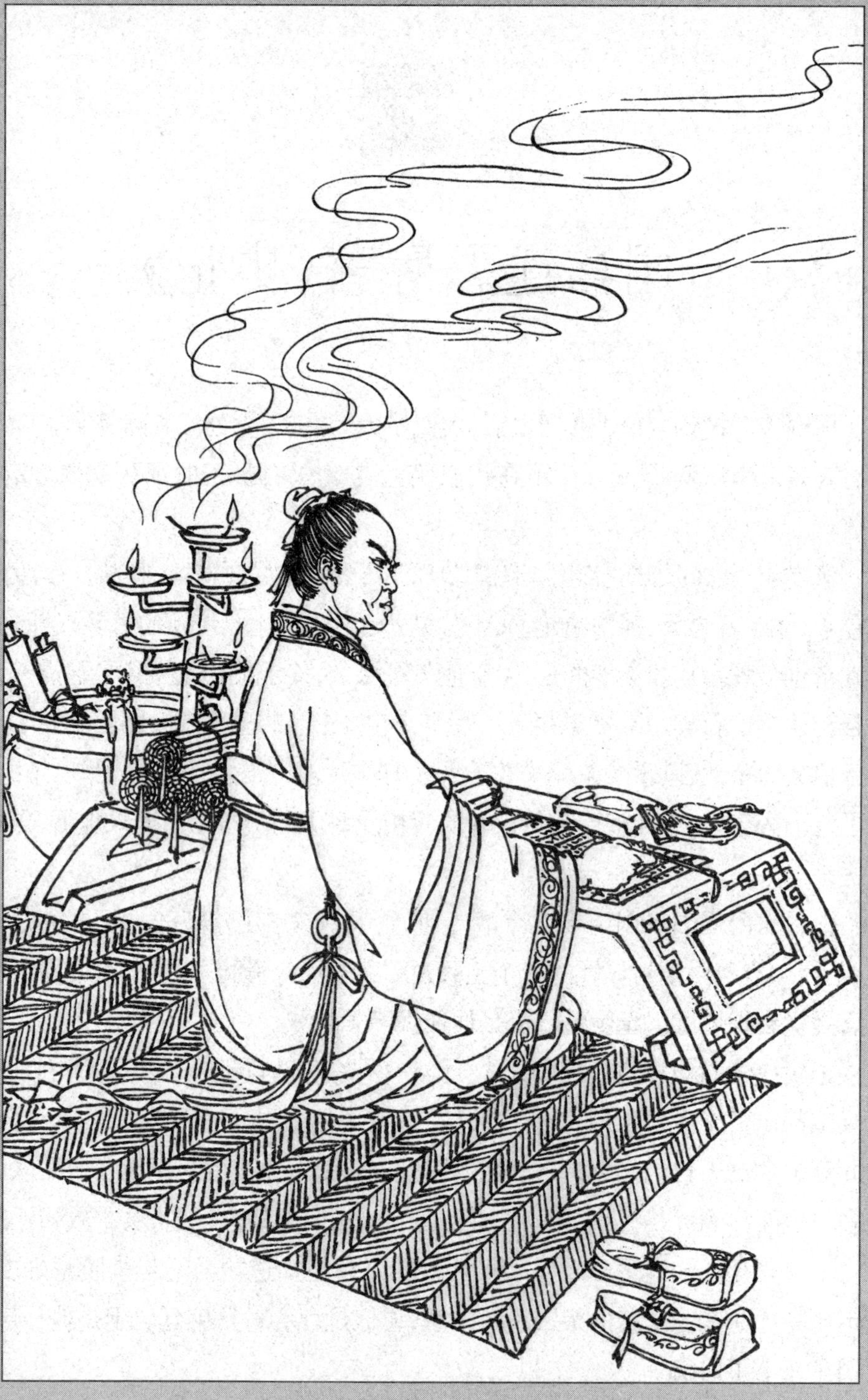

司马迁是史官世家。他的父亲司马谈也是汉朝的太史令。他们的祖上在周朝时就当过史官。司马谈是一个学识十分渊博的人，他曾掌管汉朝的天文、历法和负责记录历史文献。趁此机会，他收集了大量的历史资料，计划写一部全面记述中国历史的史书。但由于工作量巨大，他自己又年老多病，已经不可能全部完成这项工程了，因此，他在临终前郑重地嘱咐儿子一定要完成自己的这个遗愿。

司马迁没有辜负父亲的期望，他从年轻时便开始博览群书，积累资料，而且还不断地到全国各地去游历，通过访人问古，考察各地的历史名胜与古迹，从民间了解历史人物和他们的事迹，了解各地的风土人情和地理环境，获得了历史典籍上所没有的大量翔实丰富的史料。他曾三次大规模出游，南至今天的江、淮、湘、浙，以至四川、云南，北至长城内外，东至今河南、山东直达滨海，西至陇西，足迹踏遍了整个长江和黄河流域。

正当司马迁进行了长达二十年的知识积累，开始写作这部历史巨著的时候，李陵事件发生了。当时朝廷专管刑法的廷尉杜周，为了迎合和讨好皇帝，竟给无辜的司马迁判了"腐刑"（就是残害人的生殖器官）。按照当时汉朝的法律，被判了刑的犯人是可以用钱来赎罪的。但是，司马迁只是一个穷书生，他家虽世代为官，却十分清廉，根本拿不出赎金。因此，他只能屈辱地受刑。

遭受如此的酷刑，是人生的奇耻大辱。这对于一个正直清高的知识分子来说，他本来已经没有勇气再活下去了。但是，父亲的遗愿还没有完成，自己用一生的精力所搜罗的材料，以及想要表达的观点和思想，难道就这样付之东流了吗？他又不甘心。

经过了无数个日日夜夜的痛苦煎熬，他终于想通了——周文王被纣王关在羑里，纣王还残酷地杀害了文王的儿子，并且将他儿子的肉做成肉酱让他吃，文王仍能忍受这么巨大的痛苦而在牢中写下了《周易》这部书；孔子一生困厄不得志，但他却孜孜不倦地教育学生，并且写下了《春秋》一书传于后世；左丘明两只眼睛全瞎了，还以巨大的毅力写成了《国语》；屈原遭人排挤诬陷，楚王一点也不理解他的一片爱国之心，反而将他流放，他却写出了长篇名诗《离骚》；孙膑遭朋友庞涓陷害，被砍掉了两腿的膝盖骨，他还能忍辱负重，写出了《孙膑兵法》。中国历史上的这些伟

人,都能不顾自己个人的不幸而发愤著述,完成自己的人生志愿,自己为什么不能呢?于是他决心抛弃个人的悲痛与屈辱,效法这些古人,去完成自己的宏愿。

司马迁出狱后,汉武帝让他当了中书令。他以巨大的毅力忍受着从朝廷上下投来的鄙视与嘲讽的目光,又经过了十数年坚韧不拔的艰苦努力,终于以自己的生命与血汗,完成了这部空前伟大的历史巨著。这部著作,当时称作《太史公书》,后人便称它为《史记》。

《史记》记述了从我国古代传说中的黄帝开始直到汉武帝太初年间的历史。全书有五十多万字,分十二本纪、十表、八书、三十世家和七十列传。司马迁在《史记》中对历史的记述,既翔实、细致、严格地忠于历史,又爱憎分明,有自己的立场和观点。他鞭挞黑暗、表彰正义、反对贪暴、同情弱小。与此同时,《史记》里的人物描写和情节叙述也形象鲜明、生动活泼,使它不但在史学上,而且在文学上,都具有重大的价值。

霍光受托辅政

司马迁的《史记》写到公元前 104 年到公元前 101 年汉武帝太初年间。汉武帝公元前 87 年死了,汉昭帝即位。汉昭帝年纪小,听从大臣们的话。霍去病的异母兄弟、大将军霍光叫汉昭帝照顾老百姓,减轻赋税,减少官差,有时候还借种子、借粮食给农民。因此有的人说:"文帝和景帝的日子又快回来了。"

可是,因为霍光不讲情面,朝廷中的一些大官不能为所欲为,就把他看做眼中钉。

左将军上官桀的儿子上官安是霍光的女婿。上官安要把自己六岁的女儿嫁给汉昭帝,将来好当皇后。他让他的父亲上官桀先去跟霍光疏通。霍光说:"您的孙女才六岁,现在就送进宫里去不合适。"

这么一来,上官桀和上官安更加痛恨霍光了。

汉昭帝从小死了母亲,一向把大姐盖长公主看成母亲一样。盖长公主怎么说,他就怎么依。上官安不死心。他又去找盖长公主的朋友丁外人去求盖长公主。丁外人向盖长公主一说,盖长公主就答应下来了。这样,上官安六岁的女儿进了宫,没有多少日子就立为皇后。上官安做了国丈,还做了车骑将军。他非常感激丁外人,在霍光面前说,可以封丁外人为侯。

霍光对于六岁的小姑娘进宫这一件事本来很不乐意,因为盖长公主主张这么办,他不便过于固执。可是封丁外人为侯,算是什么规矩呢?霍光就是不同意。

上官桀他们勾结燕王、汉昭帝的异母哥哥刘旦,先想办法消灭霍光,然后废去汉昭帝,立燕王刘旦为皇帝。朝廷里有左将军上官桀、车骑将军上官安,还有别的大臣,外边有燕王刘旦,宫里有盖长公主和丁外人,他们联合起来布置了天罗地网,

不怕霍光不掉在里面。

燕王刘旦不断地派人送信、送金银财宝给盖长公主和上官桀他们,叫他们赶快动手。刚巧霍光出去检阅羽林军(保护皇帝的部队),又把一个校尉调到大将军府里来。上官桀他们抓住这个机会,派个心腹,冒充燕王刘旦的使者,假造了一封燕王的信,去告发霍光。

汉昭帝接过信一看,信上大意说:"听说大将军霍光出去检阅羽林军,耀武扬威地坐着跟皇上一样的车马,又自作主张,调用校尉。这种不尊重皇上、滥用职权的人哪儿像个臣下?我担心他准有阴谋,对皇上不利。我愿意归还燕王的大印,到宫里来保卫皇上,免得奸臣作乱。"

汉昭帝把这封信看了又看,念了又念,就搁在一边。上官桀等了半天,没有动静,就到宫里去探问。汉昭帝只是微微地一笑,也不回答他什么。第二天,汉昭帝临朝,大臣们都到了,单单少了一个霍光。他问:"大将军在哪儿?"

上官桀回答说:"大将军因为被燕王告发,不敢进来。"

汉昭帝吩咐内侍去召霍光进来。霍光进去,自己摘去帽子,趴在地上,说:"臣该万死!"

汉昭帝说:"大将军尽管戴上帽子。我知道有人存心要害你。"

大臣们听了,一愣。霍光又是高兴又是奇怪。他磕了个头,说:"皇上怎么知道的?"

汉昭帝说:"大将军检阅羽林军是在临近长安的地方,调用校尉也是最近的事,一共不到十天工夫。燕王远在北方,他怎么能够知道这些事?就算知道了,马上写信,马上派人来上书,也来不及赶到这儿。再说,如果大将军真要作乱,也用不着调用一个校尉。这明明是有人暗伤大将军,燕王的信分明是假造的。我虽然年轻,也不见得这么容易受人欺蒙。"

这时候汉昭帝才十四岁,霍光和别的大臣们听了,没有一个不佩服他的聪明的。

汉昭帝把脸一沉,对大臣们说:"你们得想个办法把那个送信的人抓来!"

汉昭帝连着催了几天,也没破案。上官桀他们怕追急了弄出大祸来,就劝汉昭

帝说:"这种小事情,陛下不必追究了。"

汉昭帝说:"这还是小事情吗?"

打这儿起,汉昭帝就怀疑起上官桀那一伙人来了。

上官桀他们并不罢休。他们商议停当,由盖长公主出面请霍光到宫里去喝酒,上官桀爷儿俩布置埋伏,准备在宴会上刺杀霍光。他们又派人通报燕王刘旦,请他到京师来即位。

上官桀爷儿俩自己又秘密地定下了计策:准备杀了霍光之后,再把燕王刘旦刺死,上官桀自己即位做皇帝。不料有人把他们的秘密告诉了霍光,霍光连忙告诉了汉昭帝,汉昭帝又赶紧嘱咐丞相田千秋火速扑灭叛乱。

田千秋首先逮住了燕王刘旦的使者,再派人分别去抓上官桀、上官安和丁外人,录了他们的口供,然后统统给杀了。盖长公主没有脸再做人,自杀了。燕王刘旦得到了这个消息,正想发兵,诏书已经到了,叫他放明白点。他只好上吊自杀。

霍光扑灭了叛乱以后,希望老百姓能够安居乐业,不愿再用兵,偏偏北边的匈奴、东边的乌桓和西边的楼兰(今新疆若羌罗布泊西北),又来侵犯中原。汉昭帝先后发兵打败了匈奴、乌桓和楼兰。他改楼兰为鄯善(shàn)(今新疆若羌一带),给鄯善王一颗汉朝的王印,又把宫女嫁给他做夫人。西北方从此太平了一个时期。

公元前74年,汉昭帝二十一岁了。他下了一道诏书,叫大臣们商议减少人头税。因为这十几年来,由于鼓励节约,撤销了不必要的官员,国库还算充实,商议下来,减少人头税十分之三。过了两个月,汉昭帝就病死了。

089

昭君出塞

　　汉昭帝死了,上官皇后才十五岁,没有孩子,别的妃子也没生过儿子。大臣们议论纷纷,立谁做皇帝呢? 霍光听了别人的话,把汉武帝的一个孙子昌邑王刘贺立为国君。没想到昌邑王是个昏君,他荒淫无度,据说即位才二十七天工夫,就做了一千一百二十七件不应做的事。霍光他们一班大臣只好废了昌邑王,另立汉武帝的曾孙刘询(xún)为国君,就是汉宣帝。不久,霍光死了,汉宣帝重用丞相魏相、卫将军张安世、老将军赵充国等。

　　这时候,匈奴由于出了五个单于,互相攻打杀伐。其中有个单于叫呼韩邪,他杀了一个主要的敌手,打败了别的几个单于,差不多可以把匈奴统一了。想不到他的哥哥自立为郅(zhì)支单于,又跟呼韩邪单于打起仗来了。呼韩邪单于打了几个败仗,死伤了不少人马,不知道怎么办才好。大臣当中有人劝他跟汉朝和好。呼韩邪单于决定亲自带着部下到长安来见汉宣帝。

　　公元前51年正月,匈奴呼韩邪单于亲自来见汉宣帝。汉宣帝亲自到长安郊外迎接了他,为他开了盛大的宴会,还送了不少礼物。

　　呼韩邪单于和匈奴的大臣们在长安住了一个月。到了二月里,呼韩邪单于请求汉宣帝帮助他们回去。汉宣帝答应了,派两个将军带领一万六千名骑兵护送他到了漠南。这时候,匈奴正缺少粮食,汉朝送去了三万四千斛(hú,古时候十斗为一斛)粮食。

　　郅支单于怕汉朝帮着呼韩邪单于去打他,也打发自己的儿子到长安来,表示和汉朝友好。西域各国也都争先恐后地来和汉朝打交道。汉宣帝不用说有多高兴了。

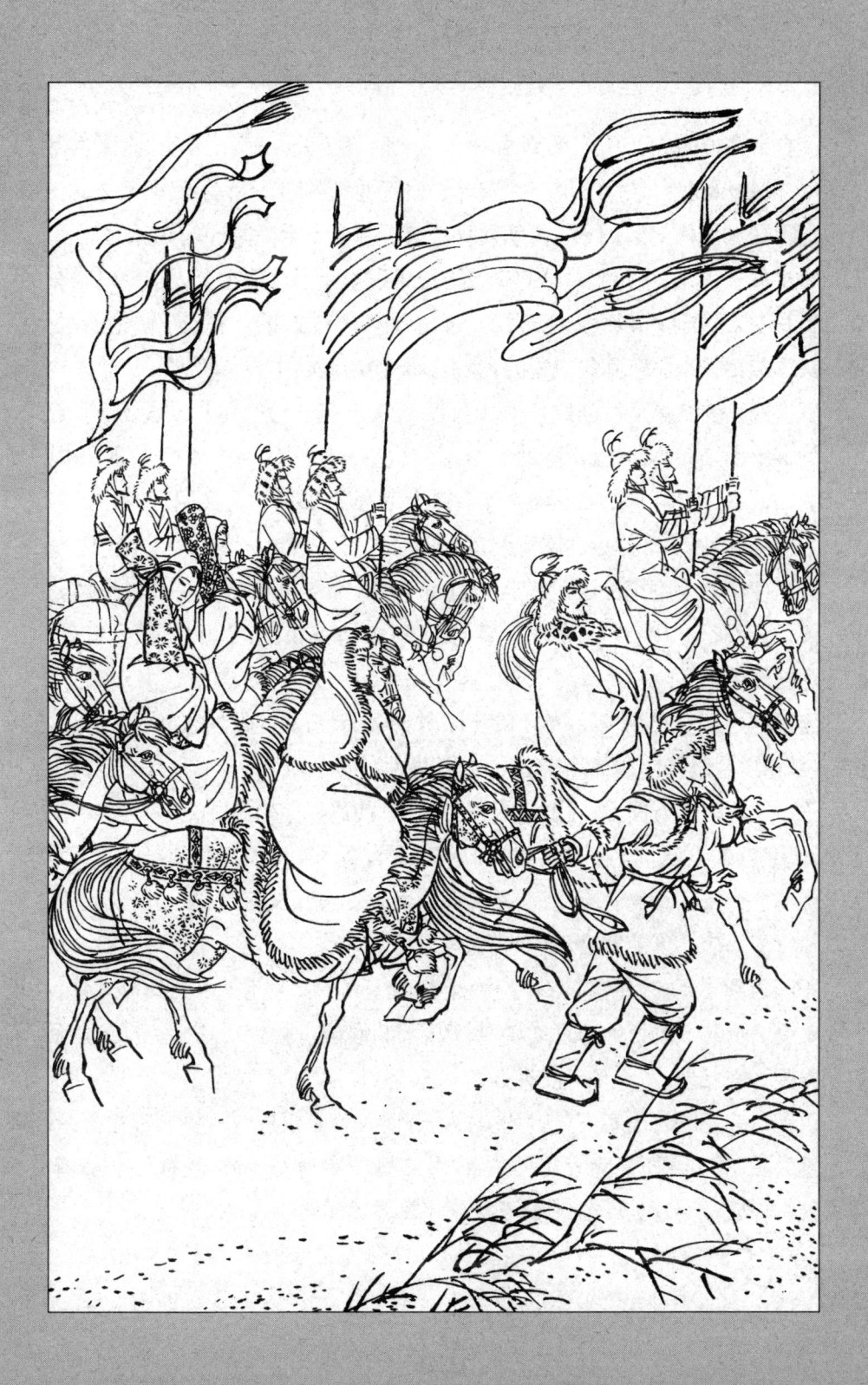

汉宣帝在位的二十几年,汉朝强盛了一个时期。公元前 49 年,汉宣帝病死,太子即位,就是汉元帝。过了几年,郅支单于侵犯西域各国,还杀了汉朝派去的使臣。西域各国请求汉朝出兵,于是,汉朝发兵打败了郅支单于,郅支单于也死了。

郅支单于一死,呼韩邪单于的匈奴王位可以坐定了。他在公元前 33 年再一次亲自到长安来,要求和汉朝结亲。汉元帝也愿意同匈奴和亲,答应了。他吩咐大臣到后宫去传话:"谁愿意到匈奴去的,皇上就把她当做公主看待。"

后宫的宫女都是从民间选来的,她们好像关在笼子里的鸟儿,永远没有飞的份儿。能够出去嫁人的话,就是嫁给一个平民也够称心了。可是要她们离开本国到遥远的匈奴去,谁都不乐意。其中有个宫女叫王嫱(qiáng),又叫王昭君,很有见识。为了两国的和好,她报名愿意到匈奴去。

管这件事的大臣正为了没有人应征而焦急,难得王昭君肯去,就把她报上去了。汉元帝就吩咐几个专门办理喜事的臣下,准备嫁妆,择个日子,给呼韩邪单于和王昭君成亲。

到了结婚那一天,呼韩邪单于瞧王昭君年轻美貌,从心眼里感激汉元帝。不说别的,那份嫁妆已经够叫他高兴了。光是绸缎布帛一项,就有一万八千匹,丝绵一万六千斤。从汉朝方面说,只要匈奴不来侵犯,使边界上的居民能够不受到抢劫和屠杀,已经够称心了。现在呼韩邪单于一心跟汉朝和好,从此不再来侵犯,汉朝怎么样优待他也都乐意的。因此,在呼韩邪单于夫妇离开长安的那一天,汉元帝在宫廷里举行了一个盛大的宴会欢送他们。

王昭君到了匈奴,住在塞(sài,有防御工事的边界)外,从此见不到父母之邦,心里不免难受。但匈奴的百姓都喜欢她,尊敬她,她慢慢也就生活惯了。打这以后,匈奴和汉朝和睦相处,六十多年没有打仗。

汉元帝在王昭君出塞不久就死了,太子即位,就是汉成帝。汉成帝立母亲王政君为皇太后,拜大舅王凤为大司马大将军,二舅王崇为安成侯,还有五个小舅舅都封了侯。外戚(太后或者皇后的亲戚)王家从此掌握了朝廷的大权。

王莽复古称帝

汉成帝的母亲、皇太后王政君有八个弟兄。二弟王曼的次子叫王莽。有些大臣吹王莽好,汉成帝就封他为新都侯,后来又拜他为大司马,让他掌握朝廷大权。王莽用心搜罗天下人才,远远近近一些知名之士都来投奔他。

公元前7年,汉成帝死了,新君即位,就是汉哀帝。汉哀帝尊王政君为太皇太后。汉哀帝即位六年也死了,王莽就立了一个只有九岁的汉平帝,让太皇太后王政君替他临朝,国家大事全由王莽做主。

王莽掌了大权,他手下的人又请太皇太后加封他为安汉公。王莽不肯接受封号和封地,还告了病假,躺在床上不肯起来。太皇太后又封王莽为太傅,尊为安汉公,加封两万八千户。王莽接受了封号,把封地退还了。

公元2年,中原发生了旱灾和蝗灾,朝廷要粮要税还是逼得很紧,全国又骚动起来了。为了缓和老百姓对朝廷和官吏的愤恨,王莽向太皇太后建议节约粮食和布帛。王莽自己一家先吃起素来,还拿出一百万钱、三十顷地,当做救济灾民的费用。他一带头,有些贵族、大臣也只好拿出一些土地和房子来。这么一来,王莽的名声更大了。

第二年,汉平帝才十二岁,王莽就请太皇太后给汉平帝定亲。太皇太后选定了王莽的女儿,准备明年给汉平帝完婚。王莽推让一番后,就同意了。王莽掌握了大权,怕汉平帝的母亲一家也参与朝政,就封汉平帝的母亲卫姬为中山王后,叫她留在中山,不准到京都里来。

过了年,十三岁的汉平帝成了亲,把王莽的女儿立为皇后,王莽做了国丈。太皇太后要把新野(今河南新野)的土地二万五千六百顷赏给他,可是王莽又推辞了。

王莽派王恽(yùn)等八个心腹大臣分头到各地到处宣扬王莽不肯接受新野土地这件事情。中小地主和农民恨透了兼并土地的豪强,一听到王莽连土地都不要,说他真是个好人。这时,泉陵侯刘庆上书给太皇太后,说:"应恢复周朝周公辅佐周成王的古例,请安汉公执行天子的职权。"

王莽就"复古"做了汉平帝的代理人。

王莽派出去观察风土人情的八个人回来了,写了各种各样歌颂王莽的歌谣,朝廷大臣、各地官员、平民百姓请求给王莽加封的有四十八万多人。

王莽的威望越来越高,汉平帝却越来越觉得王莽可怕、可恨,在背地里说些抱怨的话。王莽听到后冒火了。一天,大臣们欢聚一堂,给汉平帝上寿。王莽亲自献上一杯毒酒,汉平帝接过来喝了,第二天就患了重病,没几天就死了。王莽还装模作样哭了一场。

汉平帝死的时候才十四岁,没有儿子,可是汉宣帝曾孙很多,王莽不选年龄大的,偏偏挑选了汉宣帝的一个玄孙(曾孙的儿子)、才两岁的刘婴,立为皇太子,又叫孺子婴。王莽的女儿为皇太后。汉高祖打下来的刘家的天下眼看着要落在王莽手里了。

安众侯刘崇起来反对。他的心腹张绍帮着他召集了一百多个部下,冒冒失失地进攻有几千名士兵守着的宛城。一交战,刘崇的兵马就垮了,刘崇和张绍死在乱军之中。刘崇的伯父和张绍的叔伯兄弟恐怕王莽追究,自动到长安请罪。王莽为了安定人心,把他们都免了罪。

大臣们又向太皇太后建议,给安汉公的权还要大。太皇太后王政君就下了诏书,称王莽为"假皇帝"(假是代理的意思)。

但第二年秋天,东郡太守翟(zhái)义又起兵了。他约会了皇族里的一些人,立刘信为天子,自称"大司马柱天大将军",号召天下说:"王莽毒死汉平帝,要夺刘家的天下。现在已经有了天子了,大家应当起来去征伐王莽。"刘信、翟义他们到了山阳郡(治所在今山东金乡西北),已经有了十几万人马。

警报到了长安,王莽抱着三岁的孺子婴,日日夜夜在庙里祈祷,通告天下,说他只是代行职权,这个职权是要还给孺子婴的。可是,王莽觉得假皇帝管不了天下,

还不如做个真皇帝吧。这时就有一批人，纷纷假托天帝的命令，说"王莽是真命天子"，"汉高祖让位给王莽"的铜箱也在高帝庙里发现了。

王莽这会儿不再推让了。公元8年，王莽把汉朝改为新朝，自己称为"新皇帝"，废孺子婴为定安公。西汉从汉高祖到汉平帝一共十二个皇帝，二百一十几年的天下到这儿就亡了。

091

绿林赤眉起义

王莽做了皇帝,一心要恢复古代的制度,把天下的田地改为"王田",不准私人买卖,叫富户把多余的田交给无田人去种,引起了豪门、地主、贵族的反对。农民受着沉重的剥削,没有农具,没有牲口,怎能把"王田"种好呢?结果,农业生产还不如以前。

王莽只好又下一道命令,王田又可以买卖了。自己打自己的嘴巴,弄得威信扫地,人心不安。他又拉了三十万人马去打匈奴,为了打仗,就向老百姓征军粮、征牲口。谁要是慢一步,就处死刑或没收为官奴。

老百姓闹得没法活,就起来反抗。西北边境靠近匈奴一带的百姓,捐税和官差负担特别重,他们首先起义了。

公元17年,荆州(今湖北、湖南一带)闹饥荒,野菜都挖光了。新市(今湖北京山东北)有个叫王匡的,另一个叫王凤的人,带领好几百农民起义,抢了官仓的粮食,占领绿林山(今湖北大洪山)。没几个月工夫,起义军就有了七八千人。后人就称他们为绿林好汉。

消息到了长安,左将军公孙禄对王莽说:"大臣当中有不少人乱划田地,叫农民没法耕种;不顾老百姓,加重捐税。百姓造反,罪在官吏。只要惩办贪官,向天下赔不是,国内就能够安定下来。"

他还要求把进攻匈奴的军队赶快撤回来,跟匈奴讲和。

王莽一听,叫卫士们把公孙禄轰了出去,接着下令剿灭绿林。荆州的长官马上召集了两万官兵,奔绿林而来。

绿林军跟官兵交火拼杀,越打越精神。官兵连爬带滚,四散逃跑,死伤好几千人。王匡、王凤趁机攻进竟陵(今湖北潜江西北)、安陆(今湖北安陆北)两个城,打开监狱,放出囚犯;打开粮仓,把粮食分给贫民,余下的大部分都搬上了绿林山。

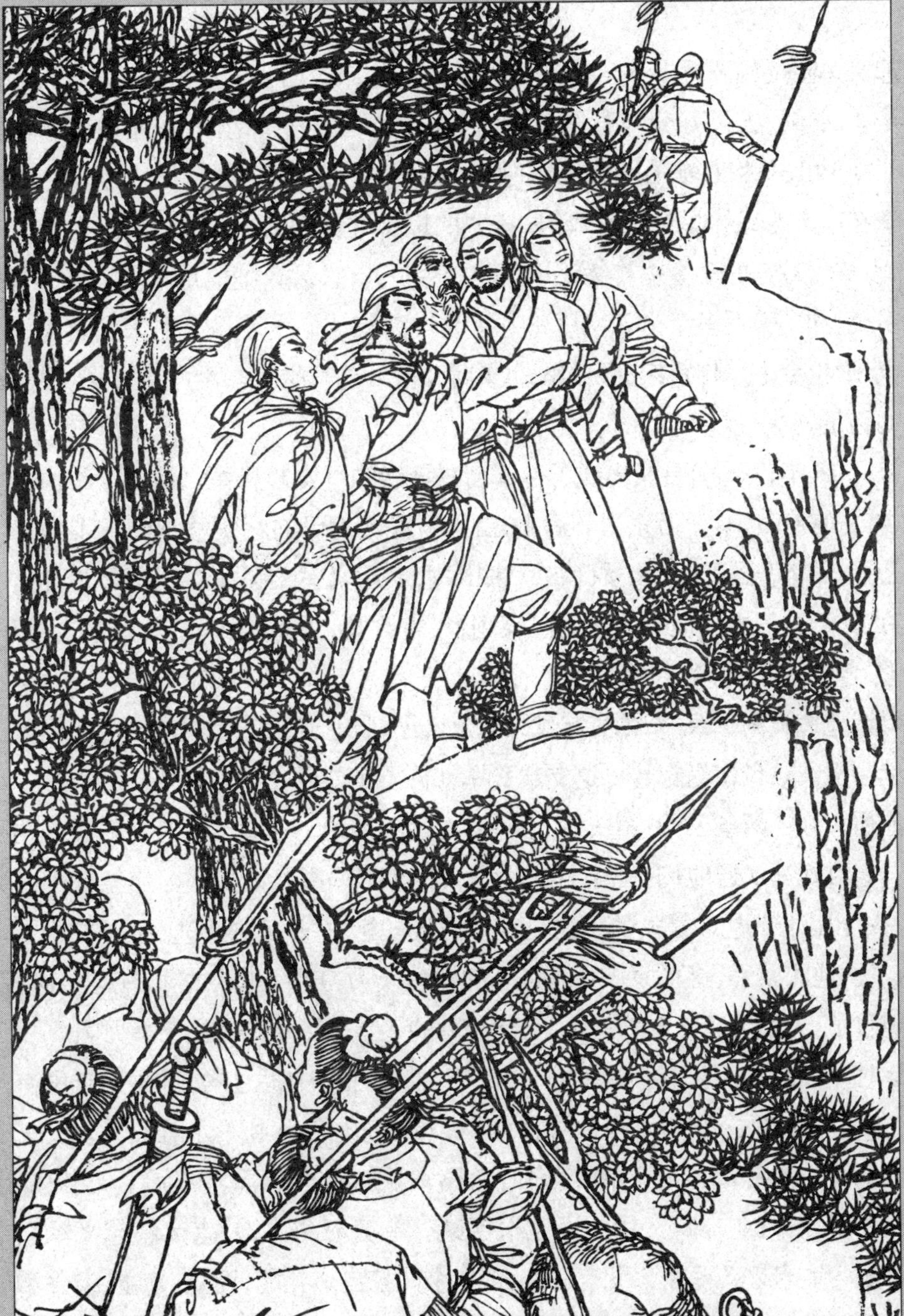

起义军猛增到五万多人。想不到公元 22 年,绿林山发生了疫病,五万人死了快一半。活着的人只好分成几路离开绿林山,一路占领了南阳,一路占领了南郡(今湖北荆州北),一路占领了平林(今湖北随州东北)。

就在南方的绿林军打击官军时,东方的琅琊郡海曲县(今山东日照西)有个公差吕育,没依着县官的命令去打缴不出捐税的穷哥儿们,县令把他杀了。吕育的妈妈怒火中烧,约了一百多个穷苦农民杀了狗官。穷哥儿们跟着吕妈妈来到黄海一个小岛上,瞅机会上岸打官府,砸监狱,开粮仓,名声越来越大。没多少日子,跟着吕妈妈的队伍就有一万多人。

公元 18 年,莒(jǔ)县又出现了首领名叫樊崇的一支起义军。他们以泰山为根据地,打击官府,也有一万多人。后来,吕妈妈病死,手下的一万多人都上了泰山。

公元 21 年,王莽派大将景尚带兵去围剿,叫起义军给杀了。王莽眼睛往上一翻,差点儿背过气去。他跟太师王匡谋划,集中兵马,先打一头,派太师亲自出马,率领十万大军去围剿樊崇军。

樊崇他们听到了风声,怕打起仗来自己人不认识自己人,就叫起义的农民都在眉毛上涂上红颜色作为记号。这支起义军就得了个外号,叫"赤眉"。

赤眉军立了两条公约:第一条,杀害老百姓的定死罪;第二条,打伤老百姓的受责打。老百姓都欢迎他们。王匡的官兵来了,赤眉军拼着命猛攻。樊崇是个大力士,枪头"出出出"地对着太师王匡直扎。王匡拉转马头就往回逃,大腿被扎了一枪,跑了。他的副手、将军廉丹死在乱军之中。十万官兵,逃了太师,死了大将,乱哄哄地散了一大半,有一部分投降了,赤眉军的人数一下子增加到十多万人。

这时,全国到处闹饥荒,关东人一批又一批地往关中拥过去,进关的难民有几十万。王莽只好下令开仓发粮。可官吏们层层克扣,粮食到不了难民嘴里。长安有成千上万的难民死去。王莽只管催促各路官兵加紧围剿绿林和赤眉。当时除了绿林和赤眉,别的地方起义的农民也很活跃。单黄河两岸,就有大小起义军几十路。可是各地的起义军彼此没有联络,都自个儿打自个儿的,而且,地主、豪强和倒了霉的汉朝贵族,都趁着机会混进了农民起义军的队伍。

昆阳大战

汉朝有个远房宗室刘秀,老想恢复刘家的天下。他生性谨慎,态度沉着,曾到长安进过太学。从太学回来,他就做粮食买卖,成了一个大商人。

有一天,刘秀运谷子去卖,在街上碰到了好朋友李通和李轶(yì)。李通和李轶跟他说:"王莽眼看不行了。你是宗室,何不趁此机会,召集人马,夺取天下,恢复汉室。"

三个人谈得挺对劲儿,就约定在南阳发兵。刘秀和李轶去见刘秀的大哥刘縯(yǎn),他们发动了七八千人去反王莽。七八千人成不了大事,刘縯就派人去见绿林军首领王凤和陈牧。三路人马联合起来往西打,半道上碰上了王莽的大军。刘縯他们都是步兵,连刀枪也不齐全,这一仗打败了。

刘縯就带着刘秀和李通去见绿林军的王常。刘縯跟王常订了盟约,两路人马联合起来对付官军。打这儿起,农民起义军就跟地主武装混合在一起了。

四路人马连打了几个胜仗,合起来已经有十多万人了,该有个最高首领统一号令。四路起义军的首领们商量,最后决定立刘玄为皇帝。公元23年二月,刘玄登基,年号为"更始",因此刘玄又叫更始帝。刘玄拜王匡、王凤为上公,朱鲔(wěi)为大司马,刘縯为大司徒,陈牧为大司空,拜刘秀为太常偏将军。打这儿起,绿林起义军就称为"汉军"。

更始帝刘玄派王凤、王常、刘秀去进攻昆阳(今河南叶县),昆阳很快地就给王凤、王常、刘秀打下了。接着,刘秀又打下了临近的定陵(今河南郾城西北)和郾城(今河南郾城)。

王莽听到汉军立刘玄为皇帝,急得直上火,马上派大将王寻、王邑带领四十二

万人马,号称一百万,直奔昆阳。

昆阳的汉军站在城楼上往远处一望,只见黑压压全是王莽的军队,有的人准备散伙了。刘秀对他们说:"这是最紧要的关头,必须顶住。咱们兵少粮少,全靠同心协力,万万不能灭自己的志气。"将士们这才安定下来。

昆阳城里的汉军,当时只有八九千人。刘秀关照守城的将士只守不战,自己带了李轶他们十三个人骑上快马,趁着黑夜冲出南门去调兵。刘秀动员将士们放弃定陵和郾城,跟着刘秀直奔昆阳。

刘秀带着援军一千多人作先锋,到离官军大营四五里的地方布置了阵势。官军派了几千士兵去对阵,刘秀突然冲过去,一连杀了几个敌人。汉军一个抵得上十个敌人,杀了上千名官军。刘秀又带着敢死队直冲中军大营。官军一万兵马跟刘秀的三千人交战,不一会儿敌人就乱了队伍。汉军知道王寻是官军的大将,立刻把他围住,乱砍乱刺,结果了他的性命。官军的副将王邑慌忙逃跑。守在城里的汉军,也开了城门,打了出来。王莽的大军听到主将被杀,副将逃了,全都慌了神,乱奔乱跑,自相践踏,沿路一百多里地都有尸首倒着。

汉军正杀得高兴,忽见一个怪人带着一群猛兽冲过来了。那个怪人叫巨毋霸,据说有一丈来高,身子像公牛那么粗。这个巨人能够训练老虎、豹、犀牛、大象,王莽拜他为校尉,让他带着几只猛兽和一批扮作猛兽的士兵出来助威。汉军没见过,只好躲开了。没想六月的天气变化无常,突然一声响雷,接着大豆似的雨点往下直泻。那些身上涂着颜色扮作老虎和豹的士兵给浇得直打哆嗦。几只猛兽把巨毋霸挤得掉在河里起不来了。

汉军一看笑坏了,个个生龙活虎直往前追。王莽的大军好像决了口子的大水,向后掉进河里,淹死了一万多人。其余的官兵四散逃跑。

昆阳大战消灭了王莽的主力。消息传到各地,鼓舞了各地起义军。有不少人杀了当地的官员,自称为将军,等待刘家皇帝的命令。

就在这时,更始帝与将军们发生了矛盾。刘縯哥儿俩的名声大了,他们手下的人不把刘玄放在眼里。刘縯有个心腹叫刘稷。他说,刘玄算老几?刘玄就把刘稷定了死罪。刘縯急忙跑来替刘稷争理。站在一旁的朱鲔大喝一声说:"刘稷对抗命

令,还不是刘縯主使的吗?他也不能免罪!"刘玄把脑袋一顿,使出了做皇帝的威风,干脆把刘縯和刘稷一块儿都砍了。

　　刘秀听到哥哥给杀了,痛哭了一场。他擦干眼泪来见刘玄,向刘玄表示忠心。人家问起昆阳大战的胜利,他也不骄傲。他也不给哥哥穿孝,完全像没事人一样。刘玄反倒觉着过意不去,拜他为破虏大将军,封为武信侯。

093

刘秀重建汉朝

王莽的主力已经给消灭了,主要的地盘只剩下长安和洛阳。弘农(在今河南)郡长官王宪干脆投降了汉军,不少豪强大族也跟着王宪去打长安。他们在城里城外到处放火。王莽穿着礼服,拿着一把短刀,坐在前殿,死守着六十万斤黄金和别的珍宝。

第二天,火烧到前殿来了。大臣们扶着王莽躲到太液池里的渐台。太阳下山时,起义军打进了渐台,把王莽杀了。王宪找到了玉玺,穿上王莽穿过的龙袍,戴上王莽戴过的冠冕,做起皇帝来了。

刘玄怎么能答应,他派人来收了玉玺,把王宪拿来办罪。不过,刘玄最不放心的是刘秀。他先想个法子叫他带人到洛阳去修宫殿,以备迁都;后来又支使他以大司马的身份代表刘玄去安抚河北的各路人马。刘秀到了河北,那里的算命先生王郎自封皇帝,被刘秀灭了。刘秀在河北吃了很多苦,有时连一口饭都吃不上。他联合反王郎的武装,又打败了另一支铜马起义军,把自己的军队扩充到几十万人。

这时,全国各地起义军和豪强武装自封皇帝的不少。其中,最主要的皇帝有:汉军的刘玄;赤眉军的领袖樊崇立汉宗室的一个十五岁的放牛娃刘盆子为帝;还有在成都的公孙述。

刘秀有两个心腹:一个叫冯异,原是王莽手下的一名将军,后归附了刘秀,他在行军休息时总是一个人坐在大树下,所以人称"大树将军";另一个是刘秀念太学时的同学邓禹。这两个人都叫刘秀称帝,统一天下。于是,公元25年,三十一岁的刘秀登基了,就是东汉的汉光武帝。

汉光武帝派"大树将军"冯异去打洛阳的汉军;另分三万人马给邓禹去打赤眉

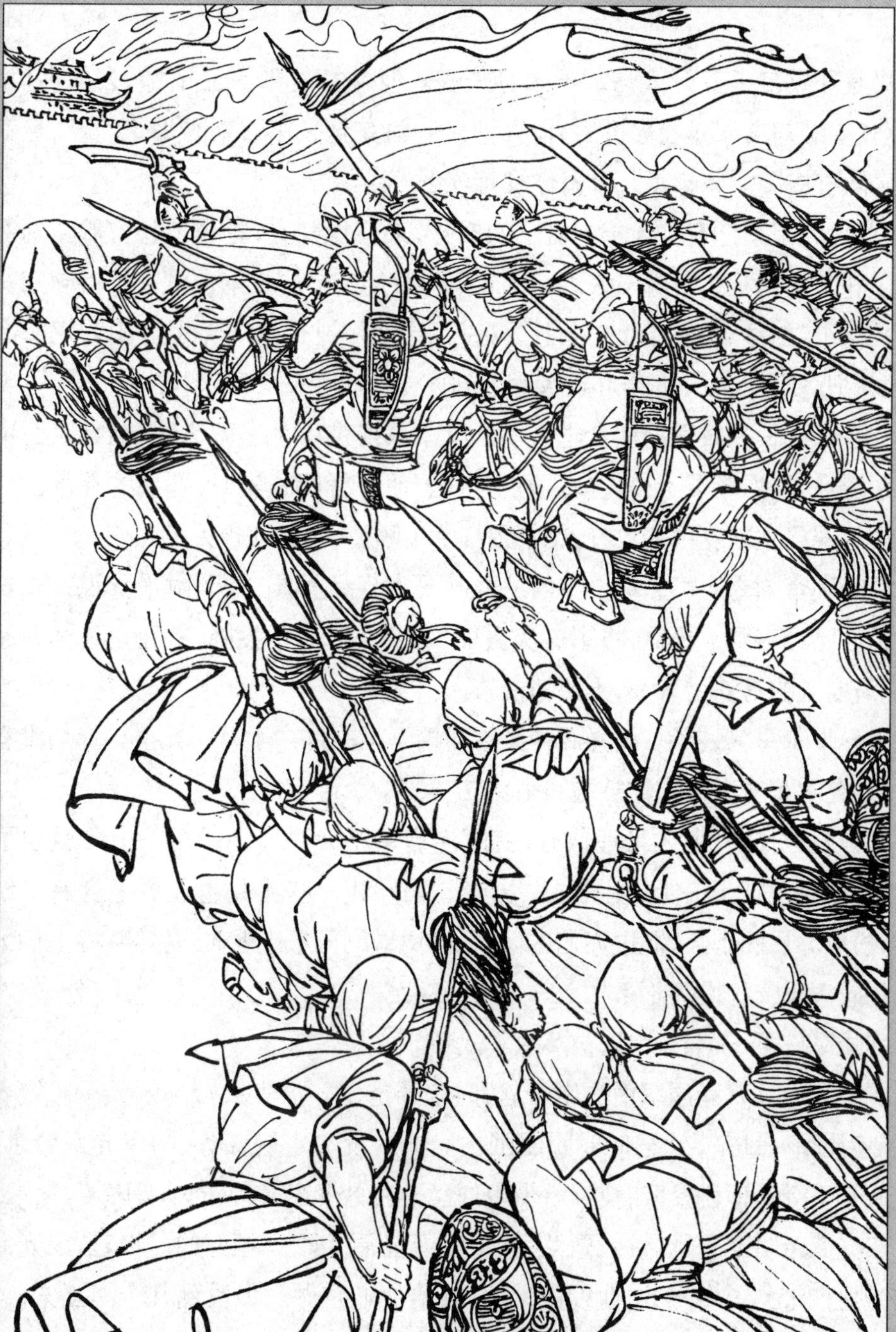

军。可是邓禹带了三万人马却不去打长安。他先打上郡等三个郡,去弄牲口、粮草;让长安的刘玄和赤眉火拼后,再去消灭这两支起义军。刘秀平定了燕、赵就回过头来攻打洛阳。他打了几个月也没有攻下。

这时,赤眉军打着汉天子刘盆子的旗号,来征伐刘玄,打进了长安城。刘玄带着妻子和宫女们从北门逃出去了。赤眉军传令刘玄赶快投降。刘玄只得向刘盆子奉上了玉玺,刘盆子封他为长沙王。刘玄完蛋后,刘秀就劝降了洛阳的汉军。从此,他就把洛阳作为京都(洛阳在长安东边,所以后汉也叫东汉)。

赤眉军在长安城里把粮食吃光了。樊崇只得带着几十万大军向西流亡,不料碰到了暴风雪,冻死了不少人马。万不得已,他再折回长安时,邓禹的兵马已经进了长安。邓禹立刻发兵去攻打,想不到打了个败仗,连长安也丢了。

汉光武帝刘秀连忙派冯异带着一队兵马去代替邓禹,并嘱咐冯异说:"长安一带老百姓已经穷到了极点,将军这次去征伐,要是赤眉肯投降,就让士兵都回家去种地,最要紧的是安定人心,不要随便杀人。"

冯异带着军队去了。汉光武帝又给邓禹下诏书说:"千万别死拼。赤眉没有粮食,一定会到东边来的。你赶快回来。"

冯异到了长安,把人马埋伏好,就向赤眉军下战书。赤眉军一上阵就中了埋伏,拼死拼活地打了一天,死伤了一大半。冯异让一些士兵也在眉毛上涂上红颜色,打扮成赤眉的士兵,混进赤眉的队伍。赤眉军正进退两难,冯异叫将士们大叫大喊:"赶快投降!投降不杀!"

赤眉军一下子军心大乱,被解除了武装。

剩下的十几万赤眉军由樊崇带着,向东开走了。汉光武帝率领大军布置好埋伏,等赤眉军一过来,就把他们团团围住。樊崇没法走脱,派人向汉光武帝求和。汉光武帝下令让他们投降,樊崇就带着刘盆子去见汉光武帝,向他投降了。

汉光武帝吩咐赶紧做饭、做菜,让十多万赤眉兵吃一顿好的。接着,汉光武帝把樊崇他们带到了洛阳,送他们田地房屋,给他们官做。但没到几个月工夫,就拿谋反的罪名把他们杀了。

推翻新朝的绿林、赤眉这两支最大的农民起义军,到这时候,都给汉光武帝消灭了。

马援老当益壮

刘秀镇压了绿林、赤眉,定都洛阳,建立了东汉,称汉光武帝。但是天下并没有统一,公孙述在成都自立为皇帝,天水(今甘肃天水)的隗嚣(kuí xiāo)也想当皇帝,河西的窦融还没有归顺。

公元23年,隗嚣派马援为使者,去联络公孙述。公孙述封马援为大将军,马援婉言推辞了。马援是扶风郡(今陕西陇县、永寿以南,礼泉、户县以西,秦岭以北地区)人。王莽称帝时,他做过新城大尹(太守),后来归附割据陇西的隗嚣。从公孙述那儿回去后,他对隗嚣说:"公孙述自高自大,像只井底的蛤蟆。"

马援想去联络刘秀,隗嚣就派他去了洛阳。

汉光武帝刘秀不带卫士,就在宫殿里欢迎马援。他笑着对马援说:"您在两个皇帝之间奔波,我真觉得有点过意不去。"

马援说:"天下还没定下来,做君王的要挑选臣下,做臣下的也得挑选君王呢。"又问:"您好像见着老朋友似的接见我,怎么知道我不是刺客呢?"

汉光武帝笑着说:"您不是刺客,可能是说(shuì)客。"

马援说:"如今天下称王称帝的不少。今儿见您这么豪爽,真像见到了高祖一样。"

两个人越谈越投机。马援打定了主意,要劝隗嚣归顺汉光武帝,隗嚣不肯。后来,在河西割据的窦融归顺了汉光武帝。

公元30年,汉光武帝又写信要隗嚣和公孙述归附汉朝。公孙述却发兵进攻南郡;隗嚣也乘机发兵进攻关中,正好碰上征西大将军冯异,吃了个大败仗,就索性投降了公孙述,帮他对抗汉光武帝。

公元32年，汉光武帝亲自带兵去征伐隗嚣；又派人领兵去讨伐蜀地的公孙述。他说自个儿这是"得陇望蜀"。成语"得陇望蜀"就是这么来的。

隗嚣被围困了两年，害病死了。又过了一年，他的儿子隗纯投降了；"大树将军"冯异也病死在军营里。

公元36年，汉光武帝进攻成都，公孙述受重伤死了，他手下的将领献出成都，投降了。汉光武帝平定了陇、蜀，二十年来乱糟糟的中原又统一了起来。

在汉光武帝统一中国的过程里，马援参加了攻灭隗嚣和公孙述的战争，立下了不少战功。后来，北方的匈奴和乌桓侵犯东汉，马援要求出征。他说，男人应该死在边疆的战场上，让人用马革裹着尸首回来埋葬。"马革裹尸"的成语便出在这里。

公元35年，汉光武帝任命他为陇西太守。西部的一个部落侵犯陇西，他率领兵马，打败了外族的入侵。公元41年，马援五十五岁，任伏波将军，封新息侯。公元44年，他主动要求率军出征，抗击匈奴。

后来，武陵（今湖南常德西）一带的一个部族"五溪蛮"侵犯东汉。汉光武帝派人领兵去抗击，都吃了败仗。这时候，马援已经是六十多岁的人了，他向汉光武帝请求出征。汉光武帝看他年纪大了，没有答应。

马援一听着了急。他觉得自己的身体还挺硬朗，能行，可就是说服不了皇上。怎么办呢？他当下就叫人取来盔甲，叫人牵来战马，请求汉光武帝让他一展英姿。汉光武帝同意了。

别说马援老，他在殿前穿上了铁甲，戴上了头盔，跨上战马，显出老当益壮的英雄姿态。汉光武帝不禁啧啧称赞，就派他领兵四万，去攻打"五溪蛮"。

不料这次出征，马援病死在军中。那一年是公元49年，他六十三岁。

汉光武帝打败了所有的敌手，打算把内政好好地整顿一番。他从两方面着手：一方面节省朝廷的开支，一方面减轻老百姓的负担。他下了一道诏书，要按着实在的情形合并一些县，裁减一些官员。这么一来，人口不多的县合并了四百多个，十个官吏裁去了九个，开支就大大地减少了。前几年军费大，田租一直按产量的十分之一征收，现在仍旧恢复原来的制度，征收三十分之一，大大减轻了老百姓的负担。东汉的社会也就稳当了。

"强项令"董宣

汉光武帝一面整顿内政，一面尽力搜罗治国的人才。他记起了以前在太学里读书时，有个要好的同学，叫严光，又叫严子陵，想请来辅佐朝政。可是严光隐居了，一时找不到。

汉光武帝就把严光的长相详详细细说给画工听，让画工作了画像分送到各郡县去找，不久就找到了。汉光武帝要拜严光为谏议大夫，但他没有接受，一心只想回到家乡富春山（今浙江严陵山）去种地钓鱼。据说他在富春江的江边堆了个台，闲来常在那里钓鱼，后人称为"严子陵钓台"。

汉光武帝能够这样恭敬地对待严光，他的礼贤下士的名望也就越来越大了。他甚至连敢于治罪皇亲国戚的人也肯用，洛阳令董宣就是其中之一。

汉光武帝有个姐姐叫湖阳公主。她有个奴仆在外头杀了人，躲进了公主府。董宣不能闯进公主府去抓杀人犯，只好一天又一天地等着那个奴仆出来。

这一天，湖阳公主坐着马车出来了，跟着她的正是那个杀人犯。董宣就带着人上去逮。湖阳公主发火了，说董宣不该拦住她的马车。董宣拔出宝剑往地上一划，当面责备公主不该放纵奴仆杀人。他叫手下人把那个杀人犯拉下车来，宣布了罪状，当场就杀了。

这不是反了吗！湖阳公主气呼呼地赶进宫去，向汉光武帝哭哭啼啼诉说董宣怎样当众欺侮她。汉光武帝立刻召董宣进宫，吩咐左右拿着鞭子，要当着湖阳公主的面责打董宣，给姐姐出气。董宣说："用不着打，让我把话说完，我情愿死！"

汉光武帝说："你还有什么说的！"

董宣说："皇上是中兴之主，一向注重德行。如今皇上让公主放纵奴仆杀人，怎

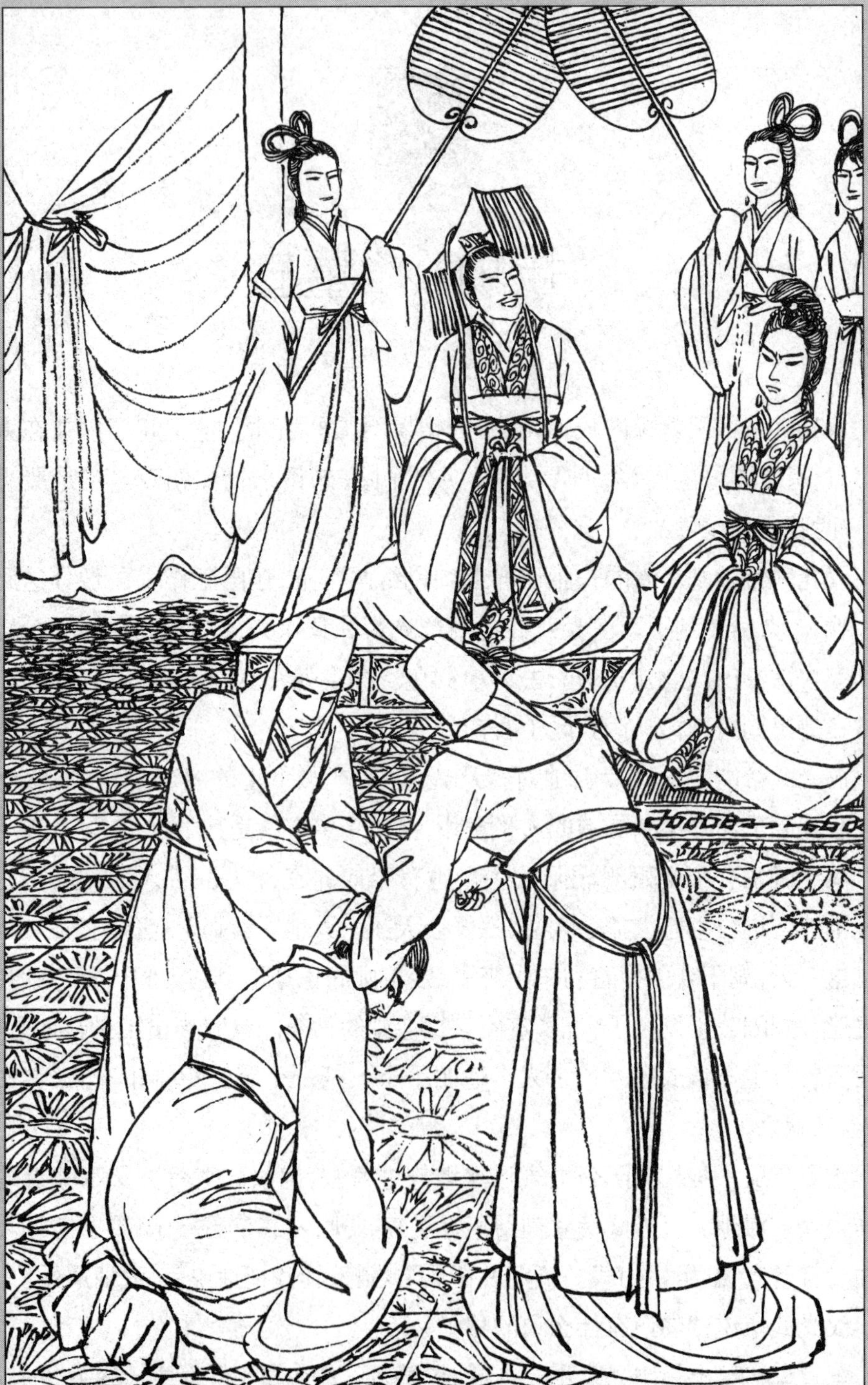

么还能治理天下呢？用不着打我，我自杀就是了。"说着就挺着脑袋向柱子上撞，撞得头破血流。

汉光武帝心里佩服，急忙叫左右把他拉住，只要他向公主磕个头，赔个礼也就算了。董宣宁可砍脑袋，也不肯磕这个头。左右使劲儿把他的脑袋往下按，他两只手使劲撑住地，梗（gěng）着脖子硬不让他们按下去。汉光武帝实在佩服董宣，就喝了一声放他走了。

湖阳公主可不依。她对汉光武帝说："陛下当年在家乡，也窝藏过犯死罪的人，官吏不敢上门来搜查。现在陛下做了天子，反倒对付不了一个小小的洛阳令了吗？"

汉光武帝笑着说："就因为我做了天子，不能再那么干了。"

他一面劝姐姐回去，一面称赞董宣，还赏了他三十万钱。董宣把这三十万钱都分给他的手下人了。

董宣不怕皇亲国戚、豪门贵族，对汉光武帝有好处，但他的威望也震动了整个京师。从此以后，人们都称他为"强项令"，意思就是：硬脖子的洛阳令。

汉光武帝尊重人才，还有一个例子。有一天，汉光武帝带着人马出城去打猎，回来天早就黑了。他们来到东门外，城门已经关得严严实实。士兵们叫看城门的赶快开门。看城门的小吏郅恽说："起了更就关城门，是皇上立下的规矩，谁也不能破这个例。"

汉光武帝亲自来到城下，让郅恽看个明白，吩咐他快开城门。郅恽却回答说："夜里看不清楚，不能随便开门。"

汉光武帝碰了钉子，只好绕到东中门进了城。第二天，郅恽上书说："皇上跑到那么远的山林里去打猎，白天还不够，直到深夜才回来。这么下去，国家社稷怎么办？"

汉光武帝觉得他讲得有理，就赏他一百匹布，倒是把那个管东中门的官员降了级。

汉光武帝在位三十三年，公元57年病死，终年六十三岁。太子刘庄即位，就是汉明帝。

096

汉明帝天竺求佛

汉明帝登基后第七年,皇太后病死。汉明帝很爱他的母亲,他心里像没着落似的难受,晚上老睡不着觉。有一天晚上,他做了一个奇怪的梦,看见一个金人,头顶上有一圈白光,一闪一闪地在宫殿里摇晃。汉明帝正要问他是谁,从哪儿来,那个金人忽然升空往西去了。汉明帝惊醒了,擦了擦眼睛一瞧,什么也没有。蜡台上那支蜡烛的火苗正一闪一闪地摇晃着。他对着蜡烛出了一回神,天也就亮了。

汉明帝把这个梦告诉了大臣们。大臣们都说不上这个梦是凶是吉。汉明帝说:"听说西域有位神叫做佛。我梦见金人是往西去的,说不定就是佛。"

博士傅毅说:"皇上说得对!佛是西方的神,还有佛经呢。从前骠骑将军霍去病征伐匈奴,带回来休屠王供奉的金人,据说那个金人是从天竺传到休屠国去的。武帝把金人供养在甘泉宫里,后来金人不知哪儿去了。"

汉明帝听了这番话,就派郎中蔡愔(yīn)和秦景往天竺去求佛经。

天竺也叫身毒,是佛教创始人释迦牟尼在公元前565年降生的地方(释迦牟尼生在尼泊尔,现在的尼泊尔和印度在古时候总称为天竺或身毒)。他本来是个小国的太子,从小在宫里享受荣华富贵。后来长大了,他看到衰老的人和害病的人那么苦恼,心里挺难受,更别提看到死人了。他觉得人生就是痛苦,还不如不生在世上倒好。做了人,谁都逃不了生、老、病、死。他想,有什么方法摆脱人生的痛苦呢?他离开了王宫,到山里去静修。经过十六年的沉思默想,创设了佛教,也叫释教。

当时天竺还是奴隶社会,受苦的人多。许多人听了他的话,居然都相信了,佛教就这样很快地传开了。释迦牟尼的弟子还把他的话记载下来,编成了经,也就是佛经。

蔡愔和秦景经过了千山万水,历尽千辛万苦,终于到了天竺国。天竺人很欢迎中国派去的使者。蔡愔和秦景在天竺学会了当地的语言和文字。天竺有两位有学问的佛教徒,一个叫摄摩腾、一个叫竺法兰,也学会了中国的语言文字,帮助蔡愔和秦景懂得了一点佛教的道理。蔡愔和秦景邀请他们到中国去,他们同意了。于是,蔡愔和秦景带着两位天竺僧人,还有一幅佛像,四十二章佛经,回到中国来了。

他们用一匹白马驮着佛经,经过西域到了洛阳,安顿在东门外的鸿胪寺(招待外国人的宾馆)里。蔡愔和秦景朝见汉明帝,呈上了佛像和佛经,引见了两位僧人。

汉明帝看了佛像,也记不清是不是梦里看见的金人,翻了翻佛经,一个字也不认识。摄摩腾和竺法兰给他讲了一段,他也听不明白。他吩咐人修理鸿胪寺,把佛像供在里面,请两位天竺僧人主持佛教的仪式。那匹驮佛经的白马也养在里面,鸿胪寺就称为白马寺。

汉明帝听不懂佛经,王公大臣也不相信佛教。大伙儿只把白马寺里的佛像、佛经和两位僧人当做外国传来的新鲜东西,觉得好玩就去看看,谁也不怎么重视。只有楚王刘英派使者来到洛阳,向两位僧人请教。两位僧人就画了一幅佛像,抄了一章佛经,交给了使者,还告诉他怎么样供佛,怎么样礼拜,怎么样祈祷。

使者回到楚王的封地,照样说了一遍。刘英就把佛像供在宫里,早晚礼拜祷告,求佛祖保佑他逢凶化吉、遇难呈祥。他打着信佛的幌子结交方士,搞迷信活动,说自己应该做皇帝。有人向汉明帝告发,说楚王刘英谋反,汉明帝派人调查属实,就废了刘英的爵位,刘英只好自杀,佛祖也救不了他的命。

汉明帝供奉佛像,一些儒生本来就不赞成,可又不便反对。如今出了楚王刘英谋反的事,他们便借这个机会上奏,请汉明帝专门尊重儒家。汉明帝本来也不相信佛教,就在南宫办太学,让贵族子弟学习儒家经典,特别是孝经。他想,要是人人都顺从父母,还会有谁来夺他的皇位呢?他还特地到鲁地去祭奠孔子,亲自到太学去讲孝经。

汉明帝办太学,培养了一些喜欢读书写文章的名士。可也有一个书香子弟,居然抛了书本,扔了笔杆。他就是大学问家班彪的二儿子班超。

班超投笔从戎

汉明帝时,班超听说匈奴又联络了西域的几个国家,经常掠夺边界上的居民和牲口,气愤得再也坐不住了,说:"大丈夫应当像张骞那样到塞外去立功,怎么能老闷在书斋里写文章呢?"他把笔杆扔了,就投军(后人把文人从军叫做"投笔从戎","从戎"就是从军)去了。

班超的父亲名叫班彪。当年汉光武帝知道他有学问,就请他整理历史。班超的哥哥叫班固。汉明帝叫班固做兰台令史(汉宫藏书的地方叫兰台,兰台令史是在宫里校阅图书、治理文书的官,后来史官也叫兰台),编写历史。以后班超也做了兰台令史。

公元73年,执掌兵权的窦固派班超为使者,先去联络西域,斩断匈奴与西域的联系,再去对付匈奴。班超带着三十六个随从人员到了鄯(shàn)善。鄯善王归附了匈奴,但匈奴还是不断地向他勒索财物。这会儿汉朝派使者来了,他们殷勤接待。从张骞通西域以来,西域和汉朝不相往来又有六十五年了。班超住了几天,匈奴的使者到了。鄯善王怕得罪匈奴,故意冷淡班超他们。

班超打听到匈奴的使者住地离这儿才三十里地,知道鄯善王又是恨他们,又是怕他们,正为难着。班超不让透露风声,就把随从他的人全召集在一块儿喝酒。

正喝得兴高采烈时,班超站起来,说:"你们跟我千辛万苦来到西域,想的就是为国立功。没想到匈奴的使者来了。要是鄯善王把咱们抓起来送给匈奴,咱们连尸骨都还不了乡了。"

班超又说:"如今只有一个办法,趁着黑夜去袭击匈奴使者住的帐篷。咱们杀了匈奴使者,鄯善王就会跟汉朝和好了。"大伙全都赞成。

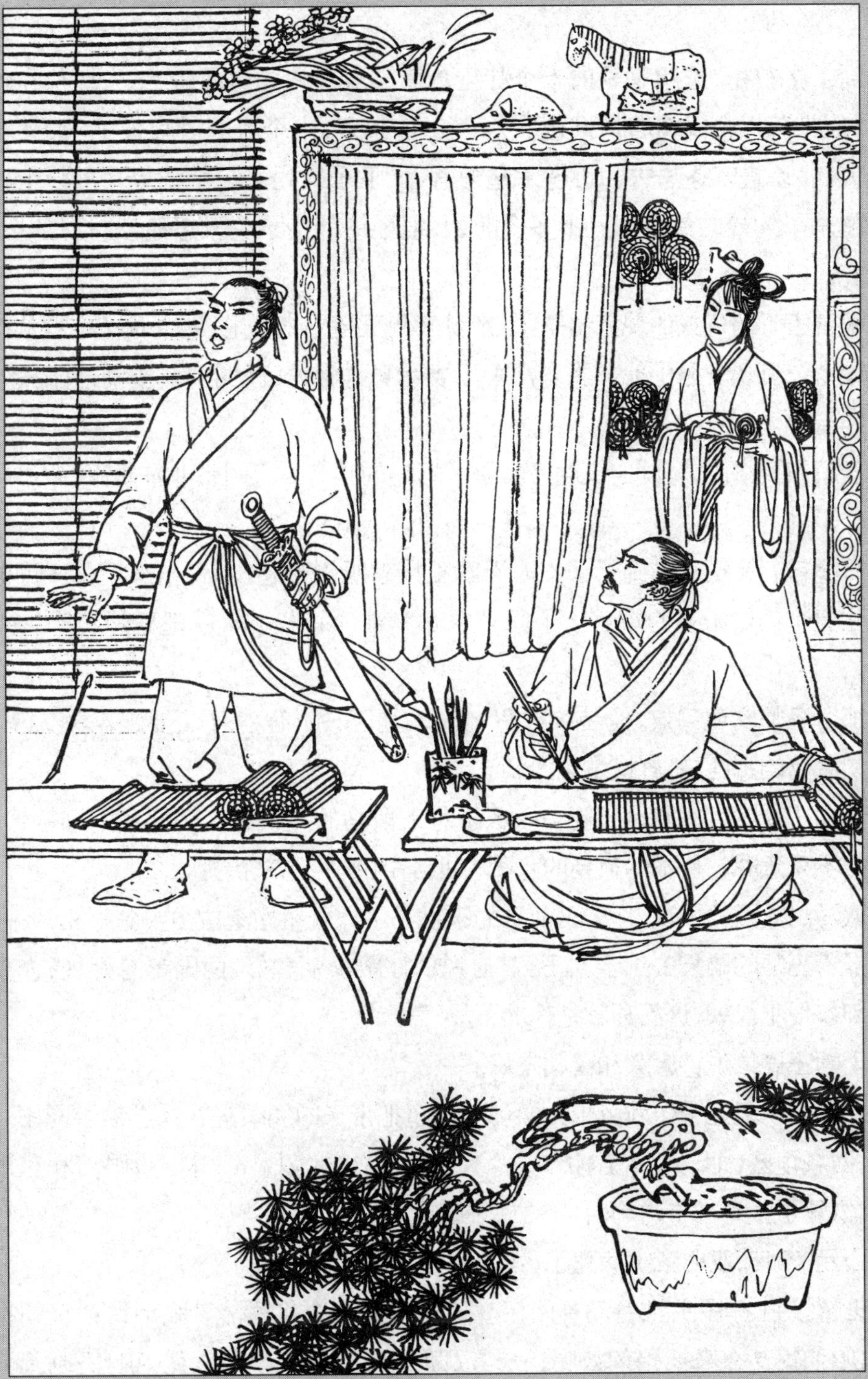

到了半夜里,班超率领的十个壮士拿着鼓躲在帐篷后面,二十人埋伏在帐篷里面,他带着六个人顺着风向放火。火一烧起来,十个人同时擂鼓呐喊,其余的大喊大叫,杀进帐篷里去。班超手起刀落,一下子砍死了三个匈奴兵。壮士们跟着班超杀了匈奴的使者和三十多个随从,把帐篷都烧了。班超他们回到营里,正好天亮。

鄯善王听到匈奴的使者给杀了,亲自来到班超的帐篷里,说今后一定听从汉天子的命令。班超安慰了他一番。鄯善王表示真心和好,就叫他儿子到洛阳去学习汉朝的文化。

班超回到洛阳,窦固向汉明帝奏明了班超的功劳。汉明帝非常高兴,派班超再去结交于阗。

班超带着原班人马到了于阗。于阗王早就听说班超厉害,出来接见。可他那儿还住着个匈奴派来的军官。于阗王左右为难,回到宫里,就把巫师请来求神问吉凶。

那个巫师向着匈奴,他装神弄鬼地对于阗王说:"你为什么要跟汉朝人来往?汉朝使者骑的那匹马,赶快拿来给我。"

于阗王就派人去向班超要马。班超对来取马的人说:"大王要我的马敬神,我怎么能不乐意呢?可不知道要的是哪一匹,请巫师自己来挑挑吧。"

取马的人回去一说,那个巫师真的来挑马了。班超立刻拔出宝剑把巫师杀了,然后提着巫师的脑袋去见于阗王,对他说:"你跟汉朝和好,两国都有好处;你要是勾结匈奴侵犯汉朝,这巫师就是你的下场。"

于阗王连忙说:"愿意和汉朝友好。"

于阗王便把儿子送到洛阳去学习。班超把带来的绸缎等礼物送给于阗王。这以后,西域龟兹(qiū cí)(今新疆库车一带)、疏勒(今新疆喀什一带)等国也跟着和东汉交好了,恢复了张骞当年的局面。

公元75年,汉明帝害病死了,太子即位,就是汉章帝。

班超接到了诏书,准备动身回汉。疏勒国的一个将军流着眼泪说:"汉朝扔了咱们,咱们用什么来抵挡匈奴呢!与其那时候死,不如今儿就死了吧!"说着就自

杀了。

　　班超经过于阗，于阗王和大臣们也反复挽留他。班超只好上书给汉章帝：西域各国如果失去了依靠，只好去投靠匈奴，再来侵犯中原。汉章帝看了奏章，就让班超继续留在西域。

　　汉章帝病死后，太子即位，就是汉和帝。后来，汉和帝派中郎将任尚为西域都护去接替班超。公元102年八月，七十岁的班超回到洛阳，九月里病故。

王充宣扬无神论

正当班超奔波西域、保护丝绸之路畅通的时候，东汉出了一位宣扬无神论的思想家，名字叫王充。

王充出生在一个贫苦的家庭，吃不饱，穿不暖，更不要说读书了。但他从小勤奋好学，想尽办法向人借书看，以增加自己的知识。

有一次，他到国都洛阳去，经过书坊，就忘了身边的一切，一本接一本翻阅起来。

天色渐渐暗了下来，书坊老板对他说："小伙子，你已经看了一天书了，到底要买哪一部？"

王充吃惊地抬起头来，不好意思地说："对不起，我没钱买书。"

书坊老板问道："你既然没有钱，为什么还要来书坊呢？"

"我来这里是想看些书。"王充说。

"这么匆匆忙忙一本接一本地翻阅，你看得进吗？"书坊老板问。

"当然看得进。我还能背出来呢！"王充自信地说。

书坊老板不信，说道："如果你能背得出哪一部书的话，我就把这部书送给你；如果背不出，以后就不许你再到我这里来白看书了。行吗？"

"行啊，行啊！"王充一口答应。

书坊老板顺手拿起王充刚才在看的那部《论语》，翻到其中的《卫灵公篇》，要王充背诵。

"……子曰：'已矣乎，吾未见好德如好色者也。'……"王充一字不漏地背了出来。

书坊老板本有点学问,惊讶之余,又想考考他:"孔子为什么会发出'我没看到过爱好美德像爱好美色那样的人'的感叹?"

王充道:"因为孔子在卫国住了一个多月,老是看到卫灵公与夫人南子坐一辆车招摇过市,而所有的官员只能坐其他车陪同,所以他才发出这样的感叹。"

书坊老板又问:"《论语》中说,子路对老师孔子朝见卫灵公夫人南子表示不满,孔子指天发誓:'我如果干了卑鄙的事,老天爷惩罚我!'你对此有什么看法?"

王充想了想说:"我觉得孔子有点心虚,至少可以说他发的誓靠不住。什么'老天爷惩罚我',谁见过老天爷?世上根本没有老天爷!孔子却用根本不存在的老天爷惩罚自己作为誓言,怎么能让人相信呢?他还不如这样发誓:'我如果干了卑鄙的事,让雷打死我!让火烧死我!让水淹死我!让房子塌下来压死我!'"

"我想孔子用老天爷发誓还是有一定道理的吧。你难道不知道天人感应吗?"书坊老板问。

"天人感应的观念完全是错误的!"王充侃侃而谈,"天是自然而不是神,比如说,天没有嘴巴和眼睛。如果天是物体的话,应该和地相同;如果天是气体的话,应该和云相同——不会有嘴巴和眼睛吧?天既然没有嘴巴和眼睛,就不可能有感觉和欲望,当然也不会有什么意志,包括不会奖赏或惩罚谁。"

书坊老板和王充谈了很久,深深感到,这个年轻人不简单。

后来王充当过几任小官,还是坚持宣扬无神论,经常跟人辩论。

有人说:"好人会得到天的保佑,坏人会得到天的惩罚。"

王充反驳道:"如果天会奖赏好人、惩罚坏人,为什么不让好人长寿、坏人早死呢?"

有人说:"人死之后,会变成鬼,同样有知觉,会找仇家报仇。"

王充反驳道:"人死之后,没有了精神,没有了思想,连躯体都烂掉了,怎么会变成鬼呢?活人如果睡着了,精神还在,形体也在,但对周围发生的事却一无所知;死人精神消亡,躯体腐烂,更不可能有什么知觉了。人死变鬼的说法,完全是鬼话!"

王充把无神论的思想,写进了他的重要著作《论衡》中。

王景治水显才能

与王充同时代，东汉产生了一个中国著名的水利专家——王景，他为治理黄河作出了卓越的贡献。

王景年轻时，就喜欢看书学习，掌握了十分广博的知识，尤其对水利特别有研究。他曾经和王吴合作修治浚仪渠(在今河南开封)，采用了当时比较先进的施工方法，那里再也没有发生过水灾。后来他当上了庐江(今安徽庐江西南)太守，兴修芍陂(在今安徽寿县南)水利，提倡牛耕，推广养蚕织帛，对发展当地农业生产起到了重要作用。

西汉平帝时，黄河决口，汴渠(即汴河)被侵毁，大水在那一带泛滥了六十多年，一直没有得到修治。

东汉明帝刘庄接连收到几份奏章，都是报告水灾越来越严重的情况。

有的说："黄河决口以来，汴渠东侵，许多良田、房屋都淹没在水中了！"

有的说："兖(yǎn,今山东金乡西北一带)、豫(治所在今安徽亳州)一带百姓，多年遭受水灾之苦，离乡背井，到处流浪。"

有的说："在滔滔洪水面前，个人的力量是渺小的，百姓期盼着朝廷能早日集结力量治水。"

汉明帝看了这些奏章，心里非常焦急，下决心要治理黄河与汴渠。

公元69年春天，汉明帝召见王景，询问有什么办法可以治理黄河、汴渠。王景详细分析了水灾形成的原因，提出了一套切实可行的治水方案。

汉明帝听了王景的介绍，心里有了底，对王景的才能非常赏识。他当即赐予王景《山海经》、《河渠书》、《禹贡图》等书籍及钱帛衣物，任命王景和王吴一起共同主持治理黄河、汴渠的工程。

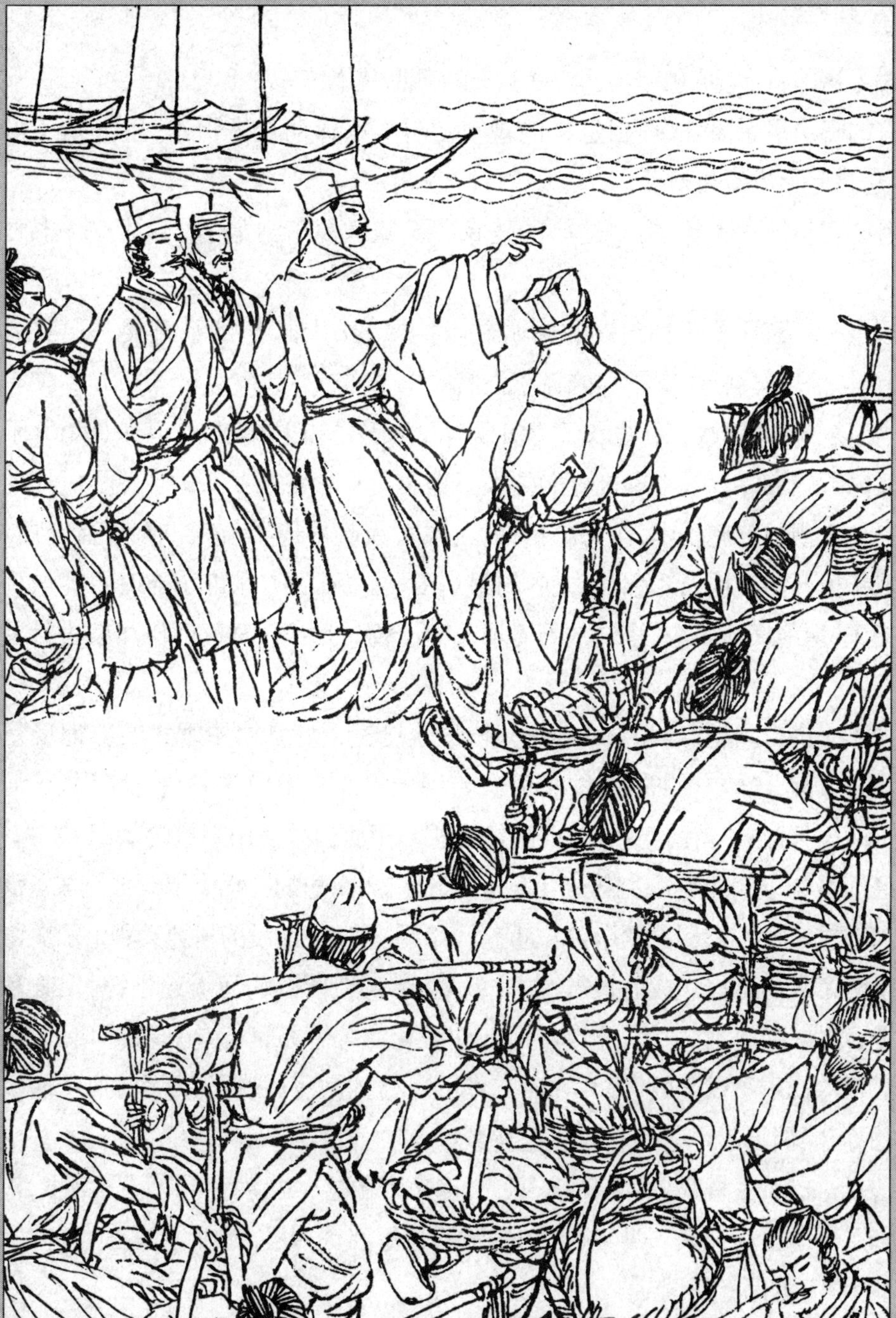

对于这即将上马的庞大工程,官员们的意见并不统一。

有的官员思想保守,提出这样的观点:"与其兴师动众去治水,还不如任水自流,让它自己形成新河道。"

有的官员异想天开,提出这样的建议:"干脆恢复黄河故道,不是省时省力多了吗?"

王景一一驳斥了各种错误的论调,排除了许多困难,与助手王吴一起实地考察,制定了治理黄河、汴渠工程的完整方案。

当年夏天,东汉政府征发民工数十万人,由王景和王吴率领,以荥(yíng)阳为起点,开始了疏通河道、修渠筑堤的浩大工程。

在这大规模的施工中,作为总指挥,王景每天起早摸黑,查看地势,监督质量,还亲自指挥开凿山地、破除旧河道中的阻水工程。施工中,采取了当时可能做到的技术措施,堵绝横向串沟,修筑坚固堤坝,疏浚淤塞的汴渠,对黄河与汴渠进行了综合治理。

当工程进行到汴口(今河南开封北)时,王景度过了好几个不眠之夜。他反复设计了几种方案,比较它们的利弊,最后决定用十里立一水门的方法,交替从黄河中引水入汴渠,做到了黄河与汴渠分流,彻底改善了汴口极易出毛病的状况。

经过整整一年的施工,到第二年夏天,长达一千余里的工程终于全部完成。泛滥了几十年的黄河水灾害平息了,汴渠重新开始通航,曾被淹没的耕地又种上了庄稼。

汉明帝听到工程完成的报告,非常激动,亲自到新修的河堤巡视,对王景采取的筑堤、修渠、绝水、立门,以及让黄河与汴渠分流等一系列措施赞不绝口,对参加治水工程的功臣予以奖励。为了维护、保养新修的河堤,汉明帝下令,按照西汉的建制,沿河的郡国都要有专职的河堤官员。

公元72年,王景跟着汉明帝东巡,一直来到无盐(今山东东平东)。一路上,汉明帝看到了治水工程带来防洪、航运和稳定河道等巨大效益,为了嘉奖王景的功绩,任命他为"河堤谒者"。

自从王景对黄河与汴渠进行了治理后,在此后八九百年的史书上,很少见到有关黄河改道的记载。

许慎编著《说文解字》

东汉不仅出了大科学家张衡、水利专家王景,还出了一个著名的文字学家许慎,他编著了一部世界上最早的字书《说文解字》。

公元121年八月的一天,艳阳高照,在汝南(治所在今河南平舆北)通往国都洛阳的大道上,一辆公车急驶而来,车上端坐着一位年轻人,表情十分焦急。他身后放着一只木箱子,由两个仆人看护着,像是装着什么重要东西似的。他们一路无话,直奔洛阳。这个年轻人名叫许冲,是前南阁祭酒(主管教育的官员)许慎的儿子,箱子里放着的是他父亲新近完成的巨著《说文解字》。他这次到洛阳就是要把这部书呈献给皇帝。而许慎自己却因为日夜不停地著述而病倒了。

许冲很明白自己这次去洛阳责任重大,《说文解字》虽是一部字书,却与现实政治有着极为密切的关系,它的完成将对朝廷治理国家所根据的经学体系(以儒家《诗》、《书》、《礼》、《易》、《乐》、《春秋》六经为核心的思想体系)产生深远的影响。父亲花了二十余年的心血,今天总算大功告成了。

这时,在汝南家中的许慎也在焦急地等待,他虽患病在身,然而著书的兴奋时时让他激动,他在庭院、室内不停地踱着步。他想起了自己的老师贾逵。

许慎还清晰地记得老师说过,自从汉武帝"罢黜百家,独尊儒术"以来,经学渐渐成为立国的根基。但对于六经的解释,自孔子以后,各家的分歧很大,渗入了很多谬误;再加上秦始皇又烧了很多古书,经学的原本面貌越来越混淆了。

"难道就没有办法将它恢复原貌吗?哪怕不是全部。"许慎问。

贾逵想了想说:"有,如果能从文字、语言方面有所突破,就完全有可能。可这又谈何容易!"

对于老师的话,许慎听在耳中,记在心里,从此对经学勤奋钻研,尤其对于小学(语言、文字学古称小学)更是用心。并有了要编一部字书的打算。

后来许慎当了朝廷祭酒,在这期间,他写了《五经异义》一书,一时名声大振。贾逵对自己心爱的学生取得的成就感到由衷的高兴,但又怕他骄傲自满,便告诫他说:"经学问题的彻底解决,决不能停留在具体语句方面的辨析,你的这部书虽然很好,但仍然没有跳出这个老套。经书是用文字记录下来的,文字有自己的形、音、意,可以向我们传递文本的意义。所以只有在这方面有大的突破,经学才能真正得到发展。我已经老了,希望你在这方面多努力。"

许慎听了老师的话,感触很深,更加坚定了要编一部字书的决心。从此,他一方面继续向贾逵请教文字方面的知识,系统地研究六书理论(六书指的是象形、会意、指示、转注、假借、形声等六种造字方法),以及文字形、音、意之间的关系。另一方面,为了拓宽知识,他还对上古社会的宗教、文化、政治、经济等各个方面作了广泛的涉猎。撰写中,为搞清楚一个字的准确意义,他经常要翻阅大量的文献,或者向有学问的人请教,有时还要进行实地考察。有时对一个字的解释不满意,他就茶不思,饭不香,满脑子装着这个字,一旦想通了,又欣喜若狂。

许慎撰写字书的事情得到了贾逵、马融等许多学者的大力支持,他们给他找来了很多相关书籍,并对书的撰写体例、个别字的注释提了宝贵意见。后来甚至连皇帝也来过问此事。为了编好这本书,他干脆辞官回家,全身心地投入写作。十余年过去了,他的头发花白了,身体也熬垮了,终于在公元121年撰成了此书。

许慎的《说文解字》是我国古代第一部用六书理论系统研究汉字构成与意义的专著。全书共收字九千三百五十三个,所有文字按五百四十个部首排列。它还是关于我国上古社会的一部大百科全书。

许冲到达洛阳后,《说文解字》完成的消息不胫而走,许多学者、大臣都纷纷来到许冲的住处,询问和借阅此书。汉安帝也召见了许冲,对《说文解字》大加赞赏。

就这样,由于《说文解字》本身的价值和学者、朝廷的重视,这套书很快便流传开了。

蔡伦发明造纸术

公元105年,中常侍(侍从皇帝的官员)、尚方令(负责朝政的官员)蔡伦奏请东汉和帝准予将他的造纸术向民间推广,他还挑选出挺括良好的纸,进献给汉和帝。汉和帝试用以后,非常满意,当场赞扬了蔡伦的这一创造发明,同时立刻下令把这个造纸技术推广开去。

从此,中国的造纸技术进入了先进的行列。在此之前,商朝把汉字刻在龟甲兽骨上,但是甲骨的来源很有限,而且不便携带、保存,所以人们后来把汉字刻在简牍上。简和牍是用竹片或木片做成的,狭长的称"简",略宽的称"牍"。由于一片简只能刻几个字,因此写一篇文章就要用许多简,写完之后人们再用绳子把简串起来,成为"册"。虽然做简牍的材料遍地都是,但是它们也太笨重了,据说秦始皇每天批阅用简牍写的奏折重达一石(约五十斤左右)。后来人们用丝帛作为书写材料,它柔软轻便,易于书写,可惜量少价高,这一致命弱点使它难以推广使用。

在京城洛阳的皇宫里当官的蔡伦,当时主管监督制造宫中用的各种器物。他非常聪明,很会动脑子,经常和工匠们一起研究制作工艺。蔡伦看到皇帝每天要批阅堆成小山般的简牍,非常不方便,他就琢磨着要制作出一种轻便易用的书写材料,来取代笨重的简牍。

对于新的书写材料,蔡伦的第一个要求是轻便。因此用竹、木制成的简牍首先被排除在外,而丝帛倒是符合的,可惜原材料稀少。于是,蔡伦仔细观察了丝帛的生产过程,从分析丝帛的结构入手,发现它是由纤细的短纤维互相粘成的。于是,他把新材料定位在结构与丝帛相似、取材容易、价格低廉上面,从此时时处处留意着、寻觅着这种新材料。

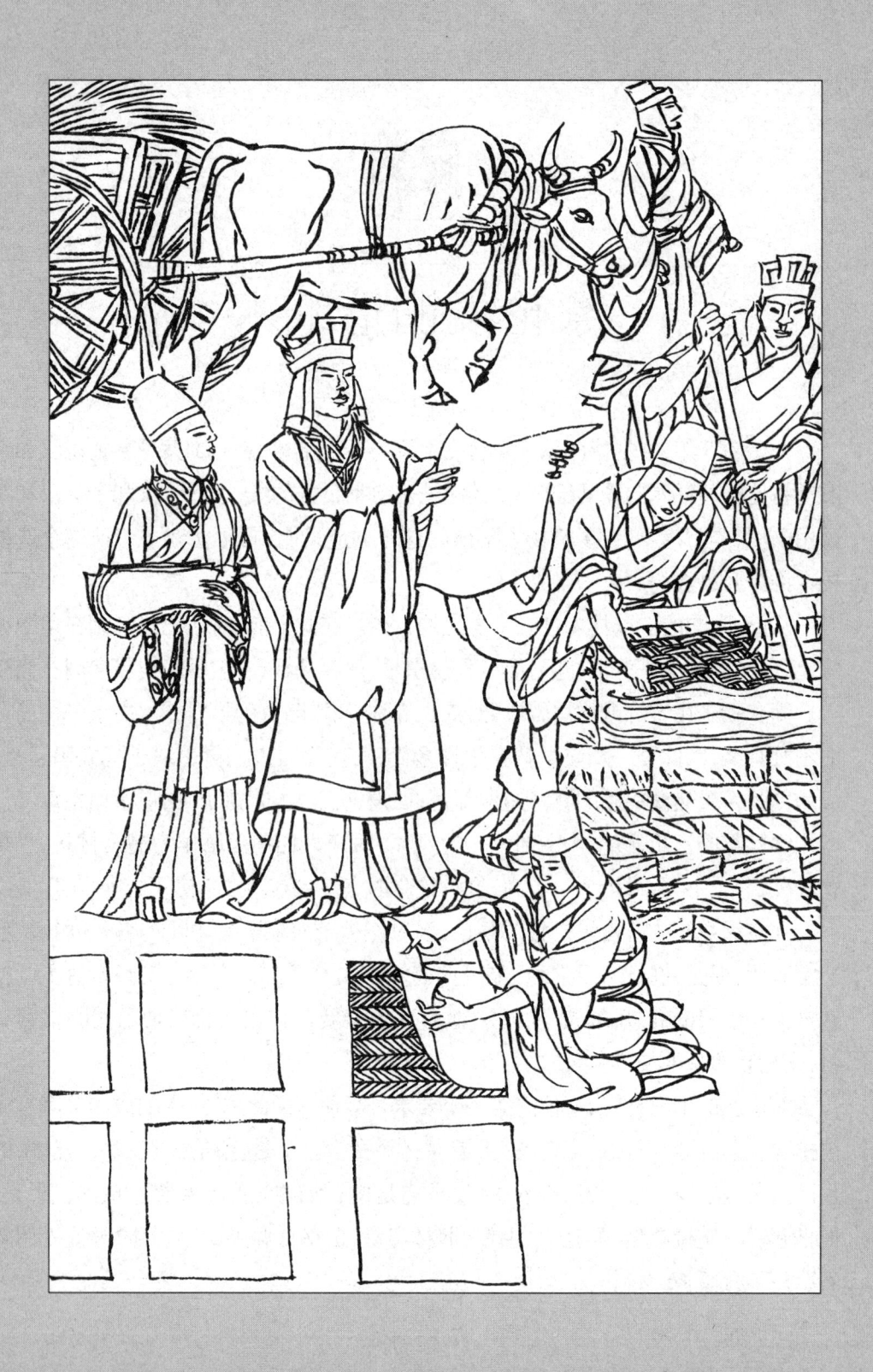

有一天,蔡伦和几个小太监来到城外游玩。这是一个十分幽静的山谷,一条小溪潺潺流过,溪边垂柳依依,景色宜人。

小太监们一路打打闹闹,嘻嘻哈哈,十分快活,惟独蔡伦心事重重,东张西望。忽然,他两眼一亮,快步走到溪边,蹲着不动了。

小太监们觉得非常奇怪,都围拢过来。只见蔡伦手里捧着湿湿的、破破烂烂的、像棉絮一样薄薄的东西发呆。

一个小太监忍不住说:"我还以为是什么好东西呢,原来是这破玩意儿!快扔了吧!"

蔡伦却仿佛什么也没听见,仍然痴痴地捧着。

那个小太监一个箭步走上去,抓起那棉絮一样的东西就要往水里扔。

蔡伦突然醒过来似的,紧紧抓着不放,嘴里喃喃地说:"找到了,找到了!"

小太监们都糊涂了,这蔡伦莫不是疯了、傻了,怎么把这破烂玩意儿当宝贝似的?

蔡伦双手捧着,三步并作两步,问河边的农夫:"老人家,这东西是怎么形成的?"

农夫笑着回答说:"这个呀,是漂在河里的树皮、烂麻、破渔网什么的,它们被水冲呀、泡呀,又被太阳晒,时间长了就成了这模样,到处都是呢!"

蔡伦抬头看着满山遍野的绿树,不由得眉开眼笑。

回到宫里后,蔡伦马上投入到紧张的试验和制作中,他挑选出树皮、破麻布、旧渔网等,让工匠们把它们切碎剪断,放在一个大水池中浸泡。过了一段时间后,其中的杂物烂掉了,而纤维不易腐烂,就保留了下来。他再让工匠们把浸泡过的原料捞起,放入石臼中,不停搅拌,直到它们成为浆状物,然后再用竹篾把这黏糊糊的东西挑起来,等干燥后揭下来就变成了纸。

蔡伦带着工匠们反复试验,最后终于试制出既轻薄柔韧,又取材容易、来源广泛、价格低廉的纸。

人们为了纪念蔡伦,就把用这种造纸工艺造出来的纸称为"蔡侯纸"。

102

张衡测报地震

东汉中期,中国诞生了一个大科学家、大文学家——张衡。张衡出生在河南南阳。他从小喜欢写写文章,爱好研究学问,特别对天文和数学更感兴趣。他不像一般读书人那样急于走仕途当官,却愿意游览山水,探访古迹,收集历史资料。

张衡到了中年,他的名气越来越大了,连汉安帝都听到了,专门派人驾车把张衡请到京城去,任命他在宫里做郎中(管理车、骑、门户的官员),公元115年,又提升他为太史令,专门负责观察天象、研究历法和数学。这个职务很合张衡的胃口,从此他在太史院里潜心钻研,常在夜深人静的时候,实地观察天象。为了弄清天上究竟有多少星星,张衡整夜整夜仰着头数呀数。经过长久仔细的观察,张衡绘出了一张一张的星图。

张衡赞成天空无边无际的说法。根据他的观察和统计,在中原地区肉眼可以看到的星星共有二千五百多颗;他认为,这些星星都是有规律地按一定的轨道运行的。

经过一年多的观察和研究,张衡觉得由自己来制作一个天体模型的时机已经成熟。他把这个模型取名为浑天仪。

不久,一张浑天仪的设计图完成了。张衡先用薄竹片做成了一个模型,在竹圈上刻上各种刻度,表示太阳、月亮,以及各颗星的运行轨道。竹制模型做得十分准确,张衡请来了工匠,照着样子铸成了铜制的浑天仪。

公元117年,世界上第一台浑天仪诞生了!它有南北两极,刻有赤道、黄道、二十四节气等。一千八百多年前就能造出接近于现代的天文仪器那样的科学模型,是多么的了不起啊!

张衡的另一个贡献,就是他发明的可以测报地震的地动仪。在张衡生活的那

个年代里,中国经常发生地震,光是京城洛阳以及甘肃一带,在五十年里,就地震了三十多次,造成了大量的人员、财产损失。当时,人们对地震整天怕得提心吊胆,帝王和百姓们都求神拜佛,祈求上天保佑。

可是张衡不信这一套,他一边仔细地记录着每次地震的方位、强度、破坏程度等资料,进行研究,一边想着如何能制造出一种可以预报地震的仪器来。

为此,张衡日思夜想,有段时期,茶饭不香,彻夜难眠。一天,张衡乘坐马车外出,一路上还是在思考着那个地震预报仪。突然,车夫一声吆喝,马车来了一个急刹车,张衡的身子不由自主地向前一冲,差一点掉到车子外面去,把张衡吓出了一身冷汗。

这一冲不要紧,倒给张衡的思路冲出了一个闪光点:"嗨!地震是霎时间里发生的,好像刚才的急刹车一样。只要抓住这一瞬间的震动,不就可以达到测报的目的了吗?"

张衡立刻吩咐车夫掉转车头,赶回家去。

经过无数个不眠之夜,绘了不知多少张草图,地动仪的正式设计图完成了。张衡请工匠先用木头做了个模型,试验准确后,再用铜铸造。

公元 132 年,世界上第一台能测报地震的地动仪制作成功了。张衡替它取名为候风地动仪。它的形状像一只大酒坛,四周刻着篆体字、乌龟、飞鸟走兽,按东、东南、南、西南、西、西北、北、东北八个方向排列着八条龙;每条龙的嘴里衔着一颗闪亮的铜球;在每条龙嘴下的地上,放着一只张着嘴的铜蛤蟆。哪个方向地震了,那条龙嘴里的铜球会掉下来,吐进蛤蟆的嘴里。

公元 138 年 2 月的一天,太史院里掌管地动仪的小吏突然听到"当"的一声响,回头一看,地动仪上西北方向的龙嘴吐出了铜球,掉进下面的蛤蟆嘴里,小吏边跑边喊了起来:"地动仪报地震了,方向西北!"

没过几天,一匹快马从西北飞一样驰来报告:甘肃金城、陇西发生大地震。这是人类历史上第一次用测震仪器测到的地震!

张衡不仅是个科学大发明家,而且在文学上也很有造诣,他的《二京赋》、《归田赋》、《四愁诗》等,对中国五言诗、七言诗的发展都有很大的影响。

梁冀连立三帝

当张衡的地动仪在世界上首次测报出地震后的第六年,也就是公元144年,东汉顺帝去世。顺帝的皇后姓梁,她的哥哥梁冀是大将军,掌握大权。梁冀专立小孩子当皇帝。他先立了一个两岁的冲帝刘炳,只有半年就死了。他又立了质帝刘缵(zuǎn)。汉质帝才八岁,他看梁冀独断专行,把谁都不搁在眼里,很气愤。有一天在朝堂上,他当着文武百官面,指着梁冀说:"大将军是个跋扈将军。"

梁冀一听,气坏了,就嘱咐内侍把毒药放在饼子里拿上去。汉质帝吃了觉着难受,就召太尉李固来问:"吃了饼子,肚子闷,口干,喝点儿水还能活吗?"

梁冀抢着说:"不能喝,喝了恐怕要吐。"

梁冀结结巴巴地还没说完,汉质帝就倒在地上,打了几个滚,死了。可怜的质帝,在位仅仅一年时间。

太尉李固怕梁冀又要挑个小娃娃做皇帝,就与其他大臣联名上书,请立清河王刘蒜为帝。可第二天,梁冀把大臣们召集在一起,气势汹汹地说:"立蠡吾侯!"说完了就大喝一声:"退朝!"

李固写信给梁冀,说该立刘蒜。梁冀进宫去请他妹妹梁太后拿主意。梁太后下令免了李固的职,让杜乔接替他做太尉。这么着,第三个小皇帝、十五岁的刘志接了位,就是汉桓帝,但大权仍旧掌握在梁冀手里。

转眼过了年,汉桓帝娶了梁太后的小妹妹,姐妹俩一个是太后,一个是皇后。梁冀要拿最阔气的聘礼去迎接他妹妹。杜乔说不能破坏先皇定下的规矩。梁冀恨透了杜乔。碰巧洛阳发生地震,一些人上书说京师地震,罪在太尉。梁太后又把杜

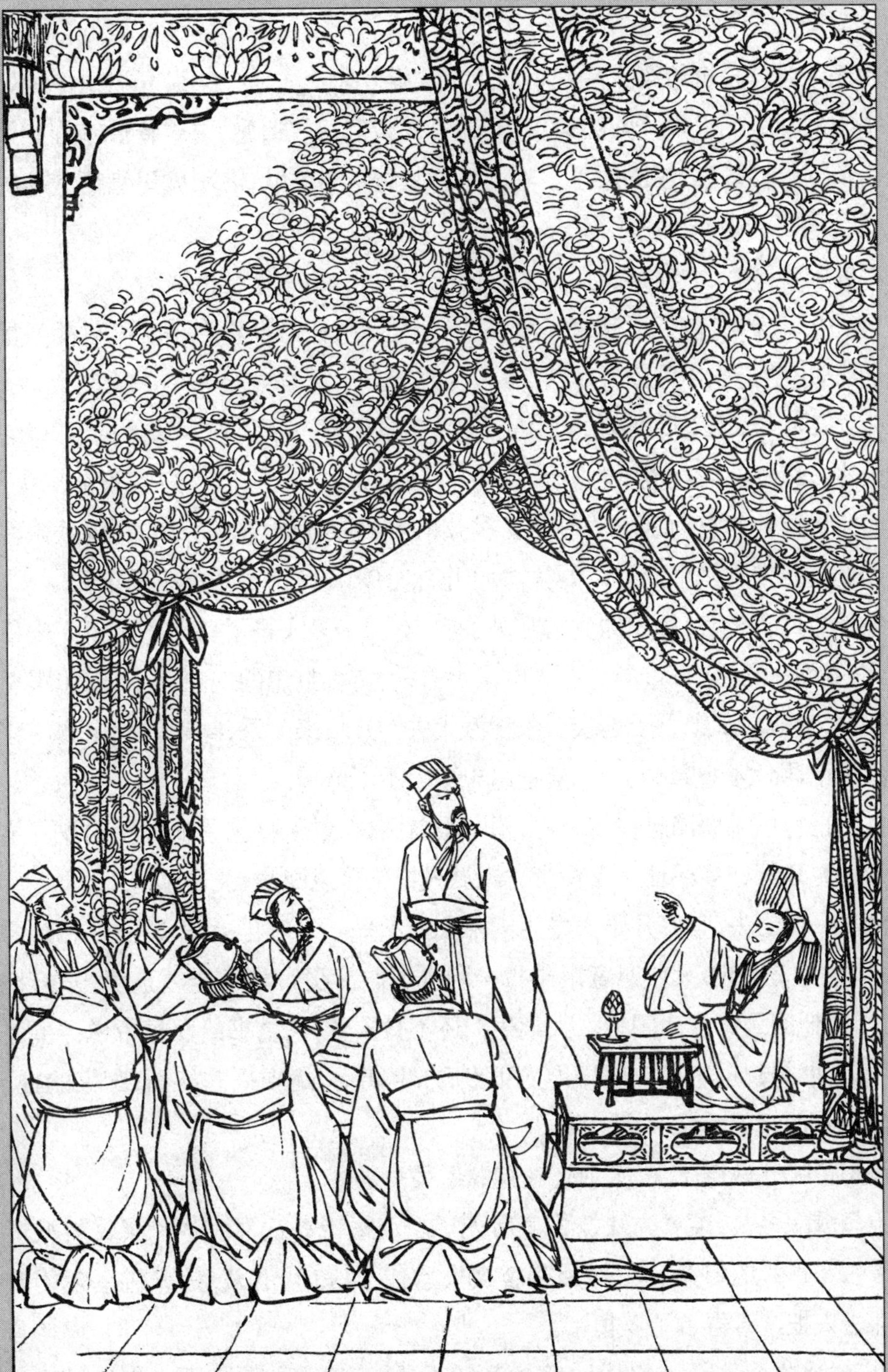

乔免了职。梁冀趁机请梁太后把李固下了监狱。

李固的学生们听说老师给逮了起来，一齐到宫门前请愿，要求释放李固。梁太后怕事情闹大，只好把李固放了。李固昂着脑袋走出监狱，洛阳城里满街满巷的人都直喊"万岁"。

梁冀听说了，又去对梁太后说："李固笼络人心，不如趁早把他治了。"

这一来，李固又被抓了起来。李固受不了折磨，在监狱里自杀了。梁冀又把杜乔抓起来，也给逼死在监狱里。

公元150年，梁太后病死，朝中的大事，还是梁冀一个人说了算。过了三年，黄河发大水，冀州（治所在今河北柏乡北）一带的河堤决了口，几十万户人家流离失所。当地的官员借着修复河堤敲诈勒索。冀州的难民眼看要造反了，梁冀就派朱穆去做冀州刺史。朱穆是个出了名的执法如山的人，梁冀此举是想乘机整朱穆。

朱穆才过了黄河，冀州的贪官吓破了胆，有四十多人扔了官印逃走了。朱穆到了冀州，铁面无私，认真查办。有人向朱穆告发：宦官赵忠的父亲死了，赵忠跟埋葬皇上一样，给他父亲穿上了玉衣。朱穆派人去刨开坟来一看，赵忠的父亲真的穿着只有皇帝下葬时才能穿的玉衣，就把赵忠一家下了监狱。

赵忠在宫里得到消息，就跑到汉桓帝跟前哭诉，说朱穆刨了他父亲的坟。梁冀也在旁边说朱穆许多坏话。汉桓帝立刻派人把朱穆逮回来，关进了监牢。

消息一传出去，有好几千太学生出来打抱不平。大伙儿一齐来到宫门前，要求释放朱穆，要是不放，大伙愿意跟朱穆一同坐牢。汉桓帝也怕秀才造反，只好把朱穆放了，让他回到家乡南阳去。太学生们还不肯罢休，又上书给汉桓帝说："皇上要安定天下，就得起用忠良。朱穆为人正直，办事能干，是中兴的能臣，国家的柱石。皇上应当召他还朝，辅助皇室。"

汉桓帝哪儿做得了主，大权还在梁冀手里拿着呢。

不想没隔多久，梁冀的妹妹梁皇后死了。汉桓帝喜欢邓贵人。梁冀就派了个刺客去杀邓贵人的母亲。不料那刺客被人逮住了，审问下来，是大将军梁冀派去的。邓贵人把这事告诉了汉桓帝。

以前，梁冀杀过不知多少人，汉桓帝从不过问；这会儿杀到邓贵人的母亲头上

了,那还了得!汉桓帝秘密地跟五个宦官商量定当,派遣一千多御林军,突然包围梁冀的住宅,收了他的大将军印,逼得梁冀喝毒药自杀。梁家的子弟、亲属有的给处死,有的废为平民。跟梁冀好的大官、小官免去了三百多人,朝廷上的官员差不多空了。

宦官迫害党人

东汉后期,除了杀来杀去的外戚、宦官两个集团之外,还附带着一个读书人出身的官僚集团,他们也在活动、冲突和变化着。就说汉桓帝时期吧,汉桓帝尝过秀才造反的滋味,听说太学生们又在议论纷纷,公元165年,就让李膺做了司隶校尉,陈蕃做了太尉,王畅做了尚书。这三个人都是太学生们推崇的。太学生说,李膺是天下模范,陈蕃不怕豪强,王畅也是优秀人物,都称得上是君子。

这么一议论起来,大伙都把当时的人物评论开了,说谁谁谁是君子,谁谁谁是小人。宦官们一听就明白,这是冲着他们来的。他们就倒打一耙:谁把他们分在小人这一伙里,就把谁称作"党人"。因为孔夫子说过"君子群而不党",既然是党人,就不是君子了。不是君子是什么人呢,当然也是小人。就这么着,宦官和党人成了死对头。

李膺一当上司隶校尉,就有人告发野王(今河南沁阳)县令张朔贪污、勒索,无恶不作。张朔是宦官张让的弟弟,他知道李膺的厉害,就逃到京师,躲在哥哥张让家里。李膺听到风声,亲自带人到张让家去搜,把张朔像小鸡儿似的提溜(dī liu)了出来,押在监牢里。张让急忙派人去说情,没想到他弟弟的脑袋早给砍下来了。张让气得什么似的,灰着脸,马上到汉桓帝跟前哭诉。可张朔已经供认了自己的罪过,汉桓帝也不好难为李膺,心里只责怪李膺不该跟宦官作对。

一波未平,一波又起。有个方士叫张成,素来结交宦官,吹牛说他能看风向,测吉凶。这一天,宦官、中常侍侯览透出消息来说,几天内就要大赦。张成马上装腔作势地当着大伙儿看了看风向,就说皇上快要下诏书大赦天下了。

别人不信,张成就跟人家打赌,叫他儿子去杀了人。李膺把凶手抓了起来。第

二天,大赦的诏书果然下来了。张成得意洋洋地对大伙儿说:"你们看我是不是未卜先知? 诏书下来了,不怕司隶校尉不把我的儿子放出来。"

这话传到李膺耳朵里,李膺更加火了。他说:"预先知道大赦就故意去杀人,大赦也不该赦到他的身上。"

李膺就把张成的儿子杀了。张成怎么肯罢休,去请侯览、张让他们给他报仇。侯览他们就替张成出了个主意,叫他上书控告李膺跟太学生和名士结成一党,诽谤朝廷,败坏风俗。他们还附上一份所谓的党人的名单,把跟他们作对的人全开在上面。

汉桓帝本来就恨透了那些批评朝廷的读书人,这会儿看了控告书,就命令太尉陈蕃逮捕党人。太尉陈蕃一看名单,上面写着的都是天下名流,他不肯照办。汉桓帝火气更大了,当时就把李膺下了监狱。大臣杜密、陈翔,连同名单上的,一共二百多人,全给逮起来了。其余的人听到风声,逃的逃、躲的躲,连个影儿都没有了。

有个名士叫陈寔(shí),被划在党人里头。有人劝他逃走,他叹了一口气,说:"我逃,别人怎么办? 我去,也可以壮壮大伙儿的胆量。"

陈寔自己来到京城,投案进了监狱。

太尉陈蕃上了一个奏章,替党人们辩护,汉桓帝就把陈蕃革了职。李膺在监狱里想了个办法,要治治这些宦官。他传出话来,说不少宦官的子弟都是他的同党。宦官们没法子了,只好对汉桓帝说:"现在天时不正,应当大赦天下。"

汉桓帝反正只听宦官的,就把两百多名党人都放了,可是却下令"禁锢"他们终身,就是永远不准他们做官。

就在这年冬天,汉桓帝害病死了。窦皇后(汉桓帝立过三个皇后,窦皇后是第三个)慌了手脚,连忙召她父亲窦武进宫,跟几个大臣商议了一下,立河间王刘开的曾孙刘宏为皇帝,就是汉灵帝。汉灵帝才十二岁,他懂得什么呢? 当然由窦太后临朝。窦武为大将军,陈蕃为太尉,李膺、杜密他们又重新回来,参与朝政。朝廷上又气象一新了。

窦太后虽然挺尊重陈蕃,可她住在宫里,天天接触的还是宦官曹节、王甫他们。她经不起这些人的奉承,把他们当做了亲信。他们请求什么,她就答应什么;他们

要封谁,她就封谁。

陈蕃私底下对窦武说:"不除掉宦官,就没法治理天下。大将军得早想个办法才好。我已经快八十了,还贪图个什么呢?留在这儿,就为帮助将军给朝廷除害。"

窦武完全理会陈蕃的心思,他马上进宫,要求窦太后除了曹节他们。窦太后怎么下得了这样的决心呢?她说:"汉朝哪一代没有宦官?"

陈蕃真的拼老命了,他上书列举宦官侯览、曹节、王甫他们的罪恶,请太后立刻把他们杀了,免得造成祸害。接着又有别的大臣上书,要求罢免宦官。这么打草惊蛇,哪有不被蛇咬的呢?宦官们反倒先下手了。他们拿着皇帝的节杖,说陈蕃、窦武谋反,把两个人都杀了,接着逼窦太后交出玉玺,并把她关进南宫。陈蕃和窦武两家的人和他们的亲戚、门人都遭了殃,连带被害的还有好几家。李膺、杜密他们也被削职为民。

此后,东汉的这个"禁锢"事件越演越烈。

范滂临祸别慈母

李膺、杜密他们被削职为民,回到家乡后,名声反而更大了,宦官们更把他们当成了死对头。宦官曹节指使几个心腹一起上奏章,请求汉灵帝下令再一次逮捕党人。

才十四岁的汉灵帝在下诏以前,哪里懂得党人是怎么一回事。他问曹节:"什么叫党人?为什么要抓他们?"

曹节顺口就编了一通,说党人怎么怎么可怕。汉灵帝吓得缩起了脖子,连忙叫他们下诏书逮捕党人。

逮捕党人的诏书一下,各地又都骚动起来。有人得到了消息,慌忙跑到李膺家里,催他赶快逃走。李膺说:"我一逃,反倒害了别人。我已经六十了,还逃到哪儿去呢?"

李膺就自己进了监狱。后来,他和杜密都给害死了。他的门生和他推荐的官吏都被"禁锢"。别的党人被杀的、被禁的一共有六七百人,太学生被逮捕的也有一千多人。

在这一批被杀的党人中,还有一个人叫范滂(pāng)。范滂是汝南郡征羌(今河南郾城)的一个读书人,当了好多年的清官。公元166年,汉桓帝时,因结交太学生,反对宦官,他和李膺他们一块儿被捕过。第二年,他也被削职为民,回到故乡去了。

这一回汉灵帝受曹节等宦官的恐吓,下诏逮党人时,范滂不愿逃跑。他昂着头,挺着胸,自个儿跑到逮他的官那里,让人家逮他。逮他的官叫他逃走,他硬是不干。为什么不逃呢?他怕自己跑了,一来连累朋友,二来连累老母,三来显得没有骨气。就这样,他又给逮到牢房里去了。

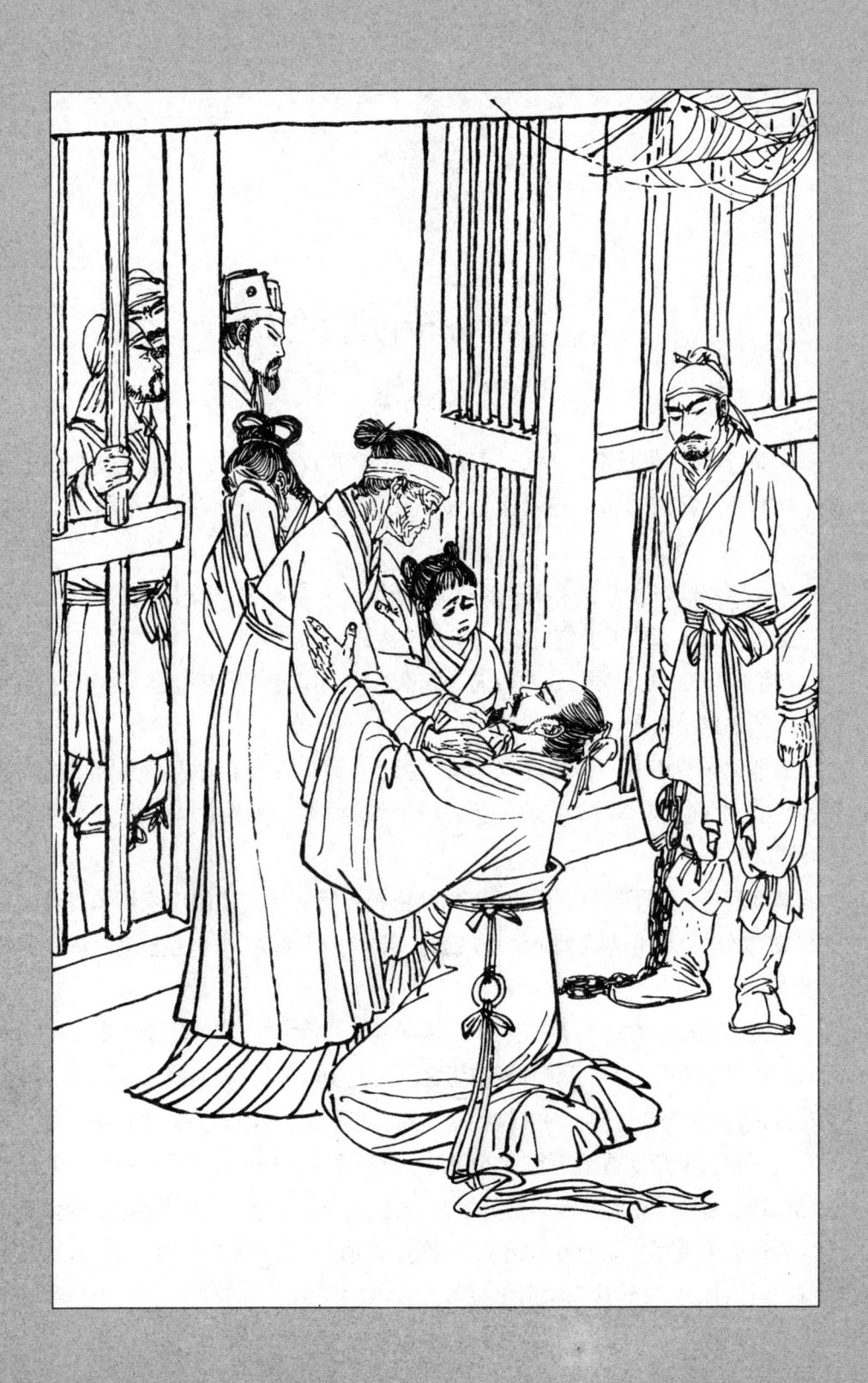

范滂这一年三十二岁。他的母亲也老了。这位老人知书识礼,也很讲骨气,不愿儿子坏了名声。儿子下狱了,她就领着二儿子和孙子去探监。在探监时,范滂安慰她不要伤心,说了些自己尽忠不能尽孝的话,又关照弟弟和儿子奉养老母。范滂的母亲反过来鼓励儿子:"你留下好的名声气节,做娘的总算没有白养你,娘已经满足了!"

范滂连忙跪下,谢谢他母亲的教养大恩,回头又嘱咐他的儿子,要记住,不要干坏事。临了,他又感叹自己,一辈子没干坏事却遭杀身大祸,害了母亲和妻子、孩子。

说着说着,在场的人都哭了。真是生离死别呀!

可是,也有党人不像范滂他们。这些人,听到朝廷要逮他们,就离家出逃了。宦官的死对头张俭就是这样。范滂第一回被捕时,他上书告发宦官侯览。侯览就让手下人反过来诬告张俭,说他和同乡二十多人结成一党,诽谤朝廷,企图谋反。可是张俭逃了,没抓着。宦官侯览很不高兴,他一定要把张俭拿到,他请汉灵帝通令全国:捉拿张俭到案,谁窝藏张俭的,跟张俭同样办罪。

可张俭不像李膺、杜密他们那样情愿自己找死。他各处躲藏,还想活命。有好几家人家因为收留过他遭了祸,轻则下了监狱,重则处了死刑。有一家姓孔的,也因为收留过张俭倒了霉。

那个姓孔的叫孔褒(bāo),是孔子的后代。他跟张俭一向挺要好。张俭逃到鲁郡去投奔孔褒,刚巧他不在家。他的小兄弟孔融才十六岁,就是小时候把大个儿梨让给哥哥吃、自己捡小个儿吃的那位。他自作主张把张俭留下了。张俭住了几天,不免露了风声。等到官府派人来抓时,张俭已经走了。

鲁郡的官吏就把孔褒、孔融哥儿俩都逮了去。孔融说:"张俭是我招待的,应当办我的罪。"

孔褒说:"他是来投奔我的,应当办我的罪,跟我兄弟无关。"

官吏问他们的母亲孔老太太。孔老太太说:"我是一家之主,应当办我的罪。"

娘儿三个就这么争着,弄得官府没法判决,只好上书请示。诏书下来,只把孔褒一人定了罪。孔融愿意代哥哥受罪,因此出了名。

张俭这么躲来躲去，有人觉得这不是个办法。陈留(今河南开封东南)人夏馥(fù)也在党人名单中。他说："自己东躲西藏的，还连累别人，何苦呢？"

夏馥就把头发和胡子全都铰了，逃到林虑山(在今河南林州西)，改名换姓，给人家做了佣人。因为天天干活，手和脸都变得又粗又黑，谁也看不出他是个读书人了。

经过这两次"禁锢"事件的打击，朝廷里几乎没有正直的官员了。东汉的朝政都被宦官们把持了。

"医圣"张仲景

东汉末年,外戚与宦官相互争斗残杀,农民起义烽火连天,社会动荡不安。老百姓背井离乡,流离失所,成千上万的人被猖獗的瘟疫夺去了生命。

当时,张仲景的家乡南阳郡(今河南南阳)也接连发生了几次大瘟疫,他的家族原本是个大族,有二百多口人。可是,凶神恶煞的疫病在短短的十年间夺走了三分之二族人的生命,其中有百分之七十的人死于伤寒。

亲眼目睹这一幅幅家破人亡的悲惨景象,张仲景痛下决心,一定要制服伤寒这个残害百姓生命的瘟神。从此,他埋头钻研《内经》、《八十一难》、《阴阳大论》等古代医学专著,同时博采众方,广泛搜集整理流传于民间的各种药方,采纳各家医术,并且在临床实践中不断检验摸索。经过数十年呕心沥血的研究,张仲景终于写成了《伤寒杂病论》这部具有划时代意义的临床医学名著。

《伤寒杂病论》是我国第一部理、法、方、药兼备,理论联系实际的临床医疗专著,收方剂二百多副,其中许多至今还在中医临床上广泛应用。如治疗乙型脑炎的白虎汤,治疗心律不齐的炙甘草汤,治疗肺炎的麻黄杏仁石膏甘草汤等等。

有一年冬天,张仲景辞去官职,回到家乡。当时正是寒冬腊月,气候异常寒冷,可是在这冰天雪地之中,还有许多衣着单薄的人们为了填饱肚子而冒寒奔波。

张仲景见许多人衣不蔽体,耳朵冻烂,非常难过。一回到家乡,他不顾旅途劳累,便叫人在门前空地上搭起大棚,支上锅架。夫人不解地问他干什么,他回答说:"让穷人吃饱穿暖我做不到,可是我可以给穷人治冻伤。"

张仲景又自己掏钱买来许多羊肉、辣椒和祛寒的药材,开始忙碌起来。他把羊肉、辣椒和药材一起放入大锅中烧,烧开后再慢慢地熬,熬得差不多时,再把羊肉和药材捞出来切碎、拌馅,然后和(huó)面擀成面皮,把馅包起来做成耳朵形状的"娇耳",下锅煮熟,分给穷人,让他们吃"娇耳"、喝汤,并把这个汤叫做"祛寒娇耳汤"。大伙儿吃了后,顿觉全身发热,两耳发烫。张仲景就用这个"祛寒娇耳汤"治好了穷人的冻伤。

以后张仲景每年从冬至到大年三十,天天施舍给穷人这种汤,穷人不仅治好了病,而且还过了个欢欢喜喜的新年。据说这个"娇耳"后来渐渐演变成了饺子。

张仲景对病人的观察细致入微,他曾经对一个叫王粲(càn)的人说:"你身体里边有病,服了我配的五石汤就能药到病除。不然的话,你会生一场大病,恐怕三十岁不到就要掉光眉毛。"

王粲这年才十七岁,他认为张仲景的话太玄乎,因此既不相信,也不治病。可是就在他三十岁那年,果然生了一场大病,险些送掉了性命,而且眉毛也全部掉光了。

在《伤寒杂病论》中,张仲景收入了一个"蜜煎导方",这是专门用来治疗伤寒病、津液亏耗太多、大便结硬难解等病的。那还是在他年少时随同乡张伯祖学医时,有一天,来了一位非常虚弱的病人,只见他嘴唇干得都起了泡,额头滚烫,高热不退,精神萎靡。老师张伯祖诊断后认为需用泻药帮助病人解出干结的大便。但是这个病人的体质极其虚弱,如果使用强烈的泻药恐怕病人的身体受不了。张伯祖皱起了眉头,一时竟没了主张。

这时,窗外一群蜜蜂"嗡嗡"地飞过,张仲景双眼紧盯着蜜蜂,都快出神了。忽然,他两眼放光,快步上前对老师说:"老师,您看这法子行不行?"

他把自己的想法详详细细地说了出来,张伯祖听了后,脸上露出欣慰的笑容。接着,张仲景把黄澄澄的蜂蜜倒入一只铜碗中,用小火慢慢煎熬,并不断地用竹筷搅动,直到把蜂蜜熬成黏稠的团块。等到蜂蜜稍稍冷却,张仲景便把它捏成一头尖的细条形状,然后将尖头轻轻地塞进病人的肛门。过了一会儿,病人排出一大堆腥臭的粪便,病情顿时好了一大半。由于热邪随粪便排净,病人不几天便康复了。张仲景发明的这个法子,实际上是世界上最早使用的药物灌肠法。

张仲景被后人尊称为"医圣",他总结了汉代以前的医疗经验,对中医学的发展作出了重大的贡献。

107

黄巾军起义

东汉经过几代外戚和宦官的折腾,国库里的钱早就花得差不多了。

汉灵帝只知道终日荒淫挥霍,可钱从哪儿来呢?宦官们就给汉灵帝出了个主意,开一个挺特别的铺子,让有钱的人来买官职和爵位:四百石的官职定价四百万钱,两千石的官职定价两千万钱,没有钱的也可以买官做,等他上任之后再加倍付款。买官做的人图个什么呢?还不是到了任上去搜刮民脂民膏。本来就连年灾荒,粮食歉收,这么一来,老百姓更苦了。实在没法活,各地农民就起义了。

最先起义的是会稽人许生,他在句章(今浙江余姚东南)举兵。没有几天工夫,参加的贫苦农民就有一万多人。他们攻破县城,杀了官吏,打退了前来围剿的官兵,许生就自称为阳明皇帝。这支农民军后来被镇压了下去,许生也被官兵杀了。

过了不久,巨鹿郡(今河北宁晋西南)张家三兄弟又领着老百姓起来造反。这兄弟三个是张角、张宝、张梁,都挺有本领。张角读过书,懂得医道,给人治病挺有效,给穷人看病还不要钱。他看到农民们都盼望能安心生产、过太平日子,就创立了一个教门,叫太平道。他还收了一些弟子,跟他一块儿传教、治病。每逢发生瘟疫,张角把药煎好,配成现成的药水,盛在瓶子里,随时给人治病,救活了不少人。这样一来,张角就出了名,远远近近来求医的,每天总有一百多号人。

大约过了十年光景,太平道传遍了全国各地,教徒发展到几十万。老百姓不论信不信,没有不知道太平道的。各地的官吏也认为太平道是劝人为善、给人治病的教门,没把张角他们放在心里。

张角看着时机成熟了,就暗地里发动道徒们起来反抗朝廷。他用四句话作为暗号,就是:"苍天当死,黄天当立;岁在甲子,天下大吉。""苍天"就是指东汉王朝,

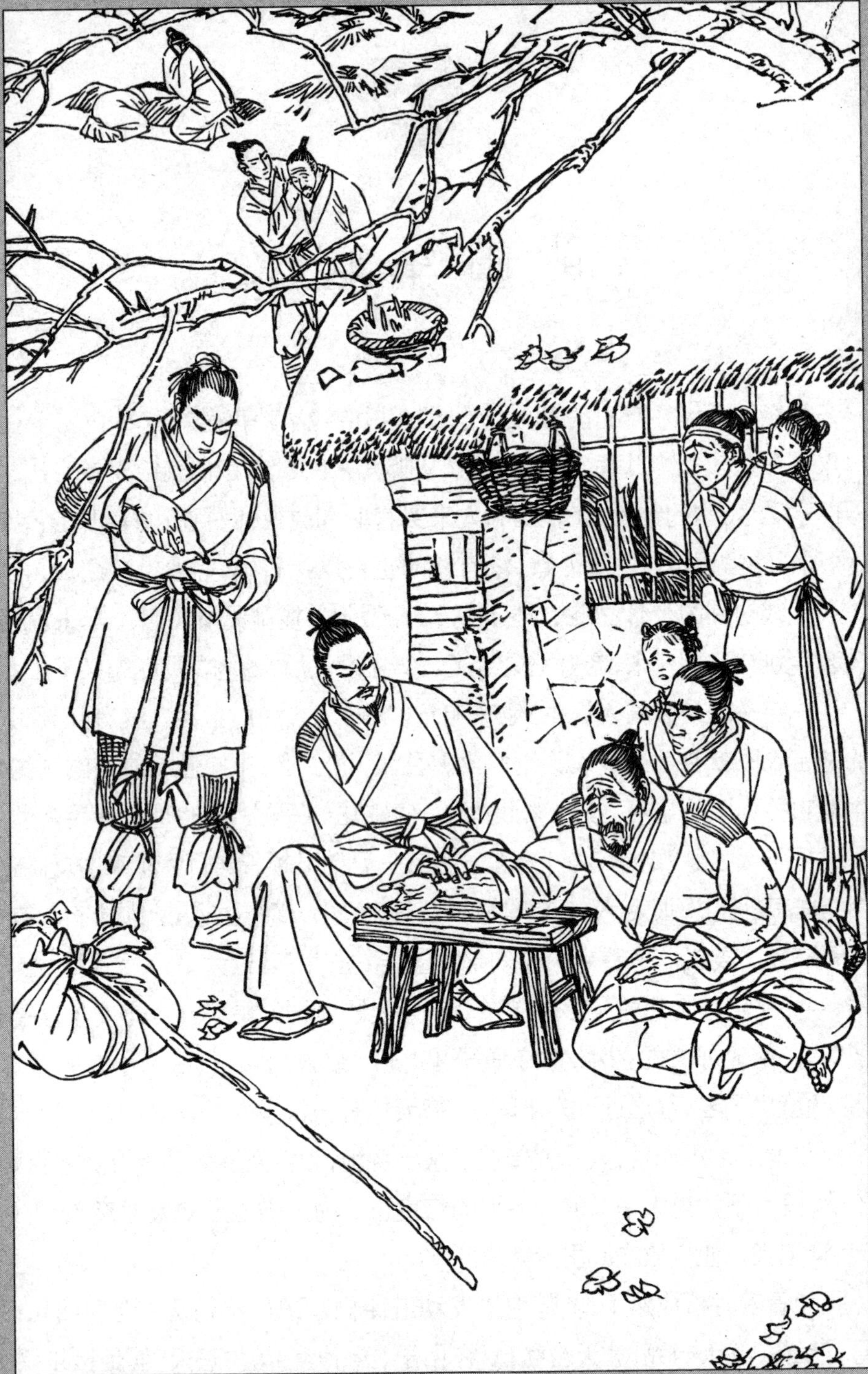

"黄天"指太平道。他们约定在甲子年也就是公元184年发动起义,到那时就"天下大吉"了。

张角让他的弟子们秘密地到各地,在大街小巷、寺庙、官府,甚至城门,到处用白土写满了"甲子"两个字,作为起义的暗号。可就在这紧要的关头,内部出了叛徒,张角弟子马元义的一个助手唐周,向朝廷告了密;马元义没防着这一手,被逮了起来杀害了,同时被杀的有一千多人。汉灵帝急忙下令捉拿张角兄弟。

张角到这时候,只好通知各地提前起义。他自称为天公将军,张宝为地公将军,张梁为人公将军。没多少天的工夫,全国就有几十万农民起来响应。他们头上都裹着黄巾当做标记,起义军就叫"黄巾军"。

黄巾军一齐攻打各地郡县,火烧官府,没收官家的财物,开仓放粮。各地的郡守、刺史急得连忙向汉灵帝告急。汉灵帝急得坐也不是,站也不是。他连忙让国舅何进做大将军,保卫京师。又派大臣卢植和皇甫嵩(sōng)、朱儁(jùn)各带兵马,分两路去攻打黄巾军。

何进还请汉灵帝下令,要各州郡加紧防备,对付黄巾军。这么一来,各地的郡守、刺史和地主、豪强都趁着打黄巾军的机会,浑水摸鱼,招兵买马,扩大自己的地盘和势力。

黄巾军一上来气势很猛,接连打下了好些郡县,杀了许多贪官污吏。可后来各地的官兵都打过来了,黄巾军的粮草武器到底不如官兵,准备又不足,慢慢地退了下来。没想到这时候,天公将军张角因为劳累过度生病死了。

张角一死,黄巾军失去了主心骨。接着张宝、张梁也都死在战场上。这支农民起义军最后还是被镇压了下去。

黄巾军起义虽然失败了,但到底有力地打击了东汉王朝,再加上各地豪强割据局面的形成,东汉王朝的腐朽统治,也已经名存实亡了。

王允巧施连环计

公元189年,汉灵帝去世,年仅十四岁的刘辩登基,由何太后临朝听政。外戚大将军何进执掌了朝政,他暗地里召各地兵马入京城,想消灭宦官势力。但不小心泄密,何进反而被宦官杀死,由此引发了外戚和宦官的一场大火并,最后两败俱伤,双方的力量都大大削弱。

凉州(今甘肃、宁夏、青海、陕西和内蒙古各一部)刺史董卓借镇压黄巾军起义之机,逐渐掌握了重兵,他侵占中原的野心也随之日益膨胀。他怎肯放过何进召他入京这一天赐良机,立刻就把重兵移到了洛阳城外,每天带着铁甲骑兵入城,在街上招摇过市,不可一世。

董卓的野心越来越大,为了独揽大权,他废了少帝刘辩,立刘协为皇帝,就是汉献帝,自己做了相国。这年刘协才九岁,根本无力治理国家大事,朝中大权实际上全都掌握在董卓手中,他甚至带着宝剑上殿,见了皇帝也不拜,丝毫不掩饰他篡位的野心。

董卓生性残暴凶狠,当了相国后更是无法无天,干尽了坏事。汉少帝作诗表达对他的不满,他便用毒酒将少帝毒死,又把何太后从楼上扔下摔死。有一次,他出城打猎,正遇上村民赶集,他便派士兵突然包围人群,将男子全部杀光,把妇女统统抢走。又有一次,董卓宴请百官,吃到一半,他忽然下令将几百个投降的士兵的手和脚当堂砍断,挖出他们的眼珠,割掉耳朵,再把耳朵、眼珠和手脚用锅煮了。百官们全都吓得魂飞魄散,浑身发抖,而董卓却像什么事也没发生似的,依旧大吃大喝,谈笑风生。

董卓骄横跋扈,大肆杀戮,闹得京城人人自危,一片混乱。曹操、袁绍等军阀纷

纷起兵,声讨董卓。但他们心中都另有自己的打算,全都是雷声大,雨点小。这时,董卓把汉献帝挟持到了长安,并且自称为太师,还在洛阳城放了一把大火,把洛阳城烧了个精光。

司徒王允对董卓的倒行逆施十分愤恨,他下决心一定要铲除这个奸贼,但苦无良策,因此整天坐立不安。王允府中的歌女貂蝉知道后,表示愿意为大人分忧,万死不辞。于是,王允和貂蝉利用董卓和他的干儿子吕布都是好色之徒的弱点,定下了一个"连环美人计"。

第二天,王允请吕布到府中吃饭,席间让貂蝉陪酒。吕布一见到美若天仙的貂蝉,立刻就迷上了她,王允趁机提出把貂蝉许配给他做妻子,吕布欣喜若狂,连连称谢。

又过了几天,王允又请董卓喝酒,席间也让貂蝉献舞助兴。董卓一见到这位绝色美人,立刻两眼发呆,垂涎欲滴。王允见此情形,说:"如果太师喜欢的话,就请允许我把她献给您。"董卓高兴得两眼眯成一条缝,假意推辞了一番,连夜把貂蝉带了回去。

吕布一心等着迎娶貂蝉,但王允那边始终没有动静。吕布等不及了,冲入王府想问个究竟,却被告知他的"新娘"已经被义父霸占了,气得他七窍生烟。

一天,董卓上朝去了,吕布乘机与貂蝉在后花园约会,貂蝉在吕布面前泪水涟涟,直哭得吕布肝肠寸断,他发誓一定要把她从董卓身边夺回。正在这时,董卓回来了,他一见吕布与貂蝉抱在一起,顿时怒火冲天,抓起身边的画戟(jǐ),朝吕布刺去。幸亏吕布眼明手快,抬手一挡,才没被刺中。

吕布冲到王府,将董卓骂了个狗血喷头;王允也大骂董卓抢走了自己的女儿,霸占了吕布的妻子。吕布恨恨地说:"要不是看在他是义父的份上,我早就杀了他。"

王允见时机成熟,说:"将军,你这话可就错了。他姓董,您姓吕,本来就不是一家人,更何况他抢了你的妻子,还用兵器来杀你,哪里还有什么父子之情呢?"

吕布说:"是啊,他不仁,我也不义。我一定要亲手杀了这个老贼!"接着,他俩密谋如何杀董卓,替天下除害。

计议停当，王允便派人假传圣旨，说皇帝病愈后要把皇位让给太师，召他上朝受禅。董卓信以为真，耀武扬威地带着人马回到京城长安。

董卓乘车刚进宫门，埋伏着的卫士挺戟朝董卓刺去。董卓贴身穿着铁甲，没有被刺中。董卓高声大叫吕布救命，吕布应声从车后闪出身来。董卓以为吕布前来救驾，却不料吕布挺戟直刺他的喉头，送他上了西天。

王允下令把董卓的尸体扔在街头，让百姓泄愤。百姓见奸贼终于被除，人人拍手称快，长安街头到处是欢庆的人群。

曹操煮酒论英雄

刘备是汉景帝之子中山靖王刘胜的后代,他从小就没了父亲,与母亲两人以编织、出卖草鞋、草席为生。他虽言语不多,喜怒之情常常不在脸上反映出来,但为人友善,爱结交豪侠之士,许多少年有为之人都争着与他交往。后来他得到了两个大富商的资助,他们给了他许多金银财宝,让他招兵买马,闯荡天下,刘备由此就得到了两员大将——关羽和张飞,他们三人还结拜为兄弟。

有一次,吕布派人去买马,不料买马的钱被刘备的人马夺走,吕布大怒,派兵进攻刘备,刘备只身逃走,正遇上北方的另一个军阀曹操出兵征讨吕布,于是势单力薄的刘备投奔了曹操。

这时,曹操挟持汉献帝,将国都从洛阳迁到许都(今河南许昌)。曹操用皇帝的名义号令天下,势力十分强大。生擒吕布之后,曹操让汉献帝封刘备为左将军,并且厚礼相待,一同出入。

受到器重的刘备整天提心吊胆的,因为早些时候,汉献帝的丈人董承接到汉献帝的密诏,要他除掉曹操,董承为此与刘备等人一同密谋过此事。虽然他未采取任何行动,但他一直提防着曹操。为此,他想出了一个遮人耳目的办法:整天在后园里种菜浇水,摆出一副两耳不闻窗外事的样子。这一招说来也灵,连他最贴心的兄弟关羽和张飞也被蒙在鼓里,他们埋怨刘备不关心天下大事,却学小人之事。刘备只是淡淡一笑,也不作解释。

再说曹操这人生性多疑。从表面上看,他十分器重刘备,但实际上他一直防备着刘备,生怕他打出皇族的旗号来号召天下。

这天,刘备在后花园菜田里浇水,忽听曹操派人来请他。正巧这时关羽、张飞

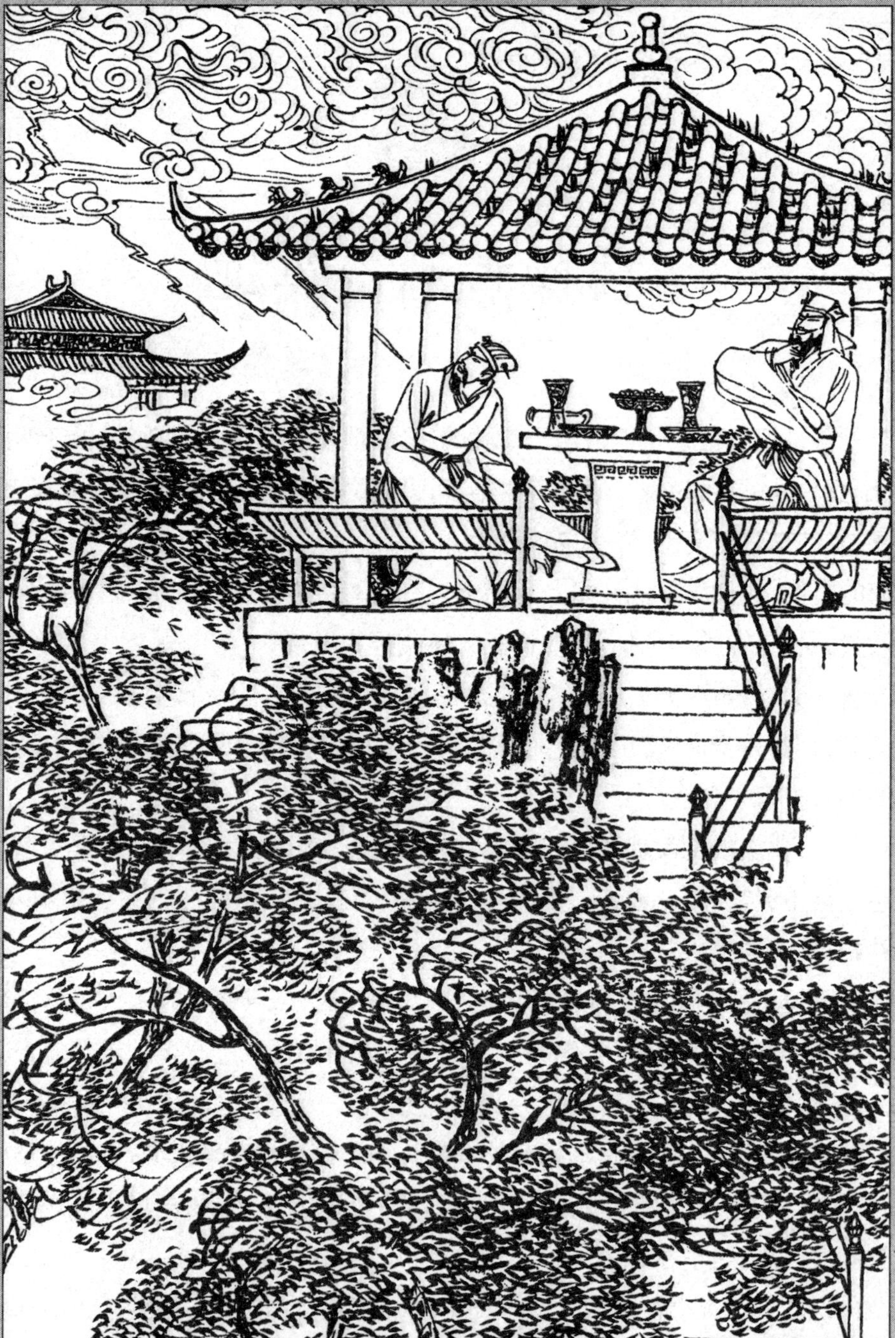

都不在,刘备有些惊慌,忐忑(tǎn tè)不安地跟着来人去了。

曹操一见刘备,笑道:"好啊!躲在家里做大事呢!"

一句话吓得刘备面如土色,不知说什么好。

曹操又转口说:"你能学种菜,可真不容易啊!"

刘备这才放下心来说:"那只是消遣消遣而已。"

曹操又说:"刚才我在园中看见枝头上的梅子青青的,不可不尝啊!正好酒也温热了,我就想请你一同到小亭中喝酒。"

刘备听了这话,一直紧绷的心才放了下来。

两人来到小亭,见酒器已经摆好,盘中也放了青梅,于是就有说有笑地喝起酒来。

两人喝得微微有些醉意的时候,不觉天色阴沉了下来,空中乌云密布,眼看一场倾盆大雨即将来临。

曹操乘着醉意,问:"你倒说说看,谁是当世英雄呢?"

刘备心中一激灵,酒也一下子醒了七分。他想这是不是在试探自己?于是,就谦逊地笑道:"我这个人肉眼凡胎,哪能知道谁是英雄啊!"

曹操说:"你也太谦虚了,即使没见过英雄,总也能听到几个名头吧!"

刘备见自己不得不说,便装作胸无大志的样子,随口说:"袁绍雄霸中原,门下藏龙卧虎,称得上是英雄吧!"

曹操笑着摇头说:"这个人外强中干,贪图小利,干不成大事,怎算得英雄呢?"

刘备又提到刘表、孙策、刘璋等人,都被曹操否定了。

曹操神色严峻地说:"胸中既有远大志向,又能足智多谋,能运筹于帷幄的人,才称得上是英雄啊!"

刘备问道:"那依您之见,谁能当英雄呢?"

曹操说:"当今天下的英雄,只有你和我两个!"

刘备大惊失色,筷子落在了地上。正巧这时一声惊雷从天际滚来,刘备马上定了定神,俯身拾起筷子,掩饰道:"雷声实在太大太突然了,心中一怕才掉了筷子。"

刘备巧妙地将自己的失态掩饰了过去。但他喝完酒反复思量曹操的话,觉得

曹操已把他当成唯一的对手,不会轻易放过他的。这时,另一个大军阀袁绍派他儿子到青州去接应袁绍的兄弟袁术,要经过徐州,曹操派刘备去截击袁术。刘备就抓住这一时机,带着关羽、张飞走了。

刘备打败了袁术,占领了徐州。曹操本来就对放走刘备十分后悔,见刘备壮大了自己的势力,怎么能够容忍?于是,曹操指挥大军进攻徐州,刘备抵挡不住,只好放弃徐州,投奔袁绍去了。

110

官渡之战

东汉末年,群雄割据,战乱频繁。在北方,袁绍和曹操各霸一方,袁绍占据了黄河以北地区,曹操抢占了黄河以南的土地。袁绍拥有数十万兵马,实力强大,曹操则只有几万兵马,不过他把汉献帝接到了许都,借着天子的名义对天下发号施令。袁绍认识到曹操是他称帝的主要障碍,公元200年,调集了十万兵马,由大将颜良率领,南下讨伐曹军。袁军攻占了黎阳(今河南浚县东),渡过黄河,包围了白马(今河南滑县)。

曹操采纳了谋士荀攸(yōu)声东击西的计策,先派一支人马到达黄河渡口延津(今河南延津西北),假装要渡河。袁绍听到这个消息后,急忙派兵阻截。曹操乘机率军东进,突袭白马,将颜良杀了个措手不及,一举解除了白马之围。

袁绍闻讯,气得双脚跳,又派大将文丑率领骑兵五六千人渡河追击。而曹军当时只有骑兵五百多名,形势十分危急。

在这危急关头,曹操命令众将士解下马鞍,放开战马,把武器散乱地丢弃在袁军必经之路上。不久,文丑追兵赶到,见曹军丢弃的马匹、武器后,纷纷下马抢夺。曹操见此情形,一声令下,埋伏着的五百骑兵一齐冲出。袁军根本来不及抵抗,溃不成军,大将文丑也被俘获斩首。

袁绍初战失利,损失了手下颜良、文丑两员大将,但他依然企图依靠兵力上的优势歼灭曹军。曹军主动退守到了官渡(今河南中牟东北),两军于是在这里对峙。

袁绍见曹军死守营垒,便命士兵堆土山、筑高台,居高临下向曹军射箭。曹军则巧妙地制造出一种霹雳车,发出石头用来摧毁高台。袁军又生一计,半夜偷挖地道企图偷袭曹营,曹军发现后就挖壕沟切断地道。就这样,两军对峙了几个月。

曹军兵乏粮尽,曹操动了退兵的念头,但被手下的谋士劝阻了。没多久,袁绍

派大将淳于琼押运来一万多车军粮,囤积在离袁军大营四十里的乌巢(今河南延津东南)。谋士许攸再次建议趁曹军兵乏粮缺、士气低落之际派兵偷袭许都。袁绍非但不听许攸的好主意,反而把许攸责骂了一顿。许攸气坏了,便转而投奔曹操。

曹操闻讯,非常高兴,赤脚出迎,拉着许攸的手笑道:"你这一来,我有希望获胜了。"

许攸坐定后直接问道:"袁绍兵力强大,您打算怎么对付他?军中粮草还有多少?"

曹操笑着回答说:"大概还够用上一年吧!"

许攸也微笑着说:"恐怕不见得吧!"

曹操又说:"那用半年总该够吧!"

许攸听罢,拂袖而起,边走边说:"我诚心诚意投奔您,您却不跟我说实话,真让我失望!"

曹操仍堆着笑脸说:"别见怪,刚才跟您开玩笑呢!其实军中的粮食只能维持一个月了。还请您告诉我该怎么办?"

许攸说:"我倒是有一计,能让袁军在三天之内不战自破,不知您是否想听?"

曹操大喜过望,连忙说:"快请说吧!"

许攸说:"袁绍现有粮草一万多车,全都囤积在乌巢,由淳于琼率兵把守。但淳于琼防备不严,您可派一支精锐部队,连夜偷袭,放火烧粮。我保证您不出三天,袁军自败。"

曹操立刻选出精锐骑兵,打着袁军的旗号,连夜从小路出发,沿途遇到袁军岗哨的盘问,都说是袁绍派来增援防守的,岗哨没有怀疑。曹军到达乌巢,放起大火烧粮仓,把守备的袁军吓得束手无策,慌忙迎战,却被曹军杀得片甲不留,淳于琼也被杀死。

袁绍起初听到曹操偷袭淳于琼的消息,还得意地说:"趁曹操攻打淳于琼,我们可去偷袭曹营,让曹军无家可归!"

他命令大将张郃(hé)、高览攻打曹营。不料张郃一听说乌巢被烧、淳于琼被曹军击毙,就投降了。袁军四下溃散,袁绍与儿子狼狈不堪地渡河逃走,才保住性命。

官渡之战,是中国古代战争史上以弱胜强的著名战例。这以后,袁绍兵力大大削弱,从此一蹶不振;曹操却通过这一仗,为统一北方奠定了基础。

孙氏兄弟踞江东

正当曹操和袁绍在北方打得不可开交之时,南方崛起了一股强大的势力,占据了江东(今长江下游的江南地区)。这就是由孙策、孙权两兄弟打下的东吴江山。

兄弟俩的父亲孙坚原来是袁绍的弟弟袁术的部下,参加了讨伐董卓的大军。父亲死后,孙策便带着一路人马,投奔了袁术。

袁术虽然非常欣赏孙策这位少年英雄,但他对孙策存有戒心,一直没有加以重用。时间一长,孙策便感觉到了,虽然嘴上不说,但心底却很明白。

恰在这时,扬州刺史刘繇(yóu)把孙策的舅舅、丹阳(今安徽宣州)太守吴景赶跑了,还在长江边上屯下了重兵。孙策觉得机会来了,主动向袁术请求让他带兵到江东讨伐刘繇。袁术考虑到这样可以借孙策之手解除刘繇的威胁,甚至可以让孙策、刘繇拼个鱼死网破,自己可以坐收其利。想到这儿,袁术同意了孙策的请求,并且拨了一千人马给他。

孙策带着这班人马向南挺进,一路上他不断招兵买马,扩充队伍。到达历阳(今安徽和县)时,队伍已经壮大到了五六千人,和舅舅吴景的队伍胜利会师。同时,孙策小时候的好朋友、足智多谋的周瑜也带着人马前来会合。

孙策的队伍浩浩荡荡地来到江边,却遇到了一个意想不到的问题——停靠在江边的船只才几十条,这对庞大的队伍来说,实在是少得可怜,大大影响前进的速度。

孙策双眉紧锁,不停地在江边踱步。忽然,那一丛丛在风中摇曳(yè)的芦苇跃入了他的眼中。他紧锁的眉头展开了,大声命令侍从:"所有士兵即刻奔赴江边,砍伐芦苇,扎筏渡江!"

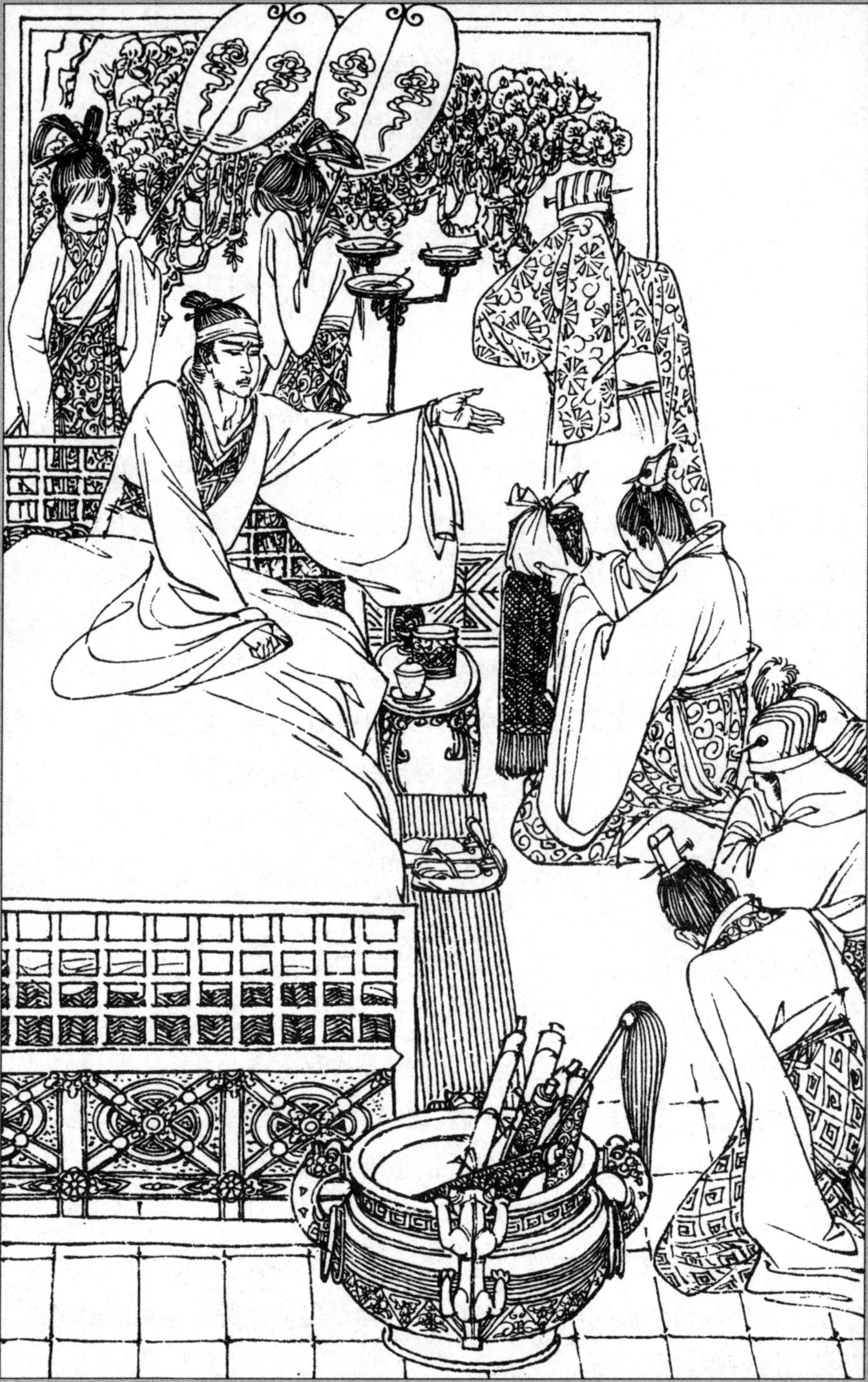

一声令下，数千士兵齐心协力，很快就扎了许多筏子，江面上出现了千筏竞渡的壮观场面。

孙策的队伍一举冲上江东岸，攻占了牛渚(zhǔ，今安徽当涂西北)，夺得了大量的粮食和武器，接着又用装死的办法诱使刘繇的部下笮(zé)融开门出城，伏兵突然杀出，直杀得笮融人仰马翻，连夜逃窜。孙策乘胜进攻，没多久就打到了曲阿(ē，今江苏丹阳)，龟缩城中的刘繇被孙策势如破竹的气势吓得弃城而逃。

进城后，孙策没有被胜利冲昏头脑，依然保持着严明的军纪，并且优待俘虏，因此深受百姓拥护，仅仅十几天的工夫，就得到了兵卒两万多人，战马一千多匹。孙策的名字一时间威震江东。

不久，孙策又带兵攻下了会稽、东冶(今福建福州)等地，在江东站稳了脚跟，并且借口袁术有称帝的企图，与他断绝了关系，打算继续向北挺进。

但是，在这关头，意外的事情出现了。一天，孙策上山打猎，预先埋伏着的几个刺客突施冷箭，孙策中箭跌下马来，身受重伤。

虽然医生使出了浑身解数，但是孙策的伤势依旧一天比一天严重。孙策知道自己的时间不多了，找来了部下张昭，将弟弟孙权托付给他，嘱咐他好好辅佐孙权，凭借长江天险守住基业。又把孙权叫到床边，将象征着权力的印信交给他，叮嘱孙权一定要知人善任，挑起稳定江东的重担。说完，年仅二十六岁的孙策告别了人世。

这时，孙权还不满二十岁，失去兄长的悲痛几乎压垮了他，他泪流成河，悲痛万分。张昭竭力劝慰，请他克服悲伤，挑起兄长留下的重任，同时又火速通知周瑜，让他借奔丧之机，回来共同辅佐孙权。

孙权刚刚披上统帅战袍时，尽管统治着江东六郡，但政权并没有完全稳定，而且孙策刚死，许多将士担心孙权年轻没办法保住江东，因此人心涣散，甚至有的人想投靠新主子。在这危难之际，幸亏张昭和周瑜两人齐心协力，说服了大家，这才使政权稳固了下来。

庐江太守李术不仅不肯听从孙权的指挥，而且还收留了一些叛将，这使得孙权十分恼火，命令李术立刻交出叛将。李术却嚣张地说："如果你确实有德有才，那么

大家都会听你的；反之，大家就会离你而去。所以，我是不会把他们交给你的。"

李术明目张胆的反叛，促使孙权下决心除掉李术，为此，他做了周密的谋划。他预料到李术一旦受到攻击，一定会向曹操求援，于是，先下手为强，写了一封信给曹操，信中说李术这个人生性残暴，不讲信用，并且还提到了李术从前杀掉曹操的扬州刺史的往事，以此来引起曹操对李术的愤恨；如果他发兵讨伐李术，希望曹操千万不要听信李术的狡辩。这封信一方面堵住了李术的退路，另一方面又堵住了曹操出兵的借口，称得上是一箭双雕。

安排好以后，孙权就发兵攻打李术，不出孙权所料，李术果然向曹操讨救兵，曹操为了自己的利益，没有出手相助。李术打不过孙权，给杀死了。

孙权平定了内乱，树立起了自己的威望，同时，他大力招揽人才，采纳鲁肃先立足江东、再占领荆州、最后夺取天下的战略步骤的建议，使他在江东的统治得到巩固和发展。

112

刘备三顾茅庐

官渡一战,曹军以少胜多,大败袁军,原先投奔袁绍的刘备,又投奔了荆州刺史刘表,得到了兵力上的补充,在新野(今河南新野)驻扎了下来。

刘备从不甘心寄人篱下,现在有了落脚之地就开始图谋更大的发展,四处寻访能辅佐自己建功立业的贤才。为此,他虚心请教名士司马徽,司马徽告诉他:"知晓天下大势的人,并非是普通的读书人,而是才能出众的俊杰之士。本地倒有两名俊杰,一位是卧龙,一位是凤雏(chú)。卧龙名叫诸葛亮,凤雏名叫庞统。"

刘备凭着汉朝宗室后裔的身份,使得荆州一带的豪杰名士纷纷归附于他,其中有个名叫徐庶的人深受刘备的器重。徐庶很感动,也向刘备推荐诸葛亮:"我有个朋友名叫诸葛亮,人称卧龙先生,他是个杰出的英才,将军难道不愿见见他吗?"

刘备一听卧龙二字,眼睛一亮,忙不迭地说:"好啊!好啊!你赶快把他请来吧!"

徐庶却说:"不行啊。他这样的人是不肯自己来的,将军您只能委屈自己,亲自跑一趟了。"

刘备见司马徽和徐庶都如此推崇诸葛亮,真是思贤若渴,就带上关羽、张飞,亲自去请诸葛亮。

诸葛亮,字孔明,从小就没了父母,跟着叔父来到了荆州。叔父死后,他就定居在隆中(今湖北襄阳西)卧龙岗,盖了座茅屋,边读书边种地,常常把自己比作春秋战国时的著名人物——管仲和乐毅。这引起不少人的嘲讽讥笑,认为他是痴人说梦,但是司马徽和徐庶对他的才能和志向确信不疑,因此主动向刘备推荐。

刘备带着关羽、张飞两人,风尘仆仆地赶到卧龙岗,不料诸葛亮听说后故意躲开了,他们扑了个空。

刘备并不灰心,过了些时候再次前去拜访。这时正值隆冬时节,天气异常寒冷,半路上忽然风雪交加。张飞打起了退堂鼓,刘备却非常坚定,顶着风雪艰难地跋涉着,没想到千辛万苦地赶到后,却被告知诸葛亮和朋友一起出门去了。

一连碰了两次壁,关羽和张飞不乐意了。关羽说:"主公您两次亲自前去拜访,这样讲礼节也太过分了吧!只怕那诸葛亮徒有虚名没有真才实学,才故意避开,不敢见您呢!"

刘备摇摇头,耐心地劝导关羽和张飞,终于说服了他俩。

过了一段时间,刘备第三次登门拜访诸葛亮。这回诸葛亮倒是在家,但不巧的是正在睡觉。刘备见此情形,没有叫醒诸葛亮,而是静静地站在门口,耐心等着诸葛亮醒来。

谁知,刘备这一站足足站了两个时辰,张飞气得暴跳如雷,大叫道:"这个诸葛亮也太傲慢了,竟敢让主公等这么长时间,我去放把火烧了屋子,看他起不起来!"幸好关羽再三劝阻,才把张飞拦住。

刘备直站得双膝发软,浑身无力,诸葛亮方才醒来。听书童说刘备已等候多时,诸葛亮连忙穿戴整齐,将刘备迎进屋中。

一见面,刘备就开诚布公地说:"如今汉室衰败,奸臣当道,我决心复兴汉室,无奈才学短浅,因此特地来请先生指教。"

刘备三顾茅庐所显示出的诚意,令诸葛亮非常感动,于是诚恳地帮助刘备分析了天下的形势,指出目前应当以荆州为基地,与孙权联合共同对付曹操,到时以汉朝皇室后代的名望,必能得到天下百姓的拥护。到那时,霸业必成,汉室可兴。接着,诸葛亮让书童拿出一张挂图,说:"这是我绘制的西川五十四州地图,可为您成就大业提供参考。"

这一番促膝长谈,两人都有相见恨晚的感觉。刘备打心眼里佩服诸葛亮的远见卓识,恭恭敬敬地请诸葛亮出山共谋大业。诸葛亮也为刘备的诚意所感动,答应结束隐居生活,出山相助。"三顾茅庐"的成语就是由此而来。

刘备拜诸葛亮为军师,并对关羽、张飞说:"我有了孔明先生,就像鱼儿得到水一样。"

从此,诸葛亮一心一意辅佐刘备,使刘备的势力一天天壮大起来,最终成为三国时三分天下的一方霸主。

周瑜赤壁布火阵

曹操统一北方后,公元208年,继续率军南下,进攻刘表和孙权。

这时,刘表刚死,继位的次子刘琮被曹军的气势吓破了胆,立即派人求降。驻守在樊城(今湖北襄樊)的刘备听说曹操大军南下,急忙撤退。曹操亲自率兵追赶,在长坂(bǎn)坡(今湖北当阳东北)大败刘备,刘备只得退到夏口(在今湖北武汉),曹军依然紧追不舍,形势万分危急。

诸葛亮建议刘备与孙权联合,凭借长江天险,共同抵抗曹军。刘备采纳了这个建议,并派诸葛亮去见孙权。

孙权也有联合刘备抗曹的想法,但是孙刘两军加起来兵力也不过三五万,他担心自己不是号称八十万人马的曹军的对手,因此一直拿不定主意。

诸葛亮一见到孙权,就挑明了来意:"将军,曹操已经攻下了荆州,马上就要进攻东吴了。将军您是准备投降还是准备抵抗呢?我们刘将军身为宗室后代,是决不肯向曹操低头投降的。"

他仿佛一眼看穿了孙权的顾虑,又一针见血地指出:"刘将军虽然在长坂坡战败了,但还有水军二万。而曹军虽然兵力远远多于我们,但它从北方远道而来,已经十分疲惫,况且根本不熟悉水战,只要孙刘两军同心协力,是一定能打败曹操的。"

诸葛亮的一席话终于打消了孙权的顾虑。他马上召集部下,共同讨论对付曹操的办法。

恰在这时,曹操送来了战书,威胁说将率八十万人马与孙权决一胜负。孙权看后非常不安,部下中有人开始主张投降,孙权举棋不定,就把大将军周瑜召回商量。

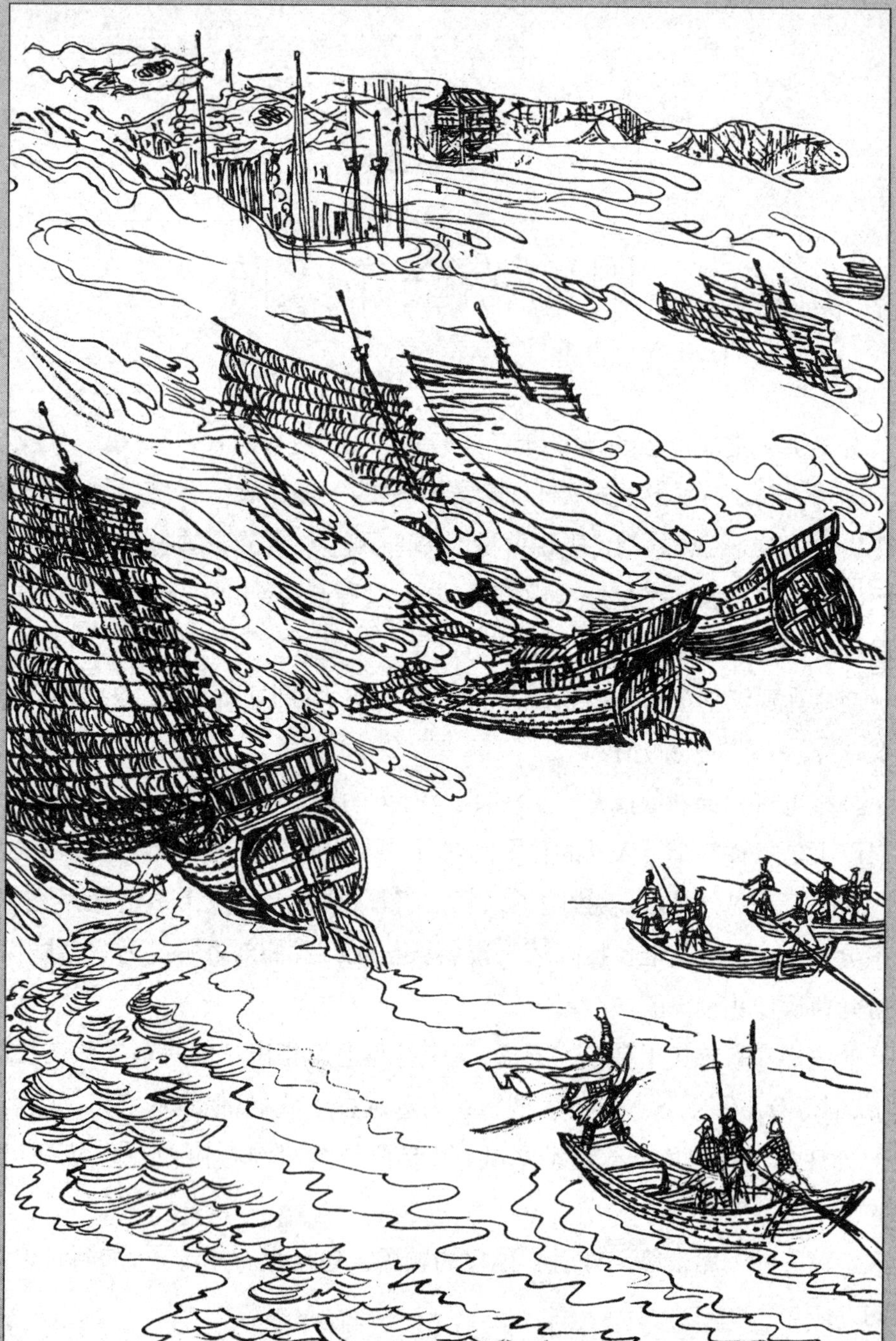

周瑜一开口就很坚定,他说:"曹操名为汉朝丞相,实际上是十足的奸贼,我们怎能向他投降?"

接着,他分析道:"曹操号称八十万人马,其实只有二十万,他这是在虚张声势,况且其中还有不少是荆州一仗中被打败后收编的荆州兵,他们跟曹操并不是一条心,所以,我们没理由害怕。何况两军对比,我们还有许多有利的地方。首先,曹军习惯于陆上作战,但现在要和我们打水仗,他们弃长取短,犯了兵家的大忌。其次,曹军初到南方,定会水土不服而发病,战斗力必然大大削弱。将军只要给我数万精兵,我定能战胜曹军!"

周瑜斩钉截铁的一番话使孙权最后下了决心,他表示与曹操势不两立。第二天,孙权就任命周瑜为大都督,与刘备水军会合,共同抵抗曹军。

孙刘联军和曹军先头部队在赤壁(今湖北武汉赤矶山)相遇。这时,曹军中已有不少士兵因水土不服得了病,双方初次交战,曹军就吃了败仗,被迫退回长江北岸,而孙刘联军占据了长江南岸,两军隔江对峙。

曹军的北方兵一点儿都不识水性,船一晃就晕船呕吐,生起病来,曹操一直为此事发愁。后来,他采纳了谋士的建议,把战船用铁环连在一起,铺上木板,船身就稳定多了,不但人可以在上面走路,还可以骑马。曹操认为这是渡江的好办法,却没料到已经中了周瑜的"连环计",因为这样一来,战船的目标很大,行动不便。

黄盖向周瑜建议:"现在敌众我寡,宜速战速决。我们可以利用连环战船难以解开的弱点,用火攻对付曹军。"

这一建议和周瑜的想法不谋而合,于是,周黄二人进行了周密的策划,制造一幕"苦肉计"的活剧。

第二天,周瑜召集部下议事,黄盖故意当众提议:要么马上进攻,要么趁早投降。周瑜大怒,要把黄盖拉出去斩首示众。在众将士的一再劝阻下,周瑜才免黄盖一死,但五十军棍直打得黄盖皮开肉绽,几次昏死过去。

几天后,黄盖派人给曹操送去密信,表示愿意投降曹军。曹操原本疑虑重重,等听到奸细报告了黄盖被痛打的经过,这才信以为真,就与黄盖约定了暗号。

火攻的前期工作都已准备停当,只差东风了。当时正值隆冬十一月,西北风刮

得"呜呜"作响,这种风向只会将火烧到自己船上,周瑜整天愁眉不展。

一日,周瑜急火攻心,口吐鲜血,不省人事,众将士急得乱作一团。诸葛亮笑着送来药方,上面只有十六个字:"欲破曹公,宜用火攻;万事俱备,只欠东风。"他还煞有介事地说自己能借来东风,甚至还说出了具体的时间。

周瑜虽然将信将疑,但还是吩咐黄盖悄悄地准备了二十艘大船,船头密布铁钉。船内装满芦苇干柴,浇上油,再用布盖严实,插上军旗。又准备了一些轻快小船拴在船尾。

一切布置妥当,只等东风刮起。诸葛亮定下的那天终于来了,可是直到天色微明,依旧微风不动。一直到三更时分,忽然风声大作,旌旗飘动。周瑜立刻命令六支兵马按照预先部署开始行动,又令黄盖派人送信给曹操,说今夜将坐送粮船前来投降。

东南风刮得越来越急,黄盖率领的大船扯满了风帆,乘着东风飞速向江北的赤壁驶去。船队驶到江心,黄盖命令士兵高喊:"黄盖来降!"

曹营中的士兵听到喊声,纷纷出来观看。曹操有个部下起了疑心,对曹操说:"这些船看上去很轻,开得又快,不像是吃水深的运粮船,恐怕其中有诈。"曹操猛然醒悟,下令不要让来船靠近。

可是,一切都晚了。黄盖高声下令:"点火!"刹那间,所有的战船同时点着了火,就像二十条火龙,乘着风势直闯曹军水寨,船头的铁钉一下子牢牢地插在曹军的船只上。曹军船只都是用铁环连在一起的,火势马上蔓延开来,眨眼工夫成了一片火海,而且越烧越旺,一直烧到了岸上。曹军士兵不是被烧死,就是掉进江中淹死。

周瑜看到赤壁上空火光冲天,知道黄盖已经得手,立刻率兵杀了过去,一时杀声震耳欲聋。曹军早已无力抵抗,曹操带着残兵败将狼狈而逃,孙刘联军穷追猛打,直打得曹军大败。

赤壁一战之后,曹操、孙权、刘备各霸一方,三国鼎立的局面基本形成。

114

华佗救人难救己

赤壁大战,使曹操损兵折将,受到沉重打击。回到许都后,心里老是闷闷不乐。偏在这个节骨眼上,他最宠爱的小儿子曹冲患了重病,不治而亡。曹操伤心地说:"唉!要是华佗还在,这孩子怎么会早早地离开人世呢?"

华佗,是东汉末年杰出的医学家,被誉为"神医"。

华佗学医非常刻苦,他认真钻研《内经》、《难经》、《神农本草经》等古代医学名著,深入民间治病,精通内科、妇科、儿科、针灸等科,尤其擅长外科。他研制出一种能麻醉全身的药物——麻沸散,能减轻病人手术中的痛苦。

有一次,华佗外出行医,半道上迎面来了一个青年,他一手推着小车,一手捧着肚子,脚步踉跄,脸色蜡黄,呼吸非常急促。华佗三步并作两步,上前扶住那摇摇欲倒的青年人,关切地询问他哪儿不舒服。那人痛苦地从喉咙里挤出几个字:"肚子痛得实在受不了了!"

华佗立刻动手诊治,断定他得的是肠痈(阑尾炎),必须立刻动手术。他让病人喝了一碗麻沸散,很快年轻人被麻醉了。华佗用刀子切开病人腹部,割去已经溃烂的肠子,把腹腔清洗干净后再缝好,涂上消炎生肌的药膏。几天后,病人的伤口很快就痊愈了。

华佗善于区分不同病情,对症下药。有一次,有两个军官都患了病,病情完全相同——全身发热头痛。他们都找华佗治病。华佗诊治后却开了两剂完全不同的药方,一个开的是泻药,另一个开的是发汗药。别人觉得十分奇怪,就问华佗,为什么病情相同却用药不同。

华佗回答说:"表面上看这两人病症完全相同,但病的起因完全不同,一个受了点风寒,只要喝药发汗就会好的;而另一个病根在身体里面,只有服泻药才能治好。"

果然，这两个军官回去喝了药后，病很快就好了。

华佗还模仿虎、鹿、熊、猿、鸟五种禽兽的动作和姿态，创造了一套名为"五禽戏"的体操，可以增强体质、预防疾病。据传他的弟子坚持做"五禽戏"，到了九十多高龄还耳聪目明，牙齿坚固，身体健壮。

华佗高超的医术和高尚的医德得到了百姓的尊敬，也受到了朝廷的赏识，一些有识之士多次举荐他做官，但都被他谢绝了。

曹操早年得了头风病，后来随年龄的增长发作得越来越厉害，每次发作时，心慌目眩，头痛难忍。曹操曾请很多有名的医生看过，但那些名医个个都治不好。后来，曹操听说华佗的医术非常高明，就派人把华佗请来。华佗应召前来，他仔细检查之后，取出随身携带的银针，在曹操胸椎部的穴位上扎了几针，神奇的事情出现了，刚才还痛得大汗淋漓、嗷嗷乱叫的曹操立刻感到头脑清楚了，眼睛也明亮了，疼痛止住了。曹操非常高兴，治了几次后就提出要华佗留在他身边，专门为他治病。

华佗一向以治病救人为己任，在他眼里，只有病人，没有高官平民之分。他心里装的是众多疾病缠身、无钱医治的百姓，根本不愿意只为曹操一人看病。他借口说妻子得了重病需要他回去诊治，就离开了曹操回到家乡。曹操多次派人催华佗赶快返回，华佗都坚决不肯回来。

曹操恼羞成怒，他决不能容忍有人违背他的意志，于是他派专人把华佗抓了回来，严刑拷打，威逼华佗屈从。华佗面对曹操的淫威，坚贞不屈。曹操大怒，下令处死华佗。

这时，有个谋士劝曹操道："华佗医术高明，世间少有，而且他的生死关系到天下许多人的生命，请丞相饶恕华佗。"

然而，曹操一意孤行，根本听不进任何不同意见，他仍然下令把关押在狱中的华佗处死。

华佗在临死前，仍然不忘救治百姓，他把一部写好的医书《青囊经》交给狱卒保管，但狱卒生怕受牵连，不敢接受。在极度悲愤之中，华佗只得将医书投入火中，化为灰烬。

后来，曹操头风病多次发作，但他仍对自己处死华佗毫无悔意。直到他的爱子曹冲患病死了，才使他悔恨交加，怪自己错杀了华佗。

115

刘备夺取益州

自从赤壁大战后,周瑜趁机加强攻势,花了一年多时间,将曹操的军队赶出了荆州。三年后,关西(今陕西函谷关、潼关以西地区)的马超也对曹操发动进攻,却被曹操在潼关(今陕西潼关东北)打得一败涂地。

曹操打败马超之后,将进攻的目标对准占据汉中(今陕西汉中东)的张鲁。益州牧刘璋生怕曹操不肯收兵,一路攻打过来,吞并益州,因此整日忧心忡忡,愁眉不展。

谋士张松说:"曹操兵强马壮,无敌于天下。如果他再打下汉中,继而攻打益州,恐怕没人能抵挡得住。"

刘璋皱着眉头,点头道:"是啊,我也正为此事而担心呢,只是一直没有好的办法。"

张松乘机说:"刘备和您是同宗,他与曹操又是对头。刘备这人善于用兵,如果让他去讨伐张鲁,那张鲁必然死无葬身之地。张鲁败了,那益州的威胁也就解除了,即使曹操率兵前来,也用不着害怕了。"

刘璋听张松说得有理,就决定派法正前去请刘备来。

再说东吴打下荆州后,刘备要求接管这块土地,理由是荆州原是自己本家刘表的地盘,刘表死了,荆州就该归他。孙权当然不肯,后来周瑜病死,鲁肃考虑到与刘备联合的重要性,劝孙权把荆州借给了刘备。刘备得了荆州后,还是不满足,又看中了益州这块地方,正四处寻找机会。

没想到机会送上门来了。法正奉命率四千人马前来邀请刘备入主益州,让刘备更觉意外的是,法正竟然开门见山,说服刘备夺取益州:"将军雄才大略,刘璋无

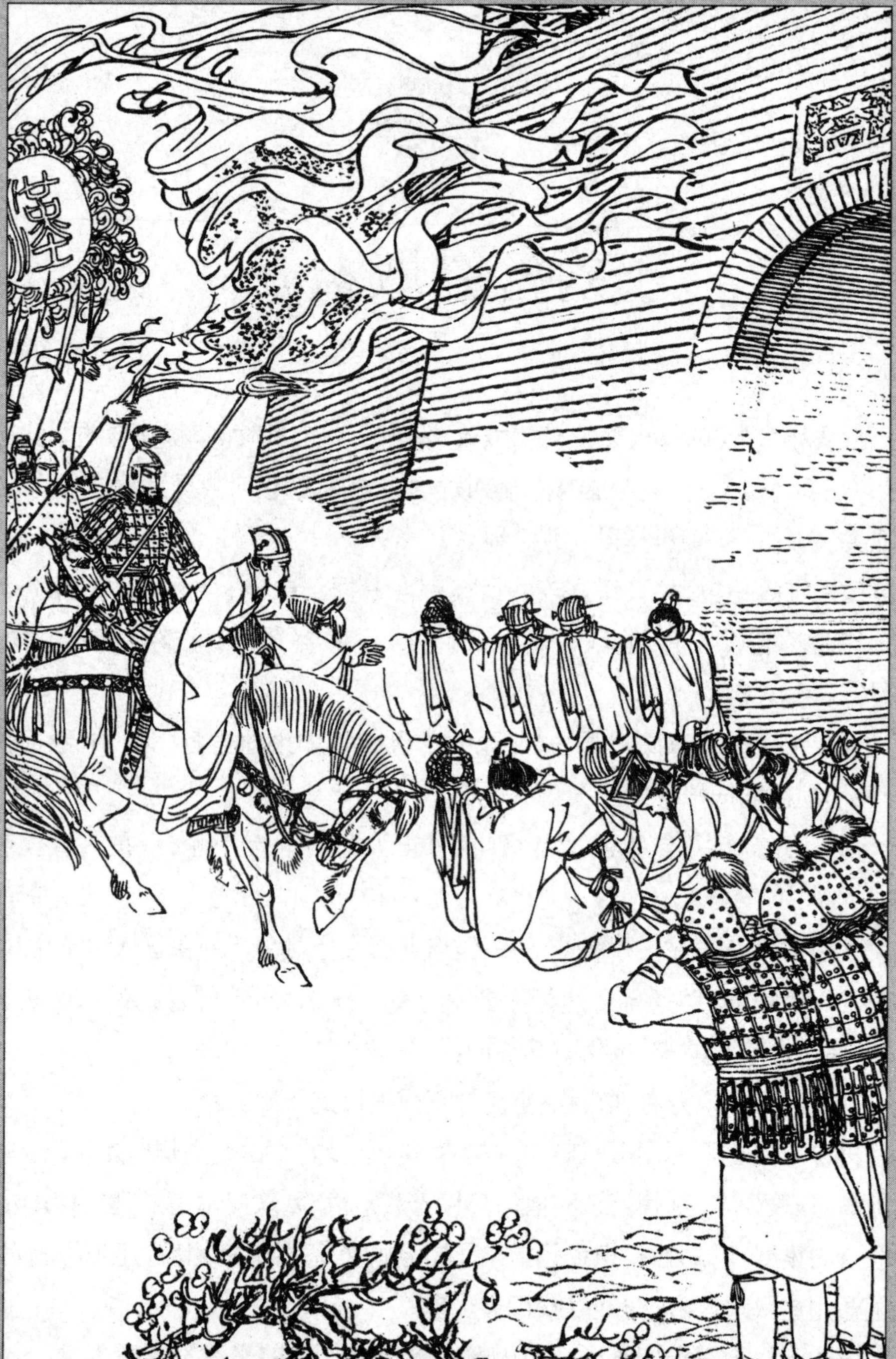

德无才，益州应是将军的天下，有张松做您的内应，夺益州将是件易如反掌的事。"

原来，张松和法正早就认为刘璋懦(nuò)弱无能，打算投靠新的主子。他们曾经试探过曹操，但曹操根本不把他们放在眼里，后来他们在刘备那儿受到热情招待，就决定投靠刘备，秘密商议接刘备进益州，没想到这么快就逮着了机会。

法正走后，刘备独坐沉思。谋士庞统走了进来，说道："荆州东面有孙权，北面有曹操，难以有所作为。而益州人口百万，地广田肥，可以大有作为，更何况还有法正、张松做内应，这可是天赐的良机啊！"

刘备不再犹豫了，事实上他早就找机会了解蜀中的地势如何、兵器人马的多少以及道路险要之处，手中还有蜀中的山川地图，可以说他已经完全掌握了益州的虚实。于是他决定派诸葛亮、关羽镇守荆州，亲自率领几万人马进入益州。

刘璋带领三万人马亲自迎接刘备，还给刘备补充了粮草人马、武器装备。张松劝刘备乘机杀了刘璋，庞统也赞同，但刘备回答他们："这是件大事，切不可草率行事。而且我刚到此地，还没有把人心笼络住。"

刘备借讨伐张鲁之名，北上来到葭(jiā)萌关(今四川昭化东南)，广施恩德，以笼络民心。

一年后，曹操讨伐孙权，孙权向刘备求援。刘备向刘璋要一万人马和粮草物资，但刘璋只给了他四千老弱士兵，粮草也只给了一半。刘备很是恼火。恰巧此时，张松做内应的事被刘璋发现了，刘璋杀了张松，并下令镇守各关隘(ài)的将士不得放刘备过关。

刘备一看事情已经败露，立刻出兵，又攻打雒(luò)城(今四川广汉北)，打了整整一年才攻下，庞统在攻城时中箭身亡。公元214年，刘备乘胜直攻成都(益州的治所)，诸葛亮率张飞、赵云赶来援助，刘璋招架不住，被迫出城投降。刘备得胜入城，自封为益州牧。

自此，蜀汉初具雏形。

关羽败走麦城

刘备占领益州后,又出兵对付曹操的军队,把他们赶到了长安。这样一来,刘备在益州的地位得到了巩固,就自立为汉中王。接着,刘备又派关羽攻打樊城,恰好这时汉水暴涨,关羽利用大水淹没了曹军大将于禁的七支大军,乘胜包围了曹军占据的樊城。

曹操为解樊城之围,想出了一个一箭双雕的主意。他写信给孙权,劝说孙权乘现在荆州后防空虚,攻取被刘备夺去的荆州。这样,当关羽听说荆州被夺,定会撤军回救,樊城之围自然就会解除。

孙权采纳了曹操的建议,派大将吕蒙攻取荆州。吕蒙从密探口中得知,沿江到处都是烽火台,防备也不见有松懈的迹象。他和孙权商量,对外假称生病回去休养了,以此来麻痹关羽。孙权另派年轻的陆逊接替吕蒙。

陆逊故意派人送信给关羽,对他水淹于禁七军大大称赞了一番,表达了自己对他的万分仰慕之情。

关羽看信后,认为陆逊初出茅庐,比吕蒙好对付多了,就放松了警惕,陆续把防守荆州的人马调拨到樊城。

孙权得知计谋得逞,立刻派吕蒙起兵攻打荆州。吕蒙把战船伪装成商船,自己率兵埋伏在船舱内,把船靠了岸。到了半夜三更,躲在船舱里的士兵一拥而出,出其不意地杀死了防守的士兵,占领了荆州。

吕蒙又劝说江陵(今湖北荆州一带)、公安(今湖北公安)的守军投降,那些将领动摇了,就投靠了东吴。

关羽得知荆州、江陵等长江要塞相继失守,非常震惊,几乎不敢相信,他马上率

兵从樊城南撤。

吕蒙进入江陵后,释放了被关羽俘获的于禁,又抚慰蜀军将士和家属,使许多将士半路而逃。关羽恨得大叫:"我生不能杀吕蒙,死了也要杀了他!"

孙权的军队势如破竹,所向披靡,而关羽节节败退,一直退到麦城(今湖北当阳东南)。孙权率兵赶到,派诸葛瑾多次劝说关羽投降。关羽假装投降,在城头上竖起白旗,暗地里带了十几个骑兵弃城往西而逃。

孙权闻讯,派兵阻断了关羽必经之路,埋伏在草丛中,用绊马索绊倒关羽等人,活捉了关羽。

孙权亲自出马,再次劝关羽投降,然而关羽怒目圆睁,破口大骂:"我和主公一起共谋大业,怎会和你这样的叛贼共事。要杀便杀,要剐便剐,何必废话!"

孙权怕留下后患,杀了关羽。

关羽被害的消息传到刘备耳中,刘备昏倒在地,醒来后不吃不喝,整天痛哭不止。关羽的坐骑赤兔马则日日哀鸣,也不吃不喝,没几天就死了。

曹操认为孙权这次立了大功,就封他为南昌侯。后来曹丕称帝,又封孙权为吴王。

曹丕废汉称帝

孙权杀了关羽后,怕刘备来报复,干脆与曹操修好,劝他早点当皇帝。曹操一直把汉献帝控制在手中,要废掉他让自己做皇帝还不容易?但他考虑到汉朝有个正统的名义,自己把皇位夺过来有人会心中不服,所以宁肯自己不当皇帝,如果将来条件成熟,就让儿子当皇帝,自己只称魏王。

魏王曹操有二十几个儿子,他最宠爱的是曹丕和曹植两个,他想在他们中间选一个立为太子。

曹丕从小在军营中长大,跟着父亲南征北战,十岁不到就已经会骑马射箭,并且在父亲的影响下,对于诸子百家、古今经传也有较深的研究。曹植小时候就聪明过人,才华横溢,长大后精通文学,是当时有名的诗人。

曹操在立谁为太子这个问题上,一直犹豫不决。他打心底里喜欢才华出众、激情澎湃的曹植,他曾经多次当面试探过曹植是否真有才华,结果曹植都能出口成章、下笔成文。曹操就准备将曹植立为太子,但是不少大臣反对说:"自古以来,王位理应传给长子,若传给次子的话将会引起朝中混乱不安。"

曹丕虽然文才也不错,但无论是才气还是名气都比不上曹植,因此他一直对曹植嫉妒在心,尤其是听说父王有立曹植为太子的念头之后,更是想尽办法在父王面前贬低曹植,抬高自己。他利用曹植爱喝酒的弱点,背地里做手脚,让曹植误了带兵出征的大事,从而使曹操对曹植产生了不满;他还在曹操面前表现出自己的忠厚仁爱,处处讨曹操欢心。渐渐地,曹操就觉得曹植虽有才华,但不及曹丕宽厚仁慈,再加上一些大臣受曹丕的指使,在曹操面前替他说好话,因此,曹操就立了曹丕为太子。

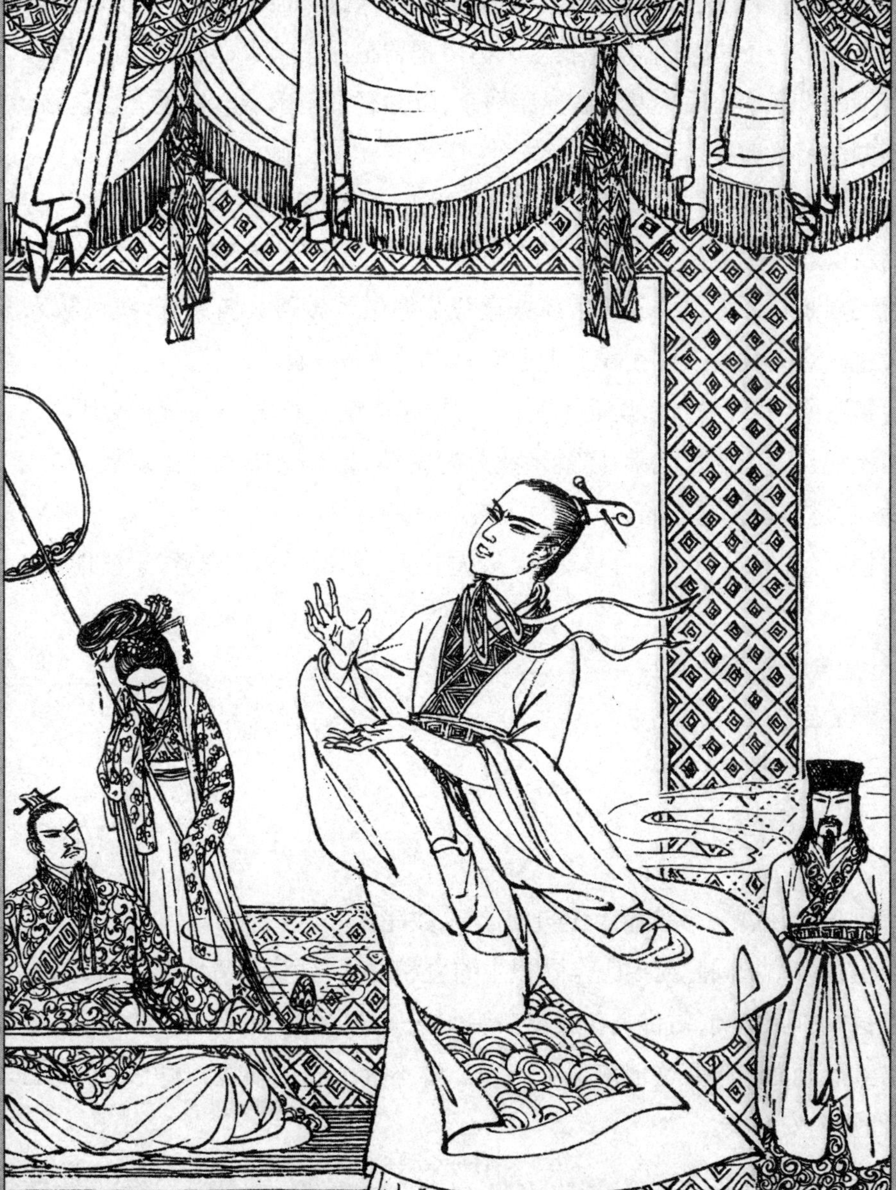

曹操死后，曹丕继位，做了魏王和丞相，掌管大权。但是，曹丕心里还是害怕曹植会跟自己争夺王位，处心积虑找了个借口把曹植抓了起来，向他兴师问罪。

曹丕的母亲卞太后不愿看到兄弟残杀，赶紧替曹植求情。曹丕无法违抗母命，就另想办法刁难曹植。

曹植知道曹丕一向对自己有敌意，现在曹丕继承了王位，更不知会出什么花招来整治自己。因此他被带进宫后，始终低着头，一语不发，心里七上八下的。

曹丕居高临下地说："父王生前一直夸奖你做诗做得又快又好，我还从来没当面领教过。今天我就限你在殿上走七步的时间里做一首出来。"

曹植听到叫自己做诗，反而不害怕了，抬起头说："好，就请王兄出题吧。"

曹丕说："我们俩是兄弟，你就以此为题做诗，但是诗中不许出现兄弟二字，否则的话，我是不会饶过你的。"

曹植听到"兄弟"二字，百感交集，悲从中来。他低头稍加思索，悲愤地吟道：

"煮豆燃豆萁（qí），
豆在釜（fǔ）中泣。
本是同根生，
相煎何太急！"

诗已念完，站在一旁的侍臣连七步都未数完。

曹植在诗中把同胞兄弟比作同根生的豆和豆萁，豆萁无情地燃烧着，豆子在锅中被煮得"咕咕"作响，仿佛人在哭泣一般。这一拟人手法把曹丕步步紧逼、变相迫害的事实准确而不露痕迹地描写了出来。曹丕听了后很惭愧，就免去了曹植的死罪，把他贬为安乡侯。

虽然曹操曾经挟天子以令诸侯，却从不敢登上皇帝的宝座。但是，曹丕却想把那个有名无实的汉献帝废掉，自己当皇帝。于是，一场禅让帝位的好戏上演了。

曹丕的亲信华歆（xīn）率领文武百官联名上书，劝汉献帝把帝位让给魏王曹丕。汉献帝当了三十多年傀儡皇帝，颇有自知之明。为了保住性命，他十二分不情

愿地"主动"把皇帝的玉玺交给曹丕。不料,曹丕却当着满朝文武的面,假惺惺地把玉玺还给了汉献帝。

汉献帝战战兢兢地捧着玉玺,不知如何是好。在曹丕的授意下,汉献帝命人搭了一座"受禅台",又挑选了一个良辰吉日,曹丕装成迫不得已的样子,于公元220年受禅称帝,为魏文帝,国号魏,定都洛阳。

公元221年,刘备称帝,国号汉,定都成都。公元229年,孙权也称帝,国号吴,定都武昌(今湖北鄂州),后迁都建业(今江苏南京)。至此,形成了中国历史上三国鼎立的局面。

118

陆逊火烧连营

公元 221 年,刘备以汉室后代的身份,继承当时外界传说已被曹丕杀害了的汉献帝的皇位,在成都正式登基,就是汉昭烈帝。因为他统治的地区在蜀(包括今四川、云南大部、陕西、甘肃的一部分以及贵州、重庆的全部),历史上称为蜀,称刘备为蜀汉先主。

刘备对东吴孙权占领荆州和结拜兄弟关羽被其杀害这两件事,一直耿耿于怀。当时魏王曹丕刚刚篡夺皇位不久,军师诸葛亮和很多将领再三苦劝刘备当汉帝后应立即用主要兵力去消灭魏王,而刘备对这些积极的建议一点听不进去,一心要先灭东吴孙权,报了私仇后再去攻打曹魏。

吴王孙权见刘备来势汹汹,心里也有点害怕,就派人向刘备求和。刘备哪里听得进,一口拒绝了孙权的求和要求。

孙权无法,听从大臣阚(kàn)泽的建议,任命陆逊为大都督,总制各路军马,迎击刘备。

陆逊是个文弱书生,年纪又轻,孙权怕他手下的将领不服,解下身上的佩剑授予陆逊,对他说:"如有不听号令的,可先斩后奏。"

陆逊领命而去,率军出发,水陆并进。

刘备率领蜀军,经过几个月的行军,攻占了东吴五六百里地,继续沿着长江南岸,翻山越岭,一直向前,来到湖北宜都西北的猇(xiāo)亭。在全长达七百里的沿途扎下了四十多个营寨,白天旌旗蔽日,夜晚火光耀天,声势十分浩大。

东吴将士眼看刘备步步紧逼,完全不把东吴放在眼里,一个个气得摩拳擦掌,要求立即出阵,与蜀军决一死战,但都被大都督陆逊坚决制止,不许将士们轻举妄动。

陆逊部下的将领们对吴王重用一个青年书生做大都督,本来就不服气。现在

见他不同意出战更是不满意,认为陆逊胆小怕死,在背地里议论纷纷。陆逊只当没听见,一直按兵不动。这样,从公元222年1月到6月,双方相持了将近半年。

经过半年的观察,陆逊心中的作战计划已经渐渐成熟。一天,他召集大小将领开会,对他们说:"自从与蜀军对阵以来,我们还未开过战,因当初刘备带兵东进,连胜数十仗,锐气正盛,我们要避一避风头。现在日子一久,蜀兵已经显出懈怠,放松了警惕。对于蜀军的一举一动,我已经了解得很清楚了。他们扎营四十屯,各用木栅相连,最宜用火攻。只等东南风刮起,兵分三路,一路从水中进兵,用船装载茅草;一路进攻北岸;一路进攻南岸。每人手执茅草一把,内藏硫磺,带上火种。到了蜀营,顺风放火,每隔一屯烧一屯,争取活捉刘备。"

众将领听了陆逊的这番话,不由心中暗暗佩服,于是各路人马都去准备,士气高涨。

当晚,东南风越刮越猛,陆逊见时机已到,命二路人马冲近蜀营,点燃火把,引烧木栅。当时风紧火急,木栅一点便着,霎时间,蜀军的连营成了巨大的火龙,熊熊火焰把长江两岸照耀得如同白昼。蜀军争相出逃,溃不成军,根本无法组织起有效的抵抗。刘备急忙上马,东蹿西突,逃到湖北宜昌附近的马鞍山上才落脚。

陆逊发觉刘备逃到了马鞍山,立即命令士兵围着马鞍山发起了猛烈进攻。

刘备见这里不是久留之地,由关兴、张苞一前一后保护着突围。吴兵见到刘备逃走,都想争功,大批人马向刘备追来。正当危急关头,大将赵云杀入阵来救驾,把吴军杀得人仰马翻。陆逊听说赵云到此,急令退兵,刘备带着百余人马退入白帝城(在今重庆奉节东白帝山上)。

刘备苦心经营的东征大战,以全军覆没而告终。刘备感到没有脸面再回成都去见群臣,于是就驻扎在白帝城,改旅馆为永安宫,每日思念死去的将士,渐渐染病不起。

刘备见自己的病情越来越重,就把丞相诸葛亮从成都请来,嘱托后事,真诚地说道:"依你的才能,肯定能治理好国家。太子刘禅(小名阿斗),你能辅助就辅助他,不能辅助就由你来当一国之主。"

诸葛亮流着眼泪说道:"请陛下放心,我一定尽心竭力地辅助太子,一直到死。"

刘备去世后,刘禅登基,史称蜀汉后主。

119

诸葛亮病死五丈原

诸葛亮是一个卓越的军事家,取荆州,入巴蜀,据汉水等战役,都打得相当漂亮,连他的对手都不得不叹服。但他并不像后来传说中那样用兵如神、百战百胜,尤其是五次北伐,争夺中原,几乎都失败了。

诸葛亮总结了几次北伐失败的教训,有一条就是蜀道难行,粮草供应跟不上。这位有着"巧思"名声的丞相,在军事上不仅善于改良阵法(如布列在巴山蜀水和关陇之地的"八阵图"),还善于在军械方面搞技术革新(如军中常用的"诸葛行锅"、"诸葛铜鼓"、"孔明灯"、能同时发射十箭的连弩)。他设计制造了"木牛"、"流马"这两种有利于山地运输的交通工具,适合在崎岖的蜀道上使用。后来小说家把"木牛"、"流马"描述成不用人力就可以运转如飞的神奇之物,那就夸大其词了。其实"木牛"是一种没有前辕的小车,"流马"是一种小巧的独轮车。

公元234年,诸葛亮做了充分准备,出兵十万攻魏。蜀军到了渭水南岸的五丈原后,诸葛亮一方面构筑营垒,一方面屯田耕作,以作长期对峙的打算。与此同时,东吴孙权被诸葛亮派去的使者说动,也分兵三路对魏发起了猛烈进攻。

那时,魏文帝曹丕已经病死,继位的魏明帝曹叡(ruì)亲自带兵与东吴交战,派司马懿在五丈原防守蜀军。魏明帝对司马懿交代了四个字:"只守不战。"

司马懿只管牢牢守住营垒,任凭蜀军怎样挑战,就是不出来应战。诸葛亮千方百计想激怒司马懿,派人给他送去一套妇女服装,意思是嘲讽他像女人一样胆小,不敢出营决战。不料司马懿一笑了之,懒得发火,因为他识破这是诸葛亮的激将法。

面对蜀军一次次的挑战和嘲弄,虽然司马懿很沉得住气,但魏军上下却耐不住了,纷纷要求和蜀军拼个你死我活。司马懿便对部下说:"你们不要性急,我立刻上

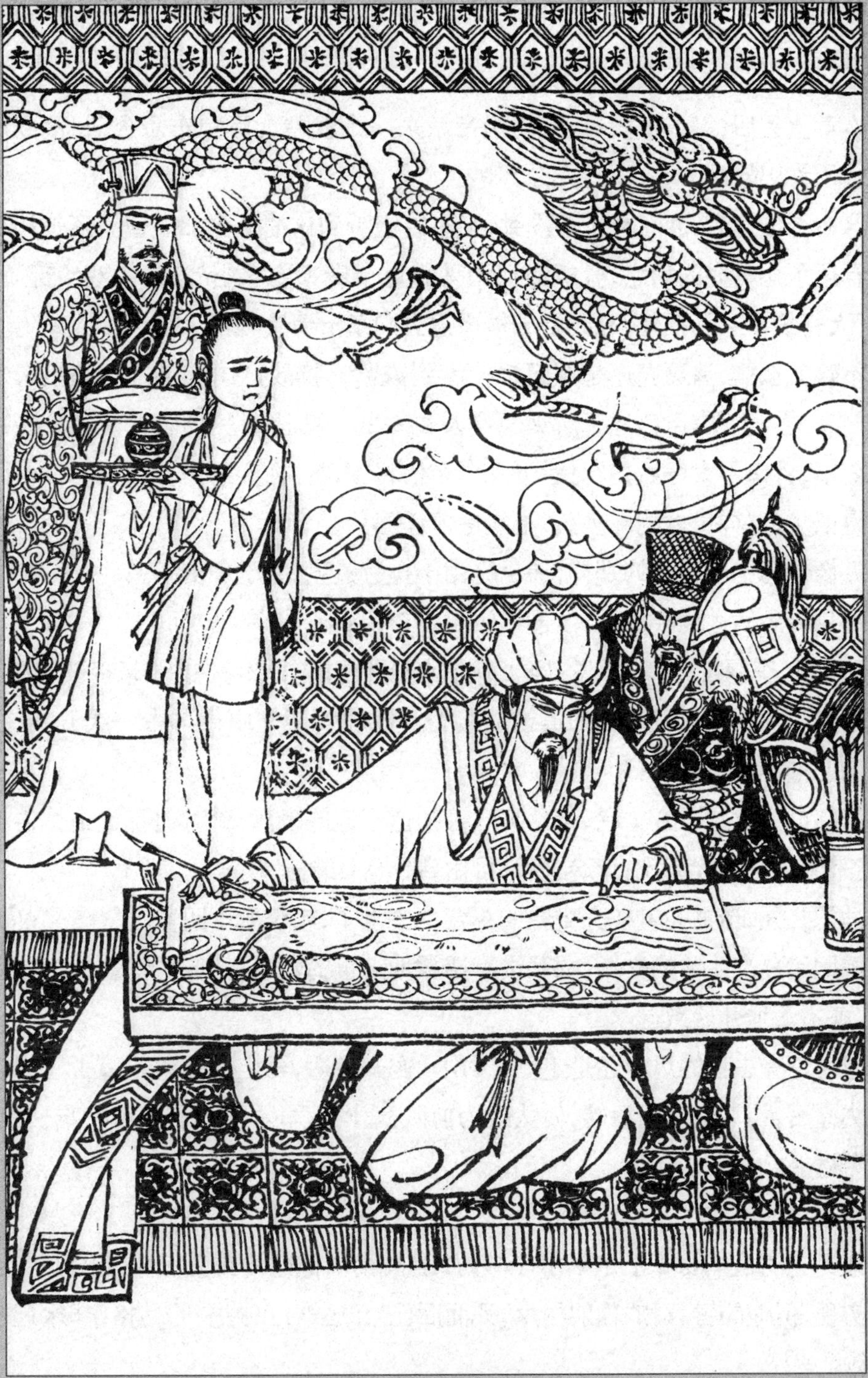

奏皇上,请求批准我们跟蜀军决战。"

奏章上去后,等了一段日子,魏明帝派来一个钦差大臣宣布命令,归根到底一句话:"不许出战!"

这命令传达后,魏军将士很没劲,蜀军将士听到这消息更加失望。还是诸葛亮一眼看透了司马懿的用意,分析道:"司马懿上个奏章要求出战,是做戏给部下看。试想,大将统率兵马在外,有必要千里迢迢去向皇上请战吗?"

不管怎么样,诸葛亮还是照旧派使者到魏营去挑战。司马懿每次都很客气地接待使者,借机不露声色地了解诸葛亮及蜀军的一些情况。当他听说诸葛亮每天忙于公事,胃口不太好后,就对手下几个亲信将领说:"你们想想,诸葛亮日理万机,却吃得很少,这样身体能撑多久,不累垮才怪呢!"

真像司马懿所预料的那样,诸葛亮由于操劳过度,终于病倒了。

消息传到后主刘禅那里,他连忙派大臣李福到五丈原来慰问。

回去后,李福向刘禅汇报说:"丞相病情十分严重,陛下该考虑由谁来接替丞相了。"

刘禅焦虑地说:"我怎么知道谁能接替丞相呢?还是由你再去一次五丈原,请丞相自己推荐接班人吧!"

李福再一次到了五丈原,诸葛亮已经知道了他的来意,就对他说:"请你告诉皇上,将来可由蒋琬接任我;蒋琬之后,可由费祎(yī)继任。"

过了几天,诸葛亮就在五丈原的军营中去世了,年仅五十四岁。

按照诸葛亮生前的安排,蜀军没有透露他逝世的消息,把他尸体裹起来放在车里,有条不紊地开始撤退。

但诸葛亮去世的风声还是走漏了,司马懿知道后,马上率领魏军追了上来。赶过五丈原后,蜀军突然向后转,后队改为前队,直向魏军杀来。司马懿大吃一惊,赶紧下令撤退。

蜀军没什么伤亡,安全撤离了五丈原。

诸葛亮的遗体安葬于定军山(今陕西勉县西南)。他想由蜀统一中国的愿望虽然没有实现,但他的智慧和"鞠躬尽瘁,死而后已"(出自《后出师表》)的品格,却永远被后人传颂。

司马懿装病篡权

诸葛亮去世后的几年，蜀汉不敢再贸然北伐。魏国的势力虽然越来越强大，但朝廷内部争权夺利的斗争却越来越激烈了。

魏国大将司马懿，出身于士族之家，曹操执掌政权时出来做官。他既是个难得的将才，同时又善于玩弄权术，在魏文帝曹丕当政时受到了重用，地位逐渐显赫起来。魏明帝曹叡在位时，他多次带兵出征，立下了赫赫战功，曾以坚守的战法，使诸葛亮率领的蜀军无功而返；此后又率兵成功地平定了公孙渊的叛乱，使他在政治和军事上的威望迅速提高，威震魏国。魏明帝临终时，把年仅八岁的太子曹芳（即位后，称魏少帝）托付给大将军曹爽和他，嘱咐他们共同辅政。

无论从能力还是从资历上来讲，曹爽比司马懿都差多了，但是身为皇族大臣，他容不得让异姓的司马氏分享权力，他要独揽大权。

曹爽以魏少帝曹芳的名义将司马懿提升为太傅，用这种明升暗降的手段剥夺了司马懿手中的兵权。

曾经声名显赫的司马懿如今落了个大权旁落、有名无实的地步，心中自然不是滋味，对曹爽恨得咬牙切齿。但是，老谋深算的他清楚地知道，曹爽现在的势力很强大，自己一时是斗不过他的，只能暂时忍下这口气，以后有机会时再把大权夺回来。

于是，司马懿借口年老多病，不再上朝。

曹爽当然十分高兴，可是他对司马懿还是有些不太放心，就派他的亲信李胜借出任荆州刺史，以向司马懿辞行的名义，探探虚实。

司马懿何等老奸巨猾，一听说李胜来辞行，就猜出了他的来意，立刻想好了

对策。

李胜走进司马懿的卧室，只见司马懿早已没了先前率兵出征的帅气与豪气，一副病歪歪的样子。

躺在床上的司马懿一见到李胜，就要披衣坐起，但不知怎么的，他的手抖得厉害，衣服非但没穿上，反而滑落到了地上。最后还是两名侍女帮他穿好。

李胜心中既暗暗高兴，又觉得司马懿非常可怜，他说：“我听说您旧病复发，但没想到病得这么厉害！我就要去荆州上任了，今天特地来向您辞行。”

司马懿张口想说话，不料一口气接不上来，张大嘴喘了半天才缓过劲来，说道：“并州在北方，离胡人很近，你要自己多加小心，严加防备。我这条老命已经快不行了，怕是再也见不到你了。我的两个儿子司马师、司马昭还请你多费心照顾。”

李胜一字一字地说：“我去的是荆州，不是并州。”

司马懿说：“是啊，是啊，你说你刚从并州回来吗？”

李胜听了觉得好笑，又重复回答了一遍。

司马懿似乎清醒了些，说：“我上了年纪，耳朵又背，都快成老糊涂了，难怪别人说些什么都听不懂。”

这时，侍女端来了粥，司马懿并没有用手接，而是让侍女喂。他一边吃，一边粥从嘴角淌下来，沾满了前胸，就像个三岁小孩一样。

李胜回去后，把他看到的和听到的都原原本本向曹爽作了汇报。曹爽听得满心欢喜，笑得合不拢嘴，拍手说道：“好！看样子这个老家伙快要不行了，我再也不用担心什么了。”从此，曹爽放松了对司马懿的警惕。

公元249年新年，魏少帝曹芳去城外拜谒(yè)明帝陵，曹爽等大臣一同陪着曹芳前呼后拥地出了城。

谁知他们前脚刚出城，司马懿后脚就下了床，亲自披挂上阵，带着两个儿子和从前的部下迅速占领了曹氏兵营。接着，司马懿进入宫中，一一细数曹爽的罪名，威逼太后废黜曹爽。太后没有办法，只得照他的话去做了。司马懿又带兵占领了武器库。

曹爽正在郊外玩得不亦乐乎，忽然听手下报来消息，他一下子惊呆了，半天回

不过神来。这时，手下人劝他挟持天子到许都，重振人马，与司马懿对抗。但曹爽犹豫了半天，还是不敢这么做，最后他只得屈从司马懿提出的条件，交出兵权，方可回到相府。

回到城中，曹爽才明白大势已去。没多久，司马懿就以篡逆的罪名，诛杀了曹爽一家及党羽，独揽了大权。

从此，魏国的政权基本上落到了司马氏手里了。两年后，司马懿去世，他的职位由儿子司马师接替。

121

司马昭之心

魏少帝曹芳恨透了司马家族，结果被废黜，司马师立曹丕的孙子曹髦(máo)为帝。可是，曹髦空有皇帝的虚名，手中却没有实权，只是个傀儡(kuí lěi)，连任命一个朝廷官员都做不了主。朝中的全部权力都集中在司马师和他弟弟司马昭手中。

司马昭是司马懿的第二个儿子，哥哥司马师死后，他接替做了大将军。司马昭同父亲、哥哥一样，工于心计，谋略过人。司马昭刚刚坐上大将军的宝座，镇东大将军诸葛诞谋反，司马昭率兵讨伐，大胜而归。司马昭为人奸诈，他认为魏国完全是依靠司马家族才得以有了今天，因此他进进出出都有三千名手执武器的护卫前呼后拥，所有的事情也不禀报朝廷，而直接由他决断。

曹髦做了几年有名无实的皇帝，他对司马昭大权独揽，自己不能亲理朝政，越来越不满，更担心自己有朝一日会像曹芳一样，被司马昭废掉。他想了好几天，终于作出了决定。

这天，曹髦把平日里还比较听他话的王经、王沈和王业三位大臣召入宫内，从怀中取出事先写好的讨伐司马昭的诏书，说道："三位爱卿，司马昭大权独揽，野心勃勃，他称帝之心连过路人都知道。我决不能坐以待毙，等着他来废掉我。今天，我决定和你们一起去讨伐他！"这就是成语"司马昭之心，路人皆知"的来历。

听了这话，三位大臣呆若木鸡，半晌才回过神来。

王经跪下身，一边叩头一边劝阻道："陛下，这可万万使不得啊！从前鲁昭公不能容忍季氏专权，结果是失败亡国，被天下人耻笑！现在司马昭专权并非一天两天的事，朝廷中他的爪牙也不是一个两个，而宫中肯听命于您的，实在是太少了！您赤手空拳，拿什么去讨伐？如果不成功的话，恐怕祸患更大。还请陛下慎重考虑，从长计议！"

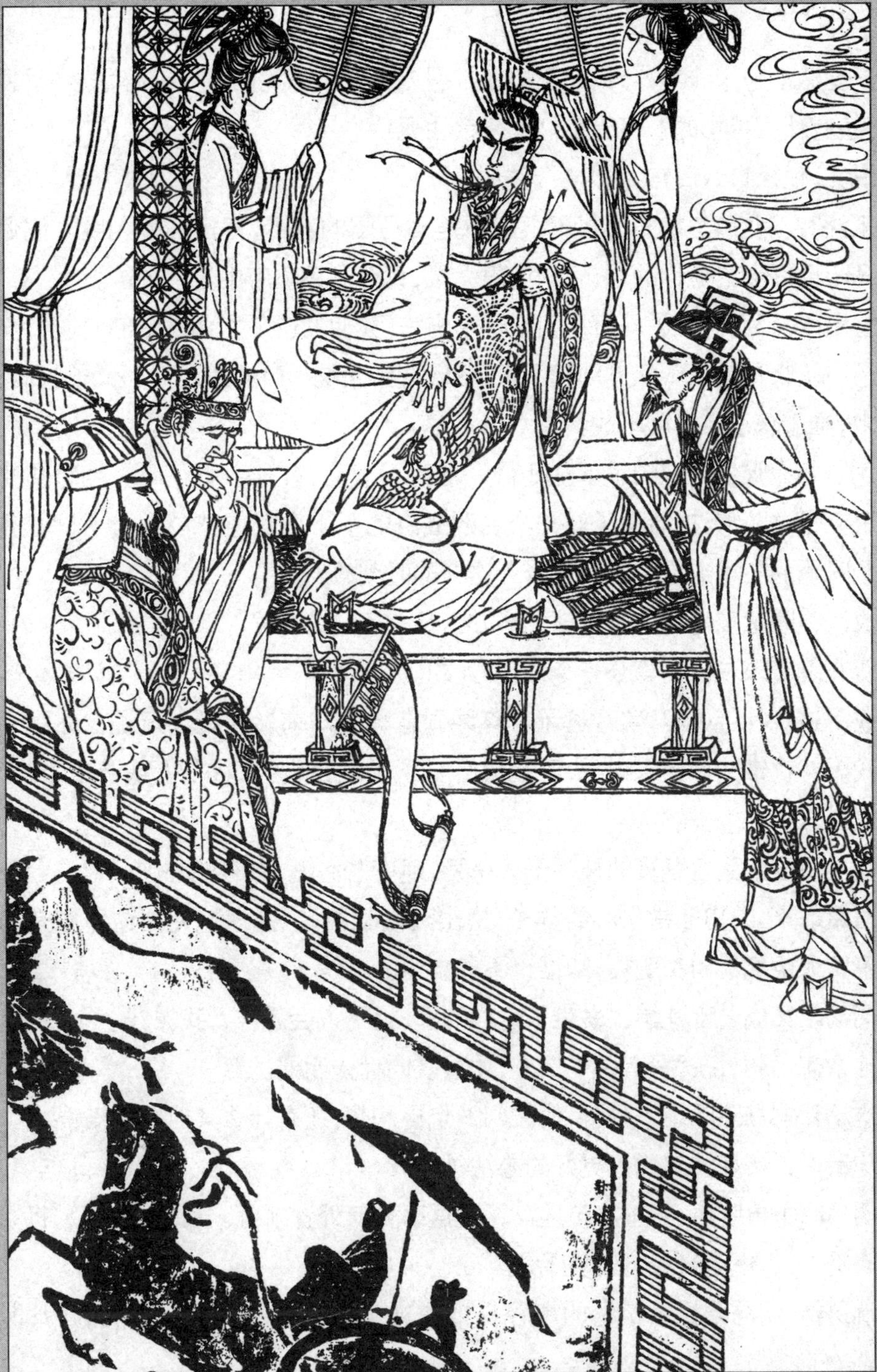

曹髦激动起来,咬着牙说:"我实在是忍无可忍了。我已下了决心,做好了死的准备,还有什么可怕的?何况我们不一定会死!"

说完,他径自入后宫,向太后禀报去了。

王沈和王业清楚地知道曹髦根本不是司马昭的对手,肯定必死无疑。他们生怕司马昭以后会治他们的罪,立刻溜出大殿,直奔司马昭府中告密去了。

曹髦手持利剑,带了一百多名童仆刚出宫门,迎面遇上了司马昭的心腹贾充奉令带了一队人马赶来。双方动起手来,曹髦持剑大喝一声:"我乃当朝天子,你们冲入宫中,难道想杀君谋反不成?"

这一声大喝把贾充的手下全吓得一动也不敢动,有几个胆小的甚至想转身逃跑。贾充见这情形,扯着嗓子对一个名叫成济的手下人喝道:"司马公平日里养你们是干吗用的?难道不正是为了今天这样的时刻吗?"

成济哆哆嗦嗦地问:"您看该怎么办?是杀还是绑起来?"

贾充瞪着眼说:"司马公有令,只要死的。"

成济这才壮起了胆,拿着长矛一直冲到曹髦的车前。曹髦大声说:"你小子竟敢对我无礼?"谁知话还未说完,已被成济一下子刺穿胸膛,从车上跌了下来,当场断了气。

司马昭没想到曹髦真的被手下人杀死,他有些心慌,更有些心虚。他马上把大臣们召集起来,装出非常伤心的样子,挤出几滴眼泪,假惺惺地说:"这到底是怎么一回事?"大臣们心中都明白,却谁也不敢吱声。

司马昭又问老臣陈泰:"发生了这样的事,天下人会怎样看我呢?"

陈泰想了想,说:"只有杀了贾充,才可以向世人谢罪。"

这话让司马昭听了不顺耳,他又问:"您再想想,还有什么其他办法吗?"

陈泰说:"实在没有比这更好的办法了。"

司马昭不再吭声,心里暗暗地盘算着这事如何处置才好。最后,他决定将罪责归于成济一人,下令将成济斩首示众。

就这样,司马昭把杀曹髦的事轻易地掩饰了过去;接着,他立曹奂为帝,即魏元帝。

122

阿斗乐不思蜀

司马昭摆平了魏国的内部争斗,就开始实行统一天下的计划,首先就是要灭掉蜀汉。

当时的蜀汉,诸葛亮在世时,刘禅事事听从他的安排,待到诸葛亮一死,刘禅顿觉失了主心骨,不知道怎么办,竟宠信宫中的一位宦官黄皓,自己却不理国事,只知道寻欢作乐。而蜀汉大将军姜维,则屡屡出师伐魏,一心恢复中原。他不顾将士疲劳,连年征战,使得百姓们的负担重极了,叫苦连天。

公元263年,司马昭见伐蜀的机会已到,派钟会率领十万人马攻打蜀国。姜维接到情报后,马上报知刘禅。刘禅正与黄皓在宫中游玩,接到报告后问身边的黄皓:"魏国派大批人马进攻我国,怎么办?"

黄皓说:"陛下放宽心,听说城中有一师婆,能测吉凶,可以召她来问问。"

刘禅即命黄皓用小车把师婆接到宫中,在后殿陈设香花纸烛,焚香祝告。那师婆披散头发,赤着双脚,装模作样,念念有词说:"我是西州土神,陛下太平无事,几年后,魏国疆土也归陛下,可不必忧虑。"

刘禅听后,非常高兴,命人重加赏赐。自此之后,他再不听姜维的话,只与黄皓在宫中宴饮作乐。姜维的告急文书,都被黄皓收到后藏了起来,刘禅一心玩乐,毫无察觉。

魏国大将钟会、邓艾等,兵分十余路,浩浩荡荡杀向蜀国。蜀国虽有大将姜维、张翼、廖化等,因黄皓听信巫师之言,不肯发兵,最后寡不敌众,只能退守剑阁(今四川剑阁)。魏军一时也无法攻破蜀军把守的险关要隘。

邓艾见蜀军主力守在剑阁,亲自带了五千精兵,不穿衣甲,手执开山斧,从高山

峻岭中强行开出一条小道,人不知、鬼不觉地直奔蜀国首都成都。

刘禅在成都接到探子飞报,说邓艾兵马已兵临城下。城外百姓,扶老携幼,痛哭逃生。刘禅惊慌失措,竟然不顾群臣的反对,命人写降书、树降旗。刘禅的第五个儿子,即北地王刘谌,见父亲如此昏庸,一家五口悲愤自尽。

第二天,刘禅自己绑着双手,带领大臣们投降邓艾。消息传到剑阁,死守在那里的姜维等官兵大惊失色,号哭之声,震天动地。

邓艾攻克成都后,姜维假装投降于钟会,企图挑起钟会与邓艾间的矛盾。最后,在混战中,邓艾、钟会、姜维都相继死去。

司马昭见成都混乱,命人把刘禅接到洛阳,封他为安乐公,赐给他金钱、美女、住宅。刘禅安下心来,渐渐忘了亡国的痛苦。

一次在宴会上,司马昭命蜀人上场演蜀戏,蜀国官员触景生情,一个个低下头去,想想国破家亡,做了俘虏,还在敌国观看家乡戏,不由得滴下泪来。惟独刘禅,抬着头看得非常起劲。司马昭看在眼里,问刘禅说:"你还想念蜀国吗?"

刘禅不假思索地回答:"这里真快乐,我已经不想蜀国了。""乐不思蜀"的成语就是这么来的。

刘禅身旁的大臣郤(xì)正乘着上厕所的时机,对刘禅说:"以后如果晋公再问陛下是否想念蜀国,陛下可回答说先人的坟地都远在蜀地,我的心里每时每刻都在牵挂,希望有朝一日能回去探望。这样,晋公或许会放陛下回去。"

刘禅点点头,牢牢记住这些话,待到司马昭又一次问他是否想念故土时,刘禅微闭眼睛装着哭泣的样子,以郤正的话作答。

司马昭说:"这话不像你说的,倒像是郤正说的。"

刘禅一下子睁开眼睛,惊讶地说:"你怎么知道的?"周围的人见此情景都笑了起来。

司马昭不由叹息道:"人之无情,竟会到这种地步,即使诸葛亮还活着,辅助这样的主子,国家也是不会长久的。"

后来,人们便用"扶不起的刘阿斗"来讥讽那些昏庸无能,而又自甘堕落的人。

王濬楼船破东吴

蜀主刘禅投降于魏后不久,司马昭还没来得及进攻东吴,就病死了。公元265年,他的儿子司马炎废了魏主曹奂,自立为王,建立了晋朝,他就是晋武帝。从此,三足鼎立的魏、蜀、吴,只剩下东吴一国了。

吴主孙休,料定司马炎必将伐吴,整天忧心忡忡,最后大病一场死了,由孙皓即位。

那孙皓性格粗暴,嗜酒如命,即位后马上大兴土木建造昭明宫,耗财耗力,又选宫女数千,荒淫无度。每次设酒宴,令大臣们各奏过失,有犯法的,则活剥其脸皮,或戳瞎其双眼,凶残无比。丞相、将军、大臣们见孙皓如此残暴,苦苦相劝,反而被孙皓一个个给杀了。前后十余年中,竟杀死忠臣四十余人,群臣恐惧,只好任其所为。

晋益州刺史王濬(jùn)见此情景,便上奏晋武帝司马炎,说:"吴主孙皓凶残荒淫,国中人心惶惶,正是讨伐吴国的好时机。一旦孙皓死去,吴国另立新主,恐怕就要成为强敌。臣今年已经七十岁了,造了七年战船,就盼望有个攻敌的机会,望陛下勿失时机。"

紧接着,大将军杜预也有奏章呈到,内容和王濬的相同,也是请求攻打吴国的。晋武帝看完报告后,下决心攻打吴国。

公元279年,晋武帝派杜预领陆路大军,王濬领水路大军,水陆兵马共二十余万,战船数万艘,浩浩荡荡向东吴进军。

消息传到东吴,孙皓大惊,连忙召集众官员商讨退兵大计。宰相张悌亲自出马,调配各路人马。孙皓稍稍心安。

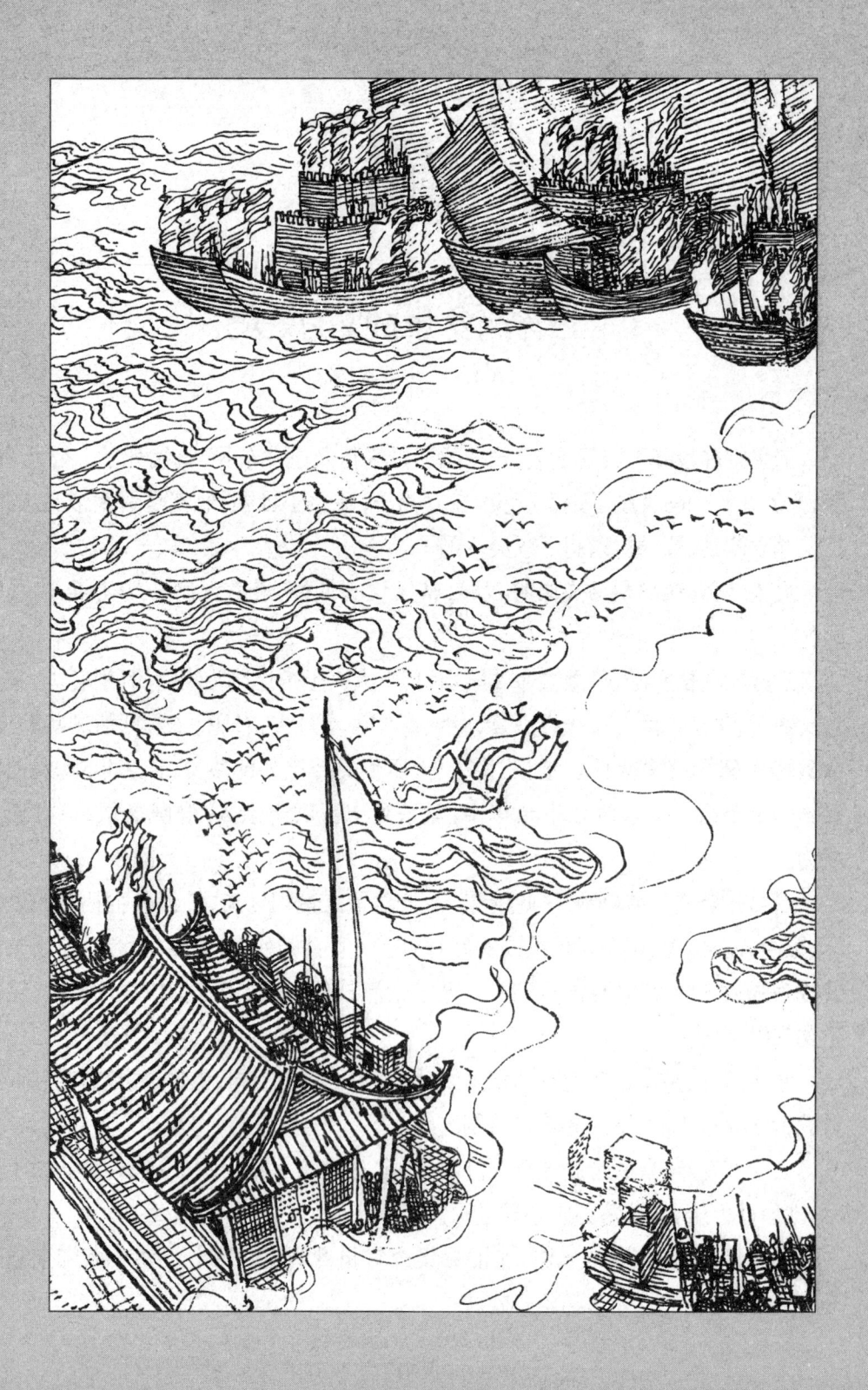

孙皓退入后宫以后，仍然脸有忧色。近臣岑昏问他为什么坐立不安，孙皓说："这次晋国军队前来攻打我国，足有几十万人，陆路上已有各位大将前去应战，唯有水路最令人担心，晋朝大将王濬造了好几年战船，经验丰富，恐怕不是我们的水军能抵挡得住的，所以弄得朕为此烦恼。"

岑昏说："江南反正有的是铁，可用铁打成连环锁，每条长几百丈，于沿江险要的地方横截住，使战船无法通过。再打造铁锥数万，尖头朝上安置在水中，晋国战船乘风顺水而来，遇锥则船破而沉，又怎能渡江呢？"

孙皓听了，连连夸奖岑昏办法想得好，马上传令让工匠在江边连夜打造铁条和铁锥，越多越好，安置在江中，用以阻挡晋国的战船。

杜预领着大队人马向东吴进军，一路上所向披靡，东吴多数的城关守将都不战而降。杜预军威大振，势不可当。

王濬率领水军沿江东下，探子来报告说："吴人造了许多铁索，沿江横截；又在江底放置铁锥用来破船。"

王濬听罢，哈哈大笑，说："凭他们这点本事就想阻拦我前进，真是愚蠢。"

王濬命人用粗木造十几只大木筏，在木筏上装上特大特粗的火炬，长十几丈，里面灌满麻油，遇到铁索就燃烧，直到烧断。那大木筏顺流而下的时候，巨大的力量把那些放置在江中的铁锥撞得七歪八倒，有些横卧在江底，有些尖头扎在木筏底上，被木筏拖走了。

木筏在战船前面开路，扫清一路上的障碍物，王濬率领的水军，一路顺畅地沿江滚滚而来。吴将张象，率水军在下江迎敌，见寡不敌众，便请求投降。

王濬说："如果真投降，你在前面带路。"

于是，张象回本船，来到城下，叫开城门，迎接晋兵入城。

孙皓见大势已去，自己脱下上衣，让人反缚双手，率文武百官到王濬的军营前投降。

就这样，三国分立的时代结束，晋武帝司马炎统一了天下。

124

石崇王恺斗阔

晋武帝司马炎统一全国后，自认为功劳巨大，因此生活荒淫、花天酒地。他手下的大臣们更是吃喝玩乐、无所顾忌。

在晋朝的首都洛阳，有三个大富翁：一个是晋武帝的舅舅、后将军王恺，一个是散骑常侍石崇，还有一个是掌管禁卫军的中护军羊琇。

石崇曾任荆州刺史。荆州是个大城市，又是水陆交通要道，南来北往的客商很多，石崇除了搜刮民脂民膏，还纵容部下敲诈勒索，公开抢劫，因此获得财产无数，成了洛阳城里数一数二的大富户。为了炫耀自己的豪富，石崇特地派人到全国各地采集珍贵的异花奇草，在住宅的边上造起了一个有鲜花簇拥着的金谷园，园里又造起了一座精致的绿珠楼，里面有他用五斗珍珠买来的歌女。

石崇的一个朋友，叫刘实，有一次去拜访石崇，突然感觉肚子痛，连忙去上厕所，一进厕所，见里面有一只大床，挂着漂亮的纱帐，铺着华丽的垫子。两个侍女各立一旁，手里拿着香囊。刘实连忙退出来，连说："对不起，对不起，我不小心进了你的卧室。"

石崇听了，哈哈大笑道："你进去的正是厕所啊。"

而王恺则仗着自己是皇帝的亲戚，更是搜刮民财，作威作福。为了显示自己的富有，他家里用糖水洗刷锅子，并在家门口两旁，用珍贵的细丝线编织成屏栏，足足有四十里长。人们要上王恺家，就必须走过这道长长的细丝线屏栏。

石崇听说后，便让厨子用蜡烛当柴火烧饭，用香料来粉刷墙壁，并在自己家门口用五彩的锦缎做屏栏，长五十里，压过王恺。

王恺岂肯认输，他向外甥晋武帝讨救兵。晋武帝听说舅舅在与石崇比富，觉得

这挺有趣,就派人把宫里珍贵的一枝珊瑚树给了王恺,好让他大大地出出风头。

王恺得了珊瑚树后,如获至宝,连忙发出请帖,请石崇和文武官员到家里吃饭。酒醉饭饱后,王恺故作神秘地说:"我家有一件罕见的宝贝,平时不轻易让人观看,今日乘大家高兴,有意让大家观赏一下,不知各位意下如何?"

大家都说"快请快请"。于是王恺命两个侍女小心翼翼地捧出一株二尺多高的珊瑚树来。众人只觉眼前一亮。那珊瑚红中带粉、晶莹透亮、枝条匀称、棱角分明,是珊瑚中的上品。众人不觉连连称赞,石崇慢慢凑上前去,好似在仔细观看,王恺在一旁得意地眯起了眼睛。

说时迟,那时快,只见石崇随手操起桌旁的一件装饰品,朝那珊瑚树上重重一击,那株珊瑚树立即粉身碎骨,散落一地。

周围的官员们大吃一惊,王恺更是气急败坏,一把揪住石崇要他赔。

石崇仰天大笑说:"好好好,我赔我赔。"立即命随从回家去,把家里的珊瑚树多拿几棵来,让王恺挑选。

不一会儿,一群随从搬来了十几棵珊瑚树,只见棵棵高大挺秀、晶莹剔透,比起王恺的那棵,更要胜上几倍。

围观的人指指这棵,看看那棵,目不暇接。王恺这才明白,自己家的财宝确实敌不过石崇,只得作罢。

西晋王朝上上下下如此穷奢极侈、荒淫腐败,江山怎么会长久呢!

呆头呆脑的晋惠帝

　　晋武帝时代，朝廷腐败，官员之间相互摆排场，比阔气。晋武帝更是以功自居，认为天下由他统一，扬扬自得。在众官员的阿谀奉承下，成天吃喝玩乐，不顾正事。

　　善于玩弄权术的晋武帝有块心病：太子司马衷是个低能儿，简直就像个白痴。这事众人心里也明白的，只是大家装聋作哑，不好开口。但大家都有点担心，如果晋武帝死了后，让这个低能儿来做皇帝，不知天下会乱成什么样子。

　　司马衷从小不聪敏，尽管换了好几轮老师教他，但这孩子天生低能，脑子里装不进东西，老师们都对他束手无策。偏偏司马衷又是王位的继承人，使得晋武帝成天为他头痛。

　　大臣们知道晋武帝的心事，但又不敢触动他的伤口，曾有一位大臣，在酒宴上仗着酒性，暗示司马衷当太子不合适。晋武帝听了后不置可否哼哼哈哈地说他喝醉了，使得酒席不欢而散。从此以后，就没有人再向皇上提起这件事了。

　　晋武帝尽管嘴上不说，心里对这个儿子也是放心不下。他想自己一天天老了，儿子总有一天要继承王位的。于是就把案头上的几份公文派人送到太子那里，叫他处理一下，实质上是想试探一下儿子的能力。

　　太子司马衷是个糊涂蛋，但他的妻子贾妃却是个狡猾的女人。看到皇帝送来的公文，知道丈夫根本没有能力处理，连忙请来宫里的老师，和亲信的太监一起，拟写了一份卷子，再叫太子誊写了一遍。文章写得既不是很高深，却又是通顺的。这样，就与太子平时的言行对得上了，免得引起皇上的怀疑。

　　晋武帝见了公文后，果然很满意，觉得自己的儿子虽然不聪敏，但还能将就，心里宽松了不少。

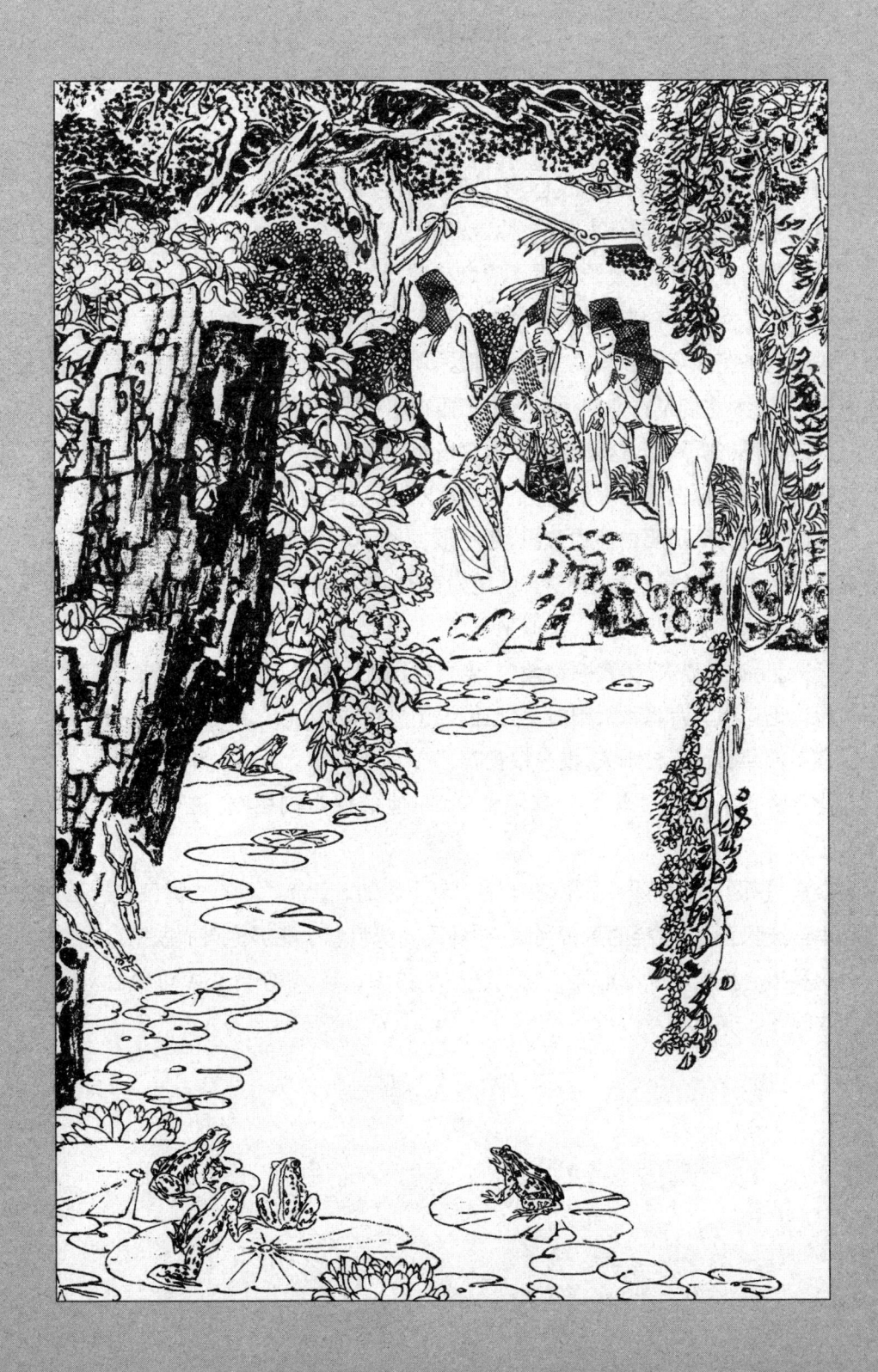

不久,晋武帝病重,这时太子司马衷尽管已经三十多岁,但智力仍然低下,不能胜任国事,晋武帝想来想去不放心,于是要皇后的父亲杨骏来辅政。

晋武帝一死,太子司马衷即位,称晋惠帝。

晋惠帝即位后,他的妻子贾后不愿意杨骏操纵政权,用计把杨骏杀了后,自己在幕后掌起了大权。晋惠帝乐得不管不顾,四处玩乐。一天,他闲着无事,就由太监们陪着到御花园观赏风景。来到池塘边,听见蛤蟆在咯咯地叫。晋惠帝突然心血来潮,对着太监们说:"你们听到有小东西在叫吗?"

太监们说:"听到了,这是蛤蟆在池塘里叫。"

晋惠帝说:"那么我问你们,它是为官家叫呢,还是为私人叫?"

太监们一时听不明白他的意思,都不敢回答。后来有个胆子较大点的太监回答说:"皇上,如果蛤蟆在官地里叫,就是为官家,在私地里叫,就是为私家。"

晋惠帝点点头,似乎懂了,又似乎不懂。

有一年,农村遇灾,粮食颗粒无收,老百姓饿死无数。公文报到京城,众官员聚在一起议论对策。晋惠帝听到后,对他们说:"真奇怪,人怎么会活活饿死呢?"

官员们回答:"农村闹灾,没有粮食吃。"

晋惠帝想了想说:"既然没有粮食,就叫他们烧点肉粥吃,这样不就饿不死了吗?"

众官员听了哭笑不得,心里暗暗说:"真是个白痴皇帝。"而那些贤良的忠臣,则在心里连连叹息,由这样的皇帝当政,司马氏的统治怎么能够稳固下去呢?

这种担心确实不是没道理。出了这么个白痴皇帝,一些野心家难免会对皇位虎视眈眈了。

贾后专权八王乱

西晋统一全国后的十年中,社会生产一度获得发展,历史上称作"太康之治"。但晋武帝司马炎去世后,白痴太子司马衷继位,这就是晋惠帝。他即位后第二年就爆发了一场政治大地震——"八王之乱"。

晋朝政权刚建立时,晋武帝研究魏朝怎么会灭亡,认为主要原因是没有分封同姓王,皇族子弟没有权力,皇帝也就孤立无援了。所以,他就大封皇族,一共封了五十七个同姓王,并让他们都掌握军队,有的还兼管中央和地方的军政大事。比如晋武帝晚年,派楚王司马玮管辖荆州、汝南王司马亮管辖许昌,这些诸侯实际上成了强大的地方割据势力,由此而埋下了动乱的祸根。

公元290年4月,晋武帝临死之前,下诏由汝南王司马亮与皇后杨艳的父亲杨骏一起辅政。不料杨氏父女采取阴谋手段,伪造遗诏,排挤了司马亮。在晋惠帝司马衷登基后,杨骏以太后之父及太傅的身份辅政,玩起了操纵政权的把戏。

晋惠帝是个白痴,根本不可能对国家大事发表意见,对自己的处境也无所谓。但皇后贾南风(功臣贾充的女儿)却凶狠而又会玩弄权术。她不愿让杨骏独揽朝廷大权,就和楚王司马玮合谋除掉杨骏。

公元291年3月,楚王司马玮从荆州带兵进京,宣称接到晋惠帝的密诏,讨伐谋反的杨骏。司马玮迅速包围了杨骏的住宅,杀了杨骏后,又杀了他的几千个党羽。皇后贾南风又把太后杨艳废为庶人,也就是普通百姓,强迫她绝食而死。

随后,汝南王司马亮进京,与元老卫瓘(guàn)一起辅政,司马玮则掌握着中央禁军的指挥权。司马亮想独揽大权,司马玮想干涉朝政,两人的矛盾越来越深。

贾后也嫌司马亮碍手碍脚的,就叫晋惠帝下诏给司马玮,要他把司马亮和卫瓘

等人都杀了。司马玮接到密诏,马上照办了。

贾后怕司马玮杀了政敌后,权力会过于集中。当天晚上,就宣布楚王司马玮伪造皇帝诏书,擅自杀害朝廷重臣,把他定了死罪。司马玮连喊冤枉,但已经来不及了。

从这以后,名义上是晋惠帝做皇帝,实际上权力都掌握在贾后手中。她在朝中委派亲信党羽掌管机要,专断朝政八年多,干了许多坏事,真是臭名远扬。

贾后有个心病:太子司马遹(yù)不是自己所生,他长大后自己的地位还保得住吗?贾后的党羽也时常在她面前说太子的坏话,说将来太子当了皇帝,就会要贾后的好看,要她早下决心除掉太子。

贾后设计宣布太子谋反,把他废为庶民。朝中大臣对她的这一做法非常不满,背后议论纷纷。赵王司马伦散播谣言,说大臣们准备扶植太子复位。贾后信以为真,来了个先下手为强,派人毒死了太子。

司马伦手中掌握着禁军的大权,利用大臣们对太子的同情之心,借口要为太子报仇,起兵闯入宫中,把贾后抓了起来。

贾后大惊失色,连哭带骂:"你们想干什么?要造反吗!"她指望晋惠帝会来救她。

司马伦没有给贾后机会,把她和她的党羽都杀了,夺取了朝中大权,当上了丞相。

第二年,野心勃勃的司马伦称晋惠帝为"太上皇",还把他软禁起来,自己当起了皇帝。

赵王司马伦篡位的消息一传出,各地诸侯王都坚决反对,他们也想来过过做皇帝的瘾。

齐王司马冏(jiǒng)首先起兵讨伐司马伦,成都王司马颖、河间王司马颙(yóng)跟着响应。三王联合起来,与赵王的军队在京城洛阳郊外打了两个多月,死了将近十万人。赵王节节败退,部下又在城中倒戈,迎晋惠帝复位。

不久,赵王司马伦被赐死,齐王司马冏入京辅政。成都王司马颖与河间王司马颙没有得到多大好处,对齐王心怀不满,联合在洛阳的长沙王司马乂(yì),一起向

他发难。齐王司马冏兵败被杀,朝政由长沙王司马乂执掌。

成都王司马颖与河间王司马颙的野心还是没有得逞,就借口长沙王"论功不平",又联合讨伐长沙王,把他逼得走投无路。这时,东海王司马越乘机率兵把长沙王抓了起来,交给河间王的大将张方。

张方也是个心狠手辣的角色,占领了洛阳后,把长沙王司马乂放在火上活活烤死。

诸侯王之间继续厮杀,战争的规模越来越大。晋惠帝也被当做争夺的对象,挟持到了长安。公元305年,东海王司马越再次起兵,进攻关中,第二年打入长安,将晋惠帝迎回洛阳。

"八王之乱"延续了十六年,汝南王司马亮、楚王司马玮、赵王司马伦、齐王司马冏、成都王司马颖、河间王司马颙、长沙王司马乂等七王先后死了,最后留下个东海王司马越。

这时司马越更肆无忌惮了,公元306年,他干脆将晋惠帝毒死,另立晋武帝第二十五子司马炽(chì)为帝,即晋怀帝,朝政完全掌握在他手里。

127

李特收容流民

"八王之乱"虽然是西晋统治阶级内部的争斗,但对社会生产力造成了严重的破坏,给老百姓带来了巨大灾难。如河间王的部将张方率军进入洛阳后,杀死了成千上万人。他们还到处抢掠,连皇宫里的珍藏都抢去了。

连年的战争,再加上不断发生自然灾害,使得西北农民成群结队出外逃荒,人们称之为"流民"。

有一年,关中六郡几十万流民逃荒到蜀地,其中有氐(dī)族人李特及他的兄弟李庠(xiáng)、李流。逃荒路上,有些年老体弱或患病受伤的流民,经常得到李特兄弟的帮助和照顾,因此对他们十分敬重,把他们当做主心骨,遇到什么事都去找他们商量。

流民到了相对安定的蜀地后,就分散到各处去为有钱人家打工谋生。管辖蜀地的益州刺史罗尚,却一心要把流民赶回关中,而且还准备在要道上设关卡没收流民的财物。

流民听到益州地方政府要赶走他们的消息,一个个唉声叹气,去向李特诉苦。

李特面对愁眉苦脸的父老乡亲,豪爽地说道:"天无绝人之路,你们放心吧,我会去请求官府放宽让流民离开蜀地的限期。"

李特多次与官府交涉,希望延缓遣送流民回关中的日期;同时在绵竹(今四川德阳西北)设立大营,收容没有落脚处的流民。流民互相转告,纷纷赶来投奔李特,不久这个大营就聚集了近两万人。这时,李流也设立了一个大营,聚集了几千人。

李特兄弟收容了这么多流民,为了大家的生计,就派代表去见刺史罗尚,再次请求延缓遣送流民回关中。罗尚表面上一口答应,可是暗地里却在调兵遣将,准备袭击流民大营。

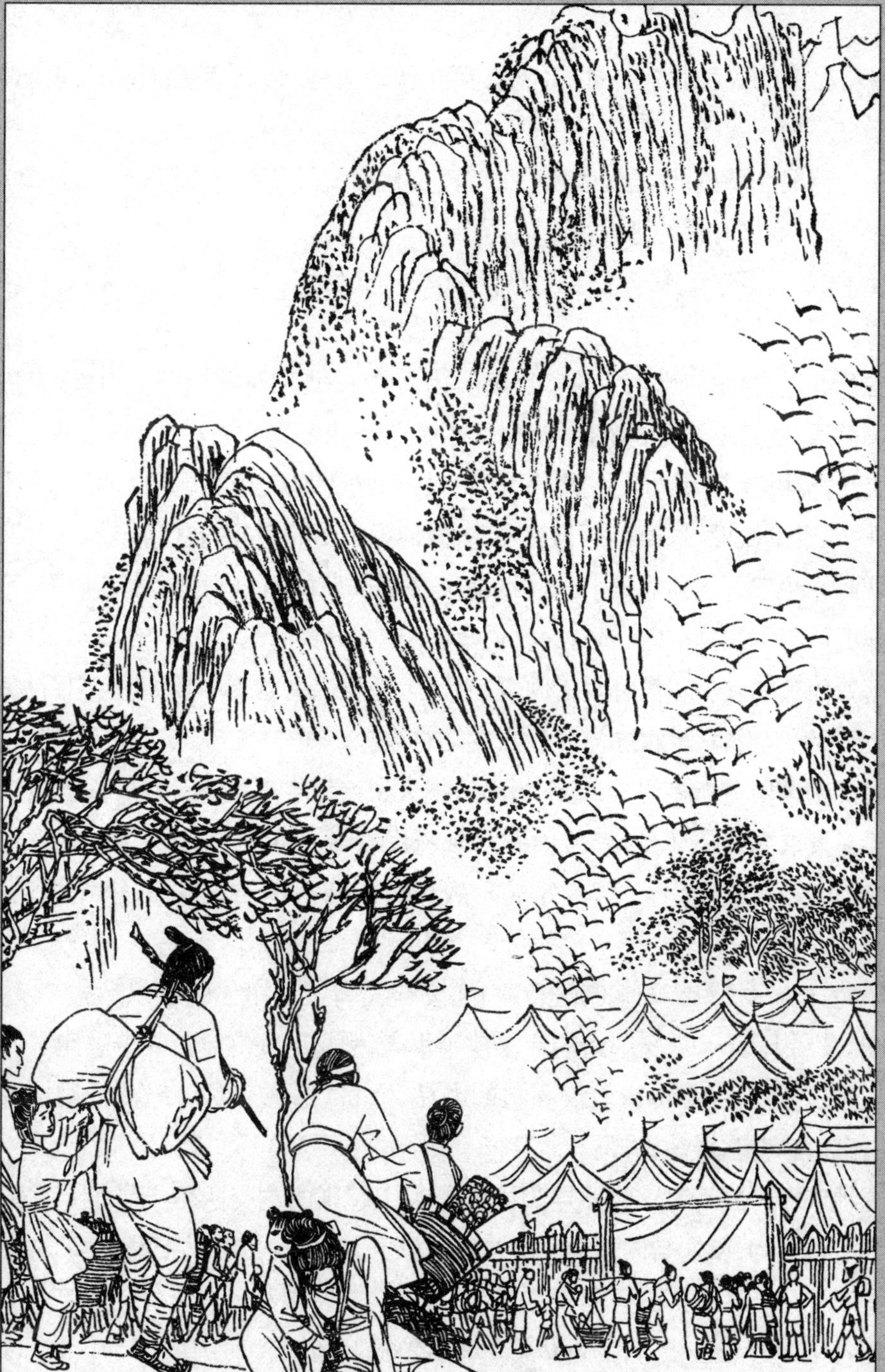

李特派去的代表非常警觉,看到官兵在调动人马,修筑营寨,马上回去向李特作了汇报。

李特警惕性很高,他当机立断,把年轻力壮的流民都组织起来,让大家拿起武器,随时准备抵抗官兵的进攻。

晚上,罗尚果然派来了三万人马,骑兵与步兵协同出击,一起向绵竹的流民大营扑来。

官兵冲进李特的营地,只见营帐里静悄悄的,一点声息都没有。为首的将领以为阴谋得逞,便发出号令,指挥兵马向一个个营帐冲去。

突然,流民大营里响起了"咚咚"的锣鼓声,预先埋伏在四周和营帐里的流民,里应外合,手拿铁棍、木棒、大刀、长矛,就像猛虎下山般地冲向官兵。

罗尚原想三万人马对付手无寸铁而又毫不防范的百姓,是绰绰有余了。不料流民却已经有了充分准备,将官兵打得落花流水、抱头逃窜。

落荒而逃的几个将领赶紧去向罗尚报告,被罗尚臭骂了一顿,要他们召集残兵败将,重新组织力量,再次向流民大营发动进攻。

流民都集聚在李特周围,请李特出头把大家组织起来,坚决与官府抗争到底。

事态发展到这个地步,李特便和六郡流民首领一起商量,决心走上反抗的道路。流民首领都被拥为将军,大家又一致推举李特为镇北大将军,李流为镇东大将军。

李特把流军按军队的编制进行整顿,使流民有了军事化的组织形式。从此士气高涨,没用上几天,就把附近的广汉攻了下来,那里的太守早就吓得逃跑了。

占领了广汉后,李特仿效汉高祖的办法,宣布"约法三章",纪律严明,秋毫不犯,还打开官府粮仓救济贫民。

蜀地老百姓原来对李特领导的由流民组织起来的这支队伍不了解,后来看了他们的所作所为,就非常同情他们的处境,还想办法向他们提供帮助。

罗尚见与流民硬拼占不到便宜,就派人去向李特求和。在李特与使者谈判时,罗尚却勾结地方豪强势力,围攻李特率领的流民队伍。

战斗打得十分惨烈,李特在战斗中英勇牺牲。李特的儿子李雄接过父亲的武

器,继续率领流民进行战斗。

公元304年,李雄称成都王。两年后,他又自称皇帝,国号成,以成都为京城。李雄的堂弟李寿登基后第二年,即公元338年,把国号改为汉,所以史书称之为"成汉"。

公元347年,成汉被东晋桓温所灭。

128

匈奴贵族称汉帝

从汉魏开始,中原周边民族不断向内地迁徙,到西晋末年,他们已经广泛分布于中原各地。那时政局动荡,匈奴、鲜卑、羯(jié)、氐、羌等少数民族的上层人物纷纷起兵,各自建立政权。从公元303年到460年的一百多年时间中,北方先后有过十六个政权,史称"十六国"。

首先利用北方民族矛盾和阶级矛盾在中原起兵的,是匈奴贵族刘渊。刘渊是十六国时期汉国的建立者,世袭匈奴左部帅。

在"八王之乱"的折腾中,匈奴部落的日子也十分难过,其中有些贵族凑在一起商议对策。有个老人说:"从汉朝开始,我们匈奴就和汉人结为兄弟了,曾经十分风光过。可是现在,匈奴单于的后代虽然有封号,但自己连一寸土地都没有,和一般人有什么不同?趁现在晋朝诸王你争我斗、一片混乱的机会,我们可以夺回过去失去的一切!"

这些匈奴贵族都觉得他说得对,但没有一个有能力、有胆量的人带头干。大家商量,只有把有胆有识的刘渊请回来当单于,才有可能起事并获得成功。

当时刘渊在邺城(今河南安阳北),充任成都王司马颖部队的将军,专管五部匈奴军队。他很乐意地答应了匈奴部落要他回去当单于的请求,马上以回匈奴安葬父亲的理由,向司马颖请假。司马颖没有同意,刘渊就叫五部匈奴暗地里集结人马,逐渐朝南渗入。直到司马颖在"八王之乱"中失败逃到洛阳,才同意刘渊回匈奴去带人马来助战。

刘渊回到左国城(今山西离石东北)后,被推举为大单于。他集结了五万人马,一路南下,协同晋朝军队围歼鲜卑兵马。手下有人不解地问道:"为什么不快点去灭

掉晋朝,反而去帮助晋军打仗呢?"

刘渊解释道:"要消灭晋朝是很容易的,但老百姓不一定会向着我们。我想来想去,只有一个办法。大家知道,我们的祖先冒顿和呼韩邪,贵为单于,都娶了汉朝公主为妻。我们匈奴有个风俗习惯,虽然有自己的姓氏,但凡是尊贵者都跟母亲姓。就因为这个缘故,我们这些冒顿和呼韩邪的子孙,都姓了刘。塞外这么多刘姓匈奴后裔,都奉汉高祖刘邦为始祖。汉朝立国时间长,在民间影响大,我们为什么不能用继承汉朝的名义来夺取政权,赢得中原百姓的支持呢?"

大家都支持刘渊的想法,拥戴他做了汉王。

刘渊打起反晋兴汉的旗号,先后攻克上党、太原、河东、平原等几个郡,势力扩张得很快。到了公元308年,他就干脆称帝了,把都城建在平阳(今山西临汾西南)。

刘渊称帝后,必须灭掉晋朝,所以就集中兵力进攻洛阳,但却遭到了顽强的抵抗,两次出兵都无功而返。

刘渊去世后,他的儿子刘聪继承汉国皇位。他又派兵猛攻洛阳,终于在公元311年占领了这座都城,晋怀帝司马炽成了阶下囚。不久,刘聪就把晋怀帝给杀了。

在长安的晋朝官员听到晋怀帝死去的消息后,就拥立晋怀帝的侄儿司马邺继承皇位,称晋愍(mǐn)帝。公元316年,长安也被刘聪攻破。晋愍帝在受尽凌辱后被杀,西晋灭亡。

祖逖闻鸡起舞

西晋时期,朝廷昏庸腐败,内乱不断。皇族之间的混战再加上接连不断的饥荒,使百姓缺吃少穿,生活非常困苦,被迫背井离乡,四处流亡,多处地方发生了农民起义。西晋王朝危机四伏,已经到了崩溃的边缘。

这时候,北方匈奴贵族就乘机不断南下骚扰,企图夺取中原。

在这异族入侵、山河破碎的时候,仍然有许多有着民族气节的晋朝将领坚守北方领土,英勇抗击横行的匈奴贵族,祖逖就是其中最突出的一员。

祖逖原来并不喜欢读书,也不讲究自身的穿着仪表,不过,他这个人心胸十分开阔,而且胸有大志。后来,他耳闻目睹山河沉沦的惨状,感触很深,立下了赶走匈奴、保卫国家的宏大志愿,并且发愤攻读,学问大有长进。

祖逖有个好朋友名叫刘琨,西晋初期他们两个人一起担任过司州(治所在今河南洛阳东北)主簿。那时候,他们两个常常住在一起,一起读书,一起谈论天下大事。祖逖和刘琨都是热血青年,面对腐朽黑暗的现实社会,他们感到痛惜、愤恨,更对国家的前途忧心忡忡。

一天,祖逖和刘琨像往常一样躺在床上交谈,一谈到匈奴贵族在北方横行霸道,两个人都义愤填膺。祖逖"刷"地坐起身来,握紧拳头用力一挥,说:"我发誓一定要把匈奴赶出中原!"刘琨也深受感染,和祖逖击掌发誓。

这一夜,两人一直谈到半夜三更才睡去。

忽然,三声鸡叫把祖逖从梦中惊醒。他从窗户向外望去,只见一轮残月挂在空中,天色未白。祖逖想起了昨天和刘琨的豪言壮语,再也睡不着了。祖逖索性坐了起来,他想保家卫国一定要有过硬的本领,趁现在自己年轻力壮,更要抓紧时间练

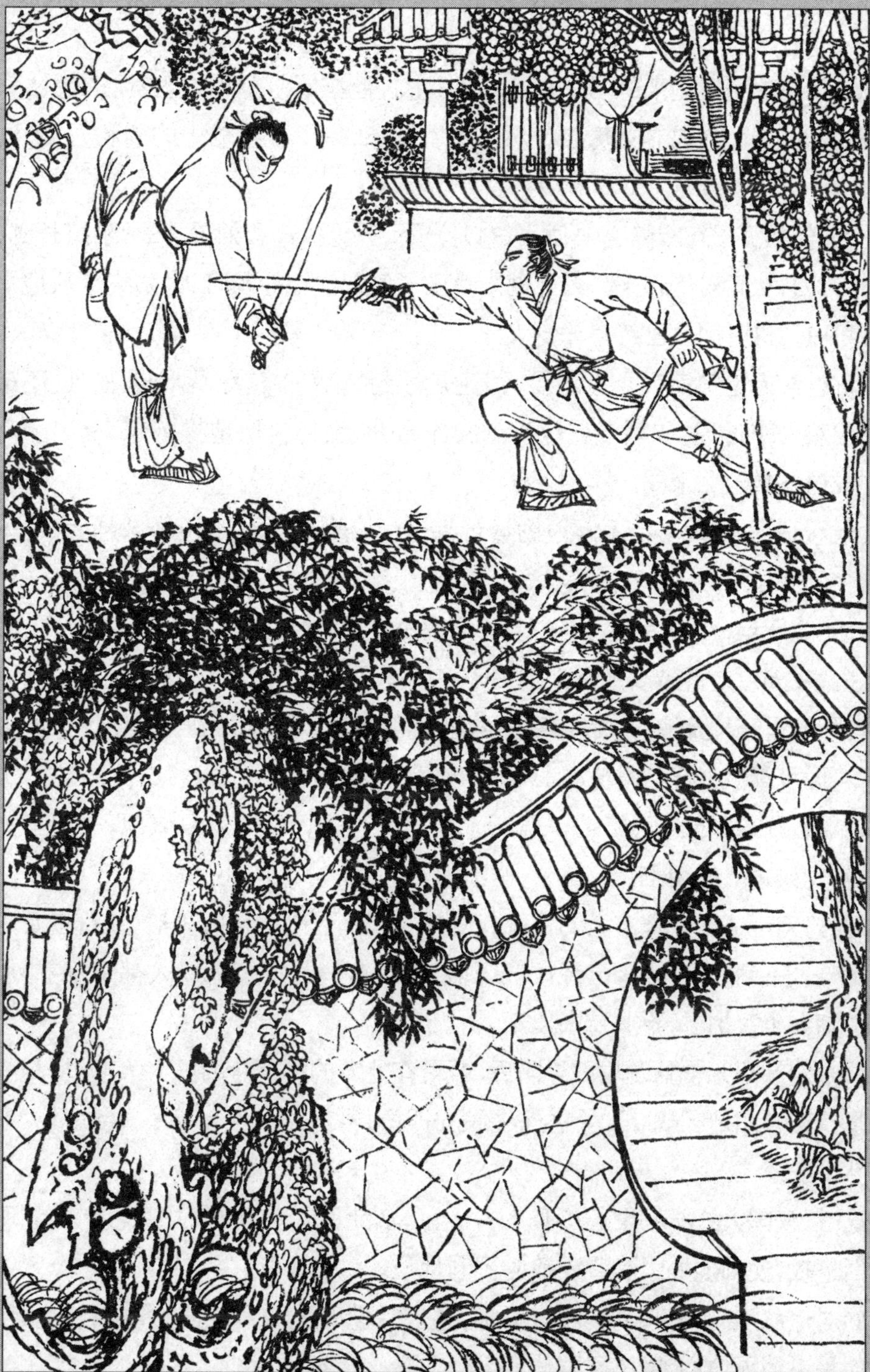

习,不妨就在鸡叫后起来练习本领。想到这儿,他推醒了刘琨,把自己的想法一五一十地告诉了他,刘琨非常赞成。两人披衣下床,摘下挂在墙上的剑和刀,来到院子中。

大地仍然沉浸在寂静之中,清朗的月光下,只见祖逖和刘琨,一个手持长剑,一个挥舞大刀,认真对练起来。刀光剑影挑破了笼罩大地的黑暗,太阳终于从地平线上冉冉升起,这时两人已练得浑身大汗。

就这样,无论是赤日炎炎的夏天,还是冰封雪飘的冬天;无论是刮风,还是下雨,只要鸡一叫,祖逖和刘琨就像听到起床号角,精神抖擞地操练起来。"闻鸡起舞"的成语就是这么来的。

由于祖逖和刘琨坚持不懈地勤学苦练,武艺越来越强,本领越来越大,终于都成为有名的将军。

公元308年,晋怀帝派刘琨去当并州刺史。当时并州还在匈奴的控制下,百姓大多逃亡在外。刘琨带着招募来的一千多名士兵,挺进到了并州的晋阳。

晋阳城里一片荒凉,到处是断壁残垣,荆棘满地,随处可见尸体,留下来的人很少很少,而且都饿得皮包骨头。

刘琨看到这些很难过。他一面叫士兵掩埋尸体,清理、修复城池;一面加强防守,以防匈奴军队的袭击。

同时,刘琨还派人把流亡的百姓找回来,让他们开垦荒地,种植庄稼,使晋阳恢复了生气。不到一年,晋阳已经人气旺盛,甚至有一万多个匈奴人都来投靠刘琨,使汉主刘渊也害怕了,不敢前来侵犯。

后来刘渊的儿子刘聪攻破洛阳后,西晋在北方的军事势力已大大削弱,只有刘琨还坚持在并州地区战斗。晋愍帝在长安即位,将刘琨封为大将军,要他继续在并州战斗下去。

这时,汉国大将石勒聚集了几十万大军,从北面对并州形成围攻之势;刘聪则从南面进攻,使刘琨处于腹背受敌的不利地位。

面对这危险的局势,刘琨没有退缩,还向晋愍帝发誓:"臣跟刘聪、石勒势不两立。如果不消灭他们,臣决不罢休!"

石勒派兵进攻乐平(今山西昔阳西南)，刘琨的部队去救援，中了埋伏，几乎全军覆没。石勒大获全胜，割据势力越来越强大，于公元319年自称赵王，建立政权，史称后赵。

这时刘聪已攻破长安，连晋愍帝都做了俘虏。

刘琨的顽强战斗也没能保住并州，只得带着残余的人马投奔幽州(今河北北部、辽宁南部)去了。

司马睿建东晋

刘琨转战中原,企图挽回西晋王朝的危局,终于没有成功。公元316年,刘聪攻陷晋都长安,晋愍帝被俘,西晋灭亡。愍帝的弘农太守宋哲身藏愍帝被俘前写下的密诏逃出长安,赶到建康(今江苏南京),来见琅琊王司马睿(ruì)。

司马睿看到愍帝要他继位的遗诏,喜出望外,立即粉墨登场。他穿上龙袍,坐上宝座,分封文武官员,接受臣下朝贺,并宣布定都建康,国号仍为晋,年号为大兴元年,也就是公元318年,称为晋元帝。历史上为了将他建立的晋朝与已经灭亡的晋朝相区别,就将司马睿建立的晋朝称为东晋。

在司马睿登基的时候,出现了一个戏剧性场面:当文武百官向新皇帝叩头朝拜、山呼万岁时,晋元帝司马睿竟从御座上站起来,招呼他刚封的丞相兼骠骑大将军王导说:"王将军,请上来与朕一同坐到宝座上。朕要与你共享富贵荣华!"

跪在下面的百官听了这话,全都惊得目瞪口呆。王导慌忙惶恐地说:"陛下好比太阳。臣子和百姓如同万物。万物与太阳是不能混在一起的,否则就受不到阳光的照耀了。"

王导的话说得司马睿心里舒坦极了。他动情地说:"王爱卿真是我的知己和栋梁啊!"

那么,司马睿为什么会如此看重王导呢?原来,司马睿是司马懿的曾孙,他的父亲司马觐(jìn)被封为琅琊王。公元307年,他世袭了父亲的职位。当他到建邺赴任时,当地的豪门士族不服。他们不把他放在眼里,既不去拜见他,也不执行他的政令。司马睿心中着急,就与自己的参军王导商量。王导给他出主意让他先摆出礼贤下士的姿态,带着随同他从北方来的达官贵人去那些著名的江南士族名流家拜访。

过了些日子,王导又将自己的堂哥、扬州刺史王敦动员出来,趁江南群众过节的机会,让司马睿坐着华丽的轿子、带着仪仗在前面走,自己和王敦以及府内的官员们恭敬地簇拥着轿子随行。司马睿的这些举动终于在群众中传了开去。那些江南的豪门士族在家坐不住了,纷纷去琅琊王府拜见司马睿。

这时候,王导又及时劝司马睿不计前嫌,乘机收罗录用了大批人才。比如顾荣、纪瞻、贺循等司马睿称帝后的大臣,都是这时被任用的。就这样,司马睿终于在建康站住了脚跟,并在王导的全力协助下,将建康建成了一个江南的政治中心和军事重镇。

晋元帝即位以后,王导仍然帮他出谋划策,以逐步巩固东晋王朝的在江南的地位。首先,王导建议元帝由官府牵头奖励农桑,并将从北方南逃而来的百姓安置到江西等地广人少的地方开荒种地,让军队在平时也参加屯田。这样,百姓的生活安定了,粮仓充裕了,军事实力也相对增强了。

与此同时,王导又让元帝出面禁止朝廷官员和社会上的奢靡之风。因为西晋时期石崇、王恺等豪门贵族互相比富的恶习随着晋朝权贵们的南迁,也带了过来。王导对元帝说:"这种风气既损耗了国家的财力,又助长了官员的腐败,会造成百姓对朝政不满,最终导致败坏国家的基业。"元帝听后觉得王导的话有道理,便让他带头打破这种风气。

这年的清明节,东晋的公卿大臣们都乘着豪华的车子、穿着华丽的服装、带着美酒佳肴到新亭(在今江苏南京南)踏青。新亭附近彩棚林立、热闹非凡。可当大臣们去向丞相王导祝酒时,只见王导在一个简易的芦席棚内,身穿粗布衣,手执一壶浊酒,向大家斟酒回谢。吏部尚书周𫖮(yǐ)见了,羞愧难当,感叹道:"王丞相是在提醒我们,江北的父老乡亲还在水深火热之中。我们真不该乐不思蜀啊!"

这几句话对大家触动很大,不少大臣当场自责得哭了起来。从此,东晋官场的奢侈之风被刹住了。

晋元帝见王导处处为他着想,高兴地说:"王爱卿帮朕治政又理财,真是朕的萧何啊!"

从此,元帝更加处处依靠王导,朝中大小事情都与他商量。因此,当时民间有"王与马,共天下"的说法。

131

中流击楫

王导清明节在新亭布衣祝酒,触动了东晋许多南渡官员的思乡之情。大家纷纷向元帝上书要求北伐。身在京口(今江苏镇江)的官员祖逖也赶到建康参加了请战的行列。

祖逖在给元帝的奏折中说:"原先只因晋室内部各藩王自相残杀,才使中原落入胡人之手。现在那里的百姓惨遭迫害,他们都想反抗复仇。因此,只要圣上能颁旨北伐,臣等愿立刻领兵出征。北方的百姓也一定会热烈响应的。恢复中原、洗雪国耻,也指日可待。"

可是晋元帝却认为自己在江南的政权还未十分稳固,贸然北伐会损耗力量,让敌人有机可乘,因此对祖逖等人的请战要求一拖再拖,迟迟不答复。

最后,在祖逖的一再要求下,晋元帝只好采取敷衍的办法,任命他为奋威将军、豫州刺史,并象征性地拨给他一千个人一年的口粮和三千匹布帛作为军饷,而武器则一点儿也没给。祖逖没有计较,领到了旨令,他就立刻从建康赶回京口,自己组织人马,准备北伐了。

祖逖浓眉大眼、体魄强健,此时已五十岁出头,但仍精力充沛,正气凛然,一点未改年轻时与刘琨闻鸡起舞的锐气。匈奴占领中原的时候,祖逖也带着家眷与乡里的百姓一同到南方避难。一路上,他主动替大家维持秩序,照顾老弱病残,并将自家携带的粮食、衣服和药物等拿出来分给有困难的群众,把自己骑的马让给病人骑。他的行为赢得了乡里百姓的敬重。大伙儿推选他为"行主",就是逃难队伍中的领头人。这支队伍辗转到了京口,终于安定了下来。祖逖就将难民中的青壮年组织起来练武,准备在时机成熟时收复中原。附近的北方难民和有志复国的志士

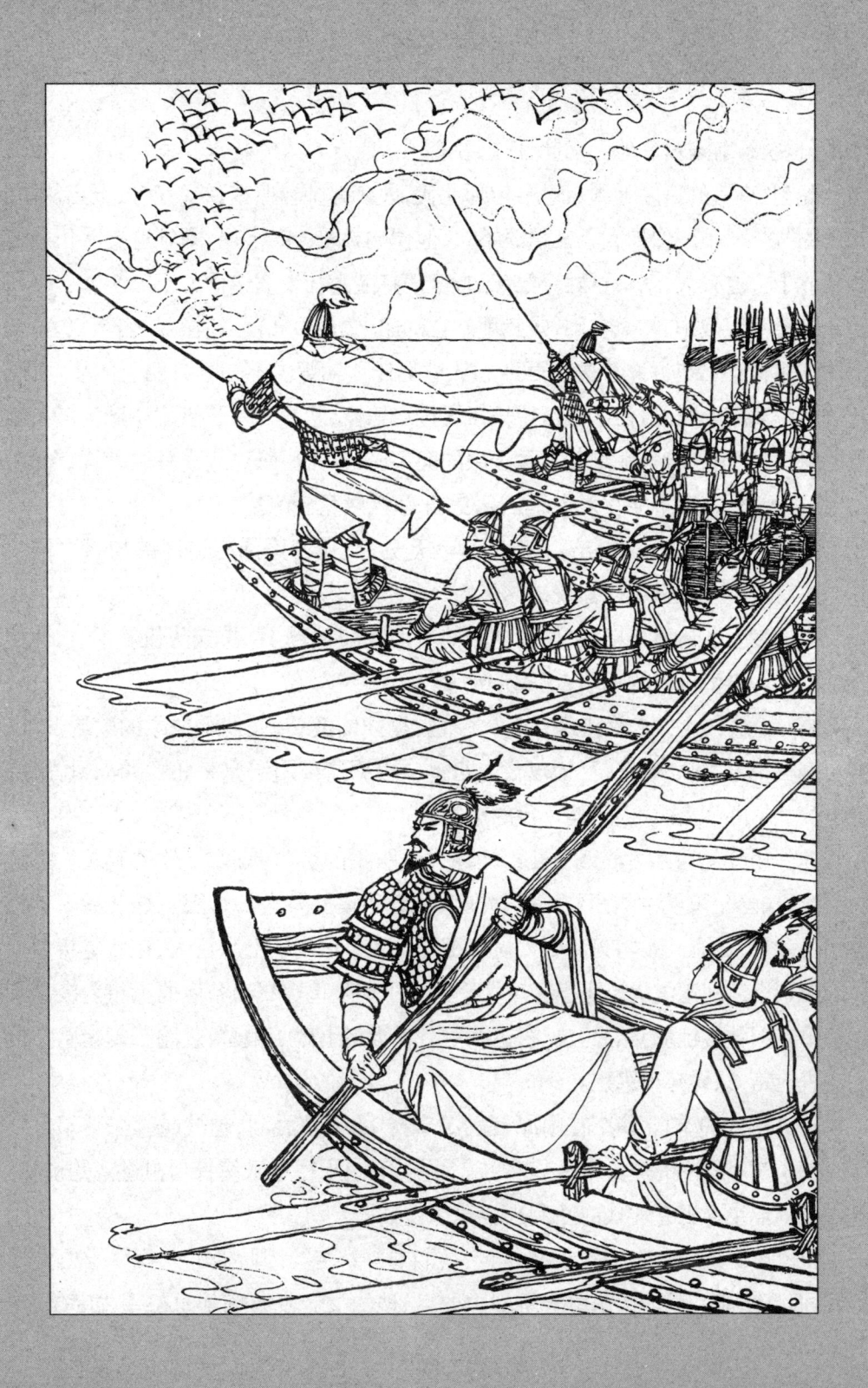

仁人，也纷纷前来投奔他。因此，他已经有了一支几百人的队伍。

此刻，京口的百姓听到祖逖要出师北伐，大家都摩拳擦掌，纷纷前去报名从军。祖逖的队伍一下子便扩大了几倍。不久，他便购办了十条大船，率领这支队伍横渡长江北上。这一天，京口百姓聚集江边，敲锣打鼓为壮士们送行。

祖逖身穿战袍、腰佩宝剑，威武地站在帅船上，拱手向群众辞行。船至江心，滔滔的江水似乎仍在诉说着送行百姓的热诚嘱托和期望。不知哪条船上的士兵，唱起了荆轲刺秦王时的《易水歌》，使气氛更显得慷慨、悲壮。一股热流和豪情涌上祖逖的胸口，他情不自禁地拿过士兵手中的船桨，拍打着船舷对大家高声地说："兄弟们，我祖逖此去，若不能收复中原，下次回来渡江时，当葬身江底！"

听了祖逖的誓言，他的部下也都激动万分，大伙齐声回应道："愿与将军同生死！"这就是"中流击楫"这句成语的来历。

祖逖率领队伍渡江以后，先在淮阴铸造兵器、训练士兵、扩充队伍。不久，他便训练出了一支数千人的军队，正式开始北伐。

当时长江以北的广大地区，有许多地主豪强的武装，他们乘中原的政局混乱，各自割据一方，建立坞堡，互相攻伐。祖逖就根据情况团结愿意北伐的力量，坚决打击那些投降胡人、顽固阻挡北伐的势力。

他先用分化的方法消灭了谯郡的坞堡主张平的势力，收编了他的武装。蓬陂（今安徽涡阳西北）坞堡主陈川勾结后赵国主石勒纠集五万人马企图阻挡北伐军。祖逖用诱敌深入的计策，将强敌引入峡谷围歼。敌军只剩下七八百人，在后赵将领桃豹的带领下逃回蓬陂坞。祖逖又率军围困住了蓬陂坞。石勒派他的大将刘夜堂押运粮草企图救援桃豹，结果又被祖逖派军队在半路上截了粮草，赶跑了刘夜堂。桃豹走投无路，只得弃坞逃跑。

就这样，祖逖的北伐军在中原百姓的支持下，节节胜利、越战越强。几年之内便收复了黄河以南的广大地区，连后赵国主石勒也不得不派使者与祖逖谈判讲和。老朋友刘琨也为祖逖北伐的胜利兴奋得彻夜难眠。

祖逖在作战中常常身先士卒，与士兵们同甘共苦。因此他的北伐军不但作战勇敢，而且纪律严明。他的军队所到之处，当地的父老乡亲们都纷纷宰牛宰羊，欢

欣鼓舞地设宴慰劳,还编了歌儿传唱对祖逖的感激之情。

正当祖逖踌躇满志地准备继续进军黄河以北、收复整个中原的时候,晋元帝却害怕他势力太大难以控制,突然派人接管了他的兵权。这时,又传来了他的好友刘琨被朝廷害死的消息。祖逖心中忧愤难平,终于抑郁而死。

石勒重视文化

由刘渊和他的儿子刘聪建立起来的汉国,在刘聪死后,他的侄儿刘曜即位。刘曜在位期间,国家迅速陷于崩溃。汉国的大将石勒因为与刘曜不和,在刘曜登基不久,便拥兵自立,建立了后赵。在连着几年的征战中,石勒先后灭掉了刘曜和其他一些割据势力,统一了北方绝大部分地区,使后赵成为十六国中最为强盛的一个国家。而有谁能想到,这么一个有着赫赫战功的人物,在青年时却是一个受苦人。

石勒是羯族人。年轻的时候,他们部落所在的地方闹饥荒,大家都四散逃离。石勒也逃到了阳曲(今山西太原北部)。在阳曲,他曾被当地军阀捕获,作为奴隶卖给了山东一个叫师欢的地主,给他耕地。幸好师欢比较欣赏他,没有多久便填写了一张放免书,除去了石勒的奴隶身份。石勒被放免后,一度来到武安(今河北武安),在那里靠租种别人的土地生活。但没过多长时间,他又一次被乱军捉住,幸好有一群梅花鹿从旁边跑过,乱军只顾去追梅花鹿,石勒才趁机逃脱。

石勒受尽苦难,他决心起来反抗。他召集了十八个人,组成骑兵小队,号称"十八骑",开始了他的军旅生涯。经过几年的奋斗,石勒的力量渐渐强大,他的军事才能也得到了锻炼。他后来投奔刘渊,在刘渊帐下当了一员大将。

做了大将军后,石勒渐渐懂得要成就大业,光靠武力不行,还要有替自己出谋划策的人。他特意收留了一批汉族读书人,组织了一个"君子营",专门给他出主意。君子营中有个叫张宾的,非常有才干,他给石勒出了不少好点子。就是靠了张宾和君子营,石勒在以后南征北战的岁月里,力量迅速壮大。公元319年,石勒为了对抗刘曜,建立后赵,成为一代开国君主。

当了皇帝后的石勒,从自己的亲身经历中,深感知识的重要。他听从张宾的意见,尊崇儒教,在各地设立学校,要部下的子弟都进学校读书。他还建立了保举和考试制度,坚持从读书人中选拔官吏。他对读书人也格外敬重,多次命令手下,凡捉到读书人,不许杀死,一定要送到国都,由他来亲自处理。

石勒是个非常严厉的人,他严禁手下提"胡"、"羯"两字,对于犯禁的人,轻则鞭打,重则杀头,一点也不迁就,但有一次却出现了例外。

一天,有个叫樊坦的读书人,应朝廷征召出来做官,来见石勒。进宫时,他穿了一身破破烂烂的衣服,石勒看了很吃惊,便问他:"你怎么穷到这步田地?家里连一件像样的衣服都没有吗?"

樊坦一时忘记了禁令,回答说:"刚刚碰到一批羯贼,把我的家抢光了。只能这样寒酸地来见皇上了。"

石勒看他很伤心的样子,就安慰他说:"羯贼乱抢东西,骚扰百姓,实在该死!我来替他们赔给你吧!"

樊坦这时才忽然想起触犯了禁令,吓得脸都发白了,连忙向石勒请罪。石勒笑着说:"我这个禁令,是针对一般百姓的。你们这些读书人可以例外。"事后,他还真的赔给樊坦一些衣物钱财。朝廷内外一时传为美谈。

石勒非常喜欢读书,尤其是史书。他不识字,就让一些读书人讲给他听,还喜欢边听边随时发表自己的看法。有一次,他让人给他讲《汉书》,当听到有人劝刘邦分封旧六国贵族时,他焦急了,自言自语道:"唉!错!错!刘邦这样做,还怎么能够得到天下呢?"

讲书的人立刻给他解释说由于张良的劝阻,刘邦后来并没有实施这一计划。石勒听后松了一口气,点头说:"这样才对。"

石勒还经常把自己和古代帝王作对比,有一次,他大宴群臣。在席间,他问一个大臣,说:"你看我可以和古代哪位帝王相比?"

那位大臣知道石勒一向崇拜刘邦,就奉承道:"陛下英明神勇,比汉高祖还强,其他的人没法比。"

石勒听了连忙摆手,说:"不行,不行。我要是遇到汉高祖,只能做他的臣下,也

就是韩信、彭越等人的角色。"

　　说到这里,他又捻捻胡须,自负地说:"要是我与光武帝刘秀生在同时,倒是可以和他一争高下。"

　　由于石勒用人得当,重视教育,后赵一天天强大起来。

133

陶侃搬砖头

在祖逖、刘琨之后,东晋又出了一位重要的爱国将领,他名叫陶侃。陶侃不仅善于领兵打仗,还善于治理郡县。他为官清正廉洁,勤政爱民,受到百姓的爱戴。

陶侃很小就没了父亲,自幼由母亲抚养成人。他的母亲是一个非常贤惠的农家妇女。有一次,在县里当小吏的陶侃将公家分的鱼托人带回家,而陶母却动也不动,就将原物退回。她写信责备陶侃:"鱼虽是公家分的,但我并不想你用公物来侍奉我,这样反而会增加我的忧虑。"母亲的贤德对陶侃影响很大。

陶侃后来当官干出了政绩,一再升迁,作了武昌太守。在任太守时,他曾多次率军跟随当时的征西大将军王敦出征,屡立战功,显示了卓越的军事才能,名气越来越大,但因此也引起了王敦的猜疑,被调到广州当刺史。那时的广州还很偏僻,陶侃调到广州实际上是降了职。

陶侃到了广州,并没有消沉下去。他每天早上坚持把一百块砖头从屋里搬到屋外,到了晚上,再把砖头搬回屋里。有人看他天天这样做,感到很奇怪,就问他为什么要这样做。

陶侃严肃地说:"虽然我现在来到南方,但心里总想着将来收复中原,为国效力。假如懒散惯了,将来还怎么能挑起重担呢。我不过是借这个活动活动筋骨。"

那时,东晋王朝发生了好几次内乱。晋元帝司马睿觉得王氏势力大了,想加以控制,王敦就起兵攻进建康,把一批反对他的大臣杀死。晋元帝的儿子晋明帝继位后,王敦又一次攻打建康,没有成功,自己却生病死了。

这时,东晋王朝才把陶侃从广州调了出来,官拜征西大将军兼荆州刺史。荆州的百姓听说荆州又要来大官了,议论纷纷,当得知是先前的武昌太守陶侃时,都高

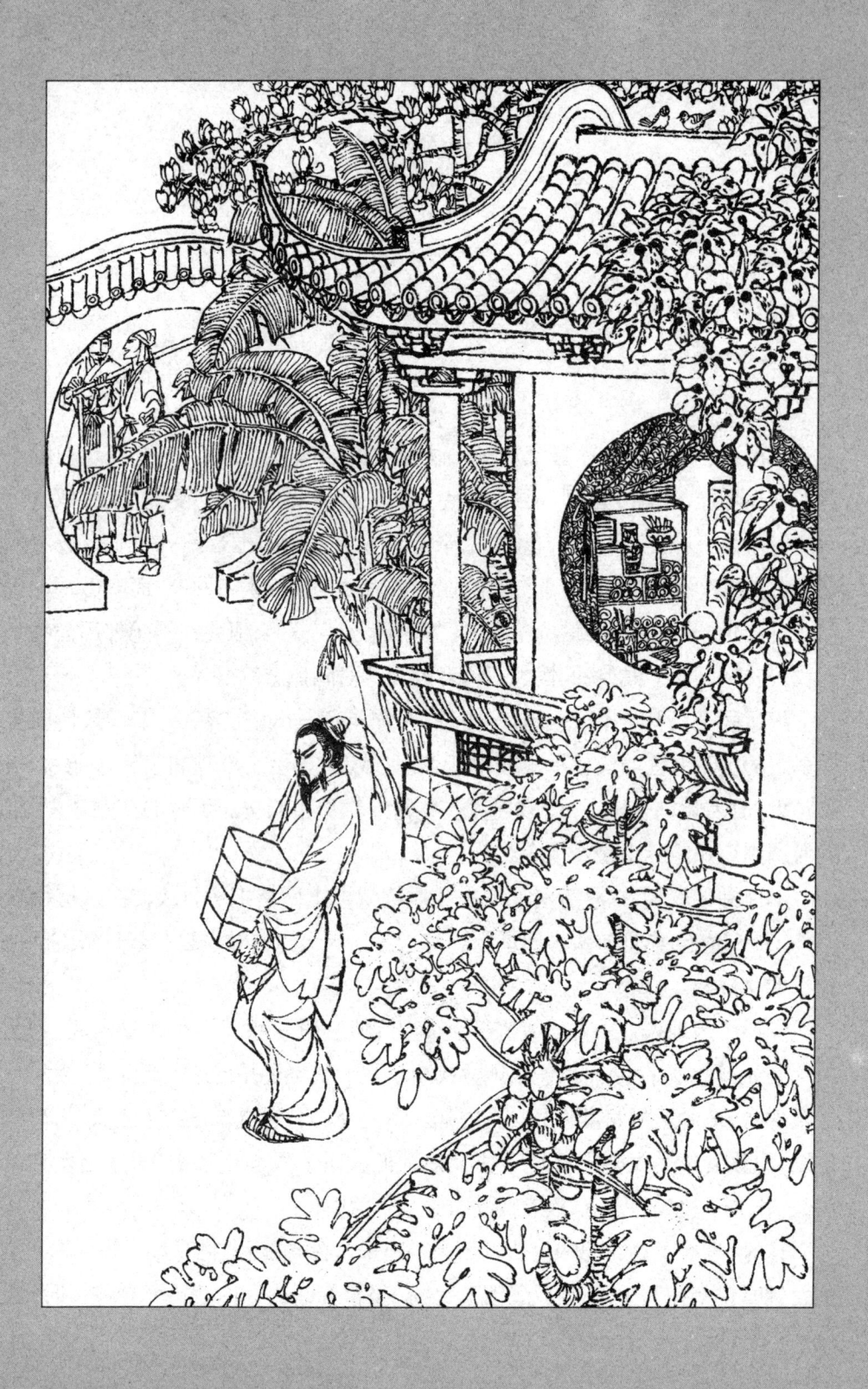

兴地互相庆贺。

陶侃虽做了大官,可他时时处处仍然非常地小心谨慎。衙门里的事情无论大小,他都要亲自过问,认真检查,一点也不放松。他对下属的要求很严格。一次,他的一个随从因为喝酒赌博误了公事,陶侃非常恼怒,命人收缴了酒器和赌具,统统扔到江里;还把那个随从鞭打了一顿。从此,大伙都吓得不敢再赌博喝酒了。

他常对部下说:"夏朝时的禹是个大圣人,他还爱惜光阴,努力做事,治水时三过家门都不回去看一眼。像我们这种普通人,比起才干,跟禹都差得很远,更应该珍惜时间。怎么能贪图安逸,不思进取呢?"

有一回,陶侃外出巡视,看见一个过路人在田间随手摘了一把没有成熟的稻穗,拿在手里把玩。陶侃厉声问道:"你拔这些稻子作什么用呢?"

那个过路人说:"没有什么用,顺手拔一点玩玩。"

陶侃一听,火冒三丈,他命令士兵把那人捆绑起来,狠狠地鞭打了一顿。百姓听到陶侃这样地爱护庄稼,种田的劲头就更大了。

荆州地处长江边上,官府经常在这里造船,留下了许多木屑和竹头。照过去的做法,不是扫完了事,就是点火烧掉。陶侃却命人把它们收拾好,放在仓库里。人们见了,不懂他为什么要这样做,也不敢问。后来,冬天下了雪,雪在官府的大厅前积了很厚的一层,路面又湿又滑,不好走。陶侃就让人把仓库里的木屑拿出来铺路,于是,人们走路时就不会滑倒了。

又有一次,东晋水军造一批战船缺少竹钉,大伙正在伤脑筋的时候,有人想起了藏在仓库里的竹头,便拿出这些竹头给士兵去做造船用的竹钉,解决了一大难题。人们也更加佩服陶侃考虑问题的细致周到了。

公元327年,历阳守将苏峻发动叛乱,不久攻进京城建康,震动了全国。陶侃兴兵讨伐,经过多次苦战,平定了苏峻的叛乱,挽救了东晋王朝。

王羲之写《兰亭集序》

东晋初年,宰相王导的兄弟王旷有个爱子,叫王羲之。他从小受到父亲舞文弄墨、爱好书法的熏陶,也喜欢上了书法。十几岁时,常在父亲书房里翻弄前人的书迹、碑帖。王旷见儿子如此心诚,就以一本《笔说》为教材,教他笔法、笔势、笔意。过不了多久,王羲之的书法已打下了很好的基础。

后来,王羲之的书法出了名,许多人都以得到他的字为荣,连京城里的大官、地方上的豪富都争相求他的墨宝。

王羲之也做过官,当过刺史、右军将军、会稽内史。当时人们爱称他为"王右军"。四十多岁时,因为和上司意见不合,辞去了会稽地方官的职务。从此他经常游山玩水、吟诗会友,并有了更多的时间来潜心于书法艺术。这以后,王羲之书法的造诣达到了登峰造极的地步。

有一年春天,王羲之请了许多宾客,包括司徒谢安、司马孙绰以及附近几个县令,带上自己的几个儿子,来到会稽兰渚山麓的兰亭聚会。春暖花开,山清水秀,一行人踏着悠闲的脚步,在山径中行走。

这时,王羲之提议来一次传统的"曲水流觞(shāng)"助兴,得到了众人的赞同。于是,大伙来到一条弯曲的小溪边,每个人各自找到溪旁的石头坐下。王羲之命书童在小溪的上游将几只装满酒的觞(古代称酒杯为觞),放在一个木盘里,然后让盘子顺着小溪流向下游。当盘子流经哪个人身边时,那个人就得赶快作一首诗,作不出诗,就得罚酒三杯。这一场"曲水流觞"的游戏进行得十分尽兴,结果做出了二三十首好诗。

为纪念这次聚会,大家提议把这些诗编成一册集子,取名《兰亭集》,并公推王羲之写一个序。王羲之也不推辞,命书童在兰亭摆下笔墨。在众人的簇拥下,王羲

之信步来到了兰亭,他环顾山岭溪水、松林竹园,风光优美,不由得思绪万千。过一会,序的腹稿已在胸中打好,王羲之便在书案前盘腿坐下,拿起毛笔,在纸上一挥而就。被誉为"天下第一行书"的三百二十五个字的《兰亭集序》,就在这会稽群山中诞生了。可惜这"天下第一行书"的真迹已经失传,只留下来一些古人的临摹本。

王羲之的趣事还有很多,其中《换鹅帖》也值得一提。王羲之有一个特殊的爱好,喜欢养鹅;哪里有好鹅,不管路途多远,他都要跑去欣赏;有时甚至不惜重金将其买下。

山阴(今浙江绍兴)城外一座道观里的住持老道,揣摩到了王羲之的心思,有意在道观外的池塘里养了一群可爱的白鹅,并让人把消息透露给王羲之。王羲之得知那里有非常好的白鹅,便兴冲冲地前去观赏。

一天,王羲之兴冲冲来到道观外,一看到池塘里优哉游哉浮游的白鹅,一下子被吸引住了,久久痴痴地伫立在池塘边。

"来人呐!"忽然,王羲之对跟来的仆人叫道,"快,快去把道观的住持请来,我有要事相商。"

一会,住持老道匆匆赶来,见了王羲之深深作揖:"贫道有礼了,请到观里坐坐。"

王羲之哪有这份闲心,心里想的只有鹅,于是单刀直入:"这群鹅能不能卖给我?请道长开个价吧!"

住持老道脸上显出难色:"鹅是敝观为供香客们观赏而养的。卖是不卖的。"

王羲之哪肯放过这么好的机会,脑子一转,又说:"那,那这样吧,我用更多的鹅来换你的鹅,总好了吧。"

老道支吾了一阵,终于把本意道来:"换是可以的。不过,鹅换鹅不行。久闻右军大人的书法超人,贫道想将我的鹅换您的字,如何?"

王羲之听了,毫不思考地就答应了:"行!怎么个换法?"

"恳请您替敝观书写一卷《道德经》,若右军大人肯屈就,那么这群鹅全都归您了。"

"那敢情好!现在就去书写。"王羲之答应得十分爽快。

王羲之为道观书写的《道德经》,后人称之为《换鹅帖》,是王羲之仅次于《兰亭集序》的第二杰作。

顾恺之画作传神

东晋时期不仅出了王羲之这样的大书法家,还出了大名鼎鼎的画家顾恺之。

顾恺之一生画了许多画,如《洛神赋图》、《女史箴(zhēn)图》等,都非常有名。

顾恺之擅长画人物画,他的人物画非常重视对人物性格和神情的刻画,同时也很注意描绘周围的环境。比如,他在画喜欢游山玩水的谢鲲画像时,就在旁边画上岩石;画脸颊上长着三根毫毛的裴(péi)楷画像时,特地画上其他人避而不画的三根毫毛,使画像逼真传神。

不过,顾恺之画人物时,最重视的是画眼睛。他认为眼睛是人物最传神的地方,因此他画人物时,从来不先点眼珠。有一年,都城建康修建瓦官寺,主持寺院的和尚向大家募捐,捐钱的人倒是不少,可是没有一个超过十万的。

正当和尚们为钱不够发愁时,顾恺之跑来说要捐一百万。和尚们都瞪大了眼睛,一脸的不信,他们知道顾恺之虽然会画画,而且画得还不错,可是他家里却没什么钱,这个二十多岁的年轻人不是在开玩笑吧?

过了几天,有个和尚闲着没事,就真的向顾恺之讨钱来了。顾恺之摊开空空的两只手,说:"钱么,现在没有。不过,如果你把寺院里一面墙壁刷白的话,我敢保证钱马上就能到手。"

和尚半信半疑,看在他说得那么肯定的份上就照着去做了。随后,顾恺之来到寺院,关起门来,开始在墙上精心作画,他画的是佛教故事中一位信佛却不出家的居士维摩诘的像。

等到画得差不多时,顾恺之才打开门,和尚都觉得奇怪,因为画中人竟然没有眼睛。顾恺之对满脸疑惑的和尚说:"我的画基本上完成了,明天你们就可把院门

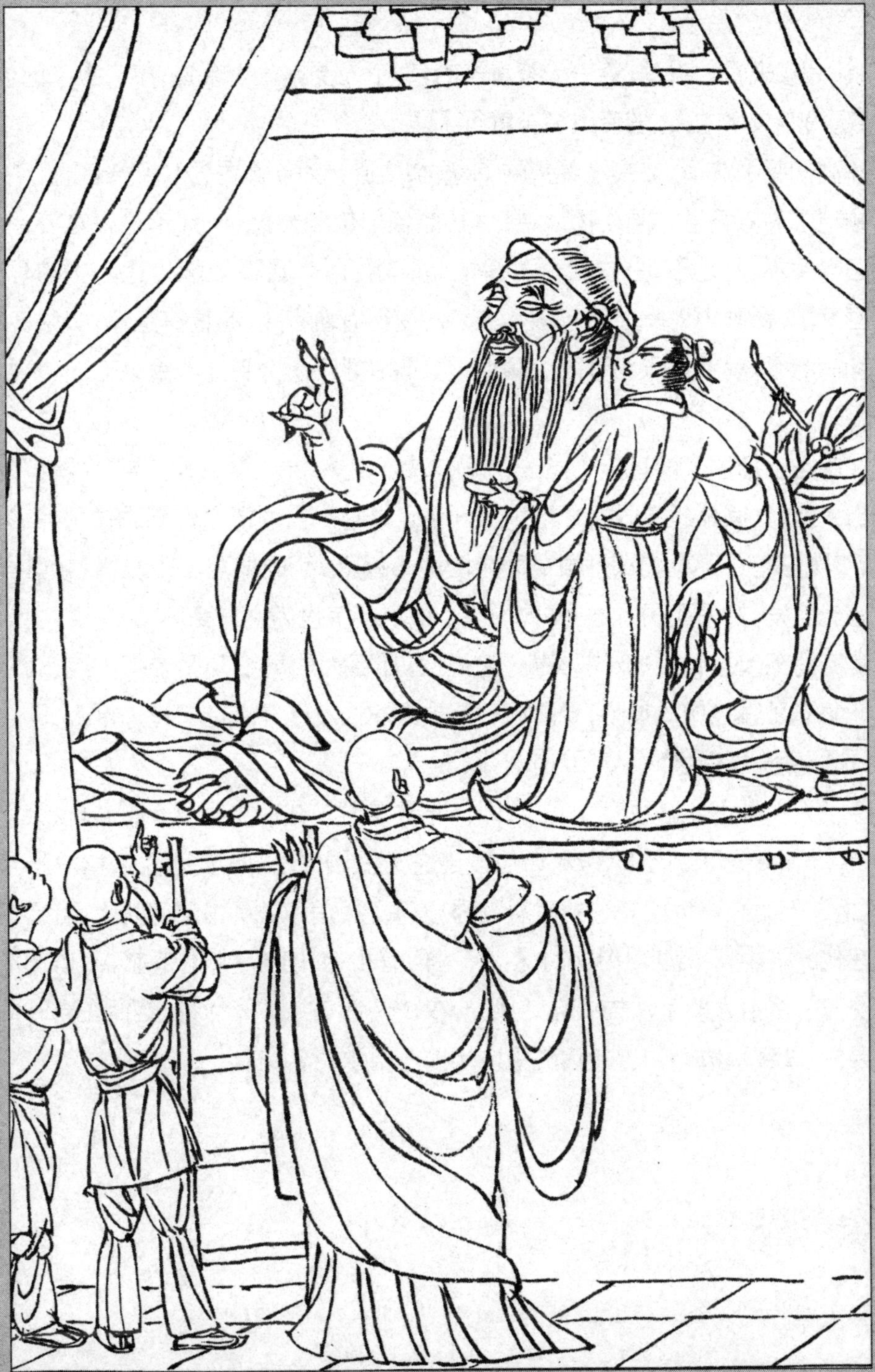

打开，让大家来看。不过，第一天来看画的，每个人要施舍十万钱，第二天来的施舍五万钱，第三天来的人，随便出多少就行了。"

和尚们听了这话，更摸不着头脑了，不禁问道："为什么呢？"

顾恺之笑着答道："画人物像，身体其他各部位画得怎样，并不是很重要；看人物像画得像不像，是不是传神，最关键的是眼睛，因为眼睛最能传达心中的思想。眼睛画好了，那画中人就会活起来、动起来，变得有血有肉，有情有意。"

和尚听了，禁不住点头赞同。顾恺之又说："明天，我要当着大家的面，给画像点上眼睛。"

和尚马上把这个消息传了出去，城里人都奔走相告。第二天一早，寺院门外已是人山人海，大家都想亲眼看顾恺之给画像点眼睛。当顾恺之走到画像跟前，提起笔时，寺院里鸦雀无声。只见顾恺之潇洒地一挥笔，给画像点上了眼睛，顿时画中人物容光焕发，神采飞扬，如同真人一般。整个寺院也为之一亮。

片刻的沉寂之后，只听喝彩声此起彼伏，那巨大的声浪几乎要把寺院掀翻了。大伙儿争先恐后地掏钱捐款，光是第一天收到的钱就已经远远超过一百万了。

从此以后，顾恺之的名声传遍全城。

除了人物画之外，顾恺之的山水画也非常有名。有一次他到会稽游玩，会稽的青山、鉴湖和剡（shàn）溪的秀水让他流连忘返。回来后，朋友问他会稽的景色如何，顾恺之无比兴奋地回答说："千岩竞秀，万壑（hè）争流，草木蒙笼其上，若云兴霞蔚。"在他的眼中，会稽的山山水水和人一样，有生命，有活力，有情感，他仿佛能与它们交流。用拟人的手法描绘自然风光，在今天看来并不算独特，然而在当时却是非同寻常，以致顾恺之的这句话成为古代描写山水的名句。

桓温领兵北伐

在经历了王敦、苏峻叛乱后，东晋朝廷对于掌握军权的将领都很不放心，而这时在荆州地方，桓温的势力可不小。

桓温是荆州刺史，掌握长江上游兵权。他利用盘踞在蜀地的成汉政权内部不稳，率兵攻打成汉，并在公元 347 年平定蜀地。桓温一时名声大振，却引起朝廷的戒备。

公元 349 年，北方各国再次陷入混乱，桓温看机会难得，便多次要求带兵北伐。东晋朝廷虽然也想出兵，但又怕桓温利用北伐的机会扩充势力，便改派扬州刺史殷浩率兵北伐，指望以此压制桓温。没想到殷浩不会带兵，结果被打得大败而回，这下朝廷没了话说，只好同意桓温出征。

公元 354 年，桓温统率晋军从江陵出发，分兵三路，矛头直指关中的前秦。晋军在殽函（今陕西潼关以东至河南新安）与前秦主力发生激战，秦兵被打得一败涂地。前秦国主苻健只带了六千残兵败将逃回长安，挖深沟，筑高墙，坚守不出。桓温一路挺进，直打到距离长安不远的灞上。关中百姓听说晋军到了，都非常高兴，纷纷牵牛备酒来军营慰劳。有的还激动地流出了眼泪，对能重新见到晋军喜出望外。

桓温如果乘着苻健惊魂未定，本可一鼓作气拿下长安，可桓温此时却想着前秦还有利用的价值，可以和朝廷讨价还价，先不忙着攻打，于是就一拖再拖。结果让前秦得到了喘息机会，极好的战机就这样白白丧失了。

桓温看到长安城外的麦子就要熟了，就打算派士兵去抢收，补充军粮，以便作长久驻扎。没想到苻健早已料到他的意图，就抢先下手，派人把没熟的麦子统统割完，他要叫桓温颗粒无收。

桓温看一时灭不了前秦,军粮又快断了,只好退兵。但是这次北伐到底是打了胜仗的,晋穆帝便晋升他为征讨大都督。

这以后,桓温又进行了两次北伐。第二次北伐,一度收复洛阳,他建议迁都洛阳,但遭到朝中大臣的激烈反对。前燕趁东晋内部不和,出兵夺回了洛阳。最后一次,桓温率兵进攻前燕,一直打到了枋头(今河南浚县西),后来因为粮道被前燕切断,也前功尽弃了。

几次北伐,使桓温在军中的势力越来越大,他的政治野心也不断膨胀。有一天,他自言自语道:"男子汉哪怕不能流芳百世,又何妨遗臭万年。"

公元371年,为了提高自己的威信,桓温带兵进入国都建康,把晋废帝司马奕(yì)废了,另立司马昱(yù)当了皇帝,就是晋简文帝。桓温自封宰相,带兵驻在姑孰(今安徽当涂),遥控军政大权。

很快两年过去了,晋简文帝死去,太子司马曜继位,称晋孝武帝。桓温原来以为简文帝会把皇位让给他,听到这个消息后十分恼火,就又一次带兵进了建康。这一回他要找机会取代东晋。

朝廷官员看到桓温带的将士一个个杀气腾腾,吓得都变了脸色。桓温点名叫王坦之、谢安两人到他官邸来见他,这两位士族大臣在当时声望很高。桓温事先在客厅的背后埋伏一批武士,想杀杀他们的威风。

王坦之走进相府,吓出了一身冷汗。而谢安却若无其事地坐下,对桓温说:"我听说历来讲信义的大将,总是把兵马布置在边关去防外敌入侵。您为什么把士兵藏在壁后呢?"

桓温听了,也有些尴尬,就命令把埋伏好的士兵撤走了。

桓温看到东晋的士族中反对他的势力还不小,最终也没敢篡位。不久,就抱着他的皇帝梦一命呜呼了。

137

扪虱谈天下

当桓温在东晋王朝的政坛上叱咤风云的时候,北方也出了一位赫赫有名的政治人物,这个人名叫王猛。

王猛生活的那个年代,中国四分五裂,东晋王朝偏安于长江以南的地方;北方则为各少数民族占据,他们各自建立自己的政权,互相杀伐。王猛生活在北方,看到频繁的战争给人民带来深重的灾难,他并不因为自己是个平民百姓而灰心,决心要干出一番大事业。他平时很注意钻研治理国家的学问,对历代圣贤名将的事迹非常熟悉。他还有意识地游历四方,访问贤能,了解天下形势。

王猛为人谨慎刚毅。他认为北方的各个政权都成不了大事,想到当年姜太公渭水遇周文王的故事,便来到了当时的关中一带,隐居在华山脚下,等待时机。

公元354年,东晋大将桓温北伐,一路战无不胜,打到关中,并驻军灞上,与前秦的苻健形成对峙。关中百姓看到晋朝的军队来了,奔走相告,夹道欢迎。王猛也非常高兴,他知道桓温是个英雄,便前往晋军大营求见。

桓温看他身穿麻布短衣,便一脸不屑的样子,但在大庭广众面前,又不便流露得太多,只好问道:"先生有什么要教我的吗?"

王猛一面把手伸进衣襟里捉着虱子,一面从容地说:"称王称帝我是教不了的,至于统一天下,流芳百世,还是可以和将军切磋切磋的。"

桓温听他谈吐不凡,话中有话,脸色不禁变得庄重起来。王猛便继续纵论天下形势、治国战略,旁若无人。桓温越听越入神,他为关中能有这样的人才暗暗称奇。

王猛看到桓温已被他吸引住,便话锋一转,劝说桓温要抓住时机,赶紧与前秦决战。而这时的桓温并不想马上就进攻前秦,他还要利用前秦与东晋朝廷讨价还价。

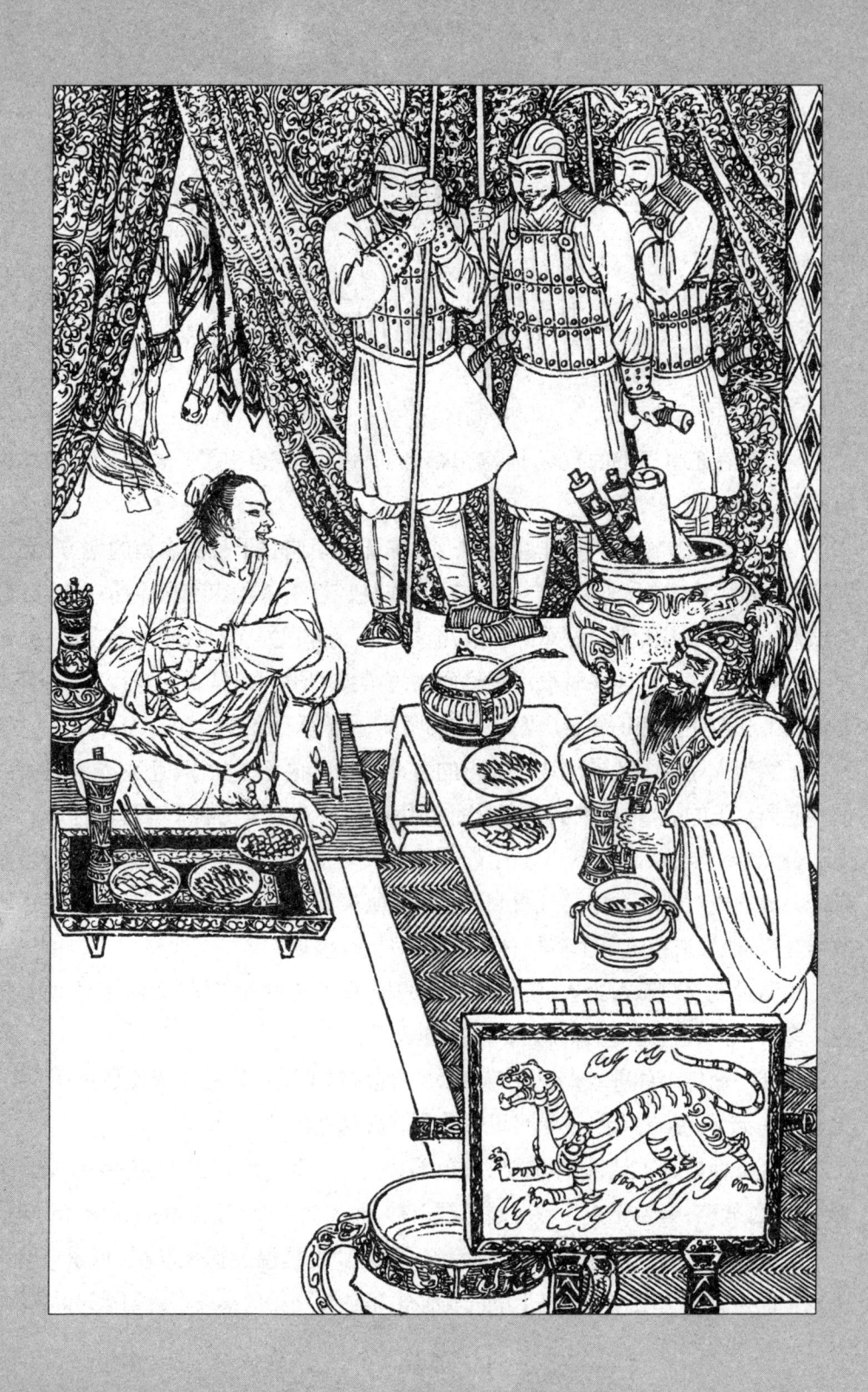

他低下头沉思不语，王猛立刻看破了他的心思，感到非常失望。不久，桓温决定退兵。临行前，他邀请王猛一起南下，王猛意识到东晋朝廷内部潜伏着很大的危机，就拒绝了。

前秦将军苻坚胸怀大志，听说了这件事，知道王猛是个人才，立即派人前去请王猛出山。两人一见如故，非常投机。苻坚高兴地把王猛比作诸葛亮，对他十分信任。

不久，前秦皇帝苻健死了，苻坚自立为大秦天王，王猛被任命为中书侍郎（中书省副职）。由于政绩卓著，他很快被升为尚书左丞（尚书省副职）、京兆尹（首都最高长官）。

在做京兆尹的时候，王猛严格执法，刚正不阿，坚决捕杀酗酒行凶、劫人财产的太后弟弟强德，在一个多月里就惩治了二十多个横行霸道的权贵。经过他的整顿，社会风气大为好转。他在一年之中竟然接连五次升官，权力大得不得了，当时他才三十六岁。

王猛不仅在政治上有着杰出的才能，在统兵打仗上也很有一套。他为前秦南征北战，立下了赫赫战功。他曾率军攻打东晋荆州，讨伐叛乱的羌族首领敛歧，出征前凉的张天锡等，都取得了胜利；又平定了前秦宗室苻柳、苻双、苻搜、苻武等人的叛乱，扫清了通往中原道路上的障碍。公元370年，王猛还率军灭掉了前燕。

过了两年，王猛出任前秦丞相。他在任期间，善恶分明，唯才是用，重视农业生产，整顿军队，前秦逐渐呈现了国富兵强的新局面。就在王猛决心要大干一番的时候，公元375年，他却病倒了。

临终前，王猛语重心长地对苻坚说："东晋虽然远处江南，却是华夏正统，目前上下安定。臣死之后，希望陛下千万不要去攻打东晋。鲜卑、西羌等投降贵族跟我们不是一条心，迟早要成为祸害，望陛下警惕他们。"

没过多久，王猛便去世了。

苻坚伤心极了，他对儿子苻宏说："看来苍天是不想让朕统一天下，为什么这么快就夺走王丞相？"

可是，王猛死后，苻坚并没有听从王猛的话，他率兵攻打东晋，结果在淝水被打得大败。

138

苻坚一意孤行

苻坚头几年还能想起王猛的话，时间一长也就忘到九霄云外去了。自从公元376年前秦灭掉了前凉、代，统一了北方，看看天下只剩东南一块还未归入前秦版图，苻坚总感到是桩心事。几年间，他不断地向东晋发动试探性攻击。

公元382年，苻坚再也忍耐不住了，他决定要攻打东晋。这一年十月的一天，他在皇宫召集大臣商量此事，他说："我一辈子打惯了仗，只想在自己有生之年能够统一天下。现在只有东南部的晋国还不肯降服我们，我打算率领全国兵马去讨伐，你们有什么高见？"

大臣们一听，纷纷表示反对。有个叫权翼的大臣说："臣以为现在打晋国，时机不成熟。晋国国内稳定，上下团结，大臣能干，特别是宰相谢安，很了不起。不能小看呢。"

苻坚听了权翼的话，已经一脸不高兴。这时武将石越又说："晋国有长江天险作屏障，再加上老百姓都向着它，只怕我们打不赢呵。"

苻坚没想到身为武将的石越竟会说出这样气馁的话，非常不满，他大声说："哼，长江天险有什么了不起，我有百万大军，把马鞭子投到江里，也可以把长江的水堵住。看他们还靠什么来做屏障。"

众人你一言我一语，议论了半天也没有结果。苻坚不耐烦了，他让大臣们都散去，只留下他的弟弟苻融。

苻坚把苻融拉到自己的身边，说："自古成大事，总是一两个人决定的。你对这件事怎么看？"

苻融满怀忧虑地回答："大家的意见有道理。我军连年打仗，士兵们都很疲劳，

急需休整。还是缓缓吧。"

苻坚看连自己的弟弟也反对出兵,很是失望,他不解地说:"我们秦国现在这么强大,兵精粮足,对付弱小的晋国,哪能打不赢? 你们怎么都这样,真叫我失望。"

苻融看苻坚这样固执己见,急得束手无策,他忽然想起王猛的话,就说:"陛下难道忘记王猛临终前讲的一番话吗! 我们现在最要紧的事,是铲除对我们怀有二心的投降贵族。现在京城里有这么多鲜卑人、羌人、羯人。他们要是乘陛下远征发动叛乱,那就坏了。"

提起了王猛,苻坚一时没了话说,但他并没有真正听进去。这以后的几天里,不断有大臣劝苻坚不要攻晋。苻坚始终听不进去。

一天,曾是前燕大臣、后来归附了苻坚的慕容垂来求见。苻坚要他谈谈对此事的看法。慕容垂说:"强灭弱,大吃小,天经地义。现在我们秦国君明臣贤,又有雄兵百万,小小的晋国,根本不是我们的对手。陛下只要自己下决心,何必去问别人呢?"

苻坚听了慕容垂的话,心花怒放,说:"看来,只有你能和我一起平定天下啦!"

他马上叫人拿来五百匹绸缎赏给慕容垂。

伐晋的事在紧锣密鼓地筹备着,连后宫也惊动了。苻坚的妃子张夫人听说朝中很多大臣都不赞成出兵,也耐心地劝他。苻坚说:"打仗是男人的事,你们女人家不要插手。"

苻坚的小儿子苻铣,看到父亲要亲征,也劝他说:"苻融皇叔是最忠于陛下的,父皇应该听他的话才对呀!"

苻坚瞪了他一眼,说:"国家大事,小孩子懂什么。"

苻坚把大臣和皇亲们的劝告统统丢在脑后,一意孤行,决定进攻东晋。

公元383年,苻坚亲自率领八十七万大军向东晋进发。他派苻融、慕容垂充当先锋,封姚苌为龙骧将军,指挥益州、梁州的兵马,准备攻晋。

慕容垂同两个侄儿谈起这件事,都暗暗高兴:"这下太好了! 皇上目中无人,我们恢复燕国的机会来了!"

139

谢安镇定自若

苻坚不顾大臣们的反对,在公元383年带着八十七万大军威风凛凛直向南方挺进。他有个如意算盘:这次肯定能把晋朝给拿下。经过一个月,苻坚主力到达项城(今河南沈丘南),益州的水军向东开发,黄河北面的军队也调到了彭城,前秦针对东晋摆出了一股咄咄逼人的架势。

建康城里,晋孝武帝和文武官员变得紧张起来了,他们都盼着宰相谢安拿主意。谢安是陈郡阳夏(今河南太康)人,祖上是有名望的士族。从北方到了南方后,他跟王羲之结为好朋友,他们一批朋友常常在会稽的东山聚会游玩,吟诗喝酒。谢安有才干,又有威望,可是年轻时他宁愿隐居在东山,就是不肯做官。经人推荐他也当过官,只干了一个月,就溜回东山了。直到四十岁,他才再次出来做官。后来人们就把重新出来当官叫作"东山再起"。

谢安非常喜欢下围棋,他下得很慢,常常把后几步棋思考清楚后才运子。他做事也是这种风格,了解他的人知道他是胸有成竹,不了解他的人还真为他着急呢!

那时,东晋北面的边境常常遭到前秦的骚扰。谢安推荐自己的侄儿谢玄去广陵(今江苏扬州),统率江北各路人马。朝廷中有个叫郗(xī)超的官员,一直与谢玄不和,但听说谢安推举谢玄,便感叹道:"谢安的高明,在于他能不避嫌疑,以国事为重,推举自己的侄子;谢玄的才能则保证他担当重任,不辜负谢安的重托。"

谢玄一到广陵就开始招募军队。当时有不少从北方逃难的人到了广陵,谢玄把他们都招募进来。其中有个彭城人叫刘牢之,武艺高强,谢玄重用他,他们训练出了一支战斗力很强的军队。这支军队长年驻扎在京口,京口又称"北府",所以这支军队被称作"北府军"。

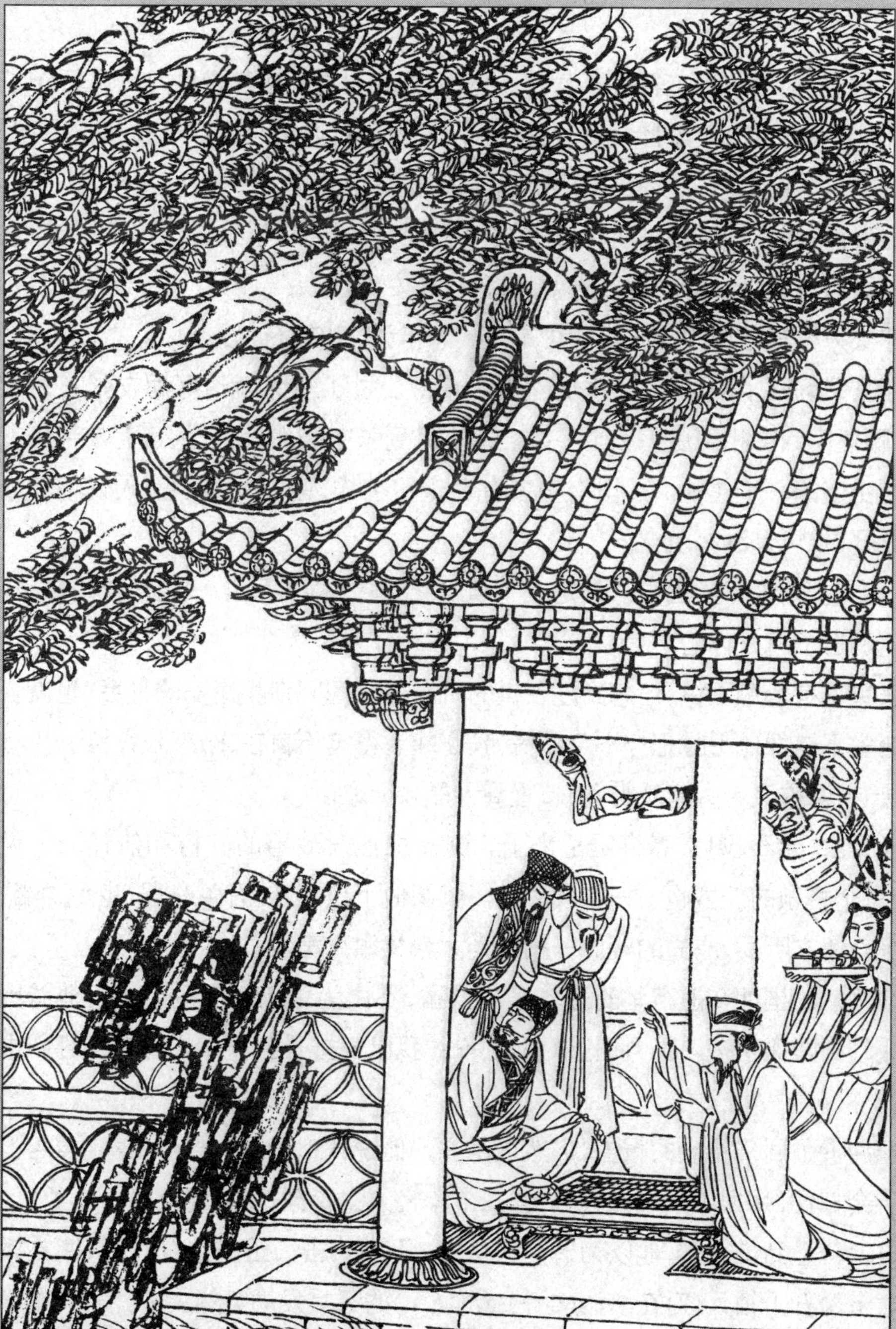

面对号称百万的前秦军队南下,谢安临危不乱,对原有的兵力又重新作了部署,他派弟弟谢石为大都督,谢玄为前锋都督,带领八万人马在江北抵抗秦军;派胡彬带五千水军到寿阳(今安徽寿县)对付东来的前秦水军。

出发前,谢玄特地去见谢安,请教宰相面对兵力远远超过自己的敌军,该怎么打才是。谢安像没事似的说:"不要急,我自有安排。"

谢玄只得等着谢安的安排。可是等了老半天,谢安还是没开口。

谢玄只好回了家,可是心里仍然放心不下。过了一天就请好朋友张玄去看望谢安,顺便问问宰相到底怎么个安排。谢安见到张玄仍然没说什么,而是带张玄到自己在山上的一个住地。那里有许多有名望的客人,谢安跟他们谈天说地。张玄几次要开口,可是没有机会。

一会儿,谢安对张玄说:"你是个下棋高手,能不能跟我下一局?要是赢了我,这山上的房子就是你的了!"

张玄哪有心思下棋,但想到趁下棋的机会可以问问宰相谢安的打算,也就答应了。谢安下棋像他平时那样不急不慌,张玄却下得挺不自在,结果张玄输了。

接着,谢安又带大家观赏美景,直到天黑才回家。

晚饭后,谢石、谢玄等将领都来了。谢安把他对战事的分析和估计一一说明白,把每个将领的任务也一一交代清楚。就像他下棋那样,有条有理,步步稳当,绝不马虎。谢玄听后,原先的疑虑一扫而光。众将领充满信心地回到军营去了。

在荆州的桓冲知道苻坚的进攻来势很猛,不由为建康的安危担心。他派出三千精兵赶到建康增援。不料谢安对他们说:"我已安排妥当。你们还是快赶回去把西面把守好。"

桓冲听了回来将士的报告,仍然很不安。他说:"宰相真有气度,镇定自若。可是他不会打仗,兵力本来不如敌军,让几个年轻人去指挥,我看要大事不好了!"

再说苻坚到了寿阳,他以为晋军人数少,不堪一击。正在这个时候,谢玄派出刘牢之带领五千精兵,对在洛涧(在今安徽淮南东)的秦兵发动突然袭击。北府军就像猛虎下山一样,直向秦军冲杀过去。秦军哪里是对手,刚一交手就垮了下来。秦军将军梁成被晋军杀了。其他秦军争先恐后渡过淮河逃命,大部分淹死在河里。

140

晋军淝水大捷

在北府军袭击洛涧之前,形势对东晋是很不利的。

水军将领胡彬根据谢安的吩咐,带领水军沿着淮河向寿阳进发。可是在半途就得知寿阳已经被前秦的前锋苻融攻破。胡彬只好退到硖石(在今安徽寿县西北),等待与谢石、谢玄会合。

苻融得寸进尺,他派部将梁成带领五万人马攻下洛涧,把胡彬的后路给断了。胡彬的水军被围困,粮食供应接不上,就派士兵偷偷地去给谢石送信。不料这个去送信的士兵在穿越秦军阵地的时候,被秦军抓住了。这封信就落到苻融的手里。苻融赶紧派人把信送到在项城的苻坚手里。

苻坚高兴极了,心想,果然不出所料,晋军怎么敌得过强大的秦军呢!他把大军留在项城,自己带了八千名骑兵,赶向寿阳。到了寿阳,他跟苻融一商量,觉得晋军肯定害怕了,不如逼迫他们投降,不战而胜不是更好吗?于是就派一个使者到晋军的营地去。

派谁去呢?苻坚认为派出的人一定要能说服晋军投降。于是,他们派几年前在襄阳坚决抵抗秦军后来被俘虏的朱序为使者。其实朱序虽然人在秦军,可心还是向着晋军的。他见了谢石、谢玄就像见到亲人一样亲热。他不仅没有为秦军劝降,反而向晋军提供情报、出主意:"苻坚他们百万大军还没有全赶到前线。趁这个机会你们必须赶快发起进攻,把他们的锐气打下去,还有希望取胜,否则就来不及了!"

经过再三考虑,谢石、谢玄采纳了朱序的建议,作出了派北府军袭击洛涧的决定。北府军名将刘牢之没有辜负大家的希望,五千精兵打了秦军一个措手不及,四

散溃逃。接着刘牢之带人马直奔硖石去救胡彬水军。谢石、谢玄指挥士气大振的晋军乘胜前进,一直到淝水(今淝河,在安徽寿县北)东岸,把人马驻扎在八公山边,对岸就是驻扎在寿阳的秦军。

　　洛涧大败对苻坚就像当头一棒,他还没有回过神来,晋军又到了对岸,他开始摸不着头脑了。他由苻融陪着登上寿阳城头向对岸望去,只见晋军营帐密密麻麻,人马往来,尘埃腾起,八公山上到处都是军旗,不知道有多少晋军。苻坚越看越眼花,把八公山上的草木都看做是晋军了。从此,历史上就留下了"草木皆兵"这句成语。

　　苻坚对苻融说:"晋军的确很强大,谁说他们弱的。"

　　本来不可一世的苻坚,一下子变得没信心了。他命令秦军加强防守,不许轻举妄动。

　　晋军等了几天,看秦军没有动静,怕一直拖下去,秦军兵马来齐了,对自己不利。于是谢玄就派人给苻坚送去一封信,信上说:"你们的大军深入我们的阵地,在淝水边上摆开阵势,现在却按兵不动,这像在打仗吗? 如果你们还准备打的话,不如稍稍往后撤一点,留出一块地方,让我们渡过淝水,双方好好较量一下,怎么样? 有没有这个胆量?"

　　苻坚看完信,想了又想,就对将领们说:"要是我们不答应后撤,他们会以为我们胆小。要是撤的话,又让他们得逞了。我看不如将计就计,先腾出一点地方,然后趁晋军在渡河还没有站稳脚跟的时候,让我们的骑兵冲杀上去,肯定能把他们消灭。"

　　于是,苻坚派人给晋军送信表示同意。

　　约定的日期到了。晋军严阵以待,准备渡河;对岸的秦军也做好了准备。苻坚一声令下,苻融就指挥秦军后撤。秦军向后移动了,撤出的地方渐渐大了,可是苻坚怎么也没想到秦军收不住脚,一直朝后撤。这哪里是撤退,秦军越跑越快,分明是逃跑。原来这些秦军本来就不想打仗,前一阵已经吃过北府军的苦头,现在一听撤退令,只希望快快回去。

　　谢玄带领八千骑兵,趁势迅速渡过淝水,直接杀向秦军。秦军大乱。不料朱序

趁秦军后退,大声叫喊:"秦军被打败了!秦军被打败了!"后面的士兵,看到前面的士兵在跑,也就加紧跑;前面的士兵回头看,后面的士兵在跑,也真以为已经打了败仗,于是更加拼命地逃跑。

苻融见形势不对,手握着剑想把队伍稳住。可是秦军仍然像潮水一般往后退来,真是兵败如山倒,怎么阻挡得了?他们把苻融的战马冲倒了。苻融想挣扎着起来,后面的晋军赶上来,一刀把他给杀了。这下秦军更乱了,像没头苍蝇一样四处乱窜。苻坚一看不好,骑上马拼命地逃。这时一支飞箭射来,正中他的肩上。他忘了疼痛,只顾催马狂奔,一直逃到淮北才停了下来。

秦军仍然在不顾一切地逃跑,被挤死、踩死的多得数不清。他们听到风声和野鹤的叫声,也以为追兵来了,更吓得没命地狂奔。成语"风声鹤唳"就是这样来的。

晋军大胜、收复寿阳的捷报送到建康,谢安正在下棋。他看完捷报,随手往边上一放,仍然没事一样跟客人下棋。客人急着问是什么事,谢安好像不在意地回答:"还不是几个孩子把苻坚打败了。"

客人兴奋极了,跑着去把好消息告诉大家。

其实谢安也很激动。客人走后,他走进房里,迈过门槛的时候,把脚上木屐底下的齿也碰断了。

淝水大战,大大地削弱了前秦的力量。苻坚逃回洛阳,剩下的军队只有十几万。正像王猛所预料的那样,鲜卑族的慕容垂和羌族的姚苌见到前秦势力衰落,都背叛了前秦,分别成立了自己的国家,就是后燕和后秦。苻坚最终还是被姚苌杀了。

陶渊明辞官归隐

淝水一战的胜利,谢安虽然为东晋获得了暂时的喘息时机,但是,从此东晋王朝更加急剧地衰落下去,内乱不止,动荡不安。公元403年,桓温的儿子桓玄占领了长江上游,发兵攻入建康,废掉晋安帝,自立为帝。三四个月后,北府军将领刘裕击败桓玄,迎晋安帝复位。但是,从这以后,东晋王朝只剩下一个空壳了。

就在这个时期,中国却出了一位大诗人——陶渊明。

陶渊明,名陶潜,浔阳柴桑(今江西九江西南)人。他的曾祖父就是东晋著名的大将军陶侃;但到了他的少年时代,陶家已经败落,生活十分贫困。

尽管如此,陶渊明从小还是受到了很好的家庭教育,他博览群书,养成了寡言少语、厌恶虚荣、不贪富贵的高洁性格。这种个性影响了他的仕途生涯,一生中,只在十三年当中断断续续地做了几次小官。

直到二十九岁时,陶渊明才谋得江州祭酒一职,但他忍受不了官场的繁文缛节,早早辞了职。在家闲居了五六年后,三十五岁时,到了荆州,在刺史桓玄属下当一名小吏,不到一年工夫,又因母亲去世辞职归家,一住又是五六年。

陶渊明终究是名将的后代,官场里知道他的人很多。公元405年,当他四十一岁时,又被推荐到彭泽(今江西九江东北)当了县令。

好不容易在彭泽当了几十天县令,一天,陶渊明得到一个消息:东晋的权臣刘裕已封自己为车骑将军,总督各州军事;这个野心家只差一步就要夺取皇位了。

陶渊明预感到晋朝已经是名存实亡了,他十分灰心,便离开衙门回家去了。

妻子翟氏见陶渊明一副闷闷不乐的样子,不好多问。翟氏端上酒菜,可陶渊明却不动筷,仍然坐在那里叹气。过了一会,陶渊明冷不丁地说:"我想辞职回家乡!"

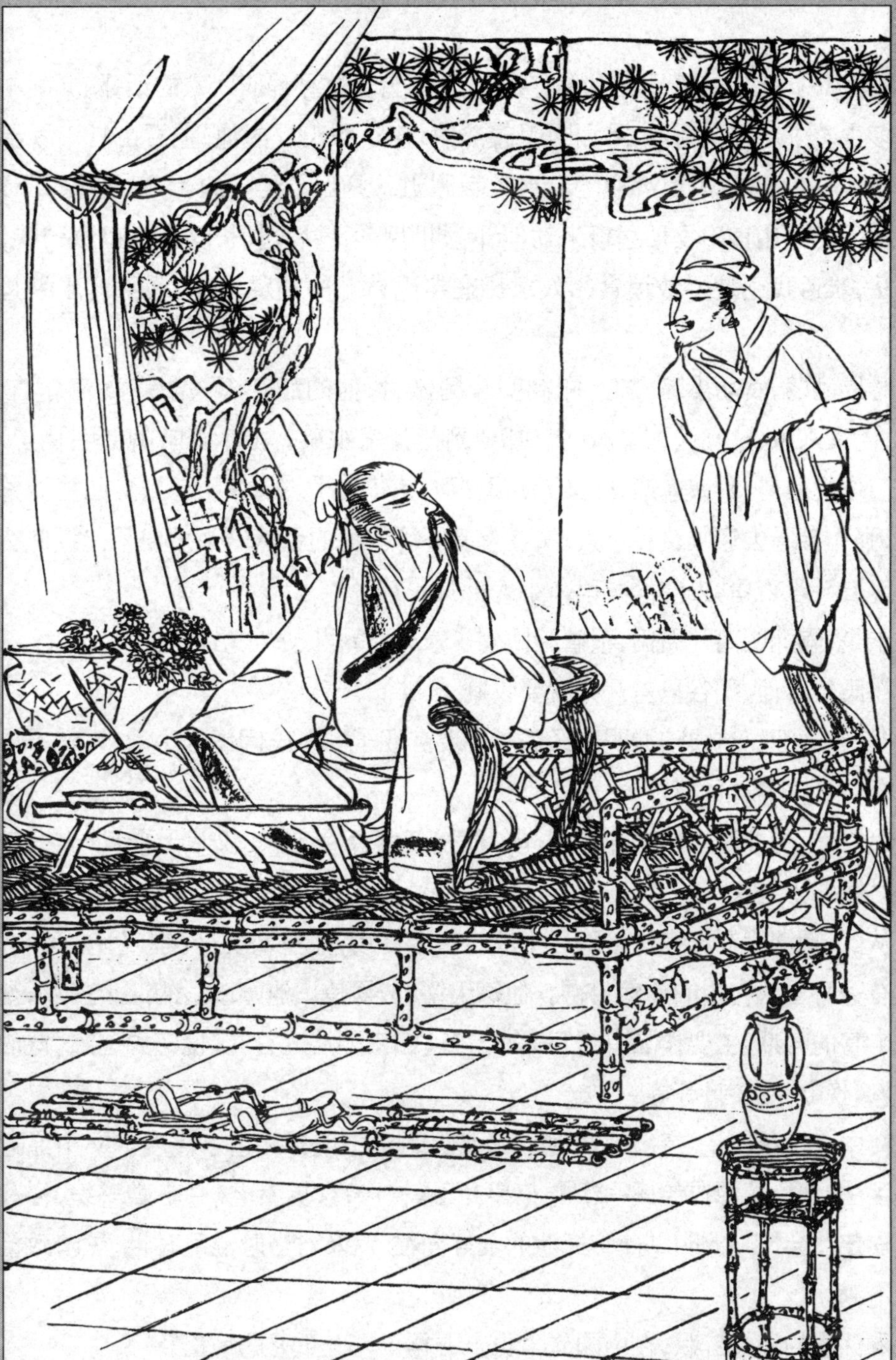

翟氏一听就知道他又在官场上受气了,因为像这种辞职回家的话,陶渊明不知讲过多少次了。几个月前,陶渊明曾想辞职,还是翟氏提醒他,上百亩官田就要种上稻子了,待收成以后再辞职吧。当时陶渊明总算听了妻子的话,口气缓了下来。这次翟氏仍然用官田收稻之事来劝他,陶渊明听了以后,长长叹了一口气:"唉,真没办法,难道我还是要做粮食的奴隶!"在翟氏体贴的劝慰下,陶渊明这才举起了酒杯。

时局动荡,官场黑暗,加上陶渊明一副傲骨,他的辞官念头始终没有打消过。一天,衙役来报:过几天郡里派的督邮要到彭泽来视察。那个督邮陶渊明认识,是个专门依仗权势、阿谀逢迎,却又无知无识的花花公子。陶渊明想到自己将要整冠束带、强作笑脸去迎候这种小人,实在忍受不了。他的倔脾气又发作了:"我怎么能为了这五斗米官俸,去向那种卑鄙小人折腰呢?"

于是,陶渊明离开衙门,板着脸回到了家,冲着翟氏:"收拾行装,回乡!"

翟氏告诉他,稻谷只差几天就要收割了。

"随它去吧!"这回陶渊明已经铁了心要辞职了。翟氏问清缘由后,也就不再劝说了,默默地去收拾行装。

第二天,陶渊明乘船离开了彭泽。他出任彭泽令,在任仅八十余日,十三年的仕途生涯终于结束。

从此,陶渊明在家乡过着隐居生活。对于官场,他丝毫没有眷恋之心,辞官后,反而有一种重获自由的怡然自得。他每天饮酒,写诗。他归田后的二十多年,是创作最丰富的时期,主要作品有:《归去来辞》、《归田园居五首》、《桃花源记》、《饮酒二十首》、《挽歌诗三首》等等。

其中,《桃花源记》突出地体现了陶渊明的思想境界和艺术高度。文中通过虚构的手法,把桃花源描绘成一个鲜花盛开,绿树成行,男女老幼,辛勤耕织,祥和无忧的安定社会。陶渊明以此寄托他的美好向往,以及对当时混乱时世、黑暗政治现实的不满。

陶渊明的诗文辞赋,在中国文学史上占据了一个重要的地位。

142

刘裕智摆却月阵

晋安帝复位后,掌握东晋朝政大权的是北府军将领刘裕。

刘裕的曾祖父据说是与祖逖一起闻鸡起舞、苦练本领的刘琨。但刘裕小时候,家里非常贫穷。父亲是官府的小吏,微薄的薪俸根本养不活全家。刘裕家人口又多,不得已,他很早就挑起了养家的重担,农忙时种地,农闲时也不闲着,上山砍柴,下河捕鱼。他还做过卖鞋一类的小生意,尝尽了生活的艰辛,也磨炼了他坚韧、强悍的个性。

刘裕从军后,虽然屡立战功,尤其是迎晋安帝复位,功劳更大,但他知道自己出身贫寒,被士族看不起。为了提高自己的威望,他决定率军北伐。公元409年,刘裕从建康出发,去讨伐南燕(十六国之一),没费多大气力,就把南燕灭了。

过了几年,刘裕在平定了南方的割据势力后,再一次北伐,攻击后秦。他让尚书左仆射刘穆之管理朝政,负责部队的粮草供应;命大将王镇恶、檀道济带领步兵,从淮河一带出发,向洛阳方向进攻,自己亲自率领水军沿着黄河北上。

后秦军在晋军的猛烈进攻下,连连败退。后秦国主姚泓没有办法,只好派人向北魏皇帝拓跋嗣(sì)求救。那时,北方鲜卑族建立的北魏开始崛起,势力已经扩展到黄河北岸,见后秦来讨救兵,拓跋嗣就集中了十万大军驻守黄河北岸,监视晋军的行动。

刘裕的水军沿着黄河进军,魏军也派了几千骑兵在岸上跟着,不断地骚扰。风高浪急,晋军士兵掉进水里,被冲到岸上,魏军一抓住就杀掉;等晋军上岸去追击,魏军骑兵又一溜烟跑了。弄得晋军非常疲劳,行军很不顺利。

刘裕非常恼火。他苦苦思索了半天,终于想出了一条计策。

他派一个部将挑选了七百名勇士、两百辆战车,登上北岸,沿着河岸摆了一个半圆形的阵势,两头紧紧靠着河岸,中间向外突出,阵中间埋伏着两千名士兵,最当中的一辆兵车上高高地插着一根白羽毛。由于这种布阵像一弯新月,刘裕给它起了个名字叫"却月阵"。

魏军远远地看着晋军布下了这种从未见过的阵势,猜不透刘裕的葫芦里卖的什么药,不由有些害怕,一动不敢动。

忽然,晋军中间车上的白羽毛晃动了几下,两千名士兵呼啦啦地涌出,带着一百张大弓登上了兵车。那白羽毛又摇了几下,晋军一百辆战车上的弓箭一齐发射,魏兵一排排地倒下了,但是,魏军仗着人多势众,还是不断地向前冲锋。

魏军万万没有想到,晋军在却月阵后面,还布置了一千多支长矛,装在大弓上。这种长矛约摸三四尺长,矛头非常锋利。魏军正在一个劲地猛攻,突然晋军士兵们用大铁锤敲动大弓,一支支长矛便向魏兵飞去,每支长矛能够射杀三四个魏兵,一下子就射死了几千名魏兵。魏军被杀得魂飞魄散,吓得赶紧逃命。晋军士气大振,全线出击,又消灭了大量魏军。

刘裕巧摆却月阵,大败魏军,打开了沿黄河西进的通道,势如破竹,胜利进军。这时,王镇恶、檀道济率领的步兵已经攻克了洛阳,在潼关和刘裕的水军会合。随后,刘裕命王镇恶攻下长安,灭了后秦。

刘裕接着也进了长安,住了两个月。这时,建康传来消息,尚书左仆射刘穆之死了。刘裕一听十分担心,怕自己离开朝廷时间太长,大权会被别人夺走,于是,他留下一个十二岁的儿子镇守长安,派王镇恶辅佐自己的儿子,然后就带兵回建康去了。

几年过去后,晋安帝去世,刘裕再也控制不住自己的野心,就派人逼迫刚刚即位的晋恭帝退位。公元 420 年,刘裕即位称帝,定国号为宋,历史上称他为宋武帝。东晋王朝在南方一百零四年的统治,就这样结束了。

不过,刘裕当了皇帝后,没有忘记自己的苦出身,仍然过着十分俭朴的生活。他平时的穿着非常朴素,卧室的屏风是用土做的。他还把自己小时候用过的农具、补了又补的破棉袄悬挂在宫中,让后辈能经常看见它们,提醒后辈祖上的艰辛和江山的来之不易。

檀道济以沙代粮

宋武帝建立了宋朝，统治南方。十九年后，也就是公元439年，北魏太武帝拓跋焘（tāo）灭掉了十六国中的最后一个小国北凉，北方被他统一了。从东晋灭亡后的一百七十年时间里，中国历史上形成了南北对立的局面，历史上称为南北朝。南朝先后经历了宋、齐、梁、陈四个王朝；北朝的北魏后来分裂成东魏、西魏，东魏、西魏又分别被北齐、北周所取代。

宋武帝当了两年皇帝，就生病死了。他的长子刘义符即位，称宋少帝。但宋少帝在位仅一年，就被废掉。宋武帝的三儿子刘义隆即位，就是宋文帝。北魏趁着宋朝的政局变动，派大军渡过黄河，进攻宋朝，占领了黄河以南的大片土地。宋文帝便派檀道济率军抵抗。

在宋朝的众多将领中，檀道济是最出色的一个。

晋安帝末年，檀道济跟随刘裕加入了北府军名将刘牢之的军队，从此开始了他的军旅生涯。他作战勇敢，机智灵活，在平定桓玄叛乱等一系列战斗中立下赫赫战功，是东晋后期的重要将领。

公元416年，刘裕出师北上、攻打后秦的时候，命檀道济率军沿淮河向洛阳进发。檀道济率军一路过关斩将，先后攻克新蔡（今河南新蔡）、许昌（今河南许昌东）、荥阳，一直打到成皋（今河南荥阳一带），并在成皋击败后秦军主力，迫使洛阳守将投降，军威大振。

当时由于俘虏太多，有的将领怕他们闹事，主张杀掉，檀道济却不同意。他说："我们晋军北伐是为了讨伐罪逆，保护百姓，怎么可以乱杀人？"

檀道济下令把俘虏都放了。这些俘虏回去后，到处宣传晋军的宽大，起到了瓦

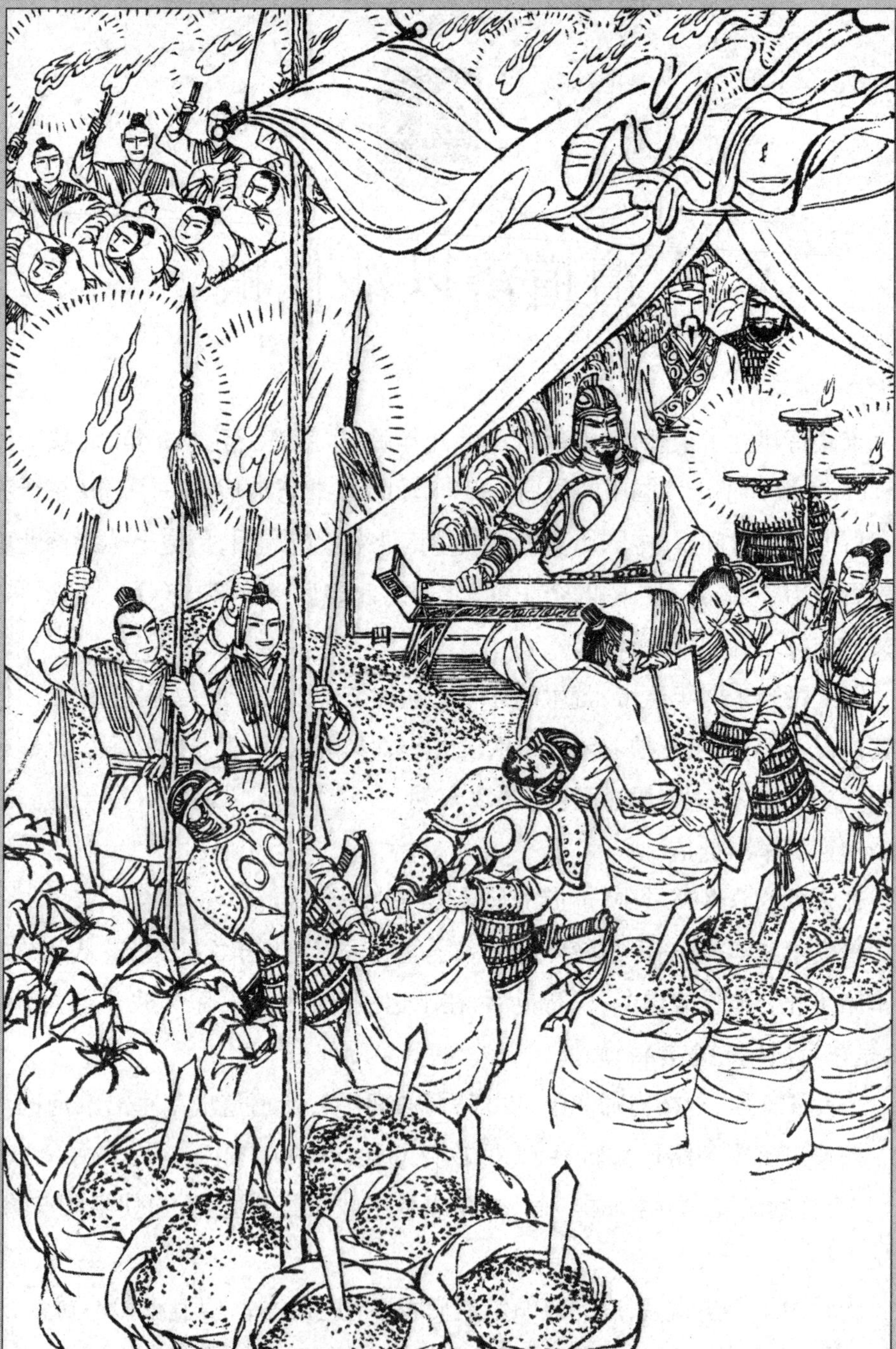

解后秦军心的作用。接着晋军乘胜前进,攻克长安,灭掉了后秦。檀道济威名远扬。

这一次,檀道济奉宋文帝之命,去抗击北魏军。宋军二十多天里一口气连打三十多仗,战无不胜,一路打到历城(在今山东济南)。这时,檀道济骄傲起来了,防备也有点松懈。魏军抓住机会,派骑兵绕到宋军后方,烧了宋军的辎重粮草,并向宋军迅速包抄过来。

宋军形势非常危急。檀道济明白,如果这时匆忙撤退,魏军就会怀疑宋军已无军粮而大举进攻,宋军很可能全军覆没。檀道济觉得,目前最紧要的就是要让魏军相信宋军还有充足的粮草。他想出了一个办法。

一天晚上,宋军军营里亮起了明晃晃的灯火,檀道济亲自指挥一批管粮的士兵清点粮食。士兵们一边用斗子量米,一边拿着竹筹高唱着计数。只见一个个米袋里装满了白花花的大米。许多宋军将士都以为是后方送来了军粮,非常高兴。

魏军的探子侦察到了这一情报,很快报告了魏将。魏将信以为真,果然不敢贸然追击宋军了。檀道济就这样率领宋军安全撤退。其实魏军上当了,檀道济在军营里量的并不是白米,而是一斗斗的沙土,只不过在沙土上盖着一层白米罢了。

檀道济是宋武帝、宋文帝两朝的名将,战功累累,威望越来越高,却引起了朝廷的猜疑。后来,宋文帝生了一场大病,掌管朝政的彭城王刘义康及将军刘湛担心文帝死后,难以控制檀道济,便在文帝面前说了很多坏话,劝他尽早除掉檀道济,以免留下后患。

公元436年,檀道济奉诏回京。刘湛与刘义康认为时机来了,便鼓动宋文帝下了一道诏书,以收买人心、图谋不轨的罪名将檀道济抓捕杀害,同时被害的还有他的十一个儿子及薛彤、高进之等大将。临刑前,檀道济愤怒地将头巾扔在地上,喊道:"你们这是在自己毁坏长城啊!"

公元450年,刘宋王朝再次北伐,连吃了好几个败仗,结果魏军一路南下,攻到了长江边上的瓜步(今江苏六合东南)。宋文帝登上建康的石头城,瞭望着远处的敌军,长叹一声:"檀道济如果还活着,怎么会让魏军攻到这里!"

可这时檀道济屈死已有十四年了。

高允实话实说

北魏越来越强大。但在东晋初年，北魏的前身——鲜卑族拓跋部，还是我国东北一个很落后的游牧部落，由于吸收了中原的先进文化，从奴隶制度过渡到了封建制度，逐渐地强盛起来。公元386年，鲜卑的贵族拓跋珪，在山西北部、内蒙古等地建立了北魏(初称代国，同年四月改国号为魏)，称魏道武帝。

北魏建立初期，道武帝很注重吸收人才，特别重用了一大批汉族的士人。在这些人才的辅佐下，北魏先后并吞了后燕、夏、北燕、北凉等，终于统一了中国北方，形成了与南朝对峙的局面。到了魏太武帝拓跋焘在位的时候，北魏统治者就想修国史，以宣扬祖宗的功绩。

负责主修国史的是当时的三朝元老崔浩，他是道武帝拓跋珪时的大臣，曾为北魏统一北方立下过汗马功劳。他学识渊博，但为人固执，因此得罪过很多鲜卑贵族。接受了修史的任务后，他便找来了当时任著作郎并为太子老师的高允，希望他能协助修史，高允答应了。

从此他们经常在一起讨论编史的体例，重大历史事件、人物的写法。高允态度严肃认真，深得崔浩信任。

修国史的事情受到鲜卑贵族们的极大关注，他们害怕国史中有对他们祖上不敬或不利的记载，更希望通过修史能够美化他们的部族。崔浩是个倔骨头，对他威逼利诱都是白搭，他们便把目标对准了高允。

高府一时成为贵族们最常光顾的地方，他们用高官厚禄诱惑高允，有的甚至托太子帮忙，但都遭到高允的严词拒绝。高允回答他们的只有一句话："我会照着历史原貌去写的。"

贵族们万万没想到，一向温文尔雅的高允竟敢对他们说不。从此，他们对高允怀恨在心。

几年后，国史修好了。因为里边如实记载了北魏开国前的社会面貌，如有些制度、风俗很落后，很野蛮；还记载了很多贵族包括皇室前代一些不光彩的事情。这样，国史就受到了贵族们的强烈攻击，魏太武帝也很是不满，但由于是他让崔浩如实去写的，也不好发作。

不久，倔犟的崔浩又把国史刻上了石碑，并把石碑竖在祭天坛前的大路两旁，供人去参观。这下祸可惹大了，贵族们纷纷弹劾说，这是在天下人的面前丢皇室的脸。魏太武帝闻知大怒，他命令把写国史的人统统抓起来查办。高允是主要的撰写人，自然在查办的行列，这可急坏了太子。

太子找到高允，对他说："皇上要查办写史的人，明天我陪你去见皇上，皇上问你的时候，你就照我说的去回答，千万不要讲别的意思。"

第二天高允跟着太子一起去见太武帝。太子对太武帝说："高允这个人办事向来很谨慎，国史的撰写全是崔浩指使，与他无太大关系，请陛下从宽发落他吧。"

太武帝便问高允："国史都是在崔浩的指使下写的吗？"

不料高允回答："不能这么说，崔浩只是负责大的纲要，具体的是我和别的著作郎写的。"

太武帝转过头无奈地看看太子，太子急忙又说："高允怕是见了陛下吓糊涂了。我刚刚还问过他，他说是崔浩指使干的。"

太武帝又问高允："真是这样吗？"

高允说："我怎么敢欺骗皇上呢。太子要我照他说的来回答，完全是出于好心，是为了替我开脱罪责。"

高允的忠厚老实，反倒使魏太武帝产生了好感，对太子说："高允死到临头，仍敢说真话，这很难得。我不治他的罪就是了。"

后来魏太武帝下令要把崔浩满门抄斩，要高允起草一道诏书，高允却进谏说："国史是按照史实写的，崔浩何罪之有？我实在写不出治罪崔浩的诏书。"

魏太武帝听了，勃然大怒：好一个高允，朕已经给了免罪的台阶，你却仍然不识

好歹！他下令刀斧手把高允推出去斩了。太子赶快苦苦恳求,魏太武帝才把高允给放了。

高允实话实说、犯颜进谏的事情很快传扬开来了。

不过,崔浩却没有能逃过噩运,遭到了满门抄斩。

祖冲之推算圆周率

公元452年,魏太武帝被宦官杀害。公元453年,宋文帝的儿子刘骏即位,他就是宋孝武帝。宋孝武帝即位以后,宋王朝在政治上没有什么大的作为。在这一时期,却出了一位伟大的科学家祖冲之。

祖冲之的祖父是宋朝管理朝廷建筑的一个官员。父亲望子成龙心切,不到九岁,就逼着祖冲之读《论语》,读一段还要背一段。可是祖冲之对经书实在没兴趣,两个月里只背出了十来行,气得父亲大骂他是笨蛋。祖父却很开明,并不认为孙儿不喜欢读经书就是没出息。他想起祖冲之曾经充满好奇地问他:"爷爷,为什么每月十五的月亮一定会圆呢?"还经常缠着他不停地询问各种有趣的天文现象。于是,他每天教他看天文书,有时祖孙三代一起研究天文知识。这样,祖冲之对天文历法的兴趣越来越大了。

有一天,祖父带他去拜访一个精通天文的官员何承天。何承天问祖冲之:"研究天文其实是很辛苦的,既不能靠它升官,又不能靠它发财,你为什么要钻研它?"

祖冲之回答说:"我不求升官发财,只想弄清天地的秘密。"

何承天笑道:"好!有出息。"从此,祖冲之经常观测日月星辰的运行轨迹,找何承天研究天文历法和数学,还研究各种机械制造等。刻苦的钻研和丰富的实践,使祖冲之成了杰出的数学家、天文学家和发明家。

祖冲之在数学上的杰出成就,主要是精确地推算出圆周率。圆周率是一个圆的圆周长度和它的直径长度相比的倍数。无论这个圆是大还是小,这个倍数是固定不变的,因此它是一个常数。

在祖冲之以前,人们也对圆周率进行过计算。直到秦汉时期,人们一直都用"径

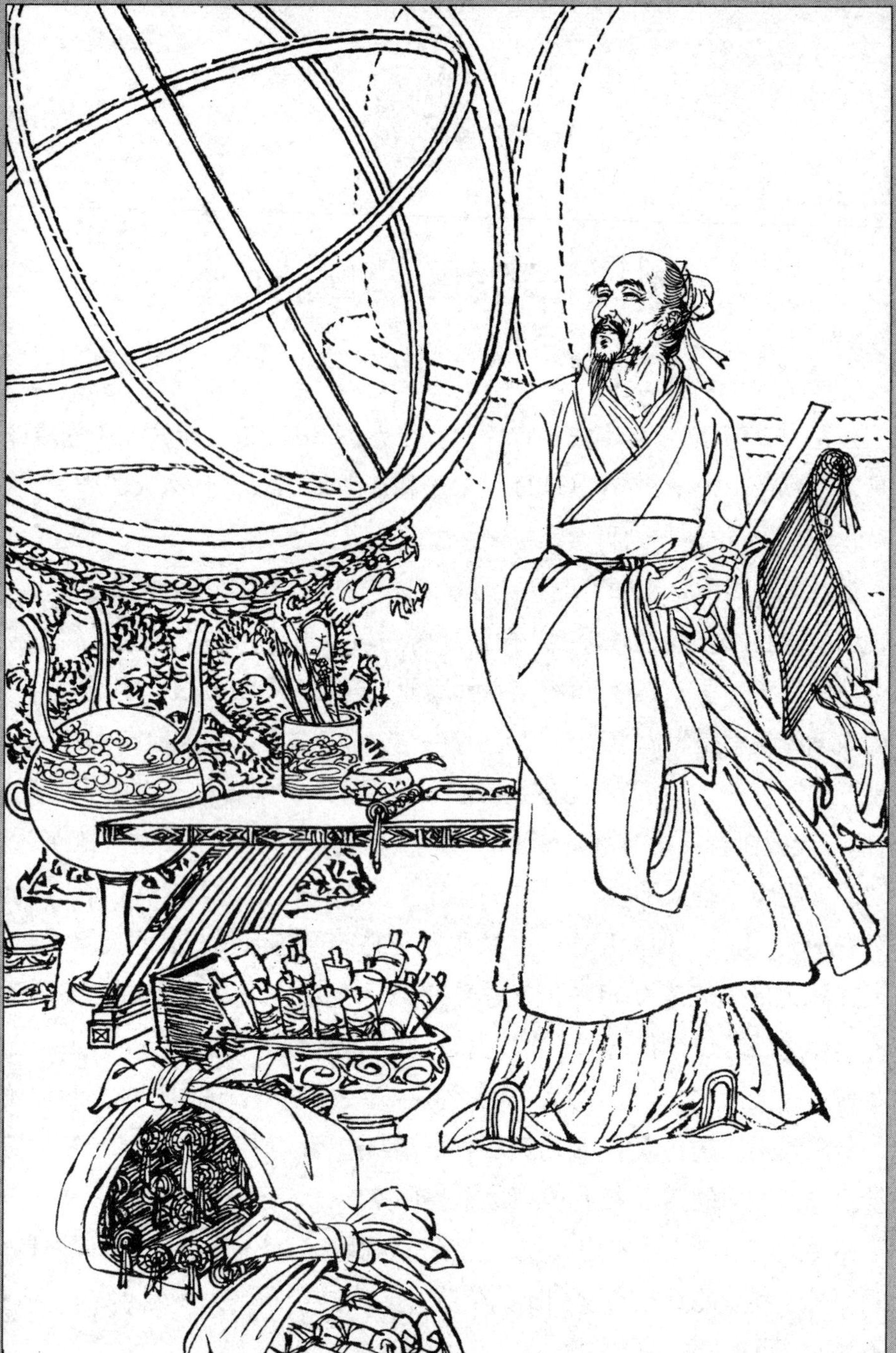

一周三"作为圆周率,这称为"古率"。但是,人们发现它的误差太大,就改为"圆径一而周三有余",可是对于这个"有余"到底余多少,人们又意见纷纷,无法统一。到了三国时期,刘徽采用"割圆术"来计算圆周率,就是利用圆内接正多边形的周长与圆周长接近的方法计算圆周率,从圆的正六边形开始,正十二边形、正二十四边形……直到正九十六边形,依次求出它们的周长,得出圆周率为3.14。刘徽在深入研究的基础上,得出结论:圆内接正多边形的边数越多,求得的圆周率值越精确。

祖冲之在刘徽取得的成就基础上,经过长期孜孜不倦的艰苦研究、反复运算,出色地完成了这项艰苦卓绝的工程,他计算出圆周率在 3.141 592 6 和 3.141 592 7 之间,在世界数学史上第一次把圆周率推算精确到小数点后七位。直到一千年后,这项纪录才由一位名叫阿尔·卡西的阿拉伯数学家打破,他计算到小数点后的十六位。

祖冲之还得出了圆周率分数的近似值,即约率为 22/7,密率为 355/113,其中 355/113 取六位小数为3.141 592,它是分子分母在 1 000 以内最接近圆周率的分数。一千多年后,欧洲的两位科学家才得出与祖冲之相同的结果。由于这一密率值是世界上第一次提出,因此有些外国科学家主张称它为"祖率"。

在天文历法方面,祖冲之根据自己长期观察的结果,制定了一部新的历法"大明历",用这种历法测定的每一回归年(也就是两年冬至点之间的时间)的天数,和测定月亮环行一周的天数,跟现代科学测定的差距精确到只能用秒来计算,大大提高了历法的精确程度,开辟了历法史的新纪元。

公元 462 年,祖冲之请求宋孝武帝颁布新历,大臣戴法兴等人认为历法是古人制定的,后人是不能够改动的。骂祖冲之改古历为新历是离经叛道的行为。祖冲之并未被权贵与谩骂所吓倒,他勇敢地进行了辩论。这场争论整整持续了两年。使用《大明历》推算元嘉十三年到大明三年中的四次月食时的太阳位置完全相符,而用戴法兴的主张推算,竟然差了十度。但是直到公元 510 年,也就是祖冲之死了十年之后,在祖冲之的儿子祖暅(gèng)的再三请求下,《大明历》才得以正式颁行。

此外,祖冲之还在机械制造方面取得了相当的成就,他重造了已失传的指南车,研制出利用水力舂米、磨面的"水碓磨",还制造了日行百里的"千里船"。

贾思勰与《齐民要术》

南朝的科学家祖冲之推算出的圆周率,是我国古代在科学上取得的一大成就。而在北朝的北魏,也出现了一部总结黄河中下游地区丰富的农业生产经验的农学专著《齐民要术》,它的作者名叫贾思勰(xié)。

贾思勰,益都(在今山东寿光南)人,出生于一个世代重视农业技术的书香门第。祖、父两代都善于经营,有着丰富的劳动经验,都非常重视农业技术方面的学习和研究,积有不少产业。贾思勰从小在田园长大,对很多农作物都非常熟悉,他还跟着父亲身体力行参加各种农业劳动,学习掌握了大量农业科技。他家里拥有大量藏书,这使他从小就有机会博览群书,从中汲取各方面的知识,也为他以后编撰《齐民要术》打下了基础。

成年以后,贾思勰曾经做过高阳郡(今河北保定、清苑、高阳等地)太守等官职,到过山东、河北、河南等许多地方。贾思勰生活的那个年代,南北政局相对稳定,生产得以发展。尤其是北朝,几代皇帝对农业都非常重视,农业发展更是蒸蒸日上。而且北方的农业由于游牧民族的融入,畜牧业和养殖业也繁荣起来,与汉民族固有的耕种业互相渗透,从而使农业呈现出一种全面的繁荣。贾思勰每到一地,都非常敏锐地觉察到了这种变化,并非常关心各地的农业生产技术,对于好的经验及时予以推广。

有一次他到山东一个地区微服私访,那时正值春耕,他来到一块田间,见一个老农正在耕作,而旁边却有很多地荒在那里,好像根本没有种庄稼的意思。他便走上前去问老农,为什么要把地荒在那里呢?老农告诉他说这叫养田,要保持地的肥力就要懂得轮作的道理;有时还可以用套种的办法,这就不用抛荒了。贾思勰听了

连连点头称是。

还有一次，他经过一个村庄，看见一个农民伏着身子在庭院里捡麦粒，一副极为认真的样子。贾思勰觉得很奇怪，便走进去询问，原来这位农民正在挑选麦种，他还给贾思勰讲了很多关于选种的事。

贾思勰就是这样利用各种与农民接触的机会，或自己观察，或虚心请教，不断积累丰富自己在农业方面的知识。他想到如果能把这些先进的农业技术、工具、经验编撰成书，向全国推广，不就可以获得更大的经济效益吗？就这样他决定要编一部农书。

有了这样的想法，贾思勰更是有目的的扩大自己与农村的接触机会，广泛收集各种农业信息、先进的技术经验，山东各个地方都留下了他察访的足迹。他还利用公务之便，考察了邻近各地的农业生产情况，开阔了视野，扩充了信息来源。

一天又一天，一年又一年，他收集到的材料越积越多，农书的编写也在有条不紊地进行着。后来他辞去官职，回到自己的故乡，又亲自经营农牧业，参加农业生产和放牧活动，获得了不少农业方面的亲身体验。他还到一些牧民家中，对畜牧业和养殖业进行观察了解。他一边观察、收集信息，一边勤奋地撰写农书，终于用十数年的心血写成了他的传世著作《齐民要术》。

《齐民要术》是一部总结我国古代农业生产经验的杰出著作，全书分为十卷，共九十二篇，十一万字。内容相当丰富，涉及面极广，包括各种农作物的栽培，各种经济林木的生产，以及各种野生植物的利用等等；同时，书中还详细介绍了各种家禽、家畜、鱼、蚕等的饲养和疾病防治，并把农副产品的加工以及食品贮藏等形形色色的内容都包括在内，可以说是一部名副其实的农业百科全书。

郦道元撰写《水经注》

南北朝时期,政治相对稳定,南北方的文化交流日益密切,士大夫中兴起了游山玩水的风气。我国历史上第一部记录全国河流情况的综合性的地理学名著《水经注》就这样诞生了。它的作者是北魏的郦道元。

郦道元出生于范阳涿县(今河北涿州),祖父、父亲都做过北魏的大官,他也当过官,在朝廷和地方任过很多职务。可以说是阅历很广。

他为人严谨,办事果断,对各种违法乱纪的事总是严厉惩处,哪怕是贵族也毫不留情,因此触犯了一些地方豪强和皇亲国戚,成为他们的眼中钉、肉中刺。他们到处造谣,说他是酷吏,郦道元也因此多次受到朝廷指责,但他就是改不过来。

在任御史中尉(主管纠察弹劾的官员)时,有个叫丘念的人犯了死罪,这家伙是汝南王的亲信,藏在王府中,郦道元硬是用计把他诱出王府捕获。汝南王去求太后说情,郦道元顶住太后的压力,最终还是处死了丘念。皇室的人对他恨得咬牙切齿,于是他们派他出任关右大使(朝廷派往关中的特使),去监视将要反叛的北魏将领萧宝夤(yín),想借刀杀人。而郦道元也果然死在了那里。

但是郦道元之所以留名史册,倒并不是因为他在政治上的建树,而是他完成了一部重要的著作——《水经注》。

郦道元喜欢游览名山大川,有时和一些好友结伴出游,有时和祖父、父亲一起漫游各地,或干脆自己背起铺盖浪游四方。年纪轻轻,他已游遍了北方的山山水水。游历使他大开眼界,对各地的水文地理、风土人情、历史文化都有了真切的了解。郦道元还酷爱读书,他读书范围很广,除了正统的经史子集外,方术、医学、地理、天文类都很喜欢读,尤其是文学方面的书。随着见闻的日益增多、知识的日益

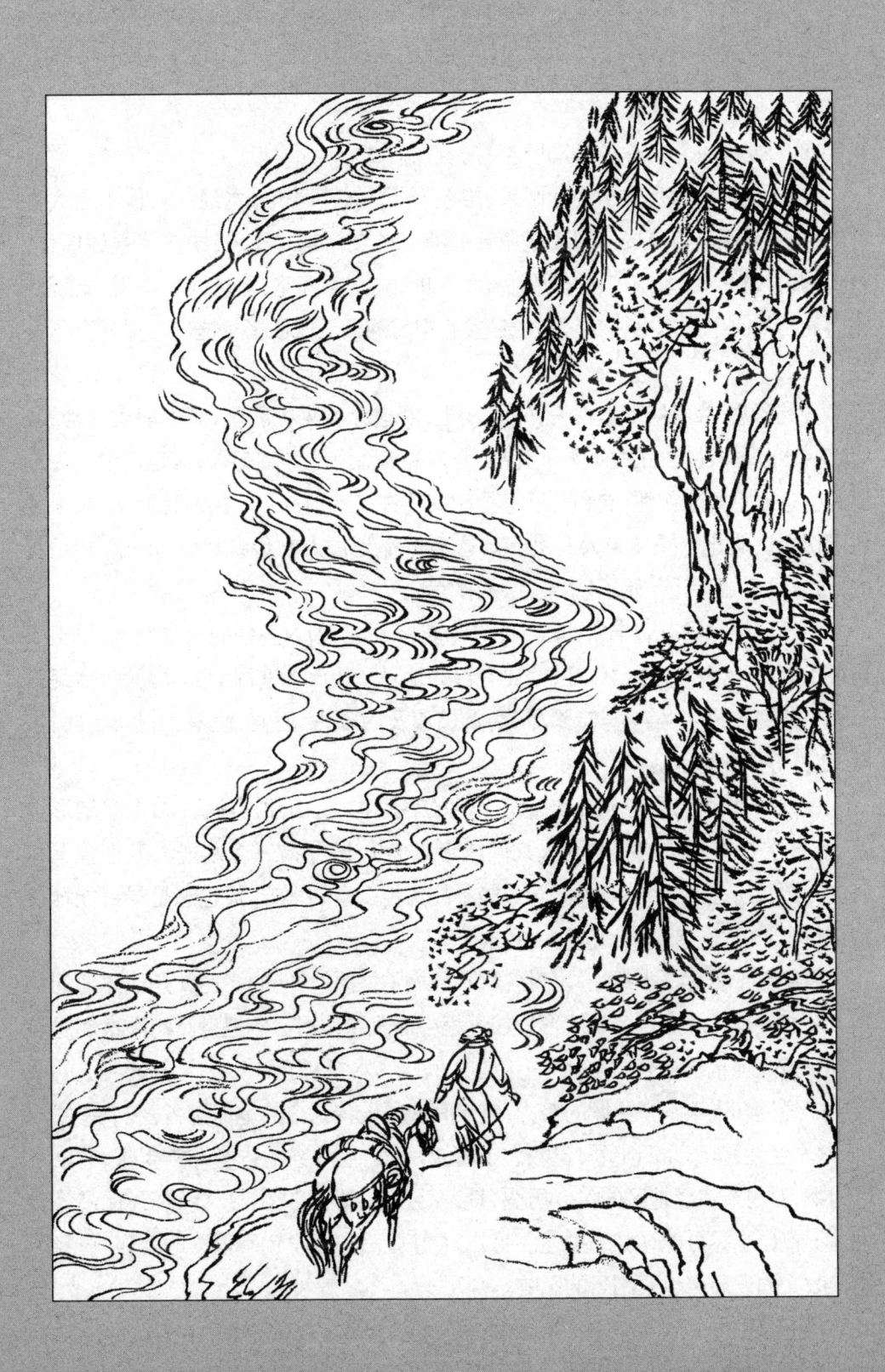

积累,他经常被一种写作的冲动所左右。

一天,他的一位朋友从南朝回来,给他带了一本郭璞的《水经注》,他一看大喜过望,接连几天手不释卷。郭璞是东晋时有名的文学家,《水经》由汉代桑钦所作,是我国古代第一部系统记述全国河流状况的书,文字简略,郭璞为这本书作了注。郦道元自从有了这本书,总是带在身边,有空就翻阅。他似乎从这部书里领会了一些什么。

日有所思,夜有所梦。据说,一天夜里,郦道元梦见了郭璞,梦中郭璞对他说:"我为《水经》作注时,正碰上天下大乱,北方的河流没法详细记录,很是遗憾。如你愿意为这本书重新作注,老朽愿以笔墨相助。"说完就不见了。郦道元醒来,呆呆地想了很久。从此他的文采大有进步。这当然都是古人的传说。但有一点却是真的,打这以后郦道元开始了《水经注》的撰写。

由于年轻时候有着丰富的游览经历和知识积累,他对各地的山水情况、风土人情很了解。为了给《水经》作注,他更有目的地对一些山水进行了实地勘察,他经常沿着一条河流,从上游一直走到尽头,足迹遍及内蒙古、河北、河南、山东、山西、安徽、江苏等广大地区。

每到一个地方,郦道元都要游览当地的名胜古迹、山川河流,仔细考察地形地貌、水流分布;他还向当地的老人询问或者查考史书,了解古今水道的变迁情况和河流的源头所在、水文特点等。对那些不能实地勘察的地方,他也总是尽可能地搜集材料。

他还善于思考,《水经注》里对各种不同湖泊性质、功能的表述就是他思考的结晶。他还发现了水流在各种地形形成过程中的重要作用。他把自己的勘察和思考所得一点点地记录下来,再按照一定的体例,以《水经》为蓝本,附入各条河流的条目中。经过几十年坚持不懈的努力,终于写成了流传至今的地理学名著《水经注》。

《水经注》全书共四十卷,记载大小河流一千二百多条。内容非常丰富,它以水道为纲,对河流流经地区的古今历史、地理、经济、政治、文化、社会风俗、古迹等各种情况都作了尽可能详细的描述。另外,它还是一部文学色彩很浓的著作,对我国游记散文的发展产生了相当的影响。

148

范缜不信鬼神

范缜(zhěn)是南北朝齐、梁间著名的思想家、杰出的无神论者。在他生活的那个时代，佛教盛行。在当时的都城建康，上自皇帝及文武官员、大小贵族，下到平民百姓、贩夫走卒，都非常信奉佛教，修建了大量寺院佛塔。

南齐竟陵王萧子良是齐武帝萧赜(zé)的第二个儿子，地位十分显赫。他经常在郊外鸡笼山的别墅里，与当时的社会名流聚首谈天。由于他笃信佛教，因此他的宾客中也有和尚，他将他们奉为上宾，盛情款待。

但是，范缜公开宣扬无神论，惹得萧子良非常恼火。

有一次，萧子良质问范缜："你不相信因果报应，又怎么解释为什么人生来有富贵贫贱之分呢？"

范缜从容不迫地回答："人的一生好比树上盛开的花朵，当一阵风吹来，花瓣自然会随风飘落。有的穿过窗户飘落在座席上，而有的则越过篱笆落到了粪坑里。落在座席上的是像您一样的王公贵族，而掉在粪坑里的就是像我一样的平民百姓。人的贫穷贵贱虽然不相同，但因果又在哪里呢？"

这一番话让萧子良在众多宾客面前哑口无言。

范缜还以笔作枪进行反击，写出了著名的唯物主义杰作《神灭论》。他针对佛教所宣扬的人的灵魂可以脱离形体独立存在、人死之后形体灭亡但精神可以依附于其他形体的论点，指出：人的精神和形体是互相结合的统一体，精神必须依附于形体而存在，必然随形体灭亡而灭亡。他形象地把人的形体与精神的关系，比作刀刃与锋利的关系，没有刀刃，锋利又从何谈起？同样，形体不存在了，精神又从哪儿来呢？

范缜的《神灭论》发表之后,朝野上下一片哗然,萧子良更是拉来许多高僧与范缜辩论,然而谁也驳不倒他。有个佛教信徒王琰讥笑范缜:"范先生呀,您不信神灵,那您连祖先的神灵在哪里恐怕也不知道了。"

范缜冷笑一声,回敬道:"真是可惜呀,王先生。您既然知道您的祖先神灵在哪里,干吗不早点去找他们呢?"

萧子良见围攻的办法没用,又想用高官厚禄收买范缜。一天,萧子良的亲信来到范缜家中,劝诱范缜说:"像你这样有才华的人,何必写什么文章跟宰相作对?倒不如把文章收回去,再弄个中书郎当当。"

范缜大笑道:"我如果卖文求官,那我早就当了尚书令这样的大官了,又岂止一个小小的中书郎呢?"

萧子良听说了范缜的一席话,气得只能干瞪眼。

南齐王朝是由原宋朝将领萧道成灭了宋朝后,在公元479年建立的,但南齐只存在了二十三年,就爆发了内乱。雍州刺史萧衍带兵攻进建康,公元502年,萧衍灭掉南齐,建立梁朝,萧衍称帝,也就是梁武帝。

魏孝文帝迁都改革

魏太武帝死后,在不到二十年的时间里,北魏更替了三个皇帝,政治腐败,引起百姓不断反抗。公元471年,文成帝拓跋濬的皇后冯氏以太后身份,杀了专权的大臣乙浑,逼十八岁的献文帝拓跋弘禅位给刚满四周岁的太子拓跋宏,冯太后则被尊为太皇太后,临朝听政二十年,实际上掌握着政权,历史上称她为"文明太后"。

拓跋宏就是历史上有名的孝文帝。他在位期间实行的一系列重要改革,不少内容是由汉族出身的冯太后直接决定和实施的。孝文帝的思想和政治决策,不能不说在很大程度上受到了冯太后的影响。

北魏前期,朝廷不给官员发俸禄,任凭他们盘剥掠夺百姓。孝文帝觉得应该实行俸禄制,却遭到不少人的反对。

有人说:"给官员发俸禄,不是会增加朝廷负担吗?"

孝文帝回答:"这笔开支,可以通过增加赋税来解决。"

又有人说:"增加赋税,不就加重了百姓的负担吗?"

孝文帝回答:"这样做,看起来好像百姓的负担加重了,但官员从此不准再任意向民间要钱要物了,实际上对百姓还是有利的。"

孝文帝排除重重障碍,推行俸禄制,严惩贪官污吏,先后处死了四十多个贪官,北魏吏治得到了整肃。

孝文帝认为,要巩固北魏的统治,一定要吸收中原的先进文化,对落后的风俗必须进行彻底的改革。但他知道,改革谈何容易,首先要冲破鲜卑族上层贵族的阻力,还要争取汉族地主的支持。当时北魏的首都在平城(今山西大同东北),土地贫瘠,需要中原供给食物和财物;加上北方柔然人的巨大威胁,都城偏北不利于朝廷安全。

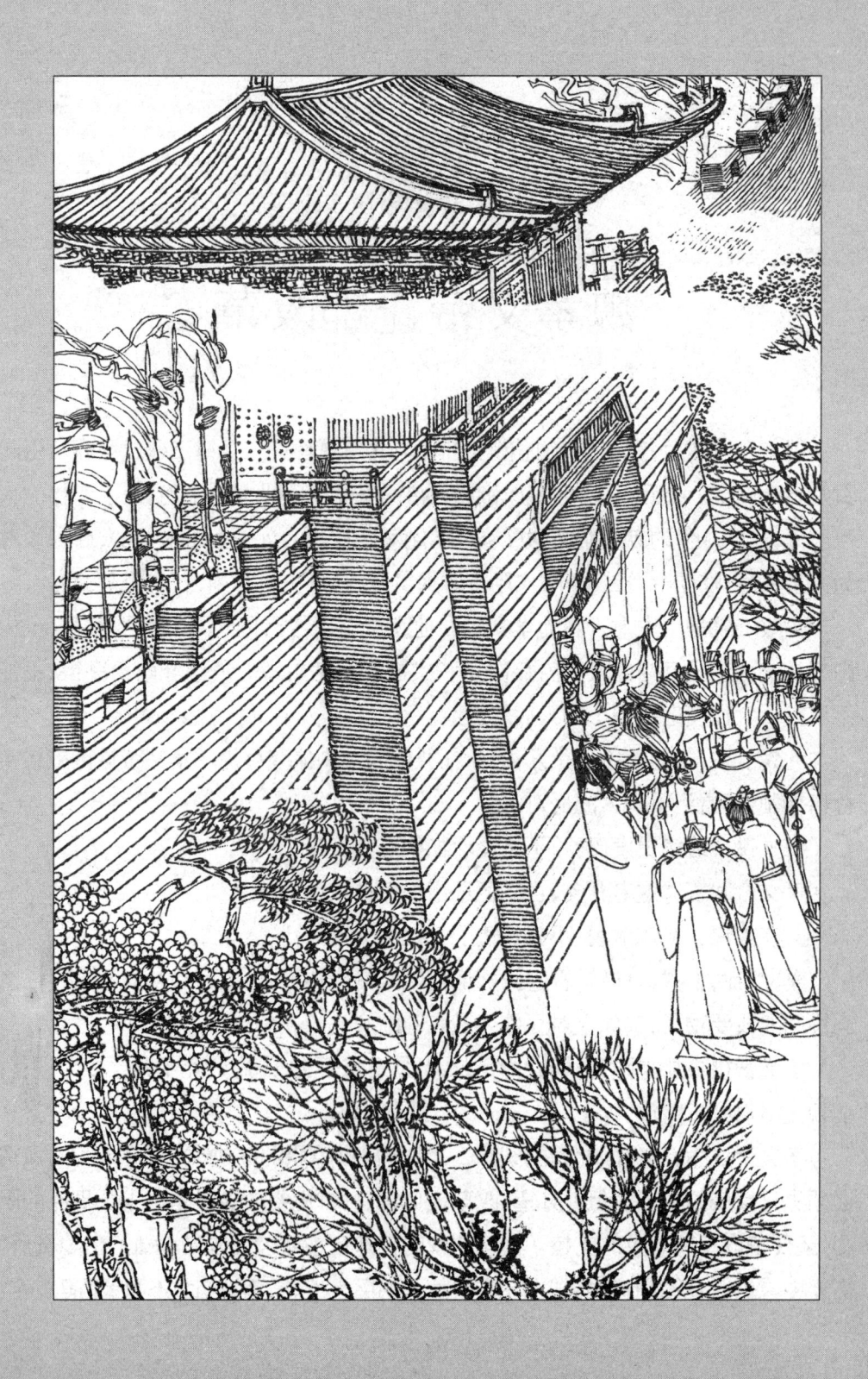

他想，要改革，还是把都城迁到洛阳比较合适。

洛阳是当时中原的政治经济文化中心，但离开鲜卑族的祖居之地远了，生活方式必然会有所改变。孝文帝明白，如果提出迁都洛阳，许多大臣都会反对，所以就想了个迂回的办法，提出要攻打南齐。

许多大臣都反对攻齐，觉得条件不成熟，没有取胜的把握。孝文帝力排众议，亲自率领三十万兵马南下。到了洛阳后，天就开始下起雨来了，整整下了一个月，孝文帝故意下令继续进军。

大臣们纷纷劝阻道："雨下个不停，道路泥泞，不要说行军打仗，连出门走路都很困难，陛下还是下令停止前进吧！"

孝文帝说："我们兴师动众南征，如果半途而废，岂不让人笑话？这次行动总得有点成果吧，如果要停止南下攻齐，就干脆把都城迁到这里。各位有什么意见？"

大家没想到孝文帝会突然提出迁都洛阳，但又不想南下攻齐，一时不知道说什么是好。

孝文帝要他们明确表态。有个贵族带头说："陛下如果同意不再南下攻齐，那么我们也愿意迁都洛阳。"其他贵族大臣也表示同意。

孝文帝把都城顺利迁到洛阳后，马上开始了以汉化为中心内容的改革。他征求大臣们的意见："你们说应该移风易俗，还是因循守旧？"

咸阳王拓跋禧首先表态："臣以为应当移风易俗。"

孝文帝扫视了一下大臣们，说道："那么我一旦真的搞起了改革，你们可不要反对啊！"

于是，孝文帝先后出台了一系列改革措施。他规定官员和百姓一律改穿汉人的服装；禁止说鲜卑语，朝廷命官不说汉语的，就要降职或撤职；将鲜卑复姓改为音近的汉姓，皇族原来姓拓跋，改为姓元，贵族丘穆陵氏改为穆氏，独孤氏改为刘氏，共计有一百十八个姓改取汉姓。皇族元氏等级最高，鲜卑八个大姓与北方汉人世族崔、卢、李、郑四姓门第相当，鼓励鲜卑人和汉人的贵族按门第互通婚姻。

孝文帝还派南朝降官王肃参照南朝制度，在官制、法律、礼仪、典章等方面都做了改革，从而建立起完备的国家机器。

孝文帝大刀阔斧的改革，遭到保守的鲜卑贵族的强烈反对。太子元恂不满改革，阴谋叛乱，被孝文帝处死。孝文帝还坚决镇压了旧京平城发生的几次叛乱，保障了改革措施的贯彻和实施。通过改革，北方形成了相对稳定的政治局面，促进了鲜卑族与汉族的融合，经济、文化都有很大的发展。

150

梁武帝出家为僧

梁武帝萧衍原是南朝齐雍州刺史,负责镇守襄阳。他乘齐朝内乱,起兵夺取帝位,建立了梁朝。他看到前面宋、齐两个朝代皇族内部互相残杀,引起内乱,从而导致亡国,所以对亲属十分宽容,即使有人犯了罪也不责罚。

梁武帝还是个虔诚的佛教徒,对佛教在中国的普及做过很大的贡献。他在建康造了一座规模宏大的同泰寺,每天早晚两次,要到寺院去烧香拜佛,声称这样做是为了积功德,替老百姓消灾。

公元519年,梁武帝到寺院受菩萨戒。由于他的提倡,王侯子弟都以受戒为荣。南朝佛教在这时进入全盛期。在他的影响下,长子萧统(昭明太子)、三子萧纲(简文帝)、七子萧绎(元帝),以及许多官员,都信奉佛教。

有一次,梁武帝接到当时南海(今广东广州)最高行政长官——刺史萧昂的报告:从佛教发源地印度来了一位叫达摩的高僧。梁武帝不敢怠慢,马上派人专程前往,迎接达摩到都城建康。

梁武帝一见到达摩,就迫不及待地问道:"我一直致力于建寺、造塔、写经、度僧、造像等佛门的基本建设,做了这么多好事,有多少功德?"

达摩不紧不慢地回答:"没有功德。"

梁武帝不解地问:"为什么没有功德?"

达摩诚恳地说道:"因为这些都是表面文章,不是实在的功德。"

梁武帝听了很失望,这不是他所期望的答案。沉默了一会儿,他又换了个话题:"什么是佛学的真谛?"

达摩回答:"没有绝对的真理。佛在心里,心即是佛。"

又是这种不着边际的话、不冷不热的态度！梁武帝有些不愉快,甚至没有了提问的热情。

达摩见话不投机,便起身告辞了。

送走达摩后,梁武帝吐了一口气,有一种如释重负的感觉。他想,自己虽然贵为天子,但不知道为什么,在达摩面前,总觉得有些压抑。

梁武帝把自己与达摩谈话的内容,告诉了师父志公禅师。

志公急切地问道:"现在达摩大师在哪里？"

梁武帝轻描淡写地说:"他走了。"

志公顿足道:"怎么能让他走呢！"

"为什么？"

"因为他的话说得妙极了,不是常人能说、敢说的。这位达摩大师能为我们解说佛教的真谛,皇上怎么能怠慢他呢！"

听志公禅师这么一说,梁武帝懊悔莫及,派人去追赶达摩。但已经迟了一步,达摩已去了北魏,成为中国禅宗的开山祖师。

梁武帝到了老年,决定舍弃皇位,出家到同泰寺去做和尚,以显示自己对佛法的虔诚。

国不可一日无君,皇帝出家了,朝廷大事由谁说了算？大臣们急得团团转,梁武帝才做了四天和尚,大臣们就把他接了回来,要他继续主持朝政。

梁武帝回宫后,想想不对:"普通百姓出家后,要还俗还得拿一笔钱向寺院赎身；我是堂堂一国之君,还俗怎么能不出钱呢！"

于是,梁武帝再次"舍身"到同泰寺出家。这次大臣们又来请他回宫,他说什么也不答应了。有个大臣忽然灵机一动,说道:"皇上既然'舍身'为僧,我们就要为他'赎身',才能请他回宫啊！"

大臣们觉得这话有道理,就花了一万万钱,去同泰寺为梁武帝"赎身"。寺院住持收到这么一大笔赎金很高兴,十分爽快地同意这位皇帝和尚还俗。

过了不久,梁武帝第三次"舍身"到同泰寺出家。而且,他为了表示自己虔诚信佛,不但"舍"了自己的身子,还把宫内的人以及全国的土地都"舍"了。

梁武帝"舍"得多，为他"赎身"的钱也要花得更多。大臣们花了一个月，凑足了二万万钱，又把他赎了回来。

过了一年，梁武帝第四次又到同泰寺出家。大臣们只得又用一万万钱为他"赎身"。

梁武帝前后四次出家当和尚，大臣们共花了四万万"赎身"钱，把国库都给折腾光了。

梁武帝晚年一心只想当和尚，不管国家大事，朝政混乱，最后连自己的命也保不住了。

151

侯景屡当叛将

北魏由于六个军事重镇多次反叛,讨伐又无法制止,大权在握的大将军兼尚书令尔朱荣便问大将高欢:"你看有什么办法可以解决这个问题?"

高欢回答:"您可以选派心腹爱将去当统帅,要是有谁违反军令,只要责问主将就行了。"

尔朱荣问他:"你倒说说,谁能出任统帅?"

当时,正好都督贺拔岳在座,他推荐高欢去当统帅。高欢却毫不领情,拔出拳头就朝贺拔岳打去,把他的牙齿也打掉了一颗,一边说道:"我生逢平定天下的时代,是大将军的奴辈,职分就像鹰犬一样。如今天下大事都应该由大将军一人说了算,我无才无德,有什么资格去当统帅,你推荐我不是欺上瞒下吗?"

听了这一席话,尔朱荣以为高欢非常忠厚老实,于是就把统兵大权交给了高欢。

尔朱荣做出这一决定后,就让高欢陪着喝酒。当他喝醉后,高欢惟恐他酒醒之后改变主意,就赶快到外面宣布,自己已受命统领各州镇兵马,命令部队立即前往某地集结待命。将士们一向喜欢他,就全都按命令前往。高欢到了那里,从此开始了自己的创业生涯,北魏的实权逐渐落到了他和宇文泰手里。

后来,北魏分裂成两个朝廷:宇文泰杀了孝武帝,另立文帝,史称西魏;高欢另立孝静帝,史称东魏。

高欢自任东魏丞相,派手下的一员大将侯景带兵十万,驻扎在黄河南岸。但高欢临死的时候,担心侯景靠不住,派人去召他回京城。侯景当然不高兴,能拖则拖,不久听说高欢死了,就不再接受东魏的命令,带着人马去投降西魏了。

西魏丞相宇文泰了解侯景的为人,对他也不信任,一边接受他的献地,一边召

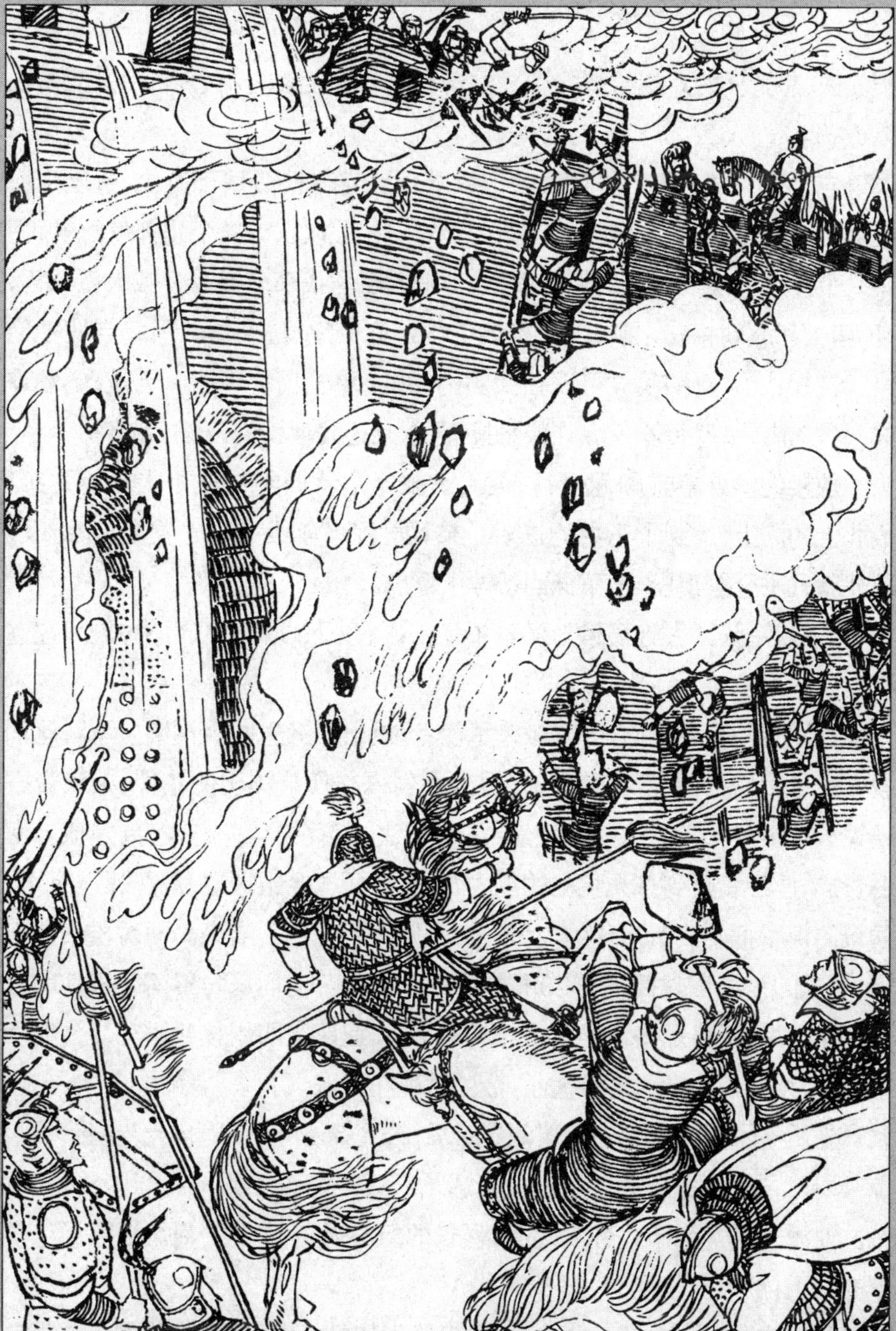

他到长安去,想把他的兵权给解除了。侯景看出了宇文泰的用心,转而又准备去投降南梁王朝。

侯景先派了一个心腹去见梁武帝,宣称自己与东魏、西魏都有仇,所以宁愿向南梁投降。侯景还表示,愿意把他掌握在手的函谷关以东十三个州都献给梁武帝。

梁武帝接见了侯景派来的使者后,立刻把大臣们找来商量。多数大臣认为,这些年来,南梁和北朝相安无事,现在接纳了侯景这个叛将,恐怕会引起与北朝的矛盾。梁武帝却认为,接纳侯景可以壮大实力,并能乘机收复中原。于是,不顾许多大臣的一再劝阻,梁武帝不仅允许侯景投降,而且还封他为河南王、大将军。

为了使接纳侯景事宜顺利进行,梁武帝派侄儿萧渊明带五万人马前去接应。在他们北上的路上,遭到了东魏的进攻。梁军已经多年没有打过仗了,军纪又差,一经交战就几乎全军覆没,连萧渊明都做了俘虏。

接着,东魏军队又去打侯景。侯景不堪一击,手下只剩下八百人,狼狈地逃到南梁辖境内的寿阳。

东魏并不想和南梁彻底翻脸,派来了使者,提出愿意送回萧渊明。不料这消息被侯景知道了,又派人假冒东魏使者,提出以侯景交换萧渊明的条件,梁武帝答应了。侯景试探出梁武帝的这一态度后,马上叛变,招兵买马,一直打到建康。南梁的王公贵族,已经腐败到毫无抗击的能力,一个个怀抱金银珠宝,躺在那里等死。

侯景的叛军把梁武帝居住的内城——台城团团包围了起来。面对侯景的疯狂进攻,台城里的军民奋力抵抗,双方相持了四个多月。他们只盼着南梁各地的诸侯王军队快来救援,不料那些诸侯王虽然赶来了,却在建康四周按兵不动。台城终于被叛军攻破,梁武帝也被侯景俘虏了,最后饿死在台城。

侯景先后立了两个傀儡当南梁的皇帝后,公元551年,干脆自己当皇帝了。他到处掠夺财产,屠杀民众,老百姓把他恨透了。后来湘东王萧绎在江陵称帝,就是梁元帝。他派王僧辩等率兵进攻建康,侯景的叛军及其政权立刻被摧毁了。侯景在逃窜的路上,被部下杀死。

一场残酷的"侯景之乱"至此平息,但南梁王朝已经大伤元气,陈朝很快将它取而代之了。

152

陈后主骄奢亡国

正当梁元帝萧绎派王僧辩等平息"侯景之乱"时,陈朝的建立者陈霸先已经悄然崛起。不久,陈霸先趁梁元帝在江陵被杀,先与王僧辩一起推举萧方智为太宰(执政大臣),接着杀死威望极高的王僧辩,自己立萧方智为帝。然后,他和南朝历代开创者一样,先后被封为义兴郡公、陈公、陈王,一直到公元 557 年取代南梁皇帝,成为开创陈朝的陈武帝。

陈朝也是个短命的王朝。当皇位传到第三代——废帝陈伯宗时,他在龙椅上只坐了两年,强悍的皇叔陈顼便把皇位从他手里夺了过来,成为陈宣帝。

陈顼为了巩固自己的势力,忙于剪除异己,大批国土纷纷落到北周的版图之中。到他儿子陈叔宝继位时,陈朝已经处于风雨飘摇之中。

陈叔宝又叫陈后主,根本不会处理政事,光知道享受,大建宫室,一天到晚只知道吃喝玩乐。身边的宰相江总、尚书孔范等,也只会逢迎拍马,玩玩文字游戏,不把国家大事放在心上。陈后主每天都和宠妃在皇宫里举行酒宴,让江总、孔范之流一起参加。他们喝酒吟诗,制作俗艳的诗词;如《玉树后庭花》、《临春乐》等,都配上曲子。陈后主还专门挑选了一千多个宫女,专门演唱他们"创作"出来的这些靡靡之音。

陈后主到处搜刮民脂民膏,过着花天酒地、醉生梦死的日子。老百姓一年干到头,辛辛苦苦得来的劳动果实,大多被统治者掠夺去了,经常有人饿死、冻死在路上。

昏君手下,也有有良心的大臣。有个叫傅𬘡(zǎi)的官员,对陈后主的所作所为实在看不过去,就劝谏道:"陛下!老百姓穷得日子都过不下去了,已经到了怨声

载道、天怒人怨的地步,请陛下整肃朝政,不然我们国家就很危险了。"

陈后主哪里听得进这话,他最恨有人说起老百姓怎么穷、国家大事怎么重要这样的话,气呼呼地告诉傅縡:"你这是在胡说八道,诽谤朝政!如果你愿意改正,我才能饶了你。"

耿直的傅縡回答道:"我的话是从心里发出的。我的心和我的面貌一样。如果我的面貌能够改,那我的心才会改。"

陈后主残忍地把敢于进言的傅縡杀了。从此,再没人敢劝谏了。

差不多同时,北方的东魏、西魏已经分别被北齐、北周取而代之。公元550年,东魏高欢的儿子高洋建立北齐。公元557年,也就是陈霸先创立陈朝的同一年,西魏宇文泰之子宇文觉建立了北周。北齐和北周互不买账,你打我杀,到北周武帝时,终于灭了北齐,统一了北方。

北周武帝还是个不错的皇帝,可是接替他的北周宣帝却是个昏庸之辈。等宣帝一死,他的岳父杨坚马上篡夺了政权,于公元581年自称皇帝,建立了隋朝,就是隋文帝。

隋文帝随时都在酝酿把南方的陈朝灭掉。当听到陈后主沉湎于酒色,感到时机已成熟,他向大将高颎(jiǒng)询问攻取陈朝的方略。

高颎说:"江北气候寒冷,旱田的收割季节比较晚;江南气候温暖,水田收割季节比较早。趁他们忙于收割时,我们悄悄调集人马,扬言要发动攻击。他们势必要征兵派将,严加防守,这样一来就耽误了农时。等他们人马集合起来了,我们则让军队解散,回家收割庄稼。按这方法反复几次后,他们就会习以为常。然后我们再真的聚集人马,他们就不会再当真了。趁他们犹豫不定的时候,我们突然进攻,出其不意地挥师渡江,士气一定高昂,胜利十拿九稳。"

隋文帝按高颎的计策去做,果然十分有效。公元589年,当隋朝的军队开始进攻时,陈后主收到警报连拆都不拆,照样喝酒玩乐。

陈后主说:"江南是块福地,多次化险为夷。过去北齐打过来三次,北周打过来两次,都没占到什么便宜。这次隋朝的兵马打来,也不过是虚张声势,有什么可怕的?"

直到隋军兵临建康城下,陈后主才慌了手脚。城里虽然有十几万人马,但陈后主和他的宠臣江总、孔范等人都不会指挥打仗,急得抱头痛哭。当隋军攻进建康城后,陈朝军队乱成一团,兵找不到将,将找不到兵,有的被抓,有的投降。

陈后主手足无措,拉着两个宠妃跳进后殿一口枯井里躲了起来。不料他们还是被隋军士兵搜了出来,一朝昏君成了俘虏,后来病死在洛阳。

就这样,随着南朝最后一个朝代陈朝的灭亡,分裂了二百七十多年的中国又重新统一了。

153

隋文帝信任赵绰

隋朝虽然是个短命的王朝,但制定的政治法律制度,如《开皇律》等,无论是内容还是形式,都比较完备。

隋文帝清醒地认识到法制对巩固统治的作用,有时甚至不惜以身护法,同时也能听从下属的劝谏。

有一次,隋文帝想加重惩处盗贼的刑罚,刑部侍郎赵绰(chuò)马上进谏道:"陛下实行的是尧舜之道,执政、为人都非常宽容,没有必要对盗贼的惩处特别严厉;何况量刑的依据是法律,这是取信于民的重要方面,怎么能随便更改呢?"

隋文帝很高兴地接受了赵绰的意见,认为他执法讲原则,便把他提拔为大理寺少卿(管理司法的官员)。

当时和赵绰一起在刑部共事的还有个侍郎辛亶(dǎn),比较迷信,喜欢穿红色的短裤,以为这样可以官运亨通。有人向隋文帝告发,隋文帝就下令赵绰把辛亶处死。

赵绰上朝对隋文帝说:"辛亶犯的不是死罪,所以我不能接受陛下的命令。"

隋文帝气呼呼地说:"你想救辛亶的命,就不顾自己的性命了吗?"说着,立即喝令侍从把赵绰一起拉下殿去砍头。

赵绰面不改色,对隋文帝说:"陛下可以杀了我,但不该杀辛亶。"

说完这话,赵绰自己走下朝堂,脱了衣服准备被杀头。

这时,隋文帝想想杀赵绰也实在没道理,就派人问赵绰:"你对自己刚才说的话,有没有后悔?"

赵绰虽然跪在地上,但腰板却挺得笔直,斩钉截铁地说:"我一心一意要公正地执法,不敢贪生怕死。"

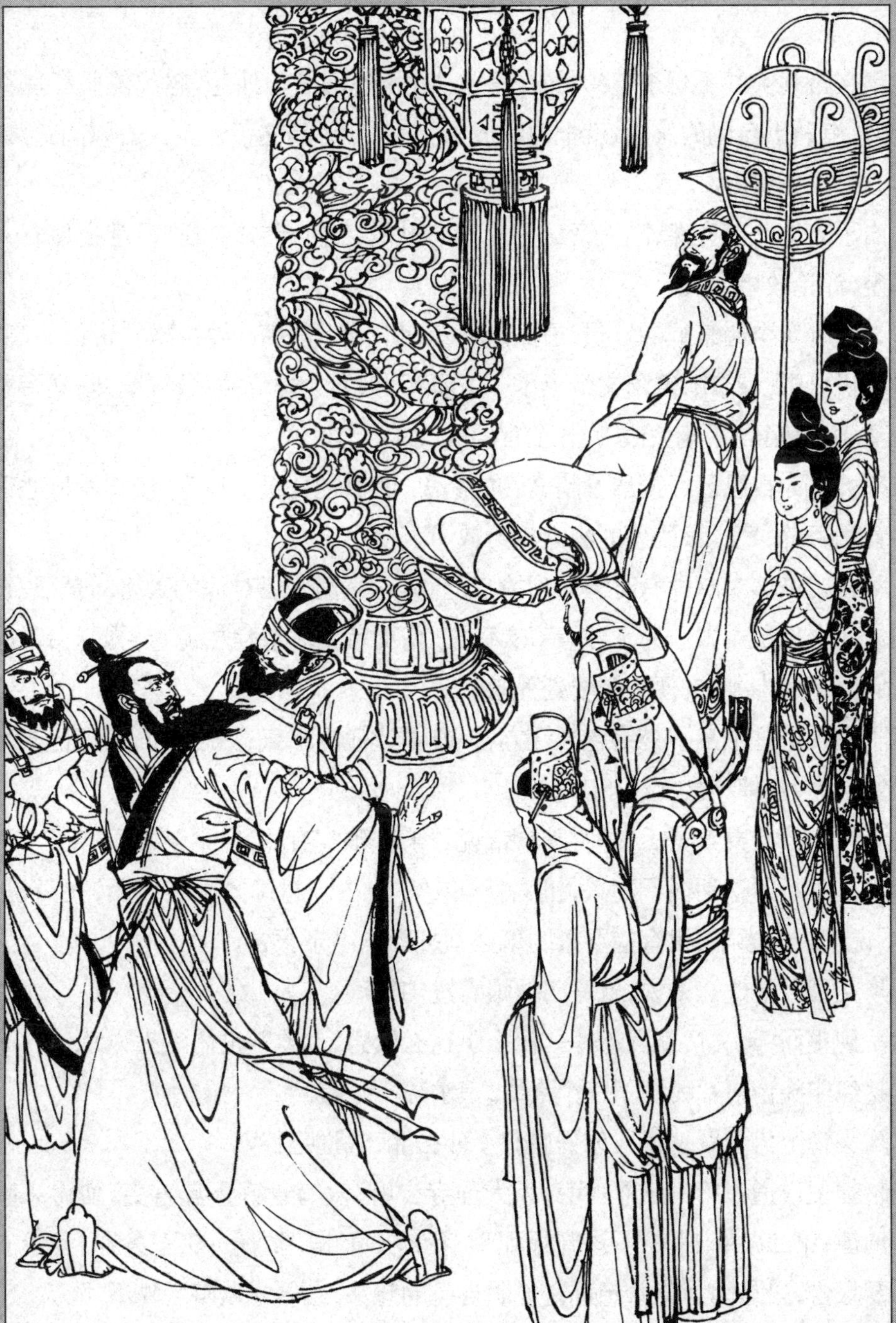

隋文帝其实并不想杀赵绰,过了一会儿,气也消了。他想,赵绰能坚持法律原则,毕竟有利于自己的统治,就把他释放了。第二天,隋文帝还派人去慰问赵绰,赐给他三百匹绸缎。

由于赵绰敢于进谏,隋文帝认为他忠心耿耿,对他十分信任,经常把他召入内宫赐坐,评论政事得失。

大理寺有个叫来旷的官员,看到赵绰有时顶撞隋文帝,弄得隋文帝很不高兴,觉得有机可乘,就暗暗给隋文帝上了一道奏章,揭发大理寺执法不严。隋文帝看了这份奏章,就轻信了,还给来旷升了官。

来旷认为自己已经摸透了隋文帝的心思,能够迎合皇上旨意,便昧着良心诬告赵绰营私舞弊,把本该严惩的犯人也给放了。

隋文帝虽然对赵绰有时当面顶撞自己有点不舒服,但对他的人格却是很赏识,不相信他会徇私舞弊。为了弄清事实真相,隋文帝便派亲信去调查,弄明白了原来来旷完全是无中生有,便下令要处死来旷。

隋文帝把这个案子交给赵绰经办,一方面让他出出气;另一方面认为这次是来旷诬告赵绰,赵绰不会放过来旷。

不料赵绰接办案子后,却对隋文帝说:"来旷确实有罪,但不该判死刑。"

隋文帝听了这话很不高兴,扭头就朝内宫走去。赵绰紧跟在后面,大声说道:"我不说来旷的事了,但有些要紧的事必须赶紧向陛下报告。"

隋文帝听他这么一说,就答应他跟着进内宫。

一到里面,隋文帝就问赵绰:"什么事这么紧急,你要跟进内宫来说?"

赵绰叩头说道:"我犯了三个大罪,请求陛下处置。"

隋文帝半信半疑地说:"你到底犯了什么罪,快说吧!"

赵绰便说道:"第一条罪:我身为大理寺少卿,没有管好下属官吏,使得来旷触犯了刑律;第二条罪:来旷不该判处死刑,我却不能据理力争;第三条罪:我没有什么事要报告,只是因为急着想进宫说明自己的想法,所以才欺骗了陛下。"

隋文帝听了赵绰的这番话,不禁笑了起来,同意不杀来旷,改为将他革职流放。

隋炀帝修大运河

隋炀帝杨广是隋文帝第二个儿子，以"暴君"之称在历史上留下了臭名。

隋文帝对子女要求很严，当他发现太子杨勇生活奢侈，喜欢讲排场，就教训道："从古到今，生活奢侈的帝王，没有一个能够坐长龙椅的。你是太子，怎么能不注意节俭呢！"

当时身为晋王的杨广，摸清了父亲的心思，表面上装得非常老实，孝顺隋文帝和独孤皇后，而且特别节俭、朴素，骗取了隋文帝和独孤皇后的信任。隋文帝把杨勇的太子名分废了，改立杨广为太子。后来他发现杨广是个品质恶劣的人，想把杨勇召回，但为时已晚。杨广谋刺了六十三岁卧病在床的隋文帝，夺取了皇位。

隋炀帝当上皇帝才四个月，就下令迁都洛阳。当时征发了几十万民工挖长堑(壕沟)，从山西龙门(在今陕西韩城与山西河津之间)挖起，最后到上洛(今陕西商县)，与关中连接，全长数千里，作为新建京城的屏障。

公元605年，营建东都洛阳的工程开始后，每个月要使用二百万民工。造宫殿选用的一流的木材石料，都是从长江以南、五岭以北的地区运来的，限于当时的运载条件，一根巨形柱子就得上千人来拉。在洛阳西面，造了一座名叫"西苑"的大花园，方圆达二百里，专供隋炀帝玩赏。西苑南半边开了五个湖，湖里有龙舟凤船在荡漾，岸边都栽满了桃花、柳树，湖旁筑了几条长堤，堤上每隔百步就有一处亭榭；西苑北半边造了一个"海"，"海"里有蓬莱、方丈、瀛洲三座"神山"，山上建有精致的亭台楼阁，有一条渠把这个"海"与五湖相通。隋炀帝还造了四十多所离宫别馆，在全国各地搜求嘉木异草、奇材怪石，以供自己寻欢作乐。

为了控制全国，并使江南的物资能较方便地运到北方来，同时自己又能轻松地到各地游玩，隋炀帝修通了五千余里的大运河。修运河分几个步骤：先从洛阳西苑到淮河南岸的山阳(今江苏淮安)，开通了一条叫"通济渠"的运河，即从洛阳引谷水、洛水入黄河，再引黄河水入淮河；再从山阳到江都(今江苏扬州)，疏通并凿深、加宽了春秋时期吴王夫差开的一条叫"邗(hán)沟"的运河，即把淮河和长江连接了起来。这样一来，从洛阳到江南的水路交通就十分便利了。此后，又从洛阳的黄河北岸到涿郡(今北京)，开通一条叫"永济渠"的运河；接着，从江都对面的京口到余杭(今浙江杭州)，开通一条叫"江南河"的运河。这四条运河连接起来，就成了一条贯通南北的大运河，加强了都城和富饶的河北、江南的联系，对我国经济、文化的发展和国家的统一，起了重要的作用。

隋炀帝在位十四年，四出巡游就达十一年。有了运河，他光江都就巡游了三次，为此建造了龙舟及各种各样的船只数万艘。一路上，隋炀帝和萧皇后分别乘着两艘四层高的大龙船，船上装饰得像宫殿一样金碧辉煌；接着是皇妃宫女、王公贵族、文武百官分乘几千艘彩船；最后是卫兵乘的及装载后勤物品的几千艘大船。这庞大的船队在运河里排开，前后竟有二百里长。

八万多个民工，专门为船队拉纤。船队在运河里行驶，岸边有骑兵护送；船队停下来，当地的州县官员就逼着百姓办酒席"献食"。

隋炀帝还从陆路到北方去巡游，为此开凿了数千里驰道(供国君车马行驶的大道)。为了自己的安全，隋炀帝征发一百万民工修筑长城，在五十万将士的护卫下在北方边境巡行了一圈。

隋炀帝好大喜功，曾对西部和北方边境的突厥、吐谷(yù)浑等族发动进攻；多次发动对高丽(今朝鲜)的战争，如在公元612年第一次对高丽的战争中，动用军队一百一十三余万人，民工三百多万人，运送军需的舟车连接起来长达千余里，士兵、民工又苦又累，许多人病死在路旁，而战争却是以惨败告终。

隋炀帝即位时，正是隋朝蒸蒸日上之际。隋炀帝妒贤嫉能，滥杀无辜，每年都要役使几百万民工，百姓忍受不了严酷的压迫，只有起来反抗了。隋炀帝的倒行逆施，很快就将隋王朝葬送掉，自己也在江都被禁军将领宇文化及杀死。

155

李密与瓦岗军

隋炀帝独断专行、自以为是,不喜欢臣下进谏,还诛杀了好些元老重臣,使朝臣们不敢讲真话,统治阶级内部分崩离析、众叛亲离。隋炀帝对百姓残酷的剥削和压迫,迫使百姓揭竿而起,全国各地掀起了起义的浪潮。

隋炀帝第二次发动对高丽的战争时,派杨玄感督运粮草。杨玄感的父亲杨素原是隋炀帝的亲信,帮助隋炀帝夺取了皇位,后来却遭到猜忌而闷闷不乐地死去。杨玄感因此对隋炀帝极为不满,很想利用天下混乱的局势,乘机把隋炀帝推翻。

杨玄感发动运送粮草的八千个民工起义,但苦于没有一个人替自己出谋划策,就把老朋友李密请来当谋士。

李密的祖上是北周和隋朝的贵族。李密少年时在隋炀帝的宫中当侍卫,因为过分机灵,隋炀帝觉得他不老实,就免了他这份差使。他回家后发愤读书,决心做个有学问的人。有一次他骑着牛出门看朋友,坐在牛背上还在看书,正巧遇到宰相杨素,两人便交谈起来。杨素觉得这个年轻人很有抱负,就把李密介绍给儿子杨玄感,并对他说:"将来你碰到重要的事情,可以找李密商量。"

杨玄感起义,就找到李密请教:"我想推翻这个暴君,不知该怎么行动?"

李密道:"从目前形势来看,要推翻暴君,有三条计策可行。上策是:暴君正在攻打高丽,我们举兵北上,断他的退路,他没了粮草,军心波动,自然就败了;中策是:夺取长安,把暴君的老家给砸了,如果他杀回来,我们可以凭险坚守,把关中做根据地;下策是:就近拿下东都洛阳,给暴君一个震撼。"

杨玄感急于求成,认为前两条计策太费事,于是就选择了下策。马上出兵朝洛阳打去,连打了几个胜仗,许多农民要求参加起义军,队伍迅速扩大到十万人。

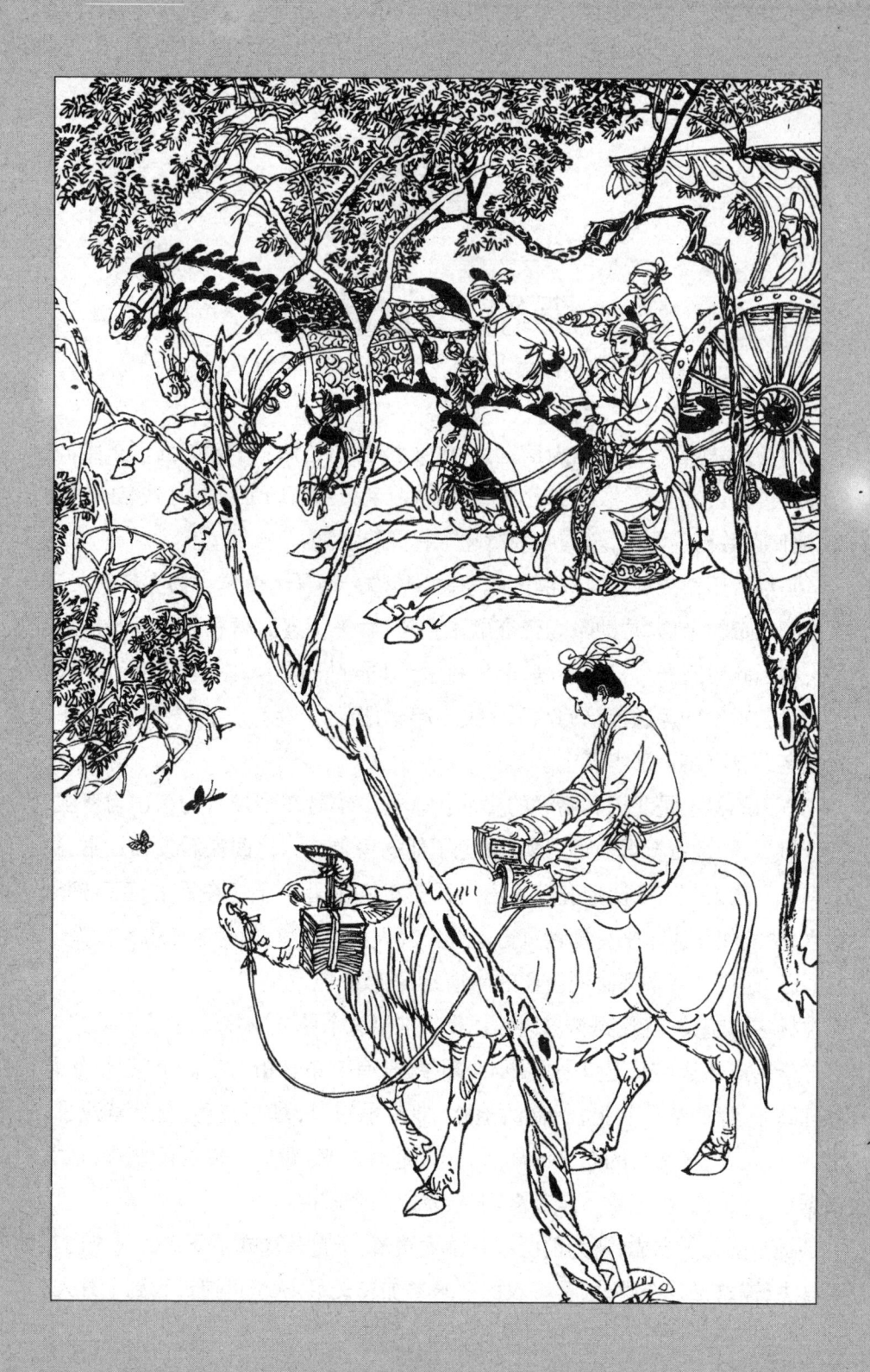

隋炀帝收到告急文书，立即派大将宇文述等带领大军分头攻击杨玄感，很快就把这支起义队伍给消灭了，杨玄感也被杀。

李密趁着混乱溜跑了，但官军搜捕得很严密，不久他还是被抓住了。在押往隋炀帝行营的路上，李密和其他几个被捕者商量，把随身的财物都送给看押他们的士兵，趁他们忙于喝酒作乐、防备松懈时逃掉了。

虽然暂时脱离了危险，但东躲西藏总不是办法，李密便决定去东郡(今河南滑县东)投奔一支比较强大的起义军。

这支起义军以瓦岗寨为根据地，多数成员都是擅长使用长枪的渔民和猎户，还有一些贫苦农民，他们都很勇敢善战。瓦岗军的首领翟(zhái)让，作战骁勇，而且有胆略，有气度，在瓦岗军中有很高的威望。他率领瓦岗军专门打击官府富豪，前来投奔的人越来越多，起义军队伍扩大到一万多人。

李密参加瓦岗军后，帮助翟让整顿队伍，还积极联络附近各部起义军，说服他们与瓦岗军联合，听从翟让指挥。翟让非常高兴，对李密越来越信任。

李密鼓励翟让干一番大事业，建议首先攻打荥阳，并获得了胜利。隋炀帝派大将张须陀带重兵来镇压。李密请翟让正面迎敌，自己则在荥阳大海寺北面的丛林里设下埋伏，把张须陀率领的官军引进圈套，全部歼灭，张须陀也成了瓦岗军刀下之鬼。

从此，瓦岗军声威大震，李密的威信也提高了。他不但要求部下纪律严明，而且自己能以身作则，生活也过得很朴素，从而赢得了瓦岗军上下的拥戴。

攻打荥阳胜利后，第二年春天，李密又建议翟让趁隋炀帝到江都巡游、东都洛阳空虚的机会，赶紧进攻洛阳。不料被官方察觉，加强了洛阳的防御力量。李密当即改变计划，建议先攻打洛阳附近的兴洛仓(在今河南巩义东北)，一战而获全胜。

兴洛仓是隋朝最大的一个粮仓，瓦岗军把它攻克后，马上开仓赈(zhèn)饥。常年挨饿的百姓，从四面八方拥向粮仓，当他们领到粮食时，一个个眼中含着泪花，对瓦岗军充满了感激之情。

贫苦的农民纷纷参加瓦岗军，孟让、郝孝德等部起义军也来归附，瓦岗军很快发展到几十万人，占领了河南大部分郡县。这时，翟让感到自己的能力不如李密，

就把首领的位子让给了他。

　　李密取得瓦岗军领导权后,建国号为魏,被推为魏公,兼任行军元帅,政权机构称"行军元帅魏公府"。

　　李密在整顿了内部机构的同时,发布檄(xí)文,声讨隋炀帝的罪行,号召人民起来推翻隋王朝。他还大量起用隋的降官降将,引起原来一些起义军部将的不满。为了巩固自己的地位,李密又安排刀斧手,设计杀害了翟让。从此,瓦岗军内部发生严重分裂,开始走了下坡路。

　　此后,李密一边与隋军大将宇文化及作战,一边派人到洛阳朝见隋越王杨侗,受封官爵。后来与隋将王世充交战失败,入关投降了唐朝,不久又因反唐被杀。

156

李渊建立唐朝

李渊出身贵族。祖父李虎在西魏官至太尉（与丞相并列的中央高级官员），李渊的妻子是北周武帝的外甥女，他的姨母是隋文帝的独孤皇后、隋炀帝的母亲。所以说，李渊不但是贵族，还是隋朝的皇亲呢！他继承了祖上的爵位，称为唐国公。

公元617年，李渊出任太原留守，被派去镇压农民起义。虽然打过几次胜仗，但农民起义队伍越来越强大，隋王朝眼看快土崩瓦解，他不得不为自己考虑起后路来。

李渊有四个儿子，其中第二个儿子李世民最有才华、胆识。当时太原北面的突厥多次来犯，李渊出兵抵抗，连吃几个败仗，正在担心让隋炀帝知道了，追究起责任来，那可怎么办。在封建社会，反抗朝廷被视作大逆不道的首恶，会招致灭门之灾，即使亲如父子，彼此也不敢轻易道破。只是随着形势的发展，李渊的处境越来越危险，李世民才抓住机会，劝父亲起兵反隋。

李渊听李世民一说这个建议，吓得直哆嗦，责怪道："你怎么说出这种犯上作乱的话来？如果我向上一报告，你就要被砍头的！"

李世民不慌不忙地说："父亲尽管去邀功请赏告发我，儿子才不怕呢！"

李渊无可奈何地摇摇手，叮嘱儿子以后再也不要说这种话了。

可是第二天，李世民又来和父亲谈这个话题："您受命来当太原留守，现在又要讨伐造反的人马，又要抵挡突厥的进攻，实在是力不从心。即使您再有功劳，当今皇上猜忌心重，您的处境就更危险了。儿子觉得您现在只有一条路，就是赶紧起兵反隋。"

李渊叹了一口气，犹豫地说："你的话也有道理，我就是拿不定主意。一旦失

败,那可是要家破人亡的啊!"

李世民见父亲松了口,便继续说道:"现在天下大乱,群雄并起,官军力量分散,不难对付。我有个朋友叫刘文静,现在关在晋阳牢里,他是个人才,还可以帮我们招兵买马。"

李渊听从李世民的劝告,立刻把刘文静从牢里放了出来,派他去招集人马;同时又召回在河东打仗的两个儿子——李建成和李元吉。

太原的两个副留守一看形势不妙,就想要阻止。李渊先下手为强,给他俩加了个"勾结突厥"的罪名,抓起来杀了。

李渊采纳李世民的建议,派刘文静去跟突厥结交,并送去一份厚礼,说服突厥可汗与自己一起反隋。当突厥可汗同意后,李渊没有了后顾之忧,才正式起兵。他把士兵都称作"义士",自称"大将军",分别封李建成和李世民为左右领军大都督,封刘文静为司马。

李渊的策略是先取长安,以关中为根据地。他依照农民起义军的做法,打开太原官仓,救济贫民,收取人心,并发檄文声讨隋炀帝的罪恶。随后,就带着三万人马朝长安杀来。

攻占关中的第一个硬仗,是拿下了地势险要的霍邑(今山西霍州),全军上下士气大振。一路上继续招兵买马,所到之处都打开粮仓救济贫民。老百姓对这支队伍很有好感,加入进来的人越来越多,当攻打长安时,已经成了一支有二十多万人的大军。

李渊攻下长安后,取得号令关中的地位,立即废除隋朝的苛法暴政,并宣布约法十二条,受到百姓的欢迎。

李渊见时机没有完全成熟,暂时还是遥尊隋炀帝为太上皇,让隋炀帝的孙子杨侑(yòu)做个傀儡皇帝,即隋恭帝,自己以唐王、大丞相的身份掌握一切军国大政。

这时,各地起义军都发展起来了,如李密领导的瓦岗起义军、窦建德领导的河北起义军、杜伏威领导的江淮起义军等,都给隋军以沉重的打击。隋炀帝干脆躲到江都,继续过着花天酒地的生活。

第二年夏天,护卫隋炀帝的禁卫军将士,眼看着暴君的末日就快到了,不想跟

着送死。大将宇文化及乘机发动兵变,攻进行宫,把隋炀帝软禁起来。

隋炀帝起初还嚣张地问道:"是谁带头这样做的?"

将士们气愤地说:"天下所有的人都恨透了你这个暴君,恨不得把你千刀万剐,还需要哪个来带头杀你吗?"

隋炀帝吓得低下了头,知道自己的死期到了,便解下巾带交给看押他的卫士。

公元618年,李渊听说隋炀帝在江都被宇文化及勒死的消息后,便把杨侑赶下了台,自己做了皇帝,建立了唐朝,历史上称他为唐高祖。

隋炀帝虽然死了,但东都洛阳还在隋炀帝的孙子杨侗和大臣王世充手中。王世充拥立杨侗为皇帝,即隋越王,仍打着隋朝的旗号,继续与起义军为敌。

王世充打败了李密统帅的瓦岗军后,就把杨侗废了,自己当皇帝,国号为郑。这时,窦建德也自立为帝,国号叫夏。他们都是刚建立起来的唐朝的强大对手。

李渊派李世民等先后消灭了各支起义军和割据势力,直到公元623年,才使唐统一中国的战争基本结束。

157

玄武门事变

公元626年七月的一天，李世民率领尉迟恭等人，带了一支人马埋伏在玄武门（长安太极宫的北面正门）。不多久，太子李建成和齐王李元吉也骑着马来了，他们都是奉李渊之命来见驾的。可是到了玄武门，他们觉得有点不对劲，那个熟悉的领兵将军常何不知到哪儿去了，守卫人员看起来也很陌生。正疑惑时，门官出来传话，要他们把护卫留下，只身去见李渊。

李建成一听，调转马头就往回跑。这时李世民一边高叫："站住，别走！"一边骑马赶了过来。李建成哪里肯听，只是没命地跑，李世民眼疾手快，搭弓一箭，射死了李建成。李元吉见状，也要拉弓射李世民，但心里慌张，他拉了几次弓都没拉开。这时尉迟恭带了七十名骑兵赶到，一阵乱箭把李元吉射下马来。李元吉吓得拼命逃，又被尉迟恭一刀砍死。

李渊在宫中等着三个儿子，却听到外面乱成一片。正不知是怎么回事，尉迟恭已手持长矛带着人马冲了进来。他向李渊禀报说，李建成、李元吉阴谋作乱，已被秦王杀了，"秦王怕乱兵惊动皇上，特派我来护驾"。他又请李渊下令，让太子宫和齐王府的护卫停止抵抗。

李渊听了，大吃一惊。面对这样的形势，他只好顺势应变，立李世民为太子。两个月后，他又传位给李世民，史称唐太宗。李渊自己做太上皇去了。

这场流血事件就是历史上有名的"玄武门之变"。这是一场无法避免的事件。

按封建的宗法制（古代维护贵族世袭统治的制度），李渊称帝后只能立长子李建成为太子，在建立唐王朝中屡立战功、有智有勇有才干的李世民只被封为秦王。李建成因此对李世民非常不放心。他与李元吉结成同党，拉拢李渊宠爱的妃子们，让她们

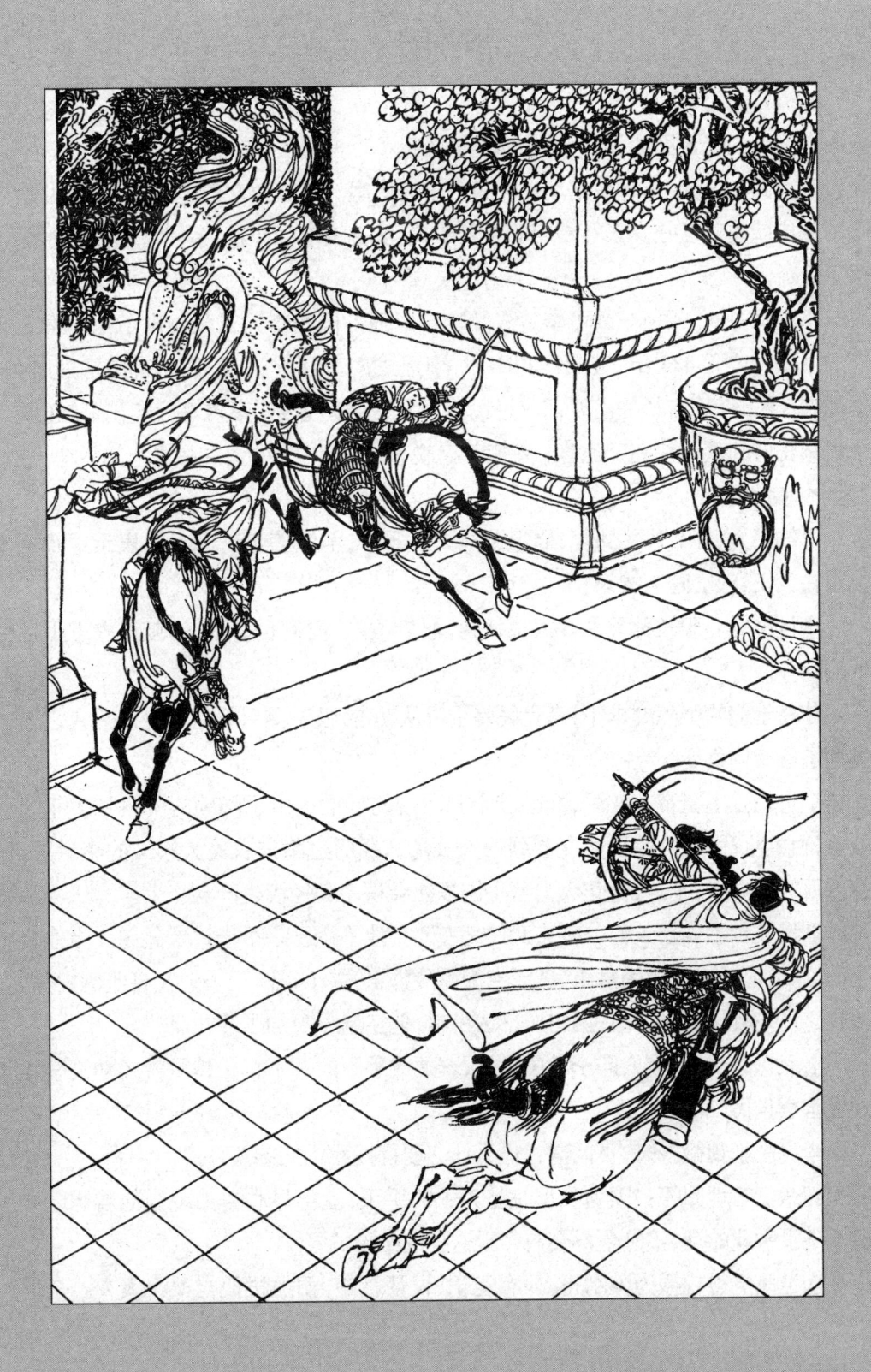

在李渊面前说李世民的坏话,使李渊逐渐疏远了李世民。他们还不罢休,想进一步谋害李世民。一天,李建成请李世民去太子宫喝酒。谁知他在酒里下了毒,李世民喝了几口就腹痛呕吐。多亏陪席的李渊弟弟、淮安王李神通救护及时,李世民才保住了性命。

李世民对此一再忍让,可李建成却步步紧逼。他和李元吉又想出了挖空秦王府的主意。公元626年,突厥侵犯中原,李建成向李渊建议,让李元吉出征迎战。李渊同意了,李元吉却提出要调李世民手下的大将尉迟恭、秦琼等一起出征,还要求把秦王府的兵马都划归他管。并有消息说,他把这些人马调去后将全部活埋,进而除掉李世民。

千钧一发、性命攸关之际,尉迟恭等人不干了,他激愤地对李世民表示:"我不能留在大王这儿,陪着挨杀!"

李世民的心腹长孙无忌等人也认为,他们不仁,我们也可不义,应该先下手把他们除掉。

在将士们的强烈要求下,李世民终于听从劝告,借李渊召见他们兄弟三人之际发动了玄武门之变。

李世民登上皇帝宝座后,面临着十分严峻的局面。由于隋朝的暴政和多年的战争,百姓生活困苦,社会生产遭到很大破坏。经历过隋末农民大起义的李世民,深知百姓的力量,于是,他花大力着手恢复社会秩序和经济生产。

李世民善于安抚人心,在"玄武门之变"中,他不得已杀了李建成兄弟。当他登上帝位,就追封李建成为息王、李元吉为海陵郡王,并下诏以王子之礼将他俩安葬。落葬之日,李世民不仅允许两宫旧部去吊唁,他还亲自参加了葬礼。

玄武门之变后,有人向李世民告发,李建成手下的一个官员魏徵曾经劝说李建成谋害李世民。

李世民把魏徵找来,责问道:"你为什么要挑拨我们兄弟关系?"

魏徵沉着地回答:"因为我那时是太子的手下,就得尽心尽力地为他着想。可惜太子没听我的话,不然也不会有今天这样的结果。"

李世民觉得魏徵为人刚正,很有胆识,说话直率,便提拔他当谏议大夫。李世

民还公开对大臣们说:"治理国家就像治毛病一样,即使治好了病,还得注意休养。现在天下太平,四方都来归服,这是自古以来少有的盛世。但我还是要谨慎行事,把太平日子保持下去,这就要多听听你们的意见。"

为了稳定人心,李世民还派魏徵去山东安抚李建成旧部,为他们提供了施展才能的舞台。

由于连年战乱,唐代初期人口损失很多。李世民大力改革府兵制度,加强武备,击败东突厥,让他们放归被抓去的中原百姓,同时他放出三千宫女,这极大地加强了人口的恢复。他又推行去奢省费、轻徭薄赋的方针,兴修水利,开垦荒地,让百姓安心生产,恢复和发展了社会经济。这一系列的措施十分有效,终于取得了让后世赞叹的"贞观之治",奠定了唐代繁荣兴旺的基础。

魏徵直谏

魏徵很小的时候父亲就去世了,家里很穷,但他却喜欢读书,掌握了广博的知识,后来又出家当过道士。隋朝末年农民起义风起云涌,他先后参加李密瓦岗军和窦建德起义军。李建成被杀后,他又因直言敢谏,受到唐太宗李世民的重用。

唐太宗常把魏徵召进宫内,叫他提些意见。唐太宗有不对的地方,魏徵能够当面批评,甚至会弄得唐太宗一时下不了台。

有一次,唐太宗根据右仆射(掌管奏章文书的官员)封德彝的建议,决定十八岁以上身体强壮还没有服役过的男子都要去当兵。但魏徵不同意。因为按照当时的规定,皇帝的敕令,要由谏议大夫签名才能生效。

唐太宗问他:"你不同意这样做,有什么理由?"

魏徵回答:"臣作为谏议大夫,有义务向陛下指出,这样做违背了治国安民的方针。我朝开国后即立下'男子二十岁当兵,六十岁可免'的规定,怎么能随便改变呢?"

唐太宗非常生气,大声指责道:"你太固执己见了!"

魏徵毫不退让,语重心长地说道:"陛下!把河水放光捕鱼,确实能捕到许多鱼,但明年就没有鱼了;把森林烧了打猎,确实会打到许多猎物,但明年就没有野兽了。如果让十八岁以上身体强壮的男子都去当兵,今后国家的税赋徭役去向谁要呢?"

唐太宗这才幡然醒悟,收回了命令。

有时候,李世民还会和魏徵一起讨论一些问题。

比如,唐太宗曾问魏徵:"历史上有过这么多帝王,为什么有的明智,有的

昏庸?"

魏徵回答道:"能够多听听各方面意见的帝王,通常比较明智;一意孤行、只听单方面的意见的帝王,难免就会昏庸。""兼听则明,偏听则暗"的成语就是这样来的。

唐太宗赞许地说:"你讲得真好啊!"

有个大臣叫郑仁基,女儿长得美丽又有才华,皇后要把她收为李世民的嫔妃。当册封的诏书写好后,有人说了一句:"她不是已经与人订婚了吗?"

魏徵知道后,就向李世民进谏道:"陛下住着亭台楼阁,就应该希望百姓有安身的房子;陛下吃着山珍海味,就应该希望百姓有充足的食物;陛下看着众多嫔妃,就应该希望百姓有称心的婚姻。现在陛下把已经与人订婚了的女子夺过来,这怎么符合人家父母的心愿呢?"

唐太宗听了这番话,马上取消了册封。

当魏徵患病去世后,唐太宗罢朝五天,亲自登上御苑西楼,遥望魏徵逝世之处寄托哀思。他沉痛地说:"用铜作镜子,可以端正衣帽穿戴;用历史作镜子,可以知道国家兴亡的原因;用人作镜子,可以明白自己的行为是否正确。现在魏徵去世,使我失去了一面镜子。"

魏徵能在初唐的政治舞台上发挥一点作用,确实是与唐太宗闻过则喜、从谏如流的气度分不开的。

唐太宗时能够大胆进谏的大臣,还有一位马周。马周原来只是守卫玄武门的中郎将常何的客人。公元631年,唐太宗下令百官上书谈论朝政得失。常何是个武将,不懂政治,感到谈不出什么,为此很犯愁。马周知道了,马上动笔为他写了二十多条关于政治得失的意见,让他去交差。唐太宗读了以后,觉得条条都切中要害。他很奇怪,常何这一介武夫怎么变得这样有政治头脑了,就找他来面谈。常何一向老实,他坦白地告诉唐太宗上书的内容都是马周写的。唐太宗马上召见马周,一番谈话,对他十分赏识,不久便任命他为监察御史。

马周没有辜负唐太宗对他的期望,经常进谏,向唐太宗提出了一些建设性的建议。他要唐太宗吸取隋朝灭亡的教训,要了解民间的疾苦,爱护百姓;他要唐太宗

不要太宠爱子女,没有必要每年加赐金银珍宝,因为奢侈只会害了子女;他要李世民以人为本,真正让百姓满意,就得选拔德才具备的好官。对马周提出的这些建议,唐太宗都认真听取,并加以推行。

魏徵、马周等人还提醒唐太宗,隋末因为滥刑暴政而迅速灭亡。唐太宗因此非常重视立法安民,要求有关部门融合前朝立法、司法经验,制定了《贞观律》,为稍后制定《唐律》打下了基础。

李靖平定东突厥

唐朝建立的初期,活动在北部边疆地区的东突厥和活动在西部边疆的吐谷浑,经常侵扰大唐的国土,对边疆的安宁造成了很大威胁。其中,突厥的侵扰尤其严重。

唐高祖起兵反隋时,曾派人出使东突厥,取得了始毕可汗的支持。公元620年(唐高祖武德三年),颉利可汗即位。为了发展他的势力,他几乎年年南侵唐朝的国土。唐太宗李世民即位才几天,颉利可汗认为有机可乘,就率领十几万骑兵,再次进犯泾州(今甘肃泾川西北),长驱直入来到渭水的便桥之北,直逼京都长安。

当时各州增援的兵马都还没赶到,长安城里能参战的民众只有几万人。在这样的形势下,唐太宗亲自率领军队来到渭水桥边,斥责颉利背信弃义。面对唐太宗的斥责,颉利无话可说。他看到唐军戒备森严,不敢轻举妄动,最后与唐太宗在桥上订立盟约后退兵。

从此,唐太宗加强军事训练,提高官兵的战斗力,整顿府兵制度,并任命著名军事家李靖为兵部尚书。

不久,东突厥国内发生了变化,薛延陀、回纥等部落因不满意颉利可汗到处征战,接连反叛脱离颉利。加上那年冬季又遇到暴风雪,冻死了许多牛羊,国内发生饥荒,突厥人纷纷逃离当地。李世民接受大臣的建议,于公元629年任命李靖为定襄道行军总管,率十几万大军进攻东突厥。

第二年正月,李靖率领三千名骑兵,冒着严寒,悄悄从马邑出发,突袭定襄。颉利可汗没想到唐朝军队会突然到来,慌得大惊失色。这时,李靖率人马,乘夜色的掩护,一举攻进了定襄城。颉利可汗慌忙逃到碛(qì)口(今内蒙古二连浩特西南)去了。

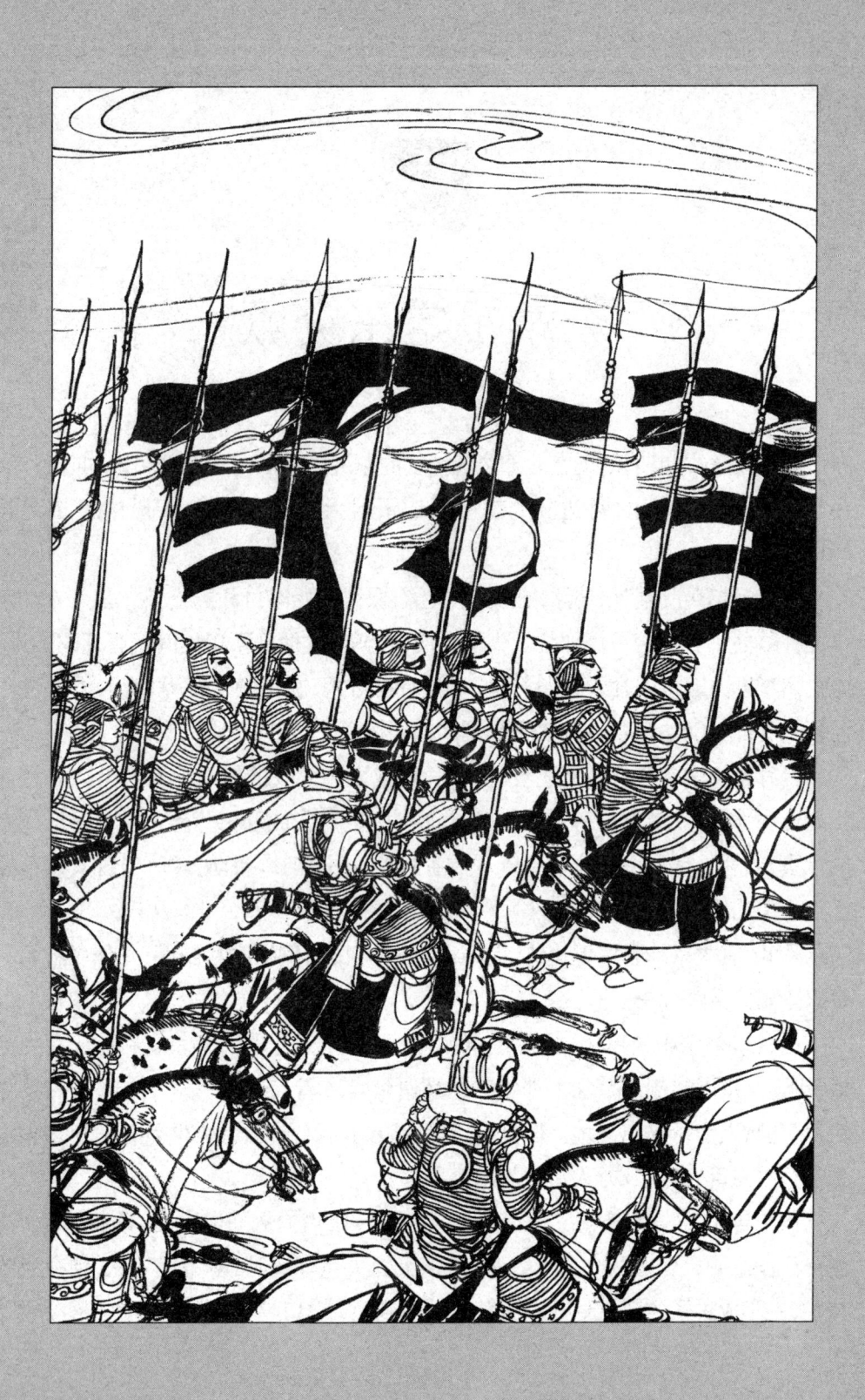

李世民听到捷报后,高兴地对大臣说:"汉代的李陵,率五千兵士深入匈奴腹地,被俘后投降了匈奴,他的功绩还能写进史册。李靖只带了三千骑兵,杀进东突厥大营,攻下了定襄城。从古到今没有他这样的人,这足以洗刷我在渭水边的耻辱了!"

颉利可汗在逃跑的途中,又遇到了并州(今山西阳曲以南、文水以北地区)都督李勣(jì)的埋伏,被杀得溃不成军,只剩下几万人马了。于是他派人到长安求和,还表示愿意亲自入朝请罪。其实他心里正在盘算,想争取时间,在草青马肥的时候逃到漠北去,以便今后实力壮大了,卷土重来。

李世民派唐俭作安抚使,去安抚颉利,又命李靖率兵迎颉利入朝。李靖在白道(今内蒙古呼和浩特北)与李勣会合。他对李勣说:"颉利虽打了败仗,手下还有不少人。如果让他穿过碛口逃走,那么道路遥远,再追就难了。现在皇上派的使臣唐俭正在他那儿,他心中必定松懈。我们只要选一万精骑兵,带二十天口粮去袭击他,不用作战就可以抓住他。"

李勣同意他的计划。于是李靖率部队连夜出发,李勣则带兵在后面紧跟着。

果然,颉利可汗见到唐俭后,心中放松了警惕。李靖的前锋乘着大雾悄悄前行,一直到离颉利可汗营帐只有七里的地方才被发现。颉利可汗忙骑马北逃,想越过大漠,但他在碛口受到了李勣的阻击,他手下的大酋长率领众人投降。过不多久,颉利可汗被大同道行军总管、任城王李道宗抓住,送到京都,东突厥就此灭亡了。当时太上皇李渊还健在,他听到消息后十分高兴,在凌烟阁摆下宴席,把李世民和诸王、公主们都召来,一起庆贺到深夜。

李靖大军在作战中杀敌一万多人,又俘虏了十几万人。李世民对这些俘虏十分优待,其中的酋长、将帅,不少人都被留在朝廷中,担任了职务,仅五品以上的官员,就有一百多人。连颉利可汗也得到了右卫大将军的称号,死后还被封为"归义王"。迁居长安的东突厥部众则有近一万家,将近俘虏人数的一半。

为了安置其他东突厥人,李世民在幽州(治所在今北京西南)和灵州(今宁夏灵武西南)之间,设置了顺、祐、化、长这四个州,又把颉利统治的漠南地区分为六个州,让所投降的东突厥各部落酋长任都督刺史,统领这些部下。

公元635年，李世民又任命李靖为西海道行军大总管，率领侯君集、李道宗等人，进攻吐谷浑。他们在库山(在今青海境内)打败了吐谷浑的精锐部队，吐谷浑王只好逃到沙漠中。后来他被部下杀掉，他的儿子投降了唐朝，西部边境的侵扰就此被平定。

公元640年，唐军击破了高昌(在今新疆吐鲁番)都城，使依附西突厥、阻挠西域各国与唐朝通商的高昌王投降唐朝。公元644年，唐军又平定了勾结突厥的焉耆(在今新疆焉耆西南)，公元647年，又攻下了龟兹的都城(在今新疆库车)。这样，大唐政权有效地控制了西部的边疆地区，使中原与西域的经济文化交流能顺利地开展。

李世民在西北各民族中的威信也极大地提高了，回纥等各族的部落首领都来到长安，朝见大唐天子，并尊李世民为"天可汗"。

薛仁贵三箭定天山

贞观年间,唐太宗发兵征辽东。有一次两军对阵,一名辽将十分勇猛,李世民手下的几个战将都不是他的对手。他们一个个轮番上阵,都无法制服他,全败下阵来。

第二天,那名辽将带兵又来挑战,唐太宗手下竟然没人再敢应战。唐太宗正在着急,却见队伍中闪出一个身穿战袍的年轻军人,自告奋勇愿去应战。

"你叫什么名字?"唐太宗问他。

"禀告皇上,末将叫薛仁贵。"他回答。

薛仁贵原来是个农民,家里十分贫穷。但他从小爱好武功,尤其善于骑马、射箭,练就了一身的本领。唐太宗征辽东时,薛仁贵报名参军,作战十分勇敢,多次立下战功。

"你有没有看到那辽将异常勇猛,我们几个大将都不是他的对手?"唐太宗又问。

"那辽将武功确实了得,但不是没有破绽;他每次交战都像不要命似的拼杀,得胜的主要原因是在气势上占了上风。"薛仁贵回答。

唐太宗见这个原来不起眼的军人,居然在阵前有这样冷静的头脑,因而非常欣赏,就再次问他:"你凭什么来战胜他?"

薛仁贵的回答只有四个字:"先声夺人。"

唐太宗赞许地点点头。

只见薛仁贵手持着戟,腰挂弓箭,像一股飓风似的拔地而起,拍马杀去。那个前来挑战的辽将还没反应过来,薛仁贵已经杀到,一戟直刺他的咽喉。

那辽将被薛仁贵挑下马来,顿时一命呜呼。薛仁贵又趁势杀入敌阵,横冲直撞,没有人能抵挡得住他。李世民抓住时机发动进攻,将对方杀得溃不成军。

战斗结束后,唐太宗召见薛仁贵,给他记了头功,升他为右领军中郎将。

李世民去世后,九姓突厥又来扰乱边境,唐高宗李治便派薛仁贵前去平定边乱。薛仁贵当即率领部队远赴天山,扎下营盘后,准备第二天与九姓突厥交战。

九姓突厥出兵十余万人,蜂拥而至。薛仁贵不慌不忙,派兵遣将,沉着应战。

九姓突厥派出最骁勇的将士前来挑战,为首的三个悍将,都是虎背熊腰,面目异常凶恶。他们口出狂言,把薛仁贵骂得一钱不值,气焰真是十分嚣张。

薛仁贵也不答话,跃马张弓,连射三箭,三个悍将应声落马而死。

九姓突厥的十万大军顿时乱成一团,纷纷向后溃退。

薛仁贵早在九姓突厥大军后退必经的一个山谷,布下了伏兵。当他们退进山谷时,两边山上的弓箭手万箭齐发,把他们射了个人仰马翻。

九姓突厥被薛仁贵的勇猛威武、足智多谋所征服,表示愿意归顺大唐。薛仁贵同意九姓突厥投降,并作了必要的安抚。

薛仁贵大获全胜,凯旋之际,军中响起了"将军三箭定天山,战士长歌入汉关"的歌声。

后来薛仁贵又接连打下扶余(今吉林农安)等四十余城,升任本卫大将军,还被封为平阳郡公。

唐朝从唐太宗到武则天,都很注意处理好与各少数民族及周边国家的关系,既坚决打击割据势力及邻国的侵扰,又能够维护和平。其中一个重要措施,就是在边疆地区设立了六个都护府,负责管理所辖地方的边防、行政和民族间的事务,有效地维护了大唐王朝边境的安宁。

玄奘西行取经

佛教发源于印度,在东汉初期传入我国。我国不少高僧为了探究佛学真谛,都想取得"真经",为此而作了艰苦的努力,客观上加强了中外文化交流。唐代著名的和尚、佛经翻译家玄奘,就是其中杰出的代表。

玄奘俗称唐僧,出家前名叫陈祎(huī),洛州缑(gōu)氏(今河南偃师缑氏镇)人。他的高祖、曾祖和祖父辈都做过官,父亲陈惠一度也做过官,后来辞职搞起儒学研究来。

玄奘小时候家道中落,生活贫寒,再加上隋朝末年天下大乱,就随二哥长捷法师住在洛阳净土寺,开始拜佛念经。十三岁那年,洛阳度僧,他因为小小年纪就对佛学有了研究,从而被破格入选,做了沙弥(没有成人的佛教出家人)。他二十岁在成都受具足戒(出家人要取得正式僧尼资格必须受持的戒法规定),后来云游各地,到处拜访名师,精通各家学说,被誉为佛门千里马。但他深深感到佛学的各家学说差别太大,决心到佛教发源地天竺(今印度)去求法,以搞清到底什么是佛法的真谛。

他向朝廷上奏请求西行求法,但因西突厥把边境局势搞得很不稳定,朝廷没有同意。公元629年(贞观三年),北方发生严重的灾荒,朝廷准许百姓(包括僧人)自行谋生,玄奘乘机西行。

玄奘从长安出发,经过凉州(今甘肃武威)边境时,被守关卡的士兵发现。凉州都督以朝廷禁止百姓出境为由,打发他回长安。当地有位慧远法师,被玄奘的求法精神所感动,派两名弟子帮助他偷偷地越过边防,混出了玉门关。

途中,他遇到一位熟悉西域地理的老人。老人为他的坚毅精神所感动,送了他一匹曾十五次往返伊吾(今新疆哈密)国的老马。在穿越沙漠时,玄奘不小心将水袋

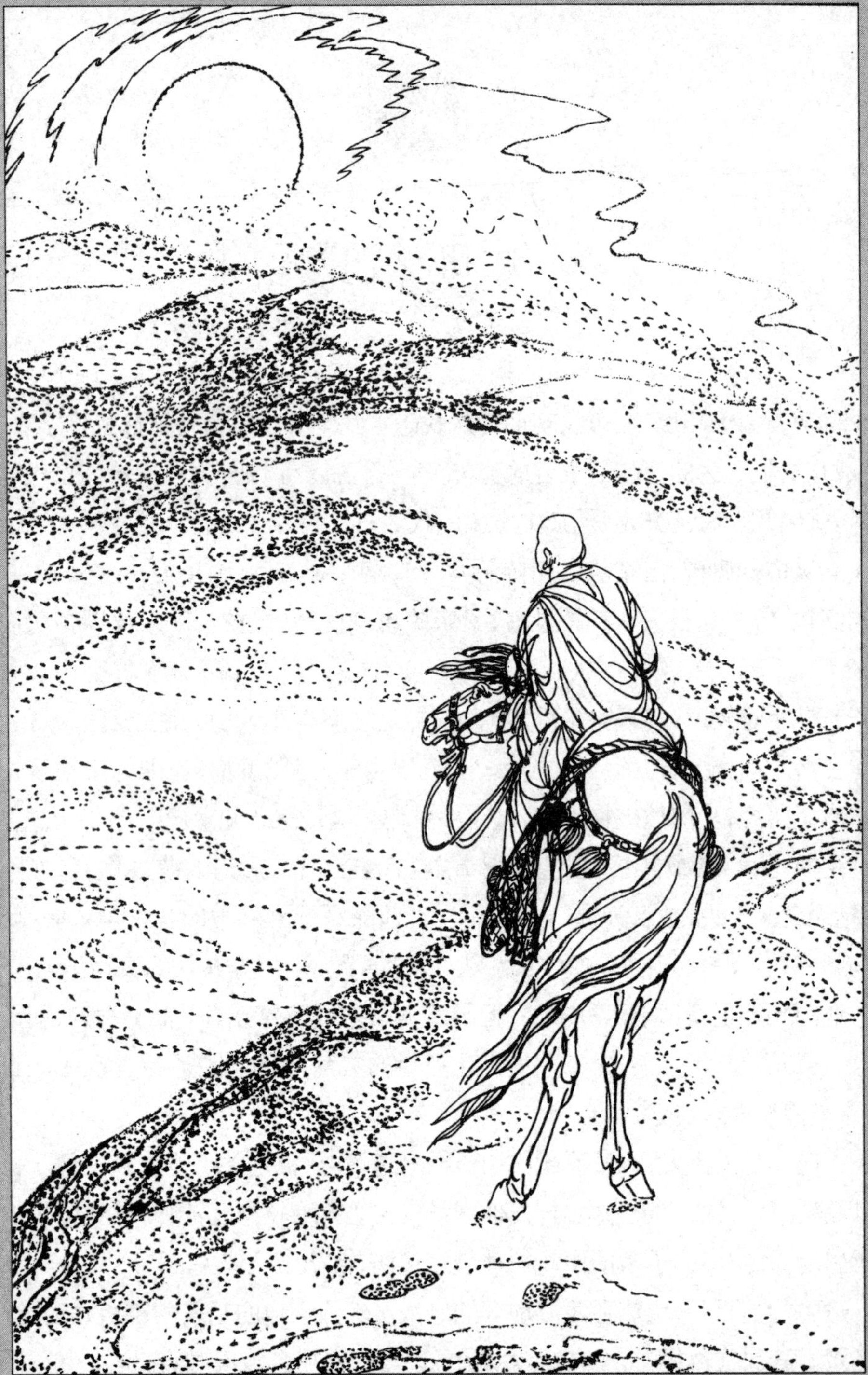

打翻了。他本想往回走，但想到自己曾立下誓言，不到目的地，情愿去死，又掉转马头，继续朝西而去。

他在沙漠里走了四五天，没有喝上一滴水，终于支持不住昏了过去。半夜时，一阵凉风把他吹醒，他又站起来朝前走。多亏老马识途，在附近找到了水，这才摆脱困境，走出了沙漠。他经过伊吾，又到了高昌。

高昌王麴(qū)文泰是个虔诚的佛教徒，听说大唐高僧玄奘到达，急忙把他迎到宫中，恭敬地请他讲经说法，还恳切地要求他留下来。玄奘坚持要走，高昌王便送给他黄金一百两，白银三万两，绫帛五百匹，好马三十匹，骑手二十五人，为他继续西行提供了物质保证和人力配备。高昌王还与他约定，取经回来要先在高昌讲经三年。高昌王用重礼疏通突厥叶护可汗，同时写信给沿途国王，一路给予玄奘方便。

玄奘带着人马，爬雪山，越冰河，历经千辛万苦，终于到达了佛国圣地印度。当时印度在地理上分为东、西、南、北、中五部，史称"五天竺"。玄奘游历的顺序是北、中、东、南、西，最后回到中天竺。他一面朝拜圣迹，一面访师求学。在庄严辉煌的那烂陀寺，他拜当时印度有名的高僧戒贤为师，花了整整五年时间，攻读佛经以及许多古印度的重要典籍，佛学水平提高到一个新的台阶。他还在那烂陀寺开讲佛经，撰写了《会宗论》三千颂，沟通了佛教瑜伽、中观两大学派的隔阂，获得了戒贤等佛学大师的赞许。

印度有个摩揭陀国，国王戒日王虔诚地信仰佛教。他听说了玄奘的事迹后，就在国都曲女城(今印度北方邦境内卡瑙季)开了一个不加任何阻止的无遮大会，请了印度十八个国家的国王和三千多名高僧、学者到会，推选玄奘作为大会的论主，请与会者参加辩论。大会开了十八天，大家对玄奘的精彩演讲没有一个不心悦诚服的。玄奘从此名震全印度，成为最有影响的佛学大师，声望和学问都超过了他的老师戒贤。

这时，玄奘向朝廷上表，陈述自己游学求法的经过，表示要取了真经后返回祖国。唐太宗非常高兴，让他赶快东归。

玄奘返回长安不久，前去洛阳谒见即将出征辽东的唐太宗。唐太宗对他百折

不挠的取经精神十分赞赏,劝他还俗从政。玄奘表示要继续研究佛学,并要把带回来的佛经翻译出来。唐太宗对他的想法表示支持,还为他创造了译经的条件。

　　玄奘不仅翻译了大量佛经,还和弟子一起,写了一部《大唐西域记》,把西行到过的一百一十个国家和听说过的二十八个国家的山川地形、城邑关防、交通道路、风土习俗、物产气候、历史传闻等各方面情况记载下来,为研究印度、尼泊尔、巴基斯坦、孟加拉国、斯里兰卡以及中亚等地古代历史地理,提供了重要的文献资料。后来民间流传了许多关于唐僧取经的神话,明代小说家吴承恩在此基础上写出了《西游记》,成为一部优秀的长篇神话小说。

162

文成公主远嫁吐蕃

唐朝的贞观之治,使国家经济繁荣,文化发达,周围少数民族非常向往,纷纷派使者前来修好,称臣纳贡。许多少数民族首领都来求亲,以能够与唐朝宗室联姻为荣。唐太宗为了确保边疆太平,各族百姓和睦相处,也制定并推行和亲政策。比如,唐太宗把妹妹衡阳公主嫁给突厥处罗可汗的儿子阿史那社尔,把弘化公主嫁给吐谷浑可汗诺曷钵,从而建立了唐朝和突厥、吐谷浑之间的友好关系。当时西南地区的高原上,崛起了一个强盛的吐蕃(bō)政权。它的赞普(吐蕃王的称号)松赞干布,于公元634年派使者到长安,希望跟唐朝建立友好关系。

松赞干布从小就精通骑马、射箭、击剑等各种武艺,而且很有文化素养,会写诗歌,吐蕃人十分爱戴他。在他父亲去世不久,吐蕃贵族发动叛乱,企图夺取政权。年轻的松赞干布镇静地面对复杂的形势,凭着超凡的智慧和勇敢,很快就平定了叛乱。

松赞干布派使者到长安,一方面是想学习唐朝的先进文化,另一方面则是向唐皇室求亲。但唐太宗没有马上答应。吐蕃使者回去后怕被松赞干布怪罪,便撒了个谎,于是闹出了吐蕃和唐朝的矛盾,双方打了几仗,才坐下来和平谈判。

公元640年,松赞干布派出了一支上百人的队伍,由聪明能干的大论(宰相)禄东赞带队,准备了许多金银珍宝,再次到长安求亲。

禄东赞在唐太宗接见时,转达了松赞干布想和唐朝友好的心愿,巧妙地提出了年轻的国王希望娶一位大唐公主的要求。

唐太宗对禄东赞的言谈举止很赞赏,并从他那里对松赞干布有了更多的了解。唐太宗在皇族的姑娘中,挑选了一位文化素养较高、美丽而又温柔的,封为"文成公主",许嫁给松赞干布。

禄东赞能完成求亲的使命,确实很不容易,至今民间还流传着"五难求婚使"的动人故事。当禄东赞顺利解答了一道道难题,最后,唐太宗要他从二千五百名美丽的姑娘中,找出文成公主来。禄东赞以他敏锐的眼光,一眼就认出了仪态大方的文成公主。

公元641年,唐太宗派礼部尚书、江夏王李道宗护送文成公主去吐蕃。随同文成公主一起入吐蕃的,还有许多侍女和工匠厨役。在文成公主丰盛的嫁妆里,不仅有金银珠宝、绫罗绸缎,还有吐蕃所缺少的粮食、蔬菜、水果种子和药材、蚕种等,以及许多儒家经典和农业、医药、天文、历法、科技等方面的图书。

吐蕃人民得知文成公主嫁给松赞干布的消息后,一路上都有人备了礼物和交通工具来接送。松赞干布按照唐朝礼制,从吐蕃都城逻些(今西藏拉萨)赶到柏海(今青海扎陵湖),亲自迎接文成公主,并在那里隆重地举行了婚礼。他与李道宗相见,是以儿子女婿这种晚辈的身份,以表示敬意。

随后,松赞干布带着文成公主回逻些。这年藏历四月十五日,逻些百姓像过盛大节日似的,载歌载舞,迎接文成公主进城。

松赞干布非常宠爱文成公主,还按照唐朝的建筑模式,在逻些专为文成公主造了一座宫殿。至今在拉萨的大昭寺及布达拉宫中,都供奉着松赞干布与文成公主的塑像。

松赞干布于公元650年去世后,文成公主继续为汉藏两族人民的文化交流和友好联系作着不懈努力。当时去印度学佛的唐朝僧人,大多取道吐蕃,有些高僧还受到文成公主的热情接待。文成公主在吐蕃生活了近四十年,为发展藏族经济作出了贡献。她让随从人员向当地百姓传授耕种方法,还亲自指导青稞等谷物的试种。她要求唐朝选派优秀工匠,帮助吐蕃人民建设。自从文成公主入吐蕃后,唐朝和吐蕃文化交流大大加强,她也成为民族情谊的象征,因而直到现在还被当地人民所深深怀念。

松赞干布以后的几个赞普,继续保持与唐朝的友好关系。公元710年,唐中宗把金城公主嫁给吐蕃赞普。公元729年,吐蕃赞普派使者来见唐玄宗,表示愿意和唐朝同为一家人,让天下百姓永远过太平日子,表达了汉藏人民的友好感情和愿望。

163

水能载舟,亦能覆舟

公元644年(贞观十八年),唐太宗与被立为太子不久的李治有过一次谈话。

唐太宗问李治:"你了解船吗?"

李治老实地回答说:"不了解。"

唐太宗说:"船好比君主帝王,水好比黎民百姓。水能使船漂浮行驶,也能把船打翻。你刚被立为太子,对此可不能不心存畏惧啊!"

这是他对自己多年来的统治经验的总结,也是他治理国家的基本思想。这话对后世的一些开明君主和政治家们有不小的影响,成了一句政治名言。但唐太宗到了晚年,特别是当魏徵等大臣相继去世后,也逐渐变得专断起来,听不进大臣们的忠告和劝谏。其中最明显的,就是发动对高丽的战争。

从隋朝起,东北边境问题就没能解决。到李世民执政时,朝鲜半岛上有高丽、百济、新罗三个国家。以前因为西北地区战争不断,唐太宗顾不上东北。到公元642年,高丽国大将盖苏文把国王高建武和一百多名大臣都杀了,唐太宗便以此为理由,准备跨海东征高丽。

褚遂良等大臣再三劝告,有的说辽东路远,运粮困难,高丽人又善守城,攻打很不容易;有的说,战争如果久拖不决,国家的安危就很难说了。可唐太宗不但不听,反而决定"御驾亲征"。

听到这消息,已退休多年的尉迟恭也赶来劝说。他认为边境小国,根本不用李世民亲征。相反他担心,唐太宗一旦亲征,京都空虚,会发生意外事变。可唐太宗却看着他说:"以前打仗你总跟我在一起,这次也随我一起出征。"

尉迟恭推辞说自己年纪大了,唐太宗却说,当年廉颇年纪也大了,仍上战场杀

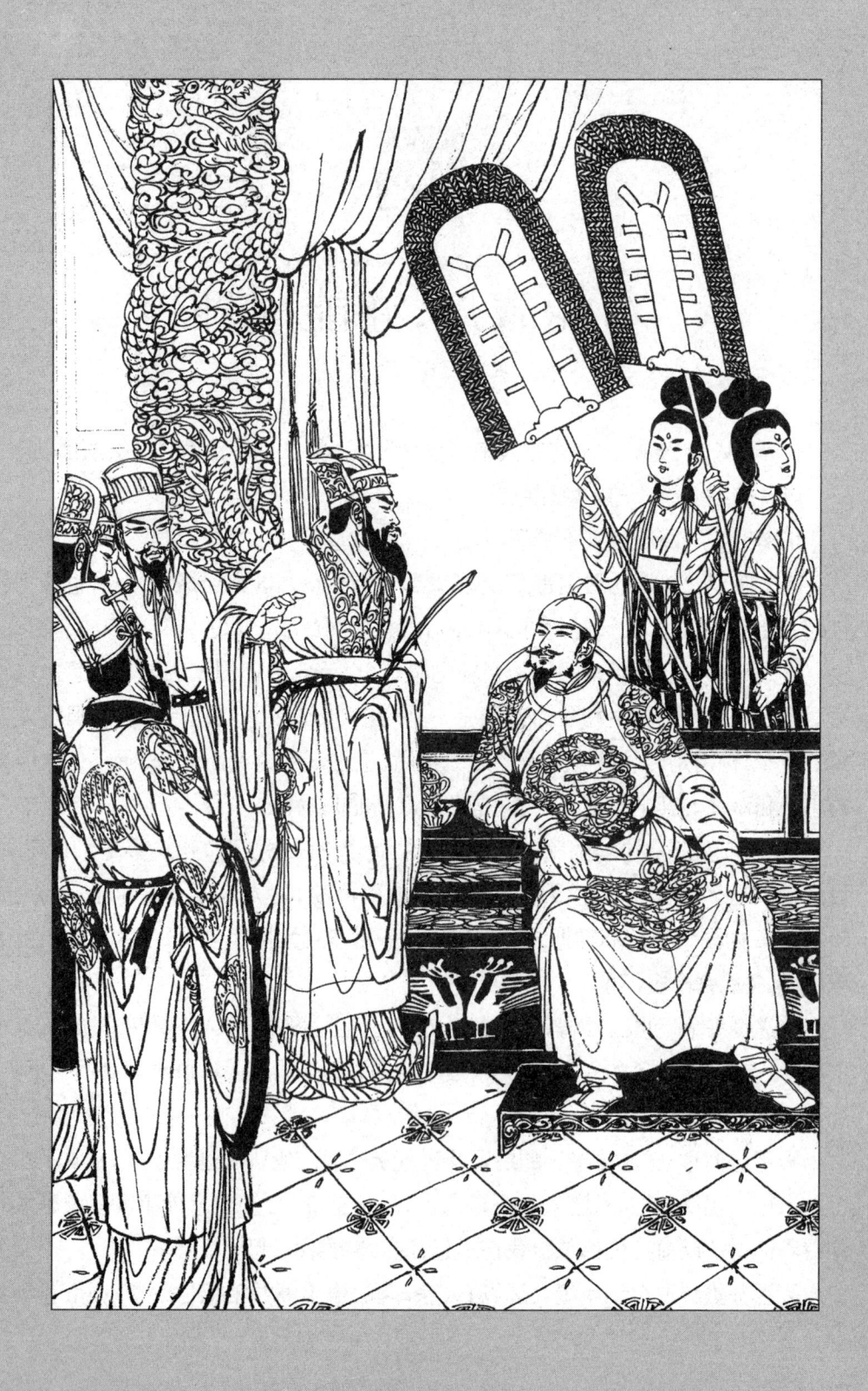

敌,这次你就当一名马军总管,负责指挥好了。结果,尉迟恭不仅没有说服李世民,自己也被拖上了战场。

战争从公元645年初打响,在开始阶段,唐军虽然付出了重大代价仍攻下了高丽的几座城。但攻到安市(今辽宁海城南)城下时,却遇到了高丽军的顽强抵抗。唐军死得尸积如山,城却久久攻不下来。很快到了秋季,东北地区气温低,转眼间便是草枯冰封,唐军的粮草不多了,给养又供不上来,李世民这才不得不下令退兵。可回国途中又遇到一场暴风雪,唐军没有寒衣,士兵们因而冻死不少。唐军的损失真是大得没法说。

另一件令李世民烦心的事是,他的儿子们也在明争暗斗地争夺皇位的继承权。李世民原来立的太子是长孙皇后生的长子承乾。可是李承乾又懒散又狡诈,整天和一帮小人混在一起。唐太宗为他请的老师,不是被他气死了,就是被他气跑了。但在封建宗法制度下,他受到了维护正统的魏徵等人的支持。

唐太宗宠爱的是长孙皇后生的第二个儿子魏王李泰。李泰长得体格魁梧,为人又聪明有才干,很像唐太宗。唐太宗赏赐给李泰的钱物逐年增多,后来竟超过了对承乾的赏赐。唐太宗还让李泰效仿他当年做秦王时的做法,设立文学馆,招揽人才。李泰仗着唐太宗的宠爱日益骄横起来,他不仅常常向李世民密告太子的劣行,而且不把一班功臣、老臣放在眼里。

公元643年,魏徵病逝,承乾为失去有力的支持而惶惶不安。为了保住自己的地位,他竟想仿效唐太宗搞宫廷政变,迫使唐太宗退位,让他当皇帝。但他的阴谋很快败露,他被判流放黔州(今重庆彭水、黔江一带)。

李泰见状十分得意,以为自己当太子当定了。可他没想到,因为他的骄横,唐太宗的重臣们没有多少人支持他,甚至连他的亲舅舅长孙无忌,对他也一直没有什么表示。让他更想不到的是,一些大臣这时却提出,立也是长孙皇后生的晋王李治为太子。

李泰知道后急了,忙跑到唐太宗面前去表白。他说,父皇一直要立他为太子,这是给他"再生之恩"。现在有人提出要立晋王为太子,他和晋王是手足兄弟,他自己有一个儿子,他愿意保证,将来他死时先把儿子杀了,再把皇位传给晋王。

唐太宗是何等聪明的人，李泰的这些蠢话反而让他头脑清醒了。他觉得，以后要是让李泰当皇帝，承乾、李治等皇子的性命难保；而让李治当皇帝，他虽没有什么大才干，但心底仁厚，承乾、李泰等人就不会有生命安全的问题了。唐太宗十分不愿自己的儿子们重演他们弟兄的悲剧，在长孙无忌等人的支持下，他终于立当时十六岁的李治为太子。

为了让李治成为一个能守业的好皇帝，唐太宗不仅为太子请了名师，自己还常常到太子住的东宫去，亲自对李治进行为君之道教育。"水能载舟，亦能覆舟"的话，就是他在对李治进行教育时说的。此外，他还写了《帝范》十二篇作为教材，让李治系统地了解、接受他多年来积累的统治经验。他还处心积虑地要为李治留下一个较好的统治基础，为此不惜重开与高丽的战争。

公元649年（贞观二十三年），唐太宗因服食仙丹不治身亡，终年五十岁。

太子李治遵遗诏，在太宗灵前即皇帝位。这位生性懦弱，被认为不大有魄力的新皇帝，登基后做的第一个重大决定便是停止对高丽的"辽东之役"。老百姓们终于避免了又一场灾难。

"药王"孙思邈

公元652年(唐高宗永徽三年),一部在中外医学史上享有盛誉的医学巨著《千金要方》问世了。这部三十卷的巨著,分二百三十二门,列有医方五千三百多首,按妇产、小儿、五官、口腔、传染病、杂病、外科、急救等科,分科叙述各科疾病的诊断、预防和治疗方法。这部书内容极其丰富,规模宏大,以前各朝的医学书都无法与它相比。这本书也是我国最早的临床医学百科全书,对我国医学的发展产生了极其深远的影响。这部巨著的作者,是唐代的著名医学家孙思邈。

孙思邈小时候体弱多病,为求医买药而耗尽家产,于是立志学医。他孜孜不倦地钻研医书,总结历代的医学理论和临床经验,并经过大量的临床诊治的实践,终于成为一名医德高尚、医术精湛的名医。有一年,唐太宗李世民患了心口痛的毛病。御医们治了好久都没治好,后来把孙思邈召来诊治,不久病就好了。唐太宗很高兴,便封孙思邈为"药王"。

在医疗实践中,孙思邈很重视对妇女和儿童疾病的医治。他认为妇女、儿童的疾病与成年男子的疾病是不同的,应该单独成科,用不同的方法医治。因此,他对妇科和儿科疾病的治疗,技术都很高明。

有一次孙思邈在路上,忽然听见前面传来哭声。他连忙赶上前,见是一行人抬着口棺材,后面还跟着个年轻人和一对老夫妻。

孙思邈连忙上前询问,老夫妻哭得语不成句,年轻人哽咽着说:"前天我媳妇喊肚子疼,要生孩子了。可是折腾了两天两夜都没生下来,接生婆说母子两个都保不住了。今天早上,我媳妇就没命了!"说完,放声大哭起来。

孙思邈听了低下了头。忽然,他看见从棺材缝里有一滴滴的血滴下来,他忙蹲

下去仔细看,发现血还是鲜红鲜红的,连忙大声说:"快打开棺材,说不定还有救呢!"

老夫妻睁大眼睛,疑惑地说:"不会吧,人死了都两个时辰了!"

孙思邈顾不上回答,赶快让人打开棺盖。只见那女子脸色惨白,毫无生息。他再仔细搭了搭脉,捕捉到一丝轻易不能察觉的跳动。孙思邈很有把握地说:"让我来试试吧!"

他取出随身带的银针,对准穴位一针扎下去。一分钟,两分钟……那产妇的胸口开始起伏了,眼皮也跳动起来,高高隆起的腹部也蠕动起来了。

随着"哇"的一声啼哭,一个胖胖嫩嫩的婴儿出生了。年轻人和老夫妻都惊呆了,过了好一会才回过神来,连声感谢孙思邈一针救了母子两条命。

在外科方面,孙思邈首创了导尿术,这是他的又一贡献。

有一次,一个病人撒不出尿来。因为家里穷,没有钱,病人家属一直不好意思来找他。

孙思邈听说后,二话不说,起身就来到病人家。只见病人躺在床上,肚子大得像一面鼓,高高隆起。病人脸色蜡黄,双手捧着肚子,不住地呻吟。

孙思邈一边安慰病人,一边思考该如何治疗。他想,尿不出来恐怕是尿道口出了问题,现在已经到了这个份上,吃药排尿肯定是来不及了,只能另想办法。

孙思邈左思右想,忽然看见窗外一群小孩手里拿着葱管吹着玩。他两眼一亮,脱口而出:"太好了,有办法了!"他想,葱管又细又软,把它插进尿道,或许能把尿导出来。

于是,孙思邈找来细葱,把两头切除,然后小心翼翼地插进病人的尿道。试了几次,葱管终于插进去了,他便对着葱管使尽力气一吸,尿液果然缓缓地流了出来。

孙思邈心里一阵激动。他继续吸,直到病人的尿液流光、肚子小下去,才站起身。

公元681年,孙思邈已达百岁高龄。这年他又编成了《千金要方》的续编《千金翼方》。《千金翼方》也是一部三十卷的巨著,是孙思邈为补充《千金要方》的不足而编撰的。《翼方》辑录了八百多种药、古代处方两千多个,还收录了当时医生秘藏的

汉代张仲景所著的《伤寒论》的内容。

孙思邈为我国古代医学发展作出了巨大贡献,他高尚的医德和精湛的医术一直受到世人的尊敬。因此,他晚年隐居的五台山被称为"药王山",山上还建有"药王庙"。

唐代是我国封建社会的全盛时期,医学研究也达到一定的高度。当时经济发展较快,对外交往增多,不断出现外来药物,用药经验积累了不少,迫切需要有一部总结药物学的专著。唐高宗显庆年间,在唐朝官方的支持下,以医学家苏敬为首,组织了二十多名专家,编成了我国医学史上第一部国家药典《新修本草》。

唐代的外科发展也很快,朝廷设立了"太医署",其中设有相当于外科的疮肿专科。进入这个科的学生,要学习五年有关专业知识和技术,经考试合格才能毕业。此外,太医署还设有按摩科,兼治跌打损伤,成就相当可观。

165

文采飞扬滕王阁

　　唐朝时候,在洪州(今江西南昌)赣江旁边,有一个游览胜地,叫滕王阁。它是唐高祖李渊的儿子李元婴担任洪州都督时建造的。后李元婴封为滕王,所以人们就称它为滕王阁。阎伯屿继任都督后,把滕王阁修缮一新,并决定在九月九日重阳节大请宾客,举行宴会。他还打算让女婿写一篇文章,记叙和赞扬这次宴会。他的女婿也事先把文章打好草稿,一心想在宾客前露一手。

　　当时,有个青年文学家,名叫王勃。他是绛州龙门(今山西河津)人,隋朝有名的学者王通的孙子。他因为父亲在南方交趾做官,前去探亲,路过洪州,听说那里有不少名胜古迹,计划逗留几天,游览一番。

　　王勃到洪州后,就拜望都督阎伯屿。阎伯屿邀请他重阳节那天到滕王阁赴宴。王勃满口答应了。

　　到了那一天,当地的官员、名人都来参加宴会。宴会开始后,阎伯屿说:"滕王阁是洪州的名胜,希望有人写序赋诗,记述这一盛会。"

　　说罢,阎伯屿命人拿来纸笔,请大家撰写。宾客们早已听说他要让女婿写,都知趣地摇手推辞,不肯接纸笔。

　　纸笔很快地传到了王勃座前。王勃不知内情,接下了纸笔。阎伯屿恼火极了。他把袖子一甩,离座而起,走到阁外,观看江上的景色去了。可是,他又很想知道王勃写作的内容,就派了几个随从,要他们把王勃写的文句随时前来报告。

　　一会儿,一个随从前来报告:"他开头写了两句:'南昌故郡,洪都新府。'"

　　阎伯屿轻蔑地说:"不过是老生常谈!"

　　接着,第二个随从又来报告说:"他接下去又写两句:星分翼轸(我国古代按照天上星宿的位置划分地面相应的区域,洪州古代属楚地,翼、轸是传说中楚地上空的两个星宿),地接

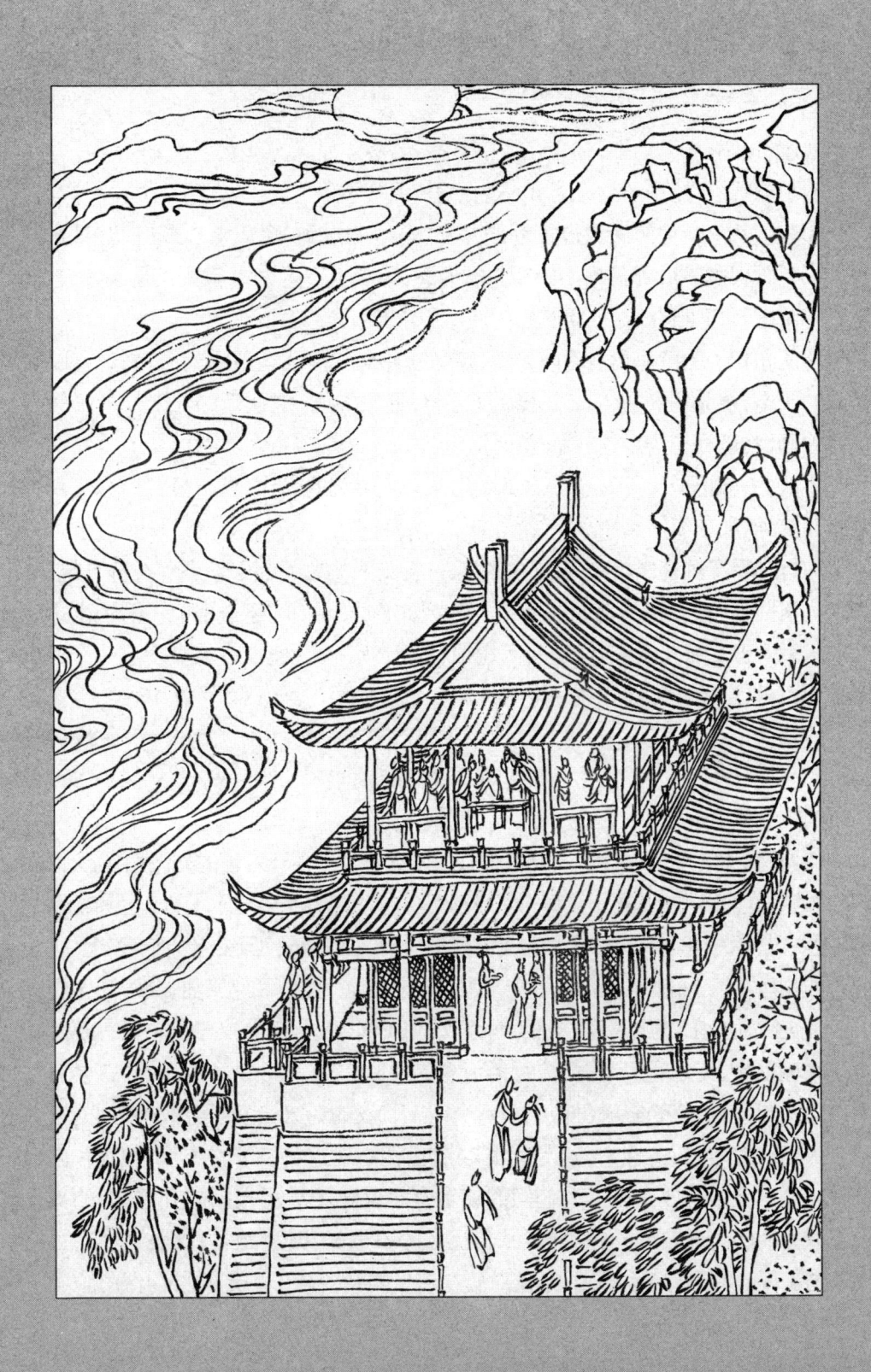

衡庐(指衡山和庐山)。"

阎伯屿听了,感到对这个青年不能小看,沉吟不语了。

那些随从不断地前来报告王勃的文句,当他们报到"落霞与孤鹜齐飞,秋水共长天一色"这两句时,阎伯屿不由得一跃而起,惊叹道:"这个青年真正是天才,这篇文章要永垂不朽了!"

这两句句子的意思是:落霞伴着孤单的野鸭,一齐飞向遥远的天边;秋水映着辽阔的天空,融成一片碧色。句子对仗工整,形象鲜明,把秋天的江上景色描写得美丽如画,难怪阎伯屿要这样称赞他了。

不久,王勃把全文写好了。这就是历来为人传诵的名作《秋日登洪府滕王阁饯别序》,简称《滕王阁序》。

宾客们看了这篇字字句句都像珠玉一般美丽的文章,没有一个不赞不绝口。阎伯屿又回到座上,和王勃欢饮至终。王勃临走时,阎伯屿还送了他一笔厚礼。

王勃不但文章写得出色,诗也写得很精彩。有一次,他在京城长安送一个朋友到蜀州去做官,特地写诗送别。他在诗中写了这样两句:

  海内存知己,
  天涯若比邻。

诗句的意思是说,只要同在四海之内,即使远离也分不开真正的知己朋友,天涯海角犹如隔壁的邻居,长安蜀州又算得了什么呢? 这两句诗充分显示了诗人开阔的胸怀和豪迈的志趣,一扫离别诗中那种常见的感伤情绪,因而也成为千古传诵的名句。

在初唐文坛上,跟王勃齐名的文学家还有杨炯、卢照邻和骆宾王,文学史上把他们四人合称"初唐四杰",又称"王杨卢骆"。他们都很有才华,在文学上也很有成就。

六朝以来,诗风淫靡绮丽,流行的大多是反映宫廷荒淫放荡生活的"宫体诗"。到唐朝初年,宫体诗的影响仍很大。有个叫上官仪的诗人,也专写这种绮丽的宫体诗。人们纷纷效法,还称它为"上官体"。初唐四杰对这种诗非常不满,把写作内容从狭小的宫廷中解放出来。他们写的诗篇有的反映了从军报国的壮志,有的揭发了贵族生活的荒淫空虚,有的抒发了自己怀才不遇的悲愤,题材范围扩大了,风格比较清新了,思想感情也不同了,这对唐初诗风的转变起了一定的推动作用。

武则天当女皇帝

唐高宗李治即位后，做了又一件震动朝野的事，那就是他执意废掉了原来的皇后王氏，改立他宠爱的武昭仪为皇后。这位武昭仪后来就是中国历史上唯一的女皇帝武则天。则天是她退位后，唐中宗给她上的尊号，也是她死后的谥(shì)号。

武则天十四岁时，被唐太宗召入宫，封为才人（唐代一种妃嫔的称号），赐号武媚。她称帝后，又特地造了一个"曌"字作为自己的名字，表示日月当空的意思。

唐太宗病死后，武则天等妃嫔被遣送到感业寺当尼姑。高宗李治在当太子时，就在太宗宫中见过武则天，彼此倾心。高宗即位后，有一天到感业寺拜佛，与武则天再次相见。武则天一面跪接，一面禁不住哭泣起来。高宗很感动，就想找机会把她接入宫中。

高宗的皇后王氏性情高傲，对上不肯奉承皇帝，对下人也不知体贴，再加上没有生育皇子，已被冷落多年。高宗的淑妃萧氏生有一子，封雍王，深受皇帝宠爱。当时后妃之间的争斗愈演愈烈。王皇后知道高宗思念武氏，就想利用武则天来打击萧淑妃。她派人让武则天留起头发，后来又把武则天接进宫中。高宗见了正合心意，就将武则天封为昭仪，越来越宠爱她。

武则天从小就聪明，有智谋。当年她被征召入宫时，母亲为她送别，哭得很伤心。武则天却神色自若地说："我去见皇帝怎知不是福分呢，何必像小儿女那样悲伤。"她母亲倒不好意思再哭了。

武则天还爱好文学、书法。她出众的才华，使得只知道为争宠而争斗的皇后、淑妃，在她面前相形见绌。高宗便产生了废黜王皇后，改立武则天的心思。

高宗知道，改立皇后是件大事，必须听取长孙无忌、褚遂良等老臣的意见，因为

他们是太宗临终时托付过后事的顾命大臣。为此,他还亲自到长孙无忌家去说明心愿。但长孙无忌和褚遂良都坚决反对,他们认为王皇后出身名门,是太宗皇帝为李治迎娶的,不能轻易废掉;就是要改立皇后,也应当从名门望族中选择更好的女子。武则天的父亲,当年只是一个木材商人,只是因为帮助高祖李渊起兵,后来才当了工部尚书,封为应国公。因此武则天的出身实在很低微,不配做皇后。

他们的意见,代表的是士族地主阶级的利益;而武则天代表的则是庶族地主阶级。从南北朝以后,士族地主阶级的势力就在不断衰落,庶族地主阶级的势力则在不断壮大。而唐高宗当时又想摆脱顾命大臣对他的控制,这就使他必然要依靠有才干的,但是庶族出身的武则天。

一天,属于元老派的李勣入朝拜见高宗。高宗便问他:"朕想立武昭仪为皇后,可是褚遂良很固执,坚持认为不可。他是顾命大臣,事情弄到这样,该怎么办?"

李勣回答说:"改立皇后是陛下的家务事,何必去问外人!"

听了李勣的回答,李治便下定了改立皇后的决心。公元655年,高宗李治下诏,将王皇后和萧淑妃都废为庶人,打入冷宫;将武则天封为皇后;又将那些反对此事的大臣或诛杀,或放逐,连他的舅父、顾命大臣长孙无忌也被逼自杀。

高宗在公元660年以后,头晕病日益加重,不能正常地处理朝政。武则天对政治很有兴趣,而且权力欲也很强,因此百官的奏章常由她代批。从此以后,武则天便参与国政。她极力树立自己的权威,不久就凌驾于高宗之上。高宗心里很不痛快,老臣上官仪便对高宗说:"皇后专权,有失民心,请陛下废黜她。"高宗就让上官仪起草废后的诏书。

不料,此事立刻被人通报给武则天。武则天闻讯赶来,厉声责问高宗。高宗吓得把责任一股脑儿推在上官仪身上。不久,武则天就找了一个罪名,杀掉了上官仪。

从此以后,高宗上朝,武后垂帘并坐。不论大小政事,都由武后说了算。公元674年,高宗称天皇,武后称天后,朝廷内外,将他们二人并称为"二圣"。

公元683年,唐高宗病亡。武则天先立儿子李显为帝,就是唐中宗。但中宗只是个傀儡,所有朝廷大事都由武则天说了算。中宗很不甘心,便自作主张,把皇后

的父亲从小小的参军提升为刺史，并打算继续提升他。

武则天对此十分愤怒，立刻把中宗贬为庐陵王，另立豫王李旦为帝。但只过了半年多，她又把睿宗李旦废了，改元为光宅，亲自掌握朝政，并重用武氏家族。武则天随便地废立皇帝，是对封建社会男权的挑战，也是传统的男尊女卑思想不能容忍的；加上武氏家族仗着她的势力横行霸道，李唐皇族人人自危，因此引起一些人公开反对她。

先是徐敬业、骆宾王等人在扬州揭竿而起，他们公开提出口号：推翻武太后专权，拥护李显复位。不几天就聚集了十万之众，攻占了润州（治所在今江苏镇江）、淮阴等地。为了号召全国响应，骆宾王还亲笔写了讨伐武则天的檄文。这篇檄文是一篇文采飞扬、脍炙人口的好文章，千百年来一直为人们所称颂。檄文中，有些文字把武则天责骂得非常厉害，但武则天看了以后却赞不绝口。她不仅不生气，反而认为朝廷没能任用骆宾王，实在是"宰相之过"。由此可见这位女皇帝的胸襟肚量。

武则天派大将军李孝逸，率领三十万大军，镇压了徐敬业。此后又有唐宗室诸王起兵，反对武则天，但也被武则天镇压了。

公元690年九月，武则天将国号改为周，自己加尊号"圣神皇帝"。就这样，她成了中国历史上唯一一位登上皇帝宝座的女性。

狄仁杰桃李满天下

武则天早年曾侍奉唐太宗多年,太宗时期的"贞观之治"给她留下了深刻的印象;她又有较好的文史修养,对历代的兴亡和政治得失有较深刻的理解。因此,她在执政的五十年间,能够保持"贞观之治"开创的局面,使唐朝继续向繁荣发展。

武则天和唐太宗一样,重视发展农业,推行减轻赋税、与民休息的政策。她也注意广开言路,虚心纳谏,哪怕进谏的内容触犯了她,她也能包容,不降罪。此外,她发展了科举制度,开创了皇帝亲自主持考试、选拔人才的"殿试"方式,以及选拔军官的"武举"考试。通过这些考试和其他一些途径,武则天选拔了一批有才干的官员,如狄仁杰、姚崇、宋璟、张柬之等人。其中姚崇、宋璟等人,甚至在以后的唐玄宗朝都发挥了很大的作用。而武则天主理朝政时,最著名的人物就是宰相狄仁杰了。

公元686年,狄仁杰任宁州(今甘肃宁县一带)刺史,他积极发展生产,安抚百姓,缓和了中原地区与少数民族戎狄的关系,确保了朝廷的安定。监察御史郭翰奉命到地方上巡察,地方官多有被弹劾的,但是他到了宁州,一路上老百姓都赞扬狄仁杰。郭翰向朝廷推荐,狄仁杰被提升为工部侍郎。

公元688年,狄仁杰任豫州刺史。当时,受越王李贞案的牵连,有两千多人被判死刑。狄仁杰知道这是冤案,便密奏朝廷,使这些人获得宽大。武将张光辅因镇压叛乱有功,十分傲慢,纵容部下强索财物。狄仁杰义正辞严地警告他:"叛乱的人是李贞,城里的人都已经归降朝廷,若你纵容三十万人杀掠,岂非要血流成河!"

张光辅无话可说,却怀恨在心,向朝廷奏称狄仁杰傲慢。可是武则天明辨是非,对狄仁杰深信不疑。

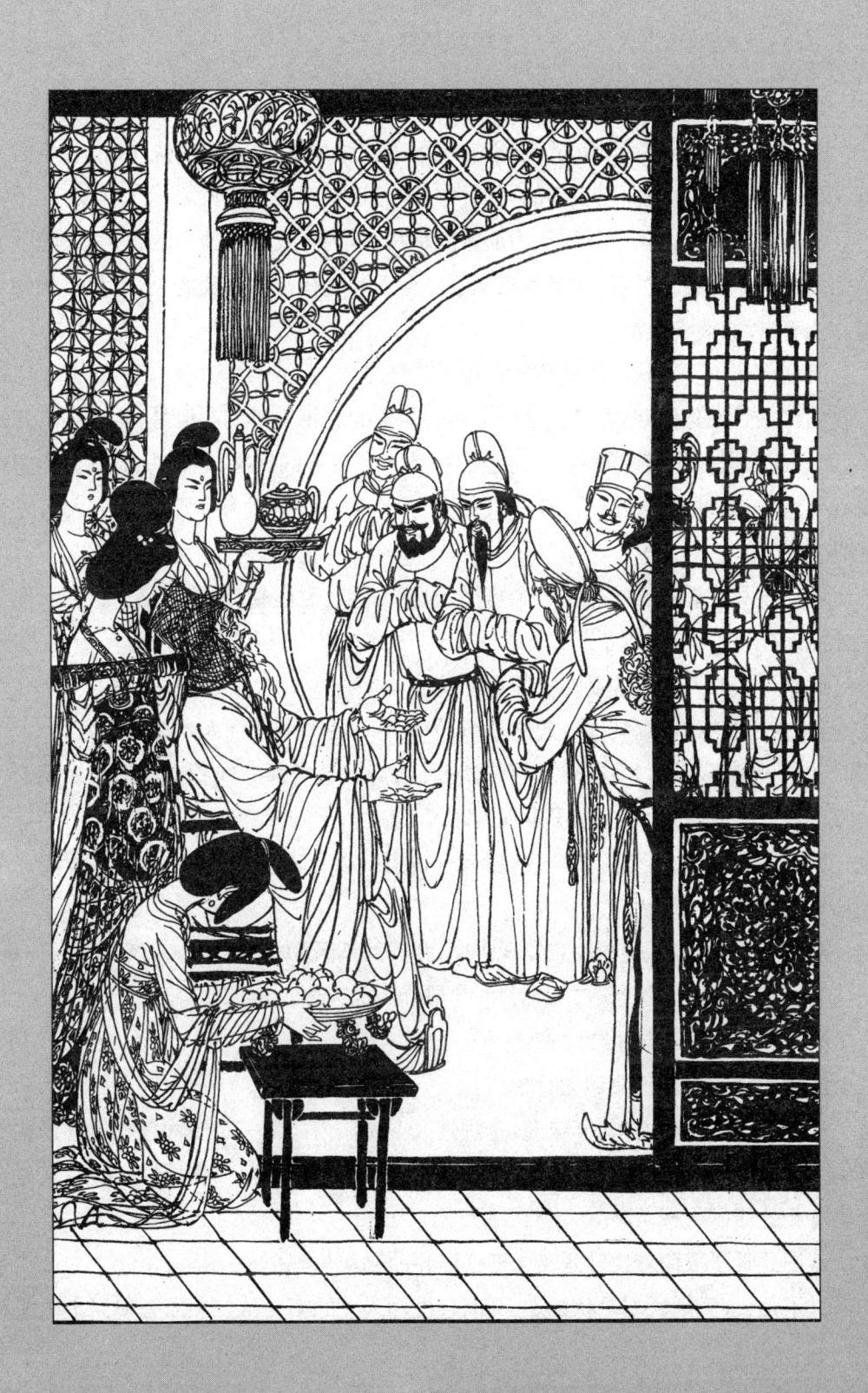

狄仁杰升任户部侍郎后,武则天有一次召见他,对他说:"你在豫州时,名声很好。不过,也有人在我面前说你的坏话,你想知道他们的名字吗?"

狄仁杰回答说:"陛下如果认为那些确是我的差错,我应该努力改正;如果陛下认为那些并不是我的过错,这是我的幸运。至于是谁在背后说我的不是,我不想知道。浊者自浊,清者自清。"

武则天非常赞赏狄仁杰这种宽以待人的风度。

狄仁杰后来升任宰相,其实是一个叫娄师德的老将推荐的。但是,狄仁杰不知情,而且还有点看不起娄师德,认为他不过是一个普通的武将,曾经几次将娄师德调到外地去。武则天察觉后,有一天故意问狄仁杰:"你认为娄师德这个人有才能吗?"

狄仁杰回答说:"娄师德是一个将军,他能小心守卫边疆,就很不错了。至于他的才能怎样,我就不知道了。"

武则天又问:"你认为娄师德能不能发现人才呢?"

狄仁杰说:"我曾经同他一起共过事,但没有听说他能发现人才呀。"

武则天微笑着说:"我能够了解你狄公,其实就是娄师德向我推荐的呀。就这一点来看,娄师德就称得上善于发现人才了。"

狄仁杰听说后,不觉深感惭愧,自言自语道:"娄公对我有这样的大德,我竟一无所知,真惭愧呀。"

从此以后,狄仁杰也很注意发现人才,并向武则天积极举荐。

有一次,武则天又要狄仁杰推荐一个最优秀的人才。

狄仁杰问:"不知陛下要用在哪一方面?"

武则天说:"我想任命他为将相。"

狄仁杰说:"若论才华,苏味道、李峤就很不错。但如果一定要物色一位特别优秀的人才,那就要算荆州长史张柬之了。这个人年纪虽然大一些,但才能出众,是个当宰相的最好人选。"

武则天听了很快就提升张柬之担任洛州(治所在今河南洛阳)司马。

过了几天,武则天召见狄仁杰,又问起推荐人才的事。狄仁杰回答说:"上次我

推荐的张柬之,陛下还没任用他呢。"

武则天说:"我不是已经提拔他当洛州司马了吗?"

狄仁杰回答说:"我向陛下推荐的张柬之,是一个担任宰相的人选,并不是让他当司马的。"

于是武则天把张柬之提拔为刑部侍郎。张柬之不负众望,政绩出色,后来果真被武则天任命为宰相。

像张柬之这样的人才,狄仁杰陆陆续续推荐了数十人,其中如桓彦范、敬晖等人,后来大多成为唐代的名臣。因此有人对狄仁杰说:"天下桃李,都出在狄公的门下了。"

狄仁杰回答说:"推荐人才是为了国家,并不是为我个人的私利。"

武则天对狄仁杰一直非常信任和敬重,常常称他"国老"而不直呼其名。狄仁杰拜见时,武则天常阻止他跪拜,还说:"每次看见狄公跪拜,我感到心痛啊。"

武则天还免除狄仁杰夜里值班,并专门对狄仁杰的同僚说:"不是军国大事,不必去麻烦狄公。"

狄仁杰喜欢当面提意见,武则天即使心里不太赞成,也往往依从他。

狄仁杰年老后曾多次要求告老还乡,武则天都没有同意。狄仁杰一直活到九十三岁(一说七十岁)。他去世后,武则天哭着说:"从此再也见不到狄公了。"

168

请 君 入 瓮

　　武则天当皇帝,开创了妇女称帝的先例。但在男尊女卑的封建社会,她必然会面对强大的政治压力和敌对势力。徐敬业和唐宗室诸王等起兵反对她,使她担心朝臣背叛,民心动摇。为了保住她的地位和统治,她任用酷吏,实施严刑峻法。还大开告密之门检举告发反对者。为此她专门设立了铜匦(guǐ)这种匣子,告密的奏章只能丢进去不能拿出来。

　　那时,凡告密的人都能享受优厚的待遇,如果告密的内容符合武则天的心意,马上就可以做大官。如果告密内容不实,也不追究诬告的责任,结果一时间告密之风盛行。李唐皇族贵戚数百人,大臣数百家,都因此而被杀,地方官吏被杀的则不计其数。而一些善于投机钻营的奸恶之人,便把告密作为升官发财的捷径。像索元礼、来俊臣、周兴等,就是靠这股歪风发迹的。

　　索元礼是胡人(我国古代对北方和西方各少数民族的泛称),正是靠告密起家的。他捏造事实,声称有急变。武则天马上亲自召见,升任他为游击将军,命他在洛州负责审理案件,管理秘密监禁审讯犯人的"制狱"。索元礼生性残忍,杀人不眨眼。他审理案件,动不动就严刑逼供,刑具的花样又特别多,往往搞得犯人死去活来,一个案子牵连了数百上千人,还不肯罢休。老百姓对他比狼虎还怕。武则天却多次召见他,大加赏赐,助长了他的威势。所以,死在他手中的人多得数不清。

　　来俊臣等奸恶之徒也以索元礼为榜样,以告密起家,并且大红大紫,被天下人称为"来索"。

　　来俊臣本是一个品行不端、反复无常的人,曾因奸盗案入狱。在狱中,他诬告有人反叛。东平王李续审理后认为没有证据,打了他一百杖。后来李续被诛,来俊

臣又告密，并且见到了武则天。武则天认为他忠心可嘉，升他为侍御史加朝散大夫，命他管理刑狱。

来俊臣见风使舵，每次审案都符合武则天的心意，武则天也就放纵他用酷刑威胁群臣。朝臣中先后被来俊臣害死的多达数千人，凡是平常与他有一点小纠纷的人，统统被冤杀。这样一来，天下人几乎都不敢讲话，只能"目语"，就是用眼睛来表达意思。

来俊臣手下招聚了数百名无赖，又与一些同党官员相勾结。他们若要诬告某人，就在各地同时检举揭发，一呼百应。武则天便信以为真，让来俊臣来主持审问。武则天还特别设立了推事院，又称新开门，专让来俊臣办案。只要一进这"新开门"，几乎没有一个人还能活着出来。来俊臣还同他的同伙编写了一部《告密罗织经》，详详细细叙写了告密整人的办法。

来俊臣还置办了许多令人毛骨悚然的刑具，每次审案，先把这些刑具往犯人面前一横，吓得犯人魂飞魄散，只好胡编乱造招供了事。许多官员入朝时好端端的，突然被诬，从此音讯全无，甚至全家被杀。所以，官员们出门上朝，都先要同家里人诀别说："不知还能重见否？"

后来，连狄仁杰也被来俊臣罗织罪名，关进大牢。幸亏他想办法自救，否则也被来俊臣害死了。

来俊臣有个同伙叫周兴，也是一个酷吏，被他陷害冤死的人也多达数千人。不料，后来有人密告周兴参与谋反。武则天就命来俊臣审理。

来俊臣故意问周兴："审案时，很多囚犯不肯服罪，怎么办？"

周兴回答道："这个容易，找个大瓮，把囚犯装在瓮里，四周用炭火一烤，保管他什么事都承认。"

来俊臣说："好办法。"便立刻叫人照办。

然后他又对周兴道："现在朝廷有诏审问阁下，请周兄尝尝烤瓮的味道！"这就是成语"请君入瓮"的来历。

武则天称帝后，来俊臣的野心越来越大，最后竟贼胆包天，数次三番想陷害武氏诸王和太平公主，还想诬告皇子李旦、李显谋反。有人把他的阴谋向武氏诸王揭

发,于是诸王等先发制人,群起而攻之。武则天见状,只好批准将他处死。消息传开,人们奔走相告,说:"从今以后,可以安心睡觉了。"

随着武周皇权越来越稳固,武则天接受臣下的建议,任命监察御史严善思审理,查出诬告的歹徒八百五十余人;接着废除了制狱和告密等制度,社会生活也逐渐趋于安定了。

公元705年正月,武则天病重。她宠信的张易之、张昌宗兄弟,狐假虎威,败坏朝纲。宰相张柬之联合桓彦范、敬晖等大臣,率领禁军冲入宫中,杀死二张,迫使武则天将皇位传于中宗。中宗尊武则天为"则天大圣皇帝",并恢复了大唐国号。武周政权终于结束了。

这年十一月,武则天病逝,终年八十二岁。她与高宗合葬在乾陵。和别的帝王树碑歌颂自己的丰功伟绩不同,武则天生前下令在自己墓前树立的是一座无字的碑。确实,作为中国历史上唯一的一位女皇帝,她执政五十年,既有政绩也有弊病。千百年来人们评议纷纷,莫衷一是。千秋功罪,任人评说。这座无字的碑,再次显示了这位女皇帝的胸襟与智慧。

开元盛世出贤臣

唐中宗复位以后,他的妻子韦后掌权,朝政混乱不堪,结果中宗被毒杀。李隆基起兵诛杀韦后及其党羽,拥立他父亲睿宗李旦。公元712年,李旦让位给李隆基,这就是唐玄宗。玄宗即位后,将年号改为开元。

唐玄宗称帝后,先后任用姚崇、宋璟等为相,励精图治,革除弊政,形成了政治清明安定的局面,加上兴修水利,生产有所发展。开元末年的户口数比唐代初年增加了四倍,官府和私家的仓储都逐渐丰盈;海上航行也渐渐发展,中亚、西亚以及日本、新罗等国的使者络绎不绝地来到长安,大唐成了亚洲经济文化交流的中心。这便出现了历史上所称的"开元盛世"。

姚崇任宰相后,勤勤恳恳,传说曾向玄宗面提十条建议,如:以仁义治国、停息扩边战争、国亲不任宰相、宠臣犯法与民同罪、除租税以外的其他进贡一律禁止、停止建造寺观宫殿、凡是臣下皆可直言进谏,等等。当时唐玄宗从善如流,全部答应实行。姚崇周围,还有张九龄、张说等一大批正直的官吏帮衬扶持。当时张九龄任左拾遗,建议姚崇要任人唯才,不可任人唯亲,深为姚崇赞许。

姚崇的两个儿子在东都当官,他们了解姚崇曾有恩于黄门监魏知古,就想去开后门办事。魏知古把这事报告了玄宗。过了几天,玄宗有意问姚崇:"你儿子才能怎样,现在任什么官职?"

姚崇回答说:"我两个儿子在东都,他们办事不谨慎,做人欲望又多,肯定向魏知古提出了不该提的要求,我至今还来不及问他们。"

玄宗开始以为姚崇肯定要为他儿子隐瞒此事,听了姚崇的话,他非常高兴地问:"你怎么知道的呀?"

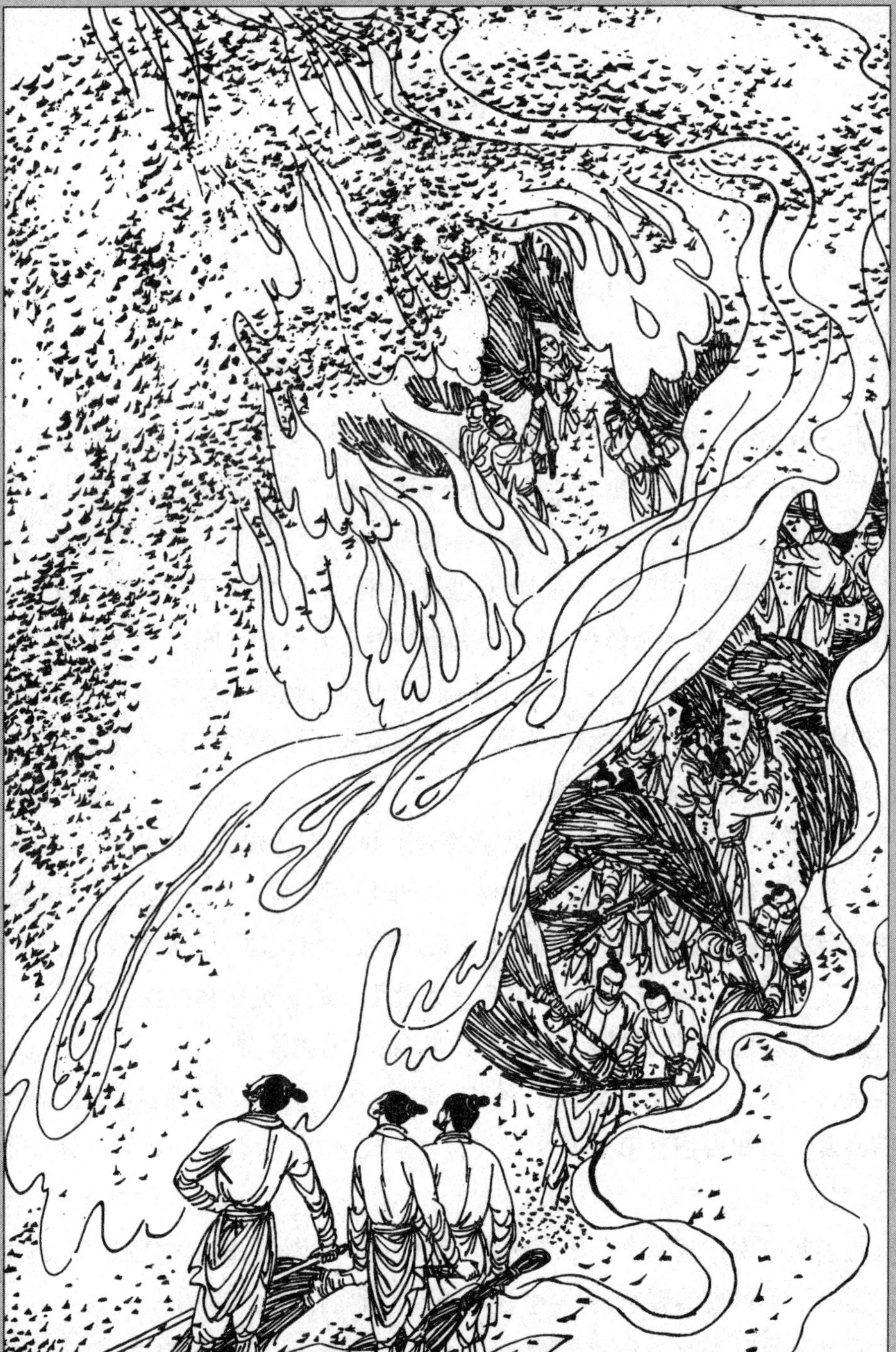

姚崇说:"魏知古未当官时,我曾经援助过他。我的两个儿子比较笨,以为魏知古必然会感谢我,容忍他们为非作歹,所以胆敢去提要求开后门。"

玄宗认为姚崇无私心,然而看不起魏知古的忘恩负义,想罢斥魏知古。姚崇却再三请求说:"我的儿子不该违背朝廷的法规。陛下已经宽恕了他们的罪行,他们已经很幸运了。如果因此而罢斥了魏知古,天下人必然以为陛下对我有私心,这样影响就不好了。"

公元715年,正当大唐开始出现兴盛气象之际,河北、山东一带发生了严重的蝗灾。农民们以为是天灾降临,都在田头祭拜,而不敢消灭蝗虫。姚崇奏请朝廷派出御史到州县督促捕捉蝗虫,加以掩埋。但是,商讨时却有人提出:蝗虫太多,无法消灭。

姚崇说:"现在蝗虫成灾,黄河南北的百姓都逃光了,怎能不去加以消灭,眼睁睁地看着蝗虫将禾苗啃个精光呢!假如除之不尽,就像将蝗虫养起来造成灾害一样。"

玄宗终于批准了姚崇的意见。

有个大臣说:"捕杀蝗虫太多,恐怕要伤和气。"

姚崇说:"从前楚王吃腌菜连菜中的蚂蟥也吞吃了,不处分厨师,却医好了病;孙叔敖捕杀了毒蛇,反而因此得福。我们为什么不忍心捕杀蝗虫,却眼睁睁地看着老百姓都饿死呢!如果捕杀蝗虫有祸,就降灾给我姚崇吧。"

第二年,山东蝗灾又非常严重,姚崇又下令捕杀。汴州(今河南开封等地)刺史倪若水反对说:"蝗虫是天灾,非人力所能消灭,应该积德修行来祈求,否则越捕越多。"

姚崇给倪若水写去一封信严加责备。倪若水才不得不照办。后来,姚崇奏请朝廷特派使者检查各州县捕杀蝗虫的情况,指名道姓通报各地。因此,开元年间虽然连年蝗灾,却未造成饥荒。姚崇对此功劳很大,他甚至被誉为"救时宰相"。

宋璟担任宰相时,非常重视人才,而且对皇帝也敢于当面提意见,即使触怒皇帝也不畏惧。所以,玄宗皇帝非常敬重他,甚至也有些怕他。有时,宋璟所提的意见,唐玄宗觉得不太合心意,但也只好点头同意了。

唐太宗贞观年间，宰相和三品官向皇帝奏事，都有谏官、史官跟随，有错失当场纠正，好事坏事都记录下来，丝毫不能马虎。高宗、武后执政以后，这个制度被废除了。一时间进谗、诬告成风，酷吏当道。宋璟当宰相后，又恢复了这个制度。规定不是十分机密的事，都要当殿奏闻，史官依法记录，杜绝了进谗之门。

因为宋璟在广州做过官，广州的地方官和老百姓便要给宋璟建一块"遗爱碑"。宋璟奏告玄宗说："我在广州并无特殊的功绩，现在因为我受皇上的恩宠，所以我就变成了他们奉承的对象，要给我建什么'遗爱碑'。我以为这种风气必须革除，就从我开始，请陛下下旨加以禁止。"

玄宗十分欣赏宋璟的正直无私，采纳了这一建议。从此，其他地方都不敢再做这种事，制止了这股歪风。

一行测定子午线

唐代是我国古代文化高度发展与繁荣的一个朝代。这不仅体现在政治、经济上,还体现在自然科学方面。医学、数学、天文学在唐代都很发达,尤其是唐代的天文学,形成了我国古代成熟的天文历法体系。这一时期涌现了不少杰出的天文学家,其中一行的成就最高。

一行,俗名张遂,魏州昌乐(今河南南乐)人。他出生于一个富裕人家,家里有大量的藏书。他从小刻苦好学,博览群书。他喜欢观察思考,尤其对于天象,有时一看就是一个晚上。至于天文、历法方面的书他更是大量阅读。日积月累,他在这方面有了很深的造诣。

张遂年轻时来到长安,听说京城玄都观藏书很多,住持道长尹崇又是远近闻名的大学问家,他便去向尹崇请教,还向尹崇借了汉代扬雄的著作《太玄》。没过几天,张遂来还书,尹崇见他这么短的时间就来还书,很不高兴,严肃地对他说:"这本书道理很深奥,我已看了几年,但还没有完全弄懂,你还是拿回去再仔细读读吧!"

张遂十分郑重地回答:"这本书我的确已经读完了。"

然后,他取出自己读了这本书后写出的心得体会《大衍玄图》、《义诀》等交给尹崇,尹崇看后赞叹不已,从此到处向人介绍张遂,称他为"神童"。张遂博学聪慧的名声就这样传开了。

那时正是武则天执政,梁王武三思听说张遂的名气,就想把他召到府中。他派人向张遂传话,表示要和他交朋友。张遂本来就厌恶武三思,又怕拒绝了会惹祸上身,就去了嵩山。在嵩山会善寺,他遇到高僧普寂,张遂佩服普寂渊博的学问,对佛学深邃的经义也发生了浓厚的兴趣,于是就剃度出家,拜普寂为师,取法名一行。

在寺院生活，环境安静，他便利用空闲时间钻研数学、天文学。不久，他对天文学的精通已远近闻名。

公元717年，唐玄宗召一行入京，令一行制定新历法。一行对工作严肃认真，为了观测天象，使历法与实际天象相符合，一行与机械制造师梁令瓒合作，创制出了黄道游仪和水运浑象仪，改进了观测仪器。水运浑象仪内部还装有自动报时器，这在天文仪器的制造和机械史上是一大创造。

在掌握大量天文实测资料的基础上，一行发现古籍上记载的有些恒星位置与实际不符，他重新测定了大约一百五十多颗恒星的位置，提高了新历法的精度。他从天文学的历史发展和自己的实践中认识到日月星辰的运动是有一定规律的，但由于人们的认识水平有限，会产生误差，只有通过反复观测、修正，才可以得到比较正确的认识。

为了使新编的历法适用于全国各地，一行还组织领导了规模宏大的天文地理测量，开展了实地测量相当于今天的"子午线"的工作。子午线是近代人们假设的一条通过地球南北两极的经线，测定子午线的长度，就能测知地球的大小。一行在全国选了十三个观测地点，其中最北端的观测点在今天的蒙古国的乌兰巴托西南，最南端的观测点则在今天的越南中部。

通过实测，一行推翻了过去一直沿用的"日影千里差一寸"的谬论，得出"三百五十一里八十步，而极差一度"的结果。这实际上是世界上第一次对子午线的长度进行实地测量而得到的结果。如果将这一结果换算成现代的表示方法，就是子午线的每一度为一百二十九点二二公里，而现代用精密仪器测量出的长度是一百一十点六公里。一行领导的子午线测量，无论从规模，还是方法的科学性，以及取得的实际成果，都是前所未有的，在世界历史上是第一次。英国著名的科学家李约瑟后来高度评价说："这是科学史上划时代的创举。"

经过近十年的辛勤努力，公元727年，一行终于制成新的历法《大衍历》，这部历法是对我国千余年来天文学研究的总结和发展，它的完成标志着我国古代历法体系的成熟。

为了纪念一行在天文学上的贡献，后人就将小行星1972命名为"一行小行星"。

李白斗酒诗百篇

唐玄宗开元年间,在历史上被称为盛唐时期。这时期也是诗歌创作的鼎盛之期,出现了一位浪漫主义的大诗人李白,一位现实主义的大诗人杜甫,他们是辉映诗坛的两颗巨星。

李白,字太白,原籍陇西成纪(今甘肃天水)。隋朝末年,全家迁到西域的碎叶(在今吉尔吉斯斯坦共和国北部),李白就出生在那里。五岁那年,他又随父亲迁居绵州昌隆(今四川江油)青莲乡,所以他又号青莲居士。

李白少年时便显露才华,二十五岁那年,李白离开四川,顺长江东下,先到达江陵,拜访了一位八十高龄的道士司马承祯。司马承祯曾受到武则天和睿宗、玄宗三朝皇帝的接见,在当时名气很大。司马承祯见了李白,对他大为赞赏。李白很高兴,回去后就写了篇《大鹏赋》,把自己比作气概抱负不凡的大鹏。《大鹏赋》很快传开,李白的名气也更大了。

公元734年,李白到了襄阳,拜见了荆州刺史韩朝宗。韩朝宗因喜欢奖掖提拔人才而闻名,所以当时流传着这样一句话:"生不愿封万户侯,但愿一识韩荆州。"韩朝宗对李白自然是赞赏备至,而李白写的自我推荐信《与韩荆州书》也成了一篇著名的散文佳作。

名满四海的李白,在公元742年(天宝元年)终于奉诏来到京都长安。当时在朝廷中任职的老诗人贺知章得知李白到了长安,亲自到旅舍去看望李白。他读了李白大约在十年前写的《蜀道难》后,赞叹道:"这是一个从天上贬谪下来的仙人啊!"从此"谪仙"这个称号不胫而走,李白也被人们称作"谪仙"、"诗仙"。

李白进宫后,唐玄宗很高兴,封他为翰林供奉。据说,唐玄宗当时曾亲自走下

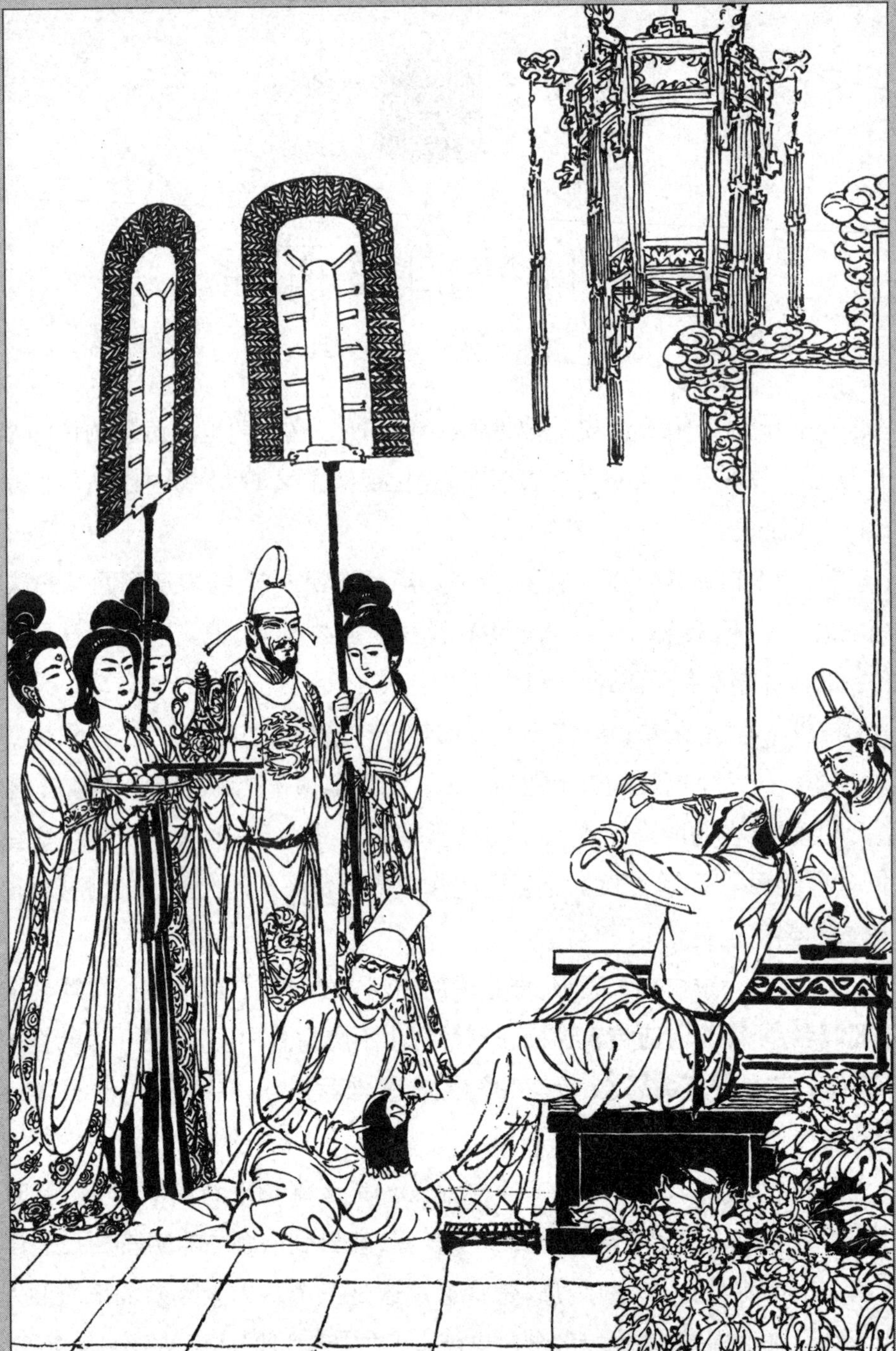

台阶迎接李白,还亲手为李白调制羹汤。出于信任,他还让李白参加了起草诏书的工作。

唐玄宗对李白,只是希望他成为一个宫廷诗人,为太平盛世作些歌功颂德的诗文。但李白是一个有远大抱负的人,初进宫廷时,他对政治了解不多,因此奉命写了不少歌舞升平的诗。随着天宝年间朝廷政治由盛转衰,唐玄宗也由一代明君渐渐蜕变为庸主,朝廷中的有识之士都在担忧朝政,担心发生变乱,李白的思想也发生了变化,开始关注现实。

作为一个闻名天下的大诗人,李白的个性也是十分狂放的。他又特别喜欢饮酒,常喝得酩酊大醉。杜甫曾在一首诗中这样描述他:"李白斗酒诗百篇,长安市上酒家眠,天子呼来不上船,自称臣是酒中仙。"这样的个性使他很难被朝中的权贵们所容忍。据说,他先得罪了唐玄宗最信任的太监高力士。高力士又故意歪曲他写的诗《清平调》是讽刺唐玄宗宠爱的杨贵妃的,使杨贵妃对他也心生忌恨。最后连唐玄宗也疏远他了。

可是,高傲的李白"安能摧眉折腰事权贵,使我不得开心颜!"这时他最向往的,还是他以前云游天下的自由生活。于是李白向唐玄宗上书请求离京。公元745年,他的请求被批准,他离开长安,又开始了漫游山水间的生活。

公元755年,安史之乱爆发。洛阳、长安先后沦入乱军之手,唐玄宗仓皇逃向四川,唐肃宗在灵武即位。逃难途中,唐玄宗又任命他的第十六子永王李璘为江陵大都督,要永王招兵买马抵抗叛军南下。

那时李白正避乱隐居在庐山。永王东下经过浔阳(今江西九江),得知李白在此便派人请他参加自己的幕府。出于一片爱国心,李白立刻答应了,并一连写了十一首《永王东巡歌》赞扬永王。

可是唐肃宗并不信任永王,认为他出师东巡是割据江南,便调动兵力准备消灭永王。永王大怒,也发兵进攻。这样他便成了叛逆,将士们纷纷脱离,永王最终兵败自杀。李白也受牵连被判死刑。多亏郭子仪等人相救,李白被改判流放夜郎(治所在今贵州正安西北)。还没到夜郎,朝廷宣布大赦,李白得以返回四川。

李白的晚年是在安徽当涂度过的,他的族叔李阳冰在那儿做县令。唐代宗即

位后,下诏拜李白为左拾遗。但诏书还没到,李白已离开了人世,那一年他六十二岁。至今当地还留有李白的衣冠冢和纪念堂。

李白现存的诗有一千多首,其中很大一部分是他对祖国大好河山的歌颂。这些诗经过他的夸张的描绘,想象奇特的渲染,显得大气磅礴,出神入化。他还写了不少反映百姓生活、抨击黑暗政治的诗。他善于从民歌、神话中吸取营养和素材,经过他的丰富而奇特的想象,使他的作品具有雄奇豪放的风格、瑰丽绚烂的色彩。他被认为是自屈原以后最伟大的浪漫主义诗人,他的创作是中国浪漫主义诗歌的新高峰。不少作品,如《蜀道难》、《静夜思》、《早发白帝城》等,已成为千古传诵的佳作。

李白在诗歌创作上的伟大成就,是很难用几句话来描述的,也许只有杜甫的两句诗最有概括力:"笔落惊风雨,诗成泣鬼神。"

"诗圣"杜甫

现实主义大诗人杜甫,比李白小十一岁。他字子美,出生于河南巩县。他的祖父杜审言,是与宋之问、沈佺期同时期的著名诗人,对五言律诗的形成和发展也作出过贡献。杜甫的父亲曾任兖州司马,母亲崔氏早逝。

杜甫从小就饱读诗书。正如他在一首诗中自称的那样:"读书破万卷,下笔如有神。"他知识渊博,很有政治抱负。公元736年,他参加了进士考试,但没考中。于是他漫游了山东、河北一带,写下了他留存的最早的几首诗,其中《望岳》的"会当凌绝顶,一览众山小",已成为千古名句。

公元744年,杜甫在东都洛阳遇到了被唐玄宗放还的大诗人李白。诗坛双星,一见如故。他们一同游览,并会见了善作边塞诗的著名诗人高适。第二年,杜甫又与李白再次相见。他们在齐州(今山东济南)、兖州一带逗留了好几个月,饮酒赋诗,到山中访隐士,"醉眠秋共被,携手日同行",亲密得形影不离。但此后两人就再也没有机会见面了。

公元746年,杜甫回到京都。第二年,唐玄宗诏令天下,凡通一艺的士人都可到京师应试。但那时唐玄宗任用的宰相李林甫,是个阴险奸诈、妒贤嫉能的奸臣。他最怕有才干的人进入朝廷,妨碍他结党营私,就指使考官,一个人也不录取。

杜甫再次落第,生活日益贫困。他不得不向一些达官贵人投诗,以显示才华。公元751年,唐玄宗要举行三个祭祀大典。杜甫抓住机会,写了《三大礼赋》,果然得到唐玄宗的赏识。又经过集贤院的考试,杜甫只得到了一个候选官吏的资格,又过了四年,才得到兵曹参军的职位。

困守长安的十年,使杜甫逐渐认清了封建统治集团荒淫腐朽的面目,看到了贫

苦百姓的苦难生活,这使他在思想上、创作上更接近人民大众。公元755年秋天,杜甫离京还家。在路过骊山行宫时,他看到唐玄宗正带着亲信通宵达旦地寻欢作乐。可是回到家中,他才知道自己最小的儿子已经饿死了。正是秋收季节,他大小还是个官,孩子竟然饿死。这对杜甫的刺激太大了,再联想到普通百姓,他们的生活该是怎样的困苦,于是他写下了《自京赴奉先县咏怀五百字》。这首长律中的"朱门酒肉臭,路有冻死骨",已成了家喻户晓的警句。

安禄山叛乱时,他被困在长安,公元757年才从长安逃出,在凤翔见到了已即位的唐肃宗。唐肃宗任命他为左拾遗。这是个皇帝身边的谏官,但官阶比七品芝麻官还小。任职不到一个月,就遇到唐肃宗罢免宰相房琯之事,杜甫上书进谏,为房琯辩护。谁知触怒肃宗,下令审问杜甫。多亏新任宰相张镐等人说话,才使杜甫免除处分。

公元758年,杜甫被贬为华州(今陕西华县)司功参军。在华州,他更多地看到了百姓们在战乱中的悲苦生活,看到了战争给劳苦大众造成的巨大伤害,于是,他写出了自己的代表作、诗歌史上的不朽名篇"三吏"(《新安吏》、《石壕吏》、《潼关吏》)和"三别"(《新婚别》、《垂老别》、《无家别》)。这六首组诗中,《石壕吏》更以白描式的手法,生动地描绘了官吏们强征兵伕,造成了百姓家破人亡的悲剧,其艺术感染力震撼人心。

第二年,杜甫放弃官职来到成都,在郊外的浣花溪边筑起了几间茅屋。这就是至今都很著名的"杜甫草堂"。在成都,杜甫的生活相对比较安定,但仍很穷困。一年秋天,大风卷走了茅屋顶上的草。他由自己的困苦想到了更多无家可归的文人学士,因而写了《茅屋为秋风所破歌》,其中"安得广厦千万间,大庇天下寒士俱欢颜",也成了传诵至今的名句。

公元765年,杜甫的老朋友、镇守成都的剑南节度使严武病故。杜甫失去依靠,于是携全家沿长江东下。他先到了夔州(今重庆奉节),在那儿生活了两年,写下了四百多首诗。

公元768年,杜甫离开夔州,沿江南下,开始了他生命中最后的漂泊生涯。他先后到过江陵、公安、岳阳、潭州(今湖南长沙),原打算投奔老朋友、潭州刺史韦之晋,

可韦之晋已去世,加上潭州发生兵乱,他只好带领全家沿湘江而上,去郴(chēn)州(治所在今湖南郴州)投靠舅父崔伟。但船到耒阳(今湖南莱阳)时,江水猛涨,船不能行驶,只好停泊在方田驿。他们在方田驿挨了五天饿,幸亏耒阳县令得到消息,派人送了酒食,总算没有饿死。

由于无法南行,他们只能返回潭州。他原打算从潭州再北上襄阳、秦中。但此时杜甫已经病得很重。公元770年冬天,杜甫在小船上写了《风疾舟中伏枕书怀三十六韵奉呈湖南亲友》一诗后不久,便病死在船上了。时年五十九岁。

当时,家人把他葬在岳阳。直到四十三年后,他的孙子才把他的灵柩归葬在河南偃师。一代大诗人的晚年后事,竟如此凄凉。

杜甫身后为我们留下了诗作一千四百多首。他的现实主义的手法,他对劳苦大众所寄予的深切同情,体现了儒家的仁爱风范,因而获得了"诗圣"的美名。他的作品大量而直接地描绘了动乱时期的真实社会生活,所以又被誉为"诗史"。千百年来,不少人试图评比李白、杜甫的高下。其实,他们是两个风格完全不同的诗人,但对诗歌创作的贡献是同样巨大的。正如唐代著名散文家韩愈所说:"李杜文章在,光焰万丈长。"

张旭怀素狂草齐名

唐代是我国书法艺术高度繁荣的时期，也是一个书法家辈出的时期。但有初唐"四大书家"之称的欧阳询、虞世南、褚遂良、薛稷，基本上都是学习摹仿王羲之，没有跳出晋代书法的框架。据说有一次，唐太宗练"戬(jiǎn)"字，他先写了左边的"晋"，又让他的书法老师虞世南写了右半边的"戈"，然后给也擅长书法的魏徵看。魏徵仔细看过后，对唐太宗说：你这次写的"戬"字，左边很一般，但右边大有进步，已经非常接近王羲之的风格了。

唐代书法完全摆脱汉字的实用功能，变成纯艺术的创作，主要是通过两位杰出的书法家张旭、怀素完成的。

张旭是唐代开元年间人，字伯高，江苏苏州人，曾担任过金吾长史(统管御林军的官员)等职，所以后世又称他为"张长史"。他为人风流狂放，喜好书法，尤其是他的草书在当时可称得上数一数二。据说他写字前总要先喝酒，常喝得酩酊大醉，醉后呼叫狂奔，然后挥笔书写，有时竟用头发蘸着墨汁疾书。

张旭非常注意从自然界和生活中汲取养料、激发灵感。日月群星、鸟兽虫鱼、花开花落、雷霆闪电、音乐歌舞等的运动变化，都被他吸收到书法里了。有一次他和朋友去看杂耍，看到一个叫公孙大娘的舞女在舞剑，那上下翻飞的剑影，变化多端的舞姿，让张旭看得入了迷。他突然联想到了书法，一时灵感就像泉涌一般。正是这种触类旁通、善于学习的方法和精神，使得张旭的草书最终出神入化，被后世尊为"草圣"。

怀素是位出家人，俗姓钱，湖南零陵人。十岁那年，他忽然起了出家为僧的念头，父母怎么也阻止不了，只好让他出家。

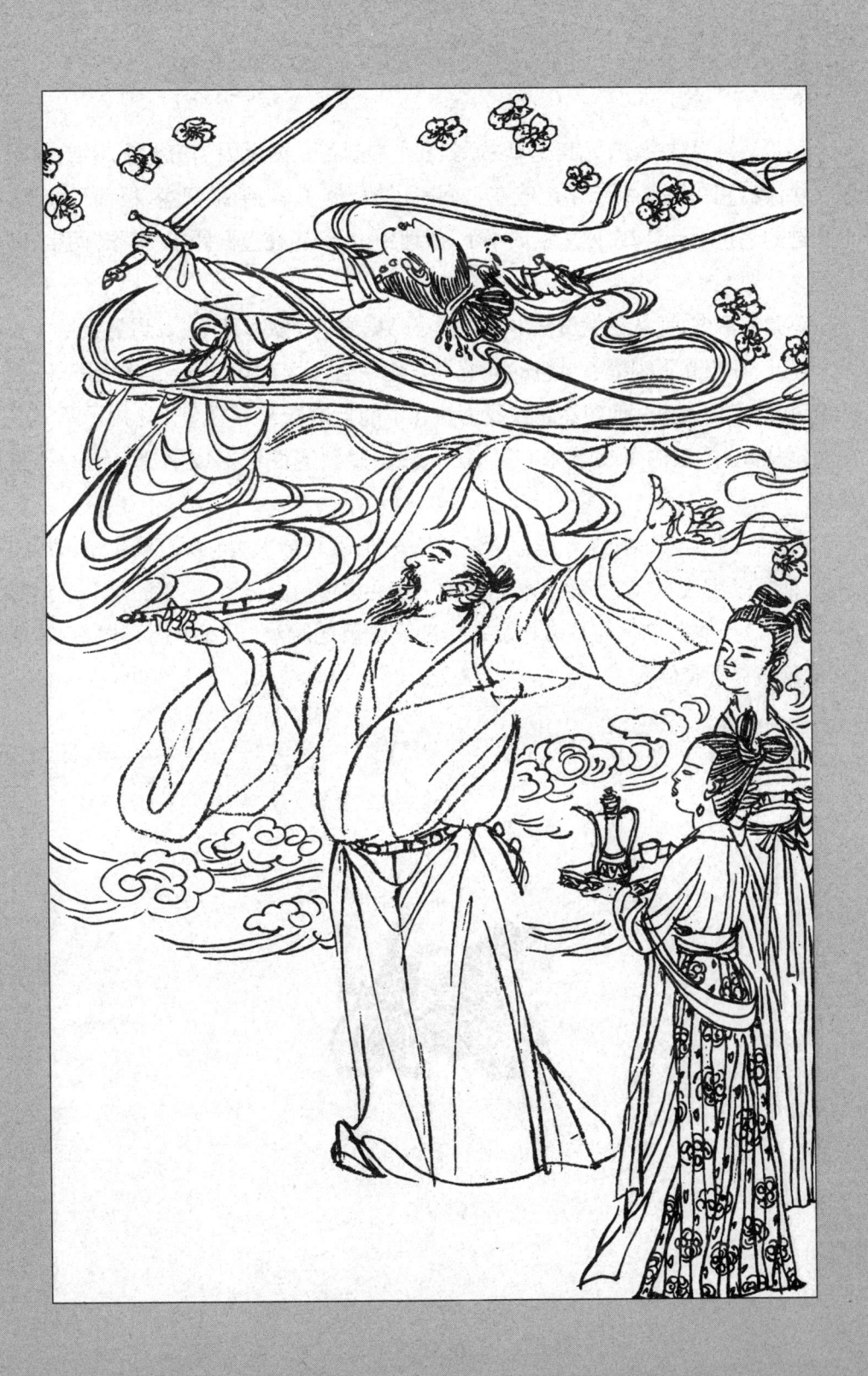

怀素一直喜欢书法，尤其是草书，学习非常刻苦。据说因为穷买不起纸，就做了一块漆盘和一块漆板练字。他在上面写了擦，擦了写，结果把盘、板都写穿了。他用过的笔也不计其数，屋里堆放不下，就埋到山下，还在上面题了"笔冢"两字，以示纪念。

怀素的草书，也从自然造化中受益不小。据说有一次怀素出门，看见天空中一朵朵浮云，在阳光下闪耀着金色的光辉。它们一会儿像奔马，一会儿像大鹏，一会儿像奇峰，变化无穷。他忽然想："我为什么不能把这些云彩的变化运用于草书之中呢？"从此，怀素的草书艺术有了一个飞跃，并创造性地形成了他自己的狂草风格。

怀素在四十岁的时候，千里迢迢来到长安，向颜真卿求教。颜真卿也是张旭的学生，他把张旭教的"十二笔意"和自己的一些心得传给了怀素，怀素的草书造诣得到了升华。当他把自己的草书作品拿给颜真卿看的时候，颜真卿高兴地说："'草圣'的绝技终于有传人了。"

"吴带当风"绘嘉陵

唐代是各种艺术门类空前繁荣的时代，中国绘画也迎来了第一个高峰时期。据记载，唐代仅有名有姓可查考的画家，就有四百多人。

中国画一般可分为人物画、山水画、花鸟画等画科。其中，人物画的历史最悠久，一直可以追溯到战国时代，经过东晋顾恺之等著名画家的发展提高，到唐代，人物画的技法已相当成熟高超了。唐代最著名的人物画家是有"画圣"之誉的吴道子，他一生主要画以佛道神仙为题材的宗教壁画。他画十来米高的巨幅画像，或从脚，或从手臂画起，任意挥毫却无半点差错。他画佛像头上的灵光，不用圆规，只用笔一挥就成了。他画人物身上的衣纹饰带，轻软圆润，似乎会随风而飘动，被称为"吴带当风"。他的人物画独树一帜，被称为"吴家样"。

"画圣"的成才之路并不顺利。吴道子从小失去父母，孤苦伶仃，靠左邻右舍的接济才勉强填饱肚子。邻居中有一位民间画工，画的山水人物让吴道子非常着迷，他就天天跟着这位画工学画。画工见他刻苦好学，就把自己的技艺毫无保留地传授给他。吴道子天资聪慧，勤奋好学，很快就掌握了绘画的基本要领，他不断向周围的画工雕匠学习，刻苦钻研，虚心求教，不到二十岁就闻名天下。

出了名的吴道子被唐玄宗召入宫中，担任宫廷画师，还当上了内教博士。从此，他告别了颠沛流离、浪迹天涯的生活，不仅不再担心自己的衣食，而且得到了优厚的创作条件，可以尽情施展他的艺术才华。

天宝年间，唐玄宗突然思念起四川嘉陵江两岸的山川风光。他让吴道子马上入川，将三百里嘉陵江的胜景描摹下来，带回长安。

吴道子喜出望外，领了圣旨立刻动身。一路上他什么都没有画，只是尽情地游

玩，那神奇美丽的山山水水让他感慨、激动、沉醉，千山万壑、万千景象已经全都汇入了他的胸中。

吴道子两手空空地回到长安，唐玄宗见了沉下脸来。吴道子胸有成竹地说："嘉陵江已经在我胸中了。"

唐玄宗半信半疑，命他在大同殿上当即作画。吴道子当着唐玄宗和众多大臣的面，不假思索，信笔挥洒，如风卷残云，只花了一天工夫，一幅嘉陵江三百里风光图就完成了。画面上，一座座奇峰峻岭，犹如鬼斧神工天然而成；又像画家泼墨在纸上，云山烟雨交织一片，分不清是景还是画，使人仿佛融化在山水之中了。

唐玄宗看得入了神，过了好久才想起来，叫人把当年大画家李思训画的嘉陵山水图取来。他仔细比较了两幅图，赞叹道："李思训用几个月工夫画的，和吴道子用一天时间画的，都同样美妙啊！"

吴道子用一天时间画出嘉陵江三百里风光的故事，从此成了千古流传的佳话。

中国的山水画，最早可追溯到汉墓的壁画。不过在那些壁画中，山水只是人物的陪衬，还没有成为独立的画科。隋代画家展子虔（qián）的山水画很出色，他的《游春图》是保存到现在的最古老的一幅山水画。到唐代，山水画逐步脱离人物，成为独立的画科。李思训、李昭道父子则是唐代最有影响的山水画画家，在绘画史上被称作"二李"。李思训继承了展子虔的传统，山水画工笔重彩。他还首创了用石青和石绿两种颜料为主色，给山水着色的金碧青绿山水画画法。他的画号称唐代山水画第一，存世的作品有《江帆楼阁图》和《明皇幸蜀图》。李昭道存世的作品则有《春山行旅图》。此外，吴道子也是山水画的高手。

花鸟画也在唐代开始成为独立的画科，出现了一批善画花卉、禽鸟、走兽、鱼虫的画家。如曹霸、韩幹善画马，韩滉、戴嵩善画牛，薛稷善画鹤，边鸾善画花鸟，等等。唐代的画家又多崇尚写生、写实，所以他们画的花鸟无不栩栩如生。特别是韩幹的马和戴嵩的牛，更被称誉一时，有"韩马戴牛"之说。

还有一位对绘画发展作出过贡献的，是唐代著名诗人王维。王维在诗歌方面的最大成就是田园山水诗。王维多才多艺，除了诗文，他还擅长音乐，精于绘画，并首创了破墨山水画的技法。这种方法是将浓淡不同的墨色相互渗透，从而达到滋

润鲜活的艺术效果。作为一个著名诗人，他画的山水松石不仅笔力雄壮，而且富有诗意，使绘画的艺术境界提升了一大步。他的绘画代表作是《辋川图》。图中山谷曲折葱郁，云水飞动。据说，宋代的文学家秦观患病时，听从朋友的劝告天天看《辋川图》，结果真把病看好了。

王维是最早将诗与画结合起来的诗人兼画家，宋代大文学家苏轼称赞他"诗中有画，画中有诗"。这种诗画结合的风格到了宋代，便逐渐成了我国绘画的主要特征，也使中国画在世界画坛上具有了独特的风格。这种风格特征，又促进了以后在画坛上占有重要地位的"文人画"的兴起和发展。明代大画家董其昌将王维奉为文人画的"南宗之祖"，可见诗人对绘画的贡献是不可忽视的。

175

鉴真东渡传佛法

唐朝的经济文化繁荣发达,吸引邻国日本派了许多遣唐使来学习唐朝文化。荣睿和普照两位僧人就是日本政府派到中国学习佛法的,同时他们还负有一个使命,那就是邀请精通戒律的中国高僧前往日本传授佛法。

公元742年秋天,高僧鉴真正在扬州大明寺讲授佛法,荣睿和普照遵照日本天皇的旨意,专程从长安赶到扬州,拜见鉴真,并恭恭敬敬地请他前往日本传法。

唐代与日本等国的友好往来很频繁,其中鉴真和尚的影响很大。当时的日本佛教界,希望请中国高僧去为日本僧人授戒,以便像中国一样,严格控制当僧人的资格。著名的律宗僧人鉴真,是他们聘请的理想对象。

鉴真出生于扬州,十四岁时出家做了和尚,二十岁起就到洛阳、长安游学,跟随多位有名的佛教大师学习。在名师的熏陶下,勤奋好学的鉴真很快学成,成为江淮地区有名的高僧。他的弟子中有三十多人在当时就很有名气,他还建造了许多寺院和佛塔,写了三部大藏经,声名远扬。

鉴真认为日本是一个有缘之国,他询问哪位弟子愿意前往。弟子们低头不语,半天也没人吭声。鉴真刚要再次询问,有个弟子站起来说:"大唐与日本之间隔着茫茫大海,路途又远,实在是太危险了。"

鉴真却说:"传扬佛法,何必怜惜生命!你们不去,我去!"

那时鉴真已经五十五岁,他不顾自己年事已高,健康状况欠佳,毅然决心东渡传法。弟子们感动了,他们纷纷表示愿意跟随师父一同到日本传法。

鉴真决定东渡后,立即着手准备船只、干粮等。第二年春天,鉴真率领弟子发船东渡。但是,在以后的五年中,由于当时唐朝政府海禁较严,再加上海上自然环

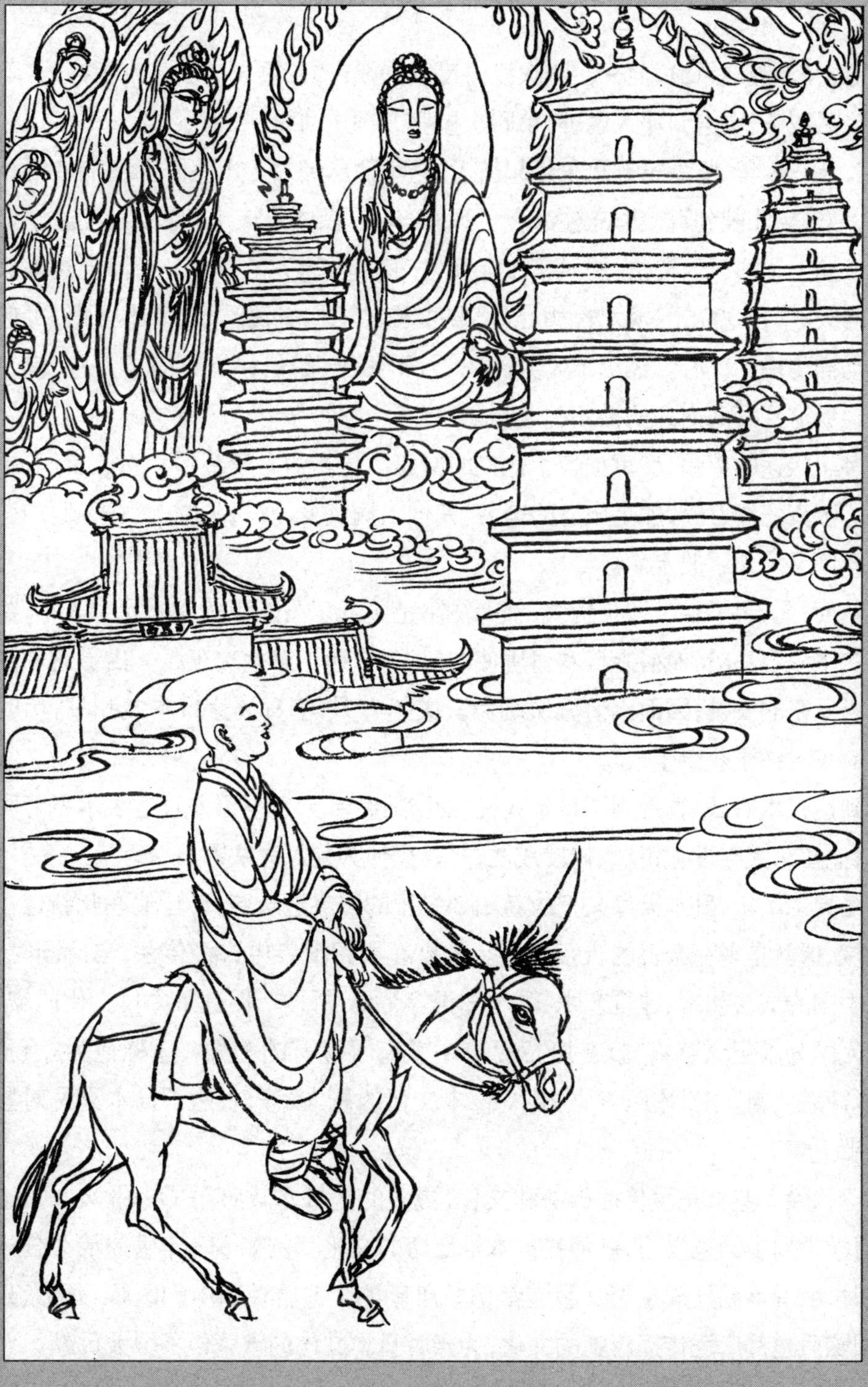

境恶劣，经常遭遇风浪，他一连四次渡海都以失败告终：第一次被官方指控为"勾结海盗"，第二、三次遇到飓风触礁，第四次被官方押送回籍。

公元748年，鉴真第五次东渡起航了，这时他已经六十出头了。他们从扬州崇福寺出发，船才驶到舟山群岛便遇上了风暴，停泊了约两个月才继续出发。谁知第二天又遇上了飓风的袭击，船只在波峰浪谷间颠簸，迷失了方向。在海上整整漂流了十四天，粮食吃完了，淡水也用光了，鉴真和弟子们饥渴难耐，劳累不堪，可他们没有动摇传法的决心。经历了无数险阻、万千困难，船只终于靠岸了，一上岸才知道已经漂流到了海南岛的振州（今海南崖县）。

多年旅途的劳顿，严重损害了他们的健康。日本僧人荣睿不幸患上重病，不治身亡。鉴真悲痛万分，加上旅途的辛劳，使他眼病突发，双目失明。后来，他的得意弟子祥彦又病死于船上。

然而，无论是风浪，还是病魔，都无法阻止鉴真东渡的步伐。公元753年，鉴真已经六十六岁高龄，他搭乘日本遣唐使的船只，开始了第六次东渡。由于这一次事先做了周密的安排，因而比前五次顺利。次年一月，鉴真到达日本九州岛，历时十多年的东渡终于获得了成功。

到达日本后，鉴真受到了日本人民的热情接待，天皇下诏书对他表示慰劳和欢迎，请他在东大寺设立讲坛，传授戒法，并且授他为传灯大法师。

公元757年，日本天皇又把故新田部亲王的旧宅送给鉴真，让他在此新建了一座寺院，这就是现在奈良的唐招提寺。鉴真在唐招提寺中讲经传法，与此同时，他还把中国的书法艺术、建筑艺术、医学知识等带到了日本，促进了中日文化的交流。日本人民为了纪念鉴真，就在唐招提寺中塑起了鉴真的塑像，还称他为"盲圣"、"日本律宗太祖"、"日本医学之祖"、"日本文化的恩人"等，表达了日本人民对鉴真的崇敬之情。

唐代除了鉴真东渡传播佛法和文化，更多的是日本政府派了一批又一批遣唐使、留学生到中国来学习，以便在日本推广唐的文化。例如818年菅原清公任式部少辅时，就奏请朝廷规定男女服装都仿效唐朝的。遣唐使团中的医师、画师、乐师等，回国后也都广泛传播唐朝的文化，为当时日本文化的繁荣作了很大贡献。

李林甫口蜜腹剑

唐玄宗即位以来,所任用的宰相,如姚崇、宋璟等,都很正直,并且各有所长。但此后他启用的宰相李林甫,却是一个卑鄙无耻的小人。更可悲的是,"开元盛世"有了二十多年的太平,唐玄宗便以为天下无事了,就日夜深居宫中,纵情声色,把国家大事统统叫李林甫去办。这便种下了动乱的祸根。

李林甫原来是吏部侍郎,后来他想方设法去讨好嫔妃,结交宦官,目的是通过他们去随时了解唐玄宗的动向和好恶。这样一来,朝廷有什么事,皇上有什么打算,他都清清楚楚,所以他的奏章总是能讨皇上的欢心。

那时,唐玄宗正宠幸武惠妃,对武惠妃生的寿王也特别喜欢,甚至因此而逐渐疏远了太子和其他皇子。李林甫就通过宦官向武惠妃讨好,表示愿意全力保护寿王。武惠妃因此对他很感激,常在皇帝面前为他说好话。当时,宰相是张九龄,他是大唐名相,为人耿直,无论什么大事小事,只要他认为不对,总要与唐玄宗争个不休。于是李林甫趁机在皇帝面前说张九龄的坏话,使唐玄宗慢慢疏远张九龄。最后唐玄宗罢了张九龄的宰相职务,而让李林甫替代。从此,朝中的官员们害怕李林甫的权势,大多采取明哲保身的态度,再也没有人敢讲真话了。

李林甫为了蒙蔽皇帝,独揽大权,想方设法把唐玄宗和大臣们隔绝开来,不许大臣们向皇帝上奏章。有一次,他召集谏官们开会,竟公开说:"现在,皇上很圣明,我们做臣子的只要按皇帝的意旨去办就行了,用不着大家七嘴八舌多说话。各位看到那些仪仗用的马匹吗?它们吃的饲料相当于三品官的待遇,但是,要是哪匹马敢叫一声,就要被拉出去宰了,后悔也来不及。"

谏官杜进不听他的那一套,照样向皇帝奏了一本,结果第二天就被贬到外地

去,当了一个小小的县令。

　　李林甫不学无术,但非常阴险,人们根本不可能猜测到他心里在想什么。因此若与他相争,多半不是对手,以惨败告终。李林甫最擅长的一手是阿谀奉承,排斥异己,只要是才能和声望比他高,又是皇帝所看重和厚待的人,他总是百般奉承,很亲密地与他结交。等到对方的地位和权势要威胁到他时,李林甫就千方百计地加以暗害和排挤。尤其是对那些富有文才和学问的人,他往往当面好话说尽,非常友好;而暗中却要置你于死地,还一点不露痕迹。无论对方多么持重谨慎,也逃不过他那一套害人的手法。所以,人们都称李林甫:"口有蜜,腹有剑。"成语"口蜜腹剑"就是这么来的。

　　有一次,唐玄宗在勤政楼,隔着帘子观看外面的景色。这时,恰好兵部侍郎卢绚从楼下骑马经过。卢绚风度潇洒,唐玄宗目送他慢慢远去,非常赞赏。李林甫就把卢绚的儿子召来,说:"你父亲威望很高,现在交广地区(今广西、广东一带)缺少人才,皇上想把你父亲调去,你看好不好? 如果不想到边远地区去,那就要被降职。否则,到东都去担任太子宾客、詹事,也算是对贤才的优待了。怎么样?"

　　卢绚听说后很害怕,就主动请求到东都去。李林甫又担心众官反对,就把卢绚调为华州刺史。卢绚到任不几天,李林甫又谎称卢绚有病,不称职,又把他调为詹事,管理东宫的内外事务。

　　唐玄宗曾经想广求天下的人才,只要有一技之长都可以到京师去应考。李林甫害怕各地读书人在文章中揭露他的奸恶,便让郡县长官严加挑选,把那些才华出众的送省复试,但是,到最后他却叫考官一个也不录取。他向唐玄宗上表道贺说:"野无遗贤。"意思是民间没有遗漏的贤能之人。

　　从开元以来,常有节度使升任宰相,李林甫很担心他们会损害自己的权力,所以他便提出让胡人担任节度使,因为胡人不可能再升任宰相来同他争权。

　　他对唐玄宗说:"陛下如此雄才,国家又那样富强,为什么边患至今不灭呢? 原因就在于儒臣当将军,他们不可能身先士卒,冒着枪林弹雨去战斗。所以,不如任用番将,他们善于骑射,打仗勇敢。如加以重用,不怕边患不灭!"

　　唐玄宗竟然感到很有道理,安禄山也因此当上了节度使。所以,后来安禄山造反,搞得大唐大伤元气,其实都是李林甫为了巩固自己的地位这个阴谋所造成的。

安禄山发动叛乱

公元755年(天宝十四年)冬,安禄山见时机成熟,决定发动叛乱。那时恰好有一个官员从京都返回,安禄山就假造了一份唐玄宗的诏书,向将士们宣布说:"皇上有密旨,要我立刻带兵入朝讨伐杨国忠。"

这个消息太突然了,众将士十分惊讶,但谁也不敢反对,安禄山的一些心腹则拼命鼓吹响应。

十一月初,安禄山纠集了十五万人马,号称二十万,连夜从范阳(今北京市城区西南)出发,向南进军。一路上烟尘滚滚,席卷千里;鼓噪呐喊,惊天动地。那时候,老百姓过了数十年和平生活,几代人都没有经历过战争,突然间听说范阳兵变,远近震动。河北各郡的防守很快就瓦解了,接着洛阳陷落,潼关失守,长安危急,唐玄宗只好带着杨贵妃仓皇出逃。

路上,有一个老人对唐玄宗说:"安禄山的反心,早就暴露了。但是有人向陛下告发,总是被陛下所杀,结果造成今天的局面!我记得宋璟当宰相时,敢于讲真话,所以天下太平。而现在的朝臣只晓得阿谀奉承,所以天下的情况,陛下一无所知。如果陛下不是逃难到这里,我怎么能当面向陛下诉说这些事呢!"

唐玄宗痛心地说:"这是我糊涂,真是后悔莫及啊!"

老人说的是大实话,造成安禄山叛乱的就是唐玄宗和他的宰相李林甫,还有杨贵妃的堂兄杨国忠一伙。安禄山是胡人,原是平卢(治所在今辽宁朝阳)节度使张守珪的偏将。因为犯罪被判死刑,张守珪怜惜他打仗勇敢,才送到京师让朝廷去决定。当时,宰相张九龄认为:"军令如山,安禄山不可以免死。"

但是,唐玄宗也欣赏他的勇敢,要赦免他。张九龄仍坚持原则,说:"安禄山犯

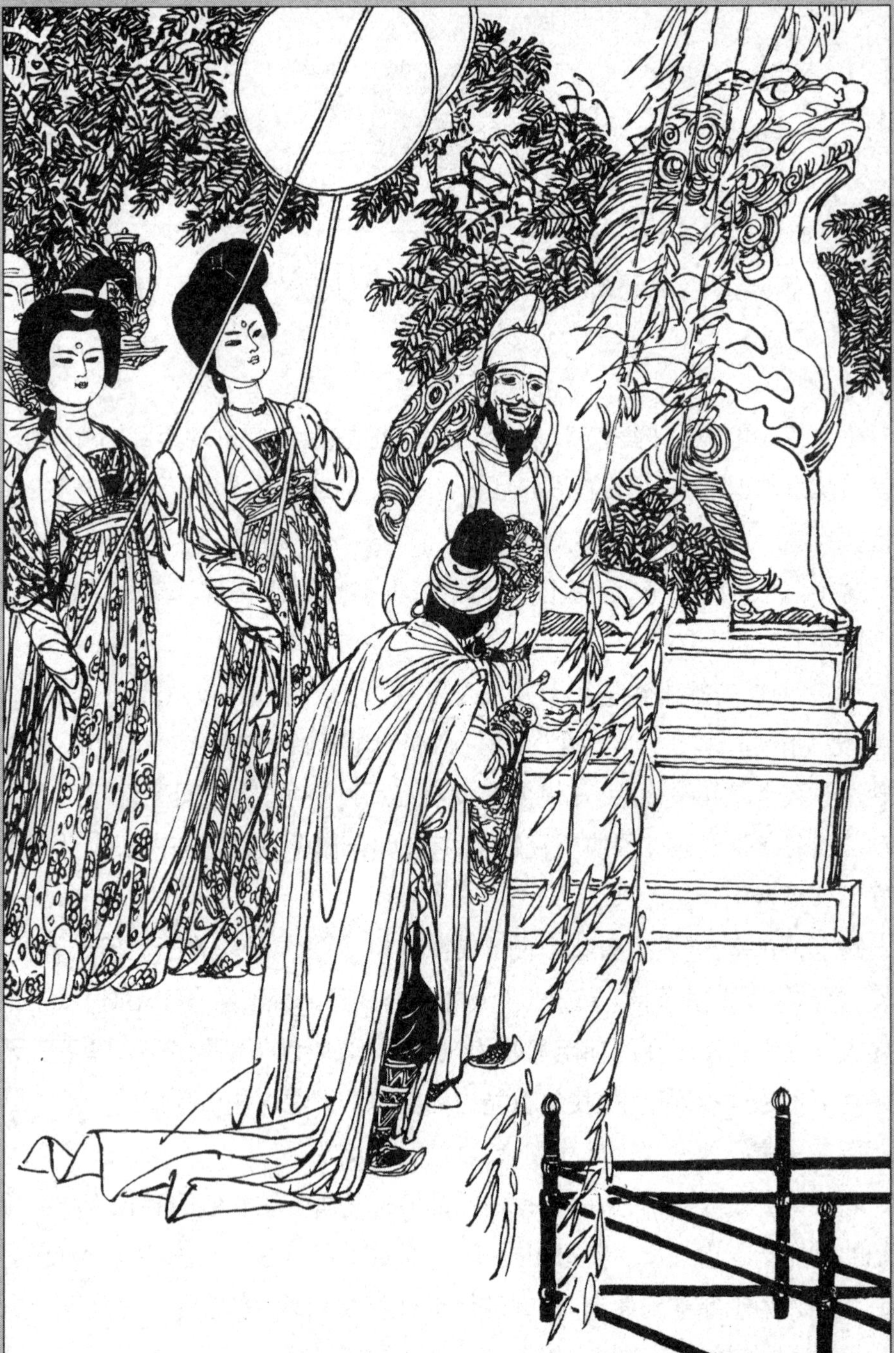

纪丧师,于法不可不杀;况且我看他脸露凶相,不杀他将来有后患。"

唐玄宗却说:"你不要枉害忠良。"最后仍赦免了他。

安禄山这个人很狡猾,善于察言观色,讨人所好。他任平卢兵马使时,凡是朝廷来人,都要送一笔厚礼。有一回,御史中丞张利贞来考察,安禄山百般奉承,连张利贞的随员都一一加以厚待。所以,张利贞回朝后,在皇帝面前将安禄山大大夸奖了一番,安禄山便被提升为营州都督,充平卢军使,黑水等四府经略使。

公元743年,安禄山入朝,唐玄宗更加宠信他,随时接见,封赏优厚。安禄山编造了一个故事说:"去年营州虫灾,我焚香对天祷告:'我安禄山如果心术不正,不忠于皇上,情愿蝗虫来吃我的心肝。如果我对神灵虔诚,希望虫子都散去。'于是就有大批鸟群从北飞来,一刹那间,就把害虫吃个精光。请皇上命史官如实记载下来。"唐玄宗居然答应了。

安禄山为了邀功,取得皇帝的信任,经常侵略掠夺边境各族百姓。奚族、契丹忍无可忍,先后杀掉了唐室下嫁的公主,纷纷反叛,安禄山就出兵讨伐。他奏告朝廷说:"我讨伐契丹直到北平郡,梦见先朝名将李靖、李勣向我求食。"

唐玄宗就下旨为李靖、李勣建庙。庙造成后,安禄山又谎奏说:"祭奠时,庙梁上竟生出了灵芝草。"唐玄宗竟然也信以为真。

安禄山是个矮个子,却长得肥胖,肚皮下垂过膝。他见皇帝时故意装出一副滑稽相。有一次,唐玄宗指着他的大肚子开玩笑地问:"这个胡人的肚皮长得这样大,里面装的是什么?"

安禄山回答:"没有别的,只有一颗赤子之心。"唐玄宗听了很开心。

后来,唐玄宗又让安禄山拜杨贵妃为母。皇帝与贵妃共坐时,安禄山先拜贵妃。皇帝问他为何这样,安禄山说:"胡人先拜母亲,后拜父亲。"唐玄宗听了也很高兴。

公元750年,唐玄宗封安禄山为东平郡王,又任命他兼河北道采访处置使。安禄山以友好交往为名,引诱奚族、契丹酋长赴宴,把他们灌醉后,活埋了数千人,另外八千人作为俘虏,连同酋长的首级一起献给朝廷请功。唐玄宗特地为安禄山在京城造了府第,第二年,他又下令给安禄山建造更富丽豪华的府第,还说:"安禄山

眼大,不要让他笑我小气。"

新屋造成,安禄山叫皇帝通知宰相来赴宴。到了那一天,唐玄宗原来打算打球的,结果也临时通知改期,并命宰相一同都去安宅。

安禄山生日那一天,唐玄宗和杨贵妃都赠送了厚礼。第三天,皇帝召安禄山入宫,杨贵妃异想天开,居然用锦缎做了一个襁褓,将安禄山像婴儿一样包起来,叫宫女用彩轿抬着走。唐玄宗听到后宫的欢笑声,问原因,宫女说是贵妃生婴儿过"三朝"(古代风俗,通常在结婚、生孩子或死亡后第三天,举行庆祝或纪念活动)。唐玄宗亲自去看,不仅给杨贵妃赏赐了三朝洗儿的金银钱,还赏赐了安禄山。从此宫中把安禄山称作"禄儿",他可以自由出入宫廷,或与贵妃对饮,或夜宿宫中,胡作非为。

安禄山原任平卢节度使,兼任范阳节度使,后来他又要求兼任河东(治所在今山西太原)节度使,唐玄宗也毫不犹豫地同意了。

安禄山兼领三镇节度使后,重兵在握,日益骄横。他认为皇帝年老又惧内,朝廷武备松弛,所以没有什么力量可以与他对抗。他手下的官员就趁机劝他叛乱。安禄山收编了契丹等族的投降者八千人,又有家丁百余人,都是以一当百的亡命之徒。他养了数万匹战马,又派人到各地去收买刀枪。他还奏请朝廷,封他的部下五百多人当将军,以此收买人心。

当他以为一切都已准备好了,便发动了反叛,并于公元756年正月一日,在洛阳称帝,国号大燕。

178

杨贵妃命丧马嵬驿

安禄山叛乱爆发后,唐玄宗派重兵守卫长安的门户潼关。潼关守军每晚会在烽火台上烧一把火,作为平安的信号。所以,当时长安的君臣和百姓天天都翘首盼望"平安火"。

公元756年六月初九夜,唐玄宗接到报告:今晚看不见潼关烽火台传来的"平安火"。自从叛军逼近长安以来,唐玄宗最不想听到但又预感迟早总要传来的消息,终于传到了他的面前:潼关失守!这就是说,长安的大门已经打开,安禄山的叛军只要向西一挥鞭,骑兵就随时都可能出现在皇宫。

安禄山来者不善,长安的兵力却不足以抵挡叛军,各地的兵马一时之间不可能调来。国难当头,身边却无分忧之臣,玄宗急得一夜不曾合眼,第二天便召集百官们来商讨应变之计。那时,杨贵妃的堂兄杨国忠任宰相,权力极大。他提出一个方案:到成都去。因为杨国忠身兼剑南(今四川成都)节度使,早在安禄山刚反叛时,他就叫人在剑南悄悄储存物资,以备急用,所以这时便建议入蜀。朝臣们急得团团转,都拿不出什么好办法,吵了一阵后便一哄而散了。

潼关失守的消息传开后,长安城中的老百姓奔走相告,准备出城逃避。杨国忠就叫杨贵妃的姐姐韩国夫人、秦国夫人和虢国夫人入宫去,劝玄宗和贵妃赶快离开长安,到成都去。

第二天上朝,殿上只有稀稀落落几个人。玄宗在勤政楼上装模作样宣布,他要御驾亲征。不过,没有一个人相信这是真话。当天晚上,唐玄宗通知龙武大将军陈玄礼悄悄地集合士兵,每人都给以重赏,又挑选了九百余匹良马。一切准备就绪,六月十三日天刚蒙蒙亮,唐玄宗带了杨贵妃和她的三个姐姐,还有皇子、妃子、公

主、皇孙,以及杨国忠、陈玄礼等,匆匆逃出皇宫禁苑的西门,把那些在宫外的公主、妃子和皇孙,都丢下不管了。车驾经过国库时,杨国忠下令烧掉。玄宗阻止说:"留给叛贼吧,否则,他们更要抢掠老百姓了。"

玄宗一行匆匆逃出长安后,玄宗派宦官王洛卿打前站先去通知沿途郡县准备接驾。但是,等玄宗一行来到咸阳望贤宫,王洛卿和县令全都逃走了。太监们找当地的官员和老百姓索要食物,竟无人响应。到了中午,玄宗饿得肚皮咕咕叫,杨国忠只好自己到市上去买了一块饼来给玄宗吃。后来,总算有老百姓送来粗饭,饭里还拌着麦子和豆子。玄宗非常感激,拿出钱付给老百姓。但是,当时没有碗筷,皇子皇孙们都用手抓着吃,一会儿就把这些粗饭抢个精光,他们的肚皮却还没有吃饱。

那天将近半夜,一行人走到金城(今陕西兴平)。县令早已逃走,唐玄宗只好歇在驿馆里。夜里无灯,大家累极了,都东倒西歪地躺在地上。

第二天,一行人走走停停,到了马嵬(wéi)驿(今陕西兴平西)。将士们又饿又累,都有一肚皮怨气。大家你一言,我一语,火气越来越大。龙武大将军陈玄礼深知众怒难平,他认为根子都在那个祸国殃民的宰相杨国忠,就打算将杨国忠诛杀,以安抚将士们。他叫东宫太监把这个想法转告太子李亨。

李亨正犹豫时,有二十余个吐蕃的使者围住杨国忠坐骑要饭吃。杨国忠还未回答,周围士兵便大声呼喊:"杨国忠与胡人勾结谋反。"于是便有士兵向杨国忠射箭。杨国忠拍马而逃,逃到西门,被追上来的士兵团团围住,一阵乱枪,他便被捅死在地。士兵把杨国忠的首级挂在枪上,放在唐玄宗所住的驿馆门外示众。杨国忠的儿子、户部侍郎杨暄,以及杨贵妃的姐姐韩国夫人和秦国夫人也在混乱中被杀。士兵们围住驿馆大喊大叫,不肯散去。

玄宗听见外面的吵闹声,便问发生了什么事。左右回答说:"外面喊杨国忠谋反,已被杀掉了。"

玄宗拄着拐杖,穿着薄底鞋,慢慢走出驿馆的大门,一边安慰士兵,一边命令他们收队回营。士兵们依然吵吵闹闹,不予理睬。玄宗便叫高力士去打听,究竟什么原因还不散。这时,陈玄礼直截了当地对玄宗说:"杨国忠谋反,已被大家杀掉。他

的妹妹贵妃娘娘不适合再侍候皇上,请皇上割断恩情,把她一并正法。"

玄宗听说,沉吟片刻,缓缓地回答道:"这件事,让我来处理吧。"

玄宗一步一颤走入驿馆,双手拄着拐杖,低着头,一动不动地立着。过了好久,有个叫韦谔的官员走上前去对唐玄宗说:"从目前情况看,众怒难犯。安危就在转眼之间,望陛下赶快作出决定。"

玄宗却还在犹豫,他喃喃地自言自语:"贵妃住在深宫里,怎会知道杨国忠谋反的事情呢?"

高力士在旁边劝道:"贵妃娘娘当然没有罪责,但是,将士们已经把杨国忠杀掉了,如果贵妃娘娘仍在陛下左右,他们自然感到不安。希望陛下细细想一想:只有将士们一心为国,陛下才能平安无事!"

玄宗听了这番话,无可奈何,才叫高力士将杨贵妃带到佛堂绞死。

杨贵妃是在公元745年入宫的。相传她通晓音律,机灵聪明,很讨皇帝的喜欢,所以不到一年,玄宗对她格外宠幸。贵妃的一家也都因此得宠封官,她的三个姐姐都被封为夫人,堂兄杨国忠当了宰相。

杨贵妃被绞杀后,尸首停放在驿馆的院子里,陈玄礼等人进来看过无误,于是才整顿队伍,继续西行。

179

张巡借箭抗敌

唐玄宗一路西逃,但忠于朝廷的官员们却纷纷带领军民,奋起抵抗叛军。其中,最早起来打击叛军的,是平原(今山东平原)太守颜真卿和他的堂兄常山(今河北正定)太守颜杲(gǎo)卿。

早在安禄山谋反的迹象越来越明显时,颜真卿就开始备战了。他借口预防大雨,派军民修理城墙,召集壮丁,加强城防,还储藏了很多粮食。安禄山叛乱后,河朔(黄河以北地区)一带全都陷入叛军之手,只有平原城的防守是完好的。唐玄宗刚听到河朔沦陷的消息时,悲叹道:"河北二十四郡,难道就没有一个忠臣?"当他听说平原城仍在坚持抵抗时,转悲为喜,说:"不知颜真卿是什么模样,竟能做得这样好。"

颜杲卿本来是安禄山的部下,安禄山的叛军到达藁(gǎo)城(在今河北)时,他就招募了一千多名士兵,准备抵抗。安禄山攻下洛阳后,颜真卿在十天内招募了一万人,并与颜杲卿联合讨伐安禄山。颜杲卿与长史袁履谦,用计占领了井陉关(在今河北井陉),截断了安禄山的退路,河北军民士气大振,二十四郡中有十七郡又回到了朝廷一边。

安禄山见后方不稳,急忙派大将史思明、蔡希德分两路攻打常山。常山的城防工事没修好,兵力又少,颜杲卿带领军民拼死抵抗了四天,最终粮缺弹尽,常山城被攻破。颜杲卿和袁履谦被叛军抓到洛阳,他们受尽酷刑,但仍对着安禄山不停地怒骂,最后双双牺牲。

颜杲卿被害后,颜真卿仍在坚持抵抗,直到唐肃宗即位后,他才率领众人辗转来到凤翔(治所在今陕西凤翔),朝见肃宗。

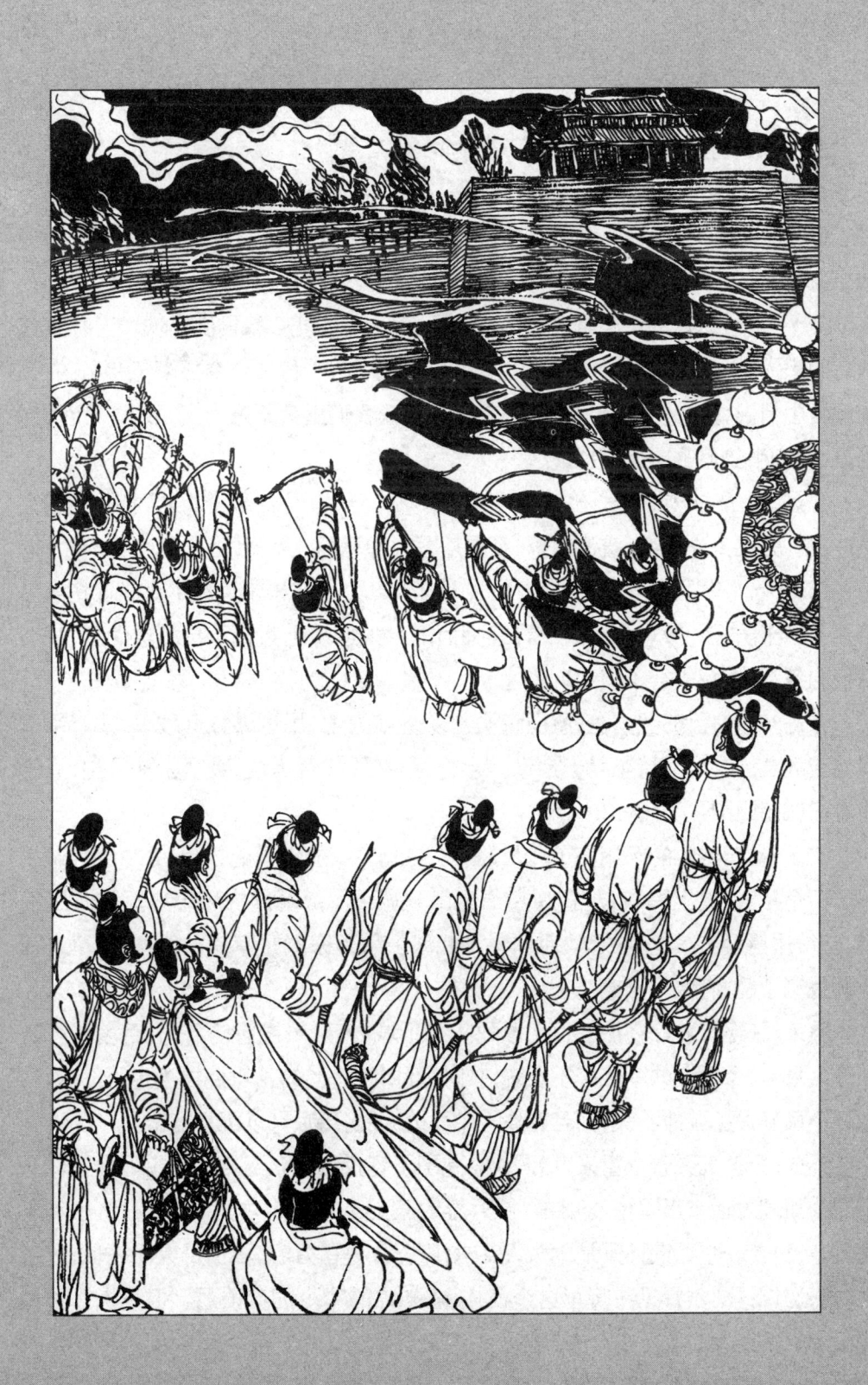

另一位英勇抗击叛军,多次立下战功的名将,是张巡。

公元756年正月,安禄山叛军攻陷宋、曹等州,谯郡(今安徽亳州)太守杨万石投降了叛军,还逼迫当时任真源县令的张巡,向西去迎接叛军。张巡却率领军民讨伐叛军,在距真源不远的雍丘(今河南杞县)一举击败叛军大将、原雍丘县令令狐潮。

几个月后,令狐潮重整旗鼓,率领四万大军扑向雍丘,想报仇夺城。当时张巡只有四千人,士兵们都很紧张。张巡胸有成竹地对将士们说:"令狐潮气势虽凶,又了解城中情况,但必然有轻视我们的想法。现在我们出其不意出击,敌人一定惊慌而退,我们乘势追击,必定打胜仗。"

于是,他派一千人登城防守,自己亲自率领一千人,分成数个小队,打开城门突然冲出。张巡身先士卒,直冲敌阵,打得叛军人仰马翻,纷纷败退。

第二天,叛军又来攻城。他们用百门大炮轰城,将城楼都轰塌了。张巡在城上修建木栅来防守。叛军像蚂蚁一样蜂拥而上。张巡命士兵把干草浸透油脂,烧着后投向叛军,叛军不得不退却。

张巡知道自己的兵力少,所以每次都以坚守为主,用智谋打退敌军,或者乘天黑偷袭敌营。这样坚持了六十余日,大大小小打了三百余仗,叛军无计可施,只得将雍丘城团团围住。

不久,雍丘城中的箭用完了。张巡效法诸葛亮草船借箭的妙计,命令士兵做了一千多个草人,披上黑衣,趁夜晚用绳索吊到城下。叛军以为城中守军要突围偷袭,纷纷用箭射击。过了很久,他们才发现城上吊下来的是草人。但这时,草人浑身都射满了箭,有数十万支。

后来,张巡又趁黑夜派五百名敢死队缒下城去,叛军没有防备,五百名敢死队便冲入敌营,令狐潮的军队猝不及防,顿时大乱,把自己的营帐烧掉逃走了。这样,张巡不仅确保了城池不失,而且在战斗中反败为胜,给叛军以沉重打击。

不久,令狐潮又卷土重来,增调兵马包围了雍丘城。张巡派部将雷万春在城头上同令狐潮对话。叛军纷纷射箭,雷万春的脸上一连被射中六支箭,仍然一动不动,镇定自若。令狐潮怀疑是木头人,一打听才知是雷万春,不由得大吃一惊,远远地对张巡说:"刚才看见雷将军这个模样,才知你的军令的确很严。但是人算不如

天算,雍丘城终将被攻破。"

张巡回答说:"阁下连怎么做人都不明白,怎么会知道天道呢?"

令狐潮理屈词穷,叛军们士气低落。张巡抓住战机率军出击,又一次大获全胜,擒获叛军将领十四人,吓得令狐潮连夜逃到陈留,龟缩在城里,再也不敢出来。

张巡率将士誓死守城,直到这年年底奉命主动撤离。在这期间,雍丘城始终岿然不动,成为大唐抗击叛军的坚强堡垒。

为表彰张巡的忠诚与战功,后来的唐肃宗李亨专门下诏,任命张巡为河南节度副使。

李光弼大败史思明

马嵬驿事件发生以后,唐玄宗只留下太子李亨和将士两千人,自己飞快地向成都逃去。

公元756年七月,李亨到达朔方节度使治所灵武(今宁夏灵武),即位做了皇帝,史称唐肃宗。肃宗尊玄宗为太上皇。

新朝廷成立后,唐肃宗马上重用能征惯战的大将,对付叛军。他任命河北将领郭子仪为朔方节度使,另一位将领李光弼为河东节度使,领兵平叛。郭、李两人接奉命令,连忙率领步兵骑兵五万,从河北赶到了灵武。

这时,叛军势力正在扩大,唐朝处境非常不利。唐朝宰相房琯出兵反攻长安,吃了个大败仗。可是,到了公元757年,形势终于起了变化。

这年正月,叛军发生内讧,安禄山被他的大儿子安庆绪杀死了。安庆绪继位,当了大燕皇帝。他虽然成了叛军头目,但昏庸懦弱,只知寻欢作乐,大小事情都交给手下人办理。叛军失去了安禄山这个强有力的头子,形势大不如前了。

安禄山手下掌握重兵的大将是史思明。史思明是安禄山的同乡,也是突厥人。安禄山非常宠信他,把不少精锐部队拨归他指挥。史思明掌握重兵,又拥有大量财宝,就不愿听从安庆绪的调度了。

唐肃宗决定乘机发动进攻。他派儿子李俶做元帅,郭子仪做副元帅,出兵长安。军事进展得很顺利,唐军很快收复了长安和洛阳。安庆绪被迫退守相州(今河南安阳)。

史思明本来就对安庆绪不服,这时就乘机投降唐朝。唐肃宗封他为归义王、范阳节度使。可是,唐朝对他仍不放心,策动几个范阳将领,想把他干掉。不料事情

败露,让史思明知道了,史思明就决心再次反叛。

公元759年,唐肃宗派了九个节度使,带领六十万大军,攻打相州。唐军虽然大将很多,但唐肃宗对他们心存怀疑,没有任命一个元帅统一指挥,却派宦官鱼朝恩来监军,将士们都得听鱼朝恩的令。唐军号令不一,各节度使又互不商议,所以围攻了几个月,没有能打下相州。

就在这时候,史思明突然又举兵反唐,占领了相州。史思明得报,唐军留下的辎重粮食都堆得好好的。他喜出望外,大摇大摆进了相州。他不愿再当安庆绪的部下,索性杀了安庆绪,自称大圣燕王。

唐军吃了败仗,鱼朝恩却把战败的责任统统推到郭子仪头上。唐肃宗就将郭子仪撤了职,让李光弼接任朔方节度使,对付史思明。

这年秋天,史思明又出动大军南下,攻打洛阳。李光弼知道洛阳无法防守,就把城内军民全部撤出,退守河阳(今河南孟州)。史思明进入洛阳,得到的只是一座没有人烟的空城。

史思明在洛阳站稳脚跟以后,派部将刘龙仙到河阳城下挑战。刘龙仙口出脏话,谩骂李光弼。李光弼决计打掉敌人的威风,就派偏将白孝德去收拾刘龙仙,并答应给他五十名骑兵做后援,大军擂鼓助威。

白孝德带着两支矛,骑上马背,渡水到了对岸。刘龙仙见白孝德单人独骑,不当一回事。两人越走越近,相距十步时,白孝德突然圆睁双目,厉声喝道:"贼将认得我吗?"

刘龙仙随口骂道:"你是哪里来的猪狗畜生!"

他骂声未落,白孝德大叫一声,跃马上前,挺矛直刺过去。这时,唐军营中鼓声震天,五十名骑兵也赶来接应。刘龙仙不敢抵挡,掉转马头,正想逃跑,白孝德已冲到他身旁,把他刺下马来,拔刀下马,砍下他的脑袋,又上马跑回军中。叛军见了,大惊失色。

史思明吃了这次亏,很不甘心。他又派兵火烧唐军浮桥,偷劫唐军粮草,但李光弼早有防备,叛军的阴谋也全都失败了。史思明越想越火,索性出动大军,前来攻城。李光弼见敌人势头凶猛,就亲自上阵,指挥战斗。他对将士宣布命令说:"你

们看我的旗号作战,旗挥动得慢,我们选择有利的地方作战。要是我连续三次挥旗倒地,你们就齐心向前,谁后退一步,立刻斩首!"

接着,李光弼又拔出短刀,放在靴筒里,对众将说:"万一作战失利,你们死在阵前,我就用短刀自杀,和你们一道为国牺牲!"

这一仗,李光弼不断挥动令旗,唐军将士都奋勇冲杀,喊声震天动地。叛军抵挡不住,大败而逃,跳进河里淹死的有一千多人,被杀一千多人,还有五百多人做了俘虏。史思明不敢再战,连忙退回洛阳。

李光弼在河阳坚守十七个月,打败了叛军多次进攻。可是,唐肃宗听信鱼朝恩的话,要李光弼出兵攻打洛阳,李光弼认为敌军强大,不能冒险。唐肃宗却不断派使者来催促。李光弼只得下令出战,结果唐军大败。李光弼守不住河阳,退到了闻喜(今属山西)。

史思明正想乘胜进攻长安,幸好这时叛军又发生内讧,史思明被他的儿子史朝义杀死。史朝义和安庆绪一样,也没有能力统领部下,叛军无力再发动进攻了。

公元762年,太上皇唐玄宗和唐肃宗相继去世,肃宗的儿子李俶(已改名李豫)继位,他就是唐代宗。代宗派官军和回纥援军收复了洛阳。叛军中的主要将领纷纷投降唐朝。第二年正月,史朝义走投无路,兵败自杀。

这次战乱,前后延续了八年,历史上称为"安史之乱"。战乱虽然结束,但大唐王朝也从此由盛转衰了。

181

刘晏巧通千里漕运

唐代把首都设在长安后,粮食供应成为一个棘手的问题。虽然长安附近有号称"粮仓"的关中平原,但因为耕地面积不大,生产的粮食不够首都军民的需求。遇到水旱灾荒,粮食价格飞涨,就会饿死许多人。所以,唐朝开国以后,就有从江南到长安的千里漕运(走水道运粮食),把江南的粮食运到首都。

当时的漕运,要经过淮河、汴河、黄河、渭水等河道才能抵达长安。沿途行船非常不易,特别是在北人门、中神门、南鬼门这三门险峡中,常常翻船,粮食丢了不说,船上的人性命也难保。这条线路的漕运,不仅费用大、损耗大,而且风险也大,谁都不想当这个差使。

唐代宗看中了善于解决经济问题的御史大夫刘晏。公元 764 年,他任命刘晏为御史大夫,要刘晏负责解决漕运问题。

刘晏工作非常勤奋,而且以讲究效率著称。他到任后,马上先做调查研究,沿着漕运水道勘察情况,访问一些参加过漕运的有经验的人。

刘晏考察还没到一半,乘的船就搁浅了,他把船家找来询问原因。

船家告诉他:"现在许多河段,因为长年不去管理,都淤泥沉积,成了浅水滩,船只难以通过。"

"为什么不去疏通?"刘晏问。

"疏通河道要花费大量人力、物力。"船家回答。

刘晏仔细研究后决定,先疏通河道,他组织了很多民工疏浚汴河。

有个老船工提醒刘晏:"运河、淮河、汴河、黄河、渭水的水势不同,各地的船家都有自己熟悉的水域,如果一条船从头行到底,省事是省事,但很危险。"

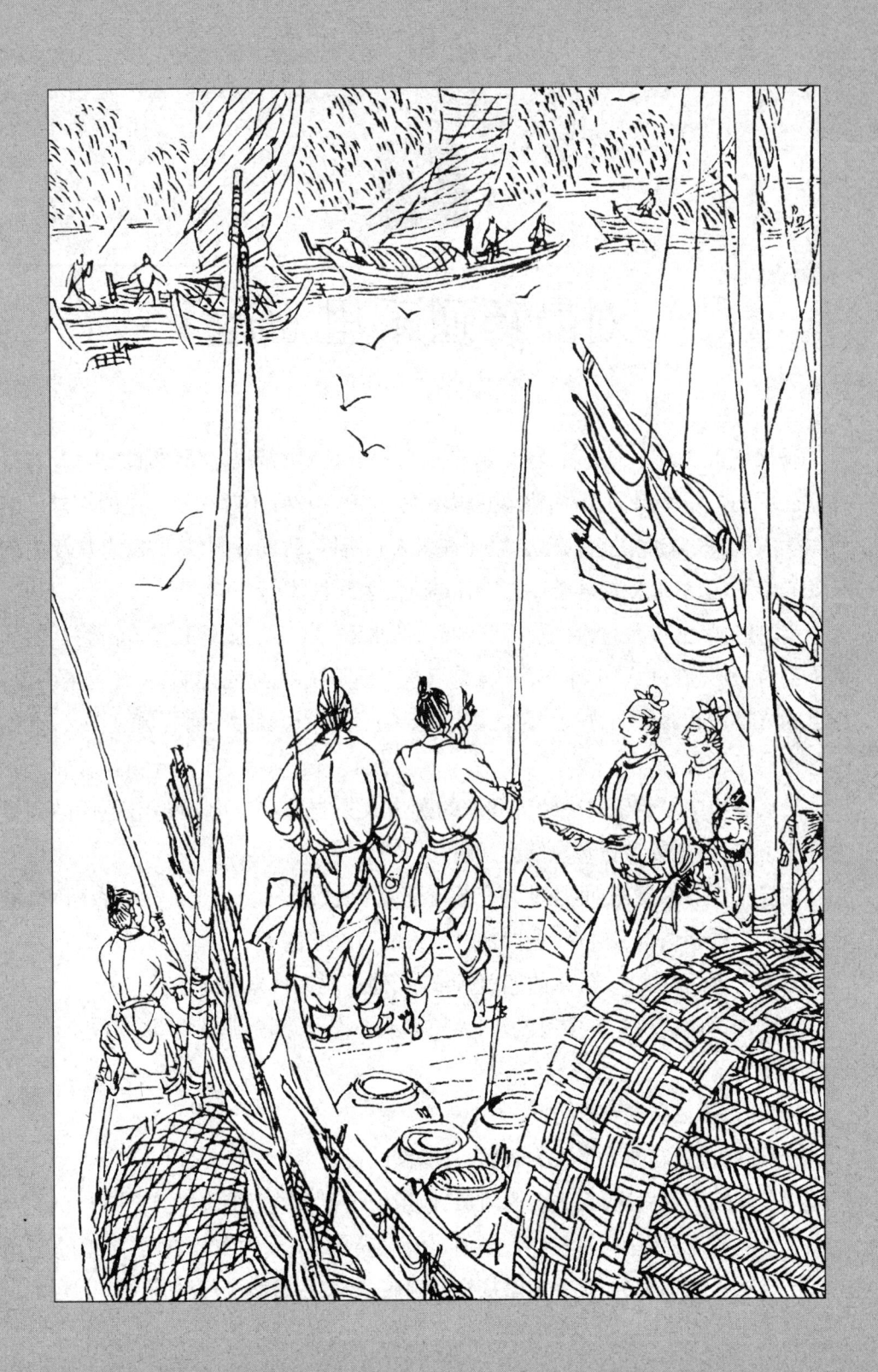

刘晏听取了这个意见。为了避免航行中的危险,他决定采取分段运输的方法,使每一段漕运都由熟悉这一水域的船家负责。

分段运输的最大问题是装卸。以前粮食都散装在船舱里,装船起岸十分费劲,损耗又大。刘晏便想了个办法,把粮食都装在米袋里。这样,到了水浅的地方,可以用小船分装渡过。即使翻船,还可以把粮袋打捞起来,不至于损失太大。

一个问题解决了,又一个问题发生了。

对于怎样过三门峡,一直是个难题。过去承办漕运的人,害怕三门峡这里水急,大多用陆运。陆运不仅费用高,而且速度慢。刘晏考虑再三,决定还是坚持水运。

有人不同意,对刘晏说:"过去运粮船经过三门峡时,往往被惊涛骇浪打翻,多次发生过船沉人亡的重大事故。"

刘晏觉得运粮安全一定要抓,不然漕运没法保证。

要抓,就从根本上抓。运粮靠船,船如果不坚固,半途沉船,就会前功尽弃。于是,刘晏着手建立了十个造船场,用了大笔钱,打造了两千艘坚固的大船,每条船可以装载一千石米。

过三门峡的船,当然要特别坚固,还要有坚韧的纤索。每条船三十人背纤,五人撑篙,十条船组成一纲,有人统一指挥。就这样,船工们硬是一步步地把粮船拉过三门峡。

当第一批粮食运到长安时,唐代宗特地派卫士在东渭桥奏着鼓乐迎接。他还派使者慰劳刘晏说:"你真是我的鄋侯(萧何,汉高帝刘邦的重臣)!"

刘晏管理漕运,每年运粮一百多万石,没有沉没过一斗米。京都由于粮食供应得到满足,物价平缓,人心稳定。

在疏通漕运、河道的同时,唐代的水利事业也发展起来,使水利资源得到了充分的利用。唐代大力发展水利灌溉事业,兴修的水利工程约二百六七十处。比如在北方,发展了关中的农田水利,重点开发黄河、汾河河曲地带的水利,又在龙门下引黄灌田。在南方,则相继完成了江浙海塘、太湖湖堤及长江堤防等工程。这些工程都为发展农业生产起到了很大作用。

"茶圣"陆羽

唐肃宗至德、乾元年间,我国第一部关于茶的专门著作《茶经》问世了。《茶经》约七千多字,分为上、中、下三卷。书中介绍了茶树的性状、茶叶的品质和土壤的关系;采制茶叶的方法和工具;茶叶的种类;烹茶和饮茶的用具及对茶汤品质的影响;烹茶、饮茶的相关知识等。全书内容丰富,见解精到,为后世所广泛引用。它在我国茶文化史上,占有极为重要的地位。

《茶经》的作者是唐代的学者陆羽。他本是一个被人丢弃在河边的孤儿,有个法号智积的和尚把他抱回寺院收养,还教给他许多东西。

陆羽从小在寺院打杂煮茶,喜欢上了茶道,便对茶进行研究,颇有心得,自称"桑翁"。后来他出游河南、四川等地,还到当时名茶紫笋的产地苕溪(今江苏吴兴)考察,写了《茶经》一书,成为不朽的名著。他也逐渐被人们所认识,所尊重,被誉为"茶圣"。

陆羽认为,饮茶是从神农氏开始的。在原始社会,先民们采集野生植物来填饱肚子。到了神农氏时期,已经发现许多植物是有毒的,又在偶然间发现用野生茶树的鲜叶汁,可以解毒。从此,人们就以喝茶来解毒,这也是饮茶的开始。可见最早的饮茶,是作为药用的。陆羽的这些见解和他的《茶经》,对茶文化的形成和传布有很大影响。在他之后,关于茶的著作、书籍多达一百多种。

唐代宗年间,李季卿出任湖州(今浙江湖州、德清、安吉等地)刺史,路过扬州时正好碰到陆羽。李季卿也喜欢品茶,早就听说陆羽品茶出神入化,因而十分倾慕。他不想错过机会,便主动去邀请陆羽。

陆羽跟着李季卿上了船。李季卿开门见山地问道:"听说您撰写的《茶经》中,

将如何煮茶作为一个重要的话题来阐述,为什么?"

陆羽回答:"因为即使有名茶好水,也只是具备了条件;如果没有高明的煮茶手段,名茶好水也会被糟蹋,所以我把煮茶划为'九难'之一。"

李季卿又问:"煮茶难在哪里?"

陆羽回答:"难就难在难以掌握火候。水煮得过嫩或过老,都不能使茶的本质得到充分发挥,甚至还会给人'厌饮'的感觉。"

李季卿的船停泊在扬子江边。李季卿说:"天下都知道您善于品茶,而扬子江南零水(又作南冷,在今江苏扬州附近)又非常难得。今天两妙千载一逢,怎么能够错过呢?"

陆羽高兴地说:"如果能以南零水煮茶,真是太好了!"

于是,李季卿派了几个士兵,带上瓶子,划着一条小船,深入南零取水去了。

陆羽在船中准备茶具,只等士兵取来南零水煮茶了。

过了一会儿,南零水取来了。陆羽接过装水的瓶子,用勺子舀了一勺水。他不高兴地说:"这确实是扬子江中的水,但不是南零水,好像是靠岸边的水。"

一个士兵辩解说:"刚才我们划船深入南零,看到我们去那里取水的至少有上百人,怎么会是假的呢?"

陆羽也不回答,看着士兵把瓶里的水倒入盆中。当水倒到一半时,陆羽赶紧叫他停下,又用勺子舀了一勺瓶里剩下的水,说:"这剩下的半瓶,就是南零水了。"

那两个士兵大惊失色,忙跪在地上请罪:"我们确实是去南零取水的,但快到岸边时,因为小船摇晃,瓶子里的水被洒掉了一半。我们担心水太少要挨骂,就在岸边舀了些水加满瓶子。先生真是料事如神,我们不敢再隐瞒什么,也没法隐瞒了。"

听了这话,李季卿和在场的人都对陆羽更加佩服了。

早在公元五世纪的南北朝时,我国的茶叶已输出到东南亚地区。公元九世纪的唐代,日本僧人将中国茶种带回日本,茶逐渐在日本普及为大众饮料。十世纪时,蒙古商队来华从事贸易,将中国砖茶带到了中亚。十七世纪时,荷兰人将茶叶带到了欧洲,后又传到美洲。到了十八世纪,英国大量从中国进口茶叶。十九世纪,茶叶已走向了全世界,成为世界性饮料,而茶文化也影响了世界上的很多国家。

颜筋柳骨

公元 782 年(唐德宗建中三年),有五个节度使公开叛乱,其中淮西节度使李希烈的兵力最强大。唐德宗听信宰相卢杞的谗言,派太子太师颜真卿去叛军中安抚。颜真卿当时已七十六岁高龄,但为了朝廷仍毅然前往。

颜真卿来到叛军中,李希烈指使部将、养子一千多人,手持刀剑,围着颜真卿又叫又骂,扬言要把他杀了,分而食之。颜真卿纹丝不动,面不改色。李希烈见硬的不行,就来软的,他把颜真卿送到驿馆里,用名利引诱他。李希烈称帝前,让朱滔等四镇藩王劝颜真卿,在李希烈称帝后去做他的宰相;李希烈称帝时,又派人去问他称帝的仪式。对此,颜真卿都严词拒绝了。

颜真卿早在担任平原太守时,就遭遇安禄山反叛,他联络堂兄、常山太守颜杲卿起兵抵抗。颜杲卿不幸被害。颜真卿此时身陷叛军,一心想的是学习堂兄的气节,为国献身。公元 784 年,百般无奈的李希烈派人将颜真卿害死了。

颜真卿不仅是大唐的忠臣,也是唐代著名的书法家。他所创造的颜体方正浑厚,和他正直磊落的人格是完全一致的。颜真卿被誉为"唐代书法第一人"。

颜真卿初学书法,也临摹过王羲之父子,并受到"草圣"张旭的直接指点。在学习前人的基础上,他以篆书的笔意写楷书,将初唐四家的"瘦硬紧劲"风格,改造成丰腴雄浑、宽博舒张的风格,成为别具一格的颜体。

今天能见到的颜真卿作品,楷书最多。其中《多宝塔碑》结构整密,点画有法,是学书法的最好教材。其他如《颜勤礼碑》宽博魁伟,《李元靖碑》朴质苍劲;而行书《祭侄文稿》,气象非凡,被誉为是继《兰亭序》以后的"天下第二行书"。

在书法史上,与颜真卿并称"颜柳"的柳公权,也是一位对后世影响很大的书法家。

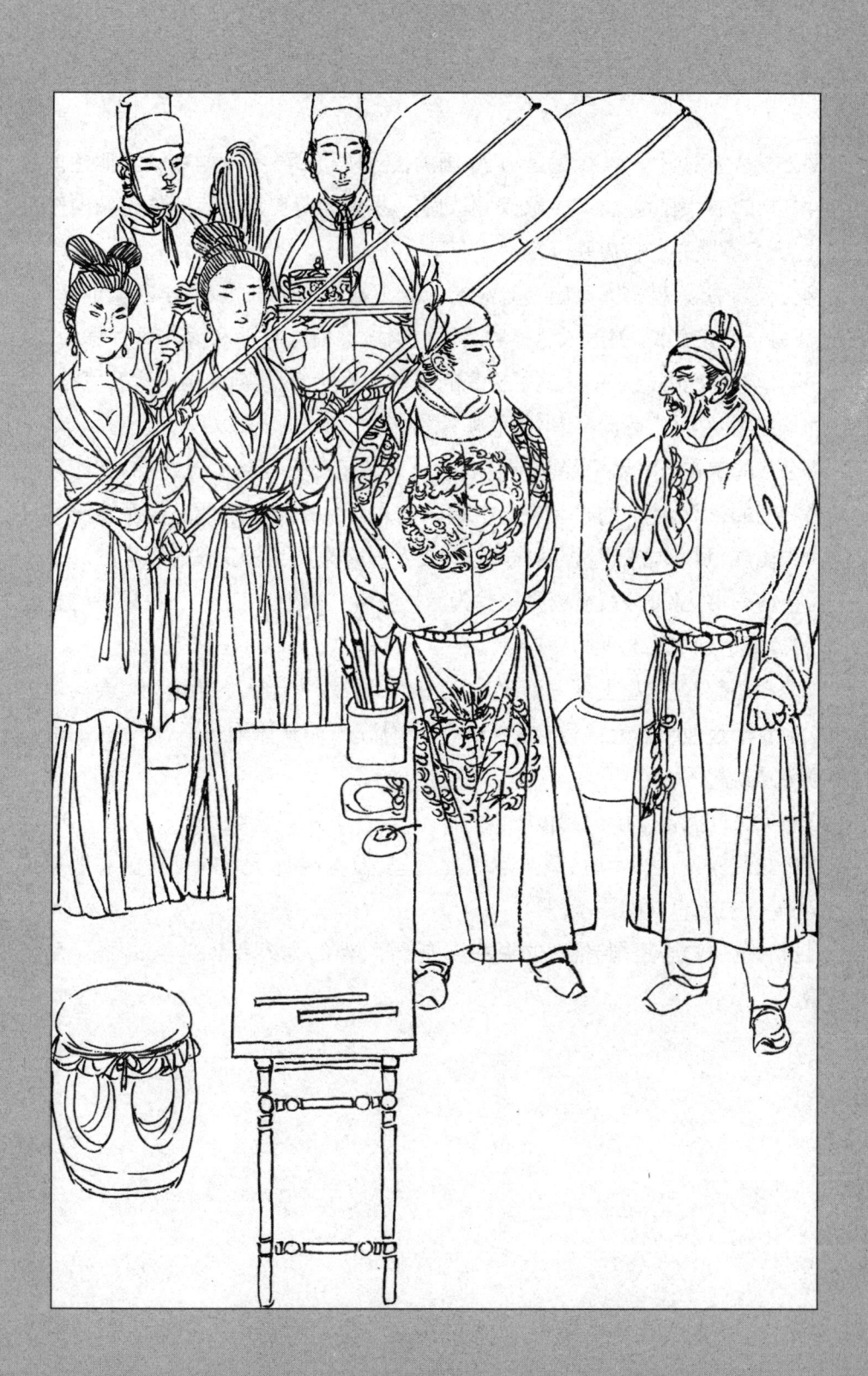

柳公权从小聪明好学，无论是写字、画画，还是写文章，都一学就会。他还喜欢看各种各样的书，因而能出口成章，对答如流。据说他曾在走七步路的时间内作诗三首，比大名鼎鼎的曹植更胜一筹。

柳公权的书法，楷书尤其出名。最初他学王羲之的字，后来又学欧阳询、颜真卿，最后融合各家之长，创出了风格独具的"柳体"。后人把他和颜真卿并称为"颜柳"，说明他们的楷书艺术都达到了极高的水平。不过，颜真卿的楷书雍容气派，柳公权的柳书刚劲挺拔，因此又有"颜筋柳骨"的说法。

柳公权的字在当时就已经非常有名了。据说王公大臣死后，坟上的碑如果不是柳公权写的，那么他们的子女就会被周围的人看做是不孝顺的。甚至连不写汉字的少数民族，到京城来送贡品的时候，也要花重金来购买柳公权的墨迹。

由于擅长书法，柳公权被唐穆宗封为翰林院侍书学士。有一次，唐穆宗问柳公权，怎样才能达到书法的理想境界。

柳公权心想，这位皇上处理朝政时常常随心所欲，为什么不趁这个机会向他进言几句呢？于是他回答道："写字的关键在于'体正'，如果体不正了，那书法的最高境界就无从谈起了。"

唐穆宗又问怎样才能做到体正。

柳公权回答说："写字时，笔虽然握在手里，但笔要听从心的指挥。心地端正了，那么笔法自然也就端正了。"

从此，柳公权"心正则笔正"的说法流传开来，他的为人和他的字，都成了后世的楷模。

184

郭子仪单骑退敌兵

安史之乱过了时间不长,大唐国力尚未恢复,却又有人发动了叛乱。公元765年,河北副元帅仆固怀恩自以为功劳大,朝廷对不起他,竟唆使回纥、吐蕃举兵叛唐。十月初,回纥和吐蕃的军队一直打到了京都长安北面的泾阳(今陕西泾阳),朝廷大为震动,宦官鱼朝恩甚至劝代宗再次逃离长安。但因两年前,吐蕃、党项军曾攻进长安,代宗出逃陕州(治所在今陕西陕县),所以大臣们激烈反对代宗这次再出逃。朝廷这才考虑抵抗之事,但大家都认为,打击叛军只有依靠老将郭子仪了。

当时郭子仪已奉命驻守泾阳。他是唐代名将,关内副元帅,那时已年近古稀。由于泾阳兵少,他命令部下将领严加防守,不要出战。这天傍晚时分,城外的回纥、吐蕃兵马悄悄地退守在城北的原野上,第二天他们又回到了泾阳城下。原来仆固怀恩在进军路上得暴病死了,回纥、吐蕃双方离心离德,都为了抢着当头争吵不休。他们两军分营而驻,回纥兵驻扎在城西。

郭子仪得到这一重要情报后,就悄悄派部将李光瓒等人来到回纥军营中,说服回纥与郭子仪联合起来,共同讨伐吐蕃。但是,仆固怀恩在哄骗回纥出兵时,曾造谣说代宗已死,郭子仪也被宦官害死了,所以回纥人不相信郭子仪在泾阳。他们说:"郭令公(对郭子仪的尊称)怎么会在泾阳?是你在骗我们吧?如果他老人家真的在泾阳,能让我们见一见他吗?"

李光瓒回城汇报,郭子仪说:"目前,他们力量强,我们兵力少,不能以武力来获胜。我朝与回纥本来关系很好,感情深厚,不如让我去同他们谈一谈,也许能不战而和。"

将领们却认为这样做太危险,提出要精选五百名骑兵作卫队,跟随郭子仪一同

前去。但是，郭子仪却摇头说："我去是以理服人，这样做只能坏事。"

郭子仪的儿子郭晞抓着马缰不放，对郭子仪说："他们是虎狼，父亲你是大唐元帅，怎能将自己的血肉之躯送到虎狼的口中去呢！"

郭子仪说："从今天的形势来看，如果双方打起来，不但我们父子都要牺牲在泾阳，而且国家也岌岌可危了。假如我亲自同他们开诚布公地谈一谈，也许能得到他们的同意而撤兵，甚至联起手来赶走吐蕃，那就是国家的福分了。"

说完，郭子仪用马鞭打了一下郭晞的手，喊着："去吧！"就同几名骑兵开城而出了。

来到回纥营前，郭子仪命人向回纥军中报信说："郭令公来了！"回纥兵大惊。他们的大帅名叫药葛罗，他拿着弓，搭着箭，做出准备发射的样子，立于阵前。

郭子仪解下头盔，脱掉战袍，丢掉手中的枪，一个人向回纥军前走去。回纥的酋长们见了，互相招呼说："真是郭令公！"于是纷纷跳下马来，围着郭子仪拜下去。郭子仪也跳下马来，走向前去握住药葛罗的手。

双方寒暄后，郭子仪毫不客气地批评他们说："你们回纥在帮助我大唐平定安史之乱时立了大功，我们大唐对你们回纥的报答也不薄。你们为什么要违背盟约深入我国境内，侵扰我们的地方，抛弃以前的功业，结下新的冤仇呢？仆固怀恩背叛大唐君王，抛弃他自己的老母亲，这种行为连你们回纥也是不能容忍的呀！今天我挺身而来，任凭你们把我抓起来杀掉，但是，我的部下是一定要同你们死战到底的。"

药葛罗连忙回答："仆固怀恩欺骗我们，胡说大唐皇帝已经死了，您郭公也已经不在世了，因此我们才敢和他同来。现在既然已经晓得大唐皇帝仍在长安，郭公又带领兵马在此地，我们怎么肯同郭公您刀兵相见呢！"

郭子仪趁热打铁，对他们劝说道："吐蕃不顾与我大唐是亲戚，公然蚕食我们的边境地区，烧城杀民。他们抢掠的财物多得无法运载，马牛猪羊等牲畜长达数百里，漫山遍野。不过，这可是老天爷赏赐给你们的。如果大唐和回纥联合起来击败吐蕃，那么，他们所抢的东西就是你们的了。所以为你们着想，怎么样才更有利呢？机不可失呀！"

药葛罗说:"我们被仆固怀恩骗了,有负令公。现在我们回纥要为令公尽一份力,打败吐蕃,弥补我们的过失。但是,我们有一个要求,仆固怀恩的儿子是我回纥可汗的小舅子,希望赦免他,不要杀害。"

郭子仪同意了。

回纥将士一直站在两边观看,这时悄悄走向前来,郭子仪的部下见状也同时向前移动。郭子仪挥手让他们退后,拿酒与药葛罗他们共饮。药葛罗让郭子仪先执酒为誓,郭子仪以酒洒地,立誓说:"大唐天子万岁!回纥可汗万岁!谁负此约,阵前身亡,家族灭绝!"

药葛罗也以酒洒地,说:"我的誓言与郭令公完全一样。"

郭子仪终于同回纥订立了和约。吐蕃听到这一消息,当天夜里就逃走了。

白居易写《琵琶行》

唐代宗大历年间,唐朝已进入中晚期。这一时期最著名的诗人是白居易。

白居易,字乐天,祖籍山西太原,后迁居下邽(guī)(今陕西渭南北)。白居易的祖父和父亲,做过县令一类的地方小官,他的祖母和母亲都有一定的文化。在这样的家庭中,白居易很早就识字了,五六岁时就开始学写诗,八九岁已懂得声韵。

后来,他的父亲调到徐州一带,全家也随着迁居符离(今安徽宿州东北)。这时,淮西节度使李希烈兴兵叛乱。为避战乱,白居易被送到比较安定的浙江。但借居的亲友家比较穷困,他们过着借米下锅、讨衣御寒、漂泊不定的贫困生活。这使他对真实的社会生活和百姓的困苦,有了感性的认识和了解,对他以后的创作有很大影响。

十五六岁时,白居易带着自己的诗稿,去京都长安,拜见诗界前辈顾况。顾况为人很高傲,但读到白居易的"离离原上草,一岁一枯荣。野火烧不尽,春风吹又生"后,大为赞赏。白居易的诗名便在长安传开了。

白居易直到二十八岁才考中进士,两年后被授予秘书省校书郎一职。

唐宪宗即位后,因器重白居易的诗名,提拔他当翰林学士,后又任谏议大夫。在这时期,白居易写了不少讽刺权贵、反映人民疾苦的诗作。这些诗使他得罪了一批有权势的人。

公元815年,平卢节度使李师道派刺客杀死了宰相武元衡,刺伤御史裴度。当时白居易任左赞善大夫,按朝廷规矩,这个只管给太子讲道德修养之类道理的职务,不得干预朝政。可白居易不管这些,愤而上书,要求捉拿凶手。这给那些心中怀恨的权贵们找到了口实,经过一番鼓动,唐宪宗下令把白居易贬为江州(今江西九江)

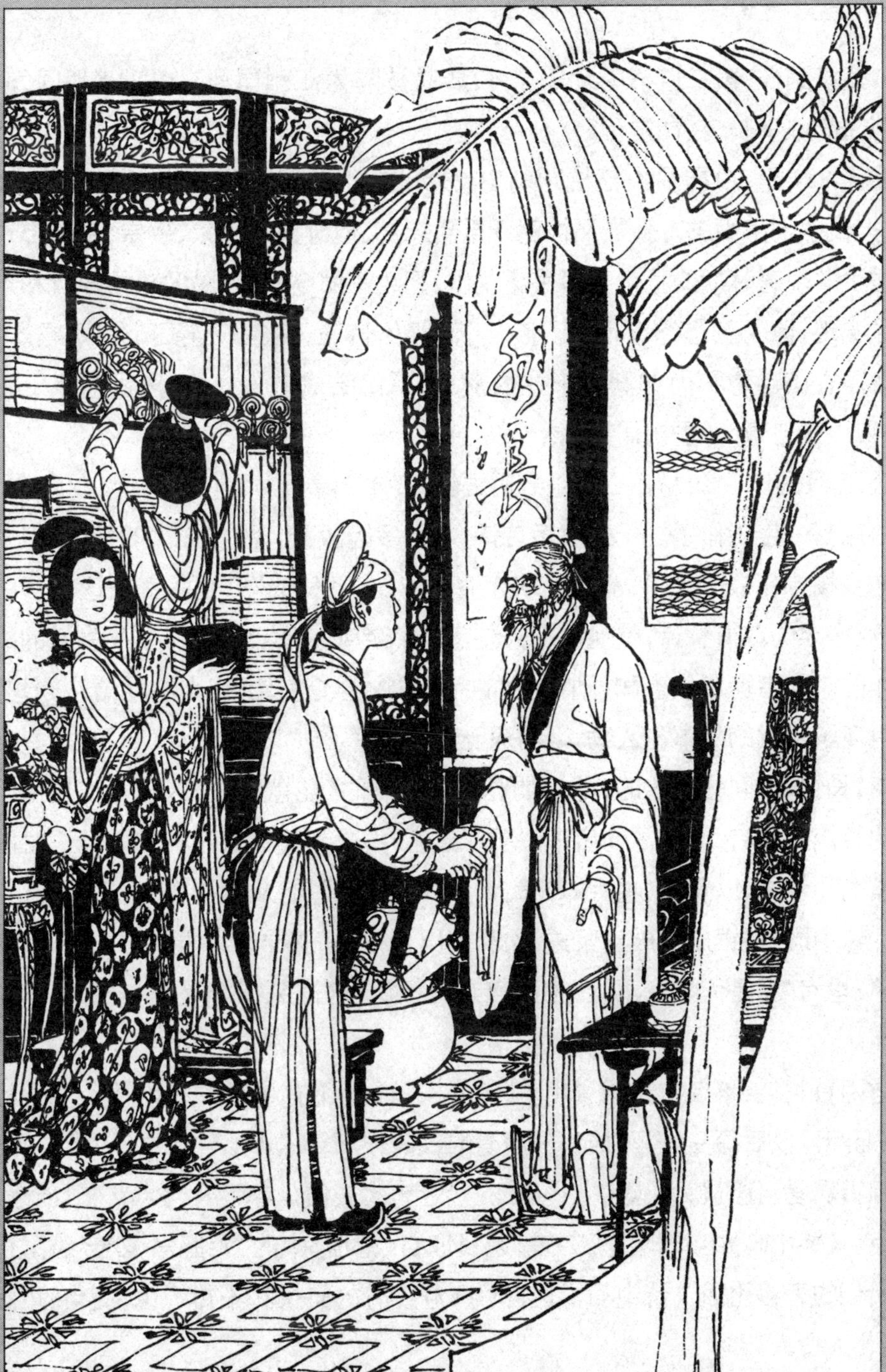

刺史。还没到任,第二道诏令又来了,白居易被降为江州司马。在江州期间,他写下了著名的叙事长诗《琵琶行》。

公元822年,白居易出任杭州刺史,公元825年,又调任苏州刺史。公元842年,他担任了刑部尚书。他虽又被朝廷重新起用,但碰到的穆宗、敬宗、武宗都是年幼的君主。晚唐时期的皇帝大多平庸荒唐,朝政一团糟,白居易的政治抱负和理想仍无法实现,他的意志逐渐消沉。晚年,他笃信佛教,常常一连几个月不吃荤腥。他和洛阳香山寺的和尚如满等来往很密切,不仅结成香火社,还出钱整修了香山寺,他自己也自号为"香山居士"。

公元846年,白居易在一场重病后去世,终年七十五岁。

白居易一生创作了二千八百多首诗,八百多篇散文。流传最广的是《长恨歌》。那时在乡校、寺院、旅舍中,都有人歌咏他的诗作。《长恨歌》是一首长达一百二十句、八百多字的叙事长诗,是他和友人游览了仙游寺,有感于唐玄宗、杨贵妃的故事而创作的。作者运用叙事和抒情结合的手法,叙述了李、杨二人的爱情悲剧,艺术化地再现了当时的故事和人物,因而深受欢迎,广为传唱。

与《长恨歌》同样著名的,是他被贬江州时写的《琵琶行》。这是一首长达六百多字的长篇叙事诗,记叙了作者在浔阳江送客时,听到一位曾在长安红极一时的歌女弹奏的琵琶曲,以及她"老大嫁作商人妇"的凄凉经历,从而感慨自己被贬江州的遭遇。诗中既有"银瓶乍破水浆迸,铁骑突出刀枪鸣"这样极具表现力的诗句,描画乐曲声;也有"同是天涯沦落人,相逢何必曾相识"这样深沉委婉的句子,表达作者的感慨。

这两首长诗,不仅有诗的意境美、语言美,而且还有生动的故事情节和人物形象,因而问世以后深受好评,成为白居易的代表作。

但白居易自己最为看重的,是他的讽喻诗,代表作是《秦中吟》十首和《新乐府》五十首。《秦中吟》中的《轻肥》一首,题目取自《论语》中的"乘肥马,衣轻裘",指的是权贵们的奢侈生活。诗中写了达官贵人赴宴时的骄横和不可一世,而当时"江南旱,衢州人食人!"

乐府是古代一种诗歌体裁,原本指乐府官署采集的民间乐歌,或乐府中的乐官

们创作的乐歌。初唐时，诗人们大多按乐府的旧题进行创作。杜甫的《兵车行》、《丽人行》等作品，虽然采用了乐府体裁，但表现的内容焕然一新，深刻反映了社会现实。而白居易则倡导了"新乐府运动"，发展了这种写作方法，并确定了"新乐府"的名称。

白居易的《新乐府》五十首，采用乐府歌行体，大多三言、七言交错运用。白居易十分推崇陈子昂、李白、杜甫，尤其看重杜甫的现实主义精神，所以他的《新乐府》五十首，大多反映了劳苦大众的真实生活和社会矛盾，很有现实意义。其中较出名的有《杜陵叟》、《卖炭翁》、《新丰折臂翁》等。

与白居易同时代的著名诗人元稹，是新乐府运动的积极支持者和主要作者。文学史上将他们并称为"元白"，他们两人也有着很深的友谊。白居易在写给元稹的信《与元九书》中，写到了自己的身世抱负和文学观，明确提出了"文章合为时而著，诗歌合为事而作"的主张。"为时""为事"都是为现实的意思。在这样明确的主张和这样优异的创作实践中，新乐府运动在古代文学史上写下了光辉的一笔，而白居易也被公认为继杜甫之后，又一位杰出的现实主义诗人。

186

浑瑊、李晟平叛

安史之乱时,唐朝政府为了抵抗叛军,在内地封了不少节度使。叛乱平定以后,各地的节度使乘机扩大自己的地盘和军队。他们管辖的地区,名义上是唐朝的藩镇,实际上独揽大权。他们不但不向朝廷上缴赋税,还自己设置官吏。这样,就出现了藩镇割据的局面。

唐德宗即位以后,看到藩镇割据的局面越来越严重,有些节度使公开反抗朝廷,因此,他决定派兵征讨。公元783年,他命泾原节度使姚令言带领泾原(治所在今甘肃泾川北)士兵五千人,去关东一带,跟那些反抗朝廷的节度使作战。

泾原士兵听说要路过京城长安,都希望能得到一笔赏赐。他们冒着大雨,到了长安。可那时朝廷经济很困难,长安城里一斗米要卖五百钱(两年后江南米运到京城,一斗米只卖一百钱),所以唐德宗什么也没有赏给他们。

士兵们要离开长安前,唐德宗下令京兆尹王翔在城外慰劳军队,但王翔只给他们吃了一顿素菜糙米饭,连荤腥都没有。这一来,泾原士兵都发火了。他们把饭菜倒在地上,怒气冲冲地说:"我们要去拼死作战,却连饭都吃不饱,谁还愿意拼死!听说仓库里有的是财物,不如自己去拿吧!"

泾原士兵冲到了长安城里,到处抢劫财物。长安百姓吓得四散奔逃,京城里乱成一团。

唐德宗又惊又怕,连忙召集禁卫军,但没有一个前来报到。他只得带领妃子、太子、公主等,慌慌张张离开长安,逃到了奉天(今陕西乾县)。

兵变发生以后,姚令言拥立太尉朱泚(cǐ)做主帅。

朱泚以前也当过泾原节度使,但因为他的弟弟朱滔谋反,他被免职,软禁在长

安。他本来就是一个野心勃勃的家伙,见姚令言派人来接,毫不推辞,马上就跟着进了皇宫。

朱泚进宫以后,自称暂时统率各军。他拼命拉拢留在长安的官员,特别是一些不得意的官员,阴谋得到他们的拥护,好夺取皇位。

当时,有个叫段秀实的官员,原来做过节度使,掌过兵权,后来改任司农卿,丢了兵权。朱泚认为段秀实一定怨恨朝廷,就派几十个骑兵,到段秀实家里,把他接来。

泾原骑兵到了段秀实家门口,段秀实早已知道他们的来意,立刻把大门紧紧关上,不让他们进门。

那些士兵翻墙进去,打开了门,拿着刀剑,逼段秀实到朱泚那里去。段秀实没有办法,只得硬着头皮前去。

临走时,段秀实对子弟说:"国家有难,我还能去什么地方躲避?只有为国而死。你们各人都应当自找生路。"

朱泚见到段秀实满心高兴,说:"段公肯来,我的大事就成功了。"

段秀实劝告他说:"对泾原士兵没有好好赏赐,这是官员的过错,皇上怎会知道?你应该开导将士,去把皇上接来,这才对头。"

朱泚听了,心里很不高兴,但还是竭力拉拢段秀实。段秀实看出朱泚有篡夺皇位的野心,就暗中联合将军刘海宾等人,准备找个机会,把朱泚杀掉。

朱泚在称帝前,派泾原将领韩旻(mín)带领三千骑兵前往奉天,假装去接唐德宗回京,实际上是去攻打奉天。

段秀实知道后非常吃惊。他知道奉天没有守卫力量,就立刻假传姚令言的命令,把自己官署的大印盖上,派人赶去,把韩旻追回来。

眼看韩旻要回来了。段秀实对刘海宾说:"韩旻一回来,假传命令的事就拆穿了,我们都得死。朱泚要召我商议做皇帝的事,只有在议事时,让我奋力上前,杀了这个反贼。你在外面准备接应。"

当天,朱泚召段秀实议事。段秀实披盔戴甲前去。当朱泚谈到他要做皇帝时,段秀实满面怒容,立起身来,夺过别人手里的一块象牙笏(hù,古代官员朝见皇帝时拿着

的手板),跳到朱泚面前,痛骂道:"你这反贼!我恨不得把你碎尸万段,难道还会跟你一道谋反吗?"

他一面骂,一面高举象牙笏,向朱泚头上猛击下去。朱泚举手挡了一下,象牙笏击中他的前额。朱泚顿时鲜血直流,吓得伏在地上,爬着逃脱了。

这时,朱泚的同伙都吓呆了,没有一个敢动一动。段秀实见没有把朱泚打死,约好前来接应的刘海宾又没有到,知道事情不妙。他对着朱泚的同伙,又破口大骂道:"我决不会跟你们一同谋反,你们为什么不杀我?"

那伙人如梦方醒,冲上前,把段秀实杀害了。

段秀实被害的消息传到奉天,唐德宗懊悔过去没有重用他,不住地掉眼泪。

就在这年十月,朱泚自称大秦皇帝。第二年一月,他又把国号改作汉,自称汉元天皇。他称帝以后,杀了唐朝皇族七十多人,亲自带了兵马,前去攻打奉天。

这时,唐朝大将浑瑊(jiān)已赶到奉天。他昼夜苦战,保住了奉天。朱泚把奉天团团包围,攻打了一个月。城中粮食全都吃光了,情况非常危急。幸好大将李晟(chéng)等人赶来救驾,才解除了奉天之围。不久,朱泚就被李晟等击败。公元784年五月,李晟收复了长安。朱泚和姚令言带领残兵败将,向西逃跑,在途中都被部下杀死了。

这次泾原兵变,历时半年多,历史上称为"泾卒之变"。唐王朝又经历了一场险境,最后总算转危为安了。

王叔文改革失败

　　唐代晚期,除了藩镇割据外,政治上的另一大弊病就是宦官专权。

　　唐太宗时期,宦官不过是看门传令的奴仆而已。唐中宗时,宦官人数大增,官衔为七品以上的就有上千人。唐玄宗时,宦官人数更多,达到三千多人,甚至有了三品将军官衔的。而玄宗最宠信的高力士,对朝政的影响更大。唐肃宗时,宦官李辅国因随肃宗到灵武称帝而权倾一时。他因为对当时已做了太上皇的玄宗不满,就私自把玄宗迁到太极宫去居住。代宗即位后,对他也无可奈何。

　　公元763年,吐蕃进犯泾州,直逼京都,唐代宗仓皇逃往陕州。宦官鱼朝恩率驻陕州的军队和神策军迎驾有功,使代宗对他倍加宠信。代宗任命他为宣慰使,主管神策军,能时常出入宫廷禁地。鱼朝恩从此骄横不可一世,最后让代宗也难以容忍,代宗与宰相元载密谋,乘三月寒食节宫中举行宴会之际,把鱼朝恩杀了。

　　鱼朝恩被处死后,宦官一度不再掌有兵权。但唐德宗时,泾原兵变,德宗出逃奉天,宦官窦文场、霍仙鸣率宦官和随从一百人护驾,于是宦官又掌握了兵权。兵变结束回到长安,德宗委任窦文场、霍仙鸣掌管左右神策军。公元796年,神策军扩大到十五万人,窦霍二人权倾天下,各地的藩镇将领,不少都是由禁军将领提升选派的。

　　贞元年间,宫中还派出宦官,到市场上以低价强买老百姓的物品,称为宫市。在长安的东市、西市和其他较热闹的贸易场所,宫中派出九百个东张西望的人,叫作"白望"。这些人察看人们出卖的东西,只用一百钱就要换取价值几千的物品。宦官们不仅把持朝政,还到社会上公开掠抢,祸害百姓。

　　除了宫市,宫中还有雕坊、鹘(gǔ)坊、鹞坊、鹰坊、狗坊这五坊。在五坊中干事的宦官被称为"五坊小儿",他们常借口宫中需要,敲诈百姓。他们到处张网捕鸟,有

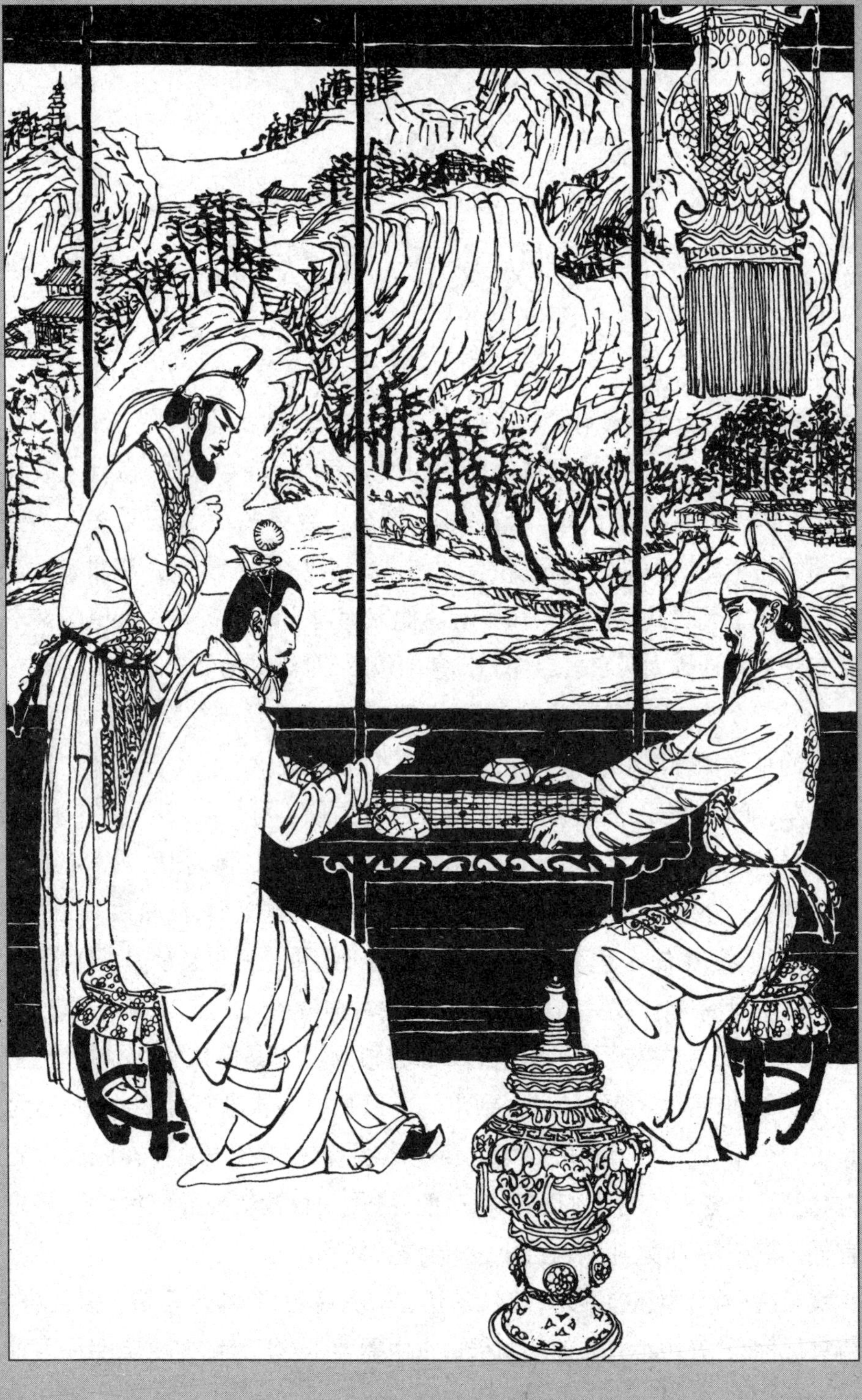

时故意把网张在老百姓的家门上、井口上,让人无法出入、取水。要请他们把网收去,受害的人家就要送钱送物。

唐顺宗李诵在做太子时,从陪伴他读书的王叔文、王伾(pī)等人那里就听说了宦官们的劣迹,很想改革朝政,除掉这些祸害。可是李诵还没登上皇位就中风了,说不出话来。唐德宗见了,一下急出病来,不久就死了。公元805年,李诵在病中即位,这就是唐顺宗。

顺宗即位后,依靠东宫伴读王叔文、王伾,对朝政进行改革,由于顺宗的年号是永贞,所以历史上称之为"永贞革新"。王叔文掌权后,便代顺宗下了一道诏书,把宫市、五坊小儿全取缔了。当时各地节度使还向宫廷进奉钱财,给老百姓造成了额外的沉重负担。王叔文把这些苛捐杂税也免了。

王叔文知道自己声望不够高,就建议请老资格的官员韦执谊做宰相,又起用了柳宗元、刘禹锡等一批有才干的官员,朝廷面貌为之一新。

王叔文对藩镇割据势力也保持了警惕,并采取措施,抑制藩镇势力。剑南西川节度使韦皋派人到京师长安,要求统领剑南东川、西川和山南西道这三川,但被王叔文严词拒绝。

王叔文知道,要改变宦官专权的局面,最重要的是夺取宦官的兵权。为此,顺宗派很有威望的老将范希朝去掌管神策军。可是,神策军的一些将领大多是宦官们的亲信爪牙,所以当范希朝去神策军接管人马时,宦官们已事先做好了准备,使范希朝空手而回。

王叔文大刀阔斧的改革,使宦官们不但感到气愤,更感到害怕。他们当然不会坐以待毙。当时的宦官头子是俱文珍,他先盗用顺宗的名义,把王叔文翰林学士的职务免了。接着,他又勾结一些大臣,说顺宗病重,不能再主持朝政,应由太子李纯监国。只过了一个月,又宣布太子李纯正式即位,这就是唐宪宗。

顺宗退位,进行了不到一年的"永贞革新"也失败了。王叔文、王伾被贬到外地去,柳宗元、刘禹锡等八人也被贬到边远地区去做司马,历史上把他们称作"二王八司马"。

王叔文第二年就被杀害了。

柳宗元被贬柳州

柳宗元被贬到柳州去当刺史,他倒是很平静的。这不能不归功于他在永州(今湖南零陵)的经历。

柳宗元是河东(今山西运城)人,所以人们也称他柳河东。他从小就非常聪明,能写一手好文章。十三岁的时候,他写过一篇文章呈给唐德宗,唐德宗看了非常欣赏,大家都传着看,都认为了不起。他在二十一岁的时候考上进士,在京城做官。后来因为支持王叔文改革的关系,王叔文倒了台,柳宗元受了牵连,跟刘禹锡一样发配到边远地方去当刺史。

公元805年,柳宗元到永州当刺史,心情一直不好。怎么样才能使心情舒畅一些呢?他在公务完成后,就到附近的山野去游玩。有一次他到冉溪,这儿果然景色宜人。他非常喜欢,就在那里安了家。但是,给这个地方取个什么名字呢?他想来想去,最后取了个"愚"字:溪称为愚溪,丘称为愚丘,泉称为愚泉,沟称为愚沟。他觉得他是因为"愚"而被贬官的,所以得用这个"愚"来命名。

柳宗元还游了小石潭,听到流水的声音,就像身上佩带的玉环碰撞发出的丁当响声,真叫人高兴啊!他看到潭中的小鱼有很多,就好像在空中游动,阳光照着,影子落在石上,一动也不动。有时突然游得好远,就好像跟柳宗元逗着乐似的。这美景让他流连忘返,他应该是很高兴的了,可是一想到自己被贬,他又很痛苦。

但是,柳宗元毕竟心里关切着百姓,常常到民间去考察百姓的生活。永州出产一种很毒的蛇,把它风干制成药,可以医治许多疾病。他特地访问了一个姓蒋的以捕蛇为职业的农民。那个姓蒋的农民说:"我的祖父因为捕毒蛇,稍不小心被蛇咬死了;我的父亲也是这样死的;我捕毒蛇已经有十二年了,差一点死去的次数也有

好多次了……"

他说着说着,脸色变得悲哀起来。柳宗元看他痛苦的样子,非常同情,就说:"你既然怨恨捕蛇,那么我去跟当官的说一说,更换这个捕蛇差役,恢复原来的赋税,怎么样?"

不料那个姓蒋的农民慌忙摇着手,更加悲伤了,他说:"您千万别这样!我虽然苦,但是比我的邻居要好多了。我只要捕到蛇,还能太太平平过日子。我的邻居们天天有死亡的危险啊!我就算因为捕毒蛇死了,也要比我的邻居们死得晚一些。"

柳宗元听了,触动很大,写了一篇名为《捕蛇者说》的文章。他由衷地说:"官府的赋税对人民的毒害原来比毒蛇还厉害啊!"

柳宗元对当时社会的腐败有了更深刻的认识。他除了写游记外,还采用寓言的形式写了不少讽刺作品。他的《临江之麋》,写一只麋(鹿的一种)得到主人的宠爱,狗怕主人,所以只能跟麋玩但不敢吃它。三年后,麋外出,见到其他的狗还以为是同伴,结果被狗吃了。柳宗元借这个寓言讽刺那些依仗权贵得意忘形的小人。在永州,他还写了不少其他寓言,有的讽刺贪官污吏,有的讽刺剥削百姓的封建地主。他的寓言,大家都很爱看,流传很广。

就这样,柳宗元在永州待了十年。

公元815年,柳宗元又回到长安。他当时还想为朝廷做点事。可是他怎么也看不惯官场上那种只顾升官发财、拍马奉承的坏风气。不久又被排挤,贬到更远的柳州(今广西柳州)。

柳宗元已经养成了习惯,常常到民间走走,了解一些情况,为老百姓做一些好事。一次,他看到几个凶横的家伙抓住一个中年汉子,后面,这个中年汉子的妻子和儿女哭得非常伤心。一打听,原来这个中年汉子欠了债,到期还不出,债主就把他抓去当奴仆。

柳宗元实在看不过去,就下令全带到官府去。经过审问,柳宗元才知道这是柳州的一种陋习,有许多奴隶和奴婢就是这样失去自由的。柳宗元非常痛心,他决心要改变这种情况。他下令,所有的奴隶或奴婢一律可以由亲人或朋友按原来所借的债还清赎回;要是因为贫困一时没有能力赎回,可以为债主做工,等工钱和债务

相当的时候,就应该解除债务关系。柳州的贫苦百姓听到这个消息,都高兴得奔走相告。

可是不久柳宗元就发现没有根本解决问题。因为有些奴隶或奴婢,已经失去劳动能力,他们没有办法做工,又怎么能赎回自己呢?看到这种情况,柳宗元心里非常悲痛。他拿出自己的俸禄,送到债主家里,把赎回的奴隶和奴婢送回他们的家中。

柳宗元在柳州废除了人身典押的陋习,对附近的州县也有深远的影响。柳宗元还引导民众发展生产、兴办学校。柳州百姓怎么能不爱戴他呢!人们都亲切地称他"柳柳州"。

公元819年,柳宗元在柳州病重去世。

在唐代,柳宗元还跟韩愈一起倡导了古文运动,对改变当时只注意形式不重视内容的文风起到了积极的作用。他写了不少寓言、传记、政论散文,还写了许多诗歌。有一首诗是人们熟悉的,其实也是他为人的象征:

千山鸟飞绝,万径人踪灭。
孤舟蓑笠翁,独钓寒江雪。

189

李愬雪夜取蔡州

唐宪宗即位后,改变了对藩镇的姑息态度,使他主政的元和年间再次出现了兴旺的局面。

公元814年,淮西节度使吴少阳病死。他的儿子吴元济不向朝廷报丧,自己管起了淮西的军务。他占据了蔡州(今河南汝南)一带三个州,发动叛乱。他占据的地方不大,但逼近唐朝的东都洛阳,地位十分重要;从蔡州东北推进,还可以控制汴州,切断运河交通,威胁唐朝的漕运。因此,这次叛乱,成了唐朝的心腹大患。

吴元济叛乱以后,宰相李吉甫就对唐宪宗说:"对淮西这地方,朝廷常年要驻扎几十万军队来防守。现在发生叛乱,要是不去攻取,将来叛军势力越来越大,就很难平定了。"

唐宪宗觉得李吉甫讲得很有道理,便于公元814年下令讨伐吴元济,出动了十六路人马共九万大军攻打淮西。

可是,唐军在淮西打了几年,没有能平定叛乱。有些官员认为不能再打,劝唐宪宗收兵。这时,李吉甫已经病死,新上任的宰相裴度坚持继续用兵。他对唐宪宗说:"淮西叛乱是心腹大患,不能不除。况且朝廷既已出兵,其他地区的割据藩镇,都在看朝廷有没有决心平叛,所以不能中途停止。"

于是,唐宪宗决定继续派兵攻打。公元816年底,他又任命李愬为唐、随、邓三州节度使,前去唐州(今河南泌阳)。

李愬是唐朝名将李晟的儿子,足智多谋。为了麻痹吴元济,他到了唐州后故意装出一副胆小怕事的样子,对将士们说:"皇上知道我懦弱无能,所以派我前来安抚你们。对攻城打仗那类事情,我可担当不了。"

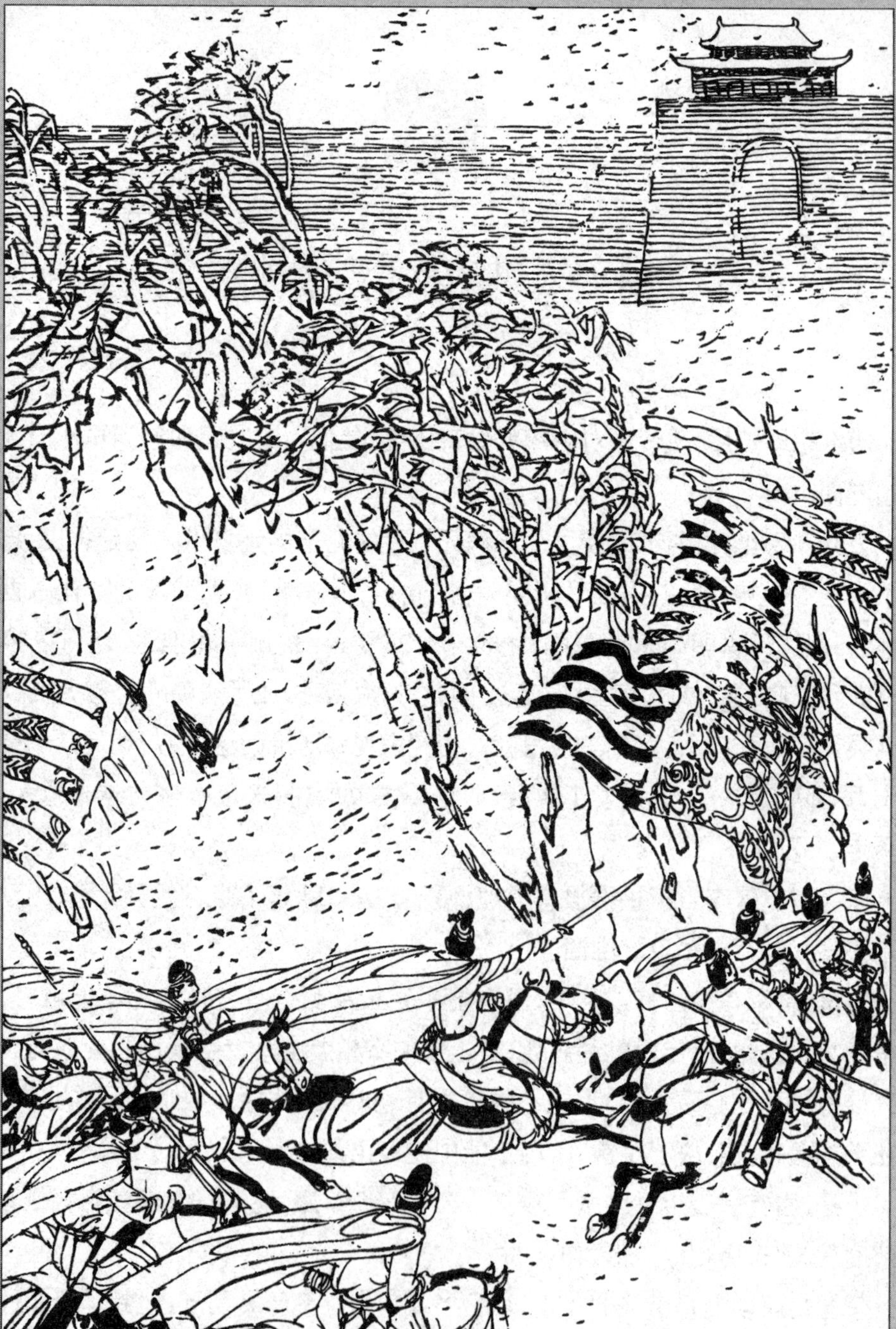

这些话传到吴元济的耳中,吴元济真的以为李愬是个不中用的将领,对他也就不作什么戒备了。

那时候,唐州的官军刚被吴元济打败,士气低落,伤兵很多。李愬亲自慰问伤兵,跟士兵们同甘共苦。将士们见了都很感动。李愬看到士气开始振作,就向朝廷要求增派军队,准备袭击吴元济的老巢蔡州。朝廷又给了他两千骑兵。

李愬知道,要打败淮西,还要争取熟悉叛军内情的淮西将士投降过来。有一次,他的部下活捉了一个叫丁士良的淮西将领。官军中很多人吃过他的苦头,要求把他开腹剖心。李愬见丁士良是条好汉,就亲自给他松了绑,把他收为部将。以后他又陆续收降了吴秀琳、李忠义、李祐等淮西将领。李祐是淮西有名的勇将,官军多次败在他手里,都想杀他,李愬却想尽办法保护他。李祐非常感激李愬的恩德,决心帮他攻取蔡州。

当时,吴元济把主力都用来对付其他官军,李祐便向李愬献计说:"蔡州的精兵都在洄曲(在今河南商水西南)和四面边境,守卫蔡州的不过是一些老弱残兵,可以乘虚直取蔡州。"

这时宰相裴度亲自到前方督战,李愬就制订了一个偷袭蔡州的计划,向他报告。裴度看了计划大加赞赏,说:"攻取蔡州,就要这样出奇制胜。"

公元817年十一月的一天,天上刮着大风,下着大雪,气候寒冷极了。李愬突然命李祐、李忠义带领三千人组成突击队,作为先锋,自己和朝廷派来做监军的宦官带领三千人马为中军,另一个将领带领三千人马为后队,离营出发。将领们不知道出兵到什么地方去,跑去问李愬。李愬只是说:"向东进军。"

大军东行六十里,在夜里到了一个叫张柴村的地方。那里有一小队敌军,官军很快就把他们消灭了。

李愬命部队休息片刻,吃饱干粮,继续向东进发。将领们都跑去找李愬,询问大军的去处。李愬这才告诉大家说:"到蔡州去捉吴元济。"

这时,风雪更大了,连旗子也给风吹得裂开了。一些士兵和战马受不了风雪严寒,倒在路旁冻死了。张柴村以东的道路,官军都没有走过,黑夜行军,十分难走。将士们都以为自己必死无疑,但谁也不敢违抗军令。

大军又走了七十里,半夜以后,到达蔡州城下。李愬看到城下有个鹅鸭池,顿生一计,命人拿棍棒去赶鹅鸭。鹅鸭给棒一赶,都呱呱地乱叫,把人马发出的声音掩盖了。

官军已有三十多年不到蔡州,蔡州守军毫无戒备。李祐、李忠义率领先锋部队,在城墙上挖了一个个坎,爬上了城头。城上的守兵还没有醒,就全被杀死了。外城攻破以后,李祐、李忠义又按照老办法,攻进了内城。后面的官军也跟着进了城。

天快亮时,雪停了。李愬的军队已经控制了全城,到了吴元济的住宅外面。吴元济的亲兵看到官军来了,吓了一跳,连忙奔进去报告。

吴元济还睡在床上。他不相信这是真的,毫不在意地说:"大概是洄曲的士兵前来讨寒衣吧。"

吴元济穿衣起床,忽然听到外面传令兵的声音,而应答的则有上万人,这才害怕起来。他带领卫兵,爬上墙头,负隅顽抗。他打了两天,哪里抵挡得住,最后只得缴械投降了。

蔡州一破,吴元济驻守各地的叛军也全都向官军投降了。吴元济被押解到长安处死。

长期割据河北的藩镇,听到吴元济被处死的消息,非常震惊,纷纷表示愿意服从朝廷。唐朝统一的局面,暂时得到了加强。

韩愈倡导古文运动

魏晋南北朝时期，文坛兴起了"骈文"。这是一种讲究对仗、声律和词藻的文体，全篇以上下对称的双句为主，每句四个字或六个字相间，所以也称"四六文"。骈文发展到后期，越来越讲究声韵对仗的工整，追求华丽的词藻，运用的典故晦涩难懂，而文章的内容却很空洞，有时甚至让人不知所云。

对这种靡丽、不健康的文风，很多有识之士都很反感，提出改革文风。隋朝时，隋文帝甚至下诏要求匡正文风。初唐的魏徵等人，在编写《隋书》等史书时，都没有用骈文，相反还在著作中批评了六朝时期的文风。他们主张使用"古文"（指秦汉时所用的散体文），恢复秦汉以前那种自由、质朴、实用的文风。但由于这时期并没有产生令人信服的佳作，所以他们的主张并没有得到广泛的认同和拥护。直到唐代著名文学家韩愈、柳宗元以他们优异的散文创作成就和理论主张，使唐代的"古文运动"在中国文学史上产生了深远的影响。

韩愈，字退之，河南河阳人。韩家曾是昌黎（在今辽宁义县）地方的名门望族，所以他又自称昌黎人，后人则称他为韩昌黎。韩愈三岁时父亲就去世了，由长兄韩会抚养。可不久韩会又去世了，留下一个年幼的儿子，小名十二郎。韩愈叔侄是由寡嫂郑氏抚养长大的，他们过着颠沛流离、含辛茹苦的生活。

韩愈从小就学习刻苦，他七岁开始读书，十三岁就能写文章。二十岁时他到京师应考，可考了三次都没考中，直到第四次才考中了进士，那年他已经二十五岁了。十年后，他才得到国子监四门博士（国家最高学府的讲官）这一职位，第二年又和柳宗元等人被任命为监察御史。可他上了《御史台上论天旱人饥状》奏本后，马上被贬为连州阳山县令。

韩愈在官场上一直不得意,但在文学上的成就却越来越大,写下了《杂说》、《师说》等传诵千古的好文章。在《杂说四》中,他以"伯乐相马"的典故,批评当政者不懂得识用人才。他们埋没、摧残了人才却又哀叹世上没有人才。文中"世有伯乐,然后有千里马。千里马常有,而伯乐不常有",已成为精辟的警句和名言。

韩愈的文章有内容、有深度,敢说别人不敢说的话。他写的《谏迎佛骨表》,还差点给他招来杀身之祸。那是唐宪宗在位时,由于朝廷给予寺庙、僧侣不纳税等优惠,佛教在我国广为传播。宪宗即位后,于公元817年平定了持续三年的淮西节度使叛乱,他便以"太平天子"自居,幻想长命百岁。他听说凤翔的法门寺中供奉着佛祖释迦牟尼的一节手指骨,就派了一支人数众多的队伍,去法门寺迎取佛骨,放在宫中供奉。韩愈便针对此写了《谏迎佛骨表》。

在这篇文章中,他说自古以来的帝王,凡长寿的都不供奉佛,供奉佛的大都短命。唐宪宗读后大为震怒,要处死他。多亏宰相裴度和其他大臣求情,韩愈才免去一死,但被贬到潮州(今广东潮州)当刺史。

韩愈写了三百多篇优秀散文,同时又明确提出了"文道合一"的创作主张,这成为古文运动的核心理论。"文道合一"被后人解释为"文以载道",而"道"指的是孔孟之道,也可以宽泛地理解为文章的内容和思想性。在这里,道是主体,是作文的灵魂;文是手段,是宣传道的工具。

韩愈曾四次进入国子监,从博士一直做到祭酒(相当于国立大学校长)。他向青年学子们宣传他的文学主张,倡导古文运动。在他的精心扶植下,一代文学新人被培养起来,古文运动的影响也大大扩展了。

甘露之变

　　唐宪宗平定淮西以后，变得骄傲自满起来。他开始信奉神道，下诏征求能炼长生金丹的方士。公元820年，他服了金丹以后，脾气变得暴躁不定，宦官因而常常被认为有罪而处死。不多久，他就暴死于宫中。

　　宪宗虽然平定了藩镇之乱，但对宦官一直是信任并依靠的，所以宦官的势力很大。宪宗死后，宦官王守澄、陈弘志擅自立李恒为帝，这就是唐穆宗。穆宗病死后，他的儿子敬宗只做了一年皇帝，就被宦官杀了，王守澄等人又迎立李昂为帝，这就是唐文宗。

　　文宗即位后，王守澄因拥戴有功，由枢密使升为骠骑大将军。表面上，文宗对宦官加以重用，但内心非常恨他们。看着宦官们的权力这么大，骄横不法，文宗心里更加不能忍受。

　　公元831年（太和五年），文宗曾与宰相宋申锡密谋，如何剪除宦官。可是秘密却被京兆尹王璠泄露，宋申锡因此被贬，计划也失败了。但文宗不甘心，仍在悄悄地物色能帮他除去宦官的人。

　　两年后，文宗患病，嘴里说不出话来。王守澄推荐了他手下的官员郑注，给文宗看病。郑注早年以行医为业，那年他到襄阳时，襄阳节度使李愬正患病，他给李愬使用了偏方，李愬服用后十分见效，就让他留下来做官，军政之事都让他参加决策。通过李愬，郑注又认识了王守澄，王守澄调到内廷后，郑注也随着来到京师。文宗服了郑注的药，也很有效，于是郑注得到了文宗的宠信。

　　文宗憎恨宦官，但经过太和五年的失败，他又不敢向朝中大臣明说这件事。郑注深知文宗的心思，常常秘密为文宗献计；又向文宗推荐了进士李训。文宗见李训

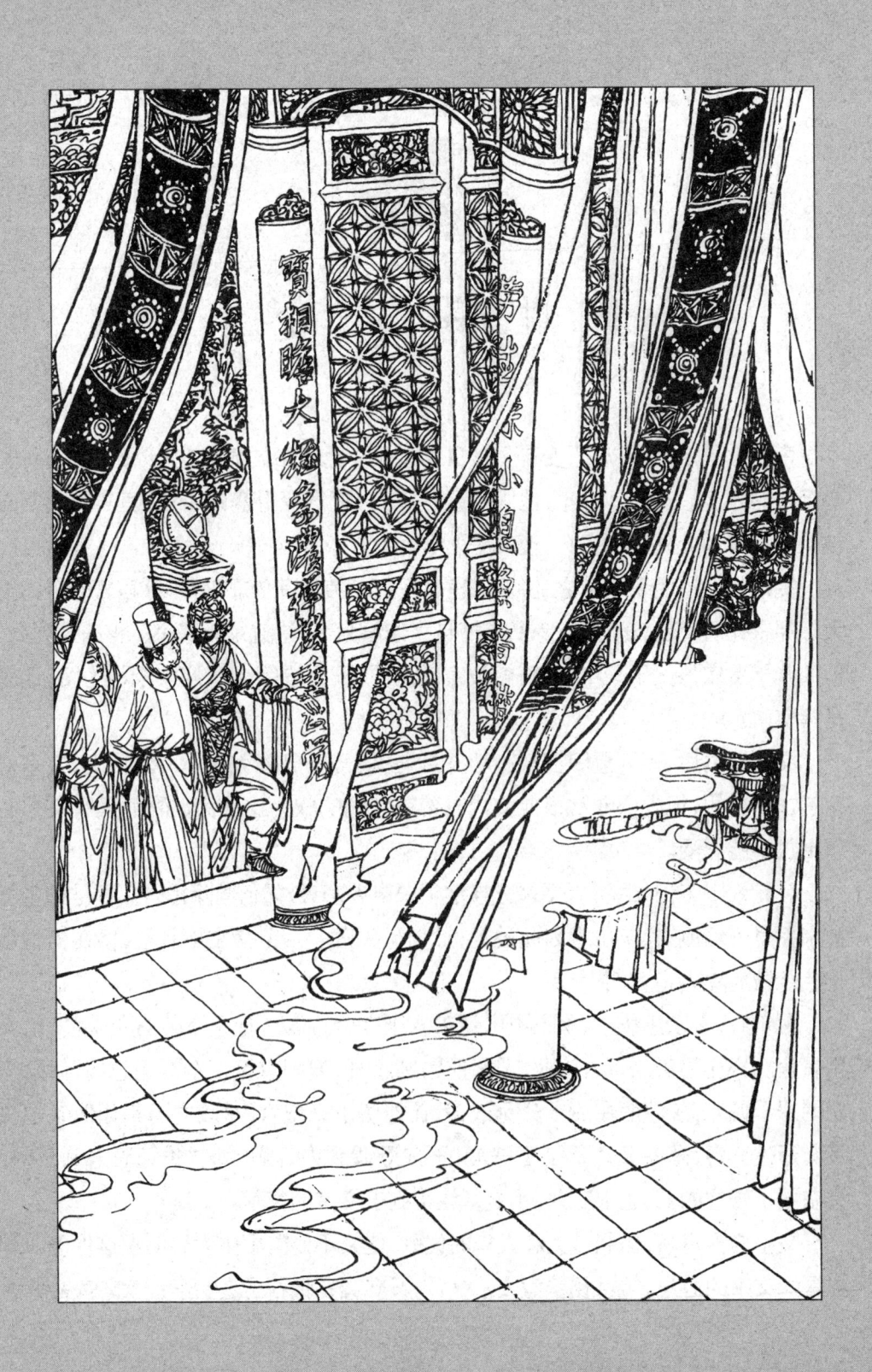

仪表堂堂，能言善辩，又有手腕，十分高兴，对他越来越信任。

李训、郑注对当时的朝政都很有自己的见解，能准确地指出朝政中的弊病和症结，加上他们又是王守澄推荐的，不会引起宦官的怀疑，文宗便与他们密谋除掉宦官的计划。他们认为，可以利用宦官之间的矛盾，采取分化瓦解、以毒攻毒的方法除掉宦官。

当年拥戴文宗的宦官，除了王守澄，还有一个仇士良。但仇士良一直受王守澄的压制，没做上大官，于是他们任命仇士良为左神策军中尉，分掉了王守澄的一部分权力，使王守澄很不高兴。后来，李训等人还除掉了另外几股宦官势力。

李训当了宰相后，又任命王守澄为左、右神策军观容使，官阶比过去高，但王守澄的军权却被解除了。这年十月，文宗叫人往王守澄的家中送了一杯毒酒，这个气焰嚣张的宦官头子就这样被除掉了。

李训他们知道，要除掉宦官，就一定要掌握军事力量，因为有权势的宦官大多掌有军权。为此，文宗让郑注出任凤翔节度使，以便组织军队，作为外援。李训精心挑选了一些有才干的名臣子弟，作为郑注的助手，还让文宗任命罗立言为京兆尹、韩约为禁卫军将军，作为接应。

李训原来和郑注约定，公元835年十一月二十七日，王守澄下葬时，由文宗下令，宦官中尉以下的全去送葬，到时候由郑注率兵将这些宦官全部砍杀。可是李训求胜心切，又想独占剪除宦官的功劳，因此提前采取了行动。

这年十一月二十一日，文宗在紫辰殿早朝。文武百官站定后，禁卫军将军韩约上殿启奏，说禁卫军大厅后面的院子里，有一棵石榴树昨天夜里降了甘露。在古代，天降甘露被认为是祥和的好兆头。李训带领百官向文宗祝贺，并请文宗亲自到禁卫军的后院去观看。

于是文宗乘轿子出紫辰门，来到含元殿。文宗要李训带一些官员先去观看，李训看后回来说，恐怕不是真的甘露。文宗又要仇士良带宦官们去看。仇士良等人来到禁卫军大厅，却见韩约神色紧张，态度反常，心中很是疑惑。

这时天公又不作美，正巧刮来一阵风，吹动了厅内的帷幕，仇士良他们发现，幕布后站着不少手拿兵器的士兵。他们大吃一惊，慌忙逃出去，门卫想关门都来不

及了。

　　仇士良等人去看甘露时,李训正在含元殿调兵遣将。这时,仇士良等人跑回来,挟持着文宗,把他塞进轿内,抬起来就跑。李训大叫:"保护皇上,每人赏钱百千!"

　　于是禁卫军们都冲了上来。仇士良见形势危急,就抄近路向内廷跑去。李训拉住轿子不肯松手,仇士良便扑上来厮打。李训从靴筒中抽出刀来刺仇士良,仇士良却被宦官救起。李训一直抓住文宗的轿子不放,被一起拖到了宣政门。这时宦官郗志荣跑来,把李训打倒在地,仇士良等人乘机拥着文宗的轿子进了内宫。

　　李训见预谋难以成功,只好换上便衣出逃,但后来仍被抓住。在押送京师的路上,他因为怕受到宦官的酷刑和侮辱,说服押送的人,把他的头砍下来送到神策军。事发时,郑注正带着兵马进京,听到消息他退回凤翔,但后来又被仇士良密令杀死。这个失败的事件,在历史上被称作"甘露之变"。

　　"甘露之变"后,仇士良指挥宦官大肆屠杀朝廷官员和禁卫军士兵,被杀死的有六百多人,宰相王涯等都曝尸街头,没人敢收尸。文宗在宦官的辖制下,抑郁成疾,终于在公元840年去世。

朋党乱朝政

正当唐文宗处心积虑地要除掉宦官时,朝中的大臣们却结成"朋党",明争暗斗地吵得不可开交。所谓"朋党",就是官僚们为了争权夺利而结成的派别。一派以牛僧孺、李宗闵为首,他们大多是通过科举考试进入朝廷的;另一派以李德裕为首,他们大多是父祖辈做官的公卿子弟。两派在政治主张方面并没有太多的区别,也不代表什么阶级或利益集团,只是两帮政客为了争权而吵来吵去。他们的争吵,使晚唐的政治局面变得更加糟糕。文宗曾向李训感叹道:"除掉藩镇不一定难,去掉朋党实在困难。"

朋党之争是从唐宪宗时开始的。公元808年,宪宗举行考试,选拔直言敢谏的人才。牛僧孺、李宗闵在考卷中极力批评朝政,主考官韦贯之看了,大加赞赏,把他们推荐给宪宗。那时的宰相是李德裕的父亲李吉甫,他本来就看不起科举出身的官员,现在牛李二人又来批评他的过失,更加生气。他对宪宗说,牛李二人被推荐,完全是因为和考官有私人交情。唐宪宗相信了,把韦贯之等人都贬了官,牛李二人也没有得到提拔。两派由此结怨。

李吉甫去世后,他的儿子李德裕成了公卿派的首领。李德裕从小熟读经书,写得一手好文章,但却不肯参加科举考试,还说:"好骡马不入行。"意思是,像他这样的杰出人才,是看不起、也不会参加科举考试的。

李德裕和他父亲一样,看不起科举出身的官员,认为科举考试未必能选出真有才学的人才,而公卿子弟熟悉朝廷的礼仪制度,有利于从政,应该让他们担任较重要的官职。他的这些看法,决定了他继续与牛僧孺等人对立。

李吉甫做宰相时,李德裕按唐代的"门荫"(因祖辈的功绩,子弟被授予官爵)制度,被

补官校书郎。穆宗即位后,他被任命为翰林院学士。

公元821年,又举行了选拔进士的考试。西川(治所在今四川成都)节度使段文昌等人,要求主考官钱徽照顾与他们有关系的人。但他们的要求没有得到满足,于是他们向穆宗告发选拔不公。

那年,牛党的李宗闵,他的女婿也参加了考试,而且被录取了。穆宗向翰林院学士询问有关情况,李德裕等人便回答:"段文昌说的是事实。"穆宗很生气,下令复试,并把钱徽贬为江州刺史,李宗闵则被贬为剑州(今四川剑阁、梓潼一带)刺史。

当时,李德裕和牛僧孺都很有名气,都有当宰相的可能。但当时的宰相李逢吉不喜欢李德裕,他让穆宗任命李德裕为浙西观察使,推荐牛僧孺做了宰相。

唐文宗太和年间,李德裕被召回京城,担任兵部尚书。四朝元老、宰相裴度认为他很有才干,极力举荐他做宰相。可是担任吏部侍郎的李宗闵因为走了宦官的门路,抢先做了宰相。李宗闵又向文宗推荐牛僧孺,把当时担任鄂州刺史的牛僧孺调回来任兵部尚书,后来又提升为宰相。牛、李二人恨裴度举荐李德裕,先让裴度丢了相位,后来又把他调为兴元节度使。李德裕则被调到西川,任节度使。从此,牛李的权势越来越大。

李德裕到了西川后,经过整顿,西川的情况有了明显的好转,吐蕃、南诏(治所在今云南大理)不仅不再来骚扰,而且在公元831年,南诏主动放还了被他们掳去的四千人,吐蕃的维州(治所在今四川理县)守将悉怛谋则在九月率部到成都投降。李德裕一面上报朝廷,一面迅速占领了维州,使这个被吐蕃夺去达四十年的城市,又归还了唐朝。

悉怛谋投诚时,正巧吐蕃也派使者去长安,表示愿意停战修好。文宗将这些事交给大臣们评议,大家都同意李德裕的做法,只有牛僧孺要求将维州还给吐蕃,悉怛谋等人也要交给吐蕃处置。文宗本无主见,便听了牛僧孺的话。结果,维州再次失守,悉怛谋等人也惨遭杀害。

因为政绩显著,李德裕于公元832年再次任兵部尚书。文宗很讨厌党争干扰朝政,曾和李德裕谈过这事,李德裕说:"朝中大臣,三分之一是朋党。"不久,文宗就把属于牛党的官员杨虞卿、张元夫都贬到外地去做刺史了。

当文宗再次议论朋党时，李宗闵说："我一直知道有这事，所以像杨虞卿他们，我是不把要职给他们做的。"

李德裕听了很不客气地说："给事中、中书舍人还不是美官，还有什么官是美官！"不久，李宗闵便被调出京都，任山南西道节度使去了。

过了几年，郑注为文宗引荐李训。但李德裕认为李训是奸邪小人，坚决反对授予他官爵。这使文宗很不满意，也使宦官王守澄心生怨恨。于是他们召回李宗闵辅政，把李德裕又贬为镇海节度使了。

唐武宗即位后，李德裕终于当上了宰相。公元843年，他帮助武宗平定了刘稹的叛乱。刘稹是昭义节度使刘从谏的侄儿，刘从谏病死后，他要求袭任节度使，朝廷没有答应，便发生了反叛。李德裕在平叛后上奏武宗，说刘从谏在牛僧孺、李宗闵为宰相时，曾来朝廷，牛李二人不仅不将他留下来，反而加给他宰相头衔，让他回去。这是放虎归山，所以刘稹反叛，罪在牛李。武宗听了大怒，将牛李二人全都贬到外地去了。

公元846年春，武宗病逝，宣宗即位。他听政的第二天，就把李德裕贬了官。第二年，他又找了个差错将李德裕贬为潮州司户。公元849年九月，李德裕到潮州不久，又被贬为崖州（治所在今海南琼山东南）司户，后死于任上。牛僧孺虽升任太子少保，但公元848年就病死了。李宗闵在武宗时被贬到封州，宣宗时任命他为郴州司马，但他还没来得及离开封州就死去了。

持续了四十年的"朋党之争"终于结束了，但大唐政权也进入了风雨飘摇的末期。它所面对的，是风起云涌般的农民起义。

"满城尽带黄金甲"

待到秋来九月八,我花开后百花杀。

冲天香阵透长安,满城尽带黄金甲。

这是唐末农民起义领袖黄巢写的一首歌咏菊花的诗。黄巢年轻时,到京城长安应考,没有考上。他在长安看到了朝廷的腐败,愤慨地写下了这首诗,表示了自己立志推翻唐王朝统治的决心。

唐朝晚年,特别是唐宣宗以后的懿宗、僖宗,一味只知道寻欢作乐。朝廷政治黑暗,民间赋税繁重。贵族、官僚霸占了大量土地,老百姓却没有地种,只得到处流亡。有些地方发生了灾荒,农民靠吃草根树叶过活,官吏却照旧向他们催逼赋税。广大农民已经没法活下去了。唐懿宗即位的那年,浙东地区就爆发了裘甫领导的农民起义。公元868年,又发生了庞勋领导的桂林守军的起义。

公元875年,濮州(今山东鄄城北)人王仙芝领导几千人在长垣(今河南新乡东)起义,自称"天补平均大将军",很快攻占了曹州(今山东曹县)和濮州。附近农民纷纷参加,起义队伍一下子发展到几万人。

黄巢是冤句(在今山东曹县西北)人。他的家乡正是王仙芝起义军占领的地区。黄巢精通武艺,读过经书,贩过私盐,结交了不少江湖好汉。他本来就想推翻唐朝,这时看到王仙芝起义,就也组织几千人,起兵响应,并加入了王仙芝的起义队伍。

王仙芝、黄巢在山东、河南一带,到处攻打州县,声势越来越大。朝廷派兵去镇压,可是老是吃败仗。于是有些官员提议,把王仙芝招降过去。

王仙芝官迷心窍,准备接受招安。这事给黄巢知道了。他去找王仙芝,愤怒地

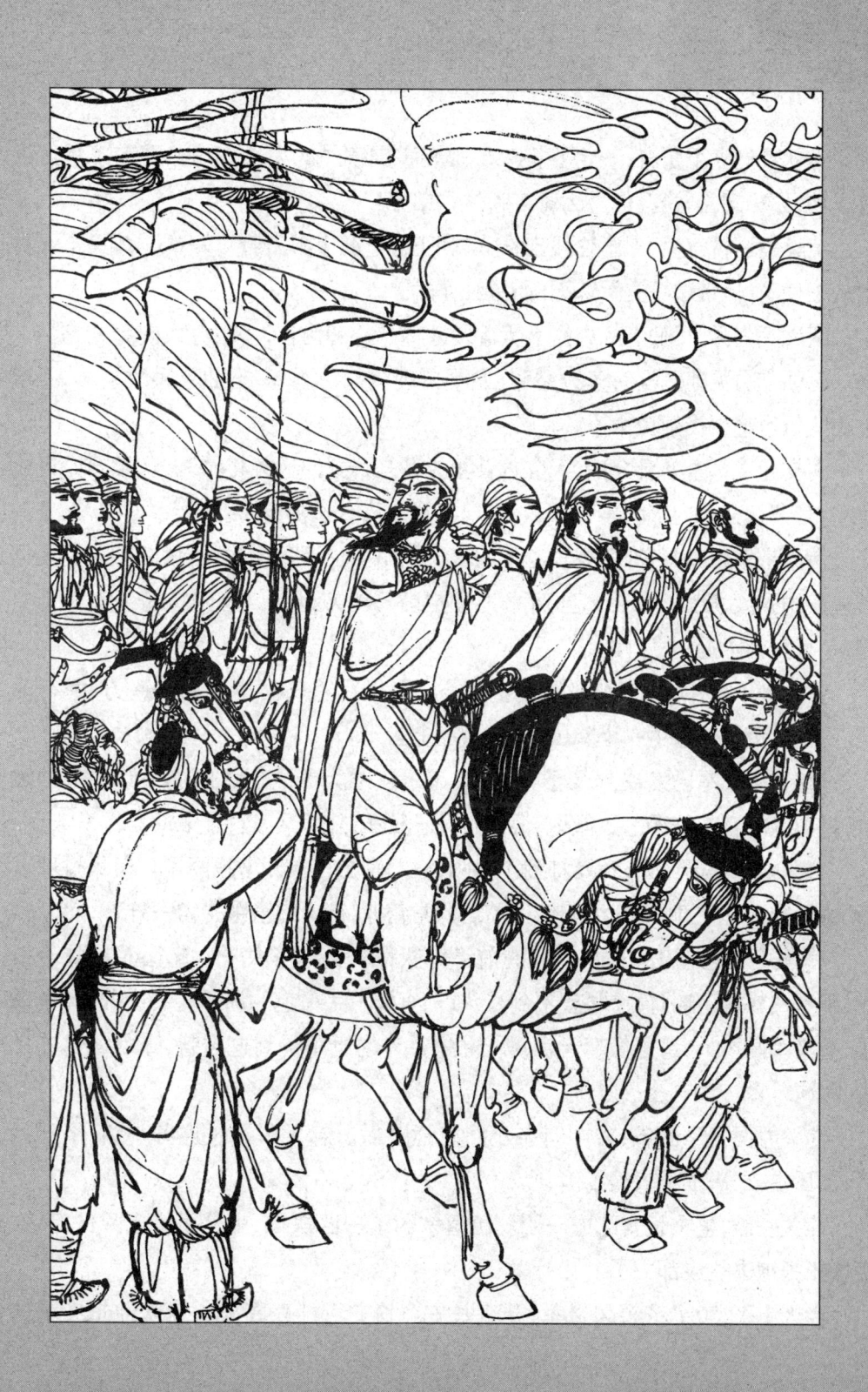

说:"当初我们立下誓言,一定要把天下那些害国害民的坏人扫清。现在事情还没有成功,你却想去做官,你怎么对得起这些弟兄!"

黄巢越讲越气愤,忍不住拔出拳头,朝王仙芝脸上狠狠打了一拳。黄巢不愿再跟从王仙芝,他带领一支军队,开始单独作战。

两人一分兵,王仙芝的力量大大削弱。他一心想当官,多次派人向唐朝官员求降。唐朝官员见他已没有多大能耐,便不再理会他。不久,王仙芝兵败被杀,他留下的队伍也赶去投奔黄巢了。

两支起义军重新会合后,大家推黄巢为黄王,号"冲天大将军"。黄巢开始设置官职,管理起义军内部的事务。从此,起义军才算有了初步的组织。

黄巢带领起义军,准备去攻打洛阳。唐僖宗急忙调兵遣将,增援洛阳。黄巢见唐军兵力强大,就渡过淮河,向唐军力量空虚的南方挺进。他们转战了大半个中国,一直打到了福州、广州。

黄巢到了广州,没想到那里发生瘟疫。起义军将领劝黄巢离开南方,举行北伐。于是,黄巢休整了一下队伍,又带兵北上。

这时,起义军已发展到几十万人,成了一支强大的队伍。他们一路上势如破竹,把各地的官军打得一败涂地,很快渡过了长江,随后又渡过了淮河。

公元880年十二月,黄巢打到了洛阳,洛阳官员马上开城投降了。黄巢进城以后,由于起义军纪律严明,洛阳城里商店照常营业,街上完全跟平常一样。

黄巢又下令向潼关进军。他的前锋部队很快到达了关外。起义军都打着白旗,那些白旗漫山遍野,一眼望不到尽头,简直像一片白色的海洋。一会儿,黄巢来了,起义军高声大喊,好像晴天霹雳。驻守关外的唐军看到这声势,吓得各自逃命去了。

潼关左面有个山谷,谷中有条小路直通关后。起义军通过这条小路,绕到关后,前后夹攻,一下子攻破了潼关。

潼关一破,整个长安乱成一团。唐僖宗骑了一匹快马,由几百个士兵保卫着,慌慌张张地逃往成都去了。

当天下午,黄巢带领起义军,开进长安。长安百姓兴高采烈地欢迎起义军进

城，街道两旁站满了欢迎的人群。

黄巢部下的大将尚让，对欢迎的人说："黄王起兵，都是为了百姓。我们决不像唐朝皇帝那样，不把你们当人看待。大家安居乐业，放心好了。"

人们听了，都很感动。起义军对罪大恶极的官僚，捉到就杀，但看到路旁的穷人，却常把自己的东西送给他们。

就在这年年底，黄巢在长安当了皇帝，国号叫大齐。长安成了起义军的天下，黄巢也终于实现了"冲天香阵透长安，满城尽带黄金甲"的愿望。

新政权建立了，但黄巢控制的地方却非常小，只有长安及其附近的几小块地方。原来黄巢一直流动作战，打下的地方，都没有派兵把守。他一走，这些地方又全给官兵占领去了。

唐僖宗逃到成都以后，就纠集军队，把长安包围起来。几十万起义军挤在这一小块地方，日子一长，粮食都吃光了。就在起义军出现严重困难的时刻，黄巢手下的一个大将朱温投降了唐朝。

这时，唐僖宗又调来了西北沙陀族的酋长李克用的骑兵。李克用带领沙陀骑兵，和唐军一道作战，击败了起义军。

黄巢见形势不利，撤出了长安。一路上，他作战又老是失利，最后退到泰山狼虎谷，兵败自杀了。

这次大起义历时十年，从根本上动摇了唐朝的腐朽统治。没有多久，唐朝就灭亡了。

朱温"全忠"不忠

在黄巢起义军中,有个叛徒朱温。他是宋州砀山(今属安徽)人,出生在一个穷苦的教书先生家中。朱温从小死去父亲,跟着母亲给人家当佣人。他力气很大,却不肯好好劳动,整天游手好闲,所以乡下人都非常讨厌他。

黄巢起义后,他参加了起义军,后来当上了大将。黄巢占领长安后,派他驻守长安附近的同州(今陕西大荔)。朱温看到长安四周都是唐军,形势危急,就叛变起义,投降唐军,回过头来攻打起义军。

唐僖宗听说朱温降唐,喜出望外,让他改名朱全忠,巴望他全心全意忠于唐朝;还让他当了宣武节度使,驻守大梁(今河南开封),帮助镇压起义军。

当时,藩镇割据,各地都是大大小小的军阀。他们为了抢夺地盘,经常互相攻打。朱温做了节度使,既有地盘,又有军队,也参加混战。他很会打仗,也很会耍阴谋,许多藩镇都不是他的对手。他陆续占领了黄河南北的大片地方,成为最强大的一股割据势力。随着地盘的扩大,他的野心也越来越大,不再甘心当一个藩镇了。

唐朝后期,宦官专权,把朝政搞得乌烟瘴气。唐僖宗病死后,他的弟弟唐昭宗继位。唐昭宗痛恨宦官专权,经常和宰相崔胤(yìn)秘密商议,想除掉宦官。崔胤怕斗不过宦官,就联络朱温,作为外援。

宦官探听到这些情况,抢先发动宫廷政变,把昭宗囚禁起来,立太子做皇帝。崔胤依靠朱温的外援,联合一些将领,杀了四个宦官头子,想迎昭宗复位。

可是,朝廷内部的冲突并未结束,有些宦官仍掌握军权。崔胤觉得这些宦官终是心腹大害,就写信给朱温,请他发兵前来,消灭宦官,迎昭宗出京。朱温正想找个机会,灭掉唐朝自己当皇帝。他接到崔胤的信,见机会来了,马上带兵前往。

宦官非常害怕,连忙把唐昭宗劫持到凤翔,投靠凤翔节度使李茂贞,对抗朱温。

朱温把凤翔包围起来,断绝凤翔的一切外援。日子一久,凤翔的粮食全部吃光了,皇帝也只能一天吃粥,一天喝汤,百姓甚至人吃人。李茂贞没法再守,只得交出皇帝。

朱温抢到了皇帝,就用天子的名义发号施令。唐昭宗也加封他为梁王。这一来,他的权势更大了。

朱温把唐昭宗身边的宦官几乎都杀光了。他见崔胤不很听话,马上用专权乱国的罪名,把崔胤也杀了。

这时,唐昭宗和朝中的官员都得按朱温的意旨办事。朱温为了控制皇帝,实现自己篡夺政权的野心,就逼迫唐昭宗从长安迁都洛阳,还逼迫长安的官吏、百姓全部东迁。

临走时,朱温下令把长安的宫殿、官衙、百姓的房屋统统拆掉,把拆下来的木材抛进黄河,运到洛阳。没几天,长安就变成了一片瓦砾堆。

一路上,长安居民扶老携幼,痛哭流涕。他们都愤怒地骂道:"贼臣崔胤,勾结朱温,颠覆国家,把我们害到这地步!"

一天,唐昭宗的车辆到了华州,百姓看到了,在路旁高喊"万岁"。唐昭宗眼泪汪汪地说:"别再喊万岁了,我已经不再是你们的主子了。"

到了晚上,唐昭宗住在馆舍中,又哭着对身旁的随从说:"我如今在外漂泊,没有依靠,将来不知死在什么地方了。"

唐昭宗知道这一去就回不来了,想在路上拖延一些日子,就推说皇后刚生小孩,不便赶路。朱温大怒,对一个将领说:"你迅速前去,叫皇帝立刻前来!"

唐昭宗到了洛阳,身旁虽然没有禁卫军,但还有两百个孩童服侍他。朱温不放心这些孩童,假意召他们去吃饭,把他们全部绞死,衣服剥下来,另外派两百个儿童,穿上他们的衣服,去服侍唐昭宗。从此,唐昭宗的身边,全都是朱温的人了。

朱温原来打算逼迫唐昭宗把帝位禅让给自己。他怕昭宗不肯,决计除掉昭宗,另外立一个小皇帝。他派心腹大将蒋玄晖带领朱有恭、氏叔琮(cōng)两个将领,去办理这事。

一天夜里,蒋玄晖等挑选了一百多个士兵,闯进宫里,杀死了唐昭宗,还杀了两个女官。第二天,蒋玄晖倒打一耙,说唐昭宗被两个女官杀了,马上改立唐昭宗的第九个儿子、十三岁的李柷(chù)做了皇帝。这就是唐朝的末代皇帝唐哀帝。

朱温在军中听到这消息,心里乐不可支,表面上却装出一副悲痛的样子,一把眼泪,一把鼻涕,哭得真叫人伤心。他还赶到洛阳,趴到唐昭宗的棺材上,大哭了一场。

朱温为了掩盖自己的丑恶行径,就让朱有恭、氏叔琮两人做替死鬼,说这两人治军不严,把他们处死了。

朱有恭是朱温的养子,原名叫李彦威。他死到临头,才看出朱温的残酷无情,大声喊冤,但已来不及了。

朱温急着想篡夺帝位,让蒋玄晖去办理。蒋玄晖想按照魏晋时禅让的办法,一步一步地去做。朱温很不高兴。有人挑拨说,蒋玄晖是在故意延长唐朝的寿命。朱温火了,立刻把自己的这个心腹爪牙处死了。

就在公元907年,朱温逼迫唐哀帝让位,自己登上了帝位,建都汴州,国号梁,历史上称为后梁。朱温成了五代时期第一个朝代后梁的开国皇帝梁太祖。就这样,统治了近三百年的唐王朝,被唐僖宗赐名"全忠"、要他效忠唐室的朱温灭掉了。

"海龙王"睡警枕

唐朝灭亡以后,在我国中原地区相继出现了五个朝代。它们就是梁、唐、晋、汉、周,历史上称为后梁、后唐、后晋、后汉、后周,合起来称为五代。后梁和后周的君主是汉族人,后唐、后晋和后汉的君主是沙陀族人。这些朝代统治的年代都不长,合起来也不过五十四年。

五代时,还有十个割据各地的国家。它们是前蜀、后蜀、吴、南唐、吴越、闽、楚、南汉、南平(荆南)和北汉。在这十国中,只有一个在北方,它就是北汉,建国在现在的山西境内,其他九国都在南方和巴蜀地区。因为这十个国家跟五代并存,所以历史上又把这一时期称为五代十国时期。

十国统治的年代,长短不一,其中最长的要数吴越了。早在唐朝末年,它就开始割据,直到五代结束后,它才被北宋灭亡。

吴越的创建人是钱镠(liú)。他是杭州临安(在今浙江临安北)人,出身贫穷。他从小喜爱练武。他家附近有一片空地,空地上竖有一根大木头,钱镠就经常在大木头下打拳射箭。他还带领一些儿童,自己坐在一块大石头上,指挥这些儿童排队操练。这些儿童也都听从他的指挥,操练得非常认真,很像一支小军队。

钱镠长大以后,做了盐贩子。那时候,正是唐朝晚年,战乱不断。唐僖宗时,浙西将领王郢起兵反抗朝廷。当地镇守的将领董昌招募军队前去镇压。钱镠武艺不差,就投奔到董昌部下,当了他的部将。他跟从董昌作战,很快就把这次叛乱平定了。

钱镠很会打仗。不久,黄巢带领起义军南下,到达临安。钱镠带领少量士兵,埋伏在山谷中,用箭射死了起义军先头部队的主将,杀死了起义军几百人,打了一个胜仗。

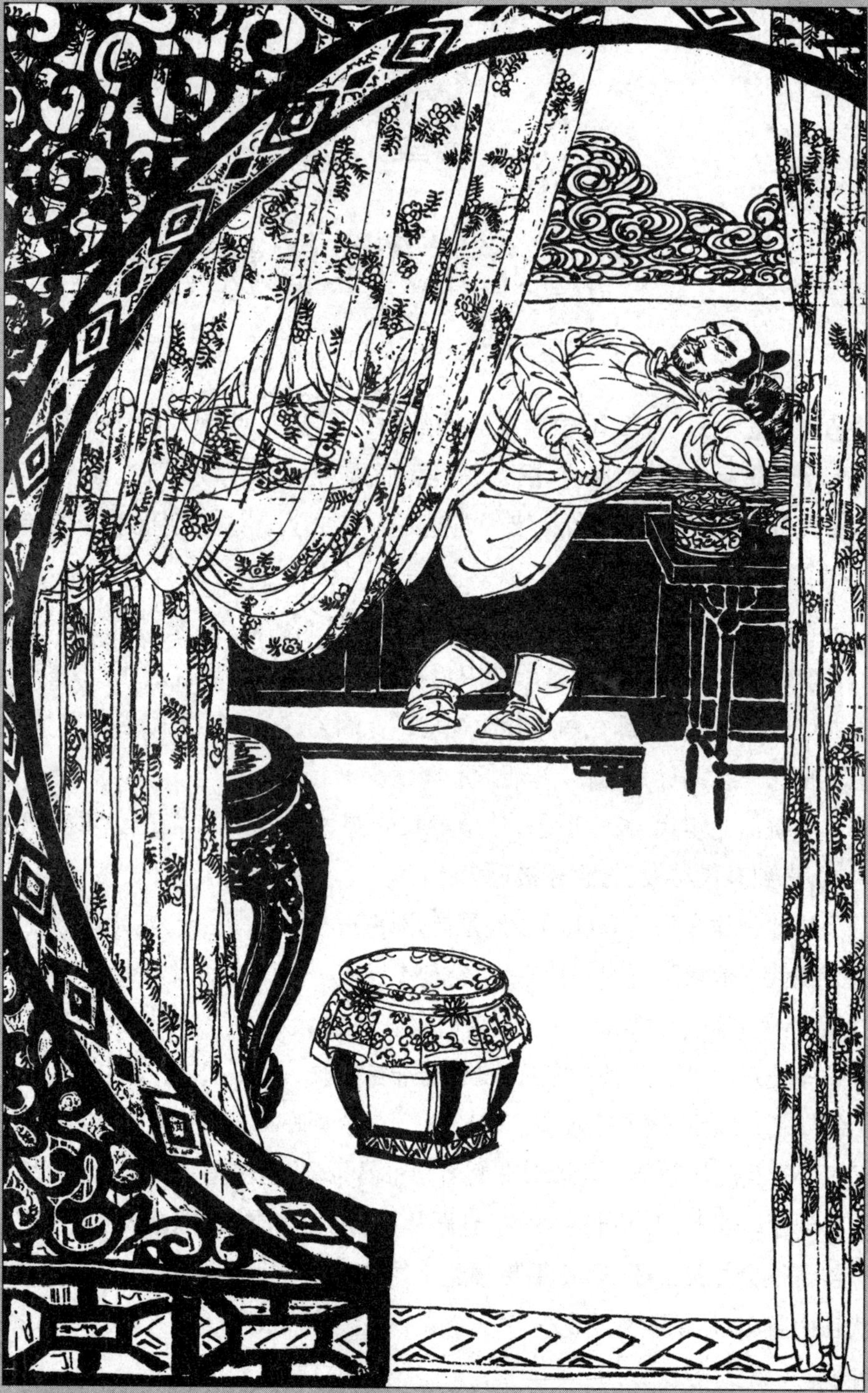

黄巢见先头部队受了挫折，没有多停留，就离开了临安。

由于钱镠镇压王郢叛乱和黄巢起义不断立功，他也很快被提升为刺史、节度使。他和董昌分据浙西、浙东，成为当地两股最大的割据势力。后来，董昌发动叛乱，自称皇帝。钱镠不服，出兵把董昌搞掉。这一来，他的功劳更大了，他也不断被加官晋爵。唐朝末年，他已被封为越王、吴王。到后梁时，梁太祖又封他为吴越王。这时，他已占据现在的浙江省全部和江苏省的一部分地区，就这样成了吴越国国王。

钱镠封了王，非常得意。他在杭州修建了华丽的王府，每次出门，车马很多，跟从的人前呼后拥，气派大得不得了。他的父亲钱宽对这种排场，很是不满。钱宽仍住在老家，每次听到钱镠来到，总是设法躲开，不愿见他。

有一次，钱镠不用车马，不带随从，步行前往老家，问父亲为什么要躲开不见。钱宽说："我家世世代代靠捕鱼种田过活，从来没有出过像你这样的大贵人。如今你占领了那么大的地盘，三面都是敌人，我担心将来发生大祸，连累全家。"

钱镠听了，答应一定记住父亲的话，保住自己的地盘。从此，他处处谨慎小心，力求自保。从后梁开始，中原接连换了几个王朝，吴越国总是向这些王朝称臣进贡。

钱镠很怕周围的国家前来进攻，连夜里都不敢好好睡觉。他命人做了一个小圆木枕头，叫做"警枕"。他睡着以后，头只要稍许一动，就会从警枕上滚下来，人也跟着惊醒了。

他又在卧房里放一个装有白粉的盘子，晚上想到什么，马上在粉盘上写下来，第二天再处理。他还命人通宵值班，一旦外面有人进来报告事情，立刻叫醒他，免得误事。

钱镠不但自己谨慎小心，还要求部下也保持警惕。他的住宅周围，每天夜里都有士兵打更巡逻。一天夜里，打更的士兵坐在墙脚旁睡着了。钱镠看到了，就拿起几颗铜弹子，远远地向墙上打去。铜弹子打到墙上，发出清脆的响声，把睡着的士兵惊醒了。打更的士兵知道这铜弹子是钱镠打来的，以后再也不敢麻痹大意了。

又有一天夜里，钱镠穿着便服，从北门进城。他走到城门口，不料城门早已关

了。他在城外高喊开门,管门的小吏在城墙上说:"夜深了,不能开门!"

钱镠说:"我是大王派到城外去办事的,如今急着赶回城内。"

小吏说:"别说是大王派到城外去办事的,就是大王亲自前来,这城门也决不能开!"

钱镠没有办法,只得绕道走到南门,方才进了城。第二天,他把看管北门的小吏召来,称赞他办事负责,赏了他一笔钱。

钱镠就依靠他的谨慎小心,保住了他的国家。在他统治期间,吴越国也没有遭到重大的战乱。

钱镠的统治稳固以后,他就设法发展农业生产。他征发民工,修建了钱塘江的堤岸和海塘,使附近的农田免受水灾。他还在苏州建立一支营田军,专门筑堤开河,灌溉农田。由于他注意兴修水利,浙江的老百姓都称钱镠为"海龙王"。

当时,江浙一带,庄稼连年丰收,米价也比较便宜,每石只值五十文钱。对江浙农业生产的发展,这个"海龙王"是有一定贡献的。

196

耶律父子建辽

就在朱温在汴州庆祝他阴谋夺权成功时,在我国东北辽河上游,以游牧为主的契丹族正在慢慢兴起。

契丹有一个部落名叫"迭剌(là)",其中有一个身长九尺、目光炯炯的男子,他姓耶律,名字叫阿保机,三十岁不到就被人们推举为军事首领。在连续征讨了周围一些弱小部落后,又在西辽河(在今辽宁)的南面建造城池。他一面与唐朝将领李克用互相交换衣袍和战马,结为兄弟;一面又接受了朱温送来的钱币、衣带、珍玩等物,表示友好。

公元907年的农历正月,阿保机经过部落选举仪式,成为契丹的新首领。他任用汉人韩延徽等,改革习俗,创制文字,发展农商,使契丹的力量日益强大。

但阿保机掌权后,也受到一些皇弟、皇叔的反对。他们多次谋反,都被阿保机一一挫败。这样的斗争反反复复进行了十多年。公元916年,阿保机称帝。他废除部落联盟旧制度,按照汉族的政治模式,建立了契丹国;并仿照汉人的王朝体制,采用皇帝称号,自称"天皇帝"。

建立政权后,阿保机亲自征伐了突厥、吐浑、党项、沙陀等部落,连连获胜。后来,他又继续东进,攻克了蔚(yù)州(今河北张家口南)等五个城市。在围攻蔚州时,正好后梁和吴越的使节也在那里,阿保机特地邀请使节们登上城楼,观看城池被攻破后的情形,以此来夸耀他的战功。

过了不久,阿保机开始征伐乌古都部落,共俘虏了一万四千多人,缴获了牛马、车辆、帐篷等器物二十余万件。在征讨期间,他听说母亲身体不舒服,竟一口气骑马奔跑了六百多里路,特地回去看望和服侍她。尽了孝心以后又赶紧回到军队

之中。

又过了两年，原唐朝将领李克用的儿子、后来成为后唐创建者的李存勖(xù)与契丹国军队发生了激战。阿保机的一位骁将率领了五千多名骑兵对李军进行阻击，李军被围了一重又一重。要不是李克用的养子李嗣昭带领了三百名骑兵及时赶到，进行救助，李存勖还逃脱不了呢！李嗣昭因此而立下了大功。

公元922年，李存勖在攻打镇州(治所在今河北正定)时，镇州长官张文礼向契丹国求救，阿保机派军队前去援助。这回，李嗣昭无功可建了。在交战过程中，他被伏兵射出的箭击中脑袋，刚回到营地就死了！

除了政治、军事以外，阿保机在文化建设上也有所成就。在建立辽朝的过程中，他创制了契丹文字。契丹文分大字和小字两种。公元920年始创的是契丹大字，后来又创制了新字"契丹小字"。契丹文字用了近三百年，一直到公元1191年(金章宗明昌二年)才下令停用，后来逐渐废弃。

时光如箭。有一天，阿保机把所有亲人和大臣叫到身边，对他们说："三年以后，我将不在人世！我有两件事情还没有做完，至今放心不下。"是哪两件事呢？一是讨伐吐浑、党项、阻卜等敌对部落；二是消灭当时的古渤(bó)海国。

在场的人听了他的话后感到十分惊恐，不知有什么事情将要发生。

在以后的三年里，阿保机征服了吐浑、党项、阻卜等部族，也攻灭了渤海国，并把渤海国改为东丹。当大军行进到扶余府(今内蒙古巴林左旗西)时，阿保机果然病倒了，没过几天就离开了人世。

这时人们才回想起他三年前的一番话，今天果然应验了。

继承耶律阿保机登上皇位的是他的儿子耶律德光。耶律德光于公元927年十一月即位，公元947年农历正月率领军队打进后晋的国都开封，废除了晋出帝。二月，耶律德光身上穿着汉人的衣服，接受了百官的朝贺，正式将契丹国名改为辽，将年号改为大同元年。可是，耶律德光仅仅当了几个月的辽国皇帝，就在当年四月病死了。

李存勖统一北方

黄巢起义以后,唐朝召沙陀族首领李克用帮助镇压起义军。李克用武艺高强,但瞎了一只眼,人们称他为"独眼龙"。因为他镇压起义有功,唐朝任命他做河东节度使,后来又封他为晋王。他占领现在的山西太原一带,成了一股强大的割据势力。

公元884年,李克用打败黄巢起义军,在返回河东途中经过朱温的驻地汴州。朱温害怕李克用的势力强大,对自己不利,一心想消灭他。李克用一到,朱温表面上对他非常客气,把他接进驿馆,设宴招待,暗地里却在驿馆四周埋下伏兵。到了深夜,伏兵突然杀进馆舍。李克用正喝醉了酒,呼呼大睡。幸好他的随从拼死相救,用褥子把他裹起来,藏在床底下,才没有被杀。就在这时,突然来了一阵闪电雷雨,李克用和随从乘机逃出驿馆,狼狈地回到军中。打这以后,李克用就和朱温结下了深仇,两人经常打来打去。

朱温灭唐建梁,李克用不服,仍旧用唐朝"天祐"年号,打着复兴唐朝的旗子,跟后梁对抗。当时,北方的契丹族逐渐强大起来,它的首领耶律阿保机统一各部,建立了政权。他带领三十万军马,攻打云州(今山西大同)。李克用决计利用契丹的力量,一道对付朱温。因此,李克用派人和耶律阿保机联系,在云州东城跟他相会,并和他结为兄弟,约定当年冬天一起出兵攻打梁朝。耶律阿保机在李克用军营中留了十天,李克用送给他很多金帛,他也回送给李克用很多马匹和其他牲畜。不料耶律阿保机一回契丹,看到梁朝势力强大,马上背弃盟约,倒向梁朝一边了。为了这事,李克用气得不得了。

公元908年正月,李克用生了毒疮,眼看治不好了。他临死时,拿出三支箭,交

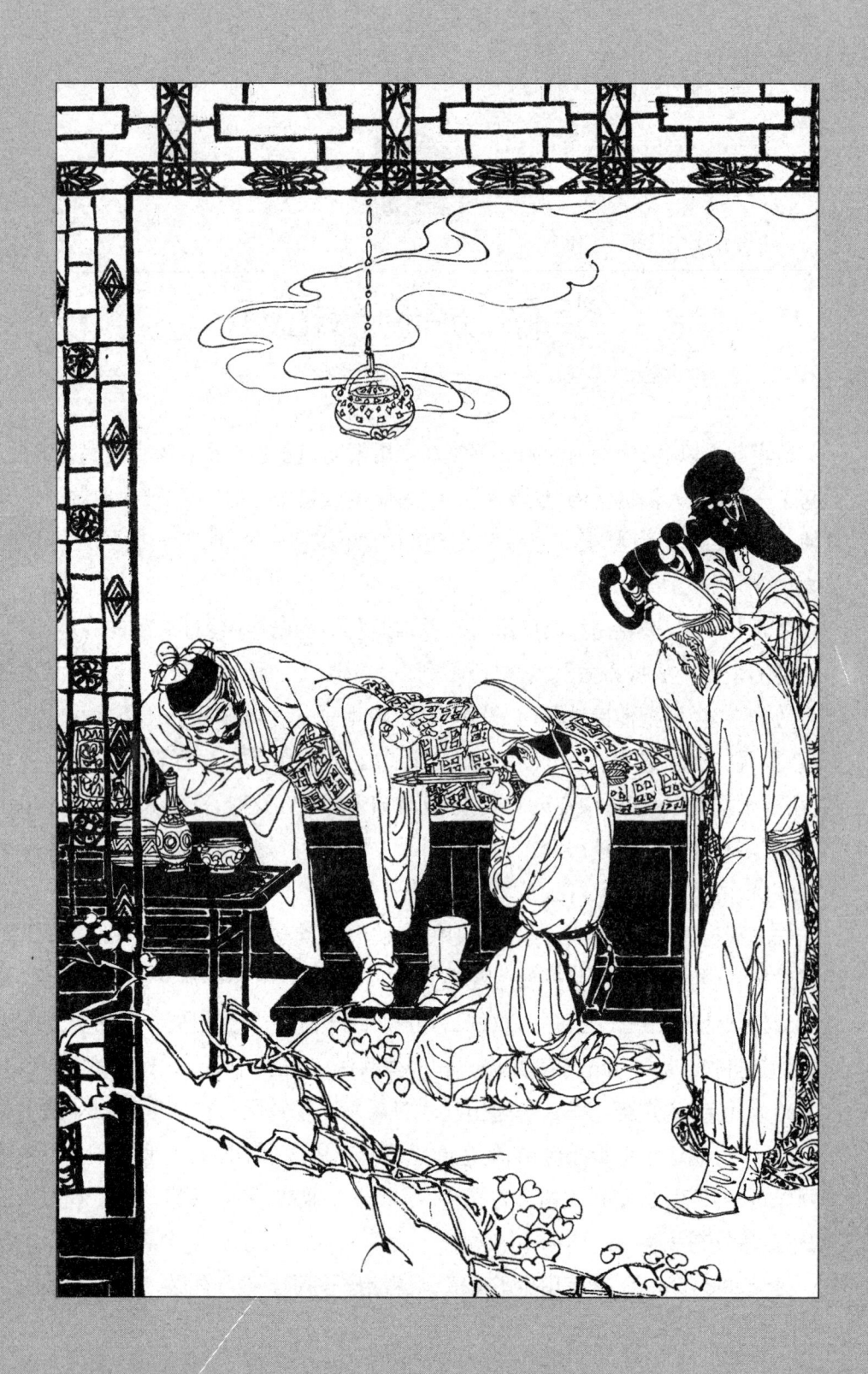

给儿子李存勖,郑重地嘱咐他说:"梁朝是我的仇家,这你知道。燕王刘仁恭、刘守光父子是靠我的推荐担任卢龙军节度使据有幽州的,契丹的耶律阿保机曾经和我相约结为兄弟,他们却都背弃了我,前去归顺梁朝,跟我作对。这三件事,都是我遗留下来的恨事。如今给你三支箭,你千万别忘记你父亲未了的心愿!"

李存勖接过了箭,答应一定给父亲报仇。李克用一死,李存勖就继承他的爵位,做了晋王。他继位以后,下令把这三支箭供奉在宗庙里。以后每次出兵作战,他就派人去拿出这三支箭,放在一个锦囊里,让人背着,走在队伍的前面,等到作战回来,再放回宗庙。

他为了给父亲报仇,积极训练军队,严明纪律,规定行军不得违反命令,碰到危险,不许躲避,违反军纪,立即杀头。将士们都很害怕,只得拼死作战。

不久,李存勖亲自率领大军,前去救援遭后梁军队围攻的潞州(今山西长治),把后梁军打得大败而逃,一下子歼灭敌军一万多人,缴获的军器粮草堆积如山。朱温原来以为必胜无疑,安坐在京城里等候捷报。他听到败讯惊得目瞪口呆,过了半晌方才叹了一口气,说:"生子当如李亚子(亚子是李存勖的小名),我的儿子不过是猪狗罢了!"

过了两年,李存勖又率领大军,在柏乡(今河北邢台北)把后梁军打得大败。这一仗,后梁损失更重,被杀的将士就有两万多人。从此,后梁军都对李存勖产生了恐惧心理。

朱温不断吃败仗,后来又出动五十万大军,想和李存勖决战,结果还是被李存勖打得溃不成军。朱温又气又火,一病不起,公元912年,被他的次子朱友珪杀死了。

接着,李存勖又出兵攻破幽州,活捉了刘仁恭、刘守光父子,把他们押回太原杀了,完成了李克用交给他的一项任务。

朱温死后,朱友珪自立为帝。第二年二月,朱温的第三子朱友贞不服,发动兵变。朱友珪自杀,朱友贞即位做皇帝。这就是后梁末帝。这以后,李存勖的主要对手就是后梁末帝和契丹的耶律阿保机了。

公元916年,耶律阿保机即位称帝,这就是辽太祖。第二年,契丹军进攻幽州,

号称有百万之多。李存勖正在黄河沿线跟后梁军作战,他派了三个大将前去,把契丹军打得大败,解了幽州之围。过了几年,耶律阿保机又率领大军南下。李存勖亲自带领骑兵做先锋,又把契丹军打得一败涂地。耶律阿保机不得不败逃回去。李存勖接连获胜,也可以算是完成了李克用交给他的另一项重大任务了。

李存勖跟后梁末帝打了十来年仗。他看到后梁快要完蛋了,就在公元923年四月,在魏州(今河北大名北)即位称帝,国号唐,历史上称为后唐。他就是后唐庄宗。这年十月,他又灭了后梁,统一了北方,把都城迁到了洛阳。

李存勖报了父亲的三个大仇,当了皇帝,志满意得。他认为天下都是靠他的武力得来的,不再考虑治理天下的事,只顾享乐腐化了。

他生平最喜爱三件事:打仗、打猎、演戏。灭掉后梁以后,不打仗了,他就把大部分精力用在打猎和演戏上。

唐庄宗李存勖只当了四年皇帝。他在位期间,猜忌大将,杀害功臣,因此闹得众叛亲离。公元926年,魏州发生兵变,李克用的养子李嗣源利用这个机会,夺取了汴州。李存勖的禁卫军指挥使郭从谦本来也是个伶人,曾认大将郭崇韬为叔父。后来,郭崇韬遭陷害被杀,郭从谦一直怀恨在心,这时也在京城中发动叛乱。乱兵人多势众,李存勖抵挡不住,中箭死了。

李存勖死后,李嗣源到洛阳即位做了皇帝。他就是后唐明宗。

198

石敬瑭甘当"儿皇帝"

五代时候,有个出卖大片国土、认契丹国主做父亲的"儿皇帝"。此人就是后晋的开国皇帝晋高祖石敬瑭。

石敬瑭是沙陀族人。他原是后唐明宗李嗣源的女婿,在后唐做河东节度使,驻守晋阳,防备契丹的入侵。唐明宗死后,养子李从珂夺去了明宗亲生儿子李从厚的帝位,做了后唐皇帝,他就是唐末帝。石敬瑭非常眼红,很想找个机会,把帝位抢过来,过一过皇帝瘾。唐末帝和石敬瑭本来一直不和,互相猜忌。唐末帝对他很不放心,就下令把他调到另一个地方当节度使。石敬瑭推说有病,不肯前去。他决定乘机反叛,争夺帝位。

为了这事,石敬瑭召集亲信,商量办法。有个谋士桑维翰给他出主意说:"你是明宗的爱婿。你如果屈尊侍奉契丹,请他们出兵相帮,还怕办不成大事吗?"

桑维翰的建议正合石敬瑭的心意。当时,契丹国君耶律阿保机已经病死,他的儿子耶律德光继位做国君。石敬瑭决心勾结耶律德光,实现自己做皇帝的野心。因为唐末帝的帝位是抢来的,石敬瑭就先利用这件事做文章。他向朝廷上了一道奏章,说唐末帝只是明宗的养子,不该当皇帝,应该把帝位让给明宗的亲生儿子。

唐末帝看了石敬瑭这道奏章,顿时怒火直冒。他把奏章扯成碎片,捏成一团,向地上狠狠地掷去。他气呼呼地下令削去石敬瑭的官爵,派大将张敬达带领兵马,前去讨伐。

公元936年六月,张敬达带领大军,赶到晋阳,把晋阳团团围了起来。

晋阳被围以后,石敬瑭就命桑维翰写信给耶律德光,表示愿意向契丹称臣,拜耶律德光为父亲,请他发兵相救。答应事成以后,把雁门关以北的燕云十六州(又称

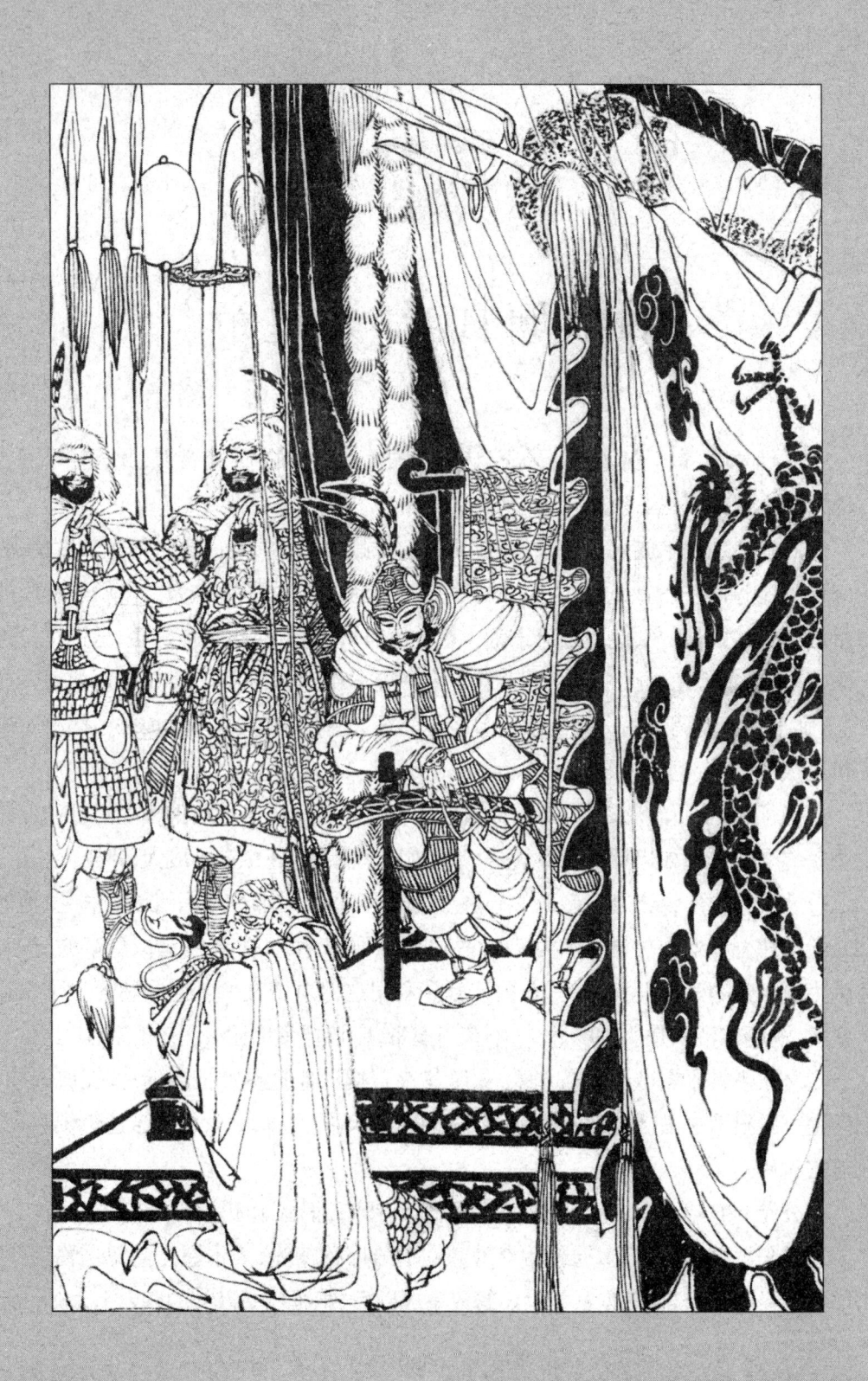

幽云十六州,在今河北、山西两省北部)割让给契丹,作为酬谢。

这一年,石敬瑭已有四十五岁,耶律德光却只有三十四岁。石敬瑭手下有个大将刘知远,看到石敬瑭竟要拜比自己小十一岁的耶律德光做父亲,觉得这太不像话了。他劝告石敬瑭说:"向契丹称臣,也已经可以了,还要拜耶律德光做父亲,恐怕太过分了吧!"

刘知远又说:"要求契丹出兵帮助,多给点金帛就行了,不必割让土地。这样做,一定会给国家造成大害,将来后悔就来不及了。"

石敬瑭求兵心切,对刘知远的劝告一句也听不进去。他急忙派使者把信送了去。

耶律德光早就想入侵中原,接到了石敬瑭的信,满心高兴。他立刻答应使者,等深秋马肥,出兵相救。

就在这年十月,耶律德光带领五万骑兵,赶到晋阳,向张敬达的军队发动攻击。石敬瑭也派刘知远出兵相助。他们把张敬达打得大败,杀死后唐军上万人。

石敬瑭亲自赶到城外,拜见耶律德光。他向耶律德光拼命奉承献媚,装出孝顺儿子的模样。

耶律德光对石敬瑭考察了好几天,相信他确实是自己的忠实臣子和孝顺儿子,非常满意,才正式对他说:"我从千里之外出兵前来,总要把事情办成功了才回去。我看你的模样和气量,够得上做一个皇帝。我已决定了,立你做天子。"

石敬瑭高兴万分,假意推让了一番。这时候,桑维翰等人乘机上前劝进,石敬瑭也就不再推辞了。

耶律德光把自己的衣帽脱了下来,亲手替石敬瑭穿戴上,立他为"大晋皇帝"。石敬瑭就穿了一身契丹衣帽,不伦不类地登基做了后晋皇帝。他就是后晋高祖。

石敬瑭一做皇帝,就执行以前答应的条件,把燕云十六州献给了契丹,还答应每年献帛三十万匹。从此,河北平原就没有险要可以防守了。

石敬瑭依靠耶律德光的帮助,带领大军长驱南下,后唐将领无力抵抗,纷纷投降。唐末帝走投无路,在宫中放起一把火,带着全家老少,跳进火里自焚死了。

石敬瑭攻下洛阳后,做了中原的皇帝,正式定都汴州,并把它叫做东京开封府。

后来，宋朝人用的就是这个名字。

石敬瑭称帝以后，每次上奏章给耶律德光，都称他为"父皇帝"，自己称"儿皇帝"。契丹如果有什么不顺心，就派人前来责备。石敬瑭总是卑躬屈膝，赔罪道歉。许多官员都感到羞愧丢脸，只有石敬瑭满不在乎。

石敬瑭做了七年可耻的"儿皇帝"，生病死了。他的侄儿石重贵继位做了皇帝，他就是后晋的末代皇帝晋出帝。他向契丹告知石敬瑭的死讯的时候，自称孙，不称臣。耶律德光非常恼火，出兵问罪。石重贵不买账，出兵抵抗，把契丹军一连打败了两次。公元946年，耶律德光第三次进攻中原，由于后晋带兵的主将投降叛变，结果耶律德光攻进了开封府，晋出帝当了俘虏，后晋灭亡了。

耶律德光占领开封以后，在公元947年春季，又在开封举行了一次即位仪式，改国号为辽，自称大辽皇帝。他派兵四处抢掠，开封和周围几百里内的财物和牲畜几乎被抢劫一空。

中原人民无法忍受，纷纷起义反抗。耶律德光见义兵四起，无法镇压，才恨恨地说："想不到中原百姓这样难对付！"

这年三月，耶律德光以天热避暑为名，从开封北撤。在撤退途中，他病死在河北滦县的杀胡林。

周世宗率军亲征

耶律德光占领开封以后,驻守太原的后晋大将刘知远一面向耶律德光上书庆贺,一面却在探测风声。他断定耶律德光在中原很难站稳脚跟,因此就在公元947年二月中旬,在太原称帝。但他没有更换国名,仍用后晋的年号。耶律德光北撤以后,刘知远就在这年六月乘虚进入开封,把开封作为都城,改国名为汉,历史上称为后汉。他就是后汉高祖。

刘知远也是沙陀族人,只做了十个月皇帝就生病死了,他的儿子刘承祐继位,就是后汉隐帝。隐帝即位后,大臣专权,将相不和。隐帝杀了几个大臣,把领兵在外的大将郭威的家属也杀了。隐帝又密令杀死郭威。于是,郭威带兵入朝,隐帝被乱兵杀死,后汉灭亡了。

第二年,也就是公元951年,郭威被部下拥立为皇帝。他仍旧定都开封,改国号为周,历史上称为后周,他就是后周太祖。

郭威做了皇帝,刘知远的弟弟刘崇不服,占据太原一带,即位称帝。他把自己的名字改叫旻,国号仍称汉,历史上称为北汉。因为北汉国力不强,刘旻就投靠辽国,称辽国皇帝为"叔皇帝",自称"侄皇帝"。

郭威在位约三年。他出身贫苦家庭,知道民间疾苦,即位后做了不少有利于百姓的事情。他废除了一些苛捐杂税和残酷刑法,把无主荒地分给农民耕种,又提倡节俭,严惩贪官,严禁军队扰民,使唐末以来极度混乱的北方社会逐渐安定。

公元954年,郭威病死。他没有儿子,由养子、柴皇后的侄儿柴荣继承了皇位。这就是后周的第二代皇帝周世宗。

北汉国主刘旻听说周太祖病死,以为进攻后周的机会到了,就勾结辽国出兵。

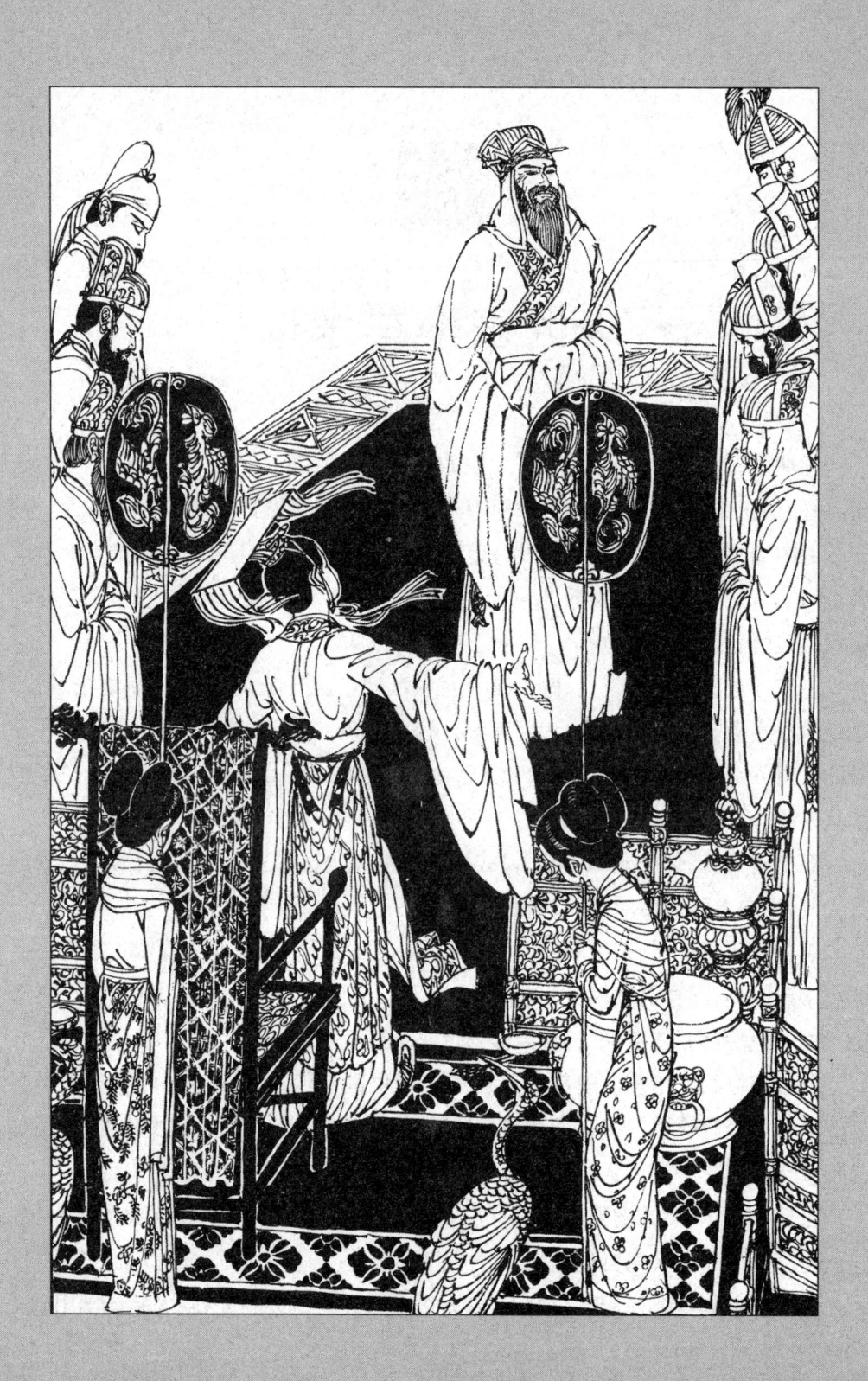

他亲自率领三万大军,从晋阳出发。辽国大将杨衮也率领一万多骑兵,赶来帮助作战。

周世宗听说北汉入侵,决定亲自带兵应战。大臣纷纷反对,劝说道:"陛下新即位,人心不稳,不要轻易出动,只要派大将前去就可以了。"

周世宗说:"刘旻乘我国家有丧事,见我年轻新立,想吞并天下,一定亲自带兵前来。我不能不去!"

周世宗带领大军,从开封出发,日夜赶路前进,很快到了高平(在今山西),跟北汉和辽国的军队碰上了。

北汉国主刘旻亲自带领中军,让北汉大将张元徽的军队放在东面,辽国大将杨衮的军队放在西面,阵容非常严整。

后周方面,因为刘词带领的后续部队没有赶到,人马不及对方多,将士都很害怕。可是,周世宗却毫无惧色。他把精锐部队放在中间,左、右两边都安排一支部队,自己骑着马上阵督战。

刘旻看到后周人马少,得意洋洋地对部下说:"早知道这样,单用我们汉军就可以破敌了,何必请辽军前来呢?"

辽国大将杨衮认真地观察了后周军的情况,对刘旻说:"后周军确是劲敌,可不能掉以轻心呀!"

刘旻用手捋了一下胡子,傲气十足地说:"机会不可错过。请将军不必多讲,看我破敌好了。"

杨衮听了,一肚皮不高兴,一声不吭,回到军中。他决计按兵不动,见机行事。

北汉军队开始进攻了。张元徽率领一千多骑兵,冲入后周的右军。交战不久,后周将领樊爱能、何徽就带领骑兵向后逃跑。两个主将一逃,剩下的一千多步兵都放下武器,投降了北汉。

周世宗见形势危急,马上带领亲兵,冲上前去。后周禁军将领赵匡胤和另一个将领张永德,也各带两千人,跟着冲了上去。将士们见皇帝亲自上阵,士气高涨,个个拼死作战。他们杀死了张元徽,把北汉军打得大败。

杨衮见后周军非常厉害,不敢出兵相救,再加上他不满刘旻讲的话,就带领自

己的军队回辽国去了。

当天晚上,后周将军刘词带领的后续部队赶到了。周世宗得了这支生力军,继续向北汉军发动进攻。刘旻骑着辽国送给他的一匹黄马,慌慌张张地向后奔逃。一路上,他又冻又饿,有时候刚拿起碗筷,忽然听到追兵到来的警报,连忙丢下碗筷,跨上马背再跑。他日夜奔跑,狼狈地逃回了晋阳。

周世宗得胜以后,处罚了樊爱能、何徽等临阵脱逃的败将,重赏有功的将士。他整顿军队,改革内政,奖励生产,准备统一中国。他先后攻取了后蜀的四个州、南唐的十四个州,还从辽国手里收复了三个州。当他正带领大军,想乘胜攻打辽国的幽州时,不幸得了重病,只得撤兵回开封。公元959年六月,他在开封去世,只活了三十九岁。

周世宗死后,他的年仅七岁的儿子柴宗训继位做了皇帝,他就是周恭帝。